2021 年 MBA MPA MPAcc MEM
管理类联考综合能力

逻辑高分指南（考点精讲与分类精练）

周建武　编著

中国人民大学出版社
·北京·

图书在版编目（CIP）数据

2021 年 MBA MPA MPAcc MEM 管理类联考综合能力逻辑高分指南：考点精讲与分类精练/周建武
编著 .—北京：中国人民大学出版社，2020.8
　　ISBN 978-7-300-27647-2

Ⅰ.①2… Ⅱ.①周… Ⅲ.①逻辑-研究生-入学考试-自学参考资料 Ⅳ.①B81

中国版本图书馆 CIP 数据核字（2019）第 250873 号

2021 年 MBA MPA MPAcc MEM 管理类联考综合能力
逻辑高分指南（考点精讲与分类精练）
周建武　编著
2021 Nian MBA MPA MPAcc MEM Guanlilei Liankao Zonghe Nengli Luoji Gaofen Zhinan
(Kaodian Jingjiang yu Fenlei Jinglian)

出版发行	中国人民大学出版社	
社　　址	北京中关村大街 31 号	**邮政编码**　100080
电　　话	010 - 62511242（总编室）	010 - 62511770（质管部）
	010 - 82501766（邮购部）	010 - 62514148（门市部）
	010 - 62515195（发行公司）	010 - 62515275（盗版举报）
网　　址	http://www.crup.com.cn	
经　　销	新华书店	
印　　刷	北京七色印务有限公司	
规　　格	185 mm×260 mm　16 开本	**版　　次**　2020 年 8 月第 1 版
印　　张	33.5	**印　　次**　2020 年 8 月第 1 次印刷
字　　数	807 000	**定　　价**　78.00 元

前　言

作为管理类、经济类等专业硕士选拔考试的重要一科，逻辑推理的考查目的是科学、公平、准确地测试考生的逻辑思维能力。由于逻辑推理的测试特征是考查考生是否具有严谨的逻辑推理能力和在复杂情况下处理众多信息的分析能力，因此，在这种富有挑战性的实力型测试中，既需要具有雄厚的综合实力，又需要运用有效的应试方法和策略。

逻辑研究的是理性思维，所谓理性思维是人们通过大脑的抽象作用对客观对象内在规定性的认识，是认识发展的高级阶段。逻辑有广义和狭义上的不同理解：广义的逻辑泛指与人的思维和论辩有关的形式、规律和方法，通常就是指人们思考问题时，从某些已知条件出发推出合理的结论的规律；狭义的逻辑指的是一门学科，就是逻辑学，主要研究推理，是关于推理有效性的科学。

为帮助考生更好地进行复习备考，本书根据管理类和经济类联考综合能力逻辑测试的最新命题动向而精心编写，编写指导思想是紧扣逻辑推理考试特点，始终体现逻辑备考的基本原则，即"化繁为简，思维至上"。全书分为两大部分，具体结构如下。

上篇：形式推理，分为三章。其中，词项逻辑包括澄清概念、直言推理、三段论；命题逻辑包括复合推理、多重推理、混和推理、模态逻辑；分析逻辑包括关系推理、数学推理、逻辑分析。

下篇：非形式推理，分为三章。其中，归纳逻辑包括归纳推理、统计推理、因果推理、归纳方法、合情推理；论证逻辑包括论证语言、逻辑规律、论证谬误；论证推理详细讲解了逻辑测试的九大题型，包括假设、支持、削弱、评价、推论、解释、比较、描述、综合。

另外，书后附有习题精编，以供考生有针对性地综合训练提高，同时还附有考试分析，包括考试定位、命题分析、备考策略。

全书从考生的实际出发，以逻辑推理理论为立足点，以逻辑学知识体系为基础，以日常逻辑思维能力的训练为目标，以大量的例题分类讲解为特色，把知识贯通、思维训练与解题技巧有效地结合起来。书中对逻辑推理考试从题型特点和解题方法上进行了分类归总，在讲清每种套路的基本特点后，详细分析例题的解题程序和方法，让考生学会如何运用这些基本的解题思路去实际解答考题。特别是本书各章都精选了练习题并提供了详尽的答案解析，通过分类思维训练，帮助考生深刻领悟并熟练掌握各类逻辑题型的解题方法与技能。

相信本书能帮助考生更好地进行逻辑科目的复习备考，全面掌握逻辑推理的基础知识、批判性思维技法、逻辑应试特点和解题技法，在较短时间内有效地提高逻辑推理能力和实际解题能力，以真正实现逻辑科目的高分突破。

目　录

上篇　形式推理

下篇　非形式推理

上篇　形式推理

　　管理类和经济类联考综合能力逻辑推理试题根据推理的必然性和非必然性（或然性），相应地可分为形式推理和非形式推理两大类。其中，形式推理属于必然性推理，考查考生的演绎思维能力，要求考生根据已知的人物、地点、事件和项目中的关系进行演绎推理，从而得出结论。

第一章　词项逻辑

所谓词项，就是表示事物名称和事物性质的名词类语词，在逻辑中，凡是能充当简单命题主项和谓项的词或词组，都称为词项。如果要研究命题内部结构的简单命题的推理，就必须把命题分解为词项。词项逻辑的内容包括概念、定义、直言命题及三段论等。

第一节　澄清概念

形式逻辑是研究思维的形式及其规律的科学。要研究逻辑，首先要从概念出发。概念是思维形式最基本的组成单位，是构成命题、推理的要素。

一、概念分析

概念有两个基本的逻辑特征：内涵和外延。概念的内涵是指概念所反映的事物的特性或本质；概念的外延是指反映在概念中的一个个、一类类的事物。例如，"商品"这个概念的内涵是为交换而生产的产品；外延是指古今中外的、各种性质的、各种用途的、在人们之间进行交换的产品。

任何概念都有内涵和外延，概念的内涵规定了概念的外延，概念的外延也影响着概念的内涵。一个概念的内涵越多（即一个概念所反映的事物的特性越多），那么，这个概念的外延就越少（即这个概念所指的事物的数量就越少）；反之，如果一个概念的内涵越少，那么，这个概念的外延就越多。

1. 概念间的逻辑关系

按其性质来说，概念间的关系可以分为相容关系和不相容关系两大类。

（1）概念的相容关系

相容关系是指外延至少有一部分是重合的这样两个概念之间的关系。概念的相容关系有同一关系和从属关系。

① 同一关系，是指外延完全重合的两个概念之间的关系。

例如，"土豆""山药蛋""马铃薯"表达的正是同一个概念。

② 从属关系，是指一个概念的外延包含着另一个概念的全部外延这样两个概念之间的关系。

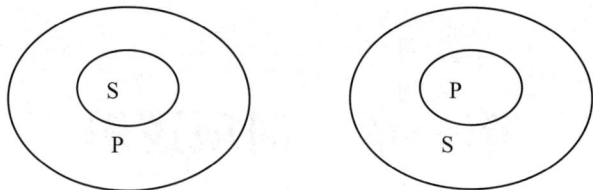

其中，外延大的概念称为属概念，外延小的概念称为种概念。

比如，"工程技术人员"和"工程师"这两个概念，前者的外延就包含着后者的全部外延。

[逻辑案例] 战国末年的名辩家公孙龙提出了一个"白马非马"的论题。

马者，命形也，白者，命色也，命形非命色也，故曰：白马非马。

分析：汉语的歧义，非即不是，"是"可以认为"等于"，也可以认为"属于"。

白马与马是从属关系，既有联系又有区别，既不能等同，也不能割裂开来。

公孙龙看到了白马与马这两个概念在内涵和外延上的区别，这是正确的；但他把这种区别绝对化，否认了白马是马的一种，从而导致了逻辑错误。

③ 交叉关系，是指外延有且只有一部分重合的这样两个概念之间的关系。

比如，"企业家"和"MBA"这两个概念的外延就具有交叉关系。

"球迷""影迷"这两个概念的外延也具有交叉关系。

（2）概念间的不相容关系

不相容关系也称全异关系，是指外延是互相排斥、没有任何部分重合的这样两个概念之间的关系。概念的不相容关系有矛盾关系和反对关系。

① 矛盾关系，是指这样两个概念之间的关系，即两个概念的外延是互相排斥的，而且这两个概念的外延之和穷尽了它们属概念的全部外延。

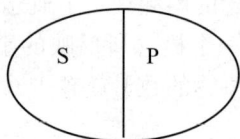

比如"男人"和"女人"这两个概念是矛盾关系。

② 反对关系，是指这样两个概念之间的关系，即两个概念的外延是互相排斥的，而且这两个概念的外延之和没有穷尽它们属概念的全部外延。

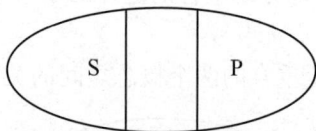

例如："好人"和"坏人"这两个概念是反对关系；"社会主义国家"和"资本主义国家"这两个概念也是反对关系。

2. 图解法解题指导

涉及概念关系的题目通常用图解法来帮助解题，即根据题意用欧拉图法（即圆圈图形的示意法）表示概念之间的外延关系。根据题干提供的条件作图，大致解题步骤如下。

（1）判定概念间的关系

① 先判定题目中每两个概念间的外延关系。

② 再判定各个概念彼此之间的外延关系。

（2）作图方法

① 先用实线画相对固定的概念关系。

② 再用虚线画不固定的概念关系。

③ 在每个圆圈的适当位置上标注。

④ 在此基础上，画出能从整体上反映各个概念彼此之间外延关系的综合图形。

（3）用图形辅助解题

由于用上述方法作出的示意图并不是唯一确定的，所以，只用作解题时的辅助思考。要注意两个问题：

① 实线是否有重合的可能，即概念间是否可能为同一关系。

② 虚线可能出现的位置。

◆ 在某校新当选的校学生会的七名委员中，有一个大连人，两个北方人，一个福州人，两个特长生（即有特殊专长的学生），三个贫困生（即有特殊经济困难的学生）。

假设上述介绍涉及该学生会中的所有委员，则以下各项关于该学生会委员的断定都与题干不矛盾，除了：

A. 两个特长生都是贫困生。

B. 贫困生不都是南方人。

C. 特长生都是南方人。

D. 大连人是特长生。

E. 福州人不是贫困生。

[解题分析] 正确答案：A

大连人一定是北方人，这样按地域的人有 3 个，特长生 2 个，贫困生 3 个，这样如果三者没交叉的话，就是 8 个人，而题干说有 7 个人，说明正好有 1 个交叉了。

A 项的断定与题干矛盾。因为如果两个特长生都是贫困生，则题干中的介绍最多只能涉及六个人，和题干的假设矛盾。

其余各项与题干均不矛盾。

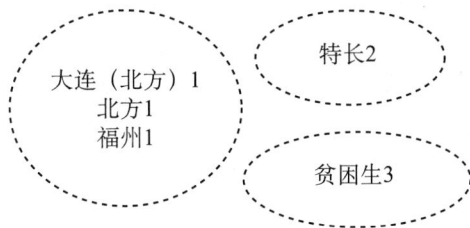

❷ 散文家：智慧与聪明是令人渴望的品质。但是，一个人聪明并不意味着他很有智慧，而一个人有智慧也不意味着他很聪明。在我所遇到的人中，有的人聪明，有的人有智慧，但是，却没有人同时具备这两种品质。

若散文家的陈述为真，以下哪项陈述不可能为真？

A．没有人聪明但没有智慧，也没有人有智慧却不聪明。

B. 大部分人既聪明，又有智慧。

C. 没有人既聪明，又有智慧。

D. 大部分人既不聪明，也没有智慧。

E. 有些人聪明，有些人有智慧。

[解题分析] 正确答案：A

散文家认为，他所遇到的人中，有的人聪明，有的人有智慧，但没有人既聪明又有智慧，即他肯定遇到过聪明但没有智慧、有智慧但不聪明这两种人。

不聪明但有智慧	既聪明又有智慧
既不聪明又没有智慧	聪明但没有智慧

若散文家的陈述为真，则散文家遇到的人肯定是存在的，但要引起注意的是：散文家没遇到的人不等于不存在。

"聪明但没有智慧"和"有智慧却不聪明"这两类人散文家都遇到过，必定是存在的；因此，A项不可能为真。

虽然散文家所遇到的人中没有人既聪明又有智慧，但社会上绝大部分人他没遇到过，因此，"大部分人既聪明又有智慧"这种可能性是存在的。因此，B项可能为真。

其余选项显然可能为真。

❸ 今年，所有向甲公司求职的人同时也向乙公司求职。甲、乙两公司各同意给予其中半数的求职者每人一个职位。因此，所有求职者就都找到了一份工作。

上述推论基于以下哪项假设？

A. 所有求职者既能胜任甲公司的工作，又能胜任乙公司的工作。

B. 所有求职者愿意接受甲、乙公司的职位。

C. 不存在一个求职者同时从甲、乙两公司处谋到了职位。

D. 没有任何一个求职者向第三家企业谋职。

E. 没有任何一个求职者以前在甲公司或是乙公司工作过。

[解题分析] 正确答案：C

要使题干论证成立，必须基于以下两个假设：

第一，所有向乙公司求职的人同时也向甲公司求职。

第二，不存在一个求职者同时从甲、乙两公司处谋到了职位。

可见，C项是题干论证必须假设的，否则，如果存在一个求职者同时从甲、乙两公司处谋到了职位，那么所有求职者都找到了一份工作就将成为不可能。

本题实际上是向甲公司与乙公司求职的人为同一关系。

甲　　　乙

补充上述两个假设后，可构成一个有效的论证：

前提一：所有向甲公司求职的人同时也向乙公司求职。

前提二：甲、乙两公司各同意给予其中半数的求职者每人一个职位。

假设一：所有向乙公司求职的人同时也向甲公司求职。

假设二：不存在一个求职者同时从甲、乙两公司处谋到了职位。

得出结论：所有求职者就都找到了一份工作。

二、定义判断

定义就是以简短的形式揭示语词、概念、命题的内涵和外延，使人们明确它们的意义及其使用范围的逻辑方法。日常生活中，说话有逻辑性，就要把概念定义清楚。

要想掌握"精确的语言"，首先就要能够掌握语词"精确的定义"。否则公说公有理，婆说婆有理，因为不是基于同一个定义。

1. 定义的方法

（1）定义的一般结构

① 定义的一般结构是：被定义项 X 具有与定义项 Y 相同的意义。

例如，"在规定的年龄内，具有劳动能力，在调查期内无业并以某种方式寻找工作的人员"和"失业者"是相同的意义。这种相同的意义也意味着，定义项和被定义项指的是完全相同的对象。定义就是用更易于理解的概念来替换另一个概念。

② 定义包括三个部分：被定义项、定义项和定义联项。

DS　　　　　就是　DP

被定义项　　联项　定义项

被定义项就是在定义中被解释和说明的语词、概念或命题。定义项就是用来解释、说明被定义项的语词、概念或命题。定义联项是连接被定义项和定义项的语词，例如"是""就是""是指""当且仅当"等。

比如，差别化信贷是指对不同行业、不同群体、不同用途的信贷额度和还贷方式采取差别对待的政策，这是国家对经济进行宏观调控的重要手段。

（2）属加种差定义

属加种差定义是最常见的内涵定义形式。

被定义的概念＝种差＋邻近的属

属和种是生物学上的概念，是生物分类"界、门、纲、目、科、属、种"系列中的最后两位。

通过定义，从而明确这个概念所反映的对象的特点和本质。

比如，哺乳动物就是以分泌乳汁喂养初生后代的脊椎动物。

在上述给"哺乳动物"这个概念下定义时，"脊椎动物"是属概念，"以分泌乳汁喂养初生后代"这一性质就是种差。

2. 定义的规则

由于实质定义（属加种差定义）是最常见的定义形式，下面列出其应满足的定义规则。

（1）定义必须揭示被定义对象的区别性特征

例如，水是一种透明的液体。

这一定义显然没有揭示水区别于其他液体的特征，不是一个好的或可以接受的定义。

（2）被定义项的外延和定义项的外延必须是全同关系

否则，会犯"定义过窄"或"定义过宽"的错误。

定义过窄，是指一个定义把本来属于被定义概念外延的对象排除在该概念的外延之外。

例如，鸟是任何长有羽毛能飞的温血动物。

上述定义就过窄了，因为那将排除不能飞的鸵鸟。

定义过宽，是指一个定义把本来不属于被定义概念外延的对象也包括在该概念的外延之中。

例如，文学作品就是通过塑造形象来表达思想感情或反映社会生活的作品。

根据上述定义，很多艺术也是文学作品，这显然是定义不当。

（3）定义项中不得直接或间接包含被定义项

违反了这条规则将犯"同语反复"或"循环定义"的逻辑错误。

"同语反复"是直接包含了被定义项。例如，教条主义者就是教条主义地观察和处理问题的人。

"循环定义"所谓循环，是指在用定义项去刻画、说明被定义项时，定义项本身又需要或依赖于被定义项来说明。有人在一篇文章中给出了两个相关的定义。

甲：什么是逻辑学？

乙：逻辑学是研究思维形式结构的规律的科学。

甲：什么是思维形式结构的规律？

乙：思维形式结构的规律是逻辑规律。

以上这两个相关的定义就是循环定义。

（4）定义项中不得有含混的词语，不能用比喻

因为比喻没有指出词项的内涵。否则，就会犯"定义含糊不清"或"用比喻下定义"的错误。

例如下面这句话是修辞而不是定义。

建筑是凝固的音乐。音乐是流动的建筑。

（5）定义不能用否定

下面两个定义就不是好的定义。

商品不是为自己使用或消费而生产的劳动产品。

健康就是没有不良的自我感觉。

3. 定义判断解题指导

定义判断题考查的是应试者运用标准进行判断的能力。解答这类试题时，应从题目所给的定义本身入手进行分析和判断，不要凭借自己已有的定义概念去衡量，特别是当试题的定义与自己头脑中的定义之间存在差异时，应以题目中的定义为准。然后再把选项依次和定义对照，判断选项是否符合定义的规定与要求，最后区分出哪些选项符合、哪些选项不符合题目所给定义即可。

❶ "平反是对处理错误的案件进行纠正"。

以下哪项最为确切地说明了上述定义的不严格？

A. 对案件是否处理错误，应该有明确的标准。

B. 应该说明平反的操作程序。

C. 应该说明平反的主体及其权威性。

D. 对平反的客体应该具体分析。平反了，不等于没错误。

E. 对原来重罪轻判的案件进行纠正不应该称为平反。

［解题分析］正确答案：E

处理错误的案件包括重罪轻判、有罪不判和轻罪重判、无罪而判。对后两种案件进行纠正都可以叫作平反；而对于前两种案件进行纠正，不能叫作平反。

下定义必须要求：定义概念的外延和被定义概念的外延必须完全相等，本题犯了"定义过宽"的逻辑错误。

❷ 过去，我们在道德宣传上有很多不切实际的高调，以至于不少人口头说一套，背后做一套，发生人格分裂现象。通过对此种现象的思考，有的学者提出，我们只应该要求普通人遵守"底线伦理"。

根据你的理解，以下哪一选项作为"底线伦理"的定义最合适？

A. 底线伦理就是不偷盗、不杀人。

B. 底线伦理是作为一个社会普通人所应遵守的一套最起码、最基本的行为规范和准则。

C. 底线伦理不是要求人无私奉献的伦理。

D. 如果把人的道德比作一座大厦，底线伦理就是该大厦的基础部分。

E. 底线理论不需要每个人都像圣人一样有超强的道德观。

［解题分析］正确答案：B

从题干中可知，"底线伦理"是应该要求普通人遵守的基本东西，因此，B为正确答案。

其他选项都不正确，因为都违反了相应的定义规则。A项犯了"定义过宽"的逻辑错误；C、E项犯了"不得以否定句给概念下定义"的规则；D项犯了"定义不得运用比喻"的规则。

❸ 第二次世界大战时，美英空军对德国展开大轰炸，自身也损失惨重。专家们发现，所有返回的飞机腹部都遍布弹痕，但机翼却完好无损。他们由此推断：机腹非常容易受到炮火攻击，应该改进机腹的防护。后来证实，这些专家推断时受到"幸存者偏差"的影响，因为实际情况是：被击中机翼的飞机都坠落了，而仅被击中机腹的飞机大都返航了。

以下各项陈述都有类似的"幸存者偏差"，除了：

A. 美女、帅哥在职场竞争中有很大优势，他们容易获得高薪职位。

B. 读大学期间就退学创业容易获得成功，例如，比尔·盖茨就是如此。

C. 抽烟或许有利于健康长寿，例如邓小平、黄永玉都是老烟民，但都很长寿。

D. 在样本足够大的随机抽样调查中发现，在中国，受众最多的电视节目是"新闻联播"。

E. 中医的效果就是好，老李吃了这个老中医开的中药，病就好了。

［解题分析］正确答案：D

从题干可以看出，"幸存者偏差"是只关注到幸存者（即好的一面），而未关注到不好的一面。这是一种逻辑谬误，意思是只能看到经过某种筛选而产生的结果，而忽略了被筛选掉的关键信息。

D项所述内容不属于"幸存者偏差"，因此，为正确答案。

其余选项都存在"幸存者偏差"，比如，A选项只关注获得高薪职位的美女帅哥，而没有注意到在职场竞争中失败的美女帅哥；B 选项大学期间退学创业失败的人没有被考虑；C 选项没有考虑到吸烟伤害身体甚至死亡的人群；E 选项没有考虑到吃了中药反而病情更严重的情况。

❹ 如果一个儿童体重与身高的比值超过本地区 80％的儿童的水平，就称其为肥胖儿。根据历年的调查结果，15 年来，临江市的肥胖儿的数量一直在稳定增长。

如果以上断定为真，则以下哪项也必为真？

A. 临江市每一个肥胖儿的体重都超过全市儿童的平均体重。

B. 15 年来，临江市的儿童的体育锻炼越来越不足。

C. 临江市的非肥胖儿的数量 15 年来不断增长。

D. 15 年来，临江市体重不足标准体重的儿童数量不断下降。

E. 临江市每一个肥胖儿的体重与身高的比值都超过全市儿童的平均值。

[解题分析] 正确答案：C

题干陈述的肥胖儿的定义是：如果一个儿童体重与身高的比值超过本地区 80％的儿童的水平，就称其为肥胖儿。这意味着，一个地区肥胖儿的比例始终占所有儿童的 20％。

题干又断定：15 年来，临江市的肥胖儿的数量一直在稳定增长。由此，因为 20％的儿童的数量在增加，也就是儿童的总数量在增加，当然 80％的儿童的数量也肯定增加，这就推出，临江市的非肥胖儿的数量 15 年来不断增长。因此，C 项为正确答案。

而 A 项，临江市每一个肥胖儿的体重都超过全市儿童的平均体重，这不一定为真，假设除一个肥胖儿甲以外其他肥胖儿的体重都远远高于全市儿童的平均体重，那么肥胖儿甲的体重完全有可能低于全市儿童的平均体重。选项 B、D 都不可选。

这种定义可能与考生的习惯思维不同（习惯上，我们觉得应该有一个标准体重，超过标准体重的才算是肥胖儿）。克服了这个思维障碍，题目就很容易作答。

第二节　直言推理

命题也叫判断，是对事物情况有所断定的一种思维形式。命题和推理是人类思维中的重要形式，无论日常思维还是科学思维，都要借助于命题和推理来把握客观事物的本质和规律。

直言命题也叫性质命题，是断定对象具有或不具有某种性质的简单判断。本章所谓直言推理是指直言直接推理，就是根据一个直言命题推出一个新的直言命题的推理。直言命题直接推理分为直言命题对当关系推理、直言命题变形推理和直言命题负命题等值推理。

一、对当关系推理

直言命题由主项、谓项、量项和联项四种词项组成。

例如，所有蛇都是爬行动物。

如上例中的"蛇"是主项，"爬行动物"是谓项，"所有"是量项，"是"是联项。在这种采取主项谓项形式的命题中，谓项要对主项有所断定，因此，称这种命题为直言命题。从命题形式的角度说，直言命题可以看作是表达主项和谓项的包含关系的。如上例可以看作是断定了蛇的集合包含于爬行动物的集合之中。

1. 直言命题的类型

直言命题从质分，有肯定和否定两种；从量分，有全称、特称和单称三种。直言命题可分为六种基本类型。

类型	逻辑意义	逻辑形式	简称	举例
（1）全称肯定判断	所有 S 都是 P	SAP	"A"判断	所有的金属都是导体。
（2）全称否定判断	所有 S 都不是 P	SEP	"E"判断	所有宗教都不是科学。
（3）特称肯定判断	有 S 是 P	SIP	"I"判断	有的金属是液态。
（4）特称否定判断	有 S 不是 P	SOP	"O"判断	有的战争不是正义战争。
（5）单称肯定判断	某个 S 是 P	SaP	"a"判断	张三是教授
（6）单称否定判断	某个 S 不是 P	SeP	"e"判断	李四不是警察

日常语言中的直言判断在表达上是不规范的，在逻辑分析中应先整理成规范形式。例如，"凡人皆有死"，应整理成"所有的人都是要死的"，这是 A 判断；"有人不自私"，应整理成"有的人不是自私的"，是 O 判断。

2. 直言命题的对当关系

从概念的外延间的关系来说，判断主项"S"的外延与谓项"P"的外延之间的关系，共存在五种：全同关系、被包含关系、包含关系、交叉关系和全异关系。把各种性质判断的真假情况归纳起来，可列表如下。

	全同关系	被包含关系	包含关系	交叉关系	全异关系
SAP	真	真	假	假	假
SEP	假	假	假	假	真
SIP	真	真	真	真	假
SOP	假	假	真	真	真

根据上表，可以清楚地看出具有同一素材的 A、E、I、O 四种判断之间的真假关系。所谓同一素材的判断，就是指具有相同主项和谓项的判断。这里所说的真假，并不是各种判断内容的真假，而是同一素材的 A、E、I、O 四种判断之间的一种相互制约关系。

对当关系就是具有同一素材的 A、E、I、O 四种判断之间的真假关系。逻辑学把单称命题作为一种特殊的全称命题处理，因为从对主项概念的断定看，全称和单称命题有共同性。根据对当关系，我们可以从一个判断的真假，推断出同一素材的其他判断的真假。

直言命题的对当关系可归纳为以下几种。

（1）矛盾关系。这是 A 和 O、E 和 I 之间存在的不能同真、不能同假的关系。例如：

已知 A：所有事物都是运动的（真）　　则 O：有些事物不是运动的（假）

已知 O：有些干部不是大学毕业生（真）　　则 A：所有的工商干部都是大学毕业生（假）

已知 I：有些物体是固体（真）　　　　则 E：所有物体都不是固体（假）

已知 E：我班所有同学都没学过法语（真）　则 I：我班有些同学学过法语（假）

（2）差等关系（又称从属关系）。这是 A 和 I、E 和 O 之间的关系。如果全称判断真，则特称判断真；如果特称判断假，则全称判断假；如果全称判断假，则特称判断真假不定；如果特称判断真，则全称判断真假不定。例如：

已知 A：我班所有同学都学过法语（真）　则 I：我班有些同学学过法语（真）

已知 A：我班所有同学都学过法语（假）　则 I：我班有些同学学过法语（真假不定）

已知 I：我班有些同学学过法语（假）　则 A：我班所有同学都学过法语（假）

已知 I：我班有些同学学过法语（真）　则 A：我班所有同学都学过法语（真假不定）

类似地，可举例说明 E 和 O 判断之间的差等关系。

已知 E：我班所有同学都没学过法语（真）　则 O：我班有些同学没学过法语（真）

已知 E：我班所有同学都没学过法语（假）　则 O：我班有些同学没学过法语（真假不定）

已知 O：我班有些同学没学过法语（假）　则 E：我班所有同学都没学过法语（假）

已知 O：我班有些同学没学过法语（真）　则 E：我班所有同学都没学过法语（真假不定）

（3）反对关系。这是 A 和 E 之间不能同真、可以同假的关系。

在 A、E 两个判断中，如果我们知道其中一个是真的，就可推知另一个是假的。例如：

已知 A：所有事物都是运动的（真）　则 E：所有事物都不是运动的（假）

已知 E：所有的科学家都不是思想懒汉（真）　则 A：所有的科学家都是思想懒汉（假）

如果我们知道其中一个是假的，那么另一个真假不定。例如：

已知 A：我班所有同学都学过法语（假）　则 E：我班所有同学都没学过法语（真假不定）

已知 E：我班所有同学都没学过法语（假）　则 A：我班所有同学都学过法语（真假不定）

（4）下反对关系。这是 I 和 O 之间可以同真但不能同假的关系。

在 I、O 两个判断中，如果我们知道其中一个是假的，那就可以断定另一个是真的。例如：

已知 I：有些民主人士是共产党员（假）　　则 O：有些民主人士不是共产党员（真）

已知 O：有些事物不是运动的（假）　　则 I：有些事物是运动的（真）

如果我们知道其中一个是真的，那么另一个真假不定。例如：

已知 I：我班有些同学学过法语（真）　　则 O：我班有些同学没学过法语（真假不定）

已知 O：我班有些同学没学过法语（真）　　则 I：我班有些同学学过法语（真假不定）

3. 形式逻辑与日常语言

日常语言有隐含，日常用语中的"有些"，大多指"仅仅有些"，因而当讲"有些是什么"的时候，往往意味着"有些不是什么"。比如日常语言"我班有些同学学过法语"，可能隐含了"我班有些同学没学过法语"这个意思。

而形式逻辑里的"有些"，则是指"至少有些""至少有一个"，只表示一类事物中有对象被断定具有或不具有某种性质，而对这类对象的具体数量究竟有多少则没有作出断定。也许有"一个"，也许有"几个"，也许"所有"。如"有些大学生是人"，这只是说"至少有些大学生是人"，它并不意味着"有些大学生不是人"。从形式逻辑上讲，"我班有些同学学过法语"只知道确实"有些同学学过"，至于"其他同学学过还是没学过"题目没告诉你，你就不知道。

形式逻辑要求我们必须按照其字面意思来理解，而不能考虑其"言外之意"。也就是字面上说到的一定有，没说到的则不一定。而日常语言和非形式逻辑则要考虑日常语言的隐含关系。

4. 解题指导

直言判断及对当关系题型，关键是要从题干给出的内容出发，从中抽象出同属于对当关系的逻辑形式，根据对当关系来分析判断，解题步骤如下。

（1）要把非标准的日常语言转为标准的逻辑语言。

在日常语言中，直言命题的表达形式并不是那么规范的，存在着大量不规范的、非标准的表达方式。我们在考察直言命题的特征和直言命题间的关系时，需要把不规范的、省略的、非标准的直言命题变换为规范的、标准的直言命题表达形式。

日常用语	标准逻辑语言
人是自私的	所有人都是自私的
有人不自私	有的人不是自私的
玫瑰不都是红色的	有的玫瑰不是红色的
没有人自私	所有人不是自私的
没有无因之果	所有结果是有原因的
不是所有参加测试者都不合格	有些参加测试者是合格的

（2）在读题中要看清问题，即看清问题的条件和要求。

看问题时要注意两点：

一是问题条件是"如果上述断定为真"，还是"如果上述断定为假"？

二是注意问题的方向：下列哪项一定为真，一定为假，还是可能为真（真假不确定）。

因此，问题一共有 6 种问法。

（3）根据题干的真假，由对当关系来确定其他五个判断的真假，然后与选项对照。

（4）对于涉及题干所给判断存在真假情况的间接推理题目，可用归谬法进行假设代入推理。

❶ 企鹅是鸟，但企鹅不会飞。

根据这个事实，以下哪项一定为假？

A. 不会飞的鸟一定是企鹅。

B. 鸵鸟是鸟，但鸵鸟不会飞。

C. 不存在不会飞的鸟。

D. 会飞的动物都是鸟。

E. 有人认为企鹅会飞。

[解题分析] 正确答案：C

根据"企鹅是鸟，但企鹅不会飞"，可得出：存在不会飞的鸟。

因此，C 项所述"不存在不会飞的鸟"必定是假的。

A、D 项有可能为真，B、E 项为无关项，不一定为假。

❷ 开学初，某学院发现有新生未到网络中心办理注册手续。

如果上述断定为真，则以下哪项不能确定真假？

Ⅰ. 该学院所有新生都未到网络中心办理注册手续。

Ⅱ. 该学院所有新生都到网络中心办理了注册手续。

Ⅲ. 该学院有的新生到网络中心办理了注册手续。

Ⅳ. 该学院的新生王伟到网络中心办理了注册手续。

A. Ⅰ、Ⅱ、Ⅲ和Ⅳ。

B. 仅Ⅰ、Ⅲ和Ⅳ。

C. 仅Ⅰ和Ⅲ。

D. 仅Ⅰ和Ⅳ。

E. 仅Ⅱ和Ⅲ。

[解题分析] 正确答案：B

题干是个 O 判断。按对当关系的逻辑方阵图，O 判断为真时：

Ⅰ为 E 判断，不能确定真假；

Ⅱ为 A 判断，一定为假；

Ⅲ为 I 判断，不能确定真假；

Ⅳ为 A 判断，不能确定真假。

因此，答案为 B。

❸ 所有的三星级饭店都搜查过了，没有发现犯罪嫌疑人的踪迹。

如果上述断定为真，则在下面四个断定中哪个可确定为假？

Ⅰ. 没有三星级饭店被搜查过。

Ⅱ. 有的三星级饭店被搜查过。

Ⅲ. 有的三星级饭店没有被搜查过。

Ⅳ. 犯罪嫌疑人躲藏的三星级饭店已被搜查过。

A. 仅Ⅰ和Ⅱ。

B. 仅Ⅰ和Ⅲ。

C. 仅Ⅱ和Ⅲ。

D. 仅Ⅰ、Ⅲ和Ⅳ。

E. Ⅰ、Ⅱ、Ⅲ和Ⅳ。

[解题分析] 正确答案：B

如果"所有的三星级饭店都搜查过了"为真，即 A 判断为真，则根据对当关系知Ⅰ判断为真，E 判断与 O 判断均为假。即可推知：

Ⅰ "没有三星级饭店被搜查过"是 E 判断，为假。

Ⅱ "有的三星级饭店被搜查过"是 I 判断，为真。

Ⅲ "有的三星级饭店没有被搜查过"是 O 判断，为假。

Ⅳ "犯罪嫌疑人躲藏的三星级饭店已被搜查过"是 A 判断，为真。

❹ 某公司共有包括总经理在内的 20 名员工。有关这 20 名员工，以下三个断定中，只有一个是真的：

Ⅰ. 有人在该公司入股。

Ⅱ. 有人没在该公司入股。

Ⅲ. 总经理没在该公司入股。

则以下哪项是真的？

A. 20 名员工都入了股。

B. 20 名员工都没入股。

C. 只有一人入了股。

D. 只有一人没入股。

E. 无法确定入股员工的人数。

[解题分析] 正确答案：A

"总经理没入股"如果是真的，那"有人没入股"就肯定为真，这样两个断定就为真了，违反了题干条件，所以"总经理没入股"一定是假的，即总经理肯定入了股。

这样，"有人入了股"就肯定为真了，因为只有一句是真的，所以"有人没在该公司入股"就是假的，由此推出结论：所有员工都入了股。因此，A 项正确。

二、变形推理

直言命题变形推理是通过改变直言命题的形式而得到一个新的直言命题的推理。

1. 直言命题的周延性

为了更好地把握直言命题（性质命题）的逻辑特点，有必要讲述一下周延性问题。

如果一个概念的外延在命题中被全部作出了断定，那么这个概念就是一个周延的项；反之，则是一个不周延的项。

直言命题中的词项是指直言命题的主项和谓项。

所谓主、谓项的周延性问题就是指主项和谓项概念的外延在命题中被断定的情况。

在直言命题中，如果断定了一个词项的全部外延，则称它是周延的，否则就是不周延的。

关于直言命题的周延性问题，应注意以下两点。

（1）只有直言命题的主项和谓项才有周延与否的问题，离开了直言命题，单独一个词项无所谓周延和不周延。例如，我们可以谈论在直言命题"有些是懦夫"中，词项"懦夫"是否周延；但我们无法谈论独立存在的概念"笔记本电脑""机器人""天气"究竟是周延还是不周延。只有把这个概念置身于与它相关的那个判断的关系，使其在思维中构成一个完整的有内在联系的判断形式，才能从本质上确立是周延或不周延这个问题。

（2）主、谓项的周延性是直言命题的形式决定的，而不是相对于直言命题所断定的对象本身的实际情况而言的。

例如，不论主项 S 具体代表什么，对于全称命题"所有 S 都是（或不是）P"来说，既然其中有"所有的 S……"出现，那么，总是断定了 S 全部的外延，因此 S 在其中是周延的。

对于特称命题"有些 S 是（或不是）P"来说，其中很明显地只涉及 S 的一部分外延，因此 S 在其中是不周延的。

不论谓项 P 具体代表什么，对于肯定命题"所有（或有些）S 是 P"来说，它只断定了某个数量的 S"是 P"，并没有具体说明究竟是全部的 P 还是一部分 P，根据逻辑上通常采取的"从弱原则"，P 在其中总是不周延的。

对于否定命题"所有（或有些）S 不是 P"来说，该命题断定了某个数量的 S"不是 P"，那么 P 也一定不是这个数量的 S，即把所有 P 都排除在所有这些 S 之外，所以 P 是周延的。

也就是说，当我们说"S 是 P"的时候，不需要断定"S 是所有的 P"，但当我们说"S 不是 P"的时候，已经断定了"S 不是所有的 P"。

A、E、I、O 四种直言命题主项和谓项的周延情况可概括如下表。

命题类型	主项	谓项	举例
SAP	周延	不周延	"所有商品都是有价值的"。 主项"商品"是周延的，因为该命题对"商品"的全部外延作出了断定，但谓项"有价值的"是不周延的，因为该命题并没有对"有价值的"的全部外延作出断定。
SEP	周延	周延	"所有的事物都不是静止的"。 主项"事物"是周延的，并把谓项"静止"的外延全部排除在外，所以，谓项"静止"也是周延的。
SIP	不周延	不周延	"有士兵是胆小鬼"。 既没有对所有士兵进行断定，也没有对所有胆小鬼进行断定。不能说一个类完全包含于另一个类之中，也不能说完全排除在外。在任何特称肯定命题中，主项、谓项都是不周延的。
SOP	不周延	周延	"有的工人不是劳动模范"。 主项"工人"的外延，仅仅一部分被肯定是谓项"劳动模范"的外延，所以主项"工人"是不周延的。而谓项的全部外延都不是主项"工人"的部分外延，所以谓项"劳动模范"是周延的。

周延情况的记忆方法是：主项看量项，全称单称周延，特称不周延；谓项看联项，肯

定不周延，否定周延。

周延问题在处理整个直言命题推理时是非常重要的。演绎推理是一种必然性推理，它的结论是从前提中抽引出来的，因而结论所断定的不能超出前提所断定的。这一点在直言命题推理中的表现，就是要求"在前提中不周延的项在结论中不得周延"，由此可知，在推理中，结论周延的项，前提中该项也必须周延。否则，推理的有效性就得不到保证，会犯各种逻辑错误。

2. 直言命题的变形推理

直言命题的变形推理包括换质法、换位法以及换质位法。

（1）换质法

换质法是改变命题的质（肯定变否定，否定变肯定）的方法，具体是指将一个直言命题由肯定变为否定，或者由否定变为肯定，并且将其谓项变成其矛盾概念，由此得到一个与原直言命题等值的直言命题。于是，换质法的程序和特点是：

① 改变原命题的质，即由肯定联项改变为否定联项，或者由否定联项变为肯定联项。

② 将原命题的谓项改变为它的矛盾概念或负概念。

③ 仍然保持原命题的量项，并且主、谓项的位置也保持不变。

④ 所得到的新命题是与原命题等值的命题，其真假完全相同。

直言命题 A、E、I、O 四种命题都可以按此方法变形。如果原命题是真的，则变形后的命题也是真的，见下表。

原命题	换质命题	举例
SAP	SE¬P	所有的金属是导体，所以，所有的金属不是非导体。
SEP	SA¬P	所有行星不是自身发光的，所以，所有行星是非自身发光的。
SIP	SO¬P	有的金属是液体，所以，有的金属不是非液体。
SOP	SI¬P	有些国家不是社会主义国家，所以，有些国家是非社会主义国家。

（2）换位法

换位法是把命题主项与谓项的位置加以更换的方法。具体是将一个直言命题的主项和谓项互换位置，但让它的质保持不变，原为肯定仍为肯定，原为否定仍为否定，并相应地改变量项，由此得到一个新的直言命题。于是，换位法的程序或规则是：

① 调换原命题主、谓项的位置，即将原命题的主项变成谓项，谓项变成主项。

② 不改变原命题的质，原为肯定仍为肯定，原为否定仍为否定。

③ 在调换主、谓项的位置时，在原命题中不周延的词项在结论中仍不得周延。

如果换位时扩大了原来项的周延性，那就犯了项的外延不当扩大的逻辑错误，而使换位后的命题与原命题不能等值。

关于直言命题 A、E、I、O 四种命题的换位情况，可概括为下表。

原命题	换位命题	举例
SAP	PIS	所有商品都是劳动产品，所以，有的劳动产品是商品。
SEP	PES	科学不是迷信，所以，迷信不是科学。
SIP	PIS	有些花是红色的，所以，有些红色的是花。
SOP	不能换位	"有些教师不是教授"不能换位。

上表中的 O（特称否定命题）是不能换位的，因为特称否定命题的主项不周延，谓项周延。例如"有些教师不是教授"这样的否定命题，换位后还应是否定命题，即"所有的教授都不是教师"或"有的教授不是教师"，而否定命题的谓项都周延，这样一来，原命题中不周延的项（"教师"）在换位后的命题中变得周延了。

（3）换质位法

换质位法是把换质法和换位法结合起来连续交互运用的命题变形法。通过换质推理得到的结论还可以进行换位，通过换位推理得到的结论还可以进行换质。换质法和换位法可以结合进行，只要在换质、换位时遵守相应的规则即可。

通过换质位推理，我们可以从一个真的直言命题推出一系列必然真的新直言命题来，从而获得关于某类事物性质的全面、深刻的正确认识。

直言命题 A、E、I、四种命题的换质位情况，有以下有效形式：

SAP→SE￢P→￢PES→￢PA￢S→￢SI￢P→￢SOP。

SAP→PIS→PO￢S。

SEP→SA￢P→￢PIS→￢PO￢S。

SEP→PES→PA￢S→￢SIP→￢SO￢P

SIP→SO￢P（先换质，就不能得到换质位命题）

SIP→PIS→PO￢S。

SOP→SI￢P→￢PIS→￢PO￢S

SOP→（不能先换位）

例 1：

先把"所有的大学生都是青年"	SAP
换质为"所有的大学生都不是非青年"	SE￢P
然后再换位为"所有的非青年都不是大学生"	￢PES
接着再换质为"所有的非青年都是非大学生"	￢PA￢S
然后再换位为"有些非大学生是非青年"	￢SI￢P
最后再换质为"有些非大学生不是青年"	￢SOP

例 2：

从"不想当元帅的士兵不是好士兵"	SEP
先换质，得到"不想当元帅的士兵都是不好的士兵"	SA￢P
再换位，得到"有些不好的士兵是不想当元帅的士兵"	￢PIS
再换质，得到"有些不好的士兵不是想当元帅的士兵"	￢PIS

例 3：

从"有些科学家不是受过正规高等教育的"	SOP
先换质，得到"有些科学家是未受过正规高等教育的"	SI￢P
再换位，得到"有些未受过正规高等教育的人是科学家"	￢PIS
再换质，得到"有些未受过正规高等教育的人不是非科学家"	￢PO￢S

3. 直言命题变形推理的解题方法

直言命题变形推理的解题方法主要有以下三种。

一是公式法。用直言命题变形推理的换质法、换位法、换质位法的公式来推导。

二是作图法。用前述概念间的关系来作图，作为辅助推理的手段。

三是语感法。用对日常语言的语感来排除选项，寻找答案。

❶ "有些人不是坏人，因此，有些坏人不是人。"

下列哪个推理与上述推理相似？

A. 有些便宜货不是好货，因此，有些便宜货是好货。

B. 有些便宜货不是假货，因此，有些假货不是便宜货。

C. 所有商品都是有价值的，因此，所有有价值的都是商品。

D. 有些发明家是自学成才的，因此，有些自学成才者是发明家。

E. 没有宗教是科学，因此，没有科学是宗教。

[解题分析] 正确答案：B

题干做了一个特称否定命题的换位推理，前提中不周延的项"人"在结论中周延了，这是错误的，也就是说，特称否定命题是不能进行换位推理的。

选项 B 和题干所犯错误是一样的，也是进行了特称否定命题的换位推理，它们的推理结构是相同的。因此，为正确答案。

选项 D、E 是正确的推理。选项 C 是错误的全称肯定命题的换位推理。选项 A 也是错误的推理，不能根据特称否定命题为真，来判定同一素材的特称肯定命题为真。

❷ 张老师说：这次摸底考试，我们班的学生全都通过了，所以，没有通过的都不是我们班的学生。

以下哪项和以上推理最为相似？

A. 所有摸底考试通过的学生都好好复习了，所以好好复习的学生都通过了

B. 所有摸底考试没有通过的学生都没有好好复习，所以没有好好复习的学生都没有通过。

C. 所有参加摸底考试的学生都经过了认真准备，所以没有参加摸底考试的学生都没有认真准备。

D. 英雄都是经得起考验的，所以经不起考验的就不是英雄。

E. 有的学生虽然没有好好复习，但是也通过了。

[解题分析] 正确答案：D

题干中张老师的陈述实际上是直言命题的换质位法：SAP，所以，¬PES。

诸选项中，只有 D 项与题干推理最为相似。

❸ 政治记者汤姆分析了近十届美国总统的各种讲话和报告，发现其中有不少谎话。因此，汤姆推断：所有参加竞选美国总统的政治家都是不诚实的。

以下哪项和汤姆推断的意思是一样的？

A. 不存在不诚实的参加竞选美国总统的政治家。

B. 不存在诚实的参加竞选美国总统的政治家。

C. 所有政治家都是不诚实的。

D. 不是所有参加竞选美国总统的政治家都是诚实的。

E. 有些参加竞选美国总统的政治家是诚实的。

[解题分析] 正确答案：B

所有参加竞选美国总统的政治家都是不诚实的　　　SEP

＝所有诚实的政治家都不参加竞选美国总统　　　　PES

＝不存在诚实的参加竞选美国总统的政治家　　　　￢PIS

竞选　　　诚实

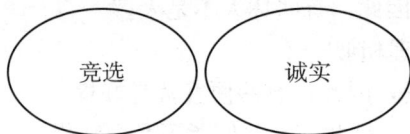

三、直言命题负命题等值推理

通过对原命题断定情况的否定而作出的命题，就叫作负命题。例如：

并非这个班的学生都学英语。

并非有的金属不是导体。

负命题的逻辑公式是：如果用 p 表示原命题，那么，负命题即为"并非 p"。如果用符号 "￢"（读为"非"）表示否定的联结词，则 p 命题的负命题为￢p。

由于负命题是对原命题断定情况的否定，是对整个原命题的否定。因此，它和原命题之间（即负命题与其支命题之间）的真假关系是矛盾关系，即如原命题为真，其负命题必为假；如原命题为假，其负命题必为真。这种真假关系，如下表。

p	￢p
1	0
0	1

直言命题的负命题实质上即为对当关系中的相应矛盾命题。如"A"命题的负命题即为"非 A"，它等值于"O"命题；"E"命题的负命题为"非 E"，它等值于"I"命题。这样，我们可以把 A、E、I、O 四种命题的负命题及其等值命题写出。

（1）SAP 的负命题是 SOP，可表示为：￢SAP↔SOP

例如，并非"发亮的东西都是金子"等值于"有的发亮的东西不是金子"。

（2）SOP 的负命题是 SAP，可表示为：￢SOP↔SAP

例如，并非"有的金属不是导体"等值于"所有的金属都是导体。"。

（3）SEP 的负命题是 SIP，可表示为：￢SEP↔SIP

例如，并非"所有金属都不是液态"，等值于"有的金属是液态。"。

（4）SIP 的负命题是 SEP，可表示为：￢SIP↔SEP

例如，并非"有的宗教是科学"，等值于"所有宗教都不是科学"。

第三节　三段论

广义的三段论，就是由大前提和小前提得出结论的演绎推理。所谓演绎推理，就是真前提必然得真结论（前提真、形式有效，结论必真）。

前提：p，q；结论：r

演绎推理包括直接推理、选言推理、假言推理等多种推理形式，因为它们都是由三个在结构上完全相似的判断组成的，所以在具体应用中又被分别称为：直言三段论、假言三段论、选言三段论。

狭义的三段论一般指的是直言三段论，直言三段论是直言命题推理的核心理论，它不仅是演绎逻辑理论的重要组成部分，而且是言语交际中广泛使用的一种推理。

一、结构比较

直言三段论是由包含一个共同的项的两个直言命题推出一个新的直言命题的推理。由于直言命题又叫性质命题，所以直言三段论又叫性质三段论。

1. 三段论及其结构

一个三段论的结构需要具体分析。

例如，知识分子都是应该受到尊重的，

人民教师是知识分子，

所以，人民教师都是应该受到尊重的。

其中，

结论中的主项叫作小项，用"S"表示，如上例中的"人民教师"；

结论中的谓项叫作大项，用"P"表示，如上例中的"应该受到尊重"；

两个前提中共有的项叫作中项，用"M"表示，如上例中的"知识分子"。

在三段论中，含有大项的前提叫大前提，如上例中的"知识分子都是应该受到尊重的"；含有小项的前提叫小前提，如上例中的"人民教师是知识分子"。

三段论推理是根据两个前提所表明的中项 M 与大项 P 和小项 S 之间的关系，通过中项 M 的媒介作用，从而推导出确定小项 S 与大项 P 之间关系的结论。

如果注意这些项所指的对象范围（外延），就会发现它们的大小是按照 S＜M＜P 的顺序排列的。在这里见到的这种外延的关系，所以分别称为小项、中项和大项。

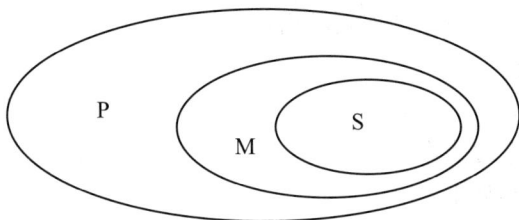

2. 三段论的格与式

由于中项在前提中位置的不同而形成的三段论的各种形式称作三段论的格。如果中项在前提中的位置确定了，那么大项、小项的位置随之也可以确定了。因此，三段论的格也可以定义为由于各个项在前提中位置的不同而形成的各不相同的三段论形式。三段论共有以下四种格。

根据中项在前提中的不同位置，三段论可以分为四格。

第一格	第二格	第三格	第四格
M－P	P－M	M－P	P－M
S－M	S－M	M－S	M－S
S－P	S－P	S－P	S－P

注意：第一格的主、谓项前提与结论没有发生变化，第二格的中项都是谓项，第三格的中项都是主项，第四格的主、谓项位置都发生颠倒。

三段论的式就是构成三段论前提和结论的直言命题的组合形式。即，由于 A、E、I、O 四种命题在前提和结论中组合的不同而形成的三段论的各种形式称为三段论的式。例如，如果有一个三段论，其大前提为 E 命题，小前提为 A 命题，结论为 O 命题，那么这个三段论的式为 EAO 式。

逻辑学把单称命题作为一种特殊的全称命题处理。因为从对主项概念的断定看，全称和单称命题有共同性，即都具有周延性。在三段论中，单称判断常常作全称处理。

由于三段论的大小前提及结论均可为 A、E、I、O 命题，并且三段论有四个格，因此三段论的可能式有 $4 \times 4 \times 4 \times 4 = 256$（个）。经三段论规则的检验，符合三段论规则的有效式只有 24 个，其余为无效式。

3. 写出三段论形式结构的步骤

给出一个三段论，要能准确地分析出它的标准形式结构。

（1）方法步骤

① 确定 S、P

先确定结论。根据逻辑联结词或论述重心来确定三句话中哪一句为结论。注意结论不一定是最后一句话，也可以是第一或第二句话。

确定了结论，也就确定了 S、P；结论的主项为 S，谓项为 P。

② 确定 M

剩下的两句话为大小前提，其共有的项即为中项 M。

③ 写出形式结构

最后分别确定大前提、小前提和结论的 A、E、I、O 判断类型，并写出它们的标准形式。

例如，分析下面这个三段论的形式结构：

"凡南方人不是东北人

上海人是南方人

所以，上海人不是东北人"

上述三段论可以表示如下：

MEP

SAM

SEP

（2）注意事项

① 大、小前提的顺序不影响三段论结构。

② 如果三段论不是三个概念，其中出现相反的概念，把它们转化为三个概念，转化为标准形式。

③ 在三段论中，单称判断近似作全称处理。

比如：所有的克里特岛人都说谎，约翰是克里特岛人，所以，约翰说谎。

上述三段论的推理结构是：MAP，SAM；所以 SAP

（其中 S 为"约翰"，单称近似作全称；M 为"克里特岛人"；P 为"说谎"）

再如：会走路的动物都有腿，桌子有腿，所以，桌子是会走路的动物。

上述三段论的推理结构是：PAM，SAM；所以 SAP

（其中 S 为"桌子"；M 为"有腿"；P 为"会走路的动物"）

4. 三段论推理结构比较题的解题方法

推理结构比较题主要是从形式结构上比较题干和选项之间的相同或不同，即比较几个不同推理在结构上的相同或者不同。解这类题的最终判断标准是写出三段论格式的标准形式结构，但这需要有个熟练过程，把题干和选项都写出这样的形式结构花费时间较多，所以不主张考试的时候用这种方法，我们建议不写形式结构，优先用对应法和排除法，即可解决绝大部分的题。

（1）快速解题方法一：对应法

① 根据语感，定位疑似答案。

② 写三段论结构或一一对应进行验证。

注意大小前提和结论的先后顺序不影响结构。

（2）快速解题方法二：排除法

排除法，就是排除明显不一致的选项。

① 先排除不是三段论的选项。

② 根据结论的肯定/否定排除。

③ 根据中项 M 的位置排除。

④ 根据前提的肯定/否定排除。

⑤ 单称近似看作全称，但不等于全称。

❶ 所有的聪明人都是近视眼，我近视得很厉害，所以我很聪明。

以下哪项与上述推理的逻辑结构一致？

A. 我是个笨人，因为所有的聪明人都是近视眼，而我的视力那么好。

B. 所有的猪都有四条腿，但这种动物有八条腿，所以它不是猪。

C. 小陈十分高兴，所以小陈一定长得很胖；因为高兴的人都能长胖。

D. 所有的天才都高度近视，我一定是高度近视，因为我是天才。

E. 所有的鸡都是尖嘴，这种总在树上待着的鸟是尖嘴，因此它是鸡。

[解题分析] 正确答案：E

题干的推理结构是：PAM，SAM，所以，SAP。

A 项：PAM，SEM，所以，SEP。因为所有的聪明人都是近视眼，而我不近视，因此我不聪明。

B 项：PAM，SEM，所以，SEP。所有的猪都有四条腿，这种动物不是四条腿，所以它不是猪。

C 项：MAP，SAM，所以，SAP。高兴的人都能长胖，小陈十分高兴，所以小陈一定长得很胖。

D 项：MAP，SAM，所以，SAP。所有的天才都高度近视，我是天才，所以我一定是高度近视。

E 项：PAM，SAM，所以，SAP。所有的鸡都是尖嘴，这种总在树上待着的鸟是尖嘴，因此它是鸡。

可见，诸选项中，只有 E 项与题干推理的逻辑结构一致。

也可以用排除法，先根据结论肯定排除 A、B，再根据 M 位置排除 C、D。

❷ 患红绿色盲的人不可能分辨绿色和褐色，G 不能分辨绿色和褐色，所以，G 是患红绿色盲的人。

以下哪项中的推理与上述论证中的最相似？

A. 白皮肤的人易于被太阳灼伤，W 是白皮肤，所以，W 易于被太阳灼伤。

B. 患鼻窦炎的人不能辨别味道，M 不能辨别味道，所以，M 是患鼻窦炎的人。

C. 肝炎患者不能献血，J 是个献血者，所以，J 没有患肝炎。

D. 患色盲的人不可能成为飞行员，A 是位患色盲的人，所以，A 不可能成为飞行员。

E. 患糖尿病的人不能吃大量的糖，F 是位糖尿病患者，所以，F 正在采用特殊的饮食。

[解题分析] 正确答案：B

题干是一个直言三段论，其推理式是：PEM，SEM，所以，SAP

B 项的推理结构与题干相同，为正确答案。

其余选项的推理结构均与题干不相似，逻辑结构分别为：

A 项的推理结构是：PAM，SAM，所以，SAP。

C 项的推理结构是：PEM，SAM，所以，SEP。

D 项的推理结构是：PEM，SAM，所以，SEP。

E 项的推理结构是：PEM，SAM，所以，SEP。

三段论推理规则：两个否定前提不能得出必然的结论，所以，题干的推理形式是错误的三段论式。也可以直接用排除法，C、D、E 项的结论是否定命题，A 与 E 项的小前提是肯定命题，均与题干不同。

❸ 所有的储蓄账户都是有息账户，有些有息账户的利息是免税的，所以，一定有一些储蓄账户的利息是免税的。

以下哪项在论证方式上的错误与上文中的最相似？

A. 所有的艺术家都是知识分子，有些伟大的摄影师是艺术家，所以，有些伟大的摄影师必定是知识分子。

B. 所有伟大的摄影师都是艺术家，所有艺术家都是知识分子，所以一些伟大的摄影师必定是知识分子。

C. 所有伟大的摄影师都是艺术家，有些艺术家是知识分子，所以，有些伟大的摄影师是知识分子。

D. 所有伟大的摄影师都是艺术家，有些伟大的摄影师是知识分子，所以，有些艺术家必定是知识分子。

E. 所有伟大的摄影师都是艺术家，没有艺术家是知识分子，所以，有些伟大的摄影师必定不是知识分子。

[解题分析] 正确答案：C

题干是一个直言三段论，其推理式是：SAM，MIP，所以，SIP

C 项的推理结构与题干相同，为正确答案。

其余选项的推理结构均与题干不相似，逻辑结构分别为：

A 项的推理结构是：MAP，SIM，所以，SIP。

B 项的推理结构是：SAM，MAP，所以，SIP。

D 项的推理结构是：MAS，MIP，所以，SIP。

E 项的推理结构是：SAM，MEP，所以，SOP。

题干的推理类型属于直言三段论中常见的错误类型"中项不周延"。其余选项中项都周延，都没有逻辑错误，都是直言三段论的有效式。

❹ 一切有利于生产力发展的方针政策都是符合人民根本利益的，改革开放有利于生产力的发展，所以改革开放是符合人民根本利益的。

以下哪种推理方式与上面的这段论述最为相似？

A. 一切行动听指挥是一支队伍能够战无不胜的纪律保证。所以，一个企业、一个地区要发展，必须提倡令行禁止、服从大局。

B. 经过对最近六个月销售的健身器跟踪调查，没有发现一台因质量问题而退货或返修。因此，可以说这批健身器的质量是合格的。

C. 如果某种产品超过了市场需求，就可能出现滞销现象。"卓群"领带的供应量大大超过了市场需求，因此，一定会出现滞销现象。

D. 凡是超越代理人权限所签的合同都是无效的。这份房地产建设合同是超越代理权限签订的，所以它是无效的。

E. 我们对一部分实行产权明晰化的企业进行调查，发现企业通过明晰产权都提高了经济效益，没有发现反例。因此我们认为，凡是实行产权明晰化的企业都能提高经济效益。

［解题分析］正确答案：D

题干的推理结构是三段论推理：所有 M 都是 P；S 是 M，所以 S 是 P。

D 项具有和题干相同的结构，因此，为正确答案。

其余选项结构都不同，选项 A 是一个类比推理，选项 B、E 是归纳推理，选项 C 是一个充分条件假言推理，因此都可以排除。

二、推出结论

直言间接推理就是前提中有两个或两个以上的直言命题，并推出一个新的直言命题的推理。其中直言三段论是由两个直言命题推出一个新的直言命题结论的推理。

1. 直言三段论的推理规则

直言三段论推理的一般规则概括起来共有七条，分述如下。

(1) 在一个三段论中，必须有而且只能有三个不同的概念

三段论中的三个概念，在其分别重复出现的两次中，所指的必须是同一个对象，具有同一外延。违反这条规则就会犯四概念的错误。所谓四概念的错误就是指在一个三段论中出现了四个不同的概念。四概念的错误又往往是由于作为中项的概念未保持同一而引起的。比如：

我国的大学是分布于全国各地的；

清华大学是我国的大学；

所以，清华大学是分布于全国各地的。

这个三段论的结论显然是错误的，但其两个前提都是真的。为什么会由两个真的前提推出一个假的结论来了呢？原因就在中项（"我国的大学"）未保持同一，出现了四概念的错误。即"我国的大学"这个语词在两个前提中所表示的概念是不同的。在大前提中它是表示我国的大学总体，表示的是一个集合概念。而在小前提中，它可以分别指我国大学中的某一所大学，表示的不是集合概念，而是一个个体概念。因此，它在两次重复出现时，实际上表示着两个不同的概念。这样，以其作为中项，也就无法将大项和小项必然地联系起来，从而推出正确的结论。

（2）中项在前提中至少必须周延一次

如果中项在前提中一次也没有被断定过它的全部外延（即周延），那就意味着在前提中大项与小项都分别只与中项的一部分外延发生联系，这样，就不能通过中项的媒介作用，使大项与小项发生必然的确定的联系，因而也就无法在推理时得出确定的结论。如果违反这条规则，就要犯"中项不周延"的错误，这样的推理就是不合逻辑的。

例如，有这样的一个三段论：

大学生都是青年；小张是青年；所以，

这一个三段论是无法得出确定结论的。原因在于作为中项的"青年"在前提中一次也没有周延（在两个前提中，都只断定了"大学生""小张"是"青年"的一部分对象），因而"小张"和"大学生"究竟处于何种关系就无法确定，也就无法得出必然的确定结论。

再如：一切金属都是可塑的，塑料是可塑的；所以，塑料是金属。

在这个三段论中，中项的"可塑的"在两个前提中一次也没有周延（在两个前提中，都只断定了"金属""塑料"是"可塑的"的一部分对象），因而"塑料"和"金属"究竟处于何种关系就无法确定，也就无法得出必然的确定结论，所以这个推理是错误的。

（3）大项或小项如果在前提中不周延，那么在结论中也不得周延

也就是说，如果大项或小项在前提中不周延，即只断定了它的部分外延（即大项或小项在前提中只使用了它们的一部分外延与中项发生联系），那么，在结论中也只能断定它们的部分外延，而不得断定其全部外延（即周延）。否则，结论所断定的对象范围就超出了前提所断定的对象范围，结论所断定的就不是从前提中所必然推出的，前提的真实就不能保证结论的必然真实，得出的结论就没有必然性，因而也是没有逻辑的。

违反这条规则，要犯以下两种错误。

一是大项不当周延。

例如：黄马是马，白马不是黄马；所以，白马不是马。

在这个三段论中，大项"马"在大前提中不周延而在结论中周延，犯了"大项不当周延"或"大项不当扩大"的错误。

二是小项不当周延。

例如：凡薯类都是高产作物，凡薯类都是杂粮；所以，凡杂粮都是高产作物。

在这个三段论推理中，小前提是一个肯定判断，因而小项"杂粮"在小前提中是不周延的。但是，结论是一个全称判断，小项"杂粮"在结论中却是周延的。因此，这个三段论推理的结论不是必然推导出来的，它犯了"小项不当周延"的逻辑错误。

（4）两个否定前提不能推出结论

前面已经提到，在三段论中，大项和小项之所以能在结论中形成确定的联系，并由前

提中必然推出，这是由于在前提中中项发挥了媒介作用的结果，即由于中项在前提中分别与大、小项有着一定的联系，从而通过中项把大、小项在结论中联系起来。但是，如果前提中的两个前提都是否定命题，那就表明，大、小项在前提中都分别与中项互相排斥，在这种情况下，大项与小项通过中项就不能形成确定的关系，因而也就不能通过中项的媒介作用而确定地联系起来，当然也就无法得出必然确定的结论，即不能推出结论了。例如：

中学生不是大学生

这些学生不是中学生

这些学生？

上例不能推出必然性的结论，因为，如果推出"这些学生是大学生"，但也有可能这些学生刚好是小学生呢，小学生显然也不是中学生；如果推出"这些学生不是大学生"，但也有可能这些学生刚好是大学生呢，大学生显然也不是中学生。

再如下例推理犯了同样的错误：

没有种族主义者是公正的，有些种族主义者不是警察，所以，有些警察不是公正的。

（5）前提之一是否定的，结论也应当是否定的；结论是否定的，前提之一必须是否定的

为什么前提之一是否定的，结论必然是否定的？这是因为，如果前提中有一个是否定命题，另一个则必然是肯定命题（否则，两个否定命题不能得出必然结论），这样，中项在前提中就必然与一个项（大项或小项）是否定关系，与另一个项是肯定关系。这样，大项和小项通过中项联系起来的关系自然也就只能是一种否定关系，因而结论必然是否定的了。例如：

一切有神论者都不是唯物主义者；某人是有神论者；所以，某人不是唯物主义者。

在这个推理中，大前提是否定的，所以，结论也就是否定的了。

为什么结论是否定的，前提之一必定是否定的呢？因为如果结论是否定的，那一定是由于前提中的大、小项有一个和中项结合，而另一个和中项排斥。这样，大项或小项同中项相排斥的那个前提就是否定的，所以结论是否定的则前提之一必定是否定的。例如：

凡有效的经济合同必须采取书面形式，

这份经济合同没有采取书面形式，

这份经济合同不是有效的。

从另一个方面来说，如果结论是否定的，那就意味着它否定了包含关系。但是，肯定的前提则是反映了包含关系，因此，由两个肯定的前提推不出否定的结论。例如：

有些动物是哺乳动物；哺乳动物是胎生动物；所以，有些胎生动物不是哺乳动物。

这个例子就违反了这条规则，从两个肯定的前提得出了否定的结论，因此是不正确的推理。

（6）两个特称前提不能得出结论

这是因为，如果两个前提都是特称的，那么前提中周延的项最多只能有一个（即两个前提中可以有一个是否定命题，而这一否定命题的谓项是周延的，其余的项都是不周延的），而这不可能满足正确推理的条件。例如：

有的同学是运动员；有的运动员是影星；所以，

由这两个特称前提，我们无法必然推出确定的结论。因为，这个推理中的中项（"运

动员"）一次也未能周延。

又如：有的同学不是南方人；有的南方人是商人；所以，

这里，虽然中项有一次周延了，但仍无法得出必然结论。因为，在这两个前提中有一个是否定命题，按前面的规则，如果推出结论，则只能是否定命题；而如果是否定命题，则大项"商人"在结论中必然周延，但它在前提中是不周延的，所以必然又犯大项扩大的错误。

因此两个特称前提是无法得出必然结论的。

（7）前提之一是特称的，结论必然是特称的

为什么前提之一是特称的，结论必然是特称的呢？例如：

所有大学生都是青年；有的职工是大学生；所以，有的职工是青年。

这个例子说明，当前提中有一个判断是特称命题时，其结论必然是特称命题；否则，如果结论是全称命题就必然会违反三段论的另几条规则（如出现大、小项不当扩大的错误等）。

2. 复合三段论

在日常实际思维中，有时，会将几个三段论连续运用，即进行一连串的推理，这就是复合三段论。

（1）前进式的复合三段论

它是以前一个三段论的结论作为后一个三段论的大前提的复合三段论。例如：

一切造福于人类的知识都是有价值的，

科学是造福于人类的知识，所以，科学是有价值的；

社会科学是科学，所以，社会科学是有价值的；

逻辑学是社会科学，所以，逻辑学是有价值的。

在这个推理中，思维的进程是由范围较广的概念逐渐推移到范围较狭的概念，由较一般的知识推进到较特殊的知识。

（2）后退式的复合三段论

它是以前一个三段论的结论作为后一个三段论的小前提的复合三段论。例如：

逻辑学是社会科学，

社会科学是科学，所以，逻辑学是科学；

科学是造福于人类的知识，所以，逻辑学是造福于人类的知识，

一切造福于人类的知识都是有价值的，所以，逻辑学是有价值的。

在这个推理中，思维的进程是由范围较狭的概念逐渐推移到范围较广的概念，由较特殊的知识推进到较一般的知识，即其思维推移的顺序正好和前进式相反。

3. 直言三段论推理的解题方法

直言三段论推理的解题方法有两种。

（1）推理法，即利用直言三段论的推理规则来推出结论。

（2）图解法，即用前面所述的图解法来辅助解题，这是最简洁直观的办法，根据题干提供的条件画出集合示意图来帮助解题。但要注意，用画图法来处理，可以用画图来排除错误的选项，但一般不要用画图直接去验证某个选项是否一定正确，这往往是验证不了的，因为图示有时不能表示所有的情况。所以，画图法只是解集合题有效的辅助手段，而不是全部。

❶ 德国人都是白种人，有些德国人不是日耳曼人。

如果以上命题为真，则以下哪项必为真？

A. 有些白种人是日耳曼人。

B. 有些白种人不是日耳曼人。

C. 有些日耳曼人是白种人。

D. 有些日耳曼人不是白种人。

E. 有些德国人是日耳曼人。

[解题分析] 正确答案：B

从"德国人都是白种人，有些德国人不是日耳曼人"，可推出：

有些白种人（非日耳曼人的德国人）不是日耳曼人。因此，B项正确。

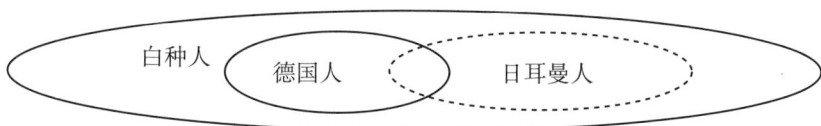

❷ 所有与"非典"患者接触的人都被隔离了。所有被隔离的人都与小李接触过。

如果以上命题是真的，以下哪个命题也是真的？

A. 小李是"非典"患者。

B. 小李不是"非典"患者。

C. 可能有人没有接触过"非典"患者，但接触过小李。

D. 所有"非典"患者都与小李接触过。

E. 所有与小李接触过的人都被隔离了。

[解题分析] 正确答案：C

根据题干前提"所有与'非典'患者接触过的人都被隔离了"和"所有被隔离的人都与小李接触过"进行三段论推理，得出结论"所有与'非典'患者接触过的人都与小李接触过"。这就可以推出："可能有人没有与'非典'患者接触过，但与小李接触过"。所以，C项为正确答案。

题干没有说小李是否被隔离了，因此A、B项都排除；

由题干推不出"所有'非典'患者都与小李接触过"，D项排除；E项也从题干中推不出。

由题干条件关系可得到下图：

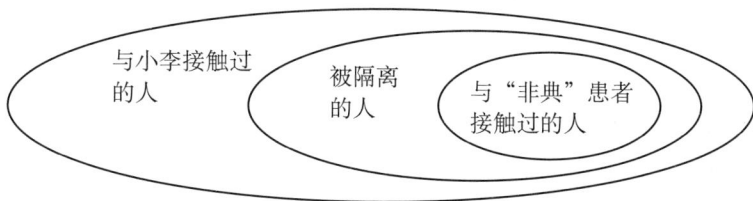

（注意上述三个圆圈有可能是同一关系）

❸ 古时候的一场大地震几乎毁灭了整个人类，只有两个部落死里逃生。最初在这两个部落中，神帝部落所有的人都坚信人性本恶，圣帝部落所有的人都坚信人性本善，并且

没有既相信人性本善又相信人性本恶的人存在。后来两个部落繁衍生息，信仰追随和部落划分也遵循着一定的规律。部落内通婚，所生的孩子追随父母的信仰，归属原来的部落；部落间通婚，所生孩子追随母亲的信仰，归属母亲的部落。

我们发现神圣子是相信人性本善的。

在以下各项对神圣子身份的判断中，不可能为真的是（　　）。

A. 神圣子的父亲是神帝部落的人。

B. 神圣子的母亲是神帝部落的人。

C. 神圣子的父母都是圣地部落的人。

D. 神圣子的母亲是圣地部落的人。

E. 神圣子的姥姥是圣地部落的人。

[解题分析] 正确答案：B

若 B 项断定为真，则神圣子的母亲是神帝部落的人，那么，不论神圣子的父亲是哪个部落的，由题干的条件，可推出神圣子都一定相信人性本恶。这与题干条件"神圣子是相信人性本善的"相矛盾。因此，B 项的断定不可能为真。其余的各项都可能为真。

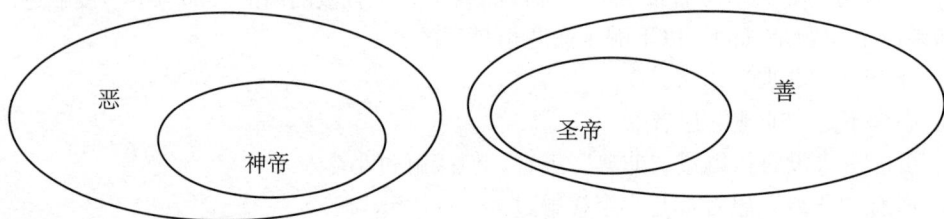

❹ 下列两题基于以下题干：

在某住宅小区的居民中，大多数中老年教员都办了人寿保险，所有买了四居室以上住房的居民都办了财产保险。而所有办了人寿保险的都没办理财产保险。

（1）如果上述断定是真的，以下哪项关于该小区居民的断定必定是真的？

Ⅰ. 有中老年教员买了四居室以上的新房。

Ⅱ. 有中老年教员没办理财产保险。

Ⅲ. 买了四居室以上住房的居民都没办理人寿保险。

A. Ⅰ、Ⅱ和Ⅲ。

B. 仅Ⅰ和Ⅱ。

C. 仅Ⅱ和Ⅲ。

D. 仅Ⅰ和Ⅲ。

E. 仅Ⅱ。

[解题分析] 正确答案：C

中老年教员和买了四居室以上住房的居民之间没有建立联系，推不出Ⅰ来。

大多数中老年教员办了人寿保险，而所有办了人寿保险的居民都没办理财产保险，所以大多数中老年教员没办财产保险，因此，Ⅱ项必为真。

买了四居室以上住房的居民都办了财产保险，而所有办了人寿保险的居民都没办理财产保险，所以，买了四居室以上住房的居民都没办理人寿保险，因此Ⅲ项必为真。

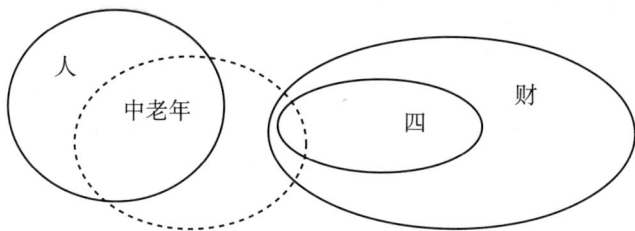

（2）如果在题干的断定中再增加以下断定：

"所有的中老年教员都办理了人寿保险"，并假设这些断定都是真的，那么，以下哪项必定是假的？

A. 在买了四居室以上住房的居民中有中老年教员。

B. 并非所有办理人寿保险的都是中老年教员。

C. 某些中老年教员没买四居室以上的住房。

D. 所有的中老年教员都没办理财产保险。

E. 某些办理了人寿保险的没买四居室以上的住房。

[解题分析] 正确答案：A

"所有的中老年教员都办理了人寿保险"，这就意味着所有的中老年教员都没办理财产保险。而买了四居室以上住房的居民都办了财产保险，这就是说"所有的中老年教员"和"买了四居室以上住房的居民"这两个集合没有任何交集。所以选项 A "在买了四居室以上住房的居民中有中老年教员"就必定为假了。

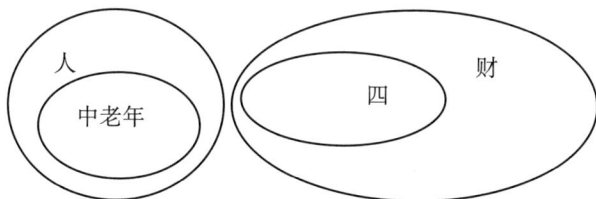

三、补充前提

省略直言三段论是省去一个前提或结论的直言三段论。这里的补充前提型题目指的是省略前提的直言三段论。

1. 省略三段论

省略三段论具有明了简洁的特征，所以，它在人们的实际思想中被广泛应用。

例如："东北虎濒临绝种的危机，所以，我们应该保护东北虎。"

这就是一个省略了前提"我们应该保护有绝种危机的动物（物种）"的省略三段论。一般说来，被省去的部分往往带有不言而喻的性质。因此，在这种推理中，虽然推理的某个部分被省去了，但整个推理还是容易为人们所理解的。

由于省略三段论中省去了三段论的某一构成部分，因此，如果运用不当，就容易隐藏各种逻辑错误。比如有个大学生说：

"我又不是哲学系的学生，我不需要学哲学。"

把这个大学生的三段论推理补全了，就是：

"哲学系的学生需要学哲学；我不是哲学系的学生；所以，我不需要学哲学。"

这个结论显然是错误的。这个推理从逻辑上说错在哪里呢？主要错在"需要学哲学"这个大项在大前提中是不周延的（即"哲学系的学生"只是"需要学哲学"中的一部分人，而不是其全部），而在结论中却周延了（成了否定命题的谓项）。这就是说，它的结论所断定的对象范围超出了前提所断定的对象范围，因而在这一推理中，结论就不是由其前提所能推出的。其前提的真也就不能保证结论的真。这在逻辑上犯了"大项不当扩大"的错误。

省略三段论的类型：

（1）省略大前提的形式

当大前提是众所周知的一般原则时，其常常被省略。

例如：我们是不相信鬼神的，因为我们是唯物主义者。

这个推理就是省略了众所周知的大前提："凡唯物主义者都是不相信鬼神的"。现恢复其完整形式为：

凡唯物主义者都是不相信鬼神的；

我们是唯物主义者；

所以，我们是不相信鬼神的。

（2）省略小前提的形式

当小前提所表示的是一个非常明显的事实时，往往被省略。

例如：一切工作都要尊重客观规律，所以，一切经济工作都要尊重客观规律。

这个推理省略了表示非常明显事实的小前提："一切经济工作都是工作"。现恢复其完整形式为：

一切工作都要尊重客观规律；

一切经济工作都是工作；

所以，一切经济工作都要尊重客观规律。

（3）省略结论的形式

当结论不说出来反而更有力量或更为婉转时，它就常被省略。

例如：你是知法犯法，而知法犯法都将被严惩。

这个推理省略了非常明显事实的结论："你将被严惩"，现恢复其完整形式为：

凡知法犯法都将被严惩；

你是知法犯法；

所以，你将被严惩。

2. 恢复省略前提的方法

三段论的省略形式会出现下述问题，如被省略的前提实际上是不成立的，或者所使用的推理形式是无效的。在这两种情形下，结论都没有得到强有力的支持。因此，有时需要把省略的三段论补充为完整的三段论，然后看其前提真不真，推理过程是否有效。

恢复省略前提型三段论的步骤是：

（1）若确定该三段论省的是前提，那找到了结论，就确定了大项和小项。

（2）进一步确定省略的是大前提还是小前提：当大项没有在省略式的前提中出现，表明省略的是大前提；当小项在省略式的前提中没有出现，说明省略的是小前提。

如果省略的是大前提，把结论的谓项（大项）与中项相连接，得到大前提；

如果省略的是小前提，则把结论的主项（小项）与中项相连接，得到小前提。

（3）最后，把省略的部分补充进去，并作适当的整理，就得到了省略三段论的完整形式。

在做了所有这些工作之后，来看被省略的前提是否真实，推理过程是否正确。

3. 解题步骤

在实际解题中，针对省略三段论的补充前提型考题，一般可用如下步骤来解题。

（1）抓住结论和前提

按题干的陈述顺序依次对前提和结论作出准确的理解。

（2）揭示省略前提

查看已知前提与结论中没有重合的两个项，将其连接起来，揭示出被省略的前提。

（3）检验推理的有效性

把省略的前提补充进去，并作适当的整理，将推理恢复成标准形式，根据三段论的演绎推理规则检验上述推理是否有效。验证选项时，相对便捷的办法是借助作图法帮助判断。

❶ 没有数学命题能由观察而被证明为真，因而，任何数学命题的真实性都不得而知。

如果以下哪项为假设，能使上文结论合逻辑地得出？

A. 只有能被证实为真的命题才能知其为真。

B. 仅凭观察不能用来证明任何命题的真实性。

C. 如果一命题能由观察证明为真，则其真实性是可知的。

D. 只有在某一命题不能由观察证实的情况下，该命题的真实性才不可知。

E. 知道某一命题为真需要通过观察证明其为真。

[解题分析] 正确答案：E

题干是个省略三段论，补充省略前提后构成有效的三段论推理：

题干前提：没有数学命题能由观察而被证明为真，

补充 E 项：知道某一命题为真需要通过观察证明其为真；

题干结论：任何数学命题的真实性都不得而知。

补充其他选项都不能使上文结论合逻辑地得出。

❷ 有的外科医生是协和医科大学 8 年制的博士毕业生，所以，有些协和 8 年制的博士毕业生有着精湛的医术。

以下哪项必须为真，才能够保证上述结论正确？

A. 有的外科医生具有精湛的医术。

B. 并非所有的外科医生都医术精湛。

C. 所有医术精湛的医生都是协和 8 年制的博士毕业生。

D. 所有的外科医生都具有精湛的医术。

E. 有的外科医生不是协和的博士。

[解题分析] 正确答案：D

题干是个省略三段论，补充省略前提后构成有效的三段论推理：

题干陈述：有的外科医生是协和医科大学 8 年制的博士毕业生，

补充 D 项：所有的外科医生都具有精湛的医术；

推出结论：有些协和 8 年制的博士毕业生有着精湛的医术。

注意，C 项为真，也能使题干结论为真，但本题问的是假设，假设是题干前提到结论的桥梁，而 C 项与题干前提无关，所以不是题干论证的假设。

其余各项均不能保证题干论证的成立。

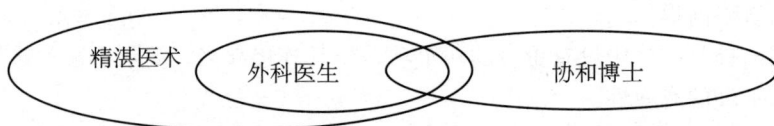

❸ 所有的物质实体都可以再分，而任何可以再分的东西都是不完美的。因而，灵魂并非物质实体。

以下哪个选项是使上文结论成立的假设？

A. 所有可以再分的东西都是物质实体。

B. 没有任何不完美的东西是不可再分的。

C. 灵魂是可分的。

D. 灵魂是完美的。

E. 灵魂或者不可分，或者不完美。

[解题分析] 正确答案：D

题干是个省略三段论，补充假设后构成有效的三段论推理：

题干前提一：所有的物质实体都可以再分，

题干前提二：任何可以再分的东西都是不完美的。

推出结论：物质实体是不完美的。

补充 D 项：灵魂是完美的；

得出结论：灵魂并非物质实体。

补充其他选项都不能合乎逻辑地推出题干中的结论。

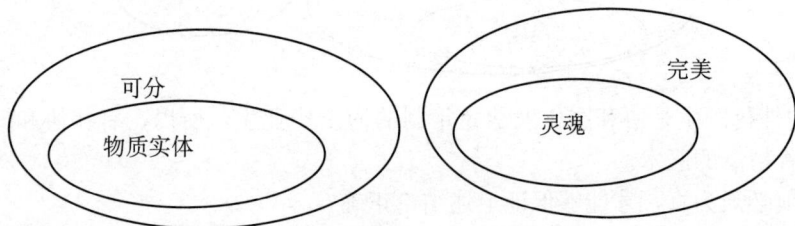

❹ 在某大型理发店内，所有的理发师都是北方人，所有女员工都是南方人，所有的已婚者都是女员工。所以，所有的已婚者都不是理发师。

下面哪一项为真，将证明上述推理的前提至少有一个是假的？

A. 该店内有一位出生于北方的未婚的男理发师。

B. 该店内有一位不是理发师的未婚女员工。

C. 该店内有一位出生于南方的女理发师。

D. 该店内有一位出生于南方的已婚女员工。

E. 该店内有一位已婚的南方人。

[解题分析] 正确答案：C

根据题干，可以画出如下集合图：

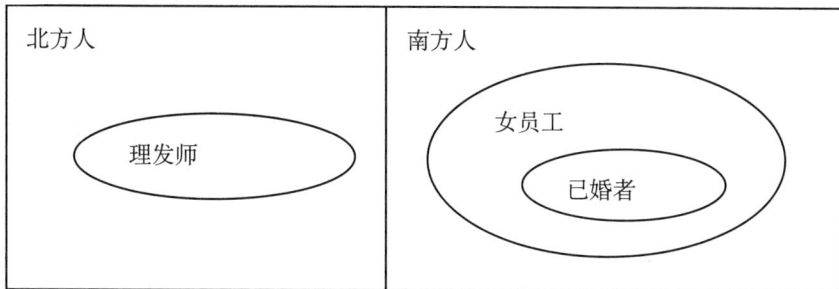

如果"该店内有一位出生于南方的女理发师"，这与题干"所有的理发师都是北方人"矛盾，因此，如果 C 项为真，将证明题干推理的前提至少有一个是假的。

其余选项如果为真，题干推理仍有可能成立。

练 习 题

01 某宿舍住着若干个研究生。其中，一个是大连人，两个是北方人，一个是云南人，两个人这学期只选修了逻辑哲学，三个人这学期选修了古典音乐欣赏。

假设以上介绍涉及了这寝室中所有的人，那么，这寝室中最少可能是几个人？最多可能是几个人？

A. 最少可能是 3 人，最多可能是 8 人。

B. 最少可能是 5 人，最多可能是 8 人。

C. 最少可能是 5 人，最多可能是 9 人。

D. 最少可能是 3 人，最多可能是 9 人。

E. 无法确定。

02 今年所有向甲大学申请奖学金的学生同时也向乙大学申请奖学金。甲、乙两所大学各同意给予半数的申请者每人一个全奖。因此，所有这些申请者就都获得了一份全奖。

上述推论基于以下哪项假设？

A. 所有申请者既符合甲大学的入学要求，又符合乙大学的入学要求。

B. 所有的申请者都愿意接受甲、乙大学的奖学金资助。

C. 甲、乙两所大学没有给同一个申请者以全额奖学金。

D. 没有任何一个申请者向第三所大学申请奖学金。

E. 没有任何一个申请者在今年以前向甲大学或是乙大学提过申请。

03 经济学家区别正常品和低档品的唯一方法，就是看消费者对收入变化的反应如何。如果人们的收入增加了，对某种东西的需求反而变小，这样的东西就是低档品。类似地，如果人们的收入减少了，他们对低档品的需求就会变大。

以下哪项陈述与经济学家区别正常品与低档品的描述最相符？

A. 学校里的穷学生经常吃方便面，他们毕业找到工作后就经常下饭馆了。对这些学生来说，方便面就是低档品。

B. 在家庭生活中，随着人们收入的减少，对食盐的需求并没有变大，毫无疑问，食盐是一种低档品。

C. 在一个日趋老龄化的社会，对汽油的需求越来越少，对家庭护理服务的需求越来越大。与汽油相比，家庭护理服务属于低档品。

D. 当人们的收入增加时，家长会给孩子多买几件名牌服装，收入减少时就少买点。名牌服装不是低档品，也不是正常品，而是高档品。

E. 老年人在退休后，收入减少，但是对医疗健康用品的需求加大，因此，对于老年人来说，健康医疗用品属于低档品。

04 如果一个家庭的人均收入超过当地75%的家庭的水平，则可称为该地区的富裕户。从统计局的调查得知，近20年来，珠江三角洲地区经济发展得很快，其富裕户的数量一直在稳步增长。

假定以上情况为真，则以下哪项也必定为真？

A. 近20年来，珠江三角洲地区富裕户的人均收入一直在稳步增长。

B. 近20年来，珠江三角洲地区非富裕户的数量不断增长。

C. 近20年来，珠江三角洲地区的贫富分化现象越来越严重。

D. 近20年来，在珠江三角洲地区，每一个富裕户的家庭收入都大于任一非富裕户的家庭收入。

E. 近20年来，在珠江三角洲地区，每一个富裕户的家庭人均收入都超过整个地区的人均收入。

05 市长夸口说，从紧急呼叫到传送病人的重急诊救护车的平均轮转时间在今年内已经有了大幅度的缩短。然而，这一说法严重失真。所谓的"缩短"只是因为重新定义了什么是"重急诊"。通常"重急诊"包括枪伤和触电等需要耗时处理的事件，而现在仅限于心脏病和中风。

以下哪一项强化了作者关于轮转时间缩短是由于对"重急诊"重新定义这个结论？

A. 心脏病和中风的急诊数目今年有所下降。

B. 市长重新定义了今年的财政重点。

C. 专家们不同意市长对"重急诊"的重新定义。

D. 去年一半的重急诊病例都是枪伤和触电。

E. 医生不得以任何借口推诿"重急诊"病人。

06 所有喜欢数学的学生都喜欢哲学。

如果上述信息正确，则下列哪项一定不正确？

A. 有些学生喜欢哲学但不喜欢数学。

B. 有些学生喜欢数学但是不喜欢哲学。

C. 有些学生既喜欢哲学又喜欢数学。

D. 所有的学生都喜欢数学。

E. 多数学生都喜欢哲学。

07 设"并非无奸不商"为真，则以下哪项一定为真？

A. 所有的商人都是奸商。

B. 所有商人都不是奸商。

C. 并非有的商人不是奸商。

D. 并非有的商人是奸商。

E. 有的商人不是奸商。

08 与西药相比，中药是安全的，因为中药的成分都是天然的。

下列陈述中，除哪项外，都反驳了上面论证的假设？

A. 多数天然的东西是安全的。

B. 断肠草是天然的，却能致人死命。

C. 有些天然的东西是不安全的。

D. 并非天然的东西都是安全的。

E. 中草药是天然的，但也有毒副作用。

09 没有人想死。即使是想上天堂的人，也不想搭乘死亡的列车到达那里。然而，死亡是我们共同的宿命，没有人能逃过这个宿命，而且也理应如此。因为死亡很可能是生命独一无二的最棒发明，它是生命改变的原动力，它清除老一代的生命，为新一代开道。

如果以上陈述为真，下面哪一项陈述必定为假？

A. 所有人都不能逃过死亡的宿命。

B. 人并不都能逃过死亡的宿命。

C. 并非人都不能逃过死亡的宿命。

D. 张博不能逃过死亡的宿命。

E. 不可能有人能逃过这个宿命。

10 哪一个运动员不想出现在奥运会的舞台上，并在上面尽情表演？

如果以上陈述为真，以下哪项陈述必定为假？

A. 所有美国运动员，如游泳选手菲尔普斯，都想在奥运会的舞台上尽情表演。

B. 有的牙买加运动员，如短跑选手博尔特，想出现在奥运会的舞台上。

C. 中国110米跨栏选手刘翔不想出现在奥运会舞台上，并在上面尽情表演。

D. 任何一个人，只要他是运动员，都想出现在奥运会的舞台上。

E. 中国跳水皇后郭晶晶想出现在奥运会的舞台上，并在上面尽情表演。

11 彭平是一位计算机编程专家，姚欣是一位数学家。其实，所有的计算机编程专家都是数学家。我们知道，今天国内大多数综合性大学都在培养计算机编程专家。

据此，我们可以认为：

A. 彭平是由综合性大学所培养的。

B. 大多数计算机编程专家是由综合性大学所培养的。

C. 姚欣并不是毕业于综合性大学。

D. 有些数学家是计算机编程专家。

E. 有些数学家不是计算机编程专家。

12 每周一调频电台的节目部都会评议听众对电台节目发表意见的主动来信。某一周，该电台收到了 50 封赞扬电台新闻和音乐节目的信和 10 封批评晚间电影评论节目的信，根据这些信息，节目部主管认为既然有听众不喜欢电影评论节目，那就肯定有人喜欢它，所以，他决定将该节目继续办下去。

以下哪一项指出了节目部主管在作出决定过程中存在的问题？

A. 他没有认识到人们更喜欢写批评的信，而不是表扬的信。

B. 他不能从有些人不喜欢电影评论节目的事实中引申出有人喜欢它。

C. 他没有考虑到所收到的表扬信和批评信在数目上的差异。

D. 他没有考虑到新闻节目和电影评论节目之间的关系。

E. 他没有等到至少收到 50 封批评电影评论节目的信时再作决定。

13 这栋楼中有的住户家中发现了蟑螂。

如果以上这一断定为真，则在下述三个断定中不能确定真假的是：

Ⅰ. 这栋楼中没有住户的家中不发现蟑螂。

Ⅱ. 这栋楼中有的住户家中没有发现蟑螂。

Ⅲ. 这栋楼中所有的住户家中都未发现蟑螂。

A. 仅Ⅰ、Ⅱ。

B. 仅Ⅱ、Ⅲ。

C. Ⅰ、Ⅱ、Ⅲ。

D. 仅Ⅰ。

E. 仅Ⅱ。

14 某律师事务所共有 12 名工作人员。①有人会使用计算机；②有人不会使用计算机；③所长不会使用计算机。上述三个判断中只有一个是真的。

以下哪项正确表示了该律师事务所会使用计算机的人数？

A. 12 人都会使用。

B. 12 人没人会使用。

C. 仅有一个不会使用。

D. 仅有一人会使用。

E. 不能确定。

15 唐三藏一行西天取经，遇到火焰山。八戒说，只拣无火处走便罢。唐三藏道，我只欲往有经处去哩。沙僧道，有经处有火。沙僧的意思是，凡有经处皆有火。

如果沙僧的话为真，则以下哪一项陈述必然为真？

A. 有些无火处有经。

B. 有些有经处无火。

C. 凡有火处皆有经。

D. 凡无火处皆无经。

E. 凡无经处皆无火。

16 古罗马的西塞罗曾说："优雅和美不可能与健康分开。"意大利文艺复兴时代的人道主义者洛伦佐·巴拉强调说，健康是一种宝贵的品质，是"肉体的天赋"，是大自然的恩赐。他写道："很多健康的人并不美，但没有一个美的人是不健康的。"

以下各项都可以从洛伦佐·巴拉的论述中推出，除了：

A. 有些不美的人是健康的。

B. 有些美的人不是健康的。

C. 有些健康的人是美的。

D. 没有一个不健康的人是美的。

E. 有些美的人是健康的。

17 所有的金属都导电，铁导电，所以，铁是金属。

以下哪项与上述推理结构最为相似？

A. 所有的金属都导电，铜是金属，所以，铜导电。

B. 副教授是知识分子，研究员不是副教授，所以研究员不是知识分子。

C. 所有的鸟都不是植物，麻雀是鸟，所以麻雀不是植物。

D. 所有的鸟都是动物，人是动物，所以，人是鸟。

E. 所有的金属都导电，木材不是金属，所以木材不导电。

18 班干部都参加了奥运志愿服务，小赵也参加了奥运志愿服务，所以，小赵是班干部。

以下哪项中的推理与上文中的最相似？

A. 班干部都参加了奥运志愿服务，小刘没有参加奥运志愿服务，所以，小刘不是班干部。

B. 高一（2）班排名前 10 的都考上了大学，小赵考上了大学，所以，小赵在高一（2）班排名在前 5。

C. 2008 年以后购买的电脑都安装了 VistA 系统，我的电脑安装了 VistA 系统，所以，我的电脑是 2008 年以后购买的。

D. 学习成绩差的大学生不能参加国庆节广场联欢，小刘参加了国庆节广场联欢，所以，小刘成绩一定不错。

E. 在超市购买商品的顾客都能得到公园门票，我想得到公园门票，所以我一定要去超市购物。

19 韩国人爱吃酸菜，翠花爱吃酸菜，所以，翠花是韩国人。

以下哪个选项最明确地显示了上述推理的荒谬？

A. 所有的克里特岛人都说谎，约翰是克里特岛人，所以，约翰说谎。

B. 会走路的动物都有腿，桌子有腿，所以，桌子是会走路的动物。

C. 西村爱翠花，翠花爱吃酸菜，所以，西村爱吃酸菜。

D. 所有金子都闪光，所以，有些闪光的东西是金子。

E. 所有的羊都爱吃草，所有牛也爱吃草，所以，所有牛羊都爱吃草。

20 所有向日葵都是向阳的，这棵植物是向阴的，所以这棵植物不是向日葵。

上述推理的形式结构与以下哪项最为类似？

A. 所有职业短跑运动员都穿钉鞋，小李不是职业短跑运动员，所以小李不穿钉鞋。

B. 所有纳税人都有存款，这位姑娘有存款，所以这位姑娘是纳税人。

C. 所有法警都在法院工作，小王在法院工作，所以小王是法警。

D. 所有铅笔的外壳都是木头做的，这支笔是铝做的，所以这支笔不是铅笔。

E. 所有的偶蹄目动物都是脊椎动物，牛是偶蹄目动物；所以牛是脊椎动物。

21 在中国西北有这样两个村落，赵村所有的人都是白天祭祀祖先，李庄所有的人都是晚上才祭祀祖先，我们确信没有既在白天也在晚上祭祀祖先的人。我们也知道李明是晚上祭祀祖先的人。

那么，依据以上信息，能断定以下哪项是对李明身份正确的判断？

A. 李明是赵村的人。

B. 李明不是赵村的人。

C. 李明是李庄的人。

D. 李明不是李庄的人。

E. 李明既不是赵村人，也不是李庄人。

22 一些麋鹿的骨盆骨与所有猪的骨盆骨具有许多相同的特征。虽然不是所有的麋鹿都有这些特征，但是一些动物学家声称，所有具有这些特征的动物都是麋鹿。

如果以上陈述和动物学家的声明都是真的，以下哪项也一定是真的？

A. 麋鹿与猪的相似之处要多于它与其他动物的相似之处。

B. 一些麋鹿与猪在其他方面的不同之处要少得多。

C. 所有动物，如果它们的骨盆骨具有相同的特征，那么它们的其他骨骼部位一般也会具有相同或相似的特征。

D. 所有的猪都是麋鹿。

E. 所有的麋鹿都是猪。

23 哈尔滨人都是北方人，有些哈尔滨人不是工人。

以上命题为真，则以下哪一项肯定为真？

A. 有些北方人是工人。

B. 有些北方人不是工人。

C. 有些工人是北方人。

D. 有些工人不是北方人。

E. 所有哈尔滨人都不是工人。

24 犯罪行为不是合法行为，故意杀人是犯罪行为。

故此我们可以推出：

A. 故意杀人不是合法行为。

B. 不合法行为是犯罪行为。

C. 不是犯罪行为一定合法。

D. 有的犯罪行为是合法行为。

E. 某些故意杀人行为是合法的。

25 某校长在校庆大会上讲话时说："我们有许多已毕业同学以自己的努力已在各自领域中取得了优异成绩。他们有的已成为科学家、将军、市长、大企业家，我们的学校以他们为荣。毋庸置疑，我们已毕业同学中有许多女同学……"

如果该校长讲话中的断定都是真的，则以下哪项必定是真的？

A. 取得优异成绩的全部是女同学。

B. 取得优异成绩的至少有女同学。

C. 取得优异成绩的女同学多于男同学。

D. 取得优异成绩的男同学多于女同学。

E. 取得优异成绩的也许没有女同学。

26 有一种长着红色叶子的草，学名叫艾博拿，在地球上极稀少。北美人都认识一种红色叶子的草，这种草在那里很常见。

从上面的事实不能得出以下哪项结论？

A. 北美的那种红色叶子的草就是艾博拿。

B. 艾博拿可能不是生长在北美。

C. 并非所有长红色叶子的草都稀少。

D. 北美有的草并不稀少。

E. 并非所有生长在北美的草都稀少。

27 所有的男演员都是精力充沛的人，所有精力充沛的人都是性格外向的人，但是仍然有一些害羞的人是男演员。

如果上面的陈述是正确的，下面除了哪一项之外也都是正确的？

A. 有些害羞的人是性格外向的人。

B. 有些害羞的性格外向者不是男演员。

C. 有些精力充沛的男演员是害羞的人。

D. 并非所有性格不外向的人都是男演员。

E. 有些性格外向的人是害羞的人。

28 在参加地方行政事务的人当中，有些官员是为公众服务的，有些为公众服务的人是受人尊敬的，有些受人尊敬的人不是官员。

如果以上命题为真，以下哪个选项可能为真？

A. 没有为公众服务的人是受人尊敬的。

B. 没有官员是为公众服务的。

C. 没有受人尊敬的人是为公众服务的。

D. 所有受人尊敬的人都是为公众服务的。

E. 所有受人尊敬的人都是官员。

29 有些教授留长发，因此，有些留长发的人是科学家。

为使上述推理成立，需要补充以下哪项作为前提？

A. 有些教授是科学家。

B. 所有科学家都是教授。

C. 所有教授都是科学家。

D. 有些科学家不是教授。

E. 有些教授不是科学家。

30 由于中国代表团没有透彻地理解奥运会的游戏规则，因此在伦敦奥运会上，无论是对赛制赛规的批评建议，还是对裁判执法的质疑，前后几度申诉都没有取得成功。

为使上述推理成立，必须补充以下哪一项作为前提？

A. 在奥运舞台上，中国还有许多自己不熟悉的东西需要学习。

B. 有些透彻理解奥运会游戏规则的代表团，在赛制赛规等方面的申诉中取得了成功。

C. 奥运会上在赛制赛规等方面的申诉中取得成功的代表团都透彻理解了奥运会的游戏规则。

D. 奥运会上透彻理解奥运会游戏规则的代表团都能在赛制赛规等方面的申诉中取得成功。

E. 中国代表团在伦敦奥运会上没有受到任何不公正不公平的待遇。

31 某中学自 2010 年起试行学生行为评价体系。最近，校学生处调查了学生对该评价体系的满意程度。数据显示，得分高的学生对该评价体系的满意度都很高。学生处由此得出结论：表现好的学生对这个评价体系都很满意。

该校学生处的结论基于以下哪一项假设？

A. 得分低的学生对该评价体系普遍不满意。

B. 表现好的学生都是得分高的学生。

C. 并不是所有得分低的学生对该评价体系都不满意。

D. 得分高的学生受到该评价体系的激励，自觉改进了自己的行为方式。

E. 得分低的学生对该评价体系的满意度都不高。

32 学校里最近成立了"工商管理同学会"，所有的 MBA 在校学生都加入了这个组织。小贺参加了工商管理同学会，所以他一定是一名在校的 MBA 学生。

以下哪项最好地指出了上述论证过程的逻辑错误？

A. 小贺参加工商管理同学会是因为他希望参加而不是因为他的身份。

B. 工商管理同学会的成员中也有已经毕业的 MBA。

C. 小贺符合参加工商管理同学会的全部条件。

D. 工商管理同学会的成员一旦加入，不能够随意退出。

E. 小贺对工商管理这个专业非常喜爱，是工商管理同学会的发起人之一。

答案与解析

01. 答案：B

从地域情况看：由于介绍涉及了这寝室中所有的人，"一个是大连人，两个是北方人"，关键是大连人与北方人必有重合，也就还是两个人。再加上"一个是云南人"，因此，是 3 个人。

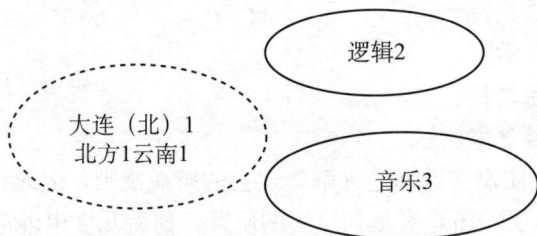

从选课的情况看：虽然"三个人这学期选修了古典音乐欣赏"时没有用"只"字。但事实上，就本题而言，与用了"只"字的答案是一样的，而"只选修了逻辑哲学"的两个

人和"选修了古典音乐欣赏"的三个人是绝对不会重合的，也就是 5 个人。

按地域得到的 3 个人和按选课得到的 5 个人，可能完全重合也可能完全不重合，因此，最少可能是 5 人，最多可能是 8 人。

02. 答案：C

为使题干论证成立，C 项是必须假设的，否则，如果甲、乙两所大学给了同一个申请者以全奖，那么所有这些申请者都获得了一份全奖将成为不可能。

题干并没有涉及申请者是否符合入学要求、是否愿意接受奖学金等问题，因此，A、B 为无关项。D、E 项也均不是必须假设的。

03. 答案：A

题干断定：低档品就是这样的东西，收入增加了，对某种东西的需求反而变小；收入减少了，需求就会变大。

A 项中的方便面，就符合题干的断定，应属于低档品。因此，A 项为正确答案。

B 项中的食盐，收入减少了，需求并没有变大，所以不属于低档品。

C 项没有涉及收入问题，为无关项。

D 项中的名牌服装不符合低档品的定义，为无关项。

E 项中的医疗健康用品并非由于收入减少而需求增大，是因为随着年龄老化而需求增大，不属于低档品。

04. 答案：B

由题干可知，富裕户占整个地区总户数的 25%，非富裕户占整个地区总户数的 75%。既然近 20 年来，珠江三角洲地区富裕户的数量一直在稳步增长，那么，整个地区总户数一定在稳步增长，从而非富裕户的数量也一定在稳步增长。因此，B 项必定为真。

A、C 尽管可能为真，但却不能从题干中必然推出。D 不一定成立。因为可能存在这样的情况：人均收入较多的富裕户的人口较少，而人均收入较少的非富裕户的人口较多。按照题干富裕户的定义，E 项不能从题干中必然推出。

05. 答案：D

若去年一半的重急诊病例都是枪伤和触电，这些是需要耗时处理的事件，而现在"重急诊"仅限于心脏病和中风。这样，即使每个具体事件的轮转时间都没变，按照新的定义，"重急诊"的轮转时间也缩短了。

06. 答案：B

"所有喜欢数学的学生都喜欢哲学"与"有些学生喜欢数学但是不喜欢哲学"矛盾，因此，B 项为正确答案。

07. 答案：E

"无奸不商"即"所有的商人都是奸商"。

"并非无奸不商"即"并非 SAP"，等值于"SOP"，即答案是"有的商人不是奸商。"

08. 答案：A

前提：中药的成分都是天然的。

假设：所有天然的东西都是安全的。

结论：中药是安全的。

因此，反驳上面论证的假设就必须说明，有些天然的东西是不安全的。

除 A 项外，其余选项都能反驳上面论证的假设。

09. 答案：C

题干断定：没有人能逃过死亡的宿命，这意味着，所有人都逃不过死亡的宿命，即 A 项。由此，可进一步推出 B、D 项也必然为真。

C 项的意思是有的人能逃过死亡的宿命，与题干意思矛盾，必定为假。

10. 答案：C

题干表述可理解为：所有运动员都想出现在奥运会的舞台上并在上面尽情表演。

直言命题一般也可按假言命题理解，题干意思可以理解为"任何一个人如果属于运动员，那么他就想出现在奥运会的舞台上，并在上面尽情表演"。既然刘翔是运动员，那他一定想出现在奥运会的舞台上。C 项与题干陈述明显不一致，必定为假，因此，为正确答案。

其余选项都符合题干意思。

11. 答案：D

根据"所有的计算机编程专家都是数学家"可以推出：有些数学家是计算机编程专家。

其余选项都不能必然被推出。

12. 答案：B

题干论证的前提是：有听众不喜欢电影评论节目。

结论是：有人喜欢它。

根据直言命题的推理关系，从题干前提是推不出题干结论的。

B 项指出了其存在的问题，为正确答案。

13. 答案：A

题干断定：这栋楼中有的住户家中发现了蟑螂。即 Ⅰ 判断为真。

Ⅰ项，这栋楼中没有住户的家中不发现蟑螂＝所有住户的家中都发现蟑螂，这是 A 判断，不能确定真假。

Ⅱ项，是 O 判断，不能确定真假。

Ⅲ项，是 E 判断，必然为假。

14. 答案：A

假设③为真，即"所长不会使用计算机"是真的，那么②"有人不会使用计算机"就肯定为真，与题干的假设"只有一个是真的"矛盾，因此，③肯定应该为假，即所长会使用计算机。

由此可推出①"有人会使用计算机"为真，因为只有一句是真的，所以②"有人不会使用计算机"就是假的，则可推出"所有人都会使用计算机"，即 A 项是真的。

15. 答案：D

凡有经处皆有火

＝如果有经，那一定有火

＝如果没火，那一定没经

＝凡无火处皆无经

16. 答案：B

洛伦佐·巴拉的论述是，很多健康的人并不美，但没有一个美的人是不健康的。

这表明：所有美的人都是健康的，但健康的人不一定都美。

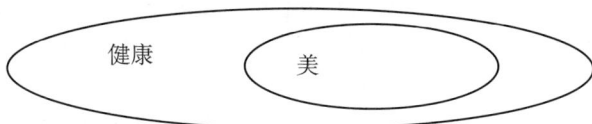

可见，A、C、D、E 项都能从题干推出；B 项与题干论述矛盾，为正确答案。

17. 答案：D

题干推理结构为：PAM，SAM，所以，SAP。

诸选项中，只有 D 项与题干结构一致。

A 项：MAP，SAM，所以，SAP。

B 项：MAP，SEM，所以，SEP。

C 项：MEP，SAM，所以，SEP。

D 项：PAM，SAM，所以，SAP。

E 项：MAP，SEM，所以，SEP。

18. 答案：C

题干的推理结构是：所有 P 都是 M，S 是 M，所以，S 是 P。

诸选项中，只有 C 项与题干最为相似，因此为正确答案。

其余选项均与题干推理结构不一致，比如：A 项结论否定；B 项出现四个概念；D 项大前提否定；E 项不属于三段论。

19. 答案：B

先整理出题干的三段论推理结构。其中"酸菜"为 M，"韩国人"为 P，"翠花"为 S，则题干的推理结构是：PAM，SAM，所以 SAP。（这里把单称看成全称）这个推理犯了"中项两次不周延"的逻辑错误。

A 项的推理结构是：MAP，SAM，所以 SAP。

B 项的推理结构是：PAM，SAM，所以 SAP。

C 项不是三段论推理，描述的"爱屋及乌"的推理，明显与题干不同，排除。

D 项不是三段论推理，是直言命题换位推理，SAP→PIS，没有推理错误，排除。

E 项也不是三段论推理。因此，B 项的推理与题干同样是荒谬的。

也可用排除法，先排除不是三段论的 C、D；再根据 M 位置排除 A。

20. 答案：D

题干推理形式是，所有 P 都是 M，S 不是 M；所以，S 不是 P。

诸选项中只有 D 项推理形式与此类似。

21. 答案：B

由题干，赵村人都在白天祭祀祖先，而李明在晚上祭祀祖先；又没有人既在白天祭祀祖先也在晚上祭祀祖先，所以，李明不在白天祭祀祖先。故李明不是赵村人。因此，B 项必然正确。

至于李明是不是李庄的人，都有可能。A 必然错，C、D、E 存在可能性。

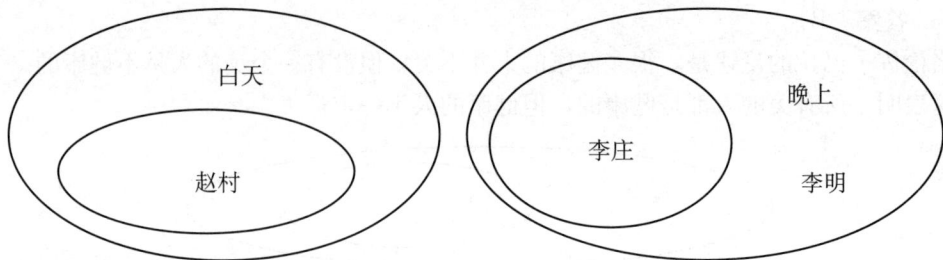

22. 答案：D

本题可用三段论来推理：

所有猪与一些麋鹿的骨盆骨具有许多相同的特征

有此特征的动物就是麋鹿，

所以，所有的猪都是麋鹿。

因此，D 项为正确答案。

23. 答案：B

三段论推理可用集合图示法帮助解题。

"哈尔滨人都是北方人，有些哈尔滨人不是工人。"由三段论推理显然可以得到"有些北方人不是工人"，因此，B 项为正确答案。

由题意画图，可能存在三种情况。

第一种情况：

此时 E 项不成立。

第二种情况：

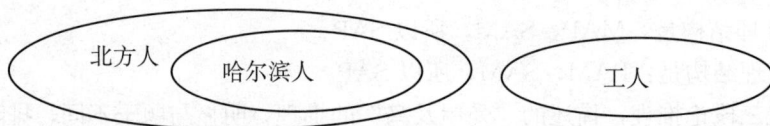

此时 A、C 不成立。

第三种情况：

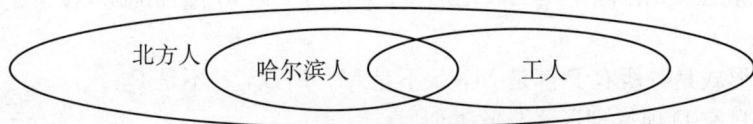

此时 D、E 项不成立。

不管哪种情况，由图很容易观察得知，B 项一定正确。

24. 答案：A

故意杀人是犯罪行为，犯罪行为不是合法行为，所以，故意杀人不是合法行为。故 A 项正确。

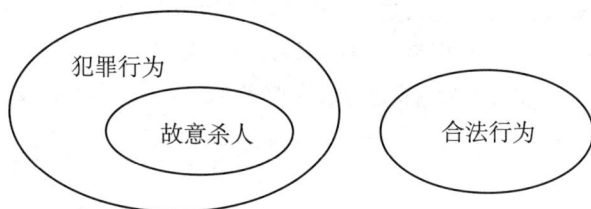

25. 答案：E

由"许多已毕业同学取得了优异成绩，已毕业同学中有许多女同学"这两个特称判断是推不出确定的结论的，只能得到可能的结论。所以，选 E。

26. 答案：A

根据题意，艾博拿极稀少。北美人都认识的那种红色叶子草在那里很常见。可以推出，北美的那种红色叶子的草不是艾博拿。因此，A 项得不出，为正确答案。

其他选项都能从题干推出来。从题干信息得不出艾博拿是不是生长在北美，因此可以推出 B 项"艾博拿可能不是生长在北美"。从"北美人都认识的那种红色叶子草在那里很常见"显然可以推出 C、D、E 项。

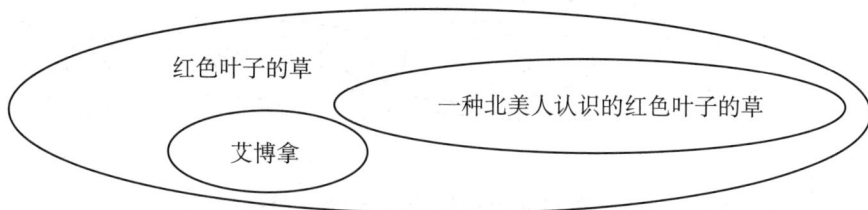

27. 答案：B

由"有一些害羞的人是男演员"推不出"有一些害羞的性格外向者不是男演员"，即 B 项推不出，因此为正确答案。

由"所有的男演员都是精力充沛的人，所有精力充沛的人都是性格外向的人"可推出："所有的男演员都是性格外向的人"，再加上"有一些害羞的人是男演员"，可推出 A 项。

由"有一些害羞的人是男演员"加上"所有的男演员都是精力充沛的人"可推出 C 项。

由"所有的男演员都是性格外向的人"可推出 D 项。

由 A 项"有些害羞的人是性格外向的人"可推出 E 项。

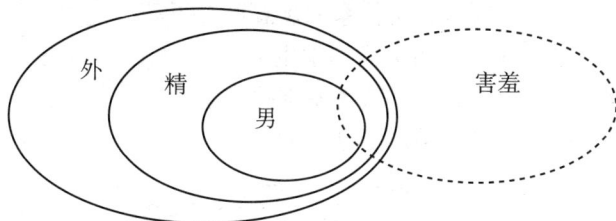

28. 答案：D

从"有些为公众服务的人是受人尊敬的"得出 A 项必为假。

从"有些官员是为公众服务的"得出 B 项必为假。

从"有些为公众服务的人是受人尊敬的"得出 C 项必为假。

从"有些受人尊敬的人不是官员"得出 E 项必为假。

只有 D 项"所有受人尊敬的人都是为公众服务的"不违背题干条件，可能是真的。

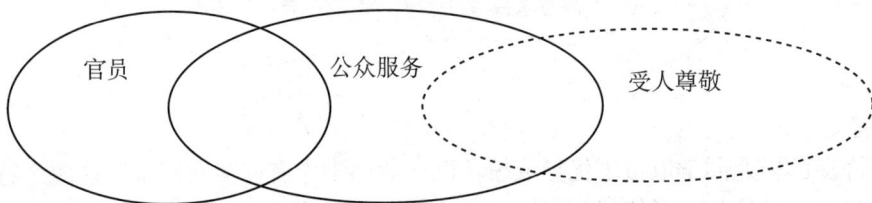

29. 答案：C

题干是个省略三段论，补充省略前提后构成有效的三段论推理：

题干前提：有些教授留长发。

补充 C 项：所有教授都是科学家。

得出结论：有些留长发的人是科学家。

其余各项均不能保证题干论证的成立。

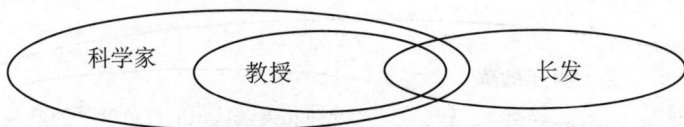

30. 答案：C

题干是个省略三段论，补充省略前提后构成有效的三段论推理：

题干前提：中国代表团没有透彻地理解奥运会的游戏规则。

补充 C 项：申诉中取得成功的代表团都透彻理解了奥运会的游戏规则。

得出结论：申诉都没有取得成功。

31. 答案：B

题干是个省略三段论，补充假设后构成有效的三段论推理：

题干前提：得分高的学生对该评价体系的满意度都很高。

补充 B 项：表现好的学生都是得分高的学生。

得出结论：表现好的学生对这个评价体系都很满意。

其余选项均不是该校学生处的结论所基于的假设。

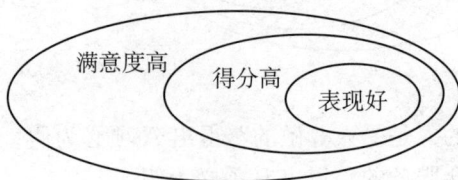

32. 答案： B

题干论证：所有的 MBA 在校学生都加入了工商管理同学会。小贺参加了工商管理同学会，所以他一定是一名在校的 MBA 学生。

这一推理是有错误的，因为工商管理同学会的成员并不都是 MBA 在校学生，其中也有已经毕业的 MBA。选项 B 指出了这一点，因此，为正确答案。

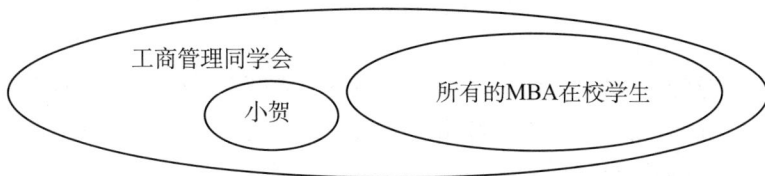

第二章 命题逻辑

命题逻辑是演绎逻辑最核心的组成部分，研究由命题和命题联结词构成的复合命题以及研究命题联结词的逻辑性质和推理规律。命题逻辑涉及对假言、联言、选言、模态、负命题及相关等值推理的综合运用。由于推理形式是命题形式之间的关系，因此，为研究推理的有效性，就要对命题的形式进行分析。

第一节 复合推理

复合命题是包含了其他命题的一种命题，一般来说，它是由若干个（至少一个）简单命题通过一定的逻辑联结词组合而成的。构成复合命题的命题称为支命题。包含联言、选言、假言等基本复合命题的推理叫复合推理。

一、联言推理

联言命题是由"并且"这类连词连接两个支命题形成的复合命题，是断定事物的若干种情况同时存在的命题。如："文艺创作既要讲思想性，又要讲艺术性"就断定了"文艺创作要讲思想性"和"文艺创作要讲艺术性"这两种情况同时存在。

1. 联言命题的语言表达

在自然语言中，联言命题的语言表达形式是多种多样的，例如：

（1）并列关系的复合命题

① 产品加工既要省工，又要省料。

② 鲸鱼是水生动物，并且是哺乳动物。

③ 劳动不但创造物质财富，而且创造精神财富。

④ 阳光暖暖地照着大地，春风轻轻地吹着柔柳。

（2）承接关系的复合命题，承接关系涉及时间和空间的顺序

① 吃完晚饭，小张便去操场了。

② 看了他的示范动作后，我就照着样子做。

③ 旧的矛盾解决了，新的矛盾又出现了。

（3）转折关系的复合命题，转折关系有强调的作用

① 事情干成了，不过身体也弄坏了。

② 林是著名翻译家，但他不懂外语。

③ 虽然天色已晚，但是老师仍在灯下伏案工作。

（4）递进关系的复合命题，递进关系旨在补充和强调

① 他会唱歌，而且会跳舞。

② 自然是伟大的，然而人类更加伟大。

③ 海底不但景色奇异，而且物产丰富。

在自然语言中，表示对偶、对比、排比关系的句子常常省略联结词。例如：

① 价廉物美。

② 红了樱桃，绿了芭蕉。

③ 富贵不能淫，贫贱不能移，威武不能屈。

2. 联言命题的形式

从以上各例可以看出，在自然语言中，联言命题的表达形式是多种多样的，我们把"p"并且"q"看作它的标准表达形式，其中 p、q 为联言支。并且，在自然语言中，联言命题表达了支命题之间的内容、意义甚至语气上的相互关联。逻辑显然不能处理这些相互关联，它只研究支命题与复合命题在真假方面的相互关系。

如果取"并且"作为联言命题的典型联结词，用"p""q"等来表示联言支，那么联言命题的形式可表示为：

p 且 q

现代逻辑则用"∧"（读作"合取"）这一符号作为对联言命题联结词的进一步抽象，于是联言命题的公式就是：

p∧q（读作 p 合取 q）

由于联言命题同时断定了事物的几种情况，因此，联言命题的真假就取决于联言支的真假。一个联言命题只有当其每个支命题都真时，这个联言命题才是真的；只要其中有一个支命题是假的，整个命题就是假的。

联言命题的逻辑值（即真假值）与其联言支逻辑值的关系可用下表来刻画，其中"1"代表"真"，"0"代表"假"。

p	q	p∧q
1	1	1
1	0	0
0	1	0
0	0	0

联言命题的逻辑含义把握：

（1）在多个联言支存在的情况下，只要有一个联言支是假的，整个联言命题都是假的。

（2）相互矛盾的判断组成的联言支必然为假，如 p 且非 p，不论 p 是什么内容，该联言判断必然为假。

3. 合取词与日常语言

联言命题的联结词有：并且；和；然后；不但，而且；虽然，但是；不仅，还；等等。

在现代汉语中用这些联结词所联结而成的联言命题并不完全等同于用"∧"所联结而

成的合取式。要注意合取词与各种日常语言中的联言联结词的异同。

（1）合取词"∧"只保留了各种联言联结词所表示的联言命题与其支命题之间的真假关系，与联言支之间在内容上的联系无关。

"∧"是对联言命题联结词在真值方面的一种逻辑抽象，仅仅保留了"断定事物若干情况存在"这一意义，而舍去了它们可能表示的并列、承接、递进、转折、对比等意义。因而用"∧"所表示的联言命题的真假与联言支之间在内容上的联系无关。比如"1+1=2，并且雪是白的"在逻辑上可以为真。因为，对于联言命题来说，在真值方面的唯一要求就是看其所有联言支是否为真，虽然二者无意义上的联系。

（2）合取交换律成立，$p \wedge q$ 与 $q \wedge p$ 总是取同样的真值。一个合取命题成立与否，与其中合取支的顺序无关。

比如，下列两个陈述虽然语意并不一样，但其逻辑真值是一样的。

虽然认罪态度较好，但是犯罪情节严重。

虽然犯罪情节严重，但是认罪态度较好。

（3）日常语言，都是有着意义的关联的。

在日常语言中，联言命题的联言支的次序是十分重要的，千万不可马虎大意。

例如：清代曾国藩在镇压太平天国起义军时，几遭挫折，连连失败。他打算请求皇上增援军队，于是就草拟了奏章，讲到战绩时，不得不承认"屡战屡败"。他的师爷看了这个提法后沉思良久，将"战"和"败"两字调换了一下位置，这样"屡战屡败"变成"屡败屡战"，从而使这句话的意思起了质的变化。"屡战屡败"表现为无能，"屡败屡战"却表现为英勇。次日，皇上听了曾国藩面奏"臣屡败屡战"一语后，果然龙颜大悦，认为他在失败面前斗志不灭、百折不挠，从此他福星高照，连连受皇上恩泽。

分析：从纯粹逻辑的角度看，联言命题的意义与联言支的顺序是无关的。但在日常语言中，联言支的顺序不同，会使联言命题的意义也不同，上例就是一个很好的说明。

4. 联言推理

联言命题的推理有如下两种形式。

（1）分解式

这是根据一个联言命题为真而推出其各联言支为真。公式是：

$p \wedge q$

p（或 q）

某同志曾有如下议论：既然大家都认为每个人既有优点又有缺点的看法是正确的，那么我说老王是有缺点的，这又有什么不对呢？

（2）组合式

这是根据一个联言命题的各个联言支为真而推出该联言命题为真。公式是：

p

q

r

$p \wedge q \wedge r$

在国家建设时期，不仅工人和农民是国家建设的依靠力量，而且知识分子也是国家建设的依靠力量，所以，工人、农民和知识分子都是国家建设的依靠力量。

❶ 近 12 个月来，深圳楼市经历了一次惊心动魄的下挫，楼市均价以 36％ 的幅度暴跌，如果算上更早之前 18 个月的疯狂上涨，深圳楼市在整整 30 个月里，带着各种人体验了一回过山车般的晕眩。没有人知道这辆快车的终点在哪里，当然更没有人知道该怎样下车。

如果以上陈述为真，以下哪项陈述必然为假？

A. 所有的人都不知道这辆快车的终点在哪里，并且所有的人都不知道该如何下车。

B. 有的人知道这辆快车的终点在哪里，但所有的人都不知道该如何下车。

C. 有的人不知道这辆快车的终点在哪里，并且有的人不知道该如何下车。

D. 没有人知道这辆快车的终点在哪里，并且有的人不知道该如何下车。

E. 所有的人都不知道这辆快车的终点在哪里，并且有的人不知道该如何下车。

[解题分析] 正确答案：B

题干断定：没有人知道这辆快车的终点在哪里，当然更没有人知道该怎样下车。

意思就是：所有的人都不知道这辆快车的终点在哪里，并且所有的人都不知道该如何下车。即 A 项与题干等价。

从"所有的人都不知道这辆快车的终点在哪里"可知"有的人知道这辆快车的终点在哪里"必然为假，由于 B 项是个联言命题，只要有一个联言支是假的，整个命题就是假的。所以，题干真则 B 项必然为假。

从"所有的人都不知道这辆快车的终点在哪里"可推出"有的人不知道这辆快车的终点在哪里"。从"所有的人都不知道该如何下车"可推出"有的人不知道该如何下车"。因此，题干真则其余选项也真。

❷ 男士不都爱看足球赛，女士都不爱看足球赛。

如果已知上述第一个断定为真，第二个断定为假，则以下哪项据此不能确定真假？

Ⅰ. 男士都爱看足球赛，有的女士也爱看足球赛。

Ⅱ. 有的男士爱看足球赛，有的女士不爱看足球赛。

Ⅲ. 有的男士不爱看足球赛，女士都爱看足球赛。

A. 只有Ⅰ。

B. 只有Ⅱ。

C. 只有Ⅲ。

D. 只有Ⅰ和Ⅱ。

E. 只有Ⅱ和Ⅲ。

[解题分析] 正确答案：E

直言命题的对当关系。本题存在两个直言命题的推理。

题干第一个断定"男士不都爱看足球赛"为真，等同于"有的男士不爱看足球赛"。根据直言命题的推理，可知"男士都爱看足球赛"为假，不能确定"男士都不爱看足球赛"与"有的男士爱看足球赛"的真假。

题干第二个断定"女士都不爱看足球赛"为假，可推出"有的女士爱看足球赛"为真，不能确定"有的女士不爱看足球赛"与"女士都爱看足球赛"的真假。

Ⅰ项是一个联言命题，其中"男士都爱看足球赛"假，整个复合命题为假。

Ⅱ项和Ⅲ项不能确定真假。

男		女	
×A	E√×	√×A	E假
√×I	O真	√I	O√×

二、选言推理

选言命题是断定事物若干种可能情况的命题。选言命题也是由两个以上的支判断所组成的。包含在选言命题里的支命题称为选言支。根据选言支是否相容，选言命题又可相应地区分为相容的选言命题与不相容的选言命题两种。

1. 相容的选言命题及其推理

（1）相容的选言命题

断定事物若干种可能情况中至少有一种情况存在的命题就是相容的选言命题。

比如："艺术作品质量差，也许由于内容不好，也许由于形式不好。"

这句话就表达了相容的选言命题，所断定的事物的若干可能情况是可以并存的。"内容不好"和"形式不好"可共同导致"艺术作品质量差"这一结果。

再如：教学方式或者是上课，或者是讨论，或者是练习，或者是实验，或者是实习。

我们通常用如下形式来表示相容的选言命题：

p 或者 q

（2）相容的选言命题的形式

相容的选言命题在逻辑上表示为：$p \lor q$（读作"p 析取 q"）。

$\lor$ 等同于电路里的"或门"，也即并联。

由于相容选言命题的各个支所断定的情况是可以并存的，因此，在相容选言判断中，可以不止有一个选言支是真的。但是，只有至少有一个选言支是真的，该选言命题才是真的，否则，就是假的。

相容选言命题的逻辑值与其选言支的逻辑值之间的关系可表示如下。

p	q	$p \lor q$
1	1	1
1	0	1
0	1	1
0	0	0

相容选言判断"小张学习成绩不理想或因学习方法不对，或因不努力"，只有在"小张学习方法不对"和"小张不努力"都假的情况下是假的，在其余情况下都是真的。

（3）相容选言推理的规则

相容选言推理的规则是：只要有一个选言支是真的，相容选言判断就是真的。

若肯定一个选言支，则必须肯定包含这个选言支的任一选言命题。例如，从"奥巴马是美国总统"出发，既可以推出"奥巴马是美国总统或者卷心菜是蔬菜"，也可以推出"奥巴马是美国总统或者卷心菜不是蔬菜"。

例如：如果事实上"鲸不是鱼""蝙蝠不是鸟"，

那么"鲸不是鱼或蝙蝠是鸟""鲸是鱼或蝙蝠不是鸟""鲸不是鱼或蝙蝠不是鸟"都是真的；只有"鲸是鱼或蝙蝠是鸟"是假的。

（4）相容选言三段论

相容选言三段论是指有一个相容选言命题作为大前提，一个简单命题作为小前提，并且根据相容选言命题的逻辑特征推出另一个简单命题作为结论的推论方法。相容选言推理的规则有两条：

① 否定一部分选言支，就要肯定另一部分选言支。

p 或者 q　　　　　或　　　　　p 或者 q

非 p 　　　　　　　　　　　　非 q

所以，q 　　　　　　　　所以，p

相容选言三段论只有一种正确的推论方法，即"否定肯定式"。否定肯定法是通过否定相容选言命题的其他支命题，进而肯定剩余的支命题的推论方法。

这实际上是我们所用的排除法。其方法是列出各种可能情况构成一选言命题，然后根据所给信息，排除其他可能，最后得出确定的结论。

例如：此刻灯不亮或是因为停电，或是因为电路故障。现已查明，没有停电；所以，灯不亮是由电路故障引起的。

在这个选言三段论中，"此刻灯不亮或是因为停电，或是因为电路故障"是一个相容选言命题。该推理通过否定其中的一个支命题"没有停电"，进而肯定另一个支命题"灯不亮是由电路故障引起的"。

② 肯定一部分选言支，不能否定另一部分选言支。

不正确的选言三段论：p 或 q；p，所以，非 q。

比如：犯错误或者是主观原因或者是客观原因，张三犯错误不是主观原因；所以，张三犯错误是客观原因。

上述推理是无效的，因为很可能张三犯错误，两种原因都存在。

2. 不相容的选言命题及其推理

（1）不相容的选言命题

不相容的选言命题是断定事物若干可能情况中有而且只有一种情况存在的命题。如：

"一个物体要么是固体，要么是液体，要么是气体。"

"不是老虎吃掉武松，就是武松打死老虎。"

上述命题都表达了不相容的选言命题，它们断定的关于事物的几种可能情况是不能并存的。

（2）不相容的选言命题的标准形式

不相容的选言命题的标准形式："要么 p，要么 q，二者必居其一。"

用符号"∨·"（读作强析取）来代表其联结词，不相容的选言命题就可表示为公式：p∨·q。

由于不相容的选言命题断定了事物若干可能情况中，有而且只有一种情况存在，这样，一个不相容的选言命题为真，当且仅当恰好有一个选言支为真。当所有的选言支都为假或不止一个选言支为真时，整个不相容的选言命题便为假。其真值表如下：

p	q	p∨·q
1	1	0
1	0	1
0	1	1
0	0	0

例如：不相容选言判断"一个人的世界观要么是唯物的，要么是唯心的"，在"一个人的世界观既唯物又唯心"和"一个人的世界观既不唯物又不唯心"的情况下是假的，在其余情况下是真的。

（3）不相容选言命题的表述方式

在日常语言中，不相容选言命题有很多表述方式。

1）联结词"要么……要么……"

① 物质要么是混合物，要么是纯净物。

② 黑客没有第三条道路可选——要么当黑客，要么当安全专家。

2）联结词"或者……或者……"

① 或为玉碎，或为瓦全。

② 东渡日本，或者坐船，或者坐飞机。

需要注意的是："或者"有时也用来表达陈述之间不相容的关系，这样使用时一般会增加诸如"二者必居其一"，或者"二者不可兼得"这样的限制。如果这样的限制被省略，则需要依据具体语境来辨别。

3）联结词"不是……就是……"（问句变体："是……还是……?"）

① 不是鱼死，就是网破。

② 不自由，毋宁死!

注意：

从逻辑角度看，日常语言联结词存在两个主要的问题：一是不精确；二是负载了许多非逻辑的内容。

区分相容选言命题和不相容选言命题，不能只看联结词，而应重点看它们的真值情况。各个选言支能够同时为真的，是相容选言命题；不能同时为真的，是不相容选言命题。

① 联结词"或者……或者……"一般在相容意义上使用，但也可在不相容意义上使用。如：

"掷硬币或者正面向上或者反面向上。"（等同于"掷硬币要么正面向上要么反面向上"）

我或者在北京，或者在南京。

②"要么……要么……"一般在不相容意义上使用，但也可在相容意义上使用，如："明天要么刮风，要么下雨。"（等同于"明天或者刮风或者下雨"）

这就使得当识别一个选言命题究竟是相容还是不相容时，要依靠相关背景知识去辨别各个支命题能否同时成立，这显然超出了逻辑学的范围。

（4）不相容选言三段论

不相容选言三段论是指前提中有一个不相容选言命题作为大前提，一个简单命题作为小前提，并且根据不相容选言命题的逻辑特征推出另一个简单命题作为结论的推论方法。

不相容选言推理有两条规则。

①否定一个选言支以外的选言支，就要肯定未被否定的那个选言支。

否定肯定法是通过否定不相容选言命题的其他支命题，进而肯定剩余的一个支命题的推论方法。例如，被告人要么是故意犯罪，要么是过失犯罪；既然被告人不是故意犯罪，可见，被告人是过失犯罪。

要么p，要么q　　　或　　　要么p，要么q

非p　　　　　　　　　　　　非p

所以，p　　　　　　　　　所以，p

比如：

要么改革开放，要么闭关锁国，

我们不能闭关锁国，

所以，我们只能改革开放。

又如：

要么老虎吃掉武松，要么武松打死老虎，

老虎没有吃掉武松，

武松打死老虎。

②肯定一个选言支，就要否定其余的选言支。

肯定否定法是通过肯定不相容选言命题的一个支命题，进而否定剩余的支命题的推论方法。例如：被告人要么是故意犯罪，要么是过失犯罪；既然被告人是故意犯罪，可见，被告人不是过失犯罪。

要么p，要么q　　　或　　　要么p，要么q

p　　　　　　　　　　　　　q

所以，非q　　　　　　　　所以，非p

比如：

要么改革开放，要么闭关锁国，

我们坚持改革开放，

所以，我们不能闭关锁国。

又如：

小张现在要么在北京，要么在广州

小张现在在北京

小张现在不在广州

❶ 在某餐馆中，所有的菜或者属于川菜系或者属于粤菜系，张先生点的菜中有川菜，因此，张先生点的菜中没有粤菜。

以下哪项最能增强上述论证？

A. 餐馆规定，点粤菜就不能点川菜，反之亦然。

B. 餐馆规定，如果点了川菜，可以不点粤菜，但点了粤菜，一定也要点川菜。

C. 张先生是四川人，只喜欢川菜。

D. 张先生是广东人，他喜欢粤菜。

E. 张先生是四川人，最不喜欢粤菜。

[解题分析] 正确答案：A

题干推理是相容选言推理的肯定否定式，这个推理是不能必然得出结论的，而只有不相容选言推理才能肯定其中一个而否定另一个。

因此，要使结论成立，必须使前提是不相容选言命题，选项 A 就表明了这一点。

❷ 小李考上了清华，或者小孙没考上北大。

增加以下哪项条件，能推出小李考上了清华？

A. 小张和小孙至少有一人未考上北大。

B. 小张和小李至少有一人未考上清华。

C. 小张和小孙都考上了北大。

D. 小张和小李都未考上清华。

E. 小张和小孙都未考上北大。

[解题分析] 正确答案：C

根据"小李考上了清华，或者小孙没考上北大"要推出"小李考上了清华"，必须增加条件："小孙考上了北大。"

如果 C 项为真，即"小张和小孙都考上了北大"，显然能得到"小孙考上了北大"，从而与题干条件结合起来，必然能得到结论：小李考上了清华。

❸ 最近，新西兰恒天然乳业集团向政府报告，发现其一个原料样本含有肉毒杆菌。事实上，新西兰和中国的乳粉检测项目中均不包括肉毒杆菌，也没有相关产品致病的报告。恒天然自曝家丑，可能是出于该企业的道德良心，也可能是担心受到处罚，因为在新西兰，如果企业不能及时处理食品安全问题，将受到严厉处罚。由此可见，恒天然自曝家丑并非真的出于道德良心。

以下哪个推理与上述推理有相同的逻辑错误？

A. 鱼和熊掌不可兼得，取熊掌而舍鱼也。

B. 作案人或者是甲或者是乙。现已查明作案人是甲，所以，作案人不是乙。

C. 如果一个人沉湎于世俗生活，就不能成为哲学家。所以，如果你想做哲学家，就应当放弃普通人的生活方式。

D. 衣食足知荣辱，故衣食不足不知荣辱。

E. 明天要么刮风要么下雨，如果明天不刮风那就一定会下雨。

[解题分析] 正确答案：B

题中"可能是出于该企业的良心，也可能是担心受到处罚"是相容选言命题，不能在肯定一个选言支时，否定另外一个选言支。选项 B 与其一致。

❹ 在讨论一项提案时，会议的主持者说："每一个与会者，要么支持甲提案，要么支持乙提案，决不允许含糊其词，模棱二可。"

从主持者的话中，不可能推出的结论是：

A. 如果支持甲提案，那么就不支持乙提案。

B. 如果支持乙提案，那么就不支持甲提案。

C. 或者支持甲提案，或者不支持乙提案。

D. 如果不支持甲提案，那么就支持乙提案。

E. 如果不支持乙提案，那么就支持甲提案。

[解题分析] 正确答案：C

"要么支持甲提案，要么支持乙提案"表示的是：每一个与会者在甲、乙两个提案中，必须支持其中的一个并且只能支持其中的一个，既不能一个也不支持，也不能两个都支持，至于具体支持哪个提案或不支持哪个提案，并没有提出要求。因此，A、B、D、E 项都必然能被推出。

选项 C "或者支持甲提案，或者不支持乙提案"是一个相容的选言命题，两个支命题"支持甲提案"和"不支持乙提案"中只要有一个支命题为真，则整个选言命题为真。如果两个提案都支持或者两个提案都不支持，C 项都可以为真，因此，C 项不符合主持人的意见。

⑤ 已知：

第一，《神鞭》的首先翻译出版用的或者是英语或者是日语，二者必居其一。

第二，《神鞭》的首次翻译出版或者在旧金山或者在东京，二者必居其一。

第三，《神鞭》的译者或者是林浩如或者是胡乃初，二者必居其一。

如果上述断定都是真的，则以下哪项也一定是真的？

Ⅰ．《神鞭》不是林浩如用英语在旧金山首先翻译出版的，因此，《神鞭》是胡乃初用日语在东京首先翻译出版的。

Ⅱ．《神鞭》是林浩如用英语在东京首先翻译出版的，因此，《神鞭》不是胡乃初用日语在东京首先翻译出版的。

Ⅲ．《神鞭》的首次翻译出版是在东京，但不是林浩如用英语翻译出版的，因此一定是胡乃初用日语翻译出版的。

A. 仅Ⅰ。

B. 仅Ⅱ。

C. 仅Ⅲ。

D. 仅Ⅱ和Ⅲ。

E. Ⅰ、Ⅱ和Ⅲ。

[解题分析] 正确答案：B

题干陈述：不是英语，必是日语；不是林浩如，必是胡乃初；不是在旧金山，必是在东京。这样，语种、翻译人和翻译地的组合一共有 $2\times2\times2=8$ 种情况。

Ⅰ项："林浩如用英语在旧金山首先翻译出版"不成立，那只是意味着"林浩如""英语""旧金山"三个中间至少有一个不成立，但这并不能推出"胡乃初用日语在东京首先翻译出版"。也就是否定了 8 种中的 1 种情况，剩下还有 7 种，不能推出 7 种中的任何 1 种。所以，Ⅰ选项不一定为真。

Ⅱ项："林浩如用英语在东京首先翻译出版"成立，则"林浩如""英语""东京"三个必须都成立，也就是说，与这三个不完全相同的任何一种组合都不成立，"胡乃初用日语在东京首先翻译出版"肯定不成立。所以，Ⅱ选项一定为真。

Ⅲ项："林浩如用英语翻译出版"不成立，那只意味着"林浩如""英语"至少有一个不成立，但并不能推出"胡乃初"和"日语"的同时成立。语种、翻译人的组合一共有 4 种情况，否定了 4 种中的 1 种情况，剩下还有 3 种，不能推出 3 种中的任何 1 种。所以，Ⅲ项不一定为真。

三、假言推理

假言命题是断定事物情况之间条件关系的命题，所以又称条件命题。假言命题中，表示条件的支命题称为假言命题的前件，表示依赖该条件而成立的命题称为假言命题的后件。假言命题因其所包含的联结词的不同而具有不同的逻辑性质。

1. 充分条件假言命题及其推理

充分条件的假言命题是指前件是后件的充分条件的假言命题。所谓前件是后件的充分条件是指：只要存在前件所断定的事物情况，就一定会出现后件所断定的事物情况，即前件所断定的事物情况的存在，对于后件所断定的事物情况的存在来说是充分的。例如：

"如果明天天气好，那么我就去郊游。"

这就是一个充分条件的假言命题。因为，在这种假言命题中，前件"明天天气好"，就是后件"我去郊游"的充分条件。意思是，只要明天天气好，我就一定去郊游。但是，如果明天天气不好，我去不去郊游呢？在这一命题中则未作断定。

充分条件假言命题联结词的语言标志通常是："如果……那么……""只要……就……""若……必……"等。充分条件假言命题的逻辑公式是：

如果 p，那么 q

逻辑上则表示为：$p \rightarrow q$（读作"p 蕴涵 q"）

充分条件假言命题的逻辑值与前后件逻辑值之间的关系可表示如下。

p	q	$p \rightarrow q$
1	1	1
1	0	0
0	1	1
0	0	1

这就是充分条件假言命题的真值表。它告诉我们，一个充分条件的假言命题，只有当它的前件真，后件假时，该假言命题才是假的。在其他情况下，充分条件假言命题都是真的。弄清这一点，对于我们准确把握一个充分条件假言命题的逻辑性质来说是非常重要的。

例如，充分条件假言判断"如果严重砍伐森林，那么就会水土流失"，只有在"严重砍伐森林但水土没有流失"的情况下才是假的，在其他情况都是真的。

充分条件假言推理有如下两条规则。

第一，肯定前件就要肯定后件，否定后件就要否定前件。

（1）肯定前件式

如果 p，那么 q

p_____

所以，q

例如，

如果谁骄傲自满，谁就会落后；

某人骄傲自满，_____

某人会落后。

（2）否定后件式

如果 p，那么 q

非 q

所以，非 p

例如，

如果天下雨，那么运动会延期；

运动会没有延期，

所以，天没有下雨。

第二，否定前件不能否定后件，肯定后件不能肯定前件。

例如，"如果小王患肺炎，则他会发烧。小王没患肺炎。所以，他不会发烧。"这个推理是充分条件假言推理的否定前件式，是错误的。

再如："如果小王患肺炎，则他会发烧。小王发烧了。所以，他一定患了肺炎。"这个推理是充分条件假言推理的肯定后件式，也是错误的。

2. 必要条件假言命题及其推理

必要条件的假言命题是指前件是后件的必要条件的假言命题。所谓前件是后件的必要条件是指：如果不存在前件所断定的情况，就不会有后件所断定的事物情况，即前件所断定的事物情况的存在，对于后件所断定的事物情况的存在来说是必不可少的。如：

只有由细菌引起的疾病，才能用抗生素治疗。

我不去，除非你去。

不具备一定的专业知识，就不能做好工作。

表达必要条件假言命题的联结词有"只有……才""不……（就）不……""没有……没有……"等。我们一般把必要条件假言命题表述成如下形式。

只有 p，才 q

逻辑上则表示为：p←q（读作"p 反蕴涵 q"）

根据必要条件假言命题的逻辑特性，我们把它的逻辑值与其前后件逻辑值之间的关系列表于下：

p	q	p←q
1	1	1
1	0	1
0	1	0
0	0	1

例如，必要条件假言判断"只有年满 18 岁，才有选举权"，只有在"未满 18 岁但已有了选举权"的情况下才是假的，在其他情况都是真的。

一个必要条件的假言命题，只有当它的前件为假、后件为真时，该假言命题才是假的。在其他情况下，必要条件假言命题都是真的。相应地，必要条件假言推理也有两条规则。

第一，否定前件就要否定后件，肯定后件就要肯定前件。

（1）否定前件式

只有 p，才 q

非 p

所以，非 q

例如，

只有年满十八岁，才有选举权；

某人不到十八岁，

某人没有选举权。

（2）肯定后件式

只有 p，才 q

q

所以，p

例如，

只有勤学苦练，才能成为技术能手；

他想成为技术能手，

所以，他必须勤学苦练。

第二，肯定前件不能肯定后件，否定后件不能否定前件。

例如，"只有学习好，才能当三好学生。小王学习好。所以，小王一定能当三好学生。"这个推理是必要条件假言推理的肯定前件式，是错误的。

再如，"只有学习好，才能当三好学生。小王没有当选为三好学生。所以，他一定学习不好。"这个推理是必要条件假言推理的否定后件式，也是错误的。

3. 充要条件假言命题及其推理

充要条件的假言命题是指前件是后件的充分且必要条件的假言命题。所谓前件是后件的充要条件是指：只要存在前件所断定的事物情况，就一定会出现后件所断定的事物情况；同时，如果不存在前件所断定的事物情况，就不会有后件所断定的事物情况。

如："人不犯我，我不犯人；人若犯我，我必犯人。""当且仅当三角形三内角相等，该三角形是等边三角形"等等，都是这种充分必要条件的假言命题。

表达充分必要条件假言命题的联结词有："只要而且只有……，才……""若……则……，且若不……则不……""当且仅当……，则……"等。我们一般将之表示为如下形式：

当且仅当 p，则 q

逻辑上则表示为 p↔q（读作"p 等值于 q"）

充分必要条件假言命题的逻辑值与其支命题（前件或后件）逻辑值之间的关系表示如下。

p	q	p↔q
1	1	1
1	0	0
0	1	0
0	0	1

可以看出，一个充分必要条件假言命题为真，当且仅当等值符"↔"所联结的支命题（前件与后件）同真同假。这也是这种复合命题被称为"等值式"的原因。

充要条件假言推理有两条规则：

① 肯定前件就要肯定后件，肯定后件也要肯定前件。

② 否定前件就要否定后件，否定后件也要否定前件。

其推理式可概括表示为：

p 当且仅当 q

p（非 p，q，非 q）

所以，q（非 q；p，非 p）

例如，当且仅当一个三角形是等边三角形，则它是等角三角形；这个三角形是等边三角形；所以，这个三角形是等角三角形。

再如：当且仅当一个三角形是等边三角形，则它是等角三角形；这个三角形不是等边三角形；所以，这个三角形不是等角三角形。

另外，对充要条件的理解还要注意以下两条：

（1）唯一条件就是充要条件。

（2）所有的必要条件合起来是充要条件。

4. 假言命题的理解

假言推理的推出结论题型主要涉及充分条件和必要条件的区分与运用以及命题间的推理关系，下面归纳一下充分条件与必要条件这个知识点，要求能够熟练辨析。

（1）充分或必要条件的汉语联结词

① 充分条件的联结词与表达：

如果，则（就）；如果，那么；只要，就；假如，就；当……时；要是，那；一，就；只；（要）……必须；（要）……不能不（一定要）；每一个（所有）；倘若，便；哪怕，也；就算，也；等等。

② 必要条件的联结词与表达（设 p 表示前件，q 表示后件）：

"只有 p，才 q""（仅当、必须）p，才 q""没有（不）p，没有（不）q""p 是 q 的重要前提""p 对于 q 来说是必不可少的""q 取决于 p""除非 p，否则不（则不、不、才）q"。

（2）充分条件与必要条件的理解与区分

① 充分条件：所谓充分条件就是仅有这条件就足以带来结果，无须考虑别的条件了，即有它就行。

② 必要条件：所谓必要条件就是没有这个条件，结论一定不对，即没它不行。

（3）条件关系与因果关系

充分或必要假言推理是条件的真假制约关系，不等于时间上的先后关系，也不等于因果关系；因果关系是先后关系，但原因是结果的条件关系包括充分条件、必要条件、充要条件、既非充分也非必要这四种。

（4）充分条件和必要条件是相对的

充分条件与必要条件的关系：如果前件是后件的必要条件，那么后件就是前件的充分条件；如果前件是后件的充分条件，那么后件就是前件的必要条件。

5. 条件关系的图示法

充分条件的假言命题与全称直言命题可以互相转化，这可以用作图的方法帮助判断。（一般而言，当主项相同的判断具有充分或必要条件时，充分条件是小圈，必要条件是大圈）

（1）p→q＝p∧q

若由 p 可以推出 q，即 p→q，则称 p 是 q 的充分条件，q 是 p 的必要条件。

若 p、q 用集合表示，即 p 包含于 q。

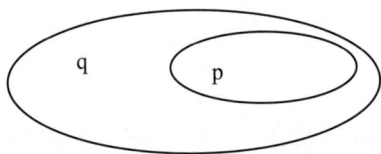

于是，如果 p 那么 q＝所有 p 都是 q。

（2）¬p→¬q＝p←q＝q∧p

若由 ¬p 可以推出 ¬q，即 ¬p→¬q，则称 p 是 q 的必要条件。

若 p、q 用集合表示，即 q 包含于 p。

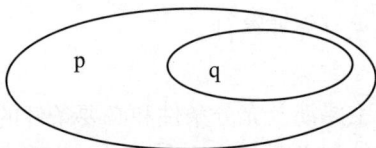

于是，只有 p 才（是）q＝没有 p 就没有 q＝所有 q 是 p＝所有非 p 不是 q。

6. 假言直接推理

假言直接推理包括：假言易位推理、假言换质推理、假言易位换质推理。

（1）假言易位推理

如果 p，那么 q。

所以，只有 q，才 p。

（2）假言换质推理

如果 p，那么 q。

所以，只有非 p，才非 q。

（3）假言易位换质推理

如果 p，那么 q。

所以，如果非 q，那么非 p。

7. 假言三段论

（1）充分条件假言三段论

肯定前件式：$(p{\rightarrow}q) \wedge p {\rightarrow} q$

否定后件式：$(p{\rightarrow}q) \wedge \neg q {\rightarrow} \neg p$

（2）必要条件假言三段论

否定前件式：$(p{\leftarrow}q) \wedge \neg p {\rightarrow} \neg q$

肯定后件式：$(p{\leftarrow}q) \wedge q {\rightarrow} p$

8. 解题步骤

（1）先写出原命题

根据题意写出原命题的条件关系式；首先将自然语言形式化，注意元素符号化，收敛思维。

① 有联结词的，根据联结词写出条件关系式；

② 没有联结词的，就根据题意，根据对充分和必要条件的理解写出关系式。

（2）再写出逆否命题

原命题与逆否命题为等价命题，如果一个命题正确，那么它的逆否命题也一定正确。

$p \rightarrow q$ 等价于 $\neg p \leftarrow \neg q$

$p \leftarrow q$ 等价于 $\neg p \rightarrow \neg q$

（3）然后按蕴含方向进行推理

顺着原命题和逆否命题这两个条件关系式箭头方向推出的结果是正确的，逆着箭头方向则不能推理，即推不出任何结果。

❶ 联欢晚会上，小李表演了一段京剧，老张夸奖道："小李京剧表演得那么好，他一定是个北方人。"

以下哪项是老张的话不包含的意思？

A. 不是北方人，京剧不可能唱得那么好。

B. 只有京剧唱得好，才是北方人。

C. 只要京剧唱得像小李那样好，就是北方人。

D. 除非小李是北方人，否则京剧不可能唱得那么好。

E. 只有小李是北方人，京剧才能唱得那么好。

[解题分析] 正确答案：B

老张的意思是，"京剧好"是"北方人"的充分条件。

B项断定的是，"京剧好"是"北方人"的必要条件，不是老张的意思。

其余选项均和老张的意思一致。

❷ 如果缺乏奋斗精神，就不可能有较大成就。李阳有很强的奋斗精神，因此，他一定能成功。

下述哪项为真，则上文推论可靠？

A. 李阳的奋斗精神异乎寻常。

B. 不奋斗，成功只是水中之月。

C. 成功者都有一番奋斗的经历。

D. 奋斗精神是成功的唯一要素。

E. 成功者的奋斗是成功的前提。

[解题分析] 正确答案：D

题干推理结构如下：

前提一：¬奋斗→¬成功

前提二：李阳奋斗

结　论：李阳成功

可见，题干的推理是无效的。

要使推理有效，就必须把"奋斗"变为"成功"的充分条件。D项所述，奋斗精神是成功的唯一要素，表明"奋斗"是"成功"的充要条件，从而使推理有效。修改后的推理结构如下：

选项D：奋斗↔成功

前提二：李阳奋斗

结　　论：李阳成功

其他选项都不能保证题干推理成立。

❸ 只有总体素质高的大学生，才能考上公务员。

如果这个断定成立，则以下哪项一定为真？

A. 小王是总体素质高的大学生，所以他考上了公务员。

B. 小王考上了公务员，所以他的总体素质一定不低。

C. 有越来越多的大学生准备考公务员。

D. 总体素质高低，和考上公务员没有关系。

E. 总体素质高的大学生，也可以考研究生。

[解题分析] 正确答案：B

题干条件为：总体素质高的大学生←考上公务员。

这样，既然小王考上了公务员，说明他的总体素质高。

因此，B项正确。

❹ 如果你在2002年购买联想电脑，则一定安装了Windows XP操作系统。

这一断定可由以下哪个选项得出？

A. 只有2002年购买的联想电脑才安装Windows XP操作系统。

B. 2002年市场上的联想电脑都是2001年生产的。

C. 2002年以前市场上的联想电脑不安装Windows XP操作系统。

D. 2002年市场上的所有电脑都安装Windows XP操作系统。

E. Windows XP操作系统在2001年已经开发出来了。

[解题分析] 正确答案：D

全称命题可以转化为一个充分条件的假言命题。

SAP＝S→P

也即D项与题干的意思等价，因此为正确答案。

❺ 老师："不完成作业就不能出去做游戏。"

学生："老师，我完成作业了，我可去外边做游戏了！"

老师："不对。我只是说，你们如果不完成作业就不能出去做游戏。"

除了以下哪项，其余各项都能从上面的对话中推出？

A. 学生完成作业后，老师就一定会准许他们出去做游戏。

B. 老师的意思是没有完成作业的肯定不能出去做游戏。

C. 学生的意思是只要完成了作业，就可以出去做游戏。

D. 老师的意思是只有完成了作业才可能出去做游戏。

E. 教师的意思是即使完成了作业，也不一定被准许出去做游戏。

[解题分析] 正确答案：A

题干中的老师认为，完成作业是出去做游戏的必要条件；而学生认为，完成作业是出去做游戏的充分条件。

选项 A 实际上断定，老师认为，完成作业是出去做游戏的充分条件。这是不符合题干意思的，因而不能从题干中推出。

其余各选项的断定都符合题干断定的条件关系，因而都能从题干中推出。

❻　一个有效三段论的小项在结论中不周延，除非它在前提中周延。

以下哪项与上述断定含义相同？

A. 如果一个有效三段论的小项在前提中周延，那么它在结论中也周延。

B. 如果一个有效三段论的小项在前提中不周延，那么它在结论中周延。

C. 如果一个有效三段论的小项在结论中不周延，那么它在前提中周延。

D. 如果一个有效三段论的小项在结论中周延，那么它在前提中周延。

E. 如果一个有效三段论的小项在结论中不周延，那么它在前提中也不周延。

[解题分析]　正确答案：D

本题考查对除非条件句的理解和假言命题的转换。

q，除非 p＝如果非 p，则 q＝如果非 q，则 p。所以：

一个有效三段论的小项在结论中不周延，除非它在前提中周延。

＝如果一个有效三段论的小项在结论中周延，那么它在前提中周延。

因此，D 项为正确答案。

❼　中周公司准备在全市围内开展一次证券投资竞赛。在竞赛报名事宜里规定有"没有证券投资实际经验的人不能参加本次比赛"这一条。张全力曾经在很多大的投资公司中实际从事过证券买卖操作。

那么，关于张全力，以下哪项是根据上文能够推出的结论？

A. 他一定可以参加本次比赛，并获得优异成绩。

B. 他参加比赛的资格将取决于他证券投资经验的丰富程度。

C. 他一定不能参加本次比赛。

D. 他可能具有参加本次比赛的资格。

E. 他参加比赛的资格将取决于他以往证券投资的业绩。

[解题分析]　正确答案：D

题干断定：没有经验者肯定不具有参赛资格。但有经验者是否具有资格呢？可能具有，也可能不具有。张全力是有经验者，只能推出他可能具有参加本次比赛的资格。因此，D 项为正确答案。

其余选项均不能推出。

❽　父亲对儿子说："你只有努力学习，才能考上重点大学。"

后来可能发生的情况是：

Ⅰ. 儿子努力了，没有考上重点大学。

Ⅱ. 儿子没努力，考上了重点大学。

Ⅲ. 儿子没努力，没有考上重点大学。

Ⅳ. 儿子努力了，考上了重点大学。

发生哪几种情况时，父亲说的话没有错误？

A. 仅Ⅳ。

B. 仅Ⅲ、Ⅳ。

C. 仅Ⅱ、Ⅳ。

D. 仅Ⅱ、Ⅲ、Ⅳ。

E. 仅Ⅰ、Ⅲ、Ⅳ。

[解题分析] 正确答案：E

题干中父亲说的话是一个必要条件的假言命题，推理关系为：

努力学习←考上重点大学

如果Ⅰ、Ⅲ、Ⅳ三种情况发生，并不违背上述推理关系。

只有Ⅱ这个情况发生，会与题干推理关系（即父亲说的话）发生矛盾。

因此，正确答案为 E。

本题也可用如下真值表判断只有Ⅱ一定错，其他情况都有可能发生。

	p 努力学习	q 考上重点大学	p←q 只有努力学习，才能考上重点大学
Ⅳ	1	1	1
Ⅰ	1	0	1
Ⅱ	0	1	0
Ⅲ	0	0	1

四、省略假言

假言推理的省略形式是省略了某个推理步骤的假言推理，这里指的是省去一个前提的假言三段论推理。补充假言三段论省略前提的方法是把省略的前提补充进去，并作适当的整理，将推理恢复成标准形式，根据假言推理的演绎推理规则检验上述推理是否有效。

❶ 哈里先生一定是公司的高级职员，他总是打着领带上班。

以上结论是以下述哪项前提作为依据的？

A. 如果有一位男士晋升为公司高级职员，就会在穿着方面特别注意，领带自然是必不可少的。

B. 除非成为公司高级职员，男士们都不会打领带。

C. 所有公司的高级职员都被要求打领带上班。

D. 公司有规定，男士上班打领带，穿正装。

E. 不打领带的男士，不可能成为公司的高级职员。

[解题分析] 正确答案：B

题干是个省略的假言三段论，补充省略前提后构成一个有效的推理。

题干前提：哈里先生总是打着领带上班。

补充 B 项：除非成为公司高级职员，男士们都不会打领带。

得出结论：哈里先生一定是公司的高级职员。

其余各项作为前提，均不能推出题干结论。

❷ 甲："我最近经常看到他带着孩子散步。"

乙："这么说，他已经做父亲了。"

乙谈话的逻辑前提是：

A. 所有已经做了父亲的人，一定经常带孩子散步。

B. 有些经常带孩子散步的人已经做了父亲。

C. 只有经常带着孩子散步的人，才是已做了父亲的人。

D. 经常带着孩子散步的人，可能是已经做了父亲的人。

E. 不是已做父亲的人，不可能经常带孩子散步。

[解题分析] 正确答案：E

题干前提：他经常带着孩子散步。

补充 E 项：不是已做父亲的人，不可能经常带孩子散步。

得出结论：他已经做父亲了。

❸ 没有一个宗教命题能够通过观察或实验而被验证为真，所以，无法知道任何宗教命题的真实性。

为了合乎逻辑地推出上述结论，需要假设下面哪一项为前提？

A. 如果一个命题能够通过观察或实验被证明为真，则其真实性是可以知道的。

B. 只凭观察或实验无法证实任何命题的真实性。

C. 要知道一个命题的真实性，需要通过观察或实验证明它为真。

D. 人们通过信仰来认定宗教命题的真实性。

E. 宗教命题是判断该宗教是否合理的唯一标准。

[解题分析] 正确答案：C

题干是个省略的假言三段论，补充省略前提后构成一个有效的推理。

题干前提：没有一个宗教命题能够通过观察或实验而被验证为真。

补充 C 项：要知道一个命题的真实性，需要通过观察或实验证明它为真。

得出结论：无法知道任何宗教命题的真实性。

其余各项作为前提，均不能推出题干结论。比如，A 项可表示为"通过观察或实验证明它为真→知道一个命题的真实性"，条件弄反了，无法构成正确的推理。B、D 为无关项。

❹ 如今这几年参加注册会计师考试的人越来越多了，可以这样讲，所有想从事会计工作的人都想要获得注册会计师证书。小朱也想获得注册会计师证书，所以，小朱一定是想从事会计工作了。

以下哪项如果为真，最能加强上述论证？

A. 目前越来越多的从事会计工作的人具有注册会计师证书。

B. 不想获得注册会计师证书，就不是一个好的会计工作者。

C. 只有获得注册会计师证书的人，才有资格从事会计工作。

D. 只有想从事会计工作的人，才想获得注册会计师证书。

E. 想要获得注册会计师证书，一定要对会计理论非常熟悉。

[解题分析] 正确答案：D

题干论证结构如下：

前提一：从事会计工作→获得注册会计师证书。

前提二：小朱想获得注册会计师证书。

结　论：小朱一定是想从事会计工作了。

可见，题干是个肯定后件式的充分条件假言推理，推理是无效的。

要使论证有效，就必须把前提一改为必要条件，修改后的论证结构如下：

选项 D：从事会计工作←获得注册会计师证书。

前提二：小朱想获得注册会计师证书。

结　论：小朱一定是想从事会计工作了。

因此，D 项最能加强上述论证。

第二节　多重推理

多重推理指包含多重复合命题的推理。多重复合命题是相对于基本复合命题而言的，前面所述支命题为简单命题的复合命题，称为基本复合命题；支命题包含两个或两个以上命题联结词的复合命题即支命题为复合命题的复合命题，称为多重复合命题。在日常思维中，人们经常使用复合命题的负命题、假言选言命题、假言联言命题等多重复合命题来表达思想。

一、摩根定律

各种复合命题都有其负命题，并还可以得到这些负命题的等值推理。否定一个命题，也就是肯定一个与被否定命题相矛盾的命题。所以，总是可以从一个负命题推得一个与它等值的新命题，这就是等值推理。

摩根定律概括的就是各类复合命题的负命题公式，分述如下。

1. 联言命题的负命题

"并非：p 并且 q"等值于"非 p 或者非 q"。

由于联言命题只要其支命题有一个为假，该命题就是假的，因此，联言命题的负命题是一个相应的选言命题。如："某某人工作既努力又认真。"这个联言命题的负命题不是"某某人工作既不努力又不认真"这个联言命题，而是"某某人工作或者不努力，或者不认真"这样一个联言命题。

用公式表示为：

$$\neg(p \land q) \leftrightarrow \neg p \lor \neg q$$

❶ 如果"鱼和熊掌不可兼得"是不可改变的事实，则以下哪项也一定是事实？

A. 鱼可得但熊掌不可得。

B. 熊掌可得但鱼不可得。

C. 鱼和熊掌皆不可得。

D. 如果鱼不可得，则熊掌可得。

E. 如果鱼可得，则熊掌不可得。

[解题分析] 正确答案：E

令 p 表示"得鱼"，q 表示"得熊掌"。题干断定：

$$\neg(p \wedge q) = \neg p \vee \neg q = p \to \neg q$$

即"鱼和熊掌不可兼得"等价于"不得鱼或不得熊掌"，即，鱼和熊掌最多只能得一种。如果得了鱼，熊掌就不可得；如果得了熊掌，鱼就不可得。因此，E 项为正确答案。

"鱼和熊掌不可兼得"，现在我们并不知道我们得了鱼还是熊掌，所以选项 A、B、C 都是一种可能性，并不一定为真。

D 项是很强的迷惑性选项，"如果鱼不可得，则如何？"两种可能都有："熊掌可得"或"熊掌也不可得"，因此，D 项也不必定是真的。

❷ 老田并非既不聪明又矮小。

如果上述断定为真，那么以下哪项必定为真？

A. 老田不聪明而且不矮小。

B. 老田既聪明又矮小。

C. 老田不但聪明而且不矮小

D. 如果老田聪明，那么他一定矮小。

E. 如果老田不聪明，那么他一定不矮小。

[解题分析] 正确答案：E

并非既不聪明又矮小

＝聪明或者不矮小

＝如果不聪明，那么一定不矮小

❸ 所有的结果都有原因，但是有的原因没有结果。

以下哪项如果为真，能驳倒上述结论？

(1) 有的结果没有原因。

(2) 有的原因有结果。

(3) 有的结果没有原因，或者有的原因有结果。

A. 只有 (1)。

B. 只有 (2)。

C. 只有 (3)。

D. 只有 (1) (2)。

E. (1) (2) (3)。

[解题分析] 正确答案：A

本题存在两个直言命题的联言推理。

题干结论：①所有的结果都有原因∧②有的原因没有结果

可符号化为：SAP∧POS

(1) 可符号化为 SOP，这与①为矛盾关系。故该项能驳倒上述结论。

(2) 可符号化为 PIS，这与②为下反对关系。故该项不能必然驳倒上述结论。

(3) 可符号化为 SOP∨PIS，这显然不是题干结论的矛盾命题（SOP∨PAS）。故该项不能必然驳倒上述结论。

因此，A 项为正确答案。

2. 相容选言命题的负命题

"并非：p 或者 q"等值于"非 p 并且非 q"。

因为相容选言命题只要其支命题中有一个为真，则整个选言命题就是真的，故相容选言命题的负命题不能是一个相应的选言命题，而必须是一个相应的联言命题。

例如，"这个学生或者是文艺爱好者，或者是体育爱好者"这一选言命题的负命题就不是"这个学生或者不是文艺爱好者，或者不是体育爱好者"，而只能是"这个学生既不是文艺爱好者，又不是体育爱好者"这样一个联言命题。

又如："并非：小张当选或小李当选"等值于"小张和小李都没当选"。

用公式来表示为：

$$\neg(p \lor q) \leftrightarrow \neg p \land \neg q$$

◆ 江南食品公司需要一批大米，要求：必须是当年的新大米，并且价格便宜或者供货地点较近。

如果滨湖大米厂的大米没有合格，那最可能得出下面哪个结论？

A. 滨湖大米厂的价格很低，供货地点不近。

B. 滨湖大米厂的供货地点很近，价格不低。

C. 只有滨湖大米厂的价格低，供货地点也近，才会是新大米。

D. 如果滨湖大米厂的大米是当年的新大米，那么它们的大米价格高并且供货地点远。

E. 如果滨湖大米厂的大米价格不便宜，并且离该企业路途遥远，那么它们的大米一定是当年的新大米。

［解题分析］ 正确答案：D

题干断定合格的大米必须满足的条件是：

当年的新大米 ∧ （价格便宜 ∨ 供货地点较近）

滨湖大米厂的大米没有合格，则意味着：

不是当年的新大米 ∨ （价格高 ∧ 供货地点远）

＝是当年的新大米→大米价格高并且供货地点远

3. 不相容选言命题的负命题

"并非：要么 p，要么 q"等值于"p 并且 q，或者，非 p 并且非 q"。

由于不相容选言命题只有当选言支仅有一个是真的时，整个选言命题才是真的，因此，当选言支同真或同假时，它就是假的。

例如，"并非：要么刮风，要么下雨"等值于"既刮风又下雨，或者，既不刮风又不下雨"。

用公式来表示为：

$$\neg(p \dot\lor q) \leftrightarrow (p \land q) \lor (\neg p \land \neg q)$$

◆ 某产品出售后发现有严重质量问题，用户提出："要么调换，要么加倍赔款，二者必居其一。"卖方说："我们不能同意。"

如果卖方坚持自己的主张，以下哪项断定是卖方在逻辑上必须同意的？

A. 调换但不加倍赔款。

B. 加倍赔款但不调换。

C. 既调换又加倍赔款。

D. 既不调换又不加倍赔款。

E. 如果既不调换又不加倍赔款办不到的话，就必须接受既调换又加倍赔款。

[解题分析] 正确答案：E

"并非：要么 p，要么 q"等值于"p 并且 q，或者，非 p 并且非 q"。

因此，卖方的意思就是：既调换又加倍赔款，或者，既不调换又不加倍赔款

＝如果既不调换又不加倍赔款办不到的话，就必须接受既调换又加倍赔款。

4. 充分条件假言命题的负命题

"并非：如果 p，那么 q"等值于"p 并且非 q"。

由于充分条件假言命题只有当其前件为真后件为假时，它才是假的，因此，一个充分条件假言命题的负命题，只能是一个相应的联言命题。

例如，"如果起风了，就会下雨"，其负命题则为："起风了，并未下雨"。

又如："并非：如果天下雨，那么会议延期"等值于"天下雨但会议不延期"。

用公式来表示为：

$$¬(p→q)↔p∧¬q$$

❶ 美国射击选手埃蒙斯是赛场上的"倒霉蛋"。在 2004 年雅典奥运会男子步枪决赛中，他在领先对手 3 环的情况下将最后一发子弹打在别人靶上，失去即将到手的奖牌。然而，他却得到美丽的捷克姑娘卡特琳娜的安慰，最后赢得了爱情。这真是应了一句俗语：如果赛场失意，那么情场得意。

如果这句俗语是真的，以下哪项陈述一定是假的？

A. 赛场和情场皆得意。

B. 赛场和情场皆失意。

C. 只有赛场失意，才会情场得意。

D. 只有情场失意，才会赛场得意。

E. 如果赛场得意，那么情场得意。

[解题分析] 正确答案：B

并非"如果赛场失意，那么情场得意"

＝赛场失意，并且并非情场得意

＝赛场和情场皆失意。

因此，B 项为假，是正确答案。

❷ 在评价一个企业管理者的素质时，有人说："只要企业能获得利润，其管理者的素质就是好的。"

以下各项都是对上述看法的质疑，除了：

A. 有时管理层会用牺牲企业长远利益的办法获得近期利润。

B. 有的管理者采取不正当竞争的办法，损害其他企业，获得本企业的利益。

C. 某地的卷烟厂连年利润可观，但领导层中挖出了一个贪污集团。

D. 某电视机厂的领导任人唯亲，工厂越办越糟，群众意见很大。

E. 某计算机销售公司近几年获利在同行业名列前茅，但有逃避关税的问题。

[解题分析] 正确答案：D

题干断定："企业能获利"是"其管理者的素质好"的充分条件。

选项 D 中讲"工厂越办越糟"，一定是利润很差，按题干的观点，管理者的素质也差，加强了题干观点。

其余选项 A、B、C、E 都是题干充分假言命题的负命题，均质疑了上述看法。其中，A 项，近期获利，但牺牲了长远利益；B 项，企业获利，但采取了不正当竞争；C 项，连年获利，但领导中饱私囊；E 项，企业获利，但逃避关税；这些都说明了企业获得利润但管理者素质不好。

5. 必要条件假言命题的负命题

"并非：只有 p，才 q"等值于"非 p 并且 q"。

由于必要条件假言命题只有当其前件为假而后件为真时，它才是假的，因此，一个必要条件假言命题的负命题，也只能是一个相应的联言命题。

例如，"只有下雪天气才冷。"其负命题则为："没有下雪天气也冷。"

又如："并非：只有是天才，才能创造发明。"等值于"不是天才，也能创造发明。"

用公式表示为：

$$\neg(p \leftarrow q) \leftrightarrow \neg p \wedge q$$

❶ 正是因为有了充足的奶制品作为食物来源，生活在呼伦贝尔大草原的牧民才能摄入足够的钙质。很明显，这种足够的钙质，对于呼伦贝尔大草原的牧民拥有健壮的体魄是必不可少的。

以下哪种情况如果存在，最能削弱以上断定？

A. 有的呼伦贝尔大草原的牧民从食物中能摄入足够的钙质，且有健壮的体魄。

B. 有的呼伦贝尔大草原的牧民不具有健壮的体魄，但从食物中摄入的钙质并不缺少。

C. 有的呼伦贝尔大草原的牧民不具有健壮的体魄，他们从食物中不能摄入足够的钙质。

D. 有的呼伦贝尔大草原的牧民有健壮的体魄，但没有充足的奶制品作为食物来源。

E. 有的呼伦贝尔大草原的牧民没有健壮的体魄，但有充足的奶制品作为食物来源。

[解题分析] 正确答案：D

题干推理关系为：充足的奶制品（p）←足够的钙（r）←健壮的体魄（q）

要削弱这个断定：只有以充足的奶制品作为食物来源，呼伦贝尔大草原的牧民才能拥有健壮的体魄。那么就需要寻找一个反例，即找它的负命题：$\neg p \wedge q$。

D 项就表达了这一点："有的呼伦贝尔大草原的牧民有健壮的体魄，但却没有充足的奶制品作为食物来源"；这就是最强的削弱。

A 项为"$r \wedge q$"，符合题干意思，能起支持作用。

B 项为"$r \wedge \neg q$"，与题干推理关系并不矛盾。

C 项为"$\neg r \wedge \neg q$"，符合题干意思，能起支持作用。

E 项为"$p \wedge \neg q$"，与题干推理关系并不矛盾。

❷ 校务委员会决定除非是少数民族贫困生，否则不能获得特别奖学金。

以下哪项如果为真，说明校务委员会的上述决定没有得到贯彻？

Ⅰ. 赵明是少数民族贫困生，没有获得特别奖学金。

Ⅱ. 刘斌是汉族贫困生，获得了特别奖学金。

Ⅲ. 熊强不是贫困生，获得了特别奖学金。

A. 只有Ⅰ

B. 只有Ⅰ和Ⅱ

C. 只有Ⅱ和Ⅲ

D. 只有Ⅰ和Ⅱ

E. Ⅰ、Ⅱ和Ⅲ

[解题分析] 正确答案：C

校务委员会决定的推理形式为：少数民族贫困生←获得特别奖学金

其负命题为：不是少数民族贫困生，也获得了特别奖学金。

Ⅰ项：少数民族贫困生，没有获得特别奖学金。不符合上述负命题。

Ⅱ项：汉族贫困生，当然不是少数民族贫困生，获得了特别奖学金。符合上述负命题。

Ⅲ项：不是贫困生，当然也不是少数民族贫困生，获得了特别奖学金。符合上述负命题。

可见，若C项为真，就说明校务委员会的上述决定没有得到贯彻。

6. 充分必要条件假言命题的负命题

"并非：当且仅当p，才q"等值于"p并且非q，或者，非p并且q"。

由于充分必要条件假言命题其前件既是后件的充分条件，又是后件的必要条件，因而，对于一个充分必要条件的假言命题来说，其负命题既可以是相应的充分条件假言命题的负命题，也可以是相应的必要条件假言命题的负命题。

例如，"并非当且仅当得了肺炎才会发高烧"，其等值命题是"或者得了肺炎但不发高烧，或者没有得肺炎却发高烧"。

用公式来表示为：

$$\neg(p \leftrightarrow q) \leftrightarrow (p \wedge \neg q) \vee (\neg p \wedge q)$$

◆ "并非当且仅当某人是美院的学生，则他一定会画油画"。

下列哪个选项是对上述命题的正确理解？

A. 不会画油画的美院学生是有的，而且数量不少。

B. 不是美院学生但会画油画的也不少。

C. 美院有些学生很懒，他们荒废了学业，结果不会画油画。

D. 某人是美院学生但不会画油画，或者某人不是美院学生但会画油画。

E. 某人是美院学生但会画油画，或者某人不是美院学生但不会画油画。

[解题分析] 正确答案：D

$$\neg(p \leftrightarrow q) = (p \wedge \neg q) \vee (\neg p \wedge q)$$

7. 负命题的负命题

并非"并非p"等值于"p"

就负命题自身作为一种较特殊的复合命题来说，其自身当然也有其相应的负命题。如果用公式来表示即为：

$$\neg(\neg p) \leftrightarrow p$$

注意：

在质疑对方时，往往容易产生"条件误解"的逻辑错误，即把对方表述的充分条件误解为必要条件，或者把对方表述的必要条件误解为充分条件，从而导致无效的质疑。

◆ 李刚：在所有其他因素都相同的情况下，其父母拥有博士学位的儿童比那些父母不曾获得博士学位的儿童，更可能获得博士学位。

张丽：但是考虑这种情况：在博士学位拥有者中，超过 70％的父母双方都不曾获得博士学位。

以下哪项最准确地评价了张丽的回答？

A. 它表明李刚的观点夸大了。

B. 张丽所答倘若为真，且有力地表明李刚的观点不可能准确。

C. 它与李刚的观点并不矛盾，是一致的。

D. 它为接受李刚的观点提供了另一种理由。

E. 它错误地将事情发生的必要条件当作了充分条件。

[解题分析] 正确答案：E

李刚认为：父母拥有博士学位的儿童→更可能获得博士学位。

张丽质疑：大部分父母没有博士学位∧获得博士学位。

张丽的质疑对李刚并没有反驳作用，实际上张丽的质疑是下列命题的负命题：

父母拥有博士学位的儿童←更可能获得博士学位

也就是张丽把李刚的陈述误解为，只有父母拥有博士学位，儿童才更可能获得博士学位。即它错误地将事情发生的必要条件当作了充分条件。

二、等价转换

假言命题与选言命题可以互相进行等价转换，复合命题的等价命题如下：

1. 相容选言命题的等价命题

$$p \lor q = \neg p \to q = \neg q \to p$$

例如：或者股票大涨，或者我将破产＝如果股票没有大涨，那么我将破产。

2. 不相容选言命题的等价命题

$$p \veebar q = \neg p \leftrightarrow q = p \leftrightarrow \neg q$$

例如：你要么去北京，要么去南京＝当且仅当你不去北京，你才去南京。

例如：或者股票大涨，或者我将破产＝如果股票没有大涨，那么我将破产。

3. 充分条件假言命题的等价命题

$$p \to q = \neg p \lor q = \neg q \to \neg p$$

例如：如果我有足够的钱，我就可以买到一切＝或者我没有足够的钱，或者我可以买到一切。

4. 必要条件假言命题的等价命题

$$p \leftarrow q = p \lor \neg q = \neg p \to \neg q$$

例如：只有该厂工人，才会经常进出该厂＝或者是该厂工人，或者不经常进出该厂。

❶ 要么张三不去北京，要么李四不去北京

如果上述判断为真，那么下列哪项必为真？

A. 如果张三不去北京，那么李四去北京。

B. 如果张三去北京，那么李四也去北京。

C. 只有张三去北京，李四才去北京。

D. 只有张三不去北京，李四才不去北京。

E. 张三不去北京，而且李四不去北京。

[解题分析] 正确答案：A

题干的意思是张三与李四只能一个人不去北京，A 项是不相容选言推理的肯定否定式，是必然为真的，其余选项都不一定为真。

❷ 如果这匹马儿不吃饱草，那么这匹马儿不能跑。

以上断定如果为真，则除了以下哪项外，其余选项都必然为真？

A. 只要这匹马儿不吃饱草，这匹马儿就不能跑。

B. 只有这匹马儿吃饱草，这匹马儿才能跑。

C. 或者这匹马儿吃饱草，或者这匹马儿不能跑。

D. 既要这匹马儿跑，又要这匹马儿不吃饱草，这是办不到的。

E. 除非这匹马儿跑，否则，这匹马儿没有吃饱草。

[解题分析] 正确答案：E

题干关系式为：¬吃→¬跑。

等价于：吃←跑

A 项：¬吃→¬跑，符合题意。

B 项：吃←跑，符合题意。

C 项：吃∨¬跑＝¬吃→¬跑，符合题意。

D 项：¬（跑∧¬吃）＝吃∨¬跑＝¬吃→¬跑，符合题意。

E 项：¬跑→¬吃，不符合题意。因此，E 项为正确答案。

❸ 逻辑学家说：如果 $2+2=5$，则地球是方的。

以下哪项和逻辑学家所说的同真？

A. 如果地球是方的，则 $2+2=5$。

B. 如果地球是圆的，则 $2+2\neq5$。

C. $2+2\neq5$ 或者地球是方的。

D. $2+2=5$ 或者地球是方的。

E. $2+2\neq5$ 并且地球是方的。

[解题分析] 正确答案：C

把"$2+2=5$"表示为 p，"地球是方的"表示为 q；则题干推理为 $p \to q$

A 项推理为：$q \to p$

B 项推理为：$r \to \neg p$；（其中 r 表示"地球是圆的"，r 与 ¬q 不等同）；题干推理正确，B 项也一定正确，但 B 项并不是题干的逆否命题，因此，与题干并不完全等价。

C 项推理为：$\neg p \lor q$；这与题干推理是完全等价的。

D 项推理为：$p \lor q$。

E 项推理为：$\neg p \land q$。

❹ 当我们接受他人太多恩惠时，我们的自尊心就会受到伤害。如果你过分地帮助他人，就会让他觉得自己软弱无能。如果让他觉得自己软弱无能，就会使他陷入自卑的苦恼

之中。一旦他陷入这种苦恼之中，他就会把自己苦恼的原因归罪于帮助他的人，反而对帮助他的人心生怨恨。

如果以上陈述为真，以下哪一个选项一定为真？

A. 你不要过分地帮助他人，或者使他陷入自卑的苦恼之中。

B. 如果他的自尊心受到伤害，他一定接受了别人的太多恩惠。

C. 如果不让他觉得自己软弱无能，就不要去帮助他。

D. 只有你过分地帮助他人，才会使他觉得自己软弱无能。

E. 如果你帮助别人的时候不让他觉得自己软弱无能，那么他就不会陷入自卑的苦恼之中。

[解题分析] 正确答案：A

题干断定：如果你过分地帮助他人，就会让他觉得自己软弱无能。如果让他觉得自己软弱无能，就会使他陷入自卑的苦恼之中。

从而可得出：如果你过分地帮助他人，就会使他陷入自卑的苦恼之中。

由于 $p \rightarrow q = \neg p \vee q$

因此，可得出结论：你不要过分地帮助他人，或者使他陷入自卑的苦恼之中。即 A 项为正确答案。

其余选项都不能必然被推出。

三、假言连锁

假言连锁推理是由两个或两个以上同种条件关系的假言命题为前提，推出一个新的假言命题为结论的推理。这种推理的合理性是建立在条件关系的传递性基础上的。

1. 充分条件假言连锁推理

充分条件假言连锁推理是以充分条件命题为前提的假言连锁推理。

（1）肯定式

如果 p，那么 q

如果 q，那么 r

所以，如果 p，那么 r

例如：

如果此处是罪犯作案的现场，那么此处就留有罪犯作案的痕迹。

如果此处就留有罪犯作案的痕迹，那么就能找到罪犯作案的证据。

所以，如果此处是罪犯作案的现场，那么就能找到罪犯作案的证据。

（2）否定式

如果 p，那么 q

如果 q，那么 r

所以，如果非 r，那么非 p

例如：

如果你犯了法，你就会受到法律制裁。

如果你受到法律制裁，别人就会看不起你。

如果别人看得起你，你就没有犯法。

2. 必要条件假言连锁推理

必要条件假言连锁推理是以必要条件命题为前提的假言连锁推理。

（1）肯定式

只有 p，才 q

只有 q，才 r

所以，只有 p，才 r

例如：

只有有了第二味觉，哺乳动物才能边吃边呼吸。

只有边吃边呼吸，哺乳动物才能进行高效率的新陈代谢。

哺乳动物只有有了第二味觉，才能进行高效率的新陈代谢。

（2）否定式

只有 p，才 q

只有 q，才 r

所以，如果非 p，那么非 r

例如：

只有树立坚定信心，才能不畏艰难险阻。

只有不畏艰难险阻，才能登上科学高峰。

所以，如果不树立坚定细心，就不能登上科学高峰。

❶ 有人说，工作的时候，我们要将重要事务放在主要位置。重要事务是必要条件，关系着一件事情成功与否。重要的事务没做好，一定不成功。但是，细节也是很重要的，细节是成功的充分条件，同样也与一件事情成功与否相关。一个成功的人是能够协调好重要事务与细节的关系的。

由此可以推出以下哪项？

A. 成功并不代表着所有细节都处理好了。

B. 如果不成功则说明重要事务没有做好。

C. 成功的前提条件是既要做好重要事务，又要处理好细节。

D. 虽然处理好了细节，但没做好重要事务，也不一定成功。

E. 重要事务做好了，说明所有细节都处理好了。

[解题分析] 正确答案：A

题干条件关系可表示为：细节→成功→重要事务

题干所述"细节是成功的充分条件"意思是"处理好细节就能成功"。对于充分条件假言命题而言，根据"肯定后件不能肯定前件"可知，A 项正确。

其余选项都推不出。

❷ 中华腾飞，系于企业；企业腾飞，系于企业家。因此，中国经济的起飞迫切需要大批优秀的企业家。

下面哪一种逻辑推理方法与上述推理方法相同？

A. 红盒中装蓝球，蓝盒中装绿球。因此，红盒中不可能装绿球。

B. 新技术增加产品的科技含量，科技含量增加产品的价值，技术含量低的产品价
值低。

C. 生产力决定生产关系，生产关系决定上层建筑，上层建筑又反作用于生产关系。

D. 优秀的学习成绩来自勤奋，勤奋需要意志支撑。因此，要取得好的成绩必须具有坚忍的意志。

E. 王军霞的优异成绩来自她个人的努力，也来自教练对她的培养。

[解题分析] 正确答案：D

题干推理是，A 的必要条件是 B，B 的必要条件是 C，因此，A 的必要条件是 C。

显然，D 项的逻辑推理结构与题干相似。

❸ 在由发展中国家向经济发达国家前进的过程中，大量资本支持是必不可少的条件，而高储蓄率是获得大量资本的必要条件。就目前来说，中国正处于经济起飞时期，因此，储蓄率高是当前经济发展中的一种正常而合理的现象。

由此可以推出以下哪项？

A. 有了大量的资本支持，就可以实现由发展中国家向发达国家的跨越。

B. 有了高储蓄率，就可以获得大量的资本支持。

C. 如果没有获得大量的资本支持，说明储蓄率不高。

D. 如果没有高储蓄率，就不能实现向发达国家的转变。

E. 如果有高储蓄率，就能实现向发达国家的转变。

[解题分析] 正确答案：D

题干断定：对发展中国家来说，没有大量资本支持就不能成为发达国家，而没有高储蓄率就没有大量资本。由此，显然可以推出：如果没有高储蓄率，就不能实现向发达国家的转变。

❹ 尼禄是公元一世纪的罗马皇帝。每一位罗马皇帝都喝葡萄酒，且只用锡壶和锡高脚酒杯喝酒。无论是谁，只要使用锡器皿饮酒，哪怕只用过一次，也会导致中毒。而中毒总是导致精神错乱。

如果以上陈述都是真的，以下哪项陈述一定为真？

A. 不管他别的方面怎么样，尼禄皇帝肯定是精神错乱的。

B. 那些精神错乱的人至少用过一次锡器皿去饮葡萄酒。

C. 在罗马王朝的臣民中，中毒是一种常见现象。

D. 使用锡器皿是罗马皇帝的特权。

E. 使用锡器皿饮少量的酒只会引起轻微的中毒。

[解题分析] 正确答案：A

题干断定：尼禄是罗马皇帝。罗马皇帝都必然用锡器皿喝酒。用锡器皿喝酒必然中毒。中毒必然精神错乱。可列式如下：

（1）罗马皇帝→用锡器皿饮酒。

（2）用锡器皿去饮酒→中毒。

（3）中毒→精神错乱。

由此显然必然推出：尼禄皇帝肯定是精神错乱的。因此，A 项一定为真。

其余选项均不能必然推出。

❺ 人生就是为了找寻爱的过程。首先，你遇到你最爱的人，然后才能体会到爱的感觉；因为了解了爱的感觉，所以才能发现最爱你的人；发现了最爱你的人，才能感受到被爱的感觉；当你经历过爱人与被爱，才能学会真正的爱。学会了真正的爱，才会知道什么

是你需要的，也才会找到最适合你的，能够共度一生的人。

如果以上资料为真，那么以下哪项也一定为真？

A. 如果你能遇到你最爱的人，你就会发现最爱你的人。

B. 只要你体会到爱的感觉，就能学会真正的爱。

C. 即使发现不了最爱你的人，你也能找到与你共度一生的人。

D. 除非学会了真正的爱，否则你找不到能与你共度一生的人。

E. 除非你遇不到你最爱的人，否则你就不会发现最爱你的人。

[解题分析] 正确答案：D

遇到你最爱的人←体会到爱的感觉←发现最爱你的人←感受到被爱←学会真正的爱←找到共度一生的人

逆否命题：没遇到你最爱的人→体会不到爱的感觉→发现不了最爱你的人→感受不到被爱→学不会真正的爱→找不到共度一生的人

四、二难推理

二难推理是由两个假言前提和一个具有二支的选言前提联合作为前提而构成的推理。它也称为假言选言推理。

在辩论中人们经常运用这种推理形式。辩论的一方常常提出具有两种可能的大前提，对方无论肯定或否定其中的哪一种可能，结果都会陷入进退两难的境地。二难推理之所以叫作"二难"推理，也就是由于这个缘故。

1. 二难推理的四种形式

任何形式的二难推理，必须具备前提真实和形式有效，才是正确的，不具备这两个条件的二难推理必是错误的。下述四式都是二难推理的有效推理形式。

（1）简单构成式

如果 p，那么 r

如果 q，那么 r

p 或 q

所以，r

例如，古希腊雅典有一位青年，他能言善辩，四处奔波，到处发表演说。一天，他父亲忧心忡忡地对他说："孩子，你可得当心！你那么热衷于演说，不会有好结果。说真话吧，富人或显贵会恨死你；说假话吧，贫民们不会拥护你。可是既要演说，你就只能是或者讲真话，或者讲假话，因此，不是遭到富人、显贵的憎恨，就是遭到贫民的反对，总之是有百弊而无一利啊！"

在这里，父亲劝儿子就使用了一个二难推理，形式是：

如果你说真话，那么富人恨你；

如果你说假话，那么穷人恨你。

或者你说真话，或者你说假话；

总之，有人恨你。

（2）简单破坏式

如果 p，那么 q

如果 p，那么 r

非 q 或非 r

所以，非 p

这种形式是在前提中否定两个假言命题的不同后件，结论否定两个假言命题的相同前件。

例如，秦宣太后很喜爱魏丑夫，她患重病将去世时下了这样一道命令：我死后安葬时，一定让魏丑夫为我殉葬。魏丑夫对此深感害怕。大臣庸芮就此事劝太后说：您认为死者有知吗？太后回答说：无知也。庸芮说：假若太后您的神灵明明知道死后无知，为何要让生前所喜爱的人白白地为无知的死人殉葬呢？如果死后有知，先王去世后您很少瞻仰他的寝陵，对您的积怨一定很久了，您为什么却私自让魏丑夫殉葬呢？太后赞同地说：好。于是废除了让魏丑夫殉葬的旨意。

点评：庸芮为了营救魏丑夫，就运用了简单破斥式的二难推理，其推理形式为：

如果太后死后无知而让魏丑夫殉葬，那么会白白葬送生前喜爱的人；

如果太后死后有知而让魏丑夫殉葬，那么会触怒先王。

太后或者不想白白葬送生前喜爱的人，或者不想触怒先王；

总之，太后都不应该让魏丑夫殉葬。

（3）复杂构成式

如果 p，那么 r

如果 q，那么 s

p 或 q

所以，r 或 s

这种形式是在前提中肯定两个不同假言命题的两个不同前件，结论则肯定两个不同的后件，其结论是选言命题。

例如，据说古希腊哲学家苏格拉底曾劝男人们都要结婚，他的规劝是这样进行的：

如果你娶到一个好老婆，你会获得人生的幸福；

如果你娶到一个坏老婆，你会成为一位哲学家。

你或者娶到好老婆，或者娶到坏老婆；

所以，你或者会获得人生的幸福，或者会成为一位哲学家。

（4）复杂破坏式

如果 p，那么 r

如果 q，那么 s

非 r 或非 s

所以，非 p 或非 q，

这种形式是在前提中否定两个不同假言命题的两个不同后件，结论则否定两个不同的前件，其结论是选言命题。

例如，如果上帝是全能的，他就能够消除罪恶；

如果上帝是全善的，他就愿意消除罪恶。

上帝或者没能消除罪恶，或者不愿消除罪恶；

所以，上帝或者不是全能的，或者不是全善的。

在这个推理中，两个假言前提有不同的前件和不同的后件，因此否定这个或那个后件，结论便否定这个或那个前件。

2. 二难推理破斥

由于二难推理是一种很有用的推理，是论辩中的一种有力工具，因此在人们的实际思维中经常会使用它。但是并非人人都能正确使用这种推理形式，而且诡辩论者也经常利用二难推理进行诡辩，所以对于不正确的二难推理必须加以驳斥。破斥二难推理的方法主要有以下几种。

（1）指出其前提的虚假

即指出错误二难推理的前提不真实，指出对方预设的前提标准不真实。这需要具体知识来完成。

例如，旧西藏的乌拉差役制度中，有的寺庙规定农奴每年都要请喇嘛念冰雹经，祈求免除冰雹灾害。寺庙长老给农奴立下规矩：

如果天不下冰雹，是念经有功，那么要交费酬谢；

如果天下冰雹，是民心不纯，那么要交罚款。

天或不下冰雹，或下冰雹；

所以，农奴或要交酬谢费，或要交罚款。

点评：在上面这个二难推理的复杂构成式中，其前提是虚假的，是喇嘛为剥削农奴而人为捏造出来的。因为天是否下冰雹，跟喇嘛念经无关。

（2）指出推理形式无效

即指出其推理违反假言推理或选言推理的逻辑规则。下面是一单位领导就几位下属是否参加一次经贸洽谈会所作出的推理：

如果老王不出席，那么老李出席；

如果老张不出席，那么老白出席。

老王出席或老张出席；

所以，老李不出席或老白不出席。

上述推理是二难推理复杂构成式的否定前件式，是无效的。因为二难推理的构成式只有肯定前件式，没有否定前件式。

（3）指出选言支不穷尽

即在两个选言支以外，还有第三种选言情况存在，这样便瓦解了小前提的限制。例如，"如果天冷那么人难受，如果天热那么人难受，天气或者冷或者热，总之，人总是难受。"而事实上，天有既不冷也不热的时候。

例如，有教师对学生开展课外活动作出了这样一个二难推理：

如果课外活动搞得过多，那么会影响学生基础课的学习：

如果课外活动搞得过少，那么会影响学生知识面的拓宽。

或者课外活动搞得过多，或者课外活动搞得过少；

所以，或者会影响学生基础课的学习，或者会影响学生知识面的拓宽。

点评：这个选言前提的选言支没有穷尽所有的可能情况，它遗漏了课外活动搞得适中这种可能，而这又是搞课外活动应遵循的一种可能。

（4）构造一个反二难推理

构造一个反二难推理，是一种常用的反驳方法。所谓构造一个反二难推理，即构造一个与原二难推理的前提相反的二难推理，以便从中推出相反的结论，从而达到破斥的目的。

如本节开始那一例，儿子是这样反驳父亲的："父亲，您老不用担心。如果我说真话，那么贫民们就会赞颂我；如果我说假话，富人、显贵们就会赞颂我。虽然我不是说真话，就是说假话，但不是贫民赞颂我，就是富人、显贵们赞颂我，何乐而不为呢？"

从"或者说真话或者说假话"这一前提中，儿子引申出与他父亲截然相反的结论，这就将父亲的非难有力地顶了回去。

构造一个反二难推理去反驳时，要注意两点：一是构造的这种二难推理务必保留原二难推理的假言前提的前件，而推出与原来相反的后件。如若不然，就达不到破斥的目的。二是构造相反的二难推理，虽然能驳斥原二难推理，但其本身不一定就是正确的推理。如前例儿子对父亲，虽然破斥了原二难推理，但他们所构造的二难推理的假言前提与原二难推理的假言前提一样都是假的，即上述二难推理的结论都是不能成立的。但由于揭示了原二难推理中的虚假前提，因此，仍不失为一种有效的反驳方法。

3. 二难推理解题指导

二难推理不是基本的逻辑推理形式，它往往是为了说明结果的两难处境或者是为了强调某一结论所进行的推理。其在逻辑推理的解题中经常用到的是简约式：

p→r

￢p→r

所以，r

即由 p→r 和 ￢p→r，推出，r

也可由 p→r 和 ￢p→s，推出，r∨s

❶ 媒体上最近充斥着关于某名人的八卦新闻，这使该名人陷入一种尴尬的境地：如果她不出面作澄清和反驳，那些谣传就会被大众信以为真；如果她出面作澄清和反驳，这反而会引起更多人的关注，使那些八卦新闻传播得更快更广。这也许就是当名人不得不付出的代价吧。

如果题干中的陈述为真，则下面哪一项必定为真？

A. 该名人实际上无法阻止那些八卦新闻对她个人声誉的损害。

B. 一位名人的声誉不会受媒体上八卦新闻的影响。

C. 在面对八卦新闻时，该名人所能采取的最好策略就是澄清真相。

D. 该名人的一些朋友出面夸奖她，反而会起反效果。

E. 如果该名人想挽回声誉，那她必须在出面与不出面之间二选一。

[解题分析] 正确答案：A

本题是个二难推理，题干的意思包括两层：

如果不反驳，那些谣传就会被大众信以为真；

如果反驳，这反而会引起更多人的关注，使那些八卦新闻传播得更快更广。

可见不管是否反驳，该名人实际上无法阻止那些八卦新闻对她个人声誉的损害。

因此，A项正确。

❷ 爱因斯坦发表狭义相对论时，有人问他：预计公众会有什么反应？他答道：很简单，如果我的理论是正确的，那么，德国人会说我是德国人，法国人会说我是欧洲人，美国人会说我是世界公民；如果我的理论不正确，那么，美国人会说我是欧洲人，法国人会说我是德国人，德国人会说我是犹太人。

如果爱因斯坦的话是真的，以下哪项陈述一定为真？

A. 有人会说爱因斯坦是世界公民。

B. 法国人会说爱因斯坦是欧洲人。

C. 有人会说爱因斯坦是德国人。

D. 有人会说爱因斯坦是犹太人。

E. 有人会说爱因斯坦是美国人。

[解题分析] 正确答案：C

爱因斯坦陈述：

如果我的理论是正确的，那么，德国人会说我是德国人，法国人会说我是欧洲人；

如果我的理论不正确，那么，美国人会说我是欧洲人，法国人会说我是德国人。

对任何一个理论来说，或者正确，或者不正确；

总会有人说爱因斯坦是德国人，也总会有人说爱因斯坦是欧洲人。

因此，C项必然正确。其余选项都不一定为真。

❸ 在镇压太平天国之后，曾国藩在奏折中请求朝廷遣散湘军，但对他个人的去留问题却只字不提。因为他知道，如果在奏折中自己要求留在朝廷效力，就会有贪权之疑；如果在奏折中请求解职归乡，就会给朝廷留下他不愿意继续为朝廷尽忠的印象。

下列哪项中的推理与上文中的最相似？

A. 在加入人寿保险的人当中，如果你有平安的好运气，就会给你带来输钱的坏运气；如果你有不平安的坏运气，就会给你带来赢钱的好运气。正反相生，损益相成。

B. 一位贫穷的农民喜欢这样教导他的孩子们："这个世界上，你不是富就是穷，不是诚实就是不诚实。由于所有穷人都是诚实的，所以，每个富人都是不诚实的。"

C. 在处理雍正王朝的一次科场舞弊案中，如果张廷玉上奏折主张杀张廷璐，会使家人认为他不义；如果张廷玉上奏折主张保张廷璐，会使雍正认为他不忠。所以，张廷玉在家装病，迟迟不上奏折。

D. 在梁武帝和萧宏这对兄弟之间，如果萧宏放弃权力而贪恋钱财，梁武帝就不担心他会夺权；如果萧宏既贪财又争权，梁武帝就会加以防范。尽管萧宏敛财无度，梁武帝还是非常信任他。

E. 20世纪，中原大战中，张学良的东北军支持蒋介石，那么蒋会赢，支持冯玉祥一方，那么冯会赢，所以，张学良是决定胜利的关键。

[解题分析] 正确答案：C

推理方式的相似比较题。题干推理是针对一个二难推理，作出逃避的做法。在诸选项中只有C项与题干推理最为相似，为正确答案。

❹ 土耳其自1987年申请加入欧盟，直到目前双方仍在进行艰难的谈判。从战略上考虑，欧盟需要土耳其，如果断然对土耳其说"不"，欧盟将会在安全、司法、能源等方面失去土耳其的合作。但是，如果土耳其加入欧盟，则会给欧盟带来文化宗教观不协调、经

济补贴负担沉重、移民大量涌入冲击就业市场等一系列问题。

以下哪项结论可以从上面的陈述中推出？

A. 从长远看，欧盟不能既得到土耳其的全面合作，又完全避免土耳其加入欧盟而带来的困难问题。

B. 如果土耳其达到了欧盟设定的政治、经济等入盟标准，它就能够加入欧盟。

C. 欧盟或者得到土耳其的全面合作，或者完全避免土耳其加入欧盟带来的麻烦。

D. 土耳其只有 3％的国土在欧洲，多数欧洲人不承认土耳其是欧洲国家。

E. 土耳其的首都在欧洲，因此它属于欧洲国家。

[解题分析] 正确答案：A

题干逻辑关系为：

（1）不让土耳其加入欧盟→欧盟将会失去土耳其的合作

（2）让土耳其加入欧盟→会给欧盟带来一系列问题

或者让土耳其加入欧盟，或者不让土耳其加入欧盟；总之，欧盟或者会失去土耳其的合作，或者会给欧盟带来一系列问题。

由于 p∨q＝¬（¬p∧¬q），因此，"欧盟或者会失去土耳其的合作，或者会给欧盟带来一系列问题"等价于：欧盟不能既得到土耳其的全面合作，又完全避免土耳其加入欧盟而带来的困难问题。所以，A 项为正确答案。

⬥ 第 12 届国际逻辑学、方法论和科学哲学大会在西班牙举行，哈克教授、马斯教授和雷格教授中至少有一人参加了这次大会。已知：

（1）报名参加大会的人必须提交一篇英文学术论文，经专家审查通过后才会发出邀请函。

（2）如果哈克教授参加这次大会，那么马斯教授一定参加。

（3）雷格教授向大会提交了一篇德文的学术论文。

根据以上情况，以下哪项一定为真？

A. 哈克教授参加了这次大会。

B. 马斯教授参加了这次大会。

C. 雷格教授参加了这次大会。

D. 哈克教授和马斯教授都参加了这次大会。

E. 马斯教授和雷格教授都参加了这次大会。

[解题分析] 正确答案：B

题干条件关系如下：

（1）参加大会的人→提交一篇英文学术论文。

（2）哈克参加→马斯参加。

（3）雷格提交了一篇德文的学术论文。

由条件（1）（3）知，雷格教授不能参加。

再加上题干所述，至少有一人参加了大会，说明哈克教授或马斯教授至少有一人参加。由此推出：

（4）哈克不参加→马斯参加。

由（2）（4）二难推理可得：不管哈克教授是否参加，马斯教授必然参加。B 项正确。

⑥ 在美国作家约瑟夫·海勒的小说《第 22 条军规》中，第 22 条军规规定：仅当一个军人的精神不正常且由本人提出停止飞行的申请，才能获准停止飞行。根据常识，如果一个军人能够意识到存在飞行危险并提出停止飞行的申请，这表明他的头脑清醒，其精神不可能不正常。

以下哪项陈述是上文的逻辑推论？

A. 如果一个人的精神不正常，他将获准停止飞行。

B. 没有人能够获准停止飞行。

C. 如果一个人能够意识到存在飞行危险，这表明他的精神正常。

D. 如果一个人能够提出停止飞行的申请，这表明他的精神不可能不正常。

E. 如果一个人由本人提出停止飞行的申请，他将获准停止飞行。

[解题分析] 正确答案：B

第 22 条军规规定：

精神不正常∧由本人提出停止飞行的申请←获准停止飞行。

能够意识到存在飞行危险并提出停止飞行的申请→精神正常。

一个军官，或者自己提出停止飞行的申请，或者自己不提出停止飞行的申请。

若自己提出，则说明精神正常，那么不能获准停止飞行；

若自己不提出，又不满足获准停止飞行的另外一个必要条件；

因此没有军官可以获准停止飞行。

第三节　混合推理

复合命题的混合推理涉及对假言、联言和选言及负命题推理的综合运用。这类题目包含着逻辑条件关系，首先必须根据题干论述写出条件关系式，然后再通过逻辑运算和条件理解来确定答案。

一、推出结论

命题逻辑的推出结论题的解题步骤如下：

1. 通过自然语言的符号化写出条件关系式

（1）元素符号化，抽象思维。

（2）汉语阅读理解，收敛思维，写出条件关系式。

注意日常语言联结词，可标志条件关系。没有联结词的，从意义上理解条件关系。

2. 通过条件理解和逻辑运算推出答案

（1）有了条件关系式，就可以写出其等价的逆否命题。

$p \rightarrow q1 \lor q2$ 的逆否命题为 $\neg q1 \land \neg q2 \rightarrow \neg p$

$p \rightarrow q1 \land q2$ 的逆否命题为 $\neg q1 \lor \neg q2 \rightarrow \neg p$

$q1 \lor q2 \rightarrow p$ 的逆否命题为 $\neg p \rightarrow \neg q1 \land \neg q2$

$q1 \land q2 \rightarrow p$ 的逆否命题为 $\neg p \rightarrow \neg q1 \lor \neg q2$

（2）题目若只有一个条件关系，往往只要结合对原命题与逆否命题的理解即可找出答案。

（3）题目若有多个条件关系，则需要进行一定的逻辑命题演算，往往要串联多个条件关系式，从而推导出答案。

注意：要寻找解题突破口，找推理起点（或在题干，或在问题，或在选项），由起点列出推理链。要善于结合题干条件和选项来推理，从而尽快找到答案。比如：p→q，r→¬q，可得出 p→¬r。

（4）熟练运用基本等价式并善于命题转换。

比如，记住前述的命题转换关系：

$p \lor q = \neg p \to q$

$\neg p \lor \neg q = p \to \neg q$

$p \to q = \neg p \lor q$

❶ 如果小张来开会，则小李来开会或小赵不来开会。小李没来开会。

如果上述信息正确，下列哪项一定不正确？

A. 小张来开会了。

B. 小张没来开会。

C. 小赵没来开会。

D. 小张和小赵都没来开会。

E. 小张和小赵都来开会了。

[解题分析] 正确答案：C

由题干断定可列出条件关系式：

（1）张→李∧¬赵

（2）¬李

由（1）得其等价的逆否命题：

（3）¬张←¬李∨赵

由（2）（3）得：¬张

即小张没来开会

❷ 目前俄罗斯在远东地区的耕地利用率不足 50%，俄罗斯经济发展部有意向亚太国家长期出租农业用地。该部认为：如果没有外国资本和劳动力注入，俄罗斯靠自己的力量将无法实现远东地区的振兴。但是，如果外国资本和劳动力进入远东地区，该地区有可能被外国移民"异化"。

如果俄罗斯经济发展部的判断是正确的，以下哪一项陈述一定为真？

A. 如果俄罗斯把外国资本和劳动力引进远东地区，该地区将实现振兴。

B. 如果俄罗斯靠自己的力量能实现远东地区的振兴，该地区就不会被外国移民"异化"。

C. 如果俄罗斯在将外国资本和劳动力引进远东地区的同时不断完善各项制度，该地区就不会被外国移民"异化"。

D. 如果不靠自己的力量又要实现远东地区的振兴，俄罗斯将面临该地区可能被外国移民"异化"的问题。

E. 如果有了外国资本和劳动力注入，俄罗斯靠自己的力量就能实现远东地区的振兴。

[解题分析] 正确答案：D

题干断定：

（1）如果没有外国资本和劳动力注入，俄罗斯靠自己的力量将无法实现远东地区的振兴。

（2）如果外国资本和劳动力进入远东地区，该地区有可能被外国移民"异化"。

那么，由（1）推出，如果不靠自己的力量又要实现远东地区的振兴，就需要外国资本和劳动力注入，再由（2），该地区可能被外国移民"异化"。因此，D 项一定为真。

如果非 p，则非 q。p，不一定 q。因此，由（1）推不出 A 项。B 项同样从题干中推不出。C 选项是新信息的加入，所以不一定为真。

❸ 关于确定商务谈判代表的人选，甲、乙、丙三位公司老总的意见分别是：

甲：如果不选派李经理，那么不选派王经理。

乙：如果不选派王经理，那么选派李经理。

丙：要么选派李经理，要么选派王经理。

以下诸项中，同时满足甲、乙、丙三人意见的方案是哪项？

A. 选李经理，不选王经理。

B. 选王经理，不选李经理。

C. 两人都选派。

D. 两人都不选派。

E. 不存在这样的方案。

[解题分析] 正确答案：A

题干断定：

甲：¬李→¬王；其等价于逆否命题：王→李。

乙：¬王→李。

丙：李∨·王。

由甲和乙推出，必然选李，再由丙知，必然不选王。

因此，A 项为正确答案。

其余选项都不对，其中，选项 B，与甲矛盾。选项 C，与丙矛盾。选项 D，与乙、丙都矛盾。

❹ 过度工作和压力都会不可避免地导致失眠症。森达公司的所有管理人员都有压力。尽管医生反复提出警告，但大多数管理人员每周工作仍然超过六十小时，而其余的管理人员每周仅工作四十小时。只有每周工作超过四十小时的员工才能得到一定的奖金。

以上陈述最强地支持下列哪项结论？

A. 大多数得到一定奖金的森达公司管理人员患有失眠症。

B. 森达公司员工的大部分奖金给了管理人员。

C. 森达公司管理人员比任何别的员工更易患失眠症。

D. 没有每周仅仅工作四十小时的管理人员工作过度。

E. 森达公司的工作压力比其他公司的工作压力大。

[解题分析] 正确答案：A

题干断定：

(1) 过度工作和压力都会不可避免地导致失眠症。

(2) 森达公司的所有管理人员都有压力。

(3) 大多数管理人员每周工作超过六十小时，而其余的管理人员每周仅工作四十小时。

(4) 只有每周工作超过四十小时的员工才能得到一定的奖金。

根据 (4) 可知，得到一定奖金的森达公司管理人员每周工作超过四十小时。

再根据 (3) 可合理推知，大多数得到一定奖金的森达公司管理人员工作过度（每周工作超六十小时）。

再结合 (2) 和 (1)，可合理地推出：大多数得到一定奖金的森达公司管理人员患有失眠症，因此，A 项为正确答案。

选项 B、D 讨论的是管理人员以外的员工，选项 C、E 又引入了其他公司的情况，这都是不能断定的信息，题干无从支持。

⑤ 如果你犯了法，你就会受到法律制裁；如果你受到法律制裁，别人就会看不起你；如果别人看不起你，你就无法受到尊重；而只有得到别人的尊重，你才能过得舒心。

从上述叙述中，可以推出下列哪一个结论？

A. 你不犯法，日子就会过得舒心。

B. 你犯了法，日子就不会过得舒心。

C. 你日子过得不舒心，证明你犯了法。

D. 你日子过得舒心，表明你看得起别人。

E. 如果别人看得起你，你日子就能舒心。

[解题分析] 正确答案：B

题干的断定可整理为：

(1) 犯法→受到制裁。

(2) 受到制裁→别人看不起你。

(3) 别人看不起你→无法受到尊重。

(4) 受到尊重←舒心。

联立以上条件关系式，可得：犯法→制裁→看不起→非尊重→非舒心

这样，就得到了"你犯了法，日子就不会过得舒心"，B 项正确。

⑥ 群众对领导的不满，不仅仅产生于领导的作为和业绩，而且很大程度上是由于对领导的期望值与实际表现之间的差距。因此，如果竞选一个大企业的领导，竞选者竞选演说中一味许愿，是一种不聪明的做法。

从以上议论可以推出以下哪项结论？

Ⅰ. 群众的期望值足够低，领导即使胡作非为，群众也不会产生不满情绪。

Ⅱ. 只要领导的作为和业绩出色，群众就不会产生不满情绪。

Ⅲ. 由于群众的期望值高，尽管领导的工作成绩优秀，群众的不满情绪仍可能存在。

A. 只有Ⅰ。

B. 只有Ⅱ。

C. 只有Ⅲ。

D. 只有Ⅰ和Ⅲ。

E. 只有Ⅱ和Ⅲ。

[解题分析] 正确答案：C

题干指出了造成群众对领导不满的两个原因：第一，领导的作为和业绩差；第二，群众对领导的期望值与实际情况之间存在差距。

即"作为和业绩"与"正常的期望值"是"群众满意"的必要条件。

群众满意→业绩好∧期望值正常。

业绩差∨期望值高→群众不满。

选项Ⅰ讲"领导即使胡作非为，群众也不会产生不满情绪"，这与题干议论不符，因为忽略了题干指出的造成群众对领导不满的第一个原因。

选项Ⅱ讲"只要领导的作为和业绩出色，群众就不会产生不满情绪"，与题干不符，因为忽略了题干指出的造成群众对领导不满的第二个原因。

选项Ⅲ讲"由于群众的期望值高，尽管领导的工作成绩优秀，群众的不满情绪仍可能存在"正好体现了题干的议论思路。因为随着群众期望值的提高，尽管领导有效地改进了工作，但群众对领导的期望值与实际情况之间的差距仍可能存在。

❼ 如果风很大，我们就会放飞风筝。

如果天空不晴朗，我们就不会放飞风筝。

如果天气很暖和，我们就会放飞风筝。

假定上面的陈述属实，如果我们现在正在放飞风筝，则下面的哪项必定是真的？

Ⅰ. 风很大。

Ⅱ. 天空晴朗。

Ⅲ. 天气暖和。

A. 仅Ⅰ。

B. 仅Ⅰ、Ⅲ。

C. 仅Ⅲ。

D. 仅Ⅱ。

E. 仅Ⅱ、Ⅲ。

[解题分析] 正确答案：D

题干推理关系为：

（1）风大→放飞风筝。

（2）不晴朗→不放飞风筝。

（3）暖和→放飞风筝

如果我们现在正在放飞风筝，对（1）式和（3）式来说，充分条件假言命题肯定后件不能得出肯定前件，因此，"风很大"和"天气暖和"均不能从题干的条件中推出。

如果我们现在正在放飞风筝，对（2）式来说，充分条件假言命题否定后件必然得出否定前件，因此，可以推出"天空晴朗"。

所以，Ⅰ、Ⅲ不必然为真，Ⅱ必然为真，D为正确答案。

❽ 从赵、张、孙、李、周、吴六个工程技术人员中选出三位组成一个特别攻关小组，集中力量研制开发公司下一步准备推出的高技术拳头产品。为了使工作更有成效，我们了

解到以下情况：

(1) 赵、孙两个人中至少要选上一位；

(2) 张、周两个人中至少选上一位；

(3) 孙、周两个人中的每一个都绝对不要与张共同入选。

根据以上条件，若周未被选上，则下列中哪两位必同时入选？

A. 赵、吴。

B. 张、李。

C. 张、吴。

D. 赵、李。

E. 赵、张。

[解题分析] 正确答案：E

根据题干条件，列出如下关系式：

(1) 赵∨孙

(2) 张∨周

(3) 孙∨周→¬张

周未被选上，而由条件（2）知，张肯定选上了。

既然张选上了，又由条件（3）推得，孙就肯定没选上。

既然孙没选上，再由条件（1）推得，赵就肯定选上了。

可见，赵、张两位必同时入选。因此，E 项为正确答案。

❾ 要使中国足球队真正能跻身世界强队之列，至少必须解决两个关键问题：一是提高队员基本体能；二是讲究科学训练。不切实解决这两点，即使临战时拼搏精神发挥得再好，也不可能取得突破性进展。

下列诸项都表达了上述议论的原意，除了：

A. 只有提高队员的基本体能和讲究科学训练，才能取得突破性进展。

B. 除非提高队员的基本体能和讲究科学训练，否则不能取得突破性进展。

C. 如果取得了突破性进展，说明一定提高了队员的基本体能并且讲究了科学训练。

D. 如果不能提高队员的基本体能，即使讲究了科学训练，也不可能取得突破性进展。

E. 只要提高了队员的基本体能并且讲究了科学训练，再加上临战时拼搏精神发挥得好，就一定能取得突破性进展。

[解题分析] 正确答案：E

题干表明："提高队员基本体能"和"讲究科学训练"是"取得突破性进展"的必要条件。

即提高队员基本体能∧讲究科学训练←取得突破性进展。

选项 A、B、C 和 D 都用不同方式表达了"提高队员基本体能"和"讲究科学训练"是突破性进展的两个必要条件。

选项 E 认为"提高了队员的基本体能并且讲究了科学训练，再加上临战时拼搏精神发挥得好"是"取得突破性进展"的充分条件，这是对题干意思的误解。

❿ 只有她去，你和我才会一起去唱"卡拉 OK"；而她只到能跳舞的"卡拉 OK"唱歌，那些场所都在市中心。只有你参加，她妹妹才会去唱"卡拉 OK"。

如果上述断定都是真的，则以下哪项也一定为真？

A. 她不和她妹妹一起唱"卡拉OK"。

B. 你和我不会一起在市郊的"卡拉OK"唱歌。

C. 我不在，你不会和她一起去唱"卡拉OK"。

D. 她不在，你不会和她妹妹一起去唱"卡拉OK"。

E. 她妹妹也只到能跳舞的地方唱"卡拉OK"。

[解题分析] 正确答案：B

根据题干的断定，列出如下条件关系式：

（1）她←你∧我

（2）她→舞OK（市中心）

（3）你←妹

（1）（2）串起来可推得：你和我在一起唱"卡拉OK"，则她一定也在；她只在市中心的"卡拉OK"唱歌。说明你和我一起唱歌的话，一定是和她在市中心，而不可能是市郊，因此，B项一定为真。

其余各项不一定为真。

❶ 三位股评专家正在对三家上市公司明天的股价走势进行预测。甲说："公司一的股价会有一些上升，但不能期望过高。"乙说："公司二的股价可能下跌，除非公司一的股价上升超过5%。"丙说："如果公司二的股价上升，公司三的股价也会上升。"三位股评专家果然厉害，一天后的事实表明他们的预言都对，而且公司三的股价跌了。

以下哪项叙述最可能是那一天股价变动的情况？

A. 公司一股价上升了9%，公司二股价上升了4%。

B. 公司一股价上升了7%，公司二股价下跌了3%。

C. 公司一股价上升了4%，公司二股价持平。

D. 公司一股价上升了5%，公司二股价上升了2%。

E. 公司一股价上升了2%，公司二股价有所上升。

[解题分析] 正确答案：C

根据题意，写出条件关系式：

甲：公司一的股价小幅上升。

乙：公司一的股价上升没超过5%→公司二的股价可能会下跌。

丙：公司二的股价上升→公司三的股价上升。

而事实是：公司三的股价跌了。由此根据丙的说法，必然得出：公司二的股价没上升。

选项A、D、E均表明：公司二的股价上升了。因此，均推不出，排除。

B项，公司一股价上升了7%，已不是小幅上升了，不符合甲的判断，排除。

若C项叙述为真，甲的预言正确，因为公司一股价上升了4%，不算太高（与题干中说的5%比较）。现在公司一只上升了4%，所以公司二的股价可能下跌，但是，"可能"的意思不是"必然"，其结果"公司二股价持平"是与乙的预言不矛盾的。既然公司二股价持平，即没有上升，那么公司三的股价跌是有可能的，这样与丙的预言也不矛盾。因此，该项与题干条件都不矛盾，因此为正确答案。

⓬ 在《反省的生命》一书中，诺齐克写道："我不会像苏格拉底一样，说未经反省的生命是不值得过的——那是过分严苛了。但是，如果我们的人生是由深思熟虑的反省所引导，那么，它就是我们为自己活的生命，而不是别人的。从这个意义上说，未经反省的生命是不完整的生命。"

以下各项都能从诺齐克的陈述中推出，除了：

A. 诺齐克认为，完整的生命都是经过反省的生命。

B. 诺齐克认为，未经反省的生命不是完整的生命。

C. 诺齐克认为，值得过的生命都是经过反省的生命。

D. 诺齐克认为，只有为自己活的生命才是完整的生命。

E. 诺齐克认为，为别人活的生命是不完整的生命。

[解题分析] 正确答案：C

诺齐克认为：未经反省的生命是不完整的生命。意思是，"反省的生命"是"完整的生命"的必要条件，也即"完整的生命"是"反省的生命"的充分条件，因此，A、B 项符合其说法。

诺齐克还认为：如果我们的人生是由深思熟虑的反省所引导，那么，它就是我们为自己活的生命。意味着，"为自己活的生命"是"反省的生命"的必要条件，而"反省的生命"又是"完整的生命"的必要条件，故"为自己活的生命"是"完整的生命"的必要条件，D 项符合其说法。

只有 C 项从诺齐克的陈述中推不出来，为正确答案。

二、补充前提

在日常论证中，前提时常被省略，省略的前提就是隐含的假设。要对论证的有效性作出评估，必须揭示出被省略的前提，即隐含的假设。

揭示复合命题演绎推理的隐含假设（省略前提）的主要步骤：

（1）抓住结论和前提

按题干的陈述顺序依次对前提和结论作出准确的理解，列出条件关系式。

（2）揭示省略的前提

依据合理性原则，凭语感揭示出被省略的前提。

（3）检验推理的有效性

把省略的前提补充进去，并作适当的整理，将推理恢复成标准形式，根据复合命题的演绎推理规则检验上述推理是否有效。当省略的前提条件为真时，结论就必然会被推出。

❶ 如果米拉是考古专家，又考察过 20 座以上的埃及金字塔，则他一定是埃及人。

这个断定可根据以下哪项作出？

A. 米拉考察过 30 座以上的埃及金字塔。

B. 埃及的考古专家考察过 10 座以上的埃及金字塔。

C. 考古专家中只有埃及的考古专家考察过 15 座以上的埃及金字塔。

D. 中国的考古专家大多数没有考察埃及金字塔。

E. 考古专家不仅仅考察埃及金字塔。

[解题分析] 正确答案：C

题干是个省略的假言三段论，补充省略的前提后构成一个有效的推理。

题干前提：米拉是考古专家，又考察过20座以上的埃及金字塔。

补充C项：考古专家中只有埃及的考古专家考察过15座以上的埃及金字塔。

得出结论：他一定是埃及人。

其余各项作为前提，均不能推出题干结论。

❷　如果甲和乙都没有考试及格的话，那么丙就一定及格了。

上述前提再增加以下哪项，就可以推出"甲考试及格了"的结论？

A. 丙及格了。

B. 丙没有及格。

C. 乙没有及格。

D. 乙和丙都没有及格。

E. 乙和丙都及格了。

[解题分析]　正确答案：D

题干的条件关系式是：¬甲∧¬乙→丙

其等值的逆否命题是：甲∨乙←¬丙

意思就是，如果丙不及格，那么甲和乙至少有一个及格。再加上乙没及格，那么，甲就一定及格了。因此，正确答案是D。

❸　如果小王考上了博士并且小刘没考上博士，那么温丽一定考不上博士。

如果以上命题为真，再加上什么前提，可以推出：小刘考上博士了。

A. 小王与温丽一同考上了博士。

B. 小王与小刘都没考上博士。

C. 小王考上了博士而小刘没有考上博士。

D. 小王没考上博士而小刘考上了博士。

E. 小王或温丽没参加考试。

[解题分析]　正确答案：A

题干条件：王∧¬刘→¬温

其等价的逆否命题为：温→¬王∨刘

即如果温丽一定考上博士，那么，或者小王没有考上博士或者小刘考上博士。

这样，要推出"小刘考上博士"，还需要前提"小王考上博士"。

因此，A项为正确答案。

❹　王刚一定是一名高校教师，因为他不仅拥有名校的博士学位，而且在海外某研究机构有超过一年的研究经历。

以下哪项能够保证上述论断的正确？

A. 除非是高校教师，否则不能既拥有名校的博士学位，又在海外研究机构有超过一年的研究经历。

B. 近年来，高校教师都要求有海外研究经历。

C. 有的中学教师也拥有博士学位和海外研究经历。

D. 除非是博士，并且有海外超过一年的研究经历，否则不能成为高校教师。

E. 近两年，高校教师都必须拥有博士学位才能被聘用。

[解题分析] 正确答案：A

题干是个省略的假言三段论，补充省略的前提后构成一个有效的推理。

题干前提：王刚不仅拥有名校的博士学位，而且在海外某研究机构有超过一年的研究经历。

补充 A 项：除非是高校教师，否则不能既拥有名校的博士学位，又在海外研究机构有超过一年的研究经历。

得出结论：王刚一定是一名高校教师，

其余各项均不能保证题干论证的成立。

❺ 如果汉斯不是市长并且 CPI 未能保持稳定，彼德就不会竞选州长。

如果以上陈述为真，根据以下哪项可以得出结论，CPI 保持了稳定？

A. 彼德没有竞选州长，汉斯不是市长。

B. 彼德没有竞选州长，汉斯是市长。

C. 彼德竞选州长，汉斯不是市长。

D. 彼德竞选州长，汉斯是市长。

E. 彼得竞选州长或汉斯不是市长。

[解题分析] 正确答案：C

如果汉斯不是市长并且 CPI 未能保持稳定，彼德就不会竞选州长。

＝如果彼德竞选州长，那么，汉斯是市长或者 CPI 保持稳定。

＝如果彼德竞选州长，并且，汉斯不是市长，那么，CPI 保持稳定。

因此，正确答案为 C。

三、结构比较

复合命题推理的结构比较题指的是推理形式上的相似比较，该类题型主要从形式结构上比较题干和选项之间的相同或不同。

❶ 只有在适当的温度下，鸡蛋才能孵出小鸡来。现在，鸡蛋已经孵出了小鸡，可见温度是适当的。

下述推理结构哪个与上述推理在形式上是相同的？

A. 如果物体间发生摩擦，那么物体就会生热。物体间已经发生了摩擦，所以物体必然要生热。

B. 只有年满十八岁的公民，才有选举权。赵某已有选举权，他一定年满十八岁了。

C. 公民都有劳动的权利。张明是公民，因此，他有劳动的权利。

D. 我国《刑法》规定：致人重伤的处三年以上七年以下有期徒刑。被告已致人重伤，因此，他应处三年以上七年以下有期徒刑。

E. 只有侵害的对象是公共财物的行为，才构成贪污罪，张某侵害的对象不是公共财物，因此，他的行为不构成贪污罪。

[解题分析] 正确答案：B

题干的推理结构是：只有 p，才 q；q，所以，p。

选项 B 和题干具有相同的推理结构。

其余选项与题干推理结构均不同。它们的推理结构分别是：

A 项：如果 p，那么 q；p，所以，q。

C、D 项：所有 m 都是 p；s 是 m，所以，s 是 p。

E 项：只有 p，才 q；非 p，所以，非 q。

❷ 如果学校的财务部门没有人上班，我们的支票就不能入账；我们的支票不能入账，因此，学校的财务部门没有人上班。

请在下列各项中选出与上句推理结构最为相似的一句。

A. 如果太阳神队主场是在雨中与对手激战，就一定会赢。现在太阳神队主场输了，看来一定不是在雨中进行的比赛。

B. 如果太阳晒得厉害，李明就不会去游泳。今天太阳晒得果然厉害，因此可以断定，李明一定没有去游泳。

C. 所有学生都可以参加这一次的决赛，除非没有通过资格赛的测试。这个学生不能参加决赛，因此他一定没有通过资格赛的测试。

D. 倘若是妈妈做的菜，菜里面就一定会放红辣椒。菜里面果然有红辣椒，看来，是妈妈做的菜。

E. 如果没有特别的原因，公司一般不批准职员们的事假申请。公司批准了职员陈小鹏的事假申请，看来其中一定有一些特别的原因。

[解题分析] 正确答案：D

题干的推理结构是：如果 p，那么 q；q，因此 p。

A 项的结构是：如果 p，那么 q；非 q，因此非 p。

B 项的结构是：如果 p，那么 q；p，因此 q。

C 项的结构是：p，除非 q；非 p，因此非 q。

D 项的结构是：如果 p，那么 q；q，因此 p。

E 项的结构是：如果 p，那么 q；非 q，因此非 p。

显然，D 项和题干具有相同的结构。

❸ 或者今年业绩超常，或者满 30 年公司工龄，均可获今年的特殊津贴。黄先生得到了今年的特殊津贴，但他只在公司供职 10 年，说明黄先生今年业绩超常。

以下哪项和题干的论证方式最类似？

A. 娴熟的技术或者足够的时间（超过一个月）是完成一件工艺品的必要条件。小周只花了 25 天就完成了一件工艺品，说明小周掌握了娴熟的技术。

B. 一件产品要在市场上销售得好，质量上乘和足够的宣传广告缺一不可。有一款电扇，专家鉴定都说质量上乘，但销售不佳，说明它的宣传广告还不足。

C. 工资不高又不善理财，家庭经济必然拮据。小赵工资不高，但每月经济均显宽裕，说明小赵善于理财。

D. 一个罪犯实施犯罪，必须既有作案动机，又有作案时间。在某案中李先生有作案动机，但无作案时间，说明李先生不是该案的作案者。

E. 如果既经营无方又铺张浪费，那么一个企业将严重亏损。某 IT 公司虽经营无方，但并没有严重亏损，这说明它至少没有铺张浪费。

[解题分析] 正确答案：A

题干论证方式为：p 或者 q 是 r 的必要条件，r 且非 q，所以，p。

（其中 p 为具有娴熟的技术，q 为超过一个月的时间，r 为完成一件工艺品）

符号化的推理形式为：p∨q←r；r∧¬q，所以，p。

选项 A 与题干推理结构完全一致。

（其中 p 为今年业绩超常，q 为满 30 年公司工龄，r 为获今年的特殊津贴）

其余选项与题干论证方式不一致：

选项 B 的论证方式为：p 并且 q 是 r 的必要条件，p 且非 r，所以，非 q。

（其中 p 为质量上乘，q 为足够的宣传广告，r 为市场上销售得好）

选项 C 的论证方式为：p 并且 q 是 r 的充分条件，p 且非 r，所以，非 q。

（其中 p 为工资不高，q 为不善理财，r 为经济拮据）

选项 D 的论证方式为：p 并且 q 是 r 的必要条件，p 且非 q，所以，非 r。

（其中 p 为作案动机，q 为作案时间，r 为实施犯罪）

选项 E 的论证方式为：p 并且 q 是 r 的充分条件，p 且非 r，所以，非 q。

（其中 p 为经营无方，q 为铺张浪费，r 为严重亏损）

❹ 除非有两种以上稀有品种的水果，否则含香蕉的水果沙拉通常只是一道乏味的菜。这盆水果沙拉里面有香蕉，并且其中唯一奇特的水果是番石榴，所以，这道菜可能十分乏味。

以下哪项推理的结构与题干的推理最为类似？

A. 通常 40% 的鹿会在冬季死亡，除非某个冬季异常温暖。在这个冬季，死去的鹿与往常一样，是 40%，所以我认为这个冬季并非异常温暖。

B. 除非拳王赛的卫冕者被收买，否则，挑战者很难击倒对方而获胜。在这次拳王赛中，卫冕者已被收买，因此，挑战者很可能以击倒对方而获胜。

C. 作者第一次写作的手稿通常不被出版商注意，除非他是名人。我的手稿可能不会引起出版商的注意，因为我是第一次写作，而且不是名人。

D. 不会有很多人参加星期四的法庭辩论旁听，通常在审理离婚案时，参加旁听的人就非常少，而星期四开庭审理的正是离婚案。

E. 死者的遗产通常要么分给仍然活着的配偶，要么分给仍然活着的子女。这个案子中没有仍然活着的配偶，因此，遗产可能分给仍然活着的子女。

[解题分析] 正确答案：C

题干和选项 C 的结构都是：如果非 p，那么 q；非 p，所以 q。

选项 A 的结构是：如果非 p，那么 q；q，所以非 p。

选项 B 的结构是：如果非 p，那么 q；p，所以非 q。

选项 D 的结构是：如果 p，那么 q；p，所以 q。

选项 E 的结构是：要么 p，要么 q；非 p，所以 q。

四、评价描述

评价描述题主要是要求识别推理的结构方法以及推理缺陷等，需要用逻辑的语言来描述给出的推理过程或逻辑错误。针对命题逻辑的评价描述主要考查两个方面：一是在假言推理中充分条件和必要条件是否运用正确；二是复合命题推理是否有效，即是否符合复合命题的演绎推理规则。

❶ 随笔作家：宇宙中一定道德秩序（如善有善报、恶有恶报）的存在取决于人类的灵魂不灭。在一些文化中，这种道德秩序被视为一种掌管人们如何轮回转世的因果报应的结果；而另一些文化则认为它是上帝在人们死后对其所作所为予以审判的结果。但是，不论道德秩序表现如何，如果人的灵魂真能不灭的话，那恶人肯定要受到惩罚。

以下哪一项最准确地描述了上文推论中的逻辑错误？

A. 只由灵魂不灭对道德秩序必不可少就推论出灵魂不灭对于认识某一道德秩序是足够的。

B. 把只是信仰的东西当成了确定的事实。

C. 从灵魂不灭预示着宇宙存在某一道德秩序推论出宇宙间存在的某一道德秩序预示着灵魂不灭。

D. 把与道德秩序相关的两个本质上不同的概念混为一谈。

E. 在对道德秩序进行定义时预先假定了对其进行论证的结论。

〔解题分析〕正确答案：A

题干前提：道德秩序的存在取决于人类的灵魂不灭。其意思是，"人类的灵魂不灭"是"道德秩序存在"的必要条件，而题干结论中却把"人类的灵魂不灭"当作"恶人肯定要受到惩罚"的充分条件。

题干论证的错误在于把必要条件当作了充分条件，A项对此作了准确的描述。

❷ 政治理论家：政府的首要基础是法律体系和警察，而且，如果警察的待遇不好，就不可能有一个良好的法律体系。所以，如果警察的待遇好，就会有一个良好的法律体系。

上述论证中的推理是不完善的，因为它没有证明：

A. 许多具有坏的法律体系的政府给警察的待遇都很差。

B. 具有良好的法律体系的坏政府一定会给警察很差的待遇。

C. 没有良好的法律体系，待遇好的警察也不可能有效。

D. 警察的待遇好是保证有良好法律体系的充分条件。

E. 警察的待遇好是保证有良好法律体系的必要条件。

〔解题分析〕正确答案：D

题干论证结构如下：

理由：如果警察的待遇不好，就不可能有一个良好的法律体系。（即警察的待遇好是保证有良好法律体系的必要条件）

结论：如果警察的待遇好，就会有一个良好的法律体系。

可见，从理由推不出结论，即上述论证中的推理是不完善的，因为它没有证明结论所断定的：警察的待遇好是保证有良好法律体系的充分条件。因此，正确答案为D项。

❸ 只有计算机科学家才懂得个人电脑的结构，并且只有那些懂得个人电脑结构的人才赞赏在过去10年中取得的技术进步。也就是说，只有那些赞赏这些进步的人才是计算机科学家。

下面哪一点最准确地描述了上述论述中的推理错误？

A. 上述论述没有包含计算机科学家与那些赞赏在过去10年中取得技术进步的人之间的明确的或含蓄的关系。

B. 上述论述忽视了这样的事实：有一些计算机科学家可能并不赞赏在过去 10 年中取得的技术进步。

C. 上述论述忽视了这样的事实：计算机科学家除了赞赏在过去 10 年中取得的技术进步之外，还会赞赏其他事情。

D. 上述论述的前提以这样的方式来陈述，即它们排除了得出任何合乎逻辑的结论的可能性。

E. 上述论述的前提是假定每个人都懂得个人电脑的结构。

[解题分析] 正确答案：B

题干前提是：计算机科学家←懂得个人电脑的结构←赞赏技术进步

结论是：赞赏技术进步←计算机科学家

这一推理是错误的，把条件弄反了，B 项指出了这一缺陷，因此为正确答案。

五、推理题组

有关命题逻辑的推理题组就是两到三个题（一般为两个题）基于同一个题干这样的考题，实际上就是对题干逻辑关系从不同角度同时考查，能更有效地考查考生是否具备熟练运用命题逻辑的演绎推理能力。

❶ 下列两题基于以下题干：

如果"红都"娱乐宫在同一天既开放交谊舞厅又开放迪斯科舞厅，那么它也一定开放保龄球厅，该娱乐宫星期二不开放保龄球厅。李先生只有当开放交谊舞厅时才去"红都"娱乐宫。

（1）如果上述断定是真的，那么以下哪项也一定是真的？

A. 星期二李先生不会光顾"红都"娱乐宫。

B. 李先生不会在同一天在"红都"娱乐宫既光顾交谊舞厅又光顾迪斯科舞厅。

C. "红都"娱乐宫在星期二不开放迪斯科舞厅。

D. "红都"娱乐宫只在星期二不开放交谊舞厅。

E. 如果"红都"娱乐宫在星期二开放交谊舞厅，那么这天它一定不开放迪斯科舞厅。

[解题分析] 正确答案：E

题干的断定为：

（1）交∧迪→保

（2）星期二→¬保

（3）李先生→交

其中（1）的逆否命题为：¬交∨¬迪←¬保

星期二不开放保龄球厅，就意味着星期二交谊舞厅和迪斯科舞厅至少有一个没有开放。

那么在星期二，如果"红都"娱乐宫开放交谊舞厅，那么这天它一定不开放迪斯科舞厅；因此 E 项正确。

其余选项都从题干中推不出来。

（2）如果题干的断定是真的，并且事实上李先生星期二光顾"红都"娱乐宫，则以下哪项一定是真的？

A．"红都"娱乐宫在李先生光顾的那天没开放迪斯科舞厅。

B．"红都"娱乐宫在李先生光顾的那天没开放交谊舞厅。

C．"红都"在李先生光顾的那天开放了保龄球厅。

D．"红都"在李先生光顾的那天既开放了交谊舞厅，又开放了迪斯科舞厅。

E．"红都"在李先生光顾的那天既没开放交谊舞厅，又没开放迪斯科舞厅。

[解题分析]　正确答案：A

李先生星期二光顾了"红都"娱乐宫，这就意味着"星期二这天交谊舞厅开放了"，加上从题干推出的"星期二交谊舞厅和迪斯科舞厅至少有一个没有开放"，进一步可推出"迪斯科舞厅肯定没有开放"。因此，A项正确。

❷　下列两题基于以下题干：

八个博士 C、D、L、M、N、S、W、Z 正在争取获得某项科研基金。按规定只有一人能获得该项基金。谁能获取该项基金，由学校评委的投票数决定。评委分成不同的投票小组。如果 D 获得的票数比 W 多，那么 M 将获取该项基金；如果 Z 获得的票数比 L 多，或者 M 获得的票数比 N 多，那么 S 将获取该项基金；如果 L 获得的票数比 Z 多，同时 W 获得的票数比 D 多，那么 C 将获取该项基金。

（1）如果 S 获得了该项基金，那么下面哪个结论一定是正确的？

A．L 获得的票数比 Z 多。

B．Z 获得的票数比 L 多。

C．D 获得的票数不比 W 多。

D．M 获得的票数比 N 多。

E．W 获得的票数比 D 多。

[解题分析]　正确答案：C

题干条件关系式为

（1）D＞W→M

（2）Z＞L 或 M＞N→S

（3）L＞Z 且 W＞D→C

S 获得了基金，就意味着 M 和 C 都没得到。

既然 M 没获基金，对（1）式作逆否命题，那么我们就得到了"D 获得的票数比 W 多"不成立的结论，这样就知道 C 项正确。

至于选项 E 和选项 C 是不一样的，"D 获得的票数比 W 多"不成立是指"D 的票数小于等于 W"（注意负命题就是数学里的补集）。

其他选项都是推不出的。

（2）如果 W 获得的票数比 D 多，但 C 并没有获取该项基金，那么下面哪一个结论必然正确？

A．M 获得了该项基金。

B．S 获得了该项基金。

C．M 获得的票数比 N 多。

D．L 获得的票数不比 Z 多。

E．Z 获得的票数不比 M 多。

[解题分析] 正确答案：D

C 没有获取该项基金，对（3）式作逆否命题，那么就得到了"L 获得的票数比 Z 多，同时 W 获得的票数比 D 多"不成立；在这种情况下，如果"W 获得的票数比 D 多"，那就肯定"L 获得的票数不比 Z 多"。

❸ 下列两题基于以下题干：

p. 任何在高速公路上运行的交通工具的时速必须超过 60 公里。

q. 自行车的最高时速是 20 公里。

r. 我的汽车只有逢双日才允许在高速公路上驾驶。

s. 今天是 5 月 18 日。

（1）如果上述断定都是真的，下面哪项断定也一定是真的？

Ⅰ. 自行车不允许在高速公路上行驶。

Ⅱ. 今天我的汽车仍然可能不被允许在高速公路上行驶。

Ⅲ. 如果我的汽车的时速超过 60 公里，则当日肯定是逢双日。

A. Ⅰ、Ⅱ和Ⅲ。

B. 仅Ⅰ。

C. 仅Ⅰ和Ⅱ。

D. 仅Ⅰ和Ⅲ。

E. 仅Ⅱ和Ⅲ。

[解题分析] 正确答案：C

条件表达如下：

p. 高速公路→超过 60 公里。

q. 自行车＜20 公里。

r. 逢双日←我的汽车在高速公路上。

s. 今天是双日。

选项Ⅰ成立。由条件 p 和 q 推出。

选项Ⅱ成立。今天是双日，我的汽车只满足上高速公路的必要条件，因此，不能确定是否允许上高速公路。

选项Ⅲ不一定成立。我的汽车时速超过 60 公里，由条件 p，推不出一定在高速路上，也就不一定是双日。

（2）假设只有高速公路才有最低时速限制，则上述断定加上以下哪项条件可合理地得出结论："如果我的汽车正在行驶的话，时速不必超过 60 公里。"

A. q 改为"自行车的最高时速可达 60 公里"。

B. p 改为"任何在高速公路上运行的交通工具的时速必须超过 70 公里"。

C. r 改为"我的汽车在高速公路上驾驶不受单双日限制"。

D. s 改为"今天是 5 月 20 日"。

E. s 改为"今天是 5 月 19 日"。

[解题分析] 正确答案：E

如果"今天不是双日"，由条件 r，就能必然推出"我的汽车一定不在高速公路上"，那样就能推出，"时速不必超过 60 公里"。

第四节　模态逻辑

模态逻辑是逻辑的一个分支，它研究必然、可能及其相关概念的逻辑性质。模态逻辑都包含模态命题。在逻辑中，"必然""可能""不可能"等叫作"模态词"，包含模态词的命题叫作"模态命题"。

一、模态推理

模态推理是有关模态命题的推理。模态命题主要是反映事物情况存在或发展的必然性或可能性的命题。

1. 模态命题

在逻辑中，用"◇"表示"可能"模态词，"□"表示"必然"模态词。模态命题有多种形式，对模态命题可以从它所包含的模态词或质两个不同的角度进行分类。其基本形式有四种：

（1）必然肯定模态命题，□p，断定某件事情的发生是必然的。

（2）必然否定模态命题，□¬p，断定某件事情的不发生是必然的。

（3）可能肯定模态命题，◇p，断定某件事情的发生是可能的。

（4）可能否定模态命题，◇¬p，断定某件事情的不发生是可能的。

2. 模态推理

模态推理是由模态命题构成的一种演绎推理，它是根据模态命题的性质及其相互间的逻辑关系进行推演的。在同素材的四种模态命题之间也存在着真假上的相互制约关系。这种关系与四种直言命题间的对当关系相同，故又称模态命题的对当关系。

"必然 p""不可能 p"（必然非 p）"可能 p""可能非 p"之间的真假关系，类似于直言命题 A、E、I、O 之间的真假关系，也可用一个对当逻辑方阵来表示：

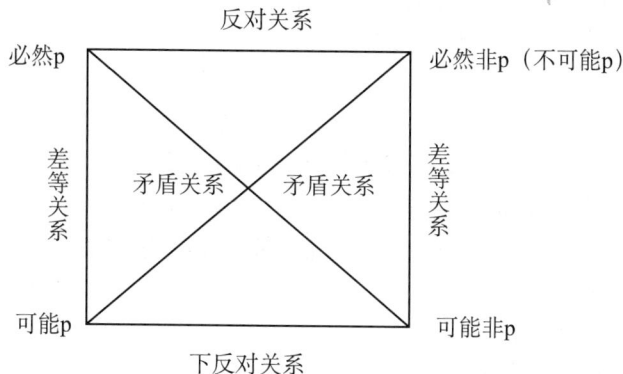

根据四种模态命题之间的逻辑关系（真假关系），便可构成一系列简单的模态命题的直接推理。在逻辑考试中一般只是考查模态命题的矛盾关系，即模态命题的负命题及其等值推理。公式如下：

（1）¬□p ↔ ◇¬p

并非"必然 p"＝可能非 p。

① 并非必然 p，所以，可能非 p

比如：并非强盗的儿子必然是强盗；所以，强盗的儿子可能不是强盗。

② 可能非 p，所以，并非必然 p

比如：火星上可能没有生物，所以，并非火星上必然有生物。

（2）¬□¬p↔◇p

并非"必然非 p"＝可能 p。

① 并非必然非 p，所以，可能 p

比如：这道题你不一定不会做，所以，这道题你可能会做。

② 可能 p，所以，并非必然非 p

比如：不学逻辑的人的思维可能经常会出现逻辑错误；所以，并非不学逻辑的人的思维一定不经常会出现逻辑错误。

（3）¬◇p↔□¬p

并非"可能 p"＝必然非 p。

① 并非可能 p，所以，必然非 p

比如：顾客在购买汽车时不可能一眼就看出汽车的性能，所以，顾客在购买汽车时一定不会一眼就看出汽车的性能

② 必然非 p，所以，并非可能 p

（4）¬◇¬p↔□p

并非"可能非 p"＝必然 p

① 并非可能非 p，所以，必然 p

比如：并非正义可能不会战胜邪恶，所以，正义必然战胜邪恶。

② 必然 p，所以，并非可能非 p

比如：军队必然是为政治目的服务的武装组织，所以，并非军队可能不是为政治目的服务的组织。

❶ 宇宙中，除了地球，不一定有居住着智能生物的星球。

下列哪项与上述论述的含义最为接近？

A. 宇宙中，除了地球，一定没有居住着智能生物的星球。

B. 宇宙中，除了地球，一定有居住着智能生物的星球。

C. 宇宙中，除了地球，可能有居住着智能生物的星球。

D. 宇宙中，除了地球，可能没有居住着智能生物的星球。

E. 宇宙中，除了地球，一定没有居住着非智能生物的星球。

[解题分析] 正确答案：D

不一定有居住着智能生物的星球

＝并非必然"有居住着智能生物的星球"

＝可能没有"有居住着智能生物的星球"

因此，D 项为正确答案。

❷ 在新疆恐龙发掘现场，专家预言：可能发现恐龙头骨。

以下哪个命题和专家的意思相同？

A. 不可能不发现恐龙头骨。

B. 不一定发现恐龙头骨。

C. 恐龙头骨的发现可能性很小。

D. 不一定不发现恐龙头骨。

E. 在其他地方也可能发现恐龙头骨。

[解题分析] 正确答案：D

模态命题推理题。可能 p＝并非必然非 p＝不一定不 p。

因此，可能发现恐龙头骨＝不一定不发现恐龙头骨。D 项为正确答案。

❸ 在市场预测中，专家说：明年电脑不降价是不可能的。

以下哪项和专家所说的同真？

A. 明年电脑一定降价。

B. 明年电脑可能降价。

C. 不可能预测明年电脑是否降价。

D. 明年电脑可能不降价。

E. 明年电脑一定不降价。

[解题分析] 正确答案：A

不可能"明年电脑不降价"＝必然非"明年电脑不降价"＝必然"明年电脑降价"

因此，A 项为正确答案。

❹ 一位外地游客问当地气象部门的负责人："很多人都说最近几天要刮台风，是真的吗？"气象部门负责人说："根据我们的观察，最近不必然刮台风。"游客说："那是不是最近肯定不会刮台风了？"该负责人说游客说得不对。

以下哪句话与气象部门负责人的意思最为接近？

A. 最近必然不刮台风。

B. 最近可能不刮台风。

C. 最近可能刮台风。

D. 最近不可能刮台风。

E. 最近不必然不刮台风。

[解题分析] 正确答案：B

并非必然 p＝可能非 p。

题干的断定"不必然刮台风"的意思就是说"可能不刮台风"。

因此，B 项正确。

二、模态复合

模态复合推理包括直言命题的模态推理、复合命题的模态推理以及相应的负命题。

1. 直言命题的模态推理

直言命题的模态推理是直言推理和模态推理的综合；根据直言模态命题间的矛盾关系，可以进行下列推理。

（1）¬◇SAP↔□SOP

例如，并非所有人可能都是大学生＝有的人必然不是大学生。

（2）¬◇SEP↔□SIP

例如，并非所有男人可能都不是好人＝有的男人必然是好人。

（3）¬◇SIP↔□SEP

例如，并非有的宗教可能是科学＝所有宗教必然都不是科学。

（4）¬◇SOP↔□SAP

例如，并非所有的演员必然是明星＝有的演员可能不是明星。

（5）¬□SAP↔◇SOP

例如，并非所有战争必然是正义战争＝有的战争可能不是正义战争。

（6）¬□SEP↔◇SIP

例如，并非教授必然都不是富翁＝有的教授可能是富翁。

（7）¬□SIP↔◇SEP

例如，并非有的同学必然学过法语＝所有同学可能都没学过法语。

（8）¬□SOP↔◇SAP

例如，并非有的同学必然没学过英语＝所有同学可能都学过英语。

2. 复合命题的模态推理

复合命题的模态推理是复合命题推理和模态推理的综合。

（1）联言命题的模态推理

① □（p∧q）↔（□p∧□q）

鲁迅必然既是文学家又是思想家＝鲁迅必然是文学家，并且鲁迅必然是思想家。

② ◇（p∧q）→（◇p∧◇q）

反之不成立，因为¬p代替q，（p∧¬p）是矛盾式。

（2）选言命题的模态推理

① ◇（p∨q）↔（◇p∨◇q）

牛顿可能或是物理学家或是逻辑学家＝牛顿可能是物理学家，或可能是逻辑学家。

② （□p∨□q）→□（p∨q）

（3）假言命题的模态推理

① ¬◇（p→q）＝□¬（p→q）＝□（p∧¬q）

② ¬□（p→q）＝◇¬（p→q）＝◇（p∧¬q）

3. 求否定规则

需要掌握如下否定变化口诀：

● 肯定变否定，否定变肯定；

● 可能变必然，必然变可能；

● 所有变有的，有的变所有；

● 并且变或者，或者变并且。

注意事项：

（1）找否定词，把否定词后面的所有相关信息按以上口诀简单变化就可以了。

比如：并非必然有的选民不投所有候选人的赞成票＝可能所有选民投有的候选人的赞成票

（2）根据问题来求否定。

比如："如果上述断定为真，则以下哪项不可能为真？"就是求题干的否定。

"以下哪项与上述断定的含义最为接近？"就是直接对题干进行运算，题干一定包含一个整体的否定。

（3）根据语气否定变化口诀求否定后，要整理语序，再找答案。

❶ 不可能所有的错误都能避免。

以下哪项最接近上述断定的含义？

A. 所有的错误必然都不能避免。

B. 所有的错误可能都不能避免。

C. 有的错误可能不能避免。

D. 有的错误必然能避免。

E. 有的错误必然不能避免。

[解题分析] 正确答案：E

不可能所有的错误都能避免

↔必然并非所有的错误都能避免

↔有的错误必然不能避免

其中 C 项也可从题干中推出，但不是最接近，E 项与题干是等值的。

❷ 在银河系中，除地球外，不一定有高级生物居住的星球。

以下哪项与上述断定的含义最为接近？

A. 在银河系中，除地球外，一定有低级生物出现的星球。

B. 在银河系中，除地球外，所有的星球都一定没有高级生物居住。

C. 在银河系中，除地球外，所有的星球都可能没有高级生物居住。

D. 在银河系中，除地球外，可能还有高级生物居住的星球。

E. 在银河系中，除地球外，一定还有高级生物居住的星球。

[解题分析] 正确答案：C

不一定有高级生物居住的星球

＝不必然有的星球有高级生物居住

＝可能非"有的星球有高级生物居住"

＝可能所有星球都没有高级生物居住

＝所有的星球都可能没有高级生物居住

因此，选项 C 为正确答案。

❸ 并非任何战争都必然导致自然灾害，但不可能有不阻碍战争的自然灾害。

以下哪项与上述断定的含义最为接近？

A. 有的战争可能不导致自然灾害，但任何自然灾害都可能阻碍战争。

B. 有的战争可能不导致自然灾害，但任何自然灾害都必然阻碍战争。

C. 有的战争可能不导致自然灾害，但有的自然灾害必然阻碍战争。

D. 任何战争都不会导致自然灾害，但任何自然灾害都必然阻碍战争。

E. 任何战争都可能不导致自然灾害，但有的自然灾害不然阻碍战争。

[解题分析] 正确答案：B

并非任何战争都必然导致自然灾害＝有的战争可能不导致自然灾害

不可能有不阻碍战争的自然灾害＝任何自然灾害都必然阻碍战争

❹ 有人说："最高明的骗子，可能在某个时刻欺骗所有的人，也可能所有的时刻欺骗某些人，但不可能在所有的时刻欺骗所有的人。"

如果上述断定为真，而且世界上总有一些高明的骗子，那么下述哪项断定必定是假的？

A. 张三可能在某个时刻受骗。

B. 李四可能在任何时候都不受骗。

C. 骗人的人也可能在某个时刻受骗。

D. 不存在某一时刻所有的人都不会受骗。

E. 不存在某一时刻有人可能不受骗。

[解题分析] 正确答案：E

不可能在所有时刻欺骗所有的人

＝必然某一时刻不欺骗有的人。

即存在某一时刻有人必然不受骗。

这与 E 项意思相反，因此，如果题干断定为真，则 E 项必为假。

其余选项都可能是真的：

最高明的骗子不可能在所有时刻欺骗所有的人，可知，A 项可能是真的。

最高明的骗子，可能在某个时刻欺骗所有的人，可知，B 项可能是真的；因为骗子也属于所有的人。选项 C 显然可能是真的。

不存在某个时刻所有的人都必然不受骗＝在所有的时刻有的人可能受骗。显然 D 项可以从题干"最高明的骗子可能在所有的时刻欺骗某些人"中推出来。

练　习　题

01 禁止步行者闯红灯的规定没有任何效果。总是违反该规定的步行者显然没有受到它的约束，而那些遵守该规定的人显然又不需要它，因为即使不禁止步行者闯红灯，这些人也不会闯红灯。

下面哪一个选项最准确地指出了上述论证中的漏洞？

A. 在其前提和结论中，它分别使用了意义不同的"规定"。

B. 它没有提供任何证据去证明，闯红灯比不闯红灯更危险。

C. 它理所当然地认为，多数汽车司机会遵守禁止驾车闯红灯的规定。

D. 它没有考虑到上述规定是否会对那些偶尔闯红灯但不经常闯红灯的人产生影响。

E. 它没有考虑到骑自行车和开车的人等非步行者是否会闯红灯。

02 在警察接到的每 100 个盗窃警报中，有 99 个是假的。这种情形对日益缺乏的公共财力和物力造成巨大的负担。每个假警报平均浪费警察 45 分钟的时间，其结果是警察不断从其他法定的业务中离开，而且用在警报系统不同用户方面的警务力量也是不成比例的，这些用户大多是商人。然而，与汽车警报系统不同，盗窃警报系统在威慑窃贼方面是有效的。所以，唯一可以接受的解决方案是对盗窃警报系统用户每个错误的警报处以相当于警察在 45 分钟内的开销的罚款。

"与汽车警报系统不同，盗窃警报系统在威慑窃贼方面是有效的"这一陈述在上述论证中起什么作用？

A. 它证明对盗窃警报的所有者比对汽车警报的所有者施加更多的限制是正当的。

B. 它为需要变得似乎有理的背景材料提供了一种说法，这种说法是警察需要处理的盗窃警报数量很大，足以成为公共财力和物力的负担。

C. 它为排除另一个与盗窃假警报处以罚款明显不同的可选择建议提供了一个基础。

D. 它为警察为什么会更倾向于对盗窃警报而不是汽车警报作出反应提供了理由。

E. 它对为什么警察接到的数量比例不适当的盗窃警报是来自商人所拥有的警报系统作出了解释。

03 植物每年春季发芽的时间都是由其生长所需要的日照和温度要求中的一个或两个要求决定的。特定的日期，日照是恒年不变的，所以每年植物的不同发芽时间的变化至少部分是温度的原因。

以下哪项论证中的推论方式与上述论证中的最相似？

A. 在 X 地，医疗助理学员要么参加一个正式的训练课程，要么在一个医生的监督下工作一年。由于甲地的医生都不愿做监督人，所以甲地的医疗助理学员肯定都得参加正式的训练课程。

B. 在 C 地，刮东风表示要下雨，刮西风表示要干旱，从不刮别的方向的风。由于现在乙地正在下雨，所以乙地一定在刮东风。

C. 有些垃圾填埋厂只按垃圾的体积向垃圾公司收费，有些则只按垃圾的重量收费，其余的则按一个结合体积的重量公式收费。所以，如果某个填埋场在同一天对两批体积相同的垃圾收费不同的话，则这个填埋厂一定是按重量或参考重量来确定收费的。

D. 根据客流量，超市可能需要一个、两个或者三个保安来防止偷窃。所以，如果哪一天超市管理者决定用三个保安，那么这天的客流量预计很大。

E. 声音越大的呼叫越容易被听到，音调越高也越容易被听到，尤其是声音又大又高时就更容易被听到。所以，如果有人扯破嗓门喊还没被听到时，就应该提高音调。

04 某戒毒所收容了一批当地吸毒犯，发现其中有艾滋病毒感染者。另据有关统计数据显示，近年来当地艾滋病毒感染和发病率呈明显上升趋势。其感染途径，按其感染率，第一位是静脉注射吸毒，其次是同性恋，再次是卖淫嫖娼。除此以外，没有其他感染途径。

如果上述断定是真的，并且上述统计数据是准确反映事实的，则以下哪项断定也一定是真的？

Ⅰ. 该批吸毒犯中有用静脉注射方式吸毒的。

Ⅱ. 该批吸毒犯中有同性恋者。

Ⅲ. 该批吸毒犯中有卖淫嫖娼者。

A. Ⅰ、Ⅱ和Ⅲ。

B. 仅Ⅰ。

C. 仅Ⅱ。

D. 仅Ⅲ。

E. Ⅰ、Ⅱ和Ⅲ都不一定是真的。

05 一位体育明星发现将其形象宣传和赛事结合在一起，会产生许多麻烦，所以，她停止将两者联系在一起，不再允许书店的形象宣传和比赛在同一巡回的同一城市中出现。本周，她将去伦敦参加一项重要赛事，所以，她在伦敦停留期间，伦敦的任何书店中不会出现她的形象宣传。

以下哪一项运用的推理形式与上文中的最相似？

A. 无论 A.B 杀虫剂出现在哪里，许多黄蜂都会被杀死。Z 家的花园中有 A.B 杀虫剂，所以，所有留在花园里的黄蜂都会很快被杀死。

B. 医院急诊人员参加较轻的紧急事件的处理的唯一时间是当时没有严重的紧急情况需要处理。星期一晚上，急诊人员参加了一系列较轻的紧急事件的处理，所以，当晚肯定没有严重的紧急情况需要处理。

C. 西红柿需要在炎热的夏季才能长得旺盛，所以，在夏季较冷的 Y 国农场中，西红柿可能不会长得很旺盛。

D. 获得较好成绩的学生创造了找到好工作的机会，努力学习创造了较好的成绩。所以，努力学习将会创造找到好工作的机会。

E. 如果这场比赛踢平，那么中国男足就能出线。这场比赛踢输了，所以中国男足没能出线。

06 尽管约翰在这个月早些时候有足够的时间来完成他计划要在明天上午的专业会议上提交的论文，但他再三地推迟做它。约翰仍可以及时完成他的论文，但是只有当他不受干扰地工作整个晚上。然而，今天晚上，他 7 岁的女儿要参加踢踏舞表演，约翰已答应陪女儿参加并答应随后带他女儿和他女儿的朋友们出去吃冰激凌。因此，由于约翰的拖延，他被迫在他的职业和他的家庭职责之间作出选择。

上文是通过下列哪种方式进行论证的？

A. 提供某一件事情将会发生的证据来证明一件可替代的事情不会发生。

B. 为了证明某人在第一种情况下有一定的责任，在第二种情况下也有相似的责任的声明，揭示两种情况的相似性。

C. 为了原谅某人没能履行他的职责，要求人们同情他进退两难的困境。

D. 为了支持某人的行动是不负责任的声明，而澄清此人的行动给别人造成的伤害的程度。

E. 通过展示一种情况下必不可少的事情与另一种情况下必不可少的事情的不兼容性，证明两种情况不能同时发生。

07 有一种观点认为，"只要有足够多的钱，就可以买到一切。"

从这个观点可以推出下面哪个结论？

A. 有些东西，即使有足够的钱，也不能买到，如友谊、健康、爱情等。

B. 如果没有足够的钱，那么什么东西也买不到。

C. 有一件我买不到的东西，便说明我没有足够的钱。

D. 有钱要比没钱好。

E. 如果你可以买到一切，说明你有足够多的钱。

08 只有有较高艺术修养的学生，才能考上电影学院。

如果这个断定成立，则以下哪项一定为真？

A. 有较高艺术修养的学生，也可以考上其他大学。

B. 电影学院有时也招有较高艺术修养的成年人。

C. 王英有较高的艺术修养，所以她考上了电影学院。

D. 如果王英考上了电影学院，则她一定有较高的艺术修养。

E. 没有较高艺术修养的学生，一定不会去考电影学院。

09 中国足球冲出亚洲、走向世界的关键在于大幅度提高体能。如果不能大幅度提高中国足球队员的体能，聘请再著名的洋教练，都不可能使中国足球队在强手如林的世界足坛上取得实质性的突破。

以下哪项关于中国足球的断定都表达了上述议论的原意？

A. 如果在世界足坛上取得了实质性的突破，那一定是聘请了洋教练并且中国足球队员的体能得到了大幅度的提高。

B. 在中国足球队员的体能没有得到大幅度提高的情况下，只要方法得当或者机会好，也有可能在世界足坛上取得实质性的突破

C. 除非大幅度提高中国足球队员的体能，否则不可能在世界足坛上取得实质性的突破。

D. 即使不聘请洋教练，只要有效地大幅度提高体能，就能在世界足坛上取得实质性的突破。

E. 只要聘请洋教练，并且大幅度提高中国足球队员的体能，就能在世界足坛上取得实质性的突破。

10 鉴于工业革命以来日趋恶化的环境污染、生态失衡，忧心忡忡的有识之士们不断发出警告：如果我们不从现在起加强环境保护，那么，人类终有一天将无法在这个地球上生活。

以下哪项最确切地表达了上述警告的含义？

A. 终将有那么一天，人类将无法在地球上生活。

B. 只有从现在起加强环境保护，人类才不至于在这个地球上无法生活。

C. 如果从现在起加强环境保护，人类就可以在这个地球上继续生活。

D. 人类有一天在这个地球上无法生活，那是因为我们没有从现在起就加强环境保护。

E. 环境、生态问题的严重性，必须引起我们的高度重视。

11 如果大众公司不得不在产品生产的旺季改变它的供货商，那么今年公司赢利的情况肯定要比去年差得多。年终核算的结果表明，公司今年的赢利情况确实要比去年差得多，所以，大众公司肯定是在产品生产的旺季改变了它的供货商。

上述论证中的推理最易于受到以下哪一项理由的批评？

A. 以上论证是个循环论证，结论只是对开始的论断作出了间接的解释。

B. 以上论证没有说明产生一种现象的条件是导致这种现象产生的唯一条件。

C. 以上论证使用了含糊的概念，即在论证过程中偷换了"赢利"这个词的含义。

D. 以上论证错误地使用一个罕见的、孤立的事例来支持一个普遍性的结论。

E. 以上论证解释一个事件是由另一事件所导致的，但是，这两个事件事实上是由第三个未知的事件所导致的。

12 生物学家："如果森林继续以目前的速度消失，树袋熊就会濒临灭绝。"

政治家："所以，拯救树袋熊需要做的所有事情就是停止毁伐森林。"

以下哪项陈述与生物学家的主张相符但与政治家的主张不符？

A. 继续毁伐森林并且树袋熊会灭绝。

B. 停止毁伐森林并且树袋熊会灭绝。

C. 开始重新造林并且树袋熊会存活。

D. 毁伐森林减慢并且树袋熊会存活。

E. 停止毁伐森林并且树袋熊会存活。

13 野生动物保护组织：没有买卖就没有杀戮；没有杀戮，人与自然才能和谐相处。

如果以上陈述为真，以下哪一项陈述一定为真？

A. 只要有杀戮，就一定有买卖。

B. 只要禁止了买卖，人与自然就会和谐相处。

C. 只有禁止了买卖，人与自然才会和谐相处。

D. 人与自然之所以没能和谐相处，是因为存在杀戮。

E. 只要没有杀戮，人与自然就能和谐相处。

14 有人在谈到美军虐待俘虏的照片时说道：如果不想在做蠢事时被当场捉住，就不要做蠢事。

下面哪一句话所表达的意思与上面这句话的意思不同？

A. 如果做蠢事，就要准备在做蠢事时被当场捉住。

B. 只有不做蠢事，才能避免在做蠢事时被当场捉住。

C. 或者在做蠢事时被当场捉住，或者不做蠢事。

D. 若做蠢事时被当场捉住，那就自认倒霉吧。

E. 除非不做蠢事，否则不能避免被当场捉住。

15 孔子说：己所不欲，勿施于人。

下面哪一个选项不是上面这句话的逻辑推论？

A. 只有己所欲，才能施于人。

B. 若己所欲，则施于人

C. 除非己所欲，否则不施于人。

D. 凡施于人的都应该是己所欲的。

E. 如果己所不欲，那么就不要施于人。

16 古希腊哲人说，未经反省的人生是没有价值的。

下面哪一个选项与这句格言的意思最不接近？

A. 只有经过反省，人生才有价值。

B. 要想人生有价值，就要不时地对人生进行反省。

C. 糊涂一世，快活一生。

D. 人应该活得明白一点。

E. 除非经过反省，否则人生就没有价值。

17 只有小张参加考试，小李才不参加考试。

如果上述判断为真，则下列哪项为真？

A. 如果小张参加考试，那么小李不参加考试。

B. 如果小张参加考试，那么小李参加考试。

C. 如果小李参加考试，那么小张参加考试。

D. 如果小张不参加考试，那么小李参加考试。

E. 只有小张不参加考试，小李才参加考试。

18 信任离不开互相尊重，信任是保持长期人际关系的基础。但是某些私人关系的维持，例如友谊，还需要有共同的爱好，长期的友谊离不开互相尊重和共同爱好的支持。

根据这段文字，可以知道：

A. 在长期的人际关系中，相互尊重意味着信任。

B. 仅由信任和互相尊重支撑的友谊不会持续太久。

C. 建立在共同爱好基础上的友谊会比其他关系更持久。

D. 由互相尊重和共同爱好支撑的私人关系总会持续很久。

E. 互相尊重和共同爱好一定会形成长期的友谊。

19 今天的中国，改革依然是人心所向、大势所趋。在新的历史时期，在现有成就基础上，经济社会要持续保持又好又快发展，就需要以更大的勇气、魄力和力度来推进改革、深化改革，只有这样，才能在用好机遇、化解风险中奋力闯出"深水区"，开创中国现代化的新境界。

由此可推出：

A. 不深化改革，就无法闯出改革的"深水区"。

B. 深化改革，可以闯出改革的"深水区"。

C. 无法闯出改革的"深水区"，是因为没有深化改革。

D. 闯出改革的"深水区"，就能深化改革。

E. 只要深化改革，就能闯出改革的"深水区"。

20 一位医生对病人甲说："除非做手术，否则你的病好不了。"

从这句话可以知道：

A. 医生给病人做了手术。

B. 病人的病被治好了。

C. 病人的病没被治好。

D. 医生认为，如果甲想治好自己的病，就必须准备做手术。

E. 病人甲交不起治疗费。

21 小张约小李第二天去商场，小李说："如果明天不下雨，我去爬山。"第二天，天下起了毛毛细雨，小张以为小李不会去爬山了，就去小李的宿舍找他，谁知小李仍然去爬山了。待两人又见面时，小张责怪小李食言，既然天下雨了，为什么还去爬山；小李却说，他并没有食言，是小张的推论不合逻辑。

对于两人的争论，下面哪项论断是合适的？

A. 小张和小李的这个争论是没有意义的。

B. 小张的推论不合逻辑。

C. 两个人对毛毛细雨的理解不同。

D. 由于小李食言，引起了这场争论。

E. 由于小李的表达不够明确，引起了这场争论。

22 如果要开办自己的公司，你必须在一件事情上让人知道你很棒，比如你的产品比别人做得好；别人也做得一样好时，你比别人快；别人也同样快时，你比别人成本低，别人的成本也一样低时，你比别人附加值高。

下面哪一项最不接近上面这段话的意思？

A. 只有至少在一件事情上做得最好，你的公司才能够在市场竞争中站稳脚跟。

B. 如果你的公司在任何事情上都不是最好，它就很可能在市场竞争中败下阵来。

C. 如果你的公司至少在一件事情上做得最好，它就一定能获得巨额利润。

D. 除非你的公司至少在一件事情上做得最好，否则，它就不能在市场竞争中获得成功。

E. 要想把公司做得很棒，必须拥有别人比不了的优势。

23 植物必须先开花，才能产生种子，有两种龙蒿——俄罗斯龙蒿和法国龙蒿，它们看起来非常相似，俄罗斯龙蒿开花而法国龙蒿不开花，但是俄罗斯龙蒿的叶子却没有那种使法国龙蒿成为理想的调味品的独特香味。

从以上论述中一定能推出以下哪项结论？

A. 作为观赏植物，法国龙蒿比俄罗斯龙蒿更令人喜爱。

B. 俄罗斯龙蒿的花可能没有香味。

C. 由龙蒿种子长出的植物不是法国龙蒿。

D. 除了俄罗斯龙蒿和法国龙蒿外，没有其他种类的龙蒿。

E. 叶子有味道的花园植物通常不开花。

24 要成为一名成功的商业经理需具有一定的天赋，商业课程可以帮助人们管理问题，但这种课程仅能帮助那些具有管理天赋的人，这些人应该通过商业课来获得一些方法，如果这些管理问题恰巧发生时，他们就可以很好地应用这方法。

如果上文论述正确，从其出发，下列哪一项也一定正确？

A. 那些在解决管理问题方面受益于商业课程的人也具有管理天赋。

B. 那些在解决管理问题方面已经很有办法的人不可能从商业课程中受益。

C. 大多数成功地解决了管理问题的方法是从商业课程中学到的。

D. 缺乏管理天赋的人与那些具有管理天赋的人相比，更有可能去学习商业课程。

E. 那些没有学过商业课程的人在管理问题发生时无法解决这些问题。

25 "如果张红是教师，那么他一定学过心理学。"

上述判断是从下面哪个判断中推论出来的？

A. 一位好教师应该学习心理学。

B. 只有学习心理学的才可以当教师。

C. 有些教师真的不懂心理学。

D. 心理学知识有助于提高教学效果。

E. 张红曾经说过他非常喜欢心理学。

26 有很多自称是职业足球运动员的人，尽管他们日常生活中的很多时间都在进行足球训练和比赛，但其实他们并不真正属于这个行业，因为足球比赛和训练并不是他们主要的经济收入来源。

以下哪项假定最能支持以上推理?

A. 职业足球运动员的技术水准和收入水平都比业余足球运动员要高得多。

B. 经常进行足球训练和比赛是成为一名职业足球运动员的必由之路。

C. 一个运动员除非他的大部分收入来自比赛和训练,否则不能称为职业运动员。

D. 运动员们希望成为职业运动员的动力来自想获得更高的经济收入。

E. 有一些经常进行足球训练和比赛的人并不真正属于职业运动员。

27　想从事秘书工作的学生,都报考中文专业。李芝报考了中文专业,她一定想从事秘书工作。

下述哪项如果为真,则最能支持上述观点?

A. 所有报考中文专业的考生都想从事秘书工作。

B. 有些秘书人员是大学中文专业毕业生。

C. 想从事秘书工作的人有些报考了中文专业。

D. 有不少秘书工作人员都有中文专业学位。

E. 只有中文专业毕业的,才有资格从事秘书工作。

28　王大妈上街买东西,看见有个地方围了一群人。凑过去一看,原来是中国高血压日的宣传。王大妈转身就要走,一位年轻的白衣大夫叫住了她,"大妈,让我帮你测测血压好吗?"王大妈连忙挥手说:"我又不胖,算了吧。"

根据以上信息,以下哪项最可能是王大妈的回答所隐含的前提?

A. 只有患高血压病的人才需要测血压,我不用。

B. 只有胖人才可能得高血压病,经常测血压。

C. 虽然测血压是免费的,可给我开药方就要收钱了。

D. 你们这么忙,还是先给身体比较胖的人们测吧。

E. 让我当众测血压,多难为情,不好意思。

29　不像逻辑命题人那样思考问题,就不会成为疯子。小张总像逻辑命题人那样思考问题,所以小张会成为疯子。

下面哪项为真,最能支持上述论述?

A. 小张说他不是命题人,所以不是疯子。

B. 有疯子说认识小张和命题人。

C. 出生的时候,小张见过疯子。

D. 小张和有的疯子很善于做逻辑题。

E. 只有成为疯子才会像逻辑命题人那样思考问题。

30　并非雅典奥运会既成功又节俭。

如果上述判断是真的,那么以下哪项必真?

A. 雅典奥运会成功但不节俭。

B. 雅典奥运会节俭但不成功。

C. 雅典奥运会既不节俭也不成功。

D. 如果雅典奥运会不节俭,那么一定成功了。

E. 如果雅典奥运会成功了,那么一定不节俭。

31　在一次联欢活动中有学生缺席。文娱委员认为:并非学生甲和学生乙都没来。

以下哪项最为准确地表达了文娱委员的意思？

A. 学生甲和乙中至少来了一个。

B. 学生甲和乙中至多来了一个。

C. 学生甲和乙都没来。

D. 学生甲和乙都来了。

E. 有学生没有参加联欢会。

32 甲说："如果红了樱桃，那么绿了芭蕉。"

乙说："我不同意。"

那么，乙实际上同意下列哪项？

A. 只有芭蕉绿，樱桃才红。

B. 只要芭蕉不绿，樱桃就不红。

C. 除非樱桃没红，否则芭蕉绿。

D. 樱桃红，但是芭蕉没绿。

E. 樱桃没红，或者芭蕉绿。

33 有一种心理学理论认为，要想快乐，一个人必须与另一个人保持亲密关系。然而，世界上最伟大的哲学家们孤独地度过了他们一生中的大部分时光，并且没有亲密的人际关系。因此，这种心理学理论一定是错误的。

以下哪一项是上面的结论所必须假设的？

A. 世界上最伟大的哲学家们情愿避免亲密的人际关系。

B. 具有亲密的人际关系的人很少孤独地度过自己的时光。

C. 孤独对于哲学家的沉思而言是必要的。

D. 世界上最伟大的哲学家们是快乐的。

E. 要想成为世界上最伟大的哲学家，必须没有亲密的人际关系。

34 未来的中国，将是一个更加开放包容、文明和谐的国家。一个国家、一个民族，只有开放包容，才能发展进步。唯有开放，先进和有用的东西才能进得来；唯有包容，吸收借鉴优秀文化，才能使自己充实和强大起来。

如果以上说法为真，以下哪项陈述一定为假？

A. 一个国家或民族，即使不开放包容，也能发展进步。

B. 一个国家或民族，如果不开放包容，它就不能发展进步。

C. 一个国家或民族，即使开放包容，也可能不会发展进步。

D. 一个国家或民族，如果要发展进步，它就必须开放包容。

E. 一个国家或民族，如果能够包容，它就必然会充实和强大起来。

35 增加人体血液中脂蛋白的浓度，将会提高人体除去过量的胆固醇的能力，从而降低胆固醇的水平。通过规律性的锻炼和减肥，一些人血液中的脂肪蛋白的含量显著增加。

以下哪项可以从以上陈述中正确推出？

A. 那些体重不足的人不会面临血液中胆固醇高的风险。

B. 不经常参加锻炼的人晚年将面临更高的血液中高胆固醇的风险。

C. 锻炼和减肥是降低人体血液中胆固醇含量的最有效办法。

D. 经常性锻炼和减肥降低了一些人血液中的胆固醇含量。

E. 只有经常锻炼才是降低平均体重的人的血液中胆固醇含量所必需的。

36 2013 年 7 月 16 日，美国"棱镜门"事件揭秘者斯诺登正式向俄罗斯提出避难申请。美国一直在追捕斯诺登。如果俄罗斯接受斯诺登的申请，必将导致俄美两国关系恶化。但俄罗斯国内乃至世界各国有很高呼声认为斯诺登是全球民众权利的捍卫者，如果拒绝他的申请，俄罗斯在道义上和国家尊严方面都会受损。

如果以上陈述为真，以下哪项陈述一定为真？

A. 俄罗斯不希望斯诺登事件损害俄美两国关系。

B. 俄罗斯不会将斯诺登交给美国，而可能将他送往第三国。

C. 如果接受斯诺登的避难申请，俄罗斯在道义上或国家尊严方面就不会受损。

D. 如果俄罗斯不想使俄美两国关系恶化，它在道义上和国家尊严方面就会受损。

E. 俄美两国关系将恶化，而且俄罗斯在道义上和国家尊严方面都会受损。

37 小赵："最近几个月的股票和基金市场很活跃。你有没有成为股民或基民？"

小王："我只能告诉你，股票和基金我至少买了其中之一；如果我不买基金，那么我也不买股票。"

如果小王告诉小赵的都是实话，则以下哪项一定为真？

A. 小王买了基金。　　　　　　　　B. 小王买了股票。

C. 小王没买基金。　　　　　　　　D. 小王没买股票。

E. 小王没买基金，没买股票。

38 当爸爸、妈妈中只有一个人外出时，儿子可以留在家里。如果爸爸、妈妈都外出，必须找一个保姆，才可以把儿子留在家中。

从上面的陈述中，可以推出下面哪项结论？

A. 儿子在家时，爸爸也在家。

B. 儿子在家时，爸爸不在家。

C. 保姆不在家，儿子不会单独在家。

D. 爸爸、妈妈都不在家，则儿子也不在家。

E. 爸爸不在家，则妈妈在家。

39 如果赵川参加宴会，那么钱华、孙旭和李元将一起参加宴会。

如果上述断定是真的，那么，以下哪项也是真的？

A. 如果赵川没参加宴会，那么钱、孙、李三人中至少有一人没参加宴会。

B. 如果赵川没参加宴会，那么钱、孙、李三人都没参加宴会。

C. 如果钱、孙、李都参加了宴会，那么赵川参加宴会。

D. 如果李元没参加宴会，那么钱华和孙旭不会都参加宴会。

E. 如果孙旭没参加宴会，那么赵川和李元不会都参加宴会。

40《大医精诚》一文出自中国唐朝孙思邈所著《备急千金要方》第一卷，是中医学典籍中论述医德的一篇重要文献。该文论述了一个好医生应该具有的素质：一是精，即要求医者有精湛的医术；二是诚，即要求医者有高尚的品德，具有同情仁爱救人之心。

从上文可合乎逻辑地推出以下各项陈述，除了：

A. 具有精湛医术的人是好医生。

B. 好医生应有高尚的品德。

C. 没有精湛的医术，光有高尚的品德，也不是好医生。

D. 若没有高尚的品德，就不能成为好医生。

E. 好医生应有精湛的医术。

41 对所有不道德的行为而言，以下两个说法成立：其一，如果它们是公开实施的，它们就伤害了公众的感情；其二，它们的实施者会伴有内疚感。

如果以上陈述为真，以下哪一项陈述一定为假？

A. 每一个公开实施的伴有内疚感的行为者都是不道德的。

B. 某些非公开实施的不道德的行为不会伴有内疚感。

C. 不道德的行为是错误的，仅仅是因为有内疚感伴随。

D. 某些伤害公众感情的行为如果是公开实施的，它们就不会伴有内疚感。

E. 如果它们不是公开实施的，它们就不会伤害公众的感情。

42 有配偶而重婚的，或者明知他人有配偶而与之结婚的，处 2 年以下有期徒刑或者拘役。

据此可知：

A. 重婚罪要判处 2 年有期徒刑。

B. 明知他人有配偶而与之结婚的是重婚罪。

C. 与有配偶的人结婚的是重婚罪。

D. 有配偶而重婚的，处 2 年以下有期徒刑或者拘役。

E. 明知他人有配偶而与之结婚的，处 2 年以下有期徒刑。

43 创业者应该具备沟通说服的能力，这是一项成功创业必不可少的能力。创业的目的，就是让社会大众认同并购买你的产品和服务。所以，沟通说服的能力，与执行力同样重要。

根据上述观点，不能得出以下哪项结论？

A. 既具备沟通说服能力又具备执行力的人都是成功的创业者。

B. 执行力也是成功创业必不可少的能力。

C. 如果不具备沟通说服的能力，就不可能成功创业。

D. 刘畅是个成功的创业者，他一定有很强的沟通说服能力。

E. 王强是个成功的创业者，他一定有很强的执行力。

44 哲学家："我思考，所以我存在。如果我不存在，那么我不思考。如果我思考，那么人生就意味着虚无缥缈。"

若把"人生并不意味着虚无缥缈"补充到上述论证中，那么哲学家还能得出什么结论？

A. 我思考。　　　　　　　　　B. 我不思考。

C. 我存在。　　　　　　　　　D. 我不存在。

E. 我思考并且存在。

45 从世界经济的发展历程来看，如果一国或地区的经济保持着稳定的增长速度，大多数商品和服务的价格必然随之上涨，只要这种涨幅始终在一个较小的区间内就不会对经济造成负面影响。

由此可以推出，在一定时期内：

A. 如果大多数商品价格上涨，说明该国经济正在稳定增长。

B. 如果大多数商品价格涨幅过大，对该国经济必然有负面影响。

C. 如果大多数商品价格不上涨，说明该国经济没有保持稳定增长。

D. 如果经济发展水平下降，该国的大多数商品价格也会降低。

E. 如果经济发展水平上升，该国的大多数商品价格也会上升。

46 食品安全的实现，必须有政府的有效管理。但是，如果没有健全的监督制约机制，是不可能实现政府之间协调配合的。

由此可以推出：

A. 要想健全监督机制，必须有政府的有效管理。

B. 没有健全的监督制约机制，不可能实现食品安全。

C. 有了政府各部门之间的相互协调配合，就能实现食品安全。

D. 一个不能进行有效管理的政府，即是没有建立起健全的监督制约机制的政府。

E. 只要实现政府的有效管理，就能实现食品安全。

47 "不入虎穴，焉得虎子。"

若上述断定为真，则以下断定中哪项为真？

Ⅰ. 除非入虎穴，否则不能得虎子。

Ⅱ. 若已得虎子，则必定已入虎穴。

Ⅲ. 若未得虎子，则必定未入虎穴。

A. 仅Ⅰ。

B. 仅Ⅰ和Ⅱ。

C. 仅Ⅰ和Ⅲ。

D. 仅Ⅱ和Ⅲ。

E. Ⅰ、Ⅱ和Ⅲ。

48 如果老王是大学教师，又写过许多哲学论文，则他一定是哲学系的教师。

这个断定是根据以下哪项作出的？

A. 老王写过许多哲学论文。

B. 哲学系的教员写过许多哲学论文。

C. 大学教师中只有哲学系的教师写过许多哲学论文。

D. 很少有教师写过许多哲学论文。

E. 数学系的教员没有写过哲学论文。

49 假设"如果甲是经理或乙不是经理，那么，丙是经理"为真，由以下哪个前提可推出"乙是经理"的结论？

A. 丙不是经理。

B. 甲和丙都是经理。

C. 丙是经理。

D. 甲不是经理。

E. 甲或丙有一个不是经理。

50 2010年，有关部门推出新的乳业国家标准，将原奶蛋白质含量由原来的2.95%降至2.85%。新标准不升反降，引发了一片质疑。某业内人士解释说，如果我们的牛奶检测标准把蛋白质含量定得太高，奶农为了达标就会往奶里添加提高蛋白质检测含量的东西，如三聚氰胺，2008 年的三聚氰胺事件就说明原来的标准太高了。

以下哪项推理含有与该业内人士的推理相同的逻辑错误？

A. 真正的强者都不惧怕困难或挑战，赵涛害怕困难或挑战，说明赵涛不是真正的强者。

B. 仅当人们信任一个慈善机构时才会向该机构捐款，所以，得不到捐款的慈善机构一定是丧失了公众的信任。

C. 如果台风在海口登陆，飞往海口的航班就会被取消。现在飞海口的航班没有被取消，说明台风没有在海口登陆。

D. 要是铁路部门的管理存在漏洞，铁路运输就会出事故。7·23 温州动车事故就说明铁路部门的管理存在漏洞。

E. 如果我们要求孩子考试分数很高，孩子们为了达到要求就会作弊。所以，我们应该放松对孩子的要求。

51 长城公司规定，只有在本公司连续工作 20 年以上或者具有突出业绩的职工，才能享受公司发放的特殊津贴。小周虽然只在长城公司工作了 3 年，但现在却享受公司发放的特殊津贴，因此他一定是作出了突出业绩。

以下哪项推理方式和上述题干最为类似？

A. 要想取得好成绩，既要勤奋学习，又要方法得当。汪洋虽然勤奋，但成绩不太好，看来他的学习方法不当。

B. 一个罪犯要实施犯罪，必须既有作案动机，又有作案时间。在某案中，A 嫌疑人有作案动机，但却无作案时间（即不在现场），因此，A 嫌疑人不是该案的作案者。

C. 如果既经营无方又铺张浪费，那么一个企业必将严重亏损。大鹏公司虽经营无方，但并没有出现严重亏损，这说明它至少没有铺张浪费。

D. 法制的健全或者执政者强有力的社会控制能力是维持一个国家社会稳定必不可少的条件。某国社会稳定，但法制尚不健全，因此，其执政者一定具有强有力的社会控制能力。

E. 一个论证不能成立，当且仅当，或者它的论据虚假，或者它的推理错误。小刘论文之论证尽管逻辑严密，推理无误，但还是被认定不能成立。因此，他的论证至少有部分论据虚假。

52 政治家：没有人可以否认无家可归是一个问题，然而怎样解决它，好像并没共识。可是，有一件事情很明显：忽视这个问题并不会使这个问题远离我们。当且仅当政府插手，给无家可归者提供住房时，这个问题方会消失。而这样做又会迫使政府增加税收。因此，我们应当增加税收。

下面哪一原则如果正确，最能支持政治家的论述？

A. 当且仅当解决一个问题需要某一个措施时，才应该采用这个措施。

B. 当且仅当某一措施能充分解决某一个问题时，才能采取该措施。

C. 如果一项措施被要求用来解决某一问题，那么就应当采用这项措施。

D. 如果一项措施能充分解决某一问题，那么就应当采用这项措施。

E. 如果一项措施能充分解决某一问题，该措施必需的任何步骤都应被采用。

53 某专家针对下半年的房价作出预测：房价可能上涨。

以下哪项和专家意思相同？

A. 房价不可能不上涨。

B. 房价不一定上涨。

C. 房价不一定不上涨。

D. 房价上涨的可能性很小。

E. 房价也可能维持原状。

54 在这次 110 米栏的比赛中，约翰逊可能获胜。

以下哪个命题与上述命题意思最为接近？

A. 约翰逊不可能在这次 110 米栏的比赛中失败。

B. 约翰逊必然会在这次 110 米栏的比赛中获胜。

C. 约翰逊必然会在这次 110 米栏的比赛中失败。

D. 在这次 110 米栏的比赛中约翰逊并非必然失败。

E. 在这次 110 米栏的比赛中约翰逊不可能获胜。

55 宏观调控给房地产降温，2004 年下半年房地产走势如何？有专家认为，当前的这轮调控，目的就是要挤掉泡沫，打击投机并不会打击房地产产业，全国房价不可能大跌。

以下哪项论断与专家的结论一致？

A. 全国房价必然会有起有落。

B. 全国房价很可能会上涨。

C. 全国房价不一定会大跌。

D. 全国房价肯定不会大跌。

E. 全国房价必定不会大起大落。

56 并非有的运动员有时竞技状态不好。

如果上述断定为真，则以下哪项必为假？

A. 有时有的运动员竞技状态很好。

B. 所有的运动员在某一时刻竞技状态很好。

C. 并非所有运动员在任何时刻竞技状态都好。

D. 某个运动员在所有时刻竞技状态都好。

E. 每个运动员在任何时刻竞技状态都好。

57 不可能所有的花都结果。

以下哪项断定的含义与上述断定最为接近？

A. 可能所有的花都不结果。

B. 可能有的花不结果。

C. 必然有的花不结果。

D. 必然所有的花都不结果。

E. 必然所有的花都结果。

58 英国牛津大学充满了一种自由探讨、自由辩论的气氛，质疑、挑战成为学术研究之常态。以至有这样的夸张说法：你若到过牛津大学，你就永远不可能再相信任何人所说的任何一句话了。

如果上面的陈述为真，以下哪项陈述必定为假？

A. 你若到过牛津大学，你就永远不可能再相信爱因斯坦所说的任何一句话。

B. 你到过牛津大学，但你有时仍可能相信有些人所说的有些话。

C. 你若到过牛津大学，你就必然不再相信任何人所说的任何一句话。

D. 你若到过牛津大学，你就必然不再相信有些人所说的有些话。

E. 你若到过牛津大学，你就必然不再相信有些人说的所有话。

答案与解析

01. 答案： D

题干认为禁止步行者闯红灯的规定无效果的理由是，总是违反规定的步行者不受其约束，而遵守规定的人本来就不会闯红灯。

而这个理由是不充分的，因为除了总是违反规定的和那些遵守规定的人外，还存在有时遵守有时违反规定的人，因此，D 项准确地指出了上述论证中的漏洞。

02. 答案： C

题干论证：由于 100 个盗窃警报中有 99 个是假的，那么采取的办法或者是取消盗窃警报，或者是对假警报处以罚款，既然盗窃警报系统在威慑窃贼方面是有效的，也就是不能取消盗窃警报，那就只能对假警报处以罚款了。

这个论证方式是选言证法（排除法），因此，C 项为正确答案，其中"另一个与盗窃假警报处以罚款明显不同的可选择建议"就指的是"取消盗窃警报"。

03. 答案： C

题干论证方式为：p 或 q，非 p，或者 q。

这是相容选言推理的否定肯定式，在诸选项中，只有 C 项与此类似。

04. 答案： E

由"p 或者 q 或者 r"为真，推不出 p、q、r 何者为真。

根据题意，该批吸毒犯中的艾滋病毒感染者，或者有用静脉注射方式吸毒的，或者有同性恋者，或者有卖淫嫖娼者，无法断定究竟是哪一类。

05. 答案： B

题干推理结构是，p 和 q 两件事不相容，所以，有 q 就没 p。

B 项推理结构与此类似。

06. 答案： E

题干论证如下：

约翰今晚要承担职业职责就应写论文，要承担家庭职责就应出席他女儿的踢踏舞表演。

约翰今晚要么写他的论文，要么去出席他女儿的踢踏舞表演。

因此，他被迫在他的职业和他的家庭职责之间作出选择。

可见，E项描述了其论证方式，是正确答案。

07. 答案：C

此题属于对充分条件假言推理逻辑性质的考查。C为否定后件式的正确推理。

只要有足够多的钱，就可以买到一切，

有一件我买不到的东西，

所以，我没有足够的钱。

其余选项均无法必然推出，其中，A项是对题干观点的反驳；E项似乎符合常识，但从逻辑上也不能必然推出。（也许你有足够大的权力而不用足够多的钱，也能买到一切）

08. 答案：D

根据题干断定，"有较高艺术修养"是"考上电影学院"的必要条件。那么，如果王英考上了电影学院，就可以必然得出结论：她一定有较高的艺术修养。

其余选项都不一定为真。

09. 答案：C

题干断定：如果不能大幅度提高中国足球队员的体能，不可能使中国足球队在世界足坛上取得实质性的突破。

选项C与题意等价，因此，为正确答案。

10. 答案：B

如果我们不从现在起加强环境保护，那么，人类终有一天将无法在这个地球上生活。

＝只有从现在起加强环境保护，人类才不至于在这个地球上无法生活。

11. 答案：B

题干论证的推理形式：如果p，则q；q，所以p。

其中p为"在产品生产的旺季改变供货商"，q为"公司今年赢利的情况比去年差得多"。

上述论证犯了充分条件假言推理的肯定后件的错误，推理是无效的。

由于唯一的充分条件就是充要条件，因此，若使论证的结论成立，必须假设p是q的唯一条件。所以，B项为正确答案。

12. 答案：B

题干陈述的条件关系如下：

生物学家：毁伐森林→树袋熊就会灭绝。

政治家：拯救树袋熊↔停止毁伐森林。

B项，停止毁伐森林并且树袋熊会灭绝。这与生物学家的主张相符，但与政治家的主张不符。

其余选项均与生物学家的主张相符，也与政治家的主张相符。

13. 答案：A

题干断定：

（1）如果没有买卖，就没有杀戮；

（2）只有没有杀戮，人与自然才能和谐相处。

其中断定（1）可以通过假言互换，可转换为：只要有杀戮，就有买卖。因此，A项正确。

其余选项均不一定为真。

14. 答案：D

题干推理：¬捉→¬做。

其等价于：捉←做。

A项所述"做蠢事"是"被当场捉住"的充分条件，符合题意。

B项所述"不做蠢事"是"不被当场捉住"的必要条件，符合题意。

C项所述"或者被捉或者不做"符合题意。（注意："p←q"与"p∨非q"等价）

E项所述"不做蠢事"是"避免被当场捉住"的必要条件，符合题意。

而D项超出了题干的断定范围，因此D为正确答案。

15. 答案：B

题干推理为：己所不欲→勿施于人。

其等价命题：己所欲←施于人。

"己所欲"是"施于人"的必要条件，而B项表明"己所欲"是"施于人"的充分条件，显然不是题干的正确推论，因此B项为正确答案。

A、C项均表表明"己所欲"是"施于人"的必要条件，都是题干的正确推论，排除。

D项表明"施于人"是"己所欲"的充分条件，是题干的正确推论，排除。

16. 答案：C

条件判断题。题干推理为：¬反省→¬价值。

其等价命题为：反省←价值。

"反省"是"有价值的人生"的必要条件，A项与题干意思一致。

"有价值的人生"是"反省"的充分条件，B项与题干意思一致。

"糊涂"就是不反省，C项的意思是没必要反省，这与题干的意思相反，因此，C项为正确答案。

"反省"是"有价值的人生"的必要条件，活得明白（反省）才能使人生有价值，人当然应该追求有价值的人生，也就是应该活得明白一点，D项与题干格言接近。

17. 答案：D

题干断定：张←¬李。

其等价的逆否命题是：¬张→李。

诸选项中只有D项符合题意。

18. 答案：B

从题干论述可知，长期的友谊离不开信任、互相尊重和共同爱好的支持。

可见，信任、互相尊重和共同爱好都是维持长期友谊的必要条件，但不是充分条件。

因此，根据必要条件假言推理规则，仅有信任和互相尊重，而没有共同爱好，就得不到长久的友谊。所以，B项正确。

A项把互相尊重看成信任的充分条件，排除；C项也推不出；D项把互相尊重和共同爱好看成是维持长期友谊的充分条件，排除。

19. 答案：A

题干断定：只有深化改革，才能闯出"深水区"。

意思是"深化改革"是"闯出深水区"的必要条件，诸选项中只有A项符合题意。

20. 答案：D

题干推理关系为：做手术←病好。

意思为，做手术是病好的必要条件，也即，要病好必须做手术。

诸选项中只有 D 项与医生的意思一致。

21. 答案：B

小李只是说自己不下雨就去爬山，并没有说下雨就一定不去（即下雨的话，去不去爬山都是可以的），所以小张的指责是没有道理的，是不合逻辑的。

22. 答案：C

题干推理关系为：公司要在市场竞争中获得成功→至少在一件事情上做得最好。

即至少在一件事情上做得最好是公司在市场竞争中获得成功的必要条件，而不是充分条件。A、B、D 选项与题干意思完全一致，都是题干的等值命题。

C 项把"至少在一件事情上做得最好"看作"公司在市场竞争中获得成功"的充分条件。不符合题干意思，为正确答案。

23. 答案：C

题干条件关系为：开花←种子（植物必须先开花，才能产生种子）。

则其等价的逆否命题为：不开花→没有种子。

既然法国龙蒿不开花，那么法国龙蒿一定没有种子，当然也就不能用种子生长出来，所以，由龙蒿种子长出的植物不是法国龙蒿，即 C 项正确。

其余均为无关项。

24. 答案：A

从题干信息可知条件关系为：商业课程可以帮助的人→具有管理天赋的人。

即受益于商业课程的人一定具有管理天赋，因此，A 项正确。

25. 答案：B

题干是个省略的假言三段论，补充省略的前提后构成一个有效的推理。

题干前提：张红是教师。

补充 B 项：只有学习心理学的才可以当教师。

得出结论：他一定学过心理学。

其余各项作为前提，均不能推出题干结论。

26. 答案：C

题干是个省略的假言三段论，补充省略的前提后构成一个有效的推理。

题干前提：足球比赛和训练不是他们主要的经济来源。

补充 C 项：一个运动员除非他的大部分收入来自比赛和训练，否则不能称为职业运动员。

（即"主要的经济来源来自足球比赛和训练"是"职业足球运动员"的必要条件）

得出结论：很多自称是职业足球运动员的人其实不是真正的职业足球运动员。

其他选项都不能保证题干推理成立。

27. 答案：A

题干论证结构如下：

前提一：想从事秘书工作→报考中文专业。

前提二：李芝报考了中文专业。

结　论：她一定想从事秘书工作。

可见，题干是个肯定后件式的充分条件假言推理，推理是无效的。

要使论证有效，就必须把前提一改为必要条件，修改后的论证结构如下：

选项A：报考中文专业→想从事秘书工作。

前提二：李芝报考了中文专业。

结　论：她一定想从事秘书工作。

其余各选项均不能支持题干，比如，E项与题干前提的意思重复，起不到有力的支持作用。

28. 答案：B

王大妈的回答是个省略的假言三段论，补充隐含的前提后构成一个有效的推理：

题干前提：我又不胖。

补充B项：只有胖人才可能得高血压病，经常测血压。

得出结论：我不需要测血压。

其余各项作为前提，均不能推出题干。

29. 答案：E

题干论证结构如下：

前提一：像逻辑命题人那样思考←成为疯子。

前提二：小张总像逻辑命题人那样思考问题。

结　论：小张会成为疯子。

可见，题干是个肯定前件式的必要条件假言推理，推理是无效的。

要使论证有效，就必须补充一个新的前提，补充前提后的论证结构如下：

选项E：成为疯子←像逻辑命题人那样思考。

前提二：小张总像逻辑命题人那样思考问题。

结　论：小张会成为疯子。

其余各选项均为无关项，不能支持题干

30. 答案：E

并非既成功又节俭＝不成功或不节俭。

那么，如果成功了，一定不节俭。E项正确。

其余选项都不一定为真。

31. 答案：A

并非学生甲和学生乙都没来可表示为：

¬(¬甲∧¬乙)＝甲∨乙

即甲来或乙来，也就意味着，甲和乙中至少来了一个。因此，A项正确。

32. 答案：D

¬(红了樱桃→绿了芭蕉)

＝红了樱桃∧¬绿了芭蕉

所以，D项为正确答案。

33. 答案：D

心理学理论：要想快乐→与另一个人保持亲密关系。

要质疑这个理论不成立，就要找其反例，即找上述推理的负命题，即为：

快乐且不与另一个人保持亲密关系。

由选项 D "世界上最伟大的哲学家们是快乐的"加上题干所说，伟大的哲学家并没有亲密的人际关系；因此，这种心理学理论一定是错误的。可见，D 项是题干推理所必须假设的，否则，如果世界上最伟大的哲学家们是不快乐的，那么，题干的论证就不成立。

34. 答案：A

题干断定：只有开放包容，才能发展进步。

其负命题是，不开放包容也能发展进步，因此，A 项一定为假。

35. 答案：D

题干断定：第一，增加脂蛋白，将会降低胆固醇的水平。

第二，通过锻炼和减肥，一些人脂肪蛋白的含量增加。

从中可推出：经常性锻炼和减肥降低了一些人血液中的胆固醇含量，即 D 项正确。

其余选项均不能正确地推出。其中，A 项不对，因为论述中没有提出任何关于体重不足与胆固醇含量之间的联系。B 和 E 项也不对，因为从题干得不出锻炼是降低胆固醇含量的必要条件。C 项用了 绝对化语言"最有效"，超出了题干断定范围。

36. 答案：D

俄罗斯面临两个选择：

接受斯诺登的申请→俄美两国关系恶化

拒绝斯诺登的申请→道义和国家尊严受损

俄罗斯或者接受或者拒绝，总之，或者俄美两国关系恶化，或者道义和国家尊严受损。

选言命题否定其中一项，就要肯定另外一项。这意味着，如果俄罗斯不想使俄美两国关系恶化，它在道义上和国家尊严方面就会受损。因此选择 D。

37. 答案：A

小王断定：

(1) 买了股票∨买了基金（等价于：如果小王不买股票，那么他就买了基金）

(2) 不买基金→不买股票（等价于：如果小王买了股票，那么他就买了基金）

因此，不论小王是否买了股票，他都买了基金。所以，A 项正确，

38. 答案：C

题干实际断定：儿子不可以一个人在家，爸爸、妈妈和保姆三个人中，至少有一个人必须陪伴他。

因此，如果保姆不在家，爸爸和妈妈两人中至少有一个陪伴儿子，即儿子不会单独在家。

除了选项 C 以外，其余各选项都不能从题干中得出。

39. 答案：E

题干推理：赵→钱∧孙∧李

等价于逆否命题：非赵←非钱∨非孙∨非李

"如果赵川没参加"会怎么样，显然得不到任何确定的结果，所以选项 A、B 不必考虑。

钱、孙、李都参加，也得不出赵参加，因此，C 项不对。

李没参加，得不到钱和孙是否参加，D 项不对。

根据逆否命题，可得出，如果后面的"钱华、孙旭和李元"三人中有一人不参加，则前面的"赵川"就没参加。既然"赵川"就没参加，当然"赵川和李元不会都参加宴会"也一定正确（其实我们并不知道李元的情况，只是肯定地知道赵川不参加了，当然就有赵川和李元不会都参加了）。所以，E 项为正确答案。

40. 答案：A

由题意，"精湛的医术"和"高尚的品德"都是一个好医生的必要条件。

好医生→精湛的医术∧高尚的品德。

A 选项把"精湛的医术"当成了好医生的充分条件，因此 A 项推不出。

其余选项都能从题干中推出。

41. 答案：B

题干论述，对所有不道德的行为而言，同时会导致以下两个结果：

第一：如果它们是公开实施的，它们就伤害了公众的感情；

第二：它们的实施者会伴有内疚感。

因此，只要是不道德的行为，它们的实施者都是伴随有内疚感的。

注意：不管是公开实施，还是非公开实施，不道德的行为的实施者都是会有内疚感的。

所以，选项 B 一定是假的。

其余选项真假不确定。题干两个说法是不道德行为的必要条件而不是充分条件，因此 A 项真假不定。选项 C 超出了题干的范围。选项 D 容易误选，伤害公众感情的行为与不道德的行为没有逻辑推理关系。

42. 答案：D

从题干断定的条件关系可以看出，"有配偶而重婚的""明知他人有配偶而与之结婚的"这两种情况只要出现一种，就要处 2 年以下有期徒刑或者拘役。因此，D 项正确。

其余选项都不符合题意。

43. 答案：A

题干的意思是：沟通说服的能力，与执行力一样，是创业者成功的必要条件。

选项 A 认为，具备沟通说服能力和具备执行力是成功创业者的充分条件，不符合题意，也即从题干中推不出，因此，为正确答案。

其他各项均符合题意。

44. 答案：B

题干条件关系式为：

（1）不存在→不思考。

（2）思考→虚无缥缈。

若"人生并不意味着虚无缥缈"，由（2）式的逆否命题可得："不思考"。因此，B 项正确。

45. 答案：C

题干断定：

第一，"经济保持着稳定的增长"是"大多数商品价格上涨"的充分条件；

第二，"大多数商品价格涨幅较小"是"不会对经济造成负面影响"的充分条件。

C项是题干与第一个断定等价的逆否命题，因此，为正确答案。

其余选项均推不出，比如，由第一个断定推不出 A 项，由第二个断定推不出 B 项，D、E 项超出题干断定范围。

46. 答案：B

题干断定：

(1) 食品安全的实现→政府的有效管理。

(2) 没有健全的监督制约机制→不可能实现政府之间协调配合。

如果没有健全的监督制约机制，由（2），政府之间不能实现协调配合，这就意味着，政府没有有效管理，再由（1）的逆否命题，推出：不可能实现食品安全。因此，选项 B 为正确答案。

其余选项均推不出

47. 答案：B

题干断定：未入虎穴→未得虎子。

等价于：入虎穴←得虎子。

Ⅰ项表明"入虎穴"是"得虎子"的必要条件，符合题干。

Ⅱ项表明"得虎子"是"入虎穴"的充分条件，符合题干。

Ⅲ项表明"未得虎子"是"未入虎穴"的充分条件，不符合题干。

因此，正确答案为 B。

48. 答案：C

题干是个省略的假言三段论，补充省略的前提后构成一个有效的推理。

题干前提：老王是大学教师，又写过许多哲学论文。

补充 C 项：大学教师中只有哲学系的教师写过许多哲学论文。

得出结论：他一定是哲学系的教师。

其余各项作为前提，均不能推出题干结论。

49. 答案：A

甲∨非乙→丙

等价于其逆否命题：非甲∧乙←非丙。

从中看出：如果丙不是经理，那么甲不是经理而且乙是经理。因此，A 项能充分保证"乙是经理"的结论成立。

50. 答案：D

某业内人士的推理是，如果标准太高，奶农为了达标就会添加三聚氰胺；三聚氰胺事件发生了，说明标准太高了。

也即推理结构是：如果 p，那么 q；有 q，因此 p。

D 项与此推理结构类似。

51. 答案：D

题干推理结构是：只有 p 或 q，才 r；非 p 且 r；所以 q。

在诸选项中，只有 D 的推理方式与题干最为类似。

题干大前提为一个必要条件假言推理，A、B、C 的大前提都是充分条件假言推理，E

的大前提则是一个充要条件假言推理。

52. 答案：C

政治家的结论是，应当增加税收；理由是，解决无家可归问题需要增加税收。

可见，增加税收是解决无家可归问题的一个必要条件，显然 C 项的陈述与政治家的论证相一致，因此，为正确答案。

其余选项都不能支持政治家的论述。

53. 答案：C

模态命题。可能＝并非必然非。

"房价可能上涨"等价于"房价不一定不上涨"，C 为正确答案。

54. 答案：D

并非必然失败＝可能不会失败。

可能不会失败也就是可能获胜。

因此 D 项和题干的意思最为接近。

55. 答案：D

模态推理。不可能＝必然非。

因此，全国房价不可能大跌＝全国房价肯定不会大跌。

56. 答案：C

并非有的运动员有时竞技状态不好

＝所有运动员在任何时刻竞技状态都好。

因此，题干真，则 C 项必为假。

57. 答案：C

不可能所有的花都结果

＝必然并非"所有的花都结果"

＝必然有的花不结果。

58. 答案：B

题干陈述：你若到过牛津大学，你就永远不可能再相信任何人所说的任何一句话了。

A、C、D、E 项都可以从这一陈述中推出。

而 B 项是题干这一陈述的负命题。

并非"永远不可能再相信任何人所说的任何一句话"

＝并非"任何时候不可能再相信任何人所说的任何一句话"

＝有时可能相信有些人所说的有些话。

也即，如果题干的陈述为真，则 B 必定为假。

第三章　分析逻辑

本章所谓分析逻辑是特指除词项逻辑、命题逻辑之外的关系推理、数学推理、逻辑分析等内容，其本质上均属于演绎推理。这些题目属于能力型试题，一般无须应用专业的逻辑知识，只需运用日常的逻辑推理和分析能力，主要考查考生能否根据阅读材料进行逻辑演绎和分析，从已知资料推出必然性的结论。

第一节　关系推理

关系推理是根据前提至少有一个是关系命题，并按其关系的逻辑性质而进行推演的演绎推理。其中，关系命题是断定事物与事物之间关系的命题。

关系命题由关系、关系项和量项三个部分组成。关系项是关系命题所陈述的对象。关系项可以是两个，也可以是三个，甚至是三个以上，关系项有几个，就称为几项关系命题。

两项关系命题由两个关系项和一个关系组成，其逻辑形式如下。

aRb

读作"a 与 b 有关系 R"。

根据关系命题的关系的逻辑性质，我们可以概括出以下两种关系：对称性关系、传递性关系。

1. 对称性关系

对称性关系（两者之间的关系）包括三种：对称关系、非对称关系和反对称关系。

（1）当事物 a 与事物 b 有关系 R 时，并且 b 与 a 之间一定也有关系 R，则 R 是对称关系。

对称关系为反过来一定有这个关系。如：

当 a 是 b 的亲戚、邻居时，b 也是 a 的亲戚、邻居。用公式表示为：

aRb 为真，bRa 也为真。

对称性关系的表现，如对立关系、矛盾关系、交叉关系、相等关系、朋友关系、同乡关系等。

（2）当事物 a 和事物 b 有关系 R，且 b 与 a 是否有关系 R 不定，即 b 与 a 既可能有关系 R，也可能没有关系 R 时，关系 R 就是非对称关系。

非对称关系为反过来不一定有这个关系。如：

a 喜欢 b，b 可能喜欢也可能不喜欢 a。用公式表示就是：

aRb 为真，则 bRa 真假不定。

非对称性关系的表现，如批评、信任、尊敬、想念、认识、喜欢等。

（3）当事物 a 与事物 b 有关系 R，且 b 与 a 肯定没有关系 R 时，关系 R 就是反对称关系。

反对称关系为反过来一定没有这个关系。如：

甲是乙的父亲，乙一定不是甲的父亲。用公式表示为：

aRb 为真，则 bRa 为假。

反对称关系的具体表现，如小于、多于、大于、重于、轻于、压迫等。

2. 传递性关系

传递性关系（三者或三者以上的关系）包括三种：传递关系、非传递关系和反传递关系。

（1）当事物 a 与事物 b 有关系 R，事物 b 与事物 c 有关系 R，且事物 a 与事物 c 也有关系 R 时，关系 R 就是传递关系。如：

a 是 b 的祖先，b 是 c 的祖先，a 一定是 c 的祖先。用公式表示为：

aRb，并且 bRc，则 aRc。

如先于、早于、晚于、相等、平等、大于、小于等都是传递关系。

（2）当事物 a 与事物 b 有关系 R，事物 b 与事物 c 有关系 R，而事物 a 与事物 c 是否有关系 R 不定时，关系 R 就是非传递关系。如：

a 与 b 相交，b 与 c 相交，a 与 c 可能相交也可能不相交。用公式表示是：

aRb，并且 bRc，aRc 真假不定。

如交叉、认得、喜欢、相邻、尊重等就是非传递关系。

（3）当事物 a 与事物 b 有关系 R，事物 b 与事物 c 有关系 R，而事物 a 与事物 c 没有关系 R 时，关系 R 就是反传递关系。如：

a 是 b 的爷爷，b 是 c 的爷爷，a 一定不是 c 的爷爷。用公式表示为：

aRb，并且 bRc，则非 aRc。

如父子、高多少、低多少等都是反传递关系。

一、排序推理

排序推理题型一般在题干给出相关元素或元素组合的传递性关系，要求从中推出具体元素之间的确定性排序。解这类题型的主要思路是要把题干所给条件抽象成不等式关系，然后进行不等式推理。

◆ 王芳获得的奖学金比李梁的高。在获知田小野的奖学金比李大明的高后，可知王芳的奖学金也比李大明的高。

以下各项假设均能使上述推断成立，除了：

A. 田小野的奖学金比王芳的高。

B. 李梁的奖学金比李大明的高。

C. 李梁的奖学金比田小野的高。

D. 李梁的奖学金和田小野的一样。

E. 王芳的奖学金和田小野的一样。

[解题分析] 正确答案：A

前提：王芳＞李梁；田小野＞李大明

结论：王芳＞李大明

A 项不能使上述推理必然成立，为正确答案。

其余选项如果成立，均能使上述推断成立。

❷ 在英语四级考试中，陈文的分数比朱利低，但是比李强的分数高；宋颖的分数比朱利和李强的分数低；王平的分数比宋颖的高，但是比朱利的低。

如果以上陈述为真，根据下列哪项能够推出张明的分数比陈文的分数低？

A. 陈文的分数和王平的分数一样高。

B. 王平的分数和张明的分数一样高。

C. 张明的分数比宋颖的高，但比王平的低。

D. 张明的分数比朱利的分数低。

E. 王平的分数比张明的高，但比李强的分数低。

[解题分析] 正确答案：E

题干前提：李强比陈文的分数低。（陈文的分数比朱利低，但是比李强的分数高）

补充 E 项：张明比李强的分数低。（王平的分数比张明的高，但比李强的分数低）

得出结论：张明比陈文的分数低。

❸ 学校学习成绩排名前百分之五的同学要参加竞赛培训，后百分之五的同学要参加社会实践。小李的学习成绩高于小王的学习成绩，小王的学习成绩低于学校的平均成绩。

下列哪项最不可能发生？

A. 小李和小王都要参加社会实践。

B. 小王和小李都没有参加社会实践。

C. 小李和小王都没有参加竞赛培训。

D. 小李参加竞赛培训。

E. 小王参加竞赛培训，小李没有参加竞赛培训。

[解题分析] 正确答案：E

题干断定：

（1）前百分之五的同学↔参加竞赛培训

（2）后百分之五的同学↔参加社会实践

（3）小李＞小王

（4）学校平均成绩＞小王

选项 A、B、C、D 都可能符合题干断定。

而 E 项，小王参加竞赛培训，小李没有参加竞赛培训，说明小王属于前百分之五的同学，小李不属于前百分之五的同学，这与（3）矛盾，所以，不可能发生。

❹ 有四个外表看起来没有分别的小球，它们的重量可能有所不同。取一个天平，将甲、乙归为一组，丙、丁归为另一组分别放在天平的两边，天平是基本平衡的。将乙和丁对调一下，甲、丁一边明显地要比乙、丙一边重得多。可奇怪的是，我们在天平一边放上甲、丙，而另一边刚放上乙，还没有来得及放上丁时，天平就压向了乙一边。

请你判断，这四个球中由重到轻的顺序是什么？

A. 丁、乙、甲、丙。

B. 丁、乙、丙、甲。

C. 乙、丙、丁、甲。

D. 乙、甲、丁、丙。

E. 乙、丁、甲、丙。

[解题分析] 正确答案：A

根据题意，可列出如下不等式关系：

（1）甲＋乙＝丙＋丁

（2）甲＋丁＞乙＋丙

（3）乙＞甲＋丙

在不等式（2）的两边，分别减去等式（1）的两边，得：丁－乙＞乙－丁，即推出：

（4）丁＞乙

由（1）和（2）相加，得：甲＋乙＋甲＋丁＞丙＋丁＋乙＋丙，即推出：

（5）甲＞丙

再由（3）得：

（6）乙＞甲

综合（4）（5）（6）得：丁＞乙＞甲＞丙

二、关系推演

推演是指推论、推理和演绎，泛指从一个思想推移或过渡到另一个思想的逻辑活动。关系推演题型要求根据题干所给出的不同对象之间的关系，进行有效的推理和分析，从中推出明确的结论。

❶ 某学术会议正在举行分组会议。某一组有8人出席。分组会议主席问大家原来各自认识与否。结果是全组中仅有一个人认识小组中的三个人，有三个人认识小组中的两个人，有四个人认识小组中的一个人。

若以上统计是真实的，则最能得出以下哪项结论？

A. 会议主席认识小组的人最多，其他人相互认识得少。

B. 此类学术会议是第一次召开，大家都是生面孔。

C. 有些成员所说的认识可能仅是在电视上或报告会上见过面而已。

D. 虽然会议成员原来的熟人不多，但原来认识的都是至交。

E. 通过这次会议，小组成员都相互认识了，以后见面就能直呼其名了。

[解题分析] 正确答案：C

在一组人群中，如果成员之间的认识都是相互的，则根据数学知识，全小组成员所认识人数的总和必为偶数。而本题中$1 \times 3 + 3 \times 2 + 4 \times 1 = 13$（人）为奇数，则说明小组中至少有一个单方面认识，也即很可能的情况是C项。

❷ 某公司行政部人员手机使用情况如下：①小王拨打过行政部所有人的电话；②小李曾经拨打过小赵的电话，但是小赵不曾拨打过其他人的电话；③不曾接听来自行政部其他人电话的人也就不曾拨打过其他人的电话。

由此可以推出哪项？

A. 小赵不曾接听过来自小李的电话。

B. 小李曾经接听过来自小王的电话。

C. 行政部曾有人拨打过小王的电话。

D. 小王接听过来自行政部所有人的电话。

E. 行政部的所有人都拨打过电话。

[解题分析] 正确答案，C

题干是某公司行政部人员手机使用情况，因此题干涉及的人都是行政部的。

根据题干条件③，其等价的逆否命题是，拨打过其他人电话的人一定曾接听过其他人的电话。

由①，小王拨打过行政部所有人的电话，因此，小王一定曾接听过其他人的电话，而接听了他人电话则意味着他人一定拨打过电话。所以，C项正确。

需要注意的是，拨打他人电话但对方未必接听，因此，B项不正确，在于由"小王拨打过行政部所有人的电话"不能直接推出"小李曾经接听过来自小王的电话"。

其余选项也推不出。

第二节　数学推理

数学作为一种演绎系统，本身就是演绎逻辑，数学内容是以逻辑意义相关联的，数学中基本的概念、性质、法则、公式等都是遵循科学的逻辑性构成的。因此，数学推理能力是逻辑思维能力的一个重要表现。逻辑考试中出现的数学推理题包括数学运算、数学思维和数学推演。

一、数学运算

数学运算题虽然只涉及初等数学中的计算、数论分析等，但要在短时间内答题就需要一定的数学运算和数学分析的解题技巧。

❶ 某记者报道中指出：速冻食品业方兴未艾。食品专家预测，未来10年内，世界速冻食品消费量将占全部食品消费量的60%。进入20世纪90年代以来，我国的肉类、水产品、蔬菜类年产量达1.4亿吨，如果其中60%加工成速冻食品，其市场规模无疑是十分巨大的。而1995年全国速冻食品仅为220万吨，离理想规模相去甚远。

根据以上资料，可以推理出的最有可能的结论是什么？

A. 该记者爱吃速冻食品。

B. 速冻食品大发展的良机已经过去。

C. 我国速冻食品消费量还不到全部食品消费量的5%。

D. 我国速冻食品消费量已占全部食品消费量的60%。

E. 双职工家庭经常购买速冻食品。

[解题分析] 正确答案：C

简单计算一下：220万吨是1.4亿吨的1.57%，离5%都还很远呢。

❷ 大卫是一位资深CEO，他打定主意去一家待遇最好的公司。惠众公司和康拓公司有意聘用他，这两家公司在其他方面的待遇均相同，只有工资待遇略有差别。惠众公司提

供的条件是：半年工资 50 万美元，工资每半年增加 5 万美元。康拓公司的条件是：年工资 100 万美元，每年加薪 20 万美元。

请问下面哪一项正确地描述了大卫的选择？

A. 大卫将去康拓公司，因为他两年将多得 15 万美元。

B. 大卫将去惠众公司，因为他每年将多得 5 万美元。

C. 大卫将去康拓公司，因为他每年将多得 5 万美元。

D. 大卫将去惠众公司，因为他每年将多得 7 万美元。

E. 大卫将去康拓公司，因为他每年将多得 15 万美元。

[解题分析] 正确答案：B

根据题干，列个表就可以选出答案。

年份	时间	惠众公司	康拓公司
第一年	上半年	50	100
	下半年	55	
第二年	上半年	60	120
	下半年	65	
第三年	上半年	70	140
	下半年	75	

可见，大卫将去惠众公司，因为他每年将多得 5 万美元。

❸ 学校的篮球队、排球队、乒乓球队在暑假期间训练学生分别为 75、75、100 人次，而参加训练的学生总共 150 人。

之所以出现这种现象，下列的情况都是可能的，除了：

A. 有的学生参加了两项训练。

B. 有的学生参加了三项训练。

C. 参加两项训练的学生不多于 100 人。

D. 参加两项训练的学生多于 100 人。

E. 参加三项训练的学生为 50 人。

[解题分析] 正确答案：D

设 a 为仅参加篮球队一项训练的人数；b 为仅参加排球队一项训练的人数；c 为仅参加乒乓球队一项训练的人数；d 为仅参加篮球、排球两项训练的人数；e 为仅参加排球、乒乓球两项训练的人数；f 为仅参加篮球、乒乓球一项训练的人数；g 为参加篮球、排球、乒乓球三项训练的人数。则有：

$$a+b+c+d+e+f+g=150$$
$$a+b+c+2(d+e+f)+3g=75+75+100$$

从中可得：$d+e+f+2g=100$

即 $d+e+f \leqslant 100$

即参加两项训练的学生不多于 100 人，即 D 为正确答案。

选项 A 是可能出现的，因为 150 个学生参加了总计 250 人次的训练活动，这当然允许有的学生参加两项训练；同样的理由，选项 B 也是可能出现的；选项 C 是可能出现的，因为参加两项训练的人不多于 100 人，即他们的训练人次不多于 200 人次，那么剩下的 50

人的训练不少于 50 人次，这当然是可以的；选项 E 是可能出现的，参加三项训练的学生 50 人，即他们训练的人次共 150 人次，那么对剩下的 100 人和剩下的 100 训练人次来说，每一个人参加一项训练即可。

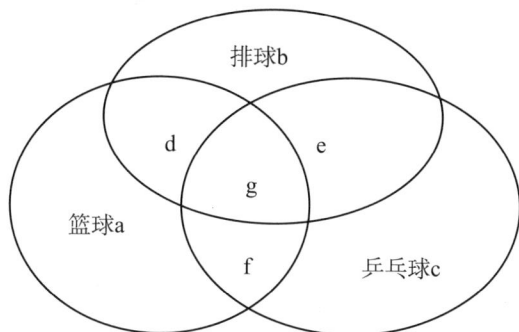

二、数学思维

数学思维类题目一般是指并不具体涉及数字计算或用数学关系式运算的题目，但要快速有效地解答这类题目需要运用必要的数学思维来进行推理。

❶ 和十年前相比，苏格兰人的年人均食物摄入量增加了大约 80 公斤。这部分地因为和十年前相比，15～64 岁年龄段的人口所占的比例有了显著的提高。

从以上叙述能得出以下哪项结论？

A. 目前苏格兰人口的半数以上处于 15～64 岁年龄段。

B. 十年来苏格兰人口有了很大增长。

C. 15 岁以下儿童的平均食物摄入量要多于 65 岁以上的老人。

D. 十年前苏格兰 15 岁以下儿童的数量要多于 64 岁以上的老人。

E. 15～64 岁年龄段的人平均摄入的食物量要多于儿童或老人。

[解题分析] 正确答案：E

"15～64 岁年龄段的人口所占的比例的显著提高"部分地促成了"苏格兰人的年人均食物摄入量增加了 80 公斤"。这隐含了什么结论呢？显然是：15～64 岁年龄段的人口的食物摄入量比人均要大。因此，E 项正确。

❷ 有 A、B、C、D 四个有实力的排球队进行循环赛（每个队与其他队各比赛一场），比赛结果，B 队输掉一场，C 队比 B 队少赢一场，而 B 队又比 D 队少赢一场。

关于 A 队的名次，下列哪一项为真？

A. 第一名。

B. 第二名。

C. 第三名。

D. 第四名。

E. 条件不足，不能断定。

[解题分析] 正确答案：D

由题干可知，四个队单循环，每个队要赛三场，这样比赛共进行了 6 场：A 对 B、A 对 C、A 对 D、B 对 C、B 对 D 及 C 对 D。

B 队输掉一场，则 B 队赢两场。

C 队比 B 队少赢一场，则 C 队赢一场。

B 队又比 D 队少赢一场，则 D 队赢三场。

这样 A 队就一场没胜，是最后一名。

❸ 某公司的销售部有五名工作人员，其中有两名本科专业是市场营销，两名本科专业是计算机，有一名本科专业是物理学。又知道五人中有两名女士，她们的本科专业背景不同。

根据上文所述，以下哪项论断最可能为真？

A. 该销售部有两名男士是来自不同的本科专业的。

B. 该销售部的一名女士一定是计算机本科专业毕业的。

C. 该销售部三名男士来自不同的本科专业，女士也来自不同的本科专业。

D. 该销售部至多有一名男士是市场营销专业毕业的。

E. 该销售部本科专业为物理学的一定是男士，不是女士。

[解题分析] 正确答案：A

根据题意，可推知 5 名工作人员的性别与专业情况只有下列三种：

（1）2 位女士分别为市场营销和计算机，3 位男士分别为市场营销、物理学和计算机

（2）2 位女士分别为物理学和计算机，3 位男士分别为市场营销、市场营销和计算机

（3）2 位女士分别为市场营销和物理学，3 位男士分别为市场营销、计算机和计算机

从中必然能推出 A。其余选项不能必然推出。

❹ 有一个盒子里有 100 个分别涂有红、黄、绿三种颜色的球。

张三说："盒子里至少有一种颜色的球少于 33 只。"

李四说："盒子里至少有一种颜色的球不少于 34 只。"

王五说："盒子里任意两种颜色的球的总数不会超过 99 只。"

以下哪项论断是正确的？

A. 张三和李四的说法正确，王五的说法不正确。

B. 李四和王五的说法正确，张三的说法不正确。

C. 王五和张三的说法正确，李四的说法不正确。

D. 张三、李四和王五的说法都不正确。

E. 张三、李四和王五的说法都正确。

[解题分析] 正确答案：B

张三说法不正确，可以让三种颜色的球分别为 33，33，34。

李四说法正确，若三种颜色的球各自都少于 34 只，总数最多为 33×3＝99，而不是 100。

王五说法正确，因为盒子里有三种颜色的球，每种至少有 1 个，其他两种颜色的球至多为 99，不会超过 99 只。

❺ 在过去的 30 年中，某国大学生的数量持续增加，但是低于总人口的增长速度。

下列哪项与上述信息相矛盾？

A. 在过去的 30 年中，该国中学生上大学的比例有所增加。

B. 在过去的 30 年中，该国大学生占总人口的比例没有什么变化。

C. 在过去的 30 年中，该国大学教师占总人口的比例增加比较快。

D. 在过去的 30 年中，该国大学生占全部同龄青年总数从 23% 下降到 21%。

E. 在过去的 30 年中，该国高等教育的经费投入增加了将近一倍。

[解题分析] 正确答案：B

如果在过去的 30 年中，某国大学生占总人口的比例没有什么变化，那么该国大学生数量的增加就不会低于总人口的增长速度。因此，B 项与题干信息矛盾，为正确答案。

其他选项均为无关选项。

❻ "好写" 与 "超快" 两家公司都为使用它们开发的文字处理软件的顾客提供 24 小时技术援助热线电话服务。因为顾客只有在使用软件困难时才会拨打热线，而 "好写" 的热线电话是四倍于 "超快" 的，因此 "好写" 的文字处理软件使用起来一定比 "超快" 的困难。

以下哪项如果为真，最能加强上述论证？

A. 打给 "超快" 的热线电话平均时长差不多是打给 "好写" 热线电话的两倍。

B. "超快" 的文字处理软件的顾客数量是 "好写" 的三倍。

C. "超快" 收到的对其文字处理软件的投诉信件数量是 "好写" 所收到的两倍。

D. 打给两家公司热线电话的数量都呈逐步增长趋势。

E. "好写" 的热线电话号码比 "超快" 的更易记住。

[解题分析] 正确答案：B

若 B 项为真，即拥有 "超快" 文字处理软件的顾客数比拥有 "好写" 文字处理软件的顾客数多三倍，那么，如果两种软件同样难用，则 "超快" 的热线电话应该也比 "好写多三倍左右。现在，"好写" 收到的热线电话反而比 "超快" 收到的热线电话多四倍，可见，"好写" 的文字处理软件使用起来一定比 "超快" 的困难。

❼ 画家戴维森的画在其创作最有名的作品《庆祝》之后卖得最好。在该作品完成前的 12 个月里，戴维森卖了这一时期创作的作品的 57%，比先前时期比例要大一些。在某本流行杂志上刊载了对《庆祝》的赞誉性评论后的 12 个月里，戴维森卖了这一时期创作的作品的 85%。有意思的是，这两个时期，戴维森销售画作的收入大致相当，因为他在完成《庆祝》之前的 12 个月里销售的作品数量与在支持性评论发表之后的 12 个月里的销售量是一样的。

如果上述信息为真，以下哪项能最恰当地由上述推出？

A. 由于正面评论，戴维森在创作《庆祝》后出售时可以比以前报价更高。

B. 比起其画作价格上涨，戴维森更关心正面评论。

C.《庆祝》的正面评论令更多的艺术收藏家关注戴维森的作品。

D. 戴维森在《庆祝》的正面评论发表后的 12 个月里所创作的画比完成《庆祝》前的 12 个月里创造的要少。

E. 戴维森在《庆祝》获得正面评论后更关注他的作品交易了。

[解题分析] 正确答案：D

题干陈述：第一，在完成《庆祝》前的 12 个月里，戴维森卖了这一时期创作的作品的 57%。

第二，在《庆祝》的正面评论发表后的 12 个月里，戴维森卖了这一时期创作的作品的 85%。

第三，这两个时期，戴维森画作的销售量和销售收入大致相当。

从中可以推出，后一个时期比前一个时期创作的画要少，即 D 项为正确答案。

其余选项均推不出，比如由第三个陈述可推出，戴维森在《庆祝》的正面评论发表后的销售价格依旧没变，因此，A 项不对。

三、数学推演

数学推演类题目特指具有一定难度的数学推理题，一般需要列出多个数学方程或需要分析较为复杂的数学关系。

❶ 业余兼课是高校教师实际收入的一个重要来源。某校的一项统计表明，法律系教师的人均业余兼课的周时数是 3.5，而会计系则为 1.8。因此，该校法律系教师的当前人均实际收入要高于会计系。

以下哪项如果为真，将削弱上述论证？

Ⅰ. 会计系教师的兼课课时费一般要高于法律系。

Ⅱ. 会计系教师中当兼职会计的占 35%；法律系教师中当兼职律师的占 20%。

Ⅲ. 会计系教师中业余兼课的占 48%；法律系教师中业余兼课的只占 20%。

A. Ⅰ、Ⅱ和Ⅲ。

B. 仅Ⅰ。

C. 仅Ⅱ。

D. 仅Ⅲ。

E. 仅Ⅰ和Ⅱ。

[解题分析] 正确答案：E

收入＝本职收入＋兼课收入（兼课时数×课时费）＋其他兼职收入

下面我们对选项逐一加以判断：

Ⅰ. 会计系教师的兼课课时费一般要高于法律系。这削弱了题干论证：因为兼课的周时数乘以兼课的课时费才等于兼课收入。法律系教师人均兼课周时数高，而会计系教师的兼课课时费高，很难得出法律系教师的当前人均实际收入高于会计系的结论。

Ⅱ. 会计系教师中当兼职会计的占 35%；法律系教师中当兼职律师的占 20%。兼职会计和兼职律师的收入多少我们不知道，但知道这是这两个系教师除业余兼课之外实际收入中的另一组成部分。会计系教师中做兼职会计的比例比法律系教师中做兼职律师的要高不少，这就使得法律系教师的当前人均实际收入高于会计系的结论也很难得出。

Ⅲ. 会计系教师中业余兼课的占 48%；法律系教师中业余兼课的只占 20%。这是个不错的迷惑性选项。似乎会计系的兼课比例高会影响人均实际收入的比较。但事实上，我们已经知道了两个系人均的兼课周时数，教师中的兼课比例（人数）对于比较他们的人均实际收入就没有贡献新的信息。

可见，Ⅰ 和 Ⅱ 是另有他因的削弱。正确答案为 E。

❷ 小刘和小红都是张老师的学生，张老师的生日是 M 月 N 日，两人都知道张老师的生日是下列 10 天中的一天，这十天分别为 3 月 4 日、3 月 5 日、3 月 8 日、6 月 4 日、6 月 7 日、9 月 1 日、9 月 5 日、12 月 1 日、12 月 2 日、12 月 8 日。张老师把 M 值告诉了小

刘，把 N 值告诉了小红，然后有如下对话：

　　小刘说：如果我不知道的话，小红肯定也不知道

　　小红说：刚才我不知道，听小刘一说我就知道了。

　　小刘说：哦，那我知道了。

　　请根据以上对话推断出张老师的生日是哪天。

　　A. 3 月 4 日。

　　B. 3 月 5 日。

　　C. 3 月 8 日。

　　D. 9 月 1 日。

　　E. 9 月 5 日。

[解题分析] 正确答案：D

把日期按月份排列如下：

3 月 4 日；3 月 5 日；3 月 8 日

6 月 4 日；6 月 7 日；

9 月 1 日；9 月 5 日；

12 月 1 日；12 月 2 日；12 月 8 日

经仔细观察，该 10 组日期的月数都有两组以上，日数中只有 7 和 2 是唯一的。

小刘说："如果我不知道的话，小红肯定也不知道"，由此可以推断出：月数 M≠6，M≠12。因为如果 M=6，而恰好日数 N=7，则小红就知道了老师的生日；同理，如果 M=12，而恰好 N=2，则小红同样可以知道老师的生日。所以 M∈（3，9），即这个日子就锁定在 3 月和 9 月了；而"小红说：刚才我不知道，但听小刘一说我就知道了"，所以 N∈（1，4，8）。这样，在 3 月或 9 月是 1 日、4 日或 8 日的日子只有一天，这天只能是 9 月 1 日。

第三节　逻辑分析

　　逻辑分析题型通常是题干给出若干条件，要求以这些条件为前提，推出某种确定性的结论。这类题要依靠演绎思维进行分析和推理，正确答案一定能从题干所给条件中必然推出。

一、演绎推论

　　推理能力与语言能力既有区别，又有联系，不具备一定的语言能力，谈不上推理能力。演绎推论指的是根据题干给出的信息直接推出确定性的结论。这类题目的特点：一是类似于阅读理解；二是一种必然性推理，正确答案一定能从题干所给的信息中推出。

　　❶ 通过对一定数量的新生儿的测试，发现他们对某些图形的识别是生来就有的。

　　如果这个测试结果是正确的话，那么以下哪项一定是真的？

　　A. 新生儿可以区别圆形和方形。

　　B. 人类对图形的识别能力可以通过学习不断提高。

C. 人类对图形的识别能力不都是通过学习得到的。

D. 人类对图形的识别能力大多数是通过学习得到的。

E. 图形的识别能力只是人的认知能力的一部分。

[解题分析] 正确答案：C

题干的测试表明，人类对某些图形的识别是天生的。这意味着：人类对图形的识别能力不都是通过学习得到的。因此，C 项为正确答案。

❷ 机关为了提高工作人员的素质，开设文理两类培训班。有工作人员参加了全部文科类培训班，也有工作人员参加了全部理科类培训班。

以下哪项一定是真的？

A. 有工作人员参加了全部培训班。

B. 有人只参加理科类培训班。

C. 每个培训班都有工作人员参加。

D. 有些培训班参加的工作人员很多。

E. 参加培训班是提高素质的有效途径。

[解题分析] 正确答案：C

题干条件为：只开设文理两类培训班；有工作人员参加了全部文科类培训班，也有工作人员参加了全部理科类培训班。

从中显然可以得到所有培训班都有工作人员参加，即 C 项一定成立。

其余选项都不必然成立。

❸ 学校田径运动会有 4 个径赛项目：100 米、200 米、400 米和 800 米。二班有三位男生建国、小杰、大牛和三位女生丹丹、小颖、淑珍参加。

运动会有两个规定：

（1）每个项目必须男女同时参加或同时不参加。

（2）每人只能参加一个项目。

如果建国参加的是 100 米或 200 米，大牛参加的是 400 米，丹丹参加的是 800 米，则以下哪项一定为真？

A. 小杰参加的是 800 米。

B. 建国参加的是 100 米。

C. 小颖参加的是 200 米。

D. 淑珍参加的是 400 米。

E. 建国参加的是 200 米。

[解题分析] 正确答案：A

根据题干要求，既然 800 米有丹丹参加，所以还需要有男的参加。这个男的不能是建国，因为建国参加的是 100 米或 200 米；也不能是大牛，因为大牛参加的是 400 米。所以，只能是小杰了。

❹ 你可以随时愚弄某些人。

假若以上属实，以下哪些判断必然为真？

Ⅰ. 张三和李四随时都可能被你愚弄。

Ⅱ. 你随时都想愚弄人。

Ⅲ. 你随时都可能愚弄人。

Ⅳ. 你只能在某些时候愚弄人。

Ⅴ. 你每时每刻都在愚弄人。

A. 只有Ⅲ。

B. 只有Ⅱ。

C. 只有Ⅰ和Ⅲ。

D. 只有Ⅱ、Ⅲ和Ⅳ。

E. 只有Ⅰ、Ⅲ和Ⅴ。

[解题分析] 正确答案：A

某些人不一定包括张三和李四，Ⅰ项不必然为真。

"可以随时愚弄人"不等于"随时想愚弄人"，Ⅱ项不必然为真。

从"你可以随时愚弄某些人"是指"你随时具有愚弄某些人"的"能力"，由此可推出"你愚弄人"的行为"随时"都可能发生。Ⅲ项必然为真。

"可以随时愚弄人"与"你只能在某些时候愚弄人"完全不符，Ⅵ项不必然为真。

"可以随时愚弄"不等于"每时每刻都在愚弄"，Ⅴ项不必然为真。

二、演绎分析

演绎分析题的主要解题方法主要有：一是直接推理法；二是间接推理法，即假设代入法，包括排除法。

❶ 在某个航班的全体乘务员中，飞机驾驶员、副驾驶员和飞行工程师分别是余味、张刚和王飞中的某一位。已知：副驾驶员是个独生子，钱挣得最少；王飞与张刚的姐姐结了婚，钱挣得比驾驶员多。

从以上陈述，可以推出下面哪一个选项为真？

A. 王飞是飞行工程师，张刚是驾驶员。

B. 余味是副驾驶员，王飞是驾驶员。

C. 余味是驾驶员，张刚是飞行工程师。

D. 张刚是驾驶员，余味是飞行工程师。

E. 王飞是驾驶员，张刚是飞行工程师。

[解题分析] 正确答案：A

根据题干断定，副驾驶员钱挣得最少；王飞钱挣得比驾驶员多，说明王飞不是副驾驶员，也不是驾驶员，因此王飞是飞行工程师。

既然副驾驶员是个独生子，张刚有姐姐，因此，张刚不是副驾驶员，只能是驾驶员。所以，A项正确。

❷ 过儿童节，幼儿园阿姨给三个小孩分食品。现在有月饼、桃酥、蛋糕各一块，苹果、香蕉、鸭梨各一个。小红不喜欢吃蛋糕和鸭梨，小华不喜欢吃桃酥和苹果，小林不喜欢吃蛋糕和苹果。阿姨想出了一个分配方案，使小朋友们分到了喜欢的点心和水果。

以下哪项不是阿姨想出的方案？

A. 小林分到月饼和香蕉，小红分到桃酥和苹果，小华分到蛋糕和鸭梨。

B. 小林分到蛋糕和苹果，小红分到桃酥和香蕉，小华分到月饼和鸭梨。

C. 小林分到桃酥和鸭梨，小红分到月饼和苹果，小华分到蛋糕和香蕉。

D. 小林分到月饼和鸭梨，小红分到桃酥和苹果，小华分到蛋糕和香蕉。

E. 小林分到桃酥和香蕉，小红分到月饼和苹果，小华分到蛋糕和鸭梨。

[解题分析] 正确答案：B

小红和小林都不喜欢吃蛋糕，那蛋糕一定得分给小华。小华和小林都不喜欢吃苹果，那苹果一定得分给小红。

	月饼	桃酥	蛋糕	苹果	香蕉	鸭梨
小红			×	√		×
小华	×		√	×		
小林			×	×		

❸ 妈妈要带两个女儿去参加一场晚会，女儿在选择搭配衣服。家中有蓝色短袖衫、粉色长袖衫、绿色短裙和白色长裙各一件。妈妈不喜欢女儿穿长袖衫配短裙。

以下哪种是妈妈不喜欢的方案？

A. 姐姐穿粉色衫，妹妹穿短裙。

B. 姐姐穿蓝色衫，妹妹穿短裙。

C. 姐姐穿长裙，妹妹穿短袖衫。

D. 妹妹穿长袖衫和白色裙。

E. 姐姐穿蓝色衫和绿色裙。

[解题分析] 正确答案：B

妈妈不喜欢长袖衫配短裙，那就姐妹俩只能一个穿蓝色短袖衫、绿色短裙，另一个穿粉色长袖衫、白色长裙。

选项 B：姐姐穿蓝色衫，妹妹穿短裙。意味着：姐姐穿蓝色短袖衫、白色长裙，妹妹穿粉色长袖衫、绿色短裙，妹妹的穿着正是妈妈不喜欢的搭配。

其他选项，都没有"长袖衫配短裙"的搭配。

	短	长
衫	蓝色短袖衫	粉色长袖衫
裙	绿色短裙	白色长裙

❹ 在同一侧的房号为 1、2、3、4 的四间房里，分别住着来自韩国、法国、英国和德国的四位专家。有一位记者前来采访他们。

① 韩国人说："我的房号大于德国人，且我不会说外语，也无法和邻居交流。"

② 法国人说："我会说德语，但我却无法和我的邻居交流。"

③ 英国人说："我会说韩语，但我只可以和我的一个邻居交流。"

④ 德国人说："我会说我们这四个国家的语言。"

那么，按照房号从小往大排，房间里住的人的国籍依次是：

A. 英国 德国 韩国 法国。

B. 法国 英国 德国 韩国。

C. 德国 英国 法国 韩国。

D. 德国 英国 韩国 法国。

E. 英国 法国 韩国 德国。

[解题分析] 正确答案：C

此题可用假设代入法，先假设 A 是正确的，然后再结合题干中的条件看是否成立，经推论，A 与题干相矛盾，排除；同样，B、D 项也排除。

只有选项 C 代入题干条件而无矛盾，因此，C 项为正确答案。

⑤ 有 A、B、O、AB 四种血型，血型相同的人之间可以互相输血；只有 O 型血的人可以输给任何血型的人，但只能接受 O 型血，而不能接受其他三种血型的血；只有 AB 型血的人可以接受任何一种血型的血，但是只能输给 AB 血型的人，其他三种血型的人都不能接受 AB 型的血。已知赵是 A 型血；钱不能接受赵的血，也不能输血给赵；孙能接受赵的血，但不能输血给赵；李不能接受赵的血，却能输血给赵。

根据上述条件，判断出钱、孙、李三人血型分别是：

A. 钱 A、孙 B、李 O

B. 钱 B、孙 O、李 AB

C. 钱 AB、孙 O、李 B

D. 钱 B、孙 AB、李 O

E. 钱 A、孙 AB、李 O

[解题分析] 正确答案：D

赵是 A 型血，钱不能接受赵的血，说明钱不是 A 和 AB 型；钱也不能输血给赵，也不能是 O 型；所以，钱只能为 B 型。

孙能接受赵的血，说明孙的血型可能是 A 或者 AB；但他不能输血给赵，也就不能为 A 型，所以，孙只能为 AB 型。

李不能接受赵的血，说明李不是 A 和 AB 型，只能是 O 或 B 型；李却能输血给赵，说明李只能为 O 型。

因此，正确答案为 D。

三、匹配对应

匹配对应题包括匹配分析、对应分析两种。

（1）匹配分析题是相对基本的匹配对应类题。匹配对应类题型有三个特征：第一，给出一组对象、两种或者两种以上的情况因素；第二，给出不同对象之间相关情况因素的判断；第三，由问题推出确定的结论，即要求对象与情况因素进行一一匹配或对应。

匹配分析题的主要解题方法。

一是演绎分析法。注意各类信息，必要时可以在草稿纸上做你设计的符号来表示推论过程，帮助你记住一些重要信息和推出正确结论。

二是图表分析法。把已知条件列在一个图表上，再进一步推理。

（2）对应分析题指相对复杂一些的匹配对应题，解题方法同样是演绎分析和图表分析的结合使用。

首先，阅读并对题干所给出的条件作出准确的理解。

其次，对题干给出的多种因素间的条件关系进行逻辑分析，寻找其内在关系。

再次，综合各个条件逐步进行分析与推理，直至推出必然性的答案。

❶ 方宁、王宜和余涌，一个是江西人，一个是安徽人，一个是上海人，余涌的年龄比上海人大，方宁和安徽人不同岁，安徽人比王宜年龄小。

根据上述断定，以下结论都不可能推出，除了：

A. 方宁是江西人，王宜是安徽人，余涌是上海人。

B. 方宁是安徽人，王宜是江西人，余涌是上海人。

C. 方宁是安徽人，王宜是上海人，余涌是江西人。

D. 方宁是上海人，王宜是江西人，余涌是安徽人。

E. 方宁是江西人，王宜是上海人，余涌是安徽人。

[解题分析] 正确答案：D

由"方宁和安徽人不同岁，安徽人比王宜年龄小"可知余涌是安徽人；示意图如下：

王 ＞ 余 ＞（方）

（江） 安 上

由"余涌的年龄比上海人大"可知上海人最小；由"安徽人比王宜年龄小"可知王宜是江西人。剩下没有判定的方宁只能是上海人。因此，选 D。

❷ 某宿舍住着四个研究生，分别是四川人、安徽人、河北人和北京人。他们分别在中文、国政和法律三个系就学。其中：

Ⅰ. 北京籍研究生单独在国政系。

Ⅱ. 河北籍研究生不在中文系。

Ⅲ. 四川籍研究生和另外某个研究生同在一个系。

Ⅳ. 安徽籍研究生不和四川籍研究生同在一个系。

由以上条件可以推出四川籍研究生所在的系为哪个系？

A. 中文系。

B. 国政系。

C. 法律系。

D. 中文系或法律系。

E. 无法确定。

[解题分析] 正确答案：C

由条件Ⅰ、Ⅱ推知：河北籍研究生在法律系。

由条件Ⅰ、Ⅲ、Ⅳ推知：四川籍研究生和河北籍研究生在同在一个系。

因此，四川籍研究生在法律系。示意图如下：

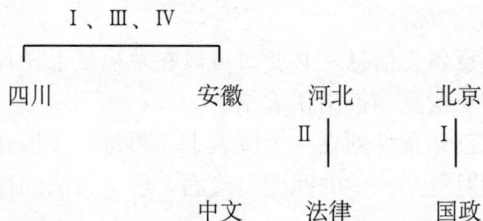

```
                  Ⅰ、Ⅲ、Ⅳ
           ┌──────────────────┐
        四川        安徽      河北       北京
                            Ⅱ│        Ⅰ│
                              │          │
        中文        法律      国政
```

❸ 曙光机械厂、华业机械厂、祥瑞机械厂都在新宁市辖区。它们既是同一工业局下属的兄弟厂，在市场上也是竞争对手。在市场需求的五种机械产品中，曙光机械厂擅长生产产

品1、产品2和产品4，华业机械厂擅长生产产品2、产品3和产品5，祥瑞机械厂擅长生产产品3和产品5。如果两个厂生产同样的产品，一方面是规模不经济，另一方面会产生恶性内部竞争。如果一个厂生产三种产品，在人力和设备上也有问题。为了发挥好地区经济合作的优势，工业局召集三个厂的领导对各自的生产产品作了协调，作出了满意的决策。

以下哪项最可能是这几个厂的产品选择方案？

A. 曙光机械厂生产产品1和产品5，华业机械厂只生产产品2。

B. 曙光机械厂生产产品1和产品2，华业机械厂生产产品3和产品5。

C. 华业机械厂生产产品2和产品3，祥瑞机械厂只生产产品4。

D. 华业机械厂生产产品2和产品5，祥瑞机械厂生产产品3和产品4。

E. 祥瑞机械厂生产产品3和产品5，华业机械厂只生产产品2。

[解题分析] 正确答案：E

曙光擅长产品1、2、4；华业擅长2、3、5；祥瑞擅长3、5。由于1、4只有曙光擅长，故应安排曙光生产；又因为一个厂生产三种产品有问题，故产品2曙光不应生产，则只能由华业生产。这样用排除法可排除选项A、B、C、D，只有E符合。列表如下：

产品	1	2	3	4	5
曙光	＋	（＋）		＋	
华业		＋	＋		＋
祥瑞			＋		＋

❹ 有甲、乙、丙三个学生，一个出生在B市，一个出生在S市，一个出生在W市。他们的专业，一个是金融，一是管理，一个是外语。已知：

① 乙不是学外语的。

② 乙不出生在W市。

③ 丙不出生在B市。

④ 学习金融的不出生在S市。

⑤ 学习外语的出生在B市。

根据上述条件，可推出甲所学的专业是：

A. 金融。

B. 管理。

C. 外语。

D. 金融或管理。

E. 推不出来。

[解题分析] 正确答案：C

由④"学习金融的不出生在S市"和⑤"学习外语的出生在B市"，可推出"学习金融的出生在W市"以及"学习管理的出生在S市"。列表如下：

	学外语的在B市	学管理的在S市	学金融的在W市
甲	√		
乙	×①	√	×②
丙	×③		√

又由"乙不是学习外语的"和"乙不出生在 W 市"，可推出"乙是学习管理的，出生在 S 市"。

又由"丙不出生在 B 市"，因此可推出"甲出生在 B 市，是学习外语的"。

学生	甲	乙	丙
出生地	B 市	S 市	W 市
专业	外语	管理	金融

四、真假话题

真假话题题型的基本形式是题干给出若干陈述，并明确其中真假的数量，要求考生从中推出结论。真假话题题型的解答方法主要分为三种。

1. 矛盾突破法

矛盾突破型的真假话题，解题突破口是从题干所给出的陈述中找出有互相矛盾的判断，从而必知其一真一假。

（1）互相矛盾的命题常分为直言命题的矛盾关系、复合命题的矛盾关系

直言命题的矛盾关系是根据对当关系，找出一对矛盾关系的直言命题。

复合命题的矛盾关系是根据复合命题的负命题，找出一对矛盾关系的复合命题。

（2）解题步骤

第一步，确定矛盾。找出一对矛盾关系的命题，从而必知其一真一假。

第二步，绕开矛盾。根据已知条件推知剩余说法的真假。

第三步，推出答案。

2. 反对突破法

反对突破法和矛盾突破法类似，若确定了题干陈述中有反对关系或下反对关系，就知道它们不同真或不同假，从而找到解题突破口。

3. 假设代入法

对一些不能用矛盾突破法或反对突破法的题目，或者一些推理难度较大的真假话题，就可以用假设代入法来进行间接推理，或者分情况进行分析，从而推出结果。

❶ 桌子上有 4 个杯子，每个杯子上写着一句话。第一个杯子："所有的杯子中都有水果糖"；第二个杯子："本杯中有苹果"；第三个杯子："本杯中没有巧克力"；第四个杯子："有些杯子中没有水果糖"。

如果其中只有一句真话，那么以下哪项为真？

A. 所有的杯子中都有水果糖。

B. 所有的杯子中都没有水果糖。

C. 所有的杯子中都没有苹果。

D. 第三个杯子中有巧克力。

E. 第二个杯子中有苹果。

[解题分析] 正确答案：D

题干中第一和第四个杯子上的话是矛盾的，两句话中必有一真一假。

因此，四句中的一句真话必在第一和第四之中，所以第二和第三个杯子上的话必

为假。

由第三个杯子上的话"本杯中没有巧克力"是假，可知"第三个杯子中有巧克力"为真。

虽然第二个杯子上的话也假，但五个选项中没有一项是"第二个杯子中没有苹果"。

❷ 某班有一位同学做了好事没留下姓名，他是甲、乙、丙、丁四人中的一个。当老师问他们时，他们分别这样说：

甲：这件好事不是我做的。

乙：这件好事是丁做的。

丙：这件好事是乙做的。

丁：这件好事不是我做的。

这四人中只有一个人说了真话，请问是谁做了好事？

A. 甲。

B. 乙。

C. 丙。

D. 丁。

E. 不能推出。

[解题分析] 正确答案：A

确定矛盾：乙、丁的话相互矛盾，肯定当中有一个人说的话为真，另一人为假。

已知条件：四人中只有一人说真话，即说真话的一定在乙、丁之中。

绕开矛盾：甲、丙说的是假话。

推出结果：做好事的是甲。

❸ 学校的抗洪赈灾义捐活动收到一大笔没有署真名的捐款，经过多方查找，可以断定是周、吴、郑、王中的某一位捐的。经询问，周说："不是我捐的"；吴说："是王捐的"；郑说："是吴捐的"；王说："我肯定没有捐"。

最后经过详细调查证实四个人中只有一个人说的是真话。

根据已知条件，请你判断下列哪项为真？

A. 周说的是真话，是吴捐的。

B. 周说的是假话，是周捐的。

C. 吴说的是真话，是王捐的。

D. 郑说的是假话，是郑捐的。

E. 王说的是真话，是郑捐的。

[解题分析] 正确答案：B

吴和王的话互相矛盾，因此，其中必有一真。又只有一人说真话，可推出周和郑均说假话，即事实上是周捐的款。所以 B 项为真。

❹ 甲说乙胖，乙说丙胖，丙和丁都说自己不胖。

如果四个人陈述只有一人错，那么谁一定胖？

A. 仅甲。

B. 仅乙。

C. 仅丙。

D. 仅乙和丙。

E. 仅甲、乙和丙。

[解题分析] 正确答案：B

确定矛盾：乙、丙的说法矛盾，必为一真一假，则说假话的在两者之间。

绕开矛盾：则甲、丁的说法为真。

推出答案：由甲的说法为真，可知乙胖

由丁的说法为真，可知丁不胖。

乙、丙无法确定谁真谁假，因此，答案只能选 B。

❺ 某煤矿发生了一起事故，现场的人有以下断定：

矿工 1：发生事故的原因是设备问题。

矿工 2：确实是有人违反了操作规范，但发生事故的原因不是设备问题。

矿工 3：如果发生事故的原因是设备问题，则有人违反了操作规范。

矿工 4：发生事故的原因是设备问题，但没有人违反操作规范。

如果上述断定中只有一个人的断定为真，则以下哪一项可能为真？

A. 矿工 1 的断定为真。

B. 矿工 2 的断定为真。

C. 矿工 3 的断定为真，有人违反了操作规范。

D. 矿工 3 的断定为真，没有人违反操作规范。

E. 矿工 4 的断定为真。

[解题分析] 正确答案：D

矿工 1：设

矿工 2：违∧¬设

矿工 3：设→违

矿工 4：设∧¬违

矿工 3 和矿工 4 的断定互相矛盾，其中必有一真一假。

又只有一人的断定为真，因此，矿工 2 和矿工 1 的断定为假。

由矿工 1 的断定为假可知：造成事故的原因不是设备问题。

由矿工 2 的断定为假可知：或者没有人违反操作规程，或者是设备问题

由上述两个推断，¬设∧（¬违∨设）可推知：没有人违反操作规程。

既然造成事故的原因不是设备问题，那么矿工 4 说"发生事故的原因是设备问题"就为假，因此矿工 3 的断定为真。所以，D 项正确。

❻ 研究生入学考试结束后，北方大学的几位同学对参加考试的几位同学进行了推测：

甲说："如果赵瑛没有考上计算机系，那一定会考上软件学院。"

乙说："汪兵一定会考上机械系。"

丙说："如果刘云没有考上通信工程系，那么，邱丽会考上材料系。"

丁说："赵瑛考不上计算机系，也考不上软件学院。"

戊说："汪兵能考上自动化系。"

已说："邱丽考不上材料系。"

录取结束后发现，两个人的推测与事实不符。

根据上述情况，以下哪项必定是正确的？

A. 赵瑛没有考上计算机系，但是考上了软件学院。

B. 汪兵考上了自动化系，但没有考上机械系。

C. 刘云考上了通信工程系，赵瑛可能考上了计算机系。

D. 赵瑛没有考上软件学院，刘云考上了通信工程系。

E. 邱丽考不上材料系，刘云没考上通信工程系。

[解题分析] 正确答案：C

甲和丁为矛盾关系，其中必有一句是假话。乙和戊为反对关系，不可能同时为真，也必有一句是假的。

因此，假话必然在甲和丁之中以及乙和戊之中。因为，题干限定只有两人说的话为假，所以，剩下的丙和已的话都是真话。

既然已的话都是真话，那么，邱丽考不上材料系；再根据丙的话为真，可推出刘云考上了通信工程系。

由于不能确定甲和丁中谁说假话。因此，不能确定赵瑛考上了计算机系还是软件学院。

由于不能确定乙和戊中谁说假话。因此，不能确定汪兵考上了机械系还是自动化系。

所以，A、B、D、E项都不能必然推出。

这样C项必定是真的。（注意该项中的字眼"可能"）

五、逻辑推演

逻辑推演是指通过比较复杂的推理步骤，得到某个确定的结果。作答这类考题时，所用的推理步骤往往较多，常需要运用假设代入法，逐步进行深入的逻辑分析和推理。

1. 假设代入的两种方法

（1）归谬法：假设一个命题为真，推导出逻辑矛盾，那么该命题必定是假的。

（2）反证法：假设一个命题为假，可推出逻辑矛盾，那么该命题必定是真的。

2. 假设代入的两种方式

包括对题干条件的假设和对选项的假设代入两种方式，一般优先使用对选项的假设代入。

（1）对题干条件的假设代入

① 假设题干某个条件为真，若推出逻辑矛盾，则该条件为假，从中可推出某个结果。

② 假设题干某个条件为假，若推出逻辑矛盾，则该条件为真，从中可推出某个结果。

（2）对选项的假设代入

① 假设某个选项为真，若推出逻辑矛盾，则该选项为假，应予以排除。

② 假设某个选项为假，若推出逻辑矛盾，则该选项为真，由逆否命题知，该选项为正确答案。

❶ 全国运动会举行女子5 000米比赛，辽宁、山东、河北各派了三名运动员参加。比赛前，四名体育爱好者在一起预测比赛结果。甲说："辽宁队训练就是有一套，这次的前三名非他们莫属。"乙说："今年与去年可不同了，金银铜牌辽宁队顶多拿一块。"丙说："据我估计，山东队或者河北队会拿牌的。"丁说："第一名如果不是辽宁队的，就该是山

东队的了。"比赛结束后，发现以上四人只有一人言中。

以下哪项最可能是该项比赛的结果？

A. 第一名辽宁队，第二名辽宁队，第三名辽宁队。

B. 第一名辽宁队，第二名河北队，第三名山东队。

C. 第一名山东队，第二名辽宁队，第三名河北队。

D. 第一名河北队，第二名辽宁队，第三名辽宁队。

E. 第一名河北队，第二名辽宁队，第三名山东队。

[解题分析] 正确答案：D

用归谬法。

若 A 成立，则甲真，乙假，丙假，丁真；

若 B 成立，则甲假，乙真，丙真，丁真；

若 C 成立，则甲假，乙真，丙真，丁真；

若 D 成立，则甲假，乙假，丙真，丁假；

若 E 成立，则甲假，乙真，丙真，丁假。

A、B、C、E 均与题干"只有一人言中"的说法矛盾，都不成立。故只能选 D 项。

❷ 相传古时候某国的国民都分别居住在两座怪城中，一座"真城"，一座"假城"。凡真城里的人个个说真话，假城里的人个个说假话。一位知晓这一情况的外国游客来到其中一座城市，他只向遇到的该国国民提了一个是非问题，就明白了自己所到的是真城还是假城。

下列哪个问句是最恰当的？

A. 你是真城的人吗？

B. 你是假城的人吗？

C. 你是说真话的人吗？

D. 你是说假话的人吗？

E. 你是这座城的人吗？

[解题分析] 正确答案：E

按 E 项发问，若得到"是"的回答，那就到了真城；若得到"不是"的回答，那就到了假城。因此为正确答案。

若按 A 或 C 项发问，不管他到哪个城，外国游客只能得到"是"的回答；若按 B 或 D 发问，只能得到"不是"的回答。因此，这类发问不能让外国游客区分他到的是哪个城市。

❸ 某地有两个奇怪的村庄，张庄的人在星期一、三、五说谎，李村的人在星期二、四、六说谎。在其他日子他们说实话。一天，外地的王从明来到这里，见到两个人，分别向他们提出关于日期的问题。两个人都说："前天是我说谎的日子。"

如果被问的两个人分别来自张庄和李村，以下哪项判断最可能为真？

A. 这一天是星期五或星期日。

B. 这一天是星期二或星期四。

C. 这一天是星期一或星期三。

D. 这一天是星期四或星期五。

E. 这一天是星期三或星期六。

[解题分析] 正确答案：C

根据题干，列表如下（√表示说实话，×表示说谎话）。

	星期一	星期二	星期三	星期四	星期五	星期六	星期日
张庄	×	√	×	√	×	√	√
李村	√	×	√	×	√	×	√

若这天是星期一，前天是星期六。在星期六，张庄的人实际是说实话，但在星期一他要说谎，因此，他说："前天我说谎"。相反，在星期六，李村的人实际是说谎话，但在星期一他要说实话，因此，他说"前天我说谎"。因此，星期一满足题干条件。

除了星期一以外，容易判断在星期三到星期六，他们的回答都是"前天我说实话"。若这一天是星期二，张庄的人一定说"前天我说实话"，李村的人一定说"前天我说谎"。若这一天是星期日，张庄的人一定说"前天我说谎"，李村的人一定说"前天我说实话"。因此，星期二到星期日都不符合题干条件。所以，选项A、B、D、E都是错的。

可见，这天只能是星期一。由于选项C是"星期一或星期三"，是个选言命题，只要有一个选言支为真，整个选言命题就为真，因此，C项正确。

❹ 四个小偷（每人各偷了一种东西）接受盘问。甲说：每人只偷了一块表；乙说：我只偷了一颗钻石；丙说：我没偷表；丁说：有些人没偷表。经过警察的进一步调查，发现这次审问中只有一人说了实话。

下列判断没有失误的是哪项？

A. 所有人都偷了表。

B. 所有人都没偷表。

C. 有些人没偷表。

D. 乙偷了一颗钻石。

E. 丙没偷表。

[解题分析] 正确答案：A

甲、丁的话是矛盾的，必有一真一假。而四人的话中只有一真。所以，乙、丙说假话。由丙说假话，推出丙偷表了。

假设A正确，则甲说了实话，乙、丙、丁三人没说实话，与题意没矛盾。

其余选项均与只有一人说了实话相矛盾。

假设B正确，则乙、丙、丁说了实话，甲没说实话。

假设C正确，则丁说了实话，乙、丙可能说了实话，甲没说实话。

假设D正确，则乙、丁说了实话，甲没说实话。

假设E正确，则丙、丁说了实话。

因此，没有失误的是A项。

❺ 一位法官在审理一起盗窃案时，对涉及的四名犯罪嫌疑人甲、乙、丙、丁进行了审问，四人分别供述如下：

甲说："罪犯在乙、丙、丁三人之中。"

乙说："我没有作案。是丙偷的。"

丙说："在甲和乙之间有一名是罪犯。"

丁说："乙说的是事实。"

经过调查，证实这四人中只有一名罪犯，并且有两人说的是真话，另外两人说了假话。那么，罪犯是谁？

A. 甲。　　　　　　　　　　　　B. 乙。

C. 丙。　　　　　　　　　　　　D. 丁。

E. 不能确定。

[解题分析] 正确答案：B

从四个人的供词可以看出乙、丁两人的观点是一致的，因此乙、丁两人的供词应该是同真或同假（即不会出现一真一假的情况）。

如果乙、丁说的都是真话，那么，甲、丙两人说的是假话。由乙说真话，可以得出"丙是罪犯"的结论，由甲说假话，可以得出"乙、丙、丁三人不是罪犯"的结论，显然这两个结论是互相矛盾的。因此，乙、丁两人说的是假话。

由于四人中有两人说了真话，另两人说了假话。因此，甲、丙两人说的是真话。

由甲、丙说真话，可以推出罪犯是乙。所以，B 项为正确答案。

❻ 有甲、乙、丙、丁、戊五个人，每个人头上戴一顶白帽子或者黑帽子，每个人显然只能看见别人头上戴的帽子的颜色，看不见自己头上戴的帽子的颜色。并且，一个人戴白帽子当且仅当他说真话，戴黑帽子当且仅当说假话。已知：

甲说：我看见三顶白帽子一顶黑帽子。

乙说：我看见四顶黑帽子。

丙说：我看见一顶白帽子三顶黑帽子。

戊说：我看见四顶白帽子。

根据上述题干，下列陈述都是假的，除了：

A. 甲和丙都戴白帽子。

B. 乙和丙都戴黑帽子。

C. 戊戴白帽子，但丁戴黑帽子。

D. 丙戴黑帽子，但甲戴白帽子。

E. 丙和丁都戴白帽子。

[解题分析] 正确答案：E

解这道题可用假设代入法来分析。

先假设甲的话为真，则甲是白帽子，加起来共有四顶白帽子一顶黑帽子，于是乙和丙的话就是假的，于是乙和丙都是黑帽子，这与只有一顶黑帽子的情况矛盾，因此甲的话不可能为真，必定为假，甲戴黑帽子。

再假设乙的话为真，则他自己戴白帽子，共有一顶白帽子和四顶黑帽子；这样，由于丙看不见他自己所戴帽子的颜色，当他说"我看见一顶白帽子三顶黑帽子"时，他所说的就是真话，于是他戴白帽子，这样，乙和丙都是戴白帽子，有两顶白帽子，这就存在矛盾。所以，乙所说的只能是假话，乙戴黑帽子。

既然已经确定甲、乙都戴黑帽子，则戊所说的"我看见四顶白帽子"就是假话，戊也是黑帽子。

现在已知甲、乙、戊戴黑帽子，再假设丙的话为假，则他实际看见的都是黑帽子，他自己也是黑帽子，于是五个人都是黑帽子，这样，乙的话就是真话；但我们已经证明乙的话不可能为真，因此丙的话也不可能为假，他说的是真话，于是丙和没有说话的丁戴白帽子。

最后结果是：甲、乙、戊说假话，戴黑帽子；丙、丁说真话，戴白帽子。

所以，E 为正确答案。

六、分析题组

分析题组是指一个题干包括两个以上小题的分析类题目。分析题组主要考查考生整体和全面分析问题的能力。考生在解题过程中，首先需要理解并运用一组问题所给出的所有条件，其次需要密切结合每个小题的具体条件来求解。

◆ 以下三题基于以下题干：

一个花匠正在配制插花。可供配制的花共有苍兰、玫瑰、百合、牡丹、海棠和蕉菊 6 个品种。一件合格的插花须有两种以上花组成，同时须满足以下条件：

(1) 如果有苍兰，则不能有秋菊；

(2) 如果有海棠，则不能有秋菊；

(3) 如果有牡丹，则必须有秋菊，并且秋菊的数量必须和牡丹一样多；

(4) 如果有玫瑰，则必须有海棠，并且海棠的数量是玫瑰的两倍；

(5) 如果有苍兰，则苍兰的数量必须大于所用到的其他花的数量的总和。

(1) 以下哪个配制，只需加上一枝海棠，就可成为一件合格的插花？

A. 三枝苍兰，一枝百合，两枝海棠。

B. 四枝苍兰，两枝牡丹，一枝海棠。

C. 五枝苍兰，一枝玫瑰，一枝海棠。

D. 两枝玫瑰，两枝海棠，两枝秋菊。

E. 两枝百合，两枝牡丹，两枝海棠。

[解题分析] 正确答案：C

加上一枝海棠后，考察各个配置：

A 项不是合格配制。因为违背 (5)，苍兰的数量小于所用到的其他花的数量的总和。

B 项不是合格配制。因为违背 (3)，有牡丹而无秋菊。

D 项不是合格配制。因为违背 (4)，海棠的数量不是玫瑰的两倍。

E 项不是合格配制。因为违背 (3)，有牡丹而无秋菊。

C 项是合格配制，符合题干的所有条件。

(2) 以下哪项配制，如果加到一件由四枝海棠和两枝苍兰所构成的不合格配制中，能成为一件合格配制？

A. 四枝苍兰。

B. 四枝玫瑰。

C. 两枝百合。

D. 两枝牡丹。

E. 两枝秋菊。

[解题分析] 正确答案：A

A 项是合格配制，符合题干的所有条件。

其余选项都不是合格配制，因为都违背（5），苍兰的数量不大于所用到的其他花的数量的总和。

（3）以下各项所列的两种花都可以搭配在一起组成一件合格的插花，除了：

A. 苍兰和玫瑰。

B. 苍兰和海棠。

C. 玫瑰和百合。

D. 玫瑰和牡丹。

E. 百合和秋菊。

[解题分析] 正确答案：D

D 项，玫瑰和牡丹不可能搭配在一起组成一件合格的插花，因为由条件（4），如果有玫瑰，则必须有海棠；再由条件（2），如果有海棠，则不能有秋菊；又由条件（3），而没有秋菊，就不会有牡丹。

练 习 题

01 小张比小孔重；小刘比小马重；小马比小王轻；小孔跟小王一样重。

据此可知：

A. 小刘比小张重。

B. 小孔比小马轻。

C. 小张比小马重。

D. 小孔比小刘轻。

E. 小王比小刘重。

02 在数学系的联欢活动的知识竞赛中，白虹的成绩比小李好，王颖的成绩比珍珍差，所以白虹的成绩比王颖好。

以下各项作为新的前提分别加入题干中，除了一项外，都能使题干推理成立。不能使推理成立的是哪一项？

A. 白虹的成绩和珍珍一样。

B. 小李的成绩和珍珍一样。

C. 小李的成绩比珍珍好。

D. 珍珍的成绩比小李好。

E. 王颖的成绩比小李差。

03 在某个班级中，L 同学比 X 同学个子矮，Y 同学比 L 同学个子矮，但 M 同学比 Y 同学个子矮。所以，Y 同学比 J 同学个子矮。

必须增加以下哪项陈述作为前提，才能合逻辑地推出上述结论？

A. L 同学比 J 同学个子高。

B. J 同学比 L 同学个子高。

C. X 同学比 J 同学个子高。

D. J 同学比 M 同学个子高。

E. M 同学比 J 同学个子高。

04 据目前所知，最硬的矿石是钻石，其次是刚玉，而一种矿石只能用与其本身一样硬度或更硬的矿石来刻痕。

如果以上陈述为真，以下哪项所指的矿石一定是可被刚玉刻痕的矿石？

Ⅰ. 这种矿石不是钻石。

Ⅱ. 这种矿石不是刚玉。

Ⅲ. 这种矿石不是像刚玉一样硬。

A. 只是Ⅰ。

B. 只是Ⅲ。

C. 只是Ⅰ和Ⅱ。

D. 只是Ⅰ和Ⅲ。

E. Ⅰ、Ⅱ和Ⅲ。

05 在美国备案申报纳税的公司中有 38 家公司纯收入超过 1 亿美元，在所有税收报表上报道的国外来源总的应征税收入中，它们占了 53%。在国外来源总的应征税收入中，有 60% 是来自 10 多个国家的 200 份纳税申报。

如上面陈述为真，则下面哪个也一定正确？

A. 净收入超过 1 亿美元的公司赚取的大部分应征税收入都来自国外。

B. 有大量个人收入的人有 47% 的应征税收入来自国外。

C. 来自国外的收入相当于上报应征税收入的 53%～60%。

D. 一些净收入超过 1 亿美元的公司报告其收入来自 10 多个国家。

E. 绝大部分收入来自 10 多个国家的公司净收入超过 1 亿美元。

06 某先生每天早晨的工作内容和工作程序如下，醒来后立即在煤气灶上烧水（10分钟即开），打开煤气灶后就开始穿衣服（5 分钟即完），然后出门去取牛奶（来回共 5 分钟），回来后就煮牛奶（10 分钟即开），同时开始洗漱（5 分钟即毕），最后是喝奶（5分钟喝完）。又知道，他家中只有一个灶头（热源），他又必须在 7 点 45 分离开家，否则将迟到。

如果我们忽略像打开煤气灶等其他占用时间极少的工作，你同意下列哪种观点？

A. 该先生上班前有抽一支香烟（5 分钟抽完）的习惯，如果他 7 点 15 分醒来并起床，他就没有时间抽香烟了。

B. 如果前一天已经取来牛奶，则该先生就可以晚起来 5 发钟，上班仍不会迟到。

C. 如果前一天已经烧好水，则该先生就可以晚起来 10 分钟，上班仍不会迟到。

D. 如果前一天既烧好水，又取来了牛奶，则该先生就可以晚起 15 分钟，上班仍不会迟到。

E. 只要他每天 7 点 15 分起来，他不但有时间抽香烟（5 分钟抽完），而且上班也不会迟到。

07 如果考虑城市地区时把郊区也包括在内的话，那么加利福尼亚州就是城市人口比例最大的州，美国西部已经高度城市化了，但加利福尼亚即使在那个地区也很特殊：91%

的人口住在城市地区。然而，就地理分布而言，加利福尼亚属农村：96％的土地在城区外。

如果上面的叙述都是真的，那么下面哪个也一定是真的？

A. 没有哪个州的农村人口比例比加州的低。

B. 加利福尼亚州现在的城市人口增长率超过了农村人口增长率。

C. 在加利福尼亚州 96％的人口住在 9％的土地上。

D. 没有哪个州比加利福尼亚州用于城市住房的面积更小。

E. 加利福尼亚州的人口密度是美国所有州中最高的。

08 今年上半年，北京凯华出租汽车公司接到的乘客投诉电话是北京安达出租汽车公司的 2 倍，这说明安达出租汽车公司比凯华出租汽车公司的管理更规范，服务质量更高。

如果以下陈述为真，哪一项最能支持上述结论？

A. 凯华出租汽车公司的投诉电话号码数不如安达出租汽车公司的多。

B. 凯华出租汽车公司的投诉电话数量比安达出租汽车公司的上升得快。

C. 安达出租汽车公司的在运营车辆是凯华出租汽车公司的 2 倍。

D. 打给凯华出租汽车公司的投诉电话通常比打给安达出租汽车公司的投诉电话时间更长。

E. 北京安达出租汽车公司的投诉电话很少对外界宣传。

09 自 1990 年到 2005 年，中国的男性超重比例从 4％上升到 15％，女性超重比例从 11％上升到 20％。同一时期，墨西哥的男性超重比例从 35％上升到 68％，女性超重比例从 43％上升到 70％。由此可见，无论在中国还是在墨西哥，女性超重的增长速度都高于男性超重的增长速度。

以下哪项陈述最准确地描述了上述论证的缺陷？

A. 某一类个体所具有的特征通常不是由这些个体所组成的群体的特征。

B. 中国与墨西哥两国在超重人口的起点上不具有可比性。

C. 论证中提供的论据与所得出的结论是不一致的。

D. 在使用统计数据时，忽视了基数、百分比和绝对值之间的相对变化。

E. 论证中提供的论据缺少了绝对数的使用。

10 在过去五年里，新商品房的平均价格每平方米上涨了 25％。在同期的平均家庭预算中，购买商品房的费用所占的比例保持不变。所以，在过去五年里，平均家庭预算也一定增加了 25％。

以下哪项关于过去五年情况的陈述是上面论述所依赖的假设？

A. 平均每个家庭所购买的新商品房的面积保持不变。

B. 用于食品和子女教育方面的费用在每个家庭预算中所占的比例保持不变。

C. 全国范围内用来购买新商品房的费用的总量增加了 25％。

D. 所有与住房有关的花费在每个家庭预算中所占的比例保持不变。

E. 五年里，全国贫富差距没有显著提高。

11 张老师的班里有 60 个学生，男女生各一半。有 40 个学生喜欢数学；有 50 个学生喜欢语文。

这表明可能会有：

A. 20 个男生喜欢数学而不喜欢语文。

B. 20 个喜欢语文的男生不喜欢数学。

C. 30 个喜欢语文的女生不喜欢数学。

D. 30 个喜欢数学的男生不喜欢语文。

E. 20 个学生既不喜欢语文也不喜欢数学。

12 明年，宏达公司计划给其每个雇员涨工资 10%，而大发公司则计划给每个雇员涨工资 7%。因此，明年宏达公司的雇员平均工资的上涨将大于大发公司。

以下哪项如果为真，最能加强上述论证？

A. 宏达公司的雇员是大发公司的三倍。

B. 宏达公司比大发公司具有更大的经济实力和更好的发展前景。

C. 宏达公司雇员的最高工资和最低工资都分别显著高于大发公司雇员的最高工资和最低工资。

D. 去年宏达雇员工资的上涨幅度和大发公司基本持平。

E. 目前宏达公司雇员的平均工资高于大发公司。

13 几年前，芬兰的消费者开始缴纳一种能源税，他们每消费一单位来自非再生资源的能源就要缴纳 2 芬兰便士的能源税。自从引入这项能源税后，每年对来自非再生资源的能源的消费稳步减少。

如果文中所述正确，那么从其出发，下列哪一项也一定正确？

A. 在芬兰，由该项能源税所形成的年税收不断减少。

B. 芬兰每年消费的能源总量不断减少。

C. 芬兰对可再生能源资源的使用不断上升。

D. 由该项能源税所带来的年税收是用来推动对来自可再生资源的能源的使用。

E. 芬兰再生资源能源的使用相对于不可再生资源能源的使用大大增加了。

14 迪玛郡是一个由三个自治区，即 K、M 和 G 组成的联邦政府。在联邦的税收方案下，每个地区收到的联邦的税收分摊份额与每年的人口调查报告中显示的该地区居住的人口占迪玛郡总人口的份额相等。去年，基于税收分摊的人口调查报告显示，K 的人口在增加，但 K 收到的税收份额占联邦税收的比例却有所下降。

如果上面的陈述是正确的，基于去年迪玛郡的税收分摊的人口普查报告能说明下面哪一点？

A. 在三个地区中，迪玛郡的居民最少。

B. K 人口增长的比例比前一年的小。

C. M 和 G 人口增长的比例都超过了 K 人口增长的比例。

D. 在三个地区中，K 的人口增长数是最小的。

E. K 的人口增长比例至少比其他两个自治区中的某一个的小。

15 一包 10 磅的新鲜土豆每磅值 2 美元，而脱水的速食土豆平均每磅值 3 美元。可以得出结论，一些消费者为了方便愿意支付 1.5 倍的价格，因为这种方便食品的销量在持续增加。

下面哪个如果正确，指出了上面的论证有较大的缺陷？

A. 购买方便的 2 磅一包的新鲜土豆每袋 1 美元，或者讲比 10 磅一包的新鲜土豆贵

2.5 倍。

    B. 因为新鲜土豆有 80% 的水分，每磅脱水土豆相当于 5 磅新鲜土豆。

    C. 罐装的削了皮的土豆也比相对不新鲜的土豆贵。

    D. 1960 年以来脱水土豆的零售价格已经下降了 20%，达到目前每磅 3 美元的水平。

    E. 作为劳动力成本和加工成本的结果，所有的方便食品要比制取它们的基本食品值钱。

16 在 1975 年至 1985 年间，疗养院的占用率平均为容纳能力的 87%，而接受入住的比率一直保持在平均每年每 100 张床位接受 95 人。在 1985 年至 1988 年间，占用率上升到平均为容纳能力的 92%，而接受入住的比率却下降到每年每 100 张床位接受 81 人。

    如果以上陈述为真，以下哪项结论最有可能被推出？

    A. 疗养院的住户在疗养院居住的平均时间在 1985 年至 1988 年间增加了。

    B. 1988 年在疗养院生活的老年人的比率比 1975 年的高。

    C. 每当疗养院的占用率上升时，其接受入住的比率就会下降。

    D. 1985 年以前建造的疗养院的床位比 1985 年至 1988 年间建造的疗养院的床位少。

    E. 一家疗养院拥有的床位越多，它的占用率可能就越高。

17 某厨艺大赛，要求厨师制作热菜、凉菜各一道，结果评定为"上品""中品""下品" 3 种。如果甲厨师每项结果不低于乙厨师，且至少有一项比乙厨师高，则称"甲厨师比乙厨师技艺高"。现有厨师若干，他们之中没有一个比另一个技艺高，并且没有任意两人热菜结果一样、凉菜结果也一样的。

    满足上述条件的厨师最多能有几人？

    A. 11 人。   B. 9 人。

    C. 6 人。   D. 3 人。

    E. 不能确定。

18 某个智能研究所目前只有三种实验机器人 A、B 和 C。A 不能识别颜色，B 不能识别形状，C 既不能识别颜色也不能识别形状。智能研究所的大多数实验室都要做识别颜色和识别形状的实验。

    如果以上陈述为真，以下哪项陈述一定为假？

    A. 有的实验室里三种机器人都有。

    B. 半数实验室里只有机器人 A 和 B。

    C. 这个智能研究所正在开发新的实验机器人。

    D. 有的实验室还做其他实验。

    E. 半数实验室里只有机器人 A 和 C。

19 某超市只卖两类酒，白酒和红酒。有顾客买过所有品种的白酒，也有顾客买过所有品种的红酒。

    以下哪项一定是真的？

    A. 超市的职工也购买了本超市的酒。

    B. 有顾客购买了全部品种的酒。

    C. 该超市中所有品种的酒都有顾客购买过。

D. 有的来超市的顾客没有购买酒。

E. 每个来超市的顾客都购买了酒。

20 营养学家：宣传任何一种保健品能治病都是骗人的。但是，对于饮食不规律的人群来说，服用某些保健品是必要的。

如果接受该营养学家的看法，则必须接受以下哪一项陈述？

A. 有些保健品是某些人有必要服用的。

B. 已经生病的人不应服用保健品，因为保健品不能治病。

C. 并不是所有的人都有必要服用保健品。

D. 对于饮食规律的人群来说，服用任何保健品都是不必要的。

E. 所有饮食不规律的人群都必须服用保健品。

21 用地面雷达所拍下的流星的最近距离为 220 万英里，即流星托德地斯被拍下的最近距离。最近的流星照片是格斯泊拉，在仅仅 1 万英里远的距离被拍摄到。

下列哪一个可以从上面语句中正确推导出来？

A. 托德地斯比格斯泊拉更可能与地球相撞。

B. 托德地斯，不像格斯泊拉，仅仅最近被发现。

C. 另一流星阿斯特地斯仅仅可以通过使用地面雷达拍摄下来。

D. 基于地面的雷达不能拍摄距地球 220 万英里以外的物体。

E. 格斯泊拉的照片不是由基于地面的雷达拍摄下来的。

22 广告：与 D 牌止痛药一样，所有止痛药都可以止痛。但是。当你头痛时，你想立即消除疼痛——D 牌止痛药就是为你设计的，没有任何其他止痛药比 D 牌止痛药的止痛效果更快。

甲和乙都有头痛症，假设甲使用 D 牌止痛药，乙使用其竞争对手的产品，以下哪项结论可从广告中适当地得出？

A. 甲的头痛会消除，而乙的不会。

B. 甲的头痛会比乙的消除得更快。

C. 甲的头痛至少不会比乙的消除得更慢。

D. 乙的头痛会与甲的头痛同时消除。

E. 乙的头痛会比甲的头痛消除得更快。

23 历史上，只有在有市场的人口聚集地才会产生货币制度。公元前四世纪时，美索不达米亚人的城市虽然从事贸易，但却没有市场。而在同一时期，所有希腊城市都有市场（公众集会的广场），在希腊市场中既用货币进行交易，也有物与物的交易。

如果上述所有陈述为真，以下哪项必然为真？

A. 公元前四世纪，希腊城市是唯一有货币制度的人口聚集地。

B. 公元前四世纪，希腊和美索不达米亚互有贸易往来。

C. 公元前四世纪以后，美索不达米亚人的城市有了市场和货币制度。

D. 公元前四世纪，美索不达米亚人的城市没有货币制度。

E. 美索不达米亚文明为人类最古老的文化摇篮之一。

24 情报部门截获恐怖分子发送的三条密码信息，经密码破译员分析，"Alingoits DoximAyo MAkAsey" 意思是 "绑架学生（做）人质"，而 "HuholikAso MAkAsey

Mugbudengs"意思是"押着人质（见）记者"，"Mugbudengs Ftoufgke Alingoits"意思是"绑架记者离开"。

关于有关词语在该密码语言中的意思，下面哪一项陈述可能是真的？

A. "DoximAyo"意指"人质"。

B. "DoximAyo"意指"学生"。

C. "Mugbudengs"意指"绑架"。

D. 不知道它们是什么意思。

E. "Alingoits"意指"人质"。

25 下面是济南、郑州、合肥、南京四城市某日的天气预报。已知四城市有三种天气情况，济南和合肥的天气相同。郑州和南京当天没有雨。

以下推断不正确的是哪项？

A. 济南小雨。　　　　　　　　　　B. 郑州多云。

C. 合肥晴。　　　　　　　　　　　D. 南京晴。

E. 南京多云。

26 希拉里饭店有三位客人甲、乙、丙，饭店分别为他们代购了去这三个城市的飞机票。已知：

（1）他们分别来自巴黎、纽约、东京；

（2）他们也分别去这三个城市，但每一个都不是去他们所来自的城市；

（3）来自东京的甲不去纽约。

根据以上条件，请确定下面哪一个选项可能为真？

A. 乙去巴黎，丙去纽约。

B. 甲去巴黎，乙去纽约。

C. 丙去巴黎，乙去东京。

D. 乙去东京，丙去巴黎。

E. 丙去东京，甲去纽约。

27 甲、乙、丙三名学生参加一次考试，试题一共十道，每道题都是判断题，每题10分，判断正确得10分，判断错误得零分，满分为100分，他们的答题情况如下表：

	1	2	3	4	5	6	7	8	9	10
甲	×	√	√	√	×	√	×	×	√	×
乙	×	×	√	√	√	×	√	√	×	×
丙	√	×	√	×	√	√	√	×	√	√

考试成绩公布后，三个人都是70分，由此可以推出，1~10题的正确答案是：

A. ×、×、√、√、√、×、√、×、√、×

B. ×、×、√、√、√、√、×、√、×

C. ×、×、√、√、√、√、√、×、×、×

D. ×、√、√、√、√、√、√、√、√、√

E. ×、×、√、√、√、√、×、×、√

28 以下关于电脑故障的陈述中，只有一个是真的：

Ⅰ. 显卡坏了。

Ⅱ. 如果主板坏了，那么内存也一定出现了故障。

Ⅲ. 主板或显卡坏了。

Ⅳ. 主板坏了。

根据上述条件，可以推出以下哪项？

A. Ⅰ项为真，显卡坏了。

B. Ⅱ项为真。

C. Ⅲ项为真，主板或显卡坏了。

D. Ⅳ项为真，主板坏了。

E. 推不出结果。

29 甲、乙和丙，一位是山东人，一位是河南人，一位是湖北人。现在只知道：丙比湖北人年龄大，甲和河南人不同岁，河南人比乙年龄小。

由此可以推知：

A. 甲不是湖北人。

B. 河南人比甲年龄小。

C. 河南人比山东人年龄大。

D. 湖北人年龄最小。

E. 山东人年龄最小。

30 一次聚会上，麦吉遇到了汤姆、卡尔和乔治三个人，他想知道他们三人分别是干什么的，但三人只提供了以下信息：三人中一位是律师、一位是推销员、一位是医生；乔治比医生年龄大，汤姆和推销员不同岁，推销员比卡尔年龄小。根据上述信息麦吉可以推出的结论是：

A. 汤姆是律师，卡尔是推销员，乔治是医生。

B. 汤姆是推销员，卡尔是医生，乔治是律师。

C. 汤姆是医生，卡尔是律师，乔治是推销员。

D. 汤姆是医生，卡尔是推销员，乔治是律师。

E. 汤姆是律师，卡尔是医生，乔治是推销员。

31 王小红、叶小白、徐小橙三位同学在商店门口不期而遇。忽然，她们之中背着红色挎包的一个人说："真有趣，我们三个人的挎包，一个是白色的，一个是红色的，一个是橙色的，可是没有一个人的挎包的颜色与自己的名字所表示的颜色是相同的。"叶小白立即接着说："一点也不错！"

根据以上的条件，请判断下列哪项为真：

A. 王小红、叶小白、徐小橙的挎包的颜色分别是橙色、红色、白色的。

B. 王小红、叶小白、徐小橙的挎包的颜色分别是白色、红色、橙色的。

C. 王小红、叶小白、徐小橙的挎包的颜色分别是橙色、白色、红色的。

D. 王小红、叶小白、徐小橙的挎包的颜色分别是白色、橙色、红色的。

E. 王小红、叶小白、徐小橙的挎包的颜色分别是红色、橙色、白色的。

32 某饭局上有四个商人在谈生意，他们分别是上海人、浙江人、广东人和福建人。他们做的生意分别是服装加工、服装批发和服装零售。其中：

（1）福建人单独做服装批发。

（2）广东人不做服装加工。

（3）上海人和另外某人同做一种生意。

（4）浙江人不和上海人同做一种生意。

（5）每个人只做一种生意。

以上条件可以推出上海人所做的生意是：

A. 服装加工。

B. 服装批发。

C. 服装零售。

D. 和广东人不做同一生意。

E. 无法确定。

33 在长桌前坐着四个人，从左至右依次是甲、乙、丙、丁。已知，甲穿蓝衬衫；穿红衬衫的人拥有自行车；丁拥有摩托车；丙靠着穿绿衬衫的人；乙靠着拥有小轿车的人；穿白衬衫的人靠着拥有摩托车的人；拥有三轮车的人靠着拥有摩托车的人。

下列说法正确的是哪项？

A. 穿白衬衫的丙拥有三轮车。

B. 穿蓝衬衫的丙拥有小轿车。

C. 穿白衬衫的丁拥有小轿车。

D. 穿红衬衫的丙拥有小轿车。

E. 穿白衬衫的丁拥有三轮车。

34 张先生认识赵、钱、孙、李、周五位女士。

（1）五位女士分为两个年龄档：三位女士小于30岁，两位女士大于30岁。

（2）两位女士是教师，其他三位女士是秘书。

（3）赵和孙属于相同年龄档。

（4）李和周不属于相同年龄档。

（5）钱和周的职业相同。

（6）孙和李的职业不同。

（7）张先生将同其中一位年龄大于30岁的教师结婚。

请问谁是张先生的未婚妻？

A. 赵。　　　　　　　　　　B. 钱。

C. 孙。　　　　　　　　　　D. 李。

E. 周。

35 赵、钱、孙、李、吴、郑、王七名保安每周轮流值夜班。就值班时间而言，现已知赵比孙晚一天；李比吴晚两天；钱比王早三天；郑在钱、孙之间，并且是在星期四。

根据上述题干，下面哪一个关于值夜班的选项是真的？

A. 吴在星期日。　　　　　　B. 李在星期二。

C. 钱在星期二。　　　　　　D. 孙在星期五。

E. 赵在星期二

36 某银行被窃，甲、乙、丙、了四人涉嫌被拘审。侦破结果表明，罪犯就是其中的某一个人。

甲说:"是丙渝的。"

乙说:"我没偷。"

丙说:"我也没偷。"

丁说:"如果乙没有偷,那么就是我偷的。"

现已查明,其中只有一个说假话。

从上述条件可以确定以下哪项成立?

A. 甲偷。   B. 乙偷。

C. 丙偷。   D. 丁偷。

E. 推不出何人偷。

37 一家珠宝店的珠宝被盗,经查可以肯定是甲、乙、丙、丁中的某一人所为,审讯中,甲说:我不是罪犯。乙说:丁是罪犯。丙说:乙是罪犯。丁说:我不是罪犯。经过调查证实四个人中只有一个说的是真话。

请根据已知条件判断:

A. 甲说的是假话,甲是罪犯。

B. 乙说的是真话,丁是罪犯。

C. 丙说的是真话,乙是罪犯。

D. 丁说的是真话,丙是罪犯。

E. 丁说的是假话,丁是罪犯。

38 在某次全校学生身体健康检查后,校医院四个医生各有如下结论:

甲:所有学生都没有携带乙肝病毒。

乙:一年级学生王某没有携带乙肝病毒。

丙:学生不都没有携带乙肝病毒。

丁:有的学生没有携带乙肝病毒。

如果四个医生中只有一人的断定属实,那么以下哪项是真的?

A. 甲的断定属实,王某没有携带乙肝病毒。

B. 丙的断定属实,王某携带乙肝病毒。

C. 丙的断定属实,但王某没有携带乙肝病毒。

D. 丁的断定属实,王某未携带乙肝病毒。

E. 丁的断定属实,但王某携带乙肝病毒。

39 A、B、C、D四位同学参加60米赛跑的决赛. 赛前,四位同学对比赛结果各说了如下的一句话:

A说:"我会得第一名。"

B说:"A、C都不会取得第一名。"

C说:"A或B会得第一名。"

D说:"B会得第一名。"

结果有两位同学说对了。试问:谁会获得这次决赛的第一名?

A. 第一名是A同学。

B. 第一名是B同学。

C. 第一名是 C 同学。

D. 第一名是 D 同学。

E. 推不出。

40 古代一位国王率领张、王、李、赵、钱五位将军一起打猎，各人的箭上均刻有自己的姓氏。围猎中，一只鹿中箭倒下，但却不知是何人所射。国王令众将军猜测。

张说："或者是我射中的，或者是李将军射中的。"

王说："不是钱将军射中的。"

李说："如果不是赵将军射中的，那么一定是王将军射中的。"

赵说："既不是我射中的，也不是王将军射中的。"

钱说："既不是李将军射中的，也不是张将军射中的。"

国王令人把射中鹿的箭拿来，看了看，说："你们五位将军的猜测，只有两个人的话是真的。"

根据国王的话，可判定以下哪项是真的？

A. 张将军射中此鹿。

B. 王将军射中此鹿。

C. 李将军射中此鹿。

D. 赵将军射中此鹿。

E. 钱将军射中此鹿。

41 张飞和李柏今年都报考了 MBA，关于他们的考试有如下四个断言：

（1）他们两人至少有一个考上；

（2）张飞并不必然考上；

（3）李柏确实考上了；

（4）并非张飞可能没考上。

最后录取结果表明：这四个断言中有两个是真的、两个是假的。

下面哪一个结果可以从上述条件中推出？

A. 张飞考上了，李柏没考上。

B. 张飞和李柏都考上了。

C. 张飞和李柏都没考上。

D. 李柏考上了，张飞没考上。

E. 如果张飞考上了，那么李柏也考上了。

42 马斯特杯 2003 年中国机器人大赛中的足球赛正在进行，有三位教授对决赛结果进行预测：

赵教授说：冠军不是清华大学队，也不是浙江大学队

钱教授说：冠军不是清华大学队，而是中国科学技术大学队。

孙教授说：冠军不是中国科学技术大学队，而是清华大学队。

比赛结果表明，他们中只有一人的两个判断都对，一人的判断一对一错，另外一人全错了。

根据以上情况可以知道，获得冠军的是哪个队？

A. 清华大学队。

B. 中国科学技术大学队。

C. 浙江大学队。

D. 北京航空航天大学队。

E. 以上都不可能。

43 甲、乙、丙、丁四人涉嫌某案被传讯。

甲说：作案者是乙。

乙说：作案者是甲。

丙说：作案者不是我。

丁说：作案者在我们四人中。

如果四人中有且只有一个说真话，则以下哪项断定可能成立？

A. 作案者是甲。

B. 作案者是乙。

C. 作案者是丙。

D. 作案者是甲、乙。

E. 甲、乙、丙、丁四人都是作案者。

44 刘易斯、汤姆逊、萨利三人分别被哈佛大学、加利福尼亚大学和麻省理工学院录取。他们分别被哪个学校录取的？邻居甲、乙、丙分别作了如下的猜测。

甲猜：刘易斯被加利福尼亚大学录取，萨利被麻省理工学院录取。

乙猜：刘易斯被麻省理工学院录取，汤姆逊被加利福尼亚大学录取。

丙猜：刘易斯被哈佛大学录取，萨利被加利福尼亚大学录取。

结果，邻居们的猜测各对了一半。

那么，他们的录取情况是：

A. 刘易斯、汤姆逊、萨利分别被哈佛大学、加利福尼亚大学和麻省理工学院录取。

B. 刘易斯、汤姆逊、萨利分别被加利福尼亚大学、麻省理工学院和哈佛大学录取。

C. 刘易斯、汤姆逊、萨利分别被麻省理工学院、加利福尼亚大学和哈佛大学录取。

D. 刘易斯、汤姆逊、萨利分别被哈佛大学、麻省理工学院和加利福尼亚大学录取。

E. 刘易斯、汤姆逊、萨利分别被加利福尼亚大学、哈佛大学和麻省理工学院录取。

45 扑尔思岛上的土著居民分为骑士和无赖两部分，骑士只讲真话，无赖只讲假话。甲和乙是岛上的两个土著居民，关于他俩，甲说了以下这句话："或者我是无赖，或者乙是骑士。"

根据以上条件，可推出以下哪项结论？

A. 甲和乙都是骑士。

B. 甲和乙都是无赖。

C. 甲是骑士，乙是无赖。

D. 甲是无赖，乙是骑士。

E. 条件尚不够充分以推出结论。

46 甲（男）、乙（男）、丙（女）、丁（女）、戊（女）五个人有亲戚关系，其中凡有兄弟姐妹并且有儿女的人总说真话；凡只有兄弟姐妹或只有儿女的人，所说的话真假交替；凡没有兄弟姐妹也没有儿女的人总说假话。他们各说了以下的话：

甲：丙是我的妻子，乙是我的儿子，戊是我的姑姑。

乙：丁是我的姐妹，戊是我的母亲，戊是甲的姐妹。

丙：我没有兄弟姐妹，甲是我的儿子，甲有一个儿子。

丁：我没有儿女，丙是我的姐妹，甲是我的兄弟。

戊：甲是我的侄子，丁是我的侄女，丙是我的女儿。

根据题干给定的条件，能够推出下面哪一个选项是真的？

A. 甲说的话都是真话，丙是他的妻子。

B. 乙说的话真假交替，他的母亲是戊。

C. 丙说的话真假交替，她是甲的母亲。

D. 丁说的话都是假话，她是甲的姐妹。

E. 戊说的话都是真话，丙是她的姐妹。

答案与解析

01. 答案：C

根据题中所给条件，可得出：小张＞小孔＝小王＞小马，小刘＞小马，由此可推出小张比小马重，所以 C 为正确答案。

02. 答案：D

题干推理为：白＞李；珍＞王→白＞王

显然，如果 A、B、C、E 为真，都能使题干推理必然成立。

只有选项 D 即使为真，题干结论也不一定成立，因此 D 为正确答案。

03. 答案：B

补充 B 项，J 同学比 L 同学个子高；再加上题干所述，Y 同学比 L 同学个子矮；就得出结论：Y 同学比 J 同学个子矮。

04. 答案：A

题干断定：第一，就硬度而言，钻石＞刚玉＞其他矿石。

第二，一种矿石只能用与其本身一样硬度或更硬的矿石来刻痕。

由此显然可以推出，除了钻石之外，其他矿石都能被刚玉刻痕。可见，

Ⅰ项正确，这种矿石不是钻石，当然，这样的矿石一定可被刚玉刻痕；

Ⅱ不一定正确，这种矿石不是刚玉，但可以是钻石，是不能被刚玉刻痕的；

Ⅲ不一定正确，这种矿石不是像刚玉一样硬，钻石就不像刚玉一样硬，是不能被刚玉刻痕的。

因此，A 项为正确答案。

05. 答案：D

题干可用集合思维来推导。分别用 R1 表示来自这 38 家公司的应征税收入，S 表示来自外国的总的应征税收入，用 R2 表示来自 10 多个国家的 200 份纳税报表的应征税收入，那么由于 R1 占 S 的 53%，R2 占 S 的 60%，因此，对 S 来说，R1 与 R2 的交集最小为 13%（53%＋60%－100%），最大为 53%，所以 R1 与 R2 一定有交集，这表明，一些净

收入超过 1 亿美元的公司报告其收入来自 10 多个国家。因此，D 项为正确答案。

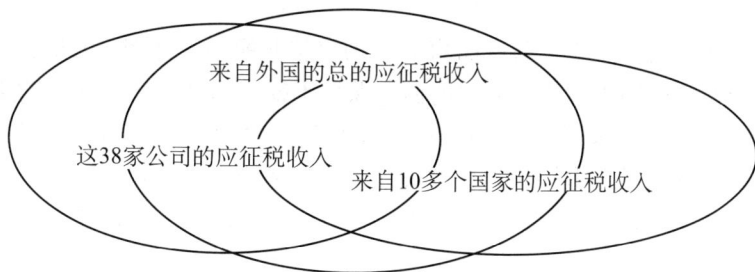

06. 答案：E

根据题意，E 项为真，时间安排的列表如下。

起床 7 点 15 分	烧水 10 分钟				抽香烟 5 分钟	7 点 45 分 离开家
	穿衣 5 分钟	取牛奶 5 分钟	煮牛奶 10 分钟 洗漱 5 分钟	喝奶 5 分钟		
	25 分钟					

07. 答案：A

题干陈述：加州就是城市人口比例最大的州。

由此显然可推出，"加州的农村人口比例最低"，因此，A 项为正确答案。

其余选项都不能正确地推出。题干探讨的仅仅是都市与农村的人口比例，B 项中的人口增长率、D 项中的面积、E 项中的人口密度都为新概念，均超出题干范围。C 项为干扰项，其错误在于比例不对（若把 C 换为 91％的人住在 4％的土地上，或者，9％的人住在 96％的土地上就正确了）。

08. 答案：C

通过比较两家出租车公司接到投诉电话的绝对数来比较二者的管理水平和服务质量，必须建立在二者营运车辆相同规模的情况下。

C 项，安达公司的运营车辆是凯华公司的 2 倍，如果这两家公司管理水平和服务质量等都一样，应该是安达公司接到的投诉电话是凯华公司的 2 倍，而题干陈述，安达公司接到的乘客投诉电话却只有凯华公司的一半，这显然有力地加强了"安达公司比凯华公司的管理更规范，服务质量更高"这一结论的可信度。

其余选项所涉及的电话号码数、投诉电话数量上升快慢及投诉电话时间长短等均不会起到支持论述的作用。

09. 答案：C

根据题干提供的数据，在中国，男性超重比例提高了 11 个百分点，女性超重比例提高了 9 个百分点；在墨西哥，男性超重比例提高了 33 个百分点，女性超重比例提高了 27 个百分点。

这显然得不出题干的结论：无论在中国还是在墨西哥，女性超重的增长速度都高于男性超重的增长速度。

C 项明确指出了这一错误。

10. 答案：A

题干断定，在过去五年里，新商品房的平均价格每平方米上涨了 25%。如果 A 项为真，即平均每个家庭所购买的新商品房的面积保持不变，则平均每个家庭购买商品房的费用就增加了 25%。而题干又断定，在同期的平均家庭预算中，购买商品房的费用所占的比例保持不变。这样就可以得出结论：在过去五年里，平均家庭预算也一定增加了 25%。

也就是说，A 项与题干的前提结合起来，可有效地得出题干的结论，因此，是题干论证的假设，否则，如果平均每个家庭新购买的住房面积发生了变化，那么题干结论就得不到了。

11. 答案：B

根据题干：该班"有 50 个学生喜欢语文""有 40 个学生喜欢数学"，那就是说只有 10 名学生不喜欢语文，有 20 个学生不喜欢数学。

B 项，20 个喜欢语文的男生正好是不喜欢数学的 20 个男学生，是有可能的，因此为正确答案。

其余选项都不符合题干的陈述。比如：A 项，不喜欢语文的只有 10 人，不可能有 20 人。C 项，不喜欢数学的只有 20 人，不可能有 30 人。D 项，不喜欢语文的只有 10 人，不可能有 30 人。

12. 答案：E

平均工资的上涨额＝平均工资×涨幅比例。

如果 E 项为真，即目前宏达公司雇员的平均工资高于大发公司；那么，由于明年宏达公司计划给其每个雇员涨工资的比例高于大发公司，因此，可得出结论：明年宏达公司的雇员平均工资的上涨将大于大发公司。

13. 答案：A

根据题干，对每单位非再生资源的能源的消费征收税额既定，而引入此税后，每年对此能源的消费减少，这显然可以得到：对该能源所征的税收不断减少。因此，A 项为正确答案。

14. 答案：E

题干论述：每个地区的税收份额与该地区的人口占迪玛郡总人口的份额相等；而 K 的人口增加，但税收份额下降。

由此推出：虽然 K 的人口增加，但 K 的人口占迪玛郡总人口的比例却在下降。因此，K 人口增长的比例至少比其他两个自治区中的某一个的小，即 E 项是正确答案。

15. 答案：B

题干根据一磅脱水土豆是一磅新鲜土豆价格的 1.5 倍，得出结论，一些消费者为了方便愿意支付 1.5 倍的价格。

选项 B 表明，新鲜土豆含大量水分，每磅脱水土豆相当于 5 磅新鲜土豆，那么题干论证就不成立了，所以 B 正确。

A、C 项均是无关比较；D 项也是无关项；E 项支持了题干。

16. 答案：A

题干给出一个表面上矛盾的现象：入住接受率下降了（入住的人在相对减少），但床位占用率却在上升（住在疗养院的人在相对增多）。

由此可推知，入住后平均居住的时间增加了（出院的平均比率下降了）。如果入住后平均居住的时间增加了，可能造成以上现象，例如原来每张床每年住2个人，而现在1个人就占用这张床一年，导致入住的人数下降，而占用率不变甚至上升，因此，A项为正确答案。

其余选项均不能合理地推出。其中，B项，1975年100张床接受95人，1988年100张床接受81人，如果床位总数不变或下降，那么1988年在疗养院生活的老年人的比率应该比1975年的低，而床位总数的变化情况题干没有涉及。C项，两个短期的数据不能代表一个确定的趋势。D和E项也不妥，因为题干讨论的是比例问题，跟绝对数量的变化无关。

17. 答案：D

根据题意，满足上述条件的厨师最多只能有3人，他们的热菜、凉菜评定分别为（上品、下品）、（下品、上品）和（中品、中品）。

超过3人的情况不可能满足题干条件。因此，选D项。

18. 答案：E

根据题干，既然A、C不能识别颜色，因此识别颜色的工作只能由B做；既然B、C不能识别形状，因此识别形状的工作只能由A做。

既然大多数实验室都要做识别颜色和识别形状的实验。因此，大多数实验室里都要同时有A和B。所以，E项断定一定为假。

19. 答案：C

"有顾客买过所有品种的白酒，也有顾客买过所有品种的红酒。"显然可必然推出"该超市中所有品种的酒都有顾客购买过"。

其余选项并不必然为真。

20. 答案：A

题干陈述，对于饮食不规律的人群来说，服用某些保健品是必要的。

这表明，某些保健品是饮食不规律的人有必要服用的，即有些保健品是某些人有必要服用的。因此，A项一定为真。

其余选项从题干推不出。B项，如果已经生病的人饮食不规律，则服用某些保健品是必要的。C项，若所有的人饮食不规律，则所有的人都有必要服用保健品。饮食规律的人群的情况题干中并未提及，因此D选项超出题干范围。

21. 答案：E

题干陈述：地面雷达所拍下的流星的最近距离为220万英里。但最近的流星照片格斯泊拉是在1万英里远的距离被拍摄到的。由此可必然得到结论：格斯泊拉的照片不是由地面雷达拍下的。所以E项正确。

22. 答案：C

广告说，没有任何其他止痛药比D牌止痛药的止痛效果更快。这意味着，头痛时使用D牌止痛药至少不会比使用其他止痛药，头痛消除得更慢。

23. 答案：D

题干断定：第一，美索不达米亚没市场，但有贸易。

第二，希腊有市场，贸易既用货币进行交易，也有物与物的交易。

由于贸易有用货币进行交易和物与物进行交易两种方式，由此可推出：那时的美索不达米亚没有货币。

24. 答案：B

根据题干信息：

（1）"AlingoitsDoximAyoMAkAsey"意思是"绑架学生（做）人质"。

（2）"HuholikAsoMAkAseyMugbudengs"意思是"押着人质（见）记者"。

（3）"MugbudengsFtoufgke Alingoits"意思是"绑架记者离开"。

从中推知，（1）（2）的共同项为 MAkAsey——人质。

（1）（3）的共同项为 Alingoits——绑架。

这样根据（1）可推出剩下的"DoximAyo"意指"学生"。

25. 答案：C

根据题意可知四城市天气有三种情况：雨、多云、晴。

由"郑州和南京没有雨"可知郑州和南京两地必定一个是多云，另一个是晴。

济南和合肥的天气相同，那这两个城市只能是第三种天气：雨。

因此，不正确的推断为 C 项。

其余选项都可能为真，其中，A 项必然为真。

26. 答案：B

根据题干所设定的条件，甲或者去东京，或者去巴黎，或者去纽约；甲来自东京，故他不去东京；他也不去纽约，所以他去巴黎。

乙可能去纽约，也可能去东京。所以，选项 B 可能为真。

其他各项中都与"甲去巴黎"相矛盾，所以都不可能为真。

27. 答案：B

根据题干条件，知在 10 个判断题中，三名学生都对了 7 题，错了 3 题。

把各选项的 10 个正确答案分别代入题干，发现只有 B 项满足上述条件，因此为正确答案。

28. 答案：B

因为只有一个是真的，分析如下：

如果Ⅰ为真，那么Ⅲ也真，与题意矛盾。所以，Ⅰ项为假，显卡没坏。

如果Ⅳ为真，那么Ⅲ也真，与题意矛盾。所以，Ⅳ项为假，主板没坏。

既然主板和显卡都没坏，所以，Ⅲ项也为假。

因此，只能是Ⅱ项为真。

29. 答案：D

匹配题。根据甲和河南人不同岁，河南人比乙年龄小，可知：丙是河南人。

然后再根据题干条件列表如下：

乙　　＞　丙　＞　（甲）

（山东）　河南　　湖北

因此，正确答案为 D。

30. 答案：C

由"汤姆和推销员不同岁，推销员比卡尔年龄小"知，推销员只能是乔治。

再由"乔治比医生年龄大，推销员比卡尔年龄小"，那么，三人情况如下：

卡尔　＞　乔治　　＞（汤姆）

（律师）　　推销员　　　医生

因此，C 为正确答案。

31. 答案：D

根据题意，背着红色挎包的人说完后，紧接着叶小白说"一点也不错"，所以背红色挎包的人一定不是叶小白，而只可能是王小红或徐小橙；

又由于三个人的挎包的颜色与自己的名字所表示的颜色都不相同，所以，背红色挎包的人不能是王小红，而只能是徐小橙；

剩下的白色挎包和橙色挎包属于王小红和叶小白，由于叶小白不能背白色挎包，所以她只能背橙色挎包；那么，余下的白色挎包自然就属于王小红了。

	白色挎包	红色挎包	橙色挎包
王小红	＋	－	－
叶小白	－	－	＋
徐小橙	－	＋	－

32. 答案：C

题干条件（5）断定："每个人只做一种生意"。

从条件（1）"福建人单独做服装批发"可知，其他的人不可能做服装批发，只可能做服装加工或者做服装零售；从条件（2）"广东人不做服装加工"，结合条件（1），可知（6）广东人做的是服装零售；

从条件（3）"上海人和另外某人同做一种生意"和条件（4）"浙江人不和上海人同做一种生意"可知，上海人和广东人做同一种生意；结合（6），可知上海人做的是服装零售生意。

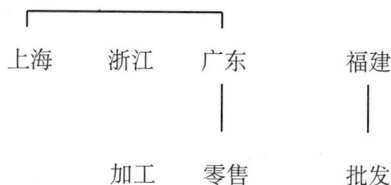

上海　浙江　广东　　福建

加工　零售　　批发

33. 答案：A

从左至右依次是甲、乙、丙、丁，"丁拥有摩托车""穿白衬衫的人靠着拥有摩托车的人"；因为只有丙靠着丁，说明丙穿白衬衫，又"拥有三轮车的人靠着拥有摩托车的人"，说明丙拥有三轮车。因此，A 项为正确答案。

甲	乙	丙	丁
蓝衬衫		白衬衫	
		三轮车	摩托车

34. 答案：D

根据（1）（3）（4），李和周当中必定有一位与赵和孙属于同一个年龄档；因此，赵和孙都小于 30 岁。按照（7），张先生不会与赵或孙结婚。

根据（2）（5）（6），孙和李当中必定有一位与钱和周从事同样的职业；因此，钱和周是秘书。按照（7），张先生不会与钱或周结婚。

	赵	钱	孙	李	周
年龄	小于 30 岁		小于 30 岁		
职业		秘书			秘书

排除以上四位，张先生将和李女士结婚，她必定是一位年龄大于 30 岁的教师。

由此，还可以进一步推知其他四位女士的情况：周必定小于 30 岁，钱必定大于 30 岁；孙必定是位秘书，而赵必定是位教师。

35. 答案：C

题干断定的条件表达如下：

（1）赵＝孙＋1

（2）李＝吴＋2；

（3）王＝钱＋3；

（4）钱＜郑＝4＜孙

星期一	星期二	星期三	星期四	星期五	星期六	星期日
			郑			

由（1）（4）知，孙、赵只能在星期五、六或在星期六、日。如果孙、赵在星期五、六，这没法满足钱比王早三天的条件。因此孙、赵只能在星期六、日。而钱比王早三天，因此王只能在星期五，钱在星期二。再加上李比吴晚两天，可知李、吴分别在星期三、一。

星期一	星期二	星期三	星期四	星期五	星期六	星期日
吴	钱	李	郑	王	孙	赵

因此，可以推出 C 项为正确答案。

36. 答案：D

甲说"是丙偷的"，而丙说"我没有偷"，显然，这两句话构成了矛盾，即这两句话既不可同真，也不可同假，其中必有一真，必有一假。由题意知，四个人的话中只有一句话是假的，因此，唯一的一句假话必然在这两句话中，而剩下的乙和丁的两句话必然都是真话。乙说"我没有偷"，此话为真，则表明乙不是罪犯；丁说"如果乙没有偷窃，那么就是我偷窃"，此话为真，再加上"乙没有偷窃"，就可以推出丁是偷窃者。确定了丁是偷窃者，就可以知道甲的话是假话，丙的话是真话。

37. 答案：A

首先要找矛盾，乙和丁的话矛盾，因此，其中必有一个是假的，一个是真的。

又四个人中只有一个说真话，所以，甲和丙一定在说假话。

由甲说假话推出，甲是罪犯。

38. 答案：B

甲：所有学生都没有携带乙肝病毒。为 E 判断。

乙：一年级学生王某没有携带乙肝病毒。为 E 判断。

丙：学生不都没有携带乙肝病毒＝有的学生携带乙肝病毒。为 I 判断。

丁：有的学生没有携带乙肝病毒。为 O 判断。

其中，甲、丙互为矛盾关系，必然有一真一假。

既然四个医生中只有一人的断定属实，那么乙、丁均为假。

由乙、丁为假可推出，所有学生都携带乙肝病毒，当然，王某也携带乙肝病毒。

既然所有学生都携带了乙肝病毒，当然，丙断定属实。

因此，B 项为正确答案。

39. 答案：A

将题干条件符号化如下：

A：A

B：¬A∧¬C

C：A∨B

D：B

可见，A、B 说的话互相矛盾，必然一真一假。

既然有两位同学说对，那剩下的 C、D 说的话也必然一真一假。

若 C 假 D 真，D 真则得出 B，推出 C 真，矛盾，这种情况不可能存在。

若 C 真 D 假，得出¬B，A，推出 A 真 B 假，符合题目要求。因此，A 是决赛的第一名。

40. 答案：E

张将军与钱将军的猜测、李将军与赵将军的猜测互为矛盾判断，因而各必有一真，必有一假。

又已知，五位将军的猜测，只有两位的话是真的，那么，王将军的猜测必为假，

由王将军的猜测"不是钱将军射中的"必为假，推出：钱将军射中此鹿。

因此，E 项为正确答案。

41. 答案：A

真假话题。由模态推理知，并非张飞可能没考上＝张飞必然考上。

因此，条件（2）（4）矛盾，必然有一真一假。而这四个断言中两真两假，所以，剩下的（1）（3）也必然一真一假。

而若（3）为真，即李柏确实考上了，那么（1）他们两人至少有一个考上也为真。这与（1）（3）也必然一真一假相矛盾。

故（3）必为假，（1）必为真，也即张飞考上了，李柏没考上。

42. 答案：A

钱和孙的观点完全相反，其中必是一个全对另一个全错（否则若其中一个的两个判断是一对一错，则另一个也是一对一错，这与题干条件矛盾）。从而可知，赵的话一对一错。

如果钱全对，那么赵也全对，与赵一对一错矛盾，因此钱全错，可知冠军是清华大学队，A 正确。

43. 答案：C

如果甲或乙说的是真话，则丁说的也是真话，由条件可知，四人中只有一个说真话，因此，甲、乙不可能说真话，从而推知甲、乙都不是作案者。所以，A、B、D、E 项都不

可能成立。

只有 C 项，作案者是丙，符合题干条件，因此为正确答案。

44. 答案：A

先假设邻居甲的第一句话"刘易斯被加利福尼亚大学录取"为真，可知乙的第二句话"汤姆逊被加利福尼亚大学录取"为假，由于"邻居们的猜测各对了一半"，则乙的第一句话"刘易斯被麻省理工学院录取"为真。从乙的第一句话为真，可知邻居丙的第一句话"刘易斯被哈佛大学录取"为假，又从甲的第一句话为真，可知丙的第二句话"萨利被加利福尼亚大学录取"为假，这样丙的两句话都为假，与题意矛盾。

由此可知，甲的第一句话只能为假，他的第二句话"萨利被麻省理工学院录取"为真。从甲的第二句话为真，可知乙的第一句话"刘易斯被麻省理工学院录取"为假，那么，乙的第二句话"汤姆逊被加利福尼亚大学录取"为真；从乙的第二句话为真，可知丙的第二句话"萨利被加利福尼亚大学录取"为假，那么，他的第一句话"刘易斯被哈佛大学录取"为真。所以，A 项为正确答案。

本题也可用排除法解决：

若 A 项为真，符合所有条件。

若 B 项为真，邻居乙的两句猜测都错了，不符合条件，排除。

若 C 项为真，邻居甲的两句猜测都错了，不符合条件，排除。

若 D 项为真，邻居甲的两句猜测都错了，不符合条件，排除。

若 E 项为真，邻居甲的两句猜测都对了，不符合条件，排除。

45. 答案：A

甲不可能是无赖，因为若甲是无赖，"或者我是无赖，或者乙是骑士"本身就是真话。所以，甲必是骑士。

为保证甲说的"或者我是无赖，或者乙是骑士"这句话为真，在甲是骑士的情况下，必须保证"乙是骑士"。

46. 答案：A

此题用假设反证法，我们注意到每人都说了三句话，而且只有丙和丁说的第一句话是否定的，因此，尝试从丙和丁说的第一句话入手。

（1）先从丙说的第一句话入手。对任何一句话来说只有两种情况，即要么真，要么假。

第一种情况：假设丙说的第一句话"我没有兄弟姐妹"为真，即丙确实没有兄弟姐妹，她不可能都说真话（因为总说真话的人必须有一个以上兄弟姐妹并且有一个以上儿女），因此，丙说的三句话只能是真假交替，即第二句话必为假，第三句话必为真。

第二种情况：假设丙说的第一句话为假，则说明她有兄弟姐妹，既然丙说的话中有一句假话并且她有兄弟姐妹，因此她说的话只能是真假交替，则第二句话为真，也就是说她有儿子，这样，丙就是有一个以上兄弟姐妹并且有一个以上儿女的人，因此她说的话应该都为真，因此与"假设丙说的第一句话为假"矛盾，所以第二种情况不可能。

从中得出，丙说的话只能是第一种情况，即"真假真"，由丙说的第三句话为真，可知甲必有一个儿子。

（2）再从丁说的第一句话入手。用上述同样的方法，可知丁说的三句话和丙一样，也只能是"真假真"，由此得出"甲是丁的兄弟"，也就是说甲有丁这个姐妹，加上甲有一个儿子。所以，甲肯定是总说真话。因此得出 A 为正确答案。

下篇 非形式推理

非形式推理属于非演绎的推理、或然性的推理，所谓非演绎的推理是指前提不必然蕴含结论或者说前提与结论的关系是或然的，主要测试考生的批判性思维能力，属于能力型的试题。非形式推理试题是逻辑测试的主流题型，其重点关注的是如何识别、构造，特别是评价实际思维中各种推理和论证的能力。非形式推理可分为归纳逻辑、论证逻辑和论证推理。其中归纳逻辑、论证逻辑分别涉及归纳和论证的原理和方法，论证推理则具体讲解各类题型的解题思路和方法。

非形式推理题不能也无须套用逻辑学具体的演绎规则和公式，试题总体上要结合题目内容来进行作答，注重的是前提和结论之间、题干和选项之间的意义关联和思维关联，主要是凭日常逻辑思维和批判性思维来解题。

第四章 归纳逻辑

归纳逻辑是指对经验科学以及日常思维中非演绎论证类型的推理过程与方法的种种研究。前提必然蕴涵结论的称为演绎的，前提不必然蕴涵结论或者说前提与结论的关系是或然的，我们称为非演绎的。广义的归纳逻辑研究一切非演绎结论的推理过程。

逻辑按推理方向，可分为演绎推理和广义归纳推理（即非演绎推理）。演绎是必然性推理，归纳是或然性推理。在必然性推理中，逻辑研究的核心是推理的有效性，凡是能从真实前提必然得到真实结论的推理，就是有效的，否则是无效的。在或然性推理中，逻辑研究的核心是推理的合理性，即如何提高结论的可靠程度。

第一节 归纳推理

所谓归纳推理，就是根据一类事物的部分对象具有某种性质，推出这类事物的所有对象都具有这种性质的推理。

要注意的是，完全归纳推理其实不是真正的归纳推理，因为，完全归纳推理在前提中考察的是某类事物的全部对象，因此，其结论所断定的范围并未超出前提所断定的范围。所以其结论是根据前提必然得出的，即其前提与结论的联系是必然的。

一般意义上所谓归纳推理都是指不完全归纳推理，具体是指这样一种归纳推理：根据对某类事物部分对象的考察，发现它们具有某种性质，因而得出结论说，该类事物都具有某种性质。

归纳推理的结论所断定的知识范围超出了前提所断定的知识范围，因此，归纳推理的前提与结论之间的联系不是必然性的，而是或然性的。也就是说，其前提真而结论假是可能的，所以，归纳推理乃是一种或然性推理。

归纳推理与演绎推理的主要区别。

	演绎推理	归纳推理
特点	必然性推理	或然性推理
思维运动过程的方向	从一般性的知识的前提推出一个特殊性的知识的结论，即从一般过渡到特殊	从一些特殊性的知识的前提推出一个一般性的知识的结论，即从特殊过渡到一般。这种推理对于扩展知识有重要价值
前提与结论联系的性质	演绎推理的结论不超出前提所断定的范围，其前提和结论之间的联系是必然的，一个演绎推理只要前提真实并且推理形式正确，那么，其结论就必然真实	归纳推理（完全归纳推理除外）的结论所断定的知识范围超出了前提所断定的知识范围，其前提和结论之间的联系不是必然的，而只具有或然性，即其前提真而结论假是有可能的

一、归纳概括

归纳概括是指利用不完全归纳推理，来得出一个虽然并非必然但要相对合理的结论。归纳概括一般分为两种情况。

一是简单枚举，即在经验观察基础上所作出的全称概括。在简单枚举法中，样本属性与描述属性具有同质性的概率较低。

简单枚举法推理的主要根据是：所观察到的某类事物的部分对象都具有某种性质，而没有发现相反的情况。

比如，我们每次都发现天下雨前，蚂蚁搬家，没有发现相反的情况（即蚂蚁搬家，天不下雨），于是得出结论，"凡蚂蚁搬家，天要下雨。"每年冬季下了大雪，第二年庄稼就获得丰收，没有发现相反情况（即前一年大雪，第二年不丰收的情况），于是得出结论"瑞雪兆丰年"。这些都是简单枚举归纳推理的具体运用。

为提高枚举归纳推理或统计推理结论的可靠性，要注意考察可能出现的反例。因为在前提中只要发现一个反面事例，结论就会被推翻。

二是科学归纳，即在科学实验或科学分析基础上所作出的全称概括。在科学归纳法中，样本属性与描述属性具有同质性的概率较高。

科学归纳不是对某类事物的部分对象，碰到那个就考察那个，而是按照事物本身的性质和研究的需要，选择一类事物中较为典型的个别对象加以考察；通过这种对部分对象的考察而得出某种一般性的结论时，也不只是根据没有碰到例外相反的情况，而是分析和发现所考察过的某类事物的部分对象何以具有某种性质的客观原因和内在必然性。

两种不完全归纳推理的根据是完全不同的，因而它们所得出结论的性质也是不同的。简单枚举归纳推理所依据的仅仅是没有发现相反的情况，而这一点对于作出一个一般性的结论来说是必要的，但并不是充分的。因为，没有碰到相反的情况，并不能排除这个相反情况存在的可能性。而只要有相反情况的存在，无论暂时碰到与否，其一般性结论就必然是错的。科学归纳推理则不同，它所根据的是对事物何以存在某种性质的必然原因进行科学分析，因而它的结论是比较可靠的。

可见，二者的主要差别是样本属性与描述属性具有同质性的概率不同。比较而言，科学归纳法得出的结论可靠程度要高，但对反例同样没有豁免权。

针对运用归纳推理推出的因果主张，所提出的批判性问题如下：

（批判性问题的英文名为 Critical Question，以下统一简称为"CQ"）

CQ1. 前提是否真实？

CQ2. 前提和结论是否相关？

CQ3. 结论是什么？结论的范围是否受到适当限制？

CQ4：有没有发现反例？

CQ5：所举的例子的数量是否足够大？或样本容量是否足够大？

CQ6：所举的例子是否多样化？样本的个体之间差异是否足够大？

CQ7：所举的例子或样本是否具有代表性？观察到的事物和属性有什么关系？

❶ 有不少医疗或科研机构号称能够通过基因测试疾病。某官方调查机构向 4 家不同的基因测试公司递送了 5 个人的 DNA 样本。对于同一受检者患前列腺癌的风险，一家公

司称他的风险高于平均水平，另一家公司则称他的风险低于平均水平，其他两家公司都说他的风险处于平均水平。其中一家公司告知另外一位装有心脏起搏器的受检者，他患心脏病的概率很低。

如果以上陈述为真，引申出下面哪一个结论最为合理？

A. 4 家公司的检测结论不相吻合，或与真实情况不符。

B. 基因检测技术还很不成熟，不宜过早投入市场运作。

C. 这些公司把不成熟的技术投入市场运作，涉嫌商业欺诈。

D. 检测结果迥异，是因为每家公司所使用的分析方法不同。

E. 不同的基因测试公司技术和管理水平等方面差别很大。

[解题分析] 正确答案：B

根据同样的样本，4 家不同的基因测试公司得出的测试结果差异极大，从中可合理地引申和概括出，基因检测技术还很不成熟。因此，B 项为正确答案。

其余选项作为结论都不合适。比如，A 项只是重复了题干信息，不是引申和概括出的结论。C 项是过度推论，超出了题干范围。D、E 项对题干中谈到的现象给出了题干中没有涉及的解释，超出题干证据的范围。

❷ 当一个国家出现通货膨胀或经济过热时，政府常常采取收紧银根、提高利率、提高贴现率等紧缩的货币政策进行调控。但是，1990 年日本政府为打压过高的股市和房地产泡沫，持续提高贴现率，最后造成通货紧缩，导致日本经济十几年停滞不前。1995 年至 1996 年，泰国中央银行为抑制资产价格泡沫，不断收缩银根，持续提高利率，抑制了投资和消费，导致了经济大衰退。由此可见：

以下哪项陈述最适合作为上述论证的结论？

A. 提高银行存款利率可以抑制通货膨胀。

B. 紧缩的货币政策有可能导致经济滑坡。

C. 经济的发展是有周期的。

D. 使用货币政策可以控制经济的发展。

E. 政府应尽量避免采用紧缩的货币政策进行调控。

[解题分析] 正确答案：B

题干陈述了日本和泰国通过持续提高贴现率、收缩银根、持续提高利率等紧缩的货币政策导致了经济衰退的例子，从中可合理地概括出结论：紧缩的货币政策有可能导致经济滑坡。因此，B 项为正确答案。

其余选项不合适，比如，A 项是说这种政策的积极方面；C 项与题干的陈述不连续；D、E 项都是过于宽泛的断言。

二、轻率概括

简单枚举归纳法虽然有着自己的独特作用，但是，它的前提和结论之间的逻辑联系具有或然性，所得出的结论不是很可靠。在运用这种方法时，要防止犯轻率概括（或以偏概全）的逻辑错误。

所谓轻率概括是指在运用简单枚举归纳法时，在没有积累足以进行概括的材料的情况下，只根据少数的、粗略的事实，就草率地推出普遍性的结论，这样的结论往往是不可靠的。这类谬误的实质是严重忽视了与样本属性相反的事例存在，常见的表现形式有特例概括、样本太少、机械概括和以偏概全，其共同特征是以不具有代表性的样本为根据，概括出一类对象的总体都具有某种属性的结论。

❶ 某公司老板大胖说："在我认识的人中绝大多数都买得起住房，所以中国的住房价格实际并不高。"

以下哪项最能反驳上述看法？

A. 大胖买不起第二套。

B. 公司职员小王认识的人中有不少人买不起。

C. 加快经济适用房建设可使住房价回落。

D. 大胖认识的大多数是国企高管和公司老板。

E. 大胖认识的大多数是男人。

［解题分析］正确答案：D

如果 D 项为真，即大胖认识的大多数是国企高管和公司老板，说明大胖认识的人在社会购买力上不具有代表性，显然削弱了大胖的看法。

❷ 王教授说："我的学生交给我的论文有不少错别字，很多句子不通顺，所以现在大学生的语言水平比较差。"

以下哪项最能削弱王教授的论证？

A. 没有证据表明王教授的学生能够代表一般学生。

B. 没有考虑到论文中有不少句子是通顺的。

C. 有些错别字实际不是错别字，是王教授自己看错了。

D. 大学生的语言水平比较差的原因是中学教学的问题。

E. 大学生的综合素质比较高。

［解题分析］正确答案：A

王教授的论证犯了以偏概全的错误。若"王教授的学生不能够代表一般学生"，则王教授的说法就不正确。因此，A 为正确答案。

第二节　统计推理

统计推理也叫统计推断，是从总体中抽取部分样本，通过对抽取部分所得到的带有随机性的数据进行合理分析，进而对总体作出合理的判断，它是伴随着一定概率的推测。

统计推理属于不完全归纳推理，其结论所断定的范围超出了前提所断定的范围，前提与结论之间的联系不是必然的，因而，它的结论是或然的，其推理的可靠性需要进行必要的评估。评估统计推理的批判性问题有：

CQ1. 明确结论问题：结论是什么？

CQ2. 数据意义问题：统计数据有何含义？

CQ3. 数据可信度问题：统计数据从何而来？

CQ4. 样本代表性问题：样本是否能真正代表总体？

CQ5. 反案例问题：有无不具有原样本属性的其他样本？

CQ6. 数据应用问题：统计数据应用是否合理？

一、统计概括

统计概括指的是针对统计推理而概括出结论。由于统计推理是从样本过渡到总体的推理，即由样本具有某种属性的单位频率或百分比推出总体具有某种属性的概率或可能性的推理，因此，在进行统计推理和概括时，要尽量做到抽样要科学、数据应用要合理、概括出的结论要恰当。

以偏概全属于统计推理中的轻率概括，是根据部分具有的属性概括了整体的属性而导致的谬误，是由于忽视样本属性的异质性，或者根据有偏颇的样本所作出的概括。如果题干的推理出现了这种逻辑错误，削弱该统计论证的主要方式就是拿出理由，指出样本是特殊的，不具有代表性。

❶ 目前的大学生普遍缺乏中国传统文化的学习和积累。根据教育部有关部门及部分高等院校最近做的一次调查表明，大学生中喜欢和比较喜欢京剧艺术的只占到被调查人数的 14%。

下列陈述中的哪一个最能削弱上述观点？

A. 由于缺少对大学生在京剧艺术欣赏方面的指导，他们不懂得怎样去欣赏。

B. 喜欢京剧艺术与学习中国传统文化不是一回事，不要以偏概全。

C. 14% 的比例正说明培养大学生对传统文化的学习大有潜力可挖。

D. 有一些大学生既喜欢京剧，又对中国传统文化的其他方面有兴趣。

E. 调查的比例太小，恐怕不能反映当代大学生的真实情况。

[解题分析] 正确答案：B

题干观点是：大学生普遍缺乏中国传统文化的学习和积累。

理由是：大学生中喜欢和比较喜欢京剧艺术的只占到被调查人数的 14%。

B 项指出了"京剧艺术"与"中国传统文化"的区别，说明不能以不喜欢京剧之"偏"概对中国传统文化之"全"，有力地削弱了题干观点。

❷ 一份犯罪调研报告提示，某市近三年来的严重刑事犯罪案件 60% 皆为已记录在案的 350 名惯犯所为。报告同时揭示，半数以上的严重刑事犯罪案件的作案者同时是吸毒者。

如果上述断定都是真的，并且同时考虑到事实上一个惯犯可能作案多起，那么，下述哪项断定一定是真的？

A. 350 名惯犯中可能没有吸毒者。

B. 350 名惯犯中一定有吸毒者。

C. 350 名惯犯中大多数是吸毒者。

D. 吸毒者中大多数在 350 名惯犯中。

E. 吸毒是造成严重刑事犯罪的主要原因。

[解题分析] 正确答案：A

由于一名惯犯可以做多起严重刑事犯罪案，因此完全存在这种可能性：虽然惯犯作案的数量占了严重刑事犯罪案件的 60%，但人数只占严重刑事犯罪案件作案者中很小的比例。这样，虽然严重刑事犯罪案件的作案者半数以上同时是吸毒者，但 350 名惯犯中完全可能没有吸毒者。

不能凭借经验和常识认为"惯犯中一定有吸毒者"和"吸毒是造成严重刑事犯罪的主要原因"。既然 A 选项为真，则选项 B、C、D 不一定为真。选项 E 和题干之间缺乏推断关系。

❸ 某国对吸烟情况进行了调查，结果表明，最近三年来，中学生吸烟人数在逐年下降。于是，调查组得出结论：吸烟的青少年人数在逐年减少。

下述哪项如果为真，则调查组的结论受到怀疑？

A. 由于经费紧张，下一年不再对中学生作此调查。

B. 国际上的香烟进入国内市场，香烟的价格在下降。

C. 许多吸烟的青少年不是中学生。

D. 近三年来，反对吸烟的中学生在增加。

E. 近三年来，帮助吸烟者的戒烟协会在增加。

[解题分析] 正确答案：C

题干结论是：吸烟的青少年人数在逐年减少。理由是：中学生吸烟人数在逐年下降。

选项 C 指出，许多吸烟的青少年不是中学生。这就意味着，不能用对中学生的调查数据得出对整个青少年群体的结论，有力地削弱了题干观点。

其他选项明显不适合作为答案。

❹ 我国多数企业完全缺乏"专利意识"，不懂得通过专利来保护自己的合法利益。国家专利局最近对 500 家大中型企业专利工作的一次调查的结果表明，在科研或新产品规划时制订了专利计划的仅有 26%。

以下哪项如果为真，最能削弱上述论证？

A. 在被调查的 500 家企业以外，有一部分企业也制订了专利计划。

B. 一些企业不知道应当怎样制订专利计划。

C. 有不少企业申请了很多专利，但并没有制订专利计划。

D. "专利意识"的培养是长期的任务。

E. 制订了专利计划的企业不一定就牢固地树立了"专利意识"。

[解题分析] 正确答案：C

题干结论：多数企业完全缺乏专利意识。理由是：制订了专利计划的企业少。

要削弱这个推理，就要说明这两者之间是有差异的，即没有制订专利计划并不等于缺乏专利意识，没有制订专利计划也可以照样申请专利。因此，C 项最能削弱题干论证。

❺ 许多消费者并没有充分利用他们所购买的运动器材。据调查，美国有 17% 的成年人都有跑鞋，但其中只有 45% 的人一年跑一次以上，17% 的人一周跑一次以上。

下述哪项如果为真，则最能构成对于以上结论的质疑？

A. 跑步者在刚开始跑步的 6 个月里，很容易造成运动拉伤。

B. 在有关的调查中，跑步者经常夸大跑步的次数。

C. 许多消费者买跑鞋是为参加其他活动，而不是跑步。

D. 喜欢跑步的消费者通常买运动鞋，因为这可提高成绩。

E. 每周坚持跑步一次以上的人，往往是其他运动的积极分子。

[解题分析] 正确答案：C

只有"17％的人一周跑一次以上"，跑鞋用来跑步的频率确实不高。但要得到"许多消费者并没有充分利用他们所购买的运动器材"，就得保证跑鞋买回来就是为了跑步的。

选项 C"许多消费者买跑鞋是为参加其他活动，而不是跑步"正好反驳了这一点，从而质疑了题干的结论。

二、数据应用

统计数据主要是指统计工作活动过程中所取得的反映经济和社会现象的数字资料。统计数据包括平均数、百分比、相对数量与绝对数量、概率及其他样本数据。

在考察统计论证或运用统计数据推出结论时，应注意以下几个问题。

一是说话人或作者是从何种途径知道这些统计数据的？

二是说话人或作者是如何使用统计数据的？说话人或作者运用统计数据是如何得出结论的？

三是说话人或作者运用统计数据得出的结论是否恰当？有没有对统计数据作出引申，引申的适当程度如何？

数据应用就是对数据进行分析、处理，从中获取有价值的信息。在应用统计数据的过程中，如果忽视统计数据的平均意义、相对性、交叉性、相关性和可比性等将会导致数据误用谬误。一旦在所使用的统计数据方面产生谬误，就会动摇论证的基础。

（一）平均数

平均数谬误是误用平均数，即将平均数的性质机械地分配给总体中的个体，从而基于平均数假象而引申出一般性结论的谬误。"平均数"有三种不同含义：算术平均数、众数和中位数。其中，算术平均数的谬误是最常见的平均数谬误，是指不恰当地使用算术平均数，以算术平均数的假象为根据引申出一般结论的错误论证。算术平均数的特点是拉长补短、以大补小，以最终求得的结果代表对象总体的某种一般水平。算术平均数掩盖了实际上的不平均，通过算术平均数设计的数字陷阱主要是利用了算术平均数的这一特点。

❶ 某人在所在企业破产后，打定主意要重新找一份工资较高的工作，一天他看到一则招聘广告："本公司现有员工 19 名，现诚聘 1 名技术工人。本公司人均月薪 3 200 元以上。"于是，他高兴地去应聘，并很幸运地被录取了，但他第一个月拿到的正常月薪只有 500 元。他说该公司的招聘广告说谎，但该广告确实没有说谎。

增加以下哪一点最能解释上述事实？

A. 这家公司本月效益不太好。

B. 他的工作小有瑕疵。

C. 他与公司经理关系不太好。

D. 该公司的平均工资是这样计算出来的：经理月薪 25 000 元，经理女秘书月薪 15 000 元，两名中层主管月薪 10 000 元，其他员工月薪 500 元。

E. 该公司是一家高技术公司。

［解题分析］正确答案：D

招聘广告在玩弄平均数。D 项能够解释题干所述的事实，为正确答案。

注意题干中"正常月薪"几个字，选项 A、B、C 会与它相抵触；选项 E 与题干所问不相干。

❷ 东升商城公关部员工的平均工资是营业部员工的 2 倍，因此，公关部员工比营业部员工普遍有较高的收入。

以下哪项如果是真的，将最能削弱上述论证？

A. 公关部员工的人均周实际工作时数要超过营业部员工的 50％。

B. 按可比因素计算，公关部员工为商城创造的人均价值是营业部员工的近 10 倍。

C. 公关部员工中最高工资与最低工资间的差别要远大于营业部员工。

D. 公关部员工的人数只是营业部员工的 10％。

E. 公关部员工中有 20％享受商城的特殊津贴，营业部员工中则有 25％享受此种津贴。

［解题分析］正确答案：C

公关部员工的平均工资是营业部员工的 2 倍，能不能得出，公关部员工比营业部员工普遍有较高的收入呢？一种极端的情况是公关部有几个员工工资特别高，剩下的员工的工资普遍比营业部绝大部分员工的工资还低，但是平均下来，公关部员工的平均工资还是营业部员工的 2 倍，这是可能的。因此，C 项严重地削弱了题干论证。

（二）数据相对性

数据的相对性主要指的是百分比、基数与绝对量三者的相对关系。使用百分比的优点是，可以使人们了解某一类对象在全体对象中所占的比例，统计结果简单明了，一目了然。使用百分比的缺点是，无法反映一种非常重要的信息，即得出百分比所依据的绝对数字。百分比高不意味着绝对量大，还要看基数。忽视三者的相对变化而导致对数据的滥用，在论证中也是常见的现象。

1. 百分比陷阱

百分比只是一个相对数字，它不能反映对象的绝对总量。如果在统计推理中遇到百分比，我们务必要问问自己，是否需要知道这些相对数字所依据的绝对总量。

批判性思维问题：

CQ1. 该百分比所依据的基础数据是什么？

CQ2. 百分比所表示的绝对总量是多大？

使用百分比的陷阱有：

（1）使用小的分母（小的基数）加大百分比，可使人们相信夸大了的事实。

（2）使用大的分母（基数）缩小百分比，可以使人相信某种现象并不重要或不值得重视，没有必要大惊小怪。

（3）在不该使用百分比的情况下使用百分比，对不同的百分数进行错误的比较，从而误导对方。

2. 绝对数陷阱

绝对数难以反映对象的相对变化，一般来讲，绝对数与相对比例相结合才能有效地说明问题，而仅仅用绝对数与相对比例往往容易误导受众。

❶ 统计表明，飞机事故大多都发生在国内航班中，所以国际航班比国内航班更安全。

以下哪项最能反驳上述论证？

A. 国际航班和国内航班使用的飞机种类基本一样。

B. 国际航班和国内航班的安全检查使用同样的标准。

C. 国内航班远远多于国际航班。

D. 国内航班飞机事故的绝对数量也是非常少的。

E. 国际航班也会有飞机事故发生。

[解题分析]　正确答案：C

要比较国际航班与国内航班的安全性，不能用事故绝对数来比较，而要比较事故率。

若C项为真，即国内航班远远多于国际航班，那么国内航班的事故率可能会低于国际航班的事故率，也即国内航班可能比国际航班更安全，这就有力地反驳了题干的论证。

❷ 经过对最近十年统计资料的分析，我们发现，某省因肺结核死亡的人数比例比起全国的平均值要高两倍。而在历史上该省并不是肺结核的高发地区。看来，该省最近这十年的肺结核防治水平降低了。

如果以下哪项为真，最能削弱上述论断？

A. 该省十年前的人口数量只是现在的五分之一。

B. 该省的气候适合肺结核病疗养，很多肺结核患者在此地走过最后一段人生之路。

C. 该省最近几年建设的步子迈得很大，到处都在修路盖楼。

D. 该省的人均病床数量仅达到全国的平均水平。

E. 该省盛产椰子，椰子的产量比起十年前翻了一番。

[解题分析]　正确答案：B

题干根据近十年来某省患肺结核死亡人数比例增高，得出结论：该省对肺结核的防治水平降低了。

B项表明，该省因患肺结核死亡的人数中，很大数量是到该省来疗养的外来肺结核患者。这说明，该省患肺结核死亡人数比例增高是另有别的原因，这就严重地削弱了题干的论断。

其余各项均不能削弱题干的论断。比如，A项讲的是该省现在人口多了，但题干讲的是因肺结核死亡的人数比例，是个相对比例，所以A项对题干起不到削弱作用。

❸ 广告：中国最好的橘子产于浙江黄岩。在橘子汁饮料的配方中，浙江黄岩蜜桔的含量越高，则配制的橘子汁的质量越好。可口笑公司购买的浙江黄岩蜜桔最多，因此，有理由相信，如果你购买了可口笑公司的橘子汁，你就买到了中国配制最好的橘子汁。

以下哪项如果为真，最能削弱上述广告中的结论？

A. 可口笑公司生产的橘子汁饮料比其他公司多得多，销路也不错。

B. 许多没有配制的橘子汁比配制的橘子汁饮料要好，当然，价格也贵些。

C. 可口笑公司制造橘子汁的设备与众不同，是1992年从德国进口的。

D. 可口笑公司的橘子汁饮料的价格高于大多数竞争对手。

E. 有些生产厂家根本不用浙江黄岩蜜桔作原料，而是用价格较低的橘子。

[解题分析]　正确答案：A

题干根据"中国最好的橘子产于黄岩。在橘子汁饮料的配方中，浙江黄岩蜜桔的含量越高，则配制的橘子汁的质量越好。可口笑公司购买的黄岩蜜桔最多"，得出结论：可口笑公司的橘子汁是最好的。

若 A 项为真，由于可口笑公司橘子汁饮料的总产量比其他公司高得多，即使它购买的浙江黄岩蜜桔最多，在单位橘子汁饮料中，浙江黄岩蜜桔的含量也不一定高，甚至有可能更低。因此，可以明显地削弱广告中的结论。

其余选项均起不到削弱作用。选项 B 没有直接削弱广告中的结论，注意题干比较的是"配制的"橘子汁饮料，没有和"没有配制的橘子汁"比较。选项 C 对题干有加强作用。选项 D 谈的是价格，而广告宣传的是质量。选项 E 与题干没有多大关系。

（三）数据交叉性

数据的交叉性也是常见的数字陷阱，运用统计推理时，需要注意的是统计数据所描述的不同对象的概念外延是否具有重合的可能性，即数据中是否有相容的计算值。

❶ 由甲、乙双方协议共同承建的某项建筑尚未完工就发生倒塌事故。在对事故原因的民意调查中，70% 的人认为是使用了伪劣的建筑材料；30% 的人认为是违章操作；25% 的人认为原因不清，需要深入调查。

以下哪项最能合理地解释上述看来包含矛盾的陈述？

A. 被调查的有 125 人。

B. 有的被调查者后来改变了自己的观点。

C. 有的被调查者认为事故的发生既有建筑材料伪劣的原因，也有违章操作的原因。

D. 很多认为原因不清的被调查者实际上有自己倾向性的判断，但是不愿意透漏。

E. 调查的操作出现技术性差错。

[解题分析] 正确答案：C

题干的矛盾在于对事故原因的调查中，认为建筑材料伪劣、违章操作、原因不清的人所占的比例之和超过了 100%。

选项 C 认为，有的被调查者认为事故的发生既有建筑材料伪劣的原因，也有违章操作的原因，说明以上百分比存在交叉性，显然能合理地解释题干矛盾。

其余选项不能合理地解释题干矛盾。

❷ 海洋学院的所有学生被要求表明自己的政治立场是保守派、自由派还是中间派，其中有 25% 的学生认为自己是保守派，24% 的学生认为自己是自由派，51% 的学生认为自己是中间派。然而，当被问到对某个具体问题的看法时，有 77% 的学生赞同被广泛认为是自由派的主张。

如果上述所有陈述为真，那么以下哪项也必然是真的？

A. 所有认为自己是自由派的学生都赞同在这个问题上被广泛认为是自由派的主张。

B. 反对在这个问题上被广泛认为是自由派的主张的人中，认为自己是中间派的多于认为自己是自由派。

C. 大多数认为自己是中间派的学生反对在这个问题上被广泛认为是自由派的主张。

D. 有些认为自己是保守派的学生也赞同在这个问题上被广泛认为是自由派的主张。

E. 有些认为自己是自由派的学生也赞同在这个问题上被广泛认为是保守派的主张。

[解题分析] 正确答案：D

认为自己是自由派和认为自己是中间派的学生的比例 51% 与 24% 之和仍不足 77%，这说明至少有些保守派的学生赞同被广泛认为是自由派的主张。因此 D 项正确。

其余选项都不能必然被推出，比如 A 项，自由派未必赞同广泛认为是自由派的主张，甚至有可能保守派和中间派都赞同该主张，而自由派只有少数赞同。

（四）数据相关性

数据相关性是指应用统计数据推出结论时，数据必须与结论相关。

当我们依靠统计数据来解释或者确认一种因果关系时，必须考虑前提所选取的样本属性与结论所描述的总体属性是否相关。如果把不相关的统计数据误认为密切相关而作出错误的统计论证，就会产生数据与结论不相关的谬误。

典型的数据与结论不相关的谬误是对概率的误解。概率，又称或然率、机会率，是表示随机事件发生可能性大小的量，是事件本身所固有的不随人的主观意愿而改变的一种属性。如果一件事情发生的概率是 $1/n$，不是指 n 次事件里必有一次发生该事件，而是指此事件发生的频率接近于 $1/n$ 这个数值。

1. 条件概率谬误

条件概率是指事件 A 在另外一个事件 B 已经发生条件下的发生概率。条件概率表示为 P（A｜B），读作"在 B 条件下 A 的概率"。

条件概率的谬论是假设 P（A｜B）大致等于 P（B｜A）。

2. 赌徒谬误

赌徒谬误往往是根据一个事件在最近的过去不如期望的那样经常出现，推断最近的将来它出现的概率将会增加的统计推理谬误。

❶ 根据概率论，抛出一枚均匀的硬币，其正面朝上和反面朝上的概率几乎相等。我与人打赌，若抛出硬币正面朝上，我赢；若反面朝上，我输。我抛出硬币 6 次，结果都是反面朝上，已经连输 6 次。因此，我后面的几次抛出肯定是正面朝上，一定会赢回来。

下面哪一个选项是对"我"的推理的恰当评价？

A. 有道理，因为上帝是公平的，机会是均等的，他不会总倒霉。

B. 没道理。因为每一次抛出都是独立事件，与前面的结果没有关系。

C. 后面几次抛出果然大多正面朝上，这表明概率论是正确的。

D. 这只是他个人的信念，无法进行理性的或逻辑的评价。

E. 有道理，最终会接近 1：1 的比例，所以抛出 6 次，一定都朝上。

[解题分析] 正确答案：B

本题考查的是对概率问题的正确理解，题干中的"我"实际上犯了"赌徒谬误"，这是误用大数定律所产生的一种谬误。当试验的次数足够多时，随机事件发生的频率与它们的概率可以无限接近。然而，就某一次随机事件而言，它都是独立的，上一次发生的事件既不会增加也不会减少下一次事件发生的可能性。B 项是对题干推理的恰当评价。

❷ 我国的戏剧工作者中，只有很小的比例在全国 30 多个艺术家协会中任职。这说明，在我国的艺术家协会中，戏剧艺术方面缺少应有的代表性。

以下哪项是对上述论证最恰当的评价？

A. 上述论证是成立的。

B. 上述论证不能成立，因为它没有提供准确的比例数字。

C. 上述论证缺乏说服力，因为一个戏剧工作者在艺术家协会中任职，并不意味着他

（她）就一定在其中有效地体现戏剧艺术的代表性。

D. 上述论证有漏洞，因为我国的戏剧工作者中，只有很小的比例在全国 30 多个艺术家协会中任职，并不意味着在我国艺术家协会中戏剧工作者只占很小的比例。

E. 上述论证有漏洞，因为我国的戏剧工作者中，只有很小的比例在全国艺术家协会中任职，并不意味着其他艺术种类的工作者中有较高的比例在我国艺术家协会中任职。

[解题分析] 正确答案：D

体现戏剧艺术在艺术家协会中的代表性，依据应该是"在艺术家协会中任职的戏剧工作者的比例"，而不应该是"戏剧工作者中有多少比例在全国艺术家协会中任职"。

可见，根据我国戏剧工作者中只有很小的比例在全国艺术家协会中任职，得不出结论：在我国的艺术家协会中，戏剧艺术方面缺少应有的代表性。D 项恰当地指出了题干论证中的这一漏洞。

其余选项不妥，比如，E 项对题干的论证所做的评价显然不得要领。

❸ 一种为机场安全而设计的扫描仪在遇到行李中藏有易爆品时会发出警报，扫描仪把没有易爆品的行李误认为是易爆品的可能性只有百分之一。因此，在一百次报警中有九十九次会发现易爆品。

上述论证的推理是错误的，因为：

A. 忽略了在有爆炸品存在的情况下误报为无爆炸品的可能性。

B. 基于一个可能存有偏倚的事例概括出一个关于可靠性的普遍的结论。

C. 忽略了扫描仪在检验易爆品时操作员可能发生的人为错误。

D. 没有说明该扫描仪是否对所有易爆品都同样敏感。

E. 在讨论百分比时替换了一组数据的概念。

[解题分析] 正确答案：E

从"把没有易爆品误报为有易爆品的可能性只有百分之一"中推不出"在一百次报警中有九十九次会发现易爆品"。

"把没有易爆品误报为有易爆品的可能性只有百分之一"的意思是，若连续检验 10 000 件没有易爆品的行李，扫描仪可能会发出 100 次报警，而这 100 次警报可能都是假的。

而"一百次报警中有九十九次会发现易爆品"的情况属于"把有易爆品的行李误认为没有易爆品的可能性只有百分之一"。

可见，题干将"把没有易爆品误报为有易爆品的可能性只有百分之一"误解为"把有易爆品的行李误认为没有易爆品的可能性只有百分之一"，因此，E 项为正确答案。

（五）数据可比性

数据的可比性是数据能够起到证据作用的必要条件。比较要有供比较的对象，也要有比较的共同基础。在统计推理或统计论证中，如果忽略总体性质的差异对两个统计数据进行比较，并试图在此基础上得出某一结论，这就犯了数据不可比的错误。

（1）两个样本有实质性差别。

（2）统计对象和样本有实质差别。

（3）洞察概念的不同解释对得出结论的关键影响。

数据不可比的谬误主要是指不设定比较的根据或基础。比如不设定供比较的对象，表面上在进行比较，实际上根本没有比较。比如削弱统计论证常用的方式是通过指出比较的根据或基础不正确，来说明某一组数据不能说明问题或两组数据不可比。

❶ 统计表明，大多数医疗事故出在大医院，因此去小医院看病比较安全。

以下哪项最能反驳上述论证？

A. 医疗事故的发生和医生的素质有关。

B. 大多数医疗事故是重症病人，大多数重症病人去大医院。

C. 不同的病应该去不同的医院。

D. 大医院的数量要比小医院少。

E. 医疗事故的鉴定，大医院和小医院是不同的。

[解题分析] 正确答案：B

这则统计论证的结论是，去小医院看病比较安全。

理由是，大多数医疗事故出在大医院。

这个结论是建立在将两个具有不同内容的数字进行不恰当比较的基础上的。要削弱这则论证，就要指出样本（质）不同。B项断定，去大院就诊的病人的病情，通常比去小医院的病人的病情重，因此，显然不能根据大医院的医疗事故多，就得出去大医院看病不安全的结论。这就有力地驳斥了题干的论证。

❷ 美国的枪支暴力惨案再度引发了枪支管控的讨论。反对枪支管控者称，20世纪80年代美国枪支暴力案飙升，1986年有些州通过法律手段实施严格的枪支管控，但实施严格枪支管控的这些州的平均暴力犯罪率却是其他州平均暴力犯罪率的1.5倍。可见，严格的枪支管控无助于减少暴力犯罪。

如果以下陈述为真，哪一项最强地削弱了以上论证？

A. 自1986年以来，美国拥有枪支家庭的比例显著下降。

B. 自1986年以来，实施严格枪支管控的这些州的年度暴力犯罪数持续下降。

C. 在那些实施严格枪支管控法律的州，很少有人触犯该项法律。

D. 犯罪学家对比了各种调查结果，并未发现私人拥有枪支的数量与枪支暴力犯罪有明显的相关性。

E. 实施严格的枪支管控使获得枪支比过去困难很多。

[解题分析] 正确答案：B

题干结论认为严格的枪支管控无助于减少暴力犯罪；理由是，实施枪支管控的州的犯罪率比其他州高。

上述理由是靠不住的，因为，枪支管控的效果不应该是与其他州的比较，而应该是比较枪支管控前后同一州的暴力犯罪率。B项表明，实施严格枪支管控的这些州的年度暴力犯罪数持续下降，则说明严格的枪支管控有助于减少暴力犯罪。

A、E项与题干论证无关；C项似乎能削弱题干结论，但削弱程度显然不如B项；D项是支持题干结论的。

（六）独立数据

独立数据是脱离比较基础的数据，具体是没有设定供比较的对象，没有设定比较的根据或基础，其在论证中的证据效力是不能令人信服的。

例如，媒体报道，严查酒后驾车以来，全国已经查处两千多起酒后驾车。一个数据让人深思，在这被查出的两千多名酒后驾车者中，百分之六十拥有高学历。这说明高学历者更容易酒后驾车。

分析：该论证所列的统计数据就是独立数据，对于证明高学历者更容易酒后驾车来说是悬而未决的。若使所列的数据成为有说服力的证据，就必须与相关的数据进行比较。如果有车者的高学历者居多，上述结论就不能成立。

❶ 一份综合调查报告显示，明年将参加高考的女生中，只有 4% 表示可以考虑报考女子大学。因此，现存的女子大学要想办下去，必须考虑改为男女同校。

以下哪项如果为真，则将最严重地削弱上述论证？

A. 女子大学的毕业生在医疗、会计、文秘领域更受用人单位欢迎。

B. 大约 60% 的接受调查的女生表示，她们并不反对办女子大学。

C. 女子大学近年来的招生人数有下降趋势，生源质量也不太理想。

D. 应届高中毕业生中近年来报考大学的人数有逐步上升的趋势。

E. 现有的女子大学每年招生数仅占全国招收女大学生总量的 2%。

[解题分析] 正确答案：E

如果 E 项的断定为真，则说明，虽然明年考虑报考女子大学的考生占女考生的比例很低，但是，由于女子大学每年招生数占全国招收女大学生总量的比例更低，因此，女子大学的生源并不存在问题。这就严重削弱了题干的论证。其余各项均不能削弱题干。

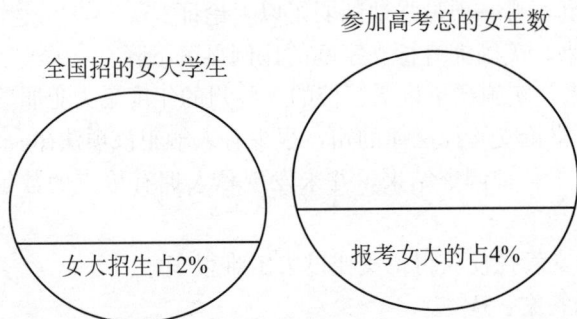

全国招的女大学生 —— 女大招生占2%
参加高考总的女生数 —— 报考女大的占4%

❷ 据国际卫生与保健组织 1999 年年会"通讯与健康"公布的调查报告显示，68% 的脑癌患者都有经常使用移动电话的历史。这充分说明，经常使用移动电话将会极大地增加一个人患脑癌的可能性。

以下哪项如果为真，将最严重地削弱上述结论？

A. 进入 20 世纪 80 年代以来，使用移动电话者的比例有惊人的增长。

B. 有经常使用移动电话历史的人在 1990—1999 年超过世界总人口的 65%。

C. 在 1999 年全世界经常使用移动电话的人数比 1998 年增加了 68%。

D. 使用普通电话与移动电话通话者同样有导致脑癌的危险。

E. 没有使用过移动电话的人数在 20 世纪 90 年代超过世界总人口的 50％。

[解题分析] 正确答案：B

在统计论证中，脱离比较基础的独立数据，在论证中的证据效力是不能令人信服的。若使所列的数据成为有说服力的证据，就必须与相关的数据进行比较。

比如，如果一份对中国人的调查显示，肺癌患者中 90％以上都是汉族人，由此显然不能得出结论，汉族人更容易患肺癌，因为汉族人本身就占了中国人口的 90％以上。同样的道理，如果 B 项的断定为真，说明在世界总人口中，有经常使用移动电话历史的人所占的比例，已接近在脑癌患者中有经常使用移动电话历史的人所占的比例，这意味着，不能说明"经常使用移动电话"与"患脑癌"二者之间有因果关系存在，严重削弱了题干的结论。

其余各项均不能削弱题干的结论。

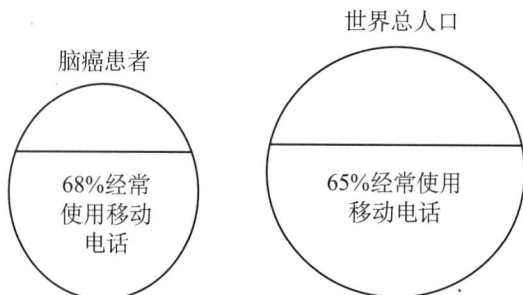

③ 据世界卫生组织 1995 年的调查报告显示，70％的肺癌患者有吸烟史，其中有 80％的人吸烟的历史超过 10 年。这说明吸烟会增加人们患肺癌的危险。

以下哪项最能支持上述论断？

A. 1950 年至 1970 年期间男性吸烟者人数增加较快，女性吸烟者也有增加。

B. 虽然各国对吸烟有害进行大力宣传，但自 50 年代以来，吸烟者所占的比例还是呈明显的逐年上升趋势，到 90 年代，成人吸烟者达到成人数的 50％。

C. 没有吸烟史或戒烟时间超过五年的人数在 1995 年超过了人口总数的 40％。

D. 1995 年未成年吸烟者的人数也在增加，成为一个令人挠头的社会问题。

E. 医学科研工作者已经用动物实验发现了尼古丁的致癌作用，并从事开发预防药物的研究。

[解题分析] 正确答案：B

根据题干 1995 年的调查报告可知，有 10 年吸烟史的肺癌患者占肺癌患者总数的 56％（70％×80％）。如果 B 项为真，说明到 90 年代，有 10 年吸烟史的成人吸烟者少于成人数的 50％，明显小于 56％，说明吸烟会增加人们患肺癌的危险。

注意本题需要比较的是"肺癌患者中有吸烟史的比例"和"普通人群中有吸烟史的比例"这两个数据。选项 C 是干扰项，不能说明问题，该项能说明的是在 1995 年时不吸烟的人数和有吸烟史并已戒烟的人数之和超过了 40％，这只能说明有吸烟史并仍在吸烟的人数少于 60％。由于有吸烟史的人包括"有吸烟史并仍在吸烟的人"和"有吸烟史并已戒烟的人"两部分，因此，该项不能说明有吸烟史的人数是多少，也许少于 70％，也许多于 70％，故没法和"70％的肺癌患者有吸烟史"进行比较，所以，该项对题干论证起不到作用。

其余选项均不妥。其中，A 项只说吸烟者人数增加快，没有讲占成人总数的比例，难以成为有力的论据。D 项只是揭示了一个令人挠头的社会问题，但与题干的结论无关，而且应该注意到吸烟者比例越高，越不能支持题干的论点。E 项没有建立在题干统计推断的基础上，不能有效地支持题干。

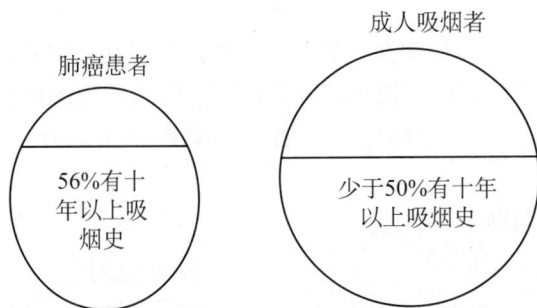

肺癌患者　　　　　　　　　成人吸烟者

56%有十年以上吸烟史　　　　少于50%有十年以上吸烟史

❹ 一项对某高校教员的健康普查表明，80%的胃溃疡患者都有夜间工作的习惯。因此，夜间工作易造成的自主神经功能紊乱是诱发胃溃疡的重要原因。

以下哪项如果是真的，将严重削弱上述论证？

A. 医学研究尚不能揭示消化系统的疾病和神经系统的内在联系。

B. 该校的胃溃疡患者主要集中在中老年教师中。

C. 该校的胃溃疡患者近年来有上升的趋势。

D. 该校教员中只有近五分之一的教员没有夜间工作的习惯。

E. 该校胃溃疡患者中近 60% 患有不同程度的失眠症。

[解题分析] 正确答案：D

在统计论证中，脱离比较基础的独立数据，在论证中的证据效力是不能令人信服的。若使所列的数据成为有说服力的证据，就必须与相关的数据进行比较。

选项 D 讲 "该校教员中只有近五分之一的教员没有夜间工作的习惯"，即，该校教员中 80% 以上都有夜间工作的习惯，这个比例已经大于或者等于胃溃疡患者有夜间工作习惯的比例，也就是说，是否患胃溃疡与有否夜间工作的习惯无关。

A 项所述的尚不能揭示，并不等于没有内在的联系，削弱力度不足。

E 项胃溃疡患者一半多失眠，而失眠有可能造成自主神经功能紊乱，这对题干有所支持。

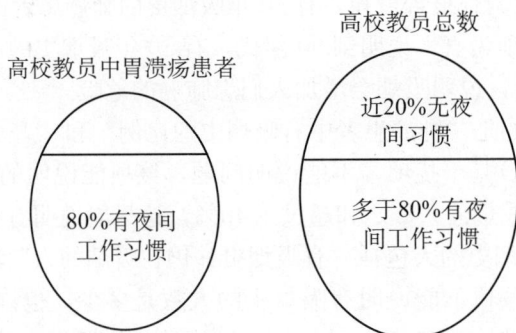

高校教员总数

高校教员中胃溃疡患者

近20%无夜间习惯

80%有夜间工作习惯　　　　多于80%有夜间工作习惯

第三节　因果推理

因果联系是指原因和结果之间的联系。如果一个现象的出现必然引起另一个现象的出现，那么，这两个现象之间就有着因果联系。引起另一现象出现的现象叫原因，被引起的现象叫结果。

例如，加热和物体体积膨胀是两个互相联系的现象，只要加热就会引起物体体积的膨胀。在这里，加热是物体体积膨胀的原因，而物体体积膨胀则是加热的结果。

一、因果分析

因果联系是世界万物之间普遍联系的一个方面，科学研究的一个重要任务就是要把握事物之间的因果联系，以便掌握事物发生、发展的规律。

因果关系的主要特点有：

一是普遍必然性。指任何现象都有其因，也有其果，且同因（是指所有的原因）必同果，但同果却不一定同因；因果联系是完全确定的。在同样的条件下，同样的原因必然产生同样的结果。例如，在通常的大气压力条件下，把纯水加热至摄氏一百度，它就必然会产生汽化的结果。

二是共存性。指原因和结果总是共同变化的，原因和结果之间在时空上总是相互接近的。

由于原因和结果具有共存性，在很多情况下，二者同时存在，我们并不知道何者是在先发生的，此时就容易发生"倒因为果"的错误，误把结果当成原因。古代希伯来人发现，健康人身上有虱子，有病发烧的人身上没有虱子，于是认为虱子能使人健康。其实真正的原因是一个人发烧时，虱子会觉得不舒服，于是逃离人体。

三是先后性。即所谓的先因后果，原因和结果在时间上是先后相继的，原因总在结果之前，而结果总是在原因之后。因此，我们在探求因果联系时，只能从先行的情况中去找原因，从后行的情况中去找结果。

因果关系往往具有先后性，但是具有先后性不一定具有因果关系。如果只是根据时间上前后相继的两个现象之间的表面特征就断定两个现象之间有因果联系的结论，那么，就犯了"以时间先后为因果"的错误，这属于一种"轻断因果"的错误。

例如，白昼和黑夜，在时间上虽是先后相继的，但它们之间并不具有因果联系，它们都是由于地球自转和绕太阳旋转所引起的结果。

四是复杂多样性。指因果联系是多种多样的，固然有"一因一果"，但更多的时候是"多因一果"，有时出现"一因多果"，有时还会出现"多因多果"。人们在探求因果联系时，特别应当注意复杂现象的构成原因或结果。

现实生活中发生的每一个因果关系都是具体的，都是特定的原因引起了特定的结果。也许只有在实验室条件下（在实验室中可以严格限定条件），原因和结果的关系才是确定不变的：相同的原因必然引起相同的结果，不同的原因引起不同的结果。就像人们在白开水中加入砂糖则必然使白开水变甜，而加入食盐则会使白开水变咸一样起清楚明确。通常人们认为，"同果必然有同因""异果必然有异因"，这一原理也只有在实验室条件下才是有效的。

（一）原因分析

因果联系在我们的现实生活中扮演着重要角色。对历史和现实的理解需要追溯它们的原因，对未来的预见要求我们把握现实的可能发展结果。日常语言中的"原因"是有歧义的。有时它指的是充分条件原因，有时指的是必要条件原因，而在另一些场合下，可能指的是充分且必要条件原因，也可能是既非充分也非必要原因。

1. 充分条件原因

所谓充分条件就是仅有这条件就足以带来结果，无须考虑别的条件了。X 是 Y 的充分条件是指：如果 X 出现，Y 一定出现。

充分条件原因是对于给定的结果而言，能够独自产生这一结果的一个事实或条件。我们把在所有情况下都能导致其结果产生的原因称为实质性原因；充分原因属于实质性原因。

例如，"一个人患肺炎，他就发烧。"当肺炎出现时，发烧也出现；肺炎不出现时，发烧可能出现（感冒发烧），也可能不出现（没有任何病症）；我们从来不会遇到一个患肺炎而不发烧的人。因此，患肺炎就是发烧的充分条件。

2. 必要条件原因

所谓必要条件就是没有这个条件，结果一定不会产生。X 是 Y 的必要条件是指：如果 X 不出现，Y 一定不出现。

必要原因是这样一个事实，对于给定的结果而言，必然有这一个事实存在，或者说没有这一事实，这个结果则不可能产生。

例如，"只有存在氧气，物质才能燃烧。"当氧气出现时，燃烧可能出现，也可能不出现（温度不够）；氧气不出现时，燃烧必定不出现；我们从来不会遇到没有氧气而燃烧的情况。因此，有氧气就是燃烧的必要条件。

3. 充分且必要条件原因

充要原因就是指这样一个事实，对于给定结果的发生来说，这一事实既是充分条件，也是必要条件。例如，脑死亡既是死亡的必要条件，也是死亡的充分条件。

4. 既非充分也非必要条件原因

把在总体中倾向于产生某一结果的原因称为统计性原因，或称随机性原因。这些原因往往既非结果的充分条件，也非必要条件。

吸烟易于致癌。

我们不能说每一个吸烟的人都将会得癌症，它表达的是：就很大的一个样本总体来说，吸烟有致癌的倾向性，或者说吸烟的人比不吸烟的人更容易得癌。

现实生活中的因果关系是非常复杂的，我们讲的因果关系一般是实验室情况，排除了其他背景因素的干扰。

现实生活中原因可能是充分条件，也可能是必要条件，还可能是既非充分也非必要条件。

因果论证是对因果关系的运用或确定，推理的前提或结论涉及对因果关系的认识。在因果论证中，如果将某一结果产生的一个必要原因当作导致这一结果产生的充分原因，或者将某一结果产生的必要原因或充分原因当作导致这一结果产生的唯一原因，就犯了"混淆原因"的谬误。

❶ 在青崖山区，商品通过无线广播电台进行密集的广告宣传将会迅速获得最大程度的知名度。

由上述断定最可能推出以下哪项结论？

A. 在青崖山区，无线广播电台是商品打开市场最重要的途径。

B. 在青崖山区，高知名度的商品将拥有众多消费者。

C. 在青崖山区，无线广播电台的广告宣传可以使商品的信息传到每户人家。

D. 在青崖山区，某一商品为了迅速获得最大程度的知名度，除了通过无线广播电台进行密集的广告宣传外，不需要利用其他宣传工具做广告。

E. 在青崖山区，某一商品的知名度与其性能和质量的关系很大。

[解题分析] 正确答案：D

题干的意思是"商品通过无线广播电台进行密集的广告宣传"是"迅速获得最大程度的知名度"的充分原因，也即，只要通过无线广播电台的广告宣传就足够了，不需要其他宣传工具，就可获得知名度。因此，D项正确。

假设D项不成立，题干断定就不成立。因为如果在青崖山区，某一商品为了迅速获得最大程度的知名度，除了通过无线广播电台进行密集的广告宣传外，还需要利用其他宣传工具做广告；那么，就不能断定，商品通过无线广播电台进行密集的广告宣传将会迅速获得最大程度的知名度。

A项"商品打开市场"是个新概念，一个商品获得最大的知名度，不等于就能打开市场，因此A项不成立；B、C、E项超出题干断定范围，均排除。

❷ 一项对过去20年中由于麻醉造成的医疗死亡事故的详细考察表明：安全方面最显著的改进来自麻醉师的良好训练。在此期间，绝大多数手术室里没有装配监控患者的氧气和二氧化碳水平的设备。所以，在手术室增加使用这种监控设备将不会显著降低由于麻醉造成的死亡事故。

上述论证的缺陷是：

A. 证明一个因素导致一个确定结果的论据对于证明第二个因素将不会导致那一结果是不充分的。

B. 用来支持某个结论的理由事先假定了那个结论的真实性。

C. 用证明一个确定因素在某一个确定结果产生时不在场的证据不能证明由于那个因素不在场而导致了那一结果。

D. 用来支持结论的证据与所提供的其他信息前后矛盾。

E. 用来表明一个事件引起第二个事件的理由更强地支持了这样的主张，即这两个事件都是第三个事件的独立结果。

[解题分析] 正确答案：A

题干把充分原因误认为充要原因。"麻醉师的良好训练能降低麻醉造成的死亡事故"这一事实不能成为否定"监控设备也能降低麻醉造成的死亡事故"的充足理由，A项指出了这一缺陷。

❸ 富有经验的园艺专家不主张在四月末种植豌豆，因为豌豆在暖和的气候下不可能

很好地生长。然而，今年直到六月末，天气仍异常凉快，因此，尽管专家们已发出警告，今年五月中旬种植的豌豆也不可能会生长不好。

上面的推理模式与下面的哪一个最为接近？

A. 根据许多园艺专家的建议，西红柿不应该与莳萝挨着种植，因为这样做会使它们的味道变差。然而，既然这些与莳萝相邻种植的西红柿味道良好，那么对那些所谓的专家建议给予太多的关注很显然是毫无道理的。

B. 因为非洲紫罗兰在直射的阳光下不能茂盛地生长，所以人们都认为这个地区的这种植物应种在靠北的窗台上，而不是种在靠南的窗台上。然而，既然这些靠南的窗台都被常青树很好地笼罩，所以种在它们里面的非洲紫罗兰会很好地生长。

C. 当计划在树荫下种花时，园艺家总是推荐种凤仙花，因为凤仙花在有树荫的条件下能很好地生长。然而，在枫树下，它不可能会生长良好，因为枫树的根离地面很近，这些根吸收了土壤中所有可以利用的水分。

D. 大多数种植在温暖土壤中的种子比种植在较冷土壤中的种子有高得多的发芽率。然而，当土壤温度过高时，种子也不可能会很好地发芽，因此，专家建议菠菜应比大多数蔬菜种植得早一些。

E. 室内盆栽植物通常在比它们现有根系稍大的花盆中生长，效果最好，因此当植物的根一到达盆子的边缘时，一般就建议给它们移盆。然而，富人草却是例外，因为富人草在具有压缩得很紧的根时才有可能生长得最好。

[解题分析] 正确答案：B

题干陈述：豌豆在暖和的气候下就长不好，今年天气凉快，所以，豌豆生长一定好。

其推理模式可抽象为：如果 S（暖和）那么 P（长不好），非 S，所以，非 P。

上述推理的逻辑错误在于混淆充分原因与必要原因。B 项推理模式与此完全类似，犯了同样的逻辑错误。

（二）因果传递

三个以上因果关系中，可能存在因果的链条，因果链条可能包含实质性的因果传递关系。实质性因果链条的形成关键在于这种因果关系能传递并直到最后仍然使因果关系得以保持。

1. 因果链条可能包含实质性的因果传递关系

因果关系一方面具有相对性，即一个现象对于某个现象来说是结果，但对于另一现象来说又是原因。例如，房屋倒塌是地震的结果，又是导致人员伤亡的原因。因果关系的相对性，使事物之间可以形成一个没有起点和终点的因果链条。

实质性因果链条的形成关键在于这种因果关系能传递并直到最后仍然使因果关系得以保持。

2. 因果链条也可能不包含实质性的因果传递关系

因果关系并不是一定能传递的，即 A 是 B 的原因，并且 B 是 C 的原因，却不能得出 A 是 C 的原因。即结果的原因的原因，不一定是结果的原因。

比如你的朋友的朋友，不一定是你的朋友。

3. 远因的谬误

为了解释当前的某个事件，有时需要诉诸在时间上很遥远的某个事件，列举的远因很有可能是造成目前状况的主要原因。但是诉诸远因往往可能产生谬误，因为它忽略了这种可能性，即有其他重要的因素进入了由各种原因构成的长链之中。

诉诸远因容易犯"滑坡论证"或"滑坡谬误"。滑坡谬误是利用一个看似内在密切相关的推理链条，一步步推理下去，从而在论证链条两端关系较远或毫无关系的两个命题之间建立直接因果联系的谬误。事实上，这个链条往往是不确定的、缺乏足够理由的。显然，这种论证，随着论证一步步推进，其确证性却一步步下降，最后，前提和结论的联系往往变得十分微弱，甚至毫无关系。

例如：

因缺一个铁钉，失了一只马掌。

因缺一只马掌，失了一匹战马。

因缺一匹战马，失了一名骑手。

因缺一名骑手，失了一支军队。

因缺一支军队，失了一次胜利。

因缺一次胜利，失了一个王国。

这一切都是因为缺了一个铁钉。

点评：事实并非如此，一个王国的灭亡不只是因为少一个铁钉，很可能是因为缺少许多其他更重要的东西，而使王国遭到灭亡的。比如，缺少装好铁掌的备用马匹，缺少能随机应变、跑到邻近驿战的通信员、缺少能征善战的军队等。"因缺一个铁钉"这不一定是王国灭亡的唯一因素或者最重要的因素。

❶ 在南极海域冰冷的海水中，有一种独特的鱼类，它们的血液和体液中具有一种防冻蛋白，因为该蛋白它们才得以存活并演化至今。但时至今日，该种鱼类的生存却面临巨大挑战。有人认为这是海水升温导致的。

以下哪项如果为真，最能支持上述观点？

A. 防冻蛋白能够防止水分子凝结，从而保证南极鱼类正常的活动，气候变暖使得该蛋白变得可有可无。

B. 南极鱼类在低温稳定的海水中能够持续地演化，而温暖的海水不利于南极鱼类的多样性。

C. 南极海水中的含氧量随气温上升而下降，缺氧导致防冻蛋白变性，易沉积于血管，导致供血不足，从而缩短鱼的寿命。

D. 并非所有南极物种都具有防冻蛋白，某些生活于副极地的物种并没有这种蛋白。

E. 磷虾为南极洲众多的鱼类、海鸟、海豹、企鹅以及鲸提供了食物来源。

[解题分析] 正确答案：C

题干观点为：海水升温导致鱼类的生存面临巨大挑战。

C项所述，海水气温上升导致含氧量下降，缺氧又导致防冻蛋白变性沉积于血管，血管中堆积的防冻蛋白多了必然供血就不足，供血不足导致鱼的寿命缩短。这就补充了新论据解释海水升温导致鱼类的生存面临巨大挑战的原因，因此，为正确答案。

因果链条：海水升温→海水中含氧量下降→防冻蛋白变性沉积于血管→血管供血不

足→鱼的寿命缩短。

A 项是对题干所述事实的削弱。B 项"不利于南极鱼类的多样性"，而题干观点是"生存面临挑战"，主题不一致。D 项为无关项，排除。

❷ 由于常规使用抗生素能够引起在抗生素环境中仍能生存的耐药细菌的出现，人体内耐药细菌的存在可能是由于人们使用处方抗生素引起的。然而，一些科学家相信，人体内绝大多数的耐药细菌来自人们食用的被细菌感染的肉食品。

如果以下哪项陈述为真，最能强化科学家的假说？

A. 畜牧业主为了提高牲畜的生长速度，普遍把抗生素加在喂养牲畜的饲料中。

B. 绝大多数由于食用了被耐药细菌感染的肉食品而发生食物中毒的人，都是用处方抗生素来医治的。

C. 在城市人口中产生耐药细菌的概率要比肉食质量相当的乡村地区高得多。

D. 从来不使用处方抗生素的人正是那些最不可能产生耐药细菌的人。

E. 畜牧业主宣称动物体内的耐药细菌不可能通过被感染的肉类传染到人体。

[解题分析] 正确答案：A

题干论述：一方面，使用抗生素能够产生耐药细菌；另一方面，一些科学家却相信，人体内的耐药细菌是食用被细菌感染的肉食品引发的。

A 项表明，畜牧业主在饲料里加入抗生素导致肉类中有耐药菌，正好符合科学家指出的耐药菌来源，有力地强化了科学家的假说。

因果链条：抗生素加在饲料中→牲畜产生耐药细菌→肉食品被耐药细菌感染→人们食用后使得人体内的耐药细菌存在。

其余选项均不妥。其中，B 项，感染耐药细菌后如何治疗与题干论述无关。C 项，暗示虽然肉食质量相当（肉中含有的耐药菌也相当），但是发病率不同，意味着可能有其他原因导致耐药细菌感染，有削弱科学家假说的作用。D、E 也都是明显的削弱选项。

（三）间接因果

逻辑试题中有一类考查的是间接原因或间接因果关系，这类题在结论中往往带有某个因果关系的否定，实际上是犯了"错否因果"的谬误。这类谬误具体是指对表面上不相干或关系不紧密的两个现象，就断定其不存在因果关系而事实上存在因果关系的谬误。下面列出几种常见的"错否因果"谬误。

(1) A 是 B 的原因，所以 A 就不是 C 的原因

而事实是：B 导致了 C，从而 A→B→C 形成因果链条，所以，A 是 C 的间接原因。

(2) A 是 C 的原因，所以 B 就不是 C 的原因

而事实是：B 导致了 A，从而 B→A→C 形成因果链条，所以，B 是 C 的间接原因。

(3) A 和 B 貌似不相关，所以，A 不是 B 的原因

而事实是：A 导致了 C，而 C 导致了 B。从而 A→C→B 形成因果链条，所以，A 是 B 的间接原因。

❶ 尽管在中星县森林周围的人口增加了，但是森林的量并没有减少。因此，县里燕雀的减少不能归因于人口的增加。

下面哪一项如果正确，最削弱上面的论述？

A. 中星县人口增加时，购物商场的数量增加了。

B. 人口增加导致更多垃圾罐的存在，使更多浣熊得以生存，而浣熊无论在何时，都以燕雀蛋为食。

C. 近来，燕雀度冬的中非、南非热带雨林面积已经减少。

D. 虽然几种燕雀已在中星县绝迹，但它们还远远没有到濒危的地步。

E. 吃昆虫的燕雀的消失，经常导致昆虫对树木破坏的加大。

[解题分析] 正确答案：B

题干断定，县里燕雀的减少不能归因于人口的增加。

B项表明，县里燕雀的减少还是由于人口增加间接导致的，有力地削弱了题干论述。

❷ 一些土壤科学家断言：森林地表的腐烂物质与降落在山湖的酸雨相比，前者是山湖酸性的最主要来源。因此，他们主张减少酸雨不会显著降低山湖的酸性程度。

下面哪一个陈述如果正确，能最严重地削弱上面的论述？

A. 山湖酸性高于其他湖酸性是很正常的。

B. 湖中酸性程度提高的危害效果被大大低估了。

C. 酸雨在都市和国家重工业地区被发现。

D. 关于酸雨产生的原因，土壤科学家分歧很大。

E. 当植物生命残存时，酸雨大大增加了自然环境中腐烂的有机物质的量。

[解题分析] 正确答案：E

题干断定：腐烂物质是山湖酸性的最主要来源，因此，减少酸雨不会显著降低山湖的酸性。

E项表明，酸雨导致了腐烂物质。这意味着，减少酸雨就能够降低山湖的酸性浓度，这就严重削弱了题干的论述。

因果链条：酸雨→腐烂物质→山湖酸性。

其余选项均为无关项。

❸ 母亲：这学期冬冬的体重明显下降，我看这是因为他的学习负担太重了。

父亲：冬冬体重下降和学习负担没有关系。医生说冬冬营养不良，我看这是冬冬体重下降的原因。

以下哪项如果是真的，则最能对父亲的意见提出质疑？

A. 学习负担过重，会引起消化紊乱，妨碍对营养的正常吸收。

B. 隔壁松松和冬冬一个班，但松松是个小胖墩，正在减肥。

C. 由于学校的重视和努力，这学期冬冬和同学们的学习负担比上学期有所减轻。

D. 现在学生的普遍问题是过于肥胖，而不是体重过轻。

E. 冬冬所在的学校承认学生的负担偏重，并正在采取措施解决。

[解题分析] 正确答案：A

父亲认为：体重下降的原因是营养不良，而非学习负担。

A项指出，学习负担重是营养不良的原因。这就说明学习负担还是体重下降的原因，有力地削弱了父亲的观点。

因果链条：学习负担重→消化紊乱→营养不良→体重下降。

二、因果推导

因果推导涉及对因果关系的认识，包括从因到果、从果到因以及从相关到因果的推理。

（一）从因到果

从因到果的推理是指：预见一个事件将出现，因为其原因已经出现。

比如，如果水温达到了 100 摄氏度，那么水会沸腾；这壶水的温度即将达到 100 摄氏度；所以，这壶水即将沸腾。

从因到果的论证型式如下：

一般情况下，因为事件 A（因）发生，所以产生事件 B（果）。

事件 A 已经发生了；

所以，事件 B 将要发生。

评估从因到果的批判性问题：

CQ1. 说明原因问题：先行事件在某一情况下确实发生了吗？

CQ2. 因果联系问题：前提中反映某因果联系的命题是否为真？

CQ3. 干扰因素问题：存在干预或抵销在此情形中产生那个结果的其他因素吗？

◆ 研究发现，年龄在 15～30 岁的女性是购买冰激凌最多的人群，她们购买冰激凌的量是所有其他年龄段人加起来的总和。因此，显然，相对于其他年龄段的人，年龄在 15～30 岁的女性一定吃了最多的冰激凌。

下列哪项正确，可以削弱上述论证？

A. 售卖冰激凌的地方对于 15～30 岁的女性有买赠活动，而且赠送的冰激凌经常比她们买的还多。

B. 15～30 岁的女性经常买冰激凌给她们的孩子或者家人吃。

C. 30～45 岁的女性也十分喜欢吃冰激凌，只不过受限于年龄，不好意思明目张胆地吃罢了。

D. 人类喜欢吃冰激凌是因为冰激凌中的糖分能给人带来愉悦的感觉。

E. 冰激凌并不是 15～30 岁女性最爱的食物。

[解题分析] 正确答案：B

上文是一则从因到果的论证，该论证的结构如下。

一般规则：购买冰激凌的人群也是吃冰激凌的人群。

因：年龄在 15～30 岁的女性是购买冰激凌最多的人群。

果：年龄在 15～30 岁的女性是吃冰激凌最多的人群。

评估这一论证可以考虑：

第一，年龄在 15～30 岁的女性是否真的是购买冰激凌最多的人群。

第二，购买冰激凌的人群是否也是吃冰激凌的人群。

B 项指出，15～30 岁的女性经常买冰激凌给她们的孩子或者家人吃。即虽然她们买得多，并不代表她们吃得多，有力地削弱了题干论证，因此为正确答案。

其余选项均为无关项。

（二）从果到因

从果到因也叫溯因推理，就是从已知事实结果出发，根据一般的规律性知识，推测出事件发生的原因的推理方法。

溯因推理是有客观根据的，这就是客观现实中一果多因现象的存在。例如，"花凋谢"这一现象的出现，可以是由于花缺水引起，可以是由于施肥过量而引起，也可以是由水太多引起，还可以是由于病虫害所引起等。既然一果可以是多因所产生或引起，那么当已确知一个结果时，要找出它的原因，就可以有很多个。至于哪一个，在未进一步证实之前，只能进行分析、猜测、试错和选择等思维操作。

溯因推理的特点是从已知的结果出发，寻找其原因，从已知的推断出发，追溯其理由。它不是一种必然性推理。必然性推理是从 A 并且如果 A 那么 B 出发，推出 B 的。这即是说，必然性推理是从原因推出结果。由此可见，溯因推理的方向同必然性推理的方向正好相反，此外，必然性推理前提为真则结论必为真，而溯因推理前提为真，结论只是或然为真，因此，它属于或然性推理。

从果到因的论证型式：

一般情况下，因为事件 A（因）发生，所以产生事件 B（果）。

在某一具体情况下，B 发生了；

所以，在某一具体情况下 A 可能发生了。

评估从果到因的批判性问题：

CQ1. 说明结果问题：结果在某一情况下确实发生了吗？

CQ2. 因果联系问题：前提中反映某因果联系的命题是否为真？

CQ3. 其他原因问题：是否排除了其他原因的可能性？

◆ 最近，一些儿科医生声称，狗最倾向于咬 13 岁以下的儿童。他们的论据是：被狗咬伤而前来就医的大多是 13 岁以下的儿童。他们还发现，咬伤患儿的狗大多是雄性德国牧羊犬。

以下陈述哪一项最严重地削弱了儿科医生的结论？

A. 被狗咬伤并致死的大多数人，其年龄都在 65 岁以上。

B. 被狗咬伤的 13 岁以上的人大多数不去医院就医。

C. 许多被狗严重咬伤的 13 岁以下儿童是被雄性德国牧羊犬咬伤的。

D. 许多 13 岁以下被狗咬伤的儿童就医时病情已情恶化了。

E. 咬伤 13 岁以上人群的也大多是雄性德国牧羊犬。

[解题分析] 正确答案：B

儿科医生的推理是从果到因的推理。

其结论是：狗最倾向于咬 13 岁以下的儿童。

其论据是：被狗咬伤而前来就医的大多是 13 岁以下的儿童。

若被狗咬伤的 13 岁以上的人大多数不去医院就医，那么从题干的论据就不能得出题干的结论。因此，B 项有力地削弱了题干的结论。

其余选项均不能削弱题干结论。要削弱医生的结论，必须表明：狗咬得最多的其实是 13 岁以上的人。比如 A 项不能严重质疑该结论，因为假如狗咬了 100 名儿童但只有 1 名致死，同时咬了 3 名老人却有 2 名致死，这样 A 项为真，题干结论仍然为真。

❷ 地壳中的沉积岩是随着层状物质的聚集以及上层物质的压力使下层的沉积物硬化为岩石而形成的。一个含有异常丰富的铱元素的沉积岩层被认为是支持约 6 000 万年前陨石撞击地球理论的有力证据。陨石的铱元素含量远远高于地壳，地质学家的理论认为，陨石对地球的撞击在地球的大气层中生成了巨大的富含铱元素的尘埃云层，当这些尘埃落到地面之后，随着新的层面的积累，就形成了这层富含铱元素的沉积岩。

以下哪项如果为真，最能反击上文有关富含铱元素的沉积岩是陨石撞击地球的证据的主张？

A. 上文中所提到的巨大的尘埃云层，会隔断太阳光对地球的照射，从而降低地球表面的温度。

B. 沉积岩的一个层面需要上百万年的时间才能形成。

C. 无论其是否含有铱元素，沉积岩的不同层面都可以用来确定史前时代事件发生的时间。

D. 6 000 万年前大规模的火山爆发形成了这个富含铱元素的尘埃云层。

E. 铱元素的沉积与很多动物灭绝的时间相吻合，一些科学家认为庞大的恐龙家族的灭绝是由于陨石撞击地球所造成的。

[解题分析] 正确答案：D

题干是个溯因推理，推理过程如下：

地质学家主张的因果关系：陨石对地球的撞击生成了富含铱元素的尘埃云层，当尘埃落到地面后形成了富含铱元素的沉积岩。

事实上有果：一个含有异常丰富的铱元素的沉积岩层。

所以推出有因：6 000 万年前陨石撞击地球生成了富含铱元素的尘埃云层。

在削弱用溯因推理作出的因果论证时，要注意"一果多因"这种情况。D 项表明，6 000 万年前大规模的火山爆发形成了这个富含铱元素的尘埃云层，这就通过找他因的方法对题干关于富含铱元素的沉积岩是陨石撞击地球的证据这一主张提出了有力的反击。

其余选项均不妥，其中，A、C、E 均为无关选项。B 项，沉积岩要多久才能形成不影响题干论述。

（三）从相关到因果

提出因果主张的推理前提是要确立因果关系的证据，一般来说，有两种类型的相互关联可以作确立实质性因果主张的初步证据：时间关联和统计关联。

（1）时间关联，指的是在时间上的联系。对于特定的事件 X 和 Y：当 X 发生在 Y 之前，我们说 X 早于 Y；当 X 与 Y 一起发生时，我们说 X 与 Y 是共时的；如果 X 与 Y 总是恒常伴随，我们说 X 与 Y 是相互伴随的。时间关联通常用来确立实质性因果主张。

（2）统计关联，指的是总体中的两个事实或者特征在统计上的相互关联。就总体而言，如果某一特征的有或者无，与另一个特征出现的频率的高或者低相互关联，我们就说这两个特征之间有统计关联。例如，肝病发病率和喝酒之间的关系，如果喝酒的人比不喝酒的人肝病发病率高，那么喝酒和患肝病之间就有统计上的相互关联。

从相关到因果的推理就是根据两个事件之间存在一定的相关性，进而推断出它们之间存在着因果关系。

❶　在某学校的中学生中，对那些每天喝 2 到 3 瓶啤酒、持续 60 天的学生做医学检查，发现 75％的学生肝功能明显退化。具有很高可信度的实验已经排除了"这些结果是碰巧发生的"这一可能性。

假如题干中的信息是真的，则会证实下面哪一个结论？

A. 饮酒导致肝功能退化。

B. 喝酒与青少年的肝功能退化呈显著的相关性。

C. 研究者想证明年轻人不应该喝酒。

D. 性与饮酒和肝功能退化没有什么关系。

E. 青少年与成年人的肝功能是不同的。

[解题分析] 正确答案：B

题干通过对喝酒中学生的医学检查发现，喝酒与肝功能退化之间存在统计关联，可见，B 项的结论非常恰当，为正确答案。

题干内容最多只能说明饮酒很可能导致肝功能退化，因此，A 项的断定太绝对了。

C 项也许有道理，但研究者研究的目的在题干中没有提及，为无关项。

D 项出现了题干中没有出现的新概念，为无关项。E 项明显推不出。

❷　在缪费尔市，8 月中每一天电的消耗量与这一天湿度的最大值成正比。既然今年 8 月的平均湿度峰值比去年 8 月的高 3 个百分点，那么就可推出缪费尔市今年 8 月的耗电量一定比去年 8 月的多。

下面哪一个论述的推理模式与上面的论述最相似？

A. 在美学院 25 个班级中，任何一个班艺术用品的数量都与这个班的学生个数成正比。既然学院的这些班级去年比前年总共多招了 20％的学生，那么去年学院的班级使用的艺术用品的数量就比前年的多。

B. 美学院在任何一个学期所开的绘画课的数量，都与该学院这个学期招收的学生数量成正比。但是学院每年开的雕塑课的数量都是一样的。因此，通常学院开的绘画课的数量比雕塑课的多。

C. 美学院每年招收的新生数量都与它前一年所做广告的数量成正比。因此，如果学院想增加它的学生人数，它就必须增加在广告上的开支。

D. 学生在美学院所交的学费与招收他的班级的数目成正比，既然美学院学生的人数在增加，那么就可推出学院收的学费的数额比过去的大。

E. 美学院每学期雇用的讲师数目与该学期所开的课程以及学院所招生的人数成正比。因此，学院在任何一个学期所开的课程数都与该学期的招生人数成正比。

[解题分析] 正确答案：A

题干推理方法是：根据两类事物的统计相关推出两类事物存在因果关系。

A 项也是类似的推理模式，因此为正确答案。

B 项做了一个毫无根据的假设，把不变量当作最小量。

C 项易误选，新生数量与广告数量存在统计相关，那么和题干类似的推理结论应该是，想增加新生数量就必须增加广告数量，而不是想增加学生人数就必须增加广告开支。

D 项把班级的个数与学生人数混为一谈。

E 项的推理模式明显与题干论述不符。

三、因果推断

因果推断指的是从相关到因果的推理，就是根据两个事件之间存在一定的相关性，进而推断出它们之间存在着因果关系。

（一）从相关到因果的论证

1. 从相关到因果的论证型式

相关性前提：A 和 B 之间存在正相关。

结论：A 引起 B。

2. 评估从相关到因果的批判性问题

CQ1. 相关性存在问题：在 A 和 B 之间真的存在实质性的相关性吗？

CQ2. 相关性证据问题：存在 A 和 B 之间正相关的大量实例吗？

CQ3. 因果方向问题：是否存在证据可以表明 A 是 B 的原因，而不是 B 是 A 的原因？

CQ4. 独立第三因素问题：A 和 B 之间的相关性有没有可能是由第三个因素造成的？

CQ5. 因果间接性问题：是否存在证据能够表明 A 和 B 之间的因果关系是间接的干涉变量（A 和 B 之间的因果关系是其他原因起中介作用产生的）引起的？

CQ6. 相关性范围问题：假如 A 和 B 之间的相关性在特定的范围之外不成立，那么，能否清楚地指明该限制范围？

（二）从相关到因果的解释

1. 因果推定

A 与 B 时间相关或者统计相关，是因为 A 导致 B。或者，A 与 B 时间相关或者统计相关，是因为 A 与 B 互为因果。

因果推定指的是，根据两类对象的相关性，从而确定其因果关系。

❶ 第二次世界大战结束时，某国育龄妇女达到最低点。第二次世界大战结束 10 年后的 20 世纪 50 年代中期，平均每个家庭 4.5 个孩子。该国十年前育龄妇女数量达到历史最高点，目前平均每个家庭只有 1.82 个孩子。

从上文中可以得出什么结论？

A. 战争与生育率有关。

B. 战争与生育率无关。

C. 育龄妇女数量与生育率无关。

D. 育龄妇女数量与生育率有关。

E. 生育率不与育龄妇女数量成正比。

[解题分析] 正确答案：E

从题干提供的育龄妇女数量与生育率的统计数据，可得出结论：生育率不与育龄妇女数量成正比。因此，E 项为正确答案。

题干中不是讲战争和生育率之间的关系问题，所以，选项 A 和 B 都不是结论。题干并没有否定育龄妇女与生育率之间的关系，所以，选项 C 不是结论。选项 D 也不是题干所要表达的意思。

❷ 患有行为紊乱症的动物的大脑组织中，含有大量的铝元素。由于一种硅基化合物可以固定这些铝元素，并阻止其影响大脑组织，所以，这种化合物可以用来治疗动物的行为紊乱症。

上述论证基于以下哪项未陈述的前提？

A. 将这些硅基化合物引入大脑后不会有任何副作用。

B. 这些铝元素是行为紊乱症的病因，而不是结果。

C. 不同种类的动物需要不同量的硅基化合物来治疗。

D. 正常的动物大脑组织中不含铝元素。

E. 这种适用于动物的硅基化合物同样适用于人。

[解题分析] 正确答案：B

为使题干的论证有说服力，B项是必须假设的，否则，如果这些铝元素是行为紊乱症的结果，而不是病因，那么，意味着铝元素不是病因，即使固定了铝元素也不能治疗病症，题干推理就不成立，因此，B项为正确答案。

其余选项不是题干推理成立所必须假设的。

2. 强置因果

A 与 B 时间相关或者统计相关，其实是纯属偶然的巧合，并不存在实质上的因果关系。

强置因果也叫嫁接因果、无关因果、虚假因果、相关误为因果等，是指仅根据具有表面相关但没有实质性相关的现象之间，轻率地断定其具有因果联系的谬误。

"强置因果"的谬误大致可以分为三类：

（1）轻断因果

轻断因果也叫巧合谬误、后此谬误、事后归因、以时间先后为因果等，是指以时间关联为因果关系，把先后关系误认为因果关系的谬误。

（2）错断因果

错断因果，也叫错为因果，是指仅以表面具有的统计关联便断定两个现象之间存在因果关系的谬误。其谬误根源在于两类事件就某些统计数字上看好像是密切相关的，其实两者之间并不存在真正的因果关系。

（3）强加因果

强加因果是指把根本不是某些事物产生的原因当成这些事物产生的原因所犯的错误，具体是指把毫无因果关系的现象生拉硬拽在一起所产生的谬误。其谬误根源在于有些现象看起来似乎是发生作用的原因，但事实并非如此，在它们的背后，才有产生它们的真正原因。

❶ 午夜时分，小约翰安静地坐着。他非常希望此时是早晨，这样他就可以出去踢足球了。他平心静气，祈祷太阳早点升起来。在他祈祷的时候，天慢慢变亮了。他继续祈祷。太阳逐渐冒出地平线，升上天空。小约翰想了想发生的事情，得出这样的结论：如果他祈祷的话，他就能够把寒冷而孤寂的夜晚变成温暖而明朗的白天。他为此感到自豪。

下面哪项陈述最恰当地指明了小约翰推理中的缺陷？

A. 小约翰只是个孩子，他懂得很少很少。

  B. 太阳环绕地球运转，不管他祈祷还是不祈祷。

  C. 他有什么证据表明：如果他不祈祷，该事情就不会发生？

  D. 一件事情在他祈祷之后发生，并不意味着因为他祈祷而发生。

  E. 他没有考虑如果换作是别人祈祷，该事情会不会发生。

[解题分析] 正确答案：D

  小约翰推理的错误在于"以先后为因果"，即把具有时间先后关系但没有因果关系的事件误认为具有因果关系。因此，答案为 D。

  ❷ 威胁美国大陆的飓风是由非洲西海岸高气压的触发而形成的。每当在撒哈拉沙漠以南的地区有大量的降雨之后，美国大陆就会受到特别频繁的飓风袭击。所以，大量的降雨一定是提升气流的压力而形成飓风的原因。

  以下哪项论证所包含的缺陷与上述论证中的最相似？

  A. 汽车在长的街道上比在短的街道上开得更快，所以，长街道上的行人比短街道上的行人更危险。

  B. 许多后来成为企业家的人，他们在上大学时经常参加竞争性的体育运动。所以，参加竞争性体育运动一定能提高使人成为企业家的能力。

  C. 桑菊的花瓣在正午时会合拢，所以，桑菊的花瓣在夜间一定会张开。

  D. 东欧事件会影响中美洲的政治局势，所以，东欧的自由化会导致中美洲的自由化。

  E. 尽管许多连锁经营店盈利较多，但是把这种商业模式的成功仅仅归功于这种经营模式是没有道理的，因为只有资金雄厚的商家才能这样做。

[解题分析] 正确答案：B

  题干根据撒哈拉沙漠以南的地区有大量的降雨之后，美国大陆就会受到飓风袭击，得出结论，大量的降雨是形成飓风的原因。

  可见，其逻辑缺陷在于仅根据两种现象的时间关联就确定它们之间的因果关系，属于强加因果的谬误。诸选项中只有 B 项犯了同样的逻辑缺陷。

3. 倒置因果

  A 与 B 时间相关或者统计相关，不是因为 A 导致 B，而是因为 B 导致 A。

  对一个因果关系来说，原因就是原因，结果就是结果，既不可倒"因"为"果"，也不可倒"果"为"因"。在因果解释中，如果错把原因当结果，或者错把结果当原因，就犯了"倒置因果"或"因果倒置"的错误。

  如果题干根据某两类因素 A 和 B 紧密相关的事实，得出"A 是导致 B 的原因"这样的结论，那么削弱这一论证的一种有效方式是，寻找一个选项来说明：A 不是导致 B 的原因，B 才是导致 A 的原因。

  ❶ 一位社会学家对两组青少年作了研究。第一组成员每周看暴力内容的影视的时间平均不少于 10 小时；第二组则不多于 2 小时。结果发现第一组成员中举止粗鲁者所占的比例要远高于第二组。因此，此项研究认为，多看暴力内容的影视容易导致青少年举止粗鲁。

  以下哪项如果为真，将对上述研究的结论提出质疑？

  A. 第一组中有的成员的行为并不粗鲁。

  B. 第二组中有的成员的行为比第一组中有的成员的行为粗鲁。

C. 第二组中很多成员的行为很文明。

D. 第一组中有的成员的文明行为是父母从小教育的结果，这使得他们能抵制暴力影视的不良影响。

E. 第一组成员中很多成员的粗鲁举止是从小养成的，这使得他们特别爱看暴力影视。

[解题分析] 正确答案：E

题干由"看暴力内容的影视"与"青少年举止粗鲁"存在统计关联，就得出结论：前者是后者的原因。

E项指出了题干犯了因果倒置的错误，即并非因为看暴力影视才造成举止粗鲁，而是因为举止粗鲁，所以爱看暴力影视，有力地削弱了题干的结论。

❷ 某学院最近进行了一项有关奖学金对学习效率是否有促进作用的调查，结果表明：获得奖学金的学生比那些没有获得奖学金的学生的学习效率平均要高出 25%。调查的内容包括自习的出勤率、完成作业所需要的平均时间、日平均阅读量等许多指标。这充分说明，奖学金对帮助学生提高学习效率的作用是很明显的。

以下哪项如果为真，最能削弱以上论证？

A. 获得奖学金通常是因为那些学生有好的学习习惯和高的学习效率。

B. 获得奖学金的学生可以更容易改善学习环境来提高学习效率。

C. 学习效率低的学生通常学习时间长而缺少正常的休息。

D. 对学习效率的高低跟奖学金的多少的关系的研究应当采取定量方法进行。

E. 没有获得奖学金的学生普遍觉得学习压力过重，很难提高学习效率。

[解题分析] 正确答案：A

题干从调查中发现"得奖学金与学习效率正相关"，就得出"奖学金能提高学习效率"的结论。

要削弱此结论，必须说明帮助学生提高学习效率的原因不是因为这些学生获得了奖学金，而是因为别的原因对学生提高学习效率起到了帮助作用。A项指出，不是因为得奖学金所以学习效率才高，而是因为学习效率高才得奖学金。这说明题干论证犯了因果倒置的错误，这就有力地削弱了题干。

选项 B、D、E 都与题干结论相关，起着支持论证的作用。选项 C 与题干结论无关。

4. 复合结果

A 与 B 时间相关或者统计相关，因为 C 导致了 A 和 B。

复合结果也叫共同原因谬误，是指根据现象 A 与现象 B 存在时间相关或者统计相关，就误认为现象 A 和现象 B 具有因果关系，而事实是有一个共同原因导致了现象 A 和现象 B 两个结果同时出现。

❶ 一所大学的经济系最近做的一次调查表明，教师的加薪常伴随着全国范围内平均酒类消费量的增加。从 1980 年到 1985 年，教师工资人均上涨 12%，酒类销售量增加 11.5%。从 1985 年到 1990 年，教师工资平均上涨 14%，酒类销售量增加 13.4%。从 1990 年到 1995 年，酒类销售量增加 15%，而教师平均工资也上涨 15.5%。

以下哪项最为恰当地说明了文中引用的调查结果？

A. 当教师有了更多的可支配收入，他们喜欢把多余的钱花费在饮酒上。

B. 教师所得越多，花在买书上的钱就越多。

C. 由于教师增加了，人口也就增加了，酒类消费者也会因此而增加。

D. 在文中所涉及的时期里，乡镇酒厂增加了很多。

E. 从 1980 年至 1995 年，人民生活水平提高了，酒类消费量和教师工资也增加了。

[解题分析] 正确答案：E

题干用数据表明教师加薪与酒类消费量增加相关。

但这两者其实并没有因果关系，合理的解释应该是 E 项。该项说明，人民生活水平的提高，是引起老师工资提高和酒类销售量增加两类现象相伴出现的共同原因，作为共同结果相伴出现的这两类现象之间没有因果关系。这最为恰当地说明了题干的调查结果。

A 选项试图说明这种因果关系，但显然有点牵强。选项 B 与题干无关，选项 C 讲的是教师增加而不是教师加薪，选项 D 只是有可能解释酒类销售量的增加。

❷ 越来越多的有说服力的统计数据表明，具有某种性格特征的人易患高血压，而另一种性格特征的人易患心脏病，如此等等。因此，随着对性格特征的进一步分类研究，通过主动修正行为和调整性格特征以达到防治疾病的可能性将大大提高。

以下哪项最能反驳上述观点？

A. 一个人可能会患有与各种不同性格特征均有关系的多种疾病。

B. 某种性格与其相关的疾病可能由相同的生理因素导致。

C. 某一种性格特征与某一种疾病的联系可能只是数据上的巧合，并不具有一般性意义。

D. 人们往往是在病情已难以扭转的情况下，才愿意修正自己的行为，但已为时太晚。

E. 用心理手段医治与性格特征相关的疾病的研究，导致心理疗法遭到淘汰。

[解题分析] 正确答案：B

题干根据统计发现：甲现象（某性格特征）总伴随着乙现象（某疾病）出现，因此推断，甲是乙的原因。

B 项指出甲和乙可能是丙（某种生理因素）的共同结果。既然在性格特征和疾病之间没有确定的因果关联，通过主动修正行为和调整性格特征以防治疾病的设想就不具有可行性，从而反驳了题干中甲和乙存在因果关系（可通过调整性格来治病）的观点。

选项 A 表面上看好像能够削弱统计结论，其实它对该结论提供支持：某种性格导致某种疾病，他具有多种不同的性格，所以他患有多种不同的疾病。

选项 C 是干扰项，也能起到削弱作用，但其本身的观点就不十分肯定，只对题干中的设想构成轻度质疑，没有 B 的削弱程度大。

选项 D、E 与题干所问不相干。

5. 复合原因

A 与 B 时间相关或者统计相关，因为 A 与 C 相结合导致了 B，即 A 是导致 B 的部分原因。或者，因为 B 与 C 导致了 A，也就是说明 B 是导致 A 的部分原因。

从相关到因果的解释 6：A 与 B 时间相关或者统计相关，其实 A 只是导致 B 的次要原因，C 才是导致 B 是的主要原因。

在这两种情况下贸然断定 A 是 B 的原因，就犯了"复合原因"（包括"单因谬误"和"遗漏主因"）的谬误。

复合原因谬误是指当一个特定的结果是由多种原因引起的时候，论证者只选择其中的一个或一部分作为对该结果产生原因的解释。其中,单因谬误产生于论证过程中只认定某个结果是由某个单一原因引起,即将导致结果产生的多种因素简单地归结为其中的某一个因素。

复合原因谬误主要包括以下两类。

(1) 单因谬误

典型的复合原因谬误是单因谬误。现实中,产生一个现象的重要、直接原因可能是多种,但人们往往采取只取出其中一个,把它当作唯一的因素,别的都不算的态度。这种态度是那种把什么都归到一个原因上的错误的一种。事实上,原因很可能是多方面的,也许它们都起着重要的作用。

(2) 遗漏主因

遗漏主因也叫作次要原因或无足轻重谬误,是指举出无足轻重的次要原因进行论证,而遗漏了真正的主因。

主要原因指的是导致结果最关键的原因。某种现象往往是由多种原因引起的,这时就必须分析和抓住其中的主要原因,揭示出引起结果的最本质的、最核心的因素。如果误把次要原因当成主要原因,就会导致遗漏主因的谬误。

❶ 新星机械厂最近一段时间经营状况的改观雄辩地证明了,一个精明的企业领导人能够怎样有效地扭亏为赢,挽救企业的命运。新星机械厂新聘请的外籍总经理史怀特先生到任后,机械厂在半年之内由原来的亏损 100 万元,一跃转变为盈利 35 万元。

上述论断最主要的漏洞是什么?

A. 机械厂的成功可能是暂时现象,也许明年又亏损了。

B. 盈利与亏损缺乏严格的界定,概念不清,无法断言。

C. 假定外籍总经理的上任是机械厂发生转变的唯一原因。

D. 聘请外籍管理者仅仅是个短期解决问题的办法,长期还要依靠中国人自己的管理者。

E. 新任总经理的措施也许会对后面的继任者带来不利影响。

[解题分析] 正确答案:C

题干论点是,一个精明的企业领导人能够挽救企业的命运。理由是,新星机械厂新聘请的外籍总经理后在半年之内扭亏为盈。

这一论断是有缺陷的,因为新星机械厂半年之内扭亏为盈可能有多种因素影响。因此,该论断最主要的漏洞在于,外籍总经理的上任是机械厂发生转变的唯一原因。

❷ 广告:北部森林牌槭树糖浆,传统方法制成、天然品质、口味纯正。下面便是证明:据最近的市场调查结果显示,每 10 位顾客就有 7 位表示优先选择它,他们说北部森林牌槭树糖浆是他们唯一的选择,不存在什么"假如""并且"或"但是"。

以下哪项最能说明这则广告潜在误导的根据?

A. 表示不优先选择的顾客的比例可能很小。

B. 其他牌子的槭树糖浆也许也是用传统方法制成的。

C. 没有一种市场调查能涵盖所有消费人口的大多数。

D. 优先选择北部森林牌或许基于这样的因素,比如其价格较低。

E. 买糖浆的顾客或许只买槭树糖浆。

[解题分析] 正确答案：D

大多数顾客选择北部森林牌槭树糖浆的原因可能有多种，不一定就是广告所强调的"传统方法制成、天然品质、口味纯正"，完全有可能是基于其他原因，比如其价格较低。因此，D项为正确答案。

❸ 一位研究者发现，相对于体重而言，孩子吃的碳水化合物多于大人，孩子运动比大人也更多。研究者假设碳水化合物的消耗量与不同程度的运动相联系的卡路里的需求量成正比。

下列哪项假如正确，最能削弱研究者的假设？

A. 在公众运动项目中平均每人花费更多的国家里，人均食用碳水化合物更多。

B. 不参加有组织运动的孩子比参加有组织运动的孩子倾向于吃更少的碳水化合物。

C. 增加碳水化合物消耗量是长跑运动员准备长距离奔跑的一个惯常策略。

D. 与其他情况相比，身体生长时期需要相对多的碳水化合物。

E. 尽管碳水化合物是维持身体健康所必不可少的，但吃更多碳水化合物的人并不一定更健康。

[解题分析] 正确答案：D

题干论证：孩子比大人吃的碳水化合物多而且运动也更多，所以，碳水化合物的消耗量与运动相联系的卡路里的需求量成正比。

D项表明，除了运动因素以外还有身体生长因素影响碳水化合物的消耗量。这就从另一个角度解释了上面的事实，严重地削弱了题干的论述，因此为正确答案。

第四节　归纳方法

探求现象间的因果联系是一个复杂的思维和认识过程，但大致上可以概括为这样两个基本步骤。首先，确定可能的原因（或结果）。任何现象都有许许多多的先行状态或后继状况，人们必须根据已有的科学知识作出初步判定：究竟哪些现象是与被研究现象有关的，可能是被研究现象的原因（或结果）。其次，从可能的原因（或结果）中探求出真正的原因（或结果）。其方法主要是对被研究现象出现（或不出现）的各种场合进行比较，把那些不可能成为被研究现象原因（或结果）的那些现象排除，从而探求出真正的原因（或结果）来。

英国哲学家穆勒（也译作"弥尔"）归纳了求同法、求异法、求同求异法、共变法和剩余法等探求因果关系的基本方法，称为"穆勒方法"或"穆勒五法"，也叫作排除归纳法。它们的原则可以简单归纳为：相同结果必然有相同原因；不同结果必然有不同原因；变化的结果必然有变化的原因；剩余的结果应当有剩余的原因。这些方法是近代科学归纳法的重要成就，是探求因果联系的一个常用方法。在五种方法中，本章只介绍与逻辑考试相关的求同法、求异法、共变法这三种。

一、求同法

（一）求同法概述

求同法是这样一种方法，当我们发现某一现象出现在几种不同的场合，而在这些场合里，只有一个条件是相同的（其他条件均不相同），这样，我们就可以推断说，这个相同条件就是各个场合出现的那个共同现象的原因。

例如，人们发现用不同材料做的、具有不同形状的摆，只要摆的长度相同，它们摆动时的振动周期就相同，于是，推断摆长是摆振动周期相同的原因。

1. 求同法的推理

求同法可以用这样一个公式来表示它：

场合	先行情况	被研究现象
（1）	A、B、C	a
（2）	A、D、E	a
（3）	A、F、G	a
……	……	……

所以，A 是 a 的原因（或结果）。

比如，我们常常发现一些同志身体很好、很结实。原因是什么呢？他们的情况各不相同，有的是教师，有的是学生，有的是工人；有的原来体质较好，有的原来体质较差；他们的工作条件、生活条件、学习条件也各不相同……但我们发现他们却有一个共同的情况，那就是都持之以恒地锻炼身体。由此，我们可以得出结论，持之以恒地锻炼身体是他们身体好的原因，至少是身体好的部分原因。这里就有着求同法的应用。

2. 求同法的特点

求同法的特点是"从异中求同"。它主要是一种观察的方法，通过排除现象间不同的因素、寻找共同的因素来确定现象间的因果联系。这种方法虽然比简单枚举归纳法前进了一大步，但是，归纳强度还是比较低，所得出的结论的可靠性还不高，即运用求同法得出的结论是或然的。

也就是说，应用求同法所得到的认识（即找出的原因）并不都是正确的。因为在各种不同场合里存在的共同条件可能不止一个，而作为真正原因的某一共同条件可能正好被忽视了。因此，通过求同法所得到的认识，应当通过实践或用其他方法去进一步检验。

但是，求同法为我们提供了找到现象原因的线索。所以，它作为一种发现现象因果联系的方法，在科学研究和日常生活中经常被人们应用。

3. 批判性准则

针对运用求同法推出的因果主张，所提出的批判性问题如下：

CQ1：考察的场合是否足够多？是否有反例存在？

CQ2：不同场合中所具有的相同因素是不是唯一的？在所比较的两种现象之间是否存在其他相同的因素？

CQ3：表面相同是否有实质不同？表面不同是否实质相同？

CQ4：相同点是导致某一现象产生的部分原因，还是全部的或唯一的原因？

（二）解题指导

有关涉及求同法的逻辑推理，解题思路如下。

1. 求同强化

强化求同论证的方法大致有三种。

（1）增加论据。即增加一个事实论据，提供另一个有因有果的论据。

（2）唯一因素。即从正面指出相同的因素对导致某个现象的出现是唯一的或关键的。

（3）没有他因。即从反面指出在所比较的两种现象之间不存在其他相同的因素，或指出没有反例的存在。

◆ 售货员对顾客说：压缩机是电冰箱的核心部件，企鹅牌电冰箱采用与北极熊牌电冰箱同样高质量的压缩机，由于企鹅牌冰箱的价格比北极熊牌冰箱的价格要低得多，所以，当你买企鹅牌冰箱而不是北极熊牌冰箱时，你花的钱少却能得到同样的制冷效果。

下面哪一项如果被证实，是能合理地推出售货员的结论的假设？

A. 北极熊牌冰箱的广告比企鹅牌冰箱的广告多。

B. 售货员卖出一台企鹅牌冰箱所得的收入比卖出一台北极熊牌冰箱得到的收入少。

C. 电冰箱的制冷效果仅仅是由压缩机的质量决定的。

D. 企鹅牌冰箱每年的销量比北极熊牌冰箱每年的销量大。

E. 北极熊牌冰箱比企鹅牌冰箱的平均利润大得多。

［解题分析］正确答案：C

售货员观点：因为两种冰箱的压缩机一样，所以制冷效果一样。

这是一则用求同法得出的论证，即比较两个对象所具有的相同点（压缩机），并以此相同点为原因推出其产生的结果（制冷效果）也相同。要得出该论证的结论，就必须假设压缩机是影响制冷效果的全部原因（唯一的原因）。

C 项把"冰箱的制冷效果"与"压缩机的质量"联系了起来，是题干推理必须假设的，否则，如果冰箱的制冷效果"不"仅仅由压缩机的质量来决定，那么售货员的说法就不成立。

其余选项均为无关项。

2. 求同弱化

弱化求同论证的方法大致有三种。

（1）反面论据。提出一个反例的事实论据，来弱化一个论证；或者提出一个削弱论证的理论论据。

（2）并非唯一。从正面指出在被讨论的现象出现的不同场合中某个相同的因素并不是唯一的。

（3）另有他因。从反面指出在所比较的两种现象之间存在其他相同的因素。

❶ 现代社会中有很多人发胖，长有啤酒肚，体重严重超标，因为他们常常喝啤酒。

对以下各项问题的回答都可能质疑上述论证，除了：

A. 如果人们每天只喝啤酒，吃很少的其他食物，特别是肉食品，他们还会发胖吗？

B. 为什么美国有很多女人和孩子常喝可乐、吃炸鸡和比萨饼，其体重也严重超标？

C. 很多发胖的人也同时抽烟，能够说"抽烟导致发胖"吗？

D. 发胖的人除常喝啤酒外，是否经常进行体育锻炼？

E. 未成年儿童没有喝过啤酒，为什么也有很多肥胖的？

[解题分析] 正确答案：D

题干根据很多胖人常喝啤酒，得出结论：常喝啤酒导致了发胖。

A项，如果只喝啤酒，吃很少的其他食物，就不会发胖，有因无果，那就削弱了题干论证。

B项，不喝啤酒也发胖，无因有果，有力地质疑了题干论证。

C项，意味着不能根据事实相关就得出因果相关，削弱了题干论证。

D项，如果发胖的人除常喝啤酒外还经常进行体育锻炼，由于体育锻炼能减肥是常识，意味着喝啤酒确实会发胖，支持了题干。如果发胖的人除常喝啤酒外不经常进行体育锻炼，意味着可能不经常锻炼也是发胖的一个因素，也似乎有削弱题干的意思。但综合来看，D项是最不能削弱题干论证的，为正确答案。

E项也是个无因有果的反例，有力地质疑了题干论证。

❷ 尽管迈克一贯胃口不好，但是他却非常喜欢在德普饭店吃的三顿饭。然而不幸的是，他每次饭后都得了病。第一次，他吃了一块巨大的香肠比萨饼外加一道辣椒；第二次，他尽其所能吃了"吃你所能吃炸虾"和辣椒特价菜；第三次，他就着辣椒吃了两个德普饭店的大肉团三明治。因为这三顿饭中每次都有的菜只有辣椒，所以迈克推论出他生病就是因为德普饭店的辣椒。

迈克的推理最易受到下面哪一项的批评？

A. 作为得出他的结论的基础，在德普饭店食用的包括辣椒的饭的次数太少了。

B. 他在没有确定假设的原因是否先于假设的结果的情况下，假定了一个因果关系。

C. 他让自己继续在德普饭店进餐的愿望使他的结论带上了偏见。

D. 他没有证明每个在德普饭店吃过辣椒的人都生了病。

E. 他忽视了这样的事实，即对他来说所有这三餐饭他都吃得太多了。

[解题分析] 正确答案：E

题干推理是求同法：迈克在德普饭店吃了三餐饭后都得了病，他吃的三餐饭都不同，但每餐都包含有辣椒这个共同因素，因此，他认为生病的原因就是辣椒。

那么，如果他除了每餐都包含有辣椒这个共同因素外，还有别的共同因素，比如这三餐饭他都吃得太多了，那么，就不能认为生病的原因就是辣椒，而是另外的共同因素，即吃得太多造成的。因此，E项为正确答案。

A项，也有削弱作用，说的是求同法的场合太少，结果就不可靠。但削弱作用不大。

B项，易误选。假设的原因指的是吃辣椒，假设的结果指的是得病。即他没有确定先吃了辣椒才得病的，还是得病后才吃辣椒的；这是不对的，事实上题干已经明确说了是饭后得病的，因此B项不对。即使你认为，他原来就已有潜在的病，然后吃了辣椒生病了，那也说明辣椒是生病的一个触发因素，至少是部分原因。题干的推理还是得不到削弱。

C项，进餐愿望使结论带上了主观偏见，显然偏离题干主线。

D项，易误选。若迈克证明每一个在德普饭店进餐时吃了辣椒的人都生了病，将有助于支持他的结论。但若是别人吃了辣椒不生病，当然对迈克生病的原因是辣椒的说法有所削弱，但削弱力度很小，这是个外部削弱，因为别人吃了辣椒是否生病并不是题干中迈克的结论所依赖的事实，因此 D 不妥。

❸ 在一项学习实验中，一位研究人员将老鼠置于一个迷宫之中，有的老鼠是眼睛瞎了，有的老鼠是耳朵聋了，有的老鼠没有嗅觉，还有一些老鼠没有感官缺陷。但是，所有的老鼠都在几乎同样多的时间里学会了自己的任务。在除视觉、听觉和嗅觉之外的感觉中，只有动觉以前没有被表明与迷宫学习无关。以这些事实为基础，研究人员得出结论说：动觉即身体运动的感觉对迷宫学习就已经足够了。

研究人员的推论最易于受到以下哪种批评的攻击？

A. 研究人员对老鼠跑迷宫在熟练程度上的细小差别没有给予足够的重视。

B. 动觉与至少其他一种感觉的相互作用是迷宫学习所需要的，这一可能性不能在上述资料的基础上被排除掉。

C. 从所给出的资料可以断定被剥夺感官刺激来源的老鼠比先前更加依赖动觉，但这一资料没有表明这样的转换是如何发生的。

D. 从所给出的资料可以得出结论说：老鼠能只凭动觉便学会跑迷宫，但并没排除对非动觉刺激的反应。

E. 从所给出的资料可以得出结论说：跑迷宫的老鼠至少依赖两种感觉刺激来源，其中之一是动觉，但剩下的是哪一种感觉必须使用就没有定论了。

［解题分析］正确答案：B

研究人员结论：身体运动的感觉对迷宫学习就已经足够了。

要注意考察相同点是导致某一现象产生的部分原因，还是全部的或唯一的原因。需要注意的是，虽然老鼠都失去了一种感觉，但不是同时失去所有动觉以外的感觉，因此有可能是动觉和其他感觉相结合进行迷宫学习，因此，B 项有力地削弱了研究者的结论，为正确答案。

A 为明显无关选项。C 项，转换如何发生与题干无关。D 项，老鼠能只凭动觉便学会跑迷宫，支持题干论述。E 项，题干的资料只是没有排除老鼠使用两种感觉的可能性，但是得不出至少依赖两种感觉的确切结论。

3. 求同描述

求同法是这样一种方法：当我们发现某一现象出现在几种不同的场合，而在这些场合中，只有一个条件是相同的（其他条件均不相同），这样，我们就可以推断说，这个相同条件就是各个场合出现的那个共同现象的原因。

◆ 对 6 位患罕见癌症的病人的研究表明，虽然他们生活在该县不同地方，有很不相同的病史、饮食爱好和个人习惯——其中 2 人抽烟、2 人饮酒——但他们都是一家生产除草剂和杀虫剂的工厂的员工。由此可得出结论：接触该工厂生产的化学品很可能是他们患癌症的原因。

以下哪一项最准确地概括了题干中的推理方法？

A. 通过找出事物之间的差异而得出一个一般性结论。

B. 排除不相干因素，找出一个共同特征，由此断定该特征与所研究事件有因果联系。

C. 根据 6 个病人的经历得出一个一般性结论。

D. 所提供的信息允许把一般性断言应用于一个特例。

E. 通过论证没有其他的选择是其原因，从而间接表明：暴露于该公司生产的化学品是其可能的原因。

[解题分析] 正确答案：B

题干根据研究发现，6 位患罕见癌症的病人生活的地域、病史、饮食爱好、个人习惯等都不相同，但有一个因素相同，即他们都是一家生产除草剂和杀虫剂的工厂的员工。从而得出结论：接触该工厂生产的化学品很可能是他们患癌症的原因。

可见，题干推理用的是求同法，即排除不相干因素，找出一个共同特征，由此断定该特征与所研究事件有因果联系。因此，B 项准确地概括了题干中的推理方法，为正确答案。

A、E 项明显与题干中所使用的方法不同，C 项说法过于空泛，D 项说的是演绎法，均不能准确概括题干中的推理方法。

二、求异法

求异法又叫差异法，是逻辑考试的一个重点。

（一）求异法概述

求异法是这样一种方法：如果某一现象在一种场合下出现，而在另一场合下不出现，但在这两种场合下，其他条件都相同，只有一个条件不同（在某现象出现的场合里有这个条件，而在某现象不出现的那一场合里则没有这个条件），那么，这唯一不同的条件，就是某现象产生的原因。

1. 求异法的推理

求异法可用下述公式来表示：

场合　　先行情况　　　被研究现象
（1）　　A、B、C　　　a
（2）　　＿＿、B、C　　　＿＿
所以，A 是 a 的原因（或结果）。
甲同学以前：每天坚持长跑、20 岁、山东人……身体健康
甲同学现在：＿＿、20 岁、山东人……＿＿
（或者还是这个甲同学，后来不长跑了，身体就不那么健康了）
所以，每天坚持长跑是身体健康的原因。

2. 求异法的特点

特征：同中求异（只有一个因素不同，其余相同）。

求异法大多是以实验观察为依据的。由于它能够经过人们自觉的安排，既考虑到被研究对象出现的场合，更注意到被研究对象不出现的场合。因此，它的结论比求同法的结论更为可靠。正是因为求异法所得结论的可靠程度高，因此，人们经常使用这种逻辑方法来探寻现象间的因果联系。

3. 批判性准则

针对运用求异法推出的因果主张，所提出的批判性问题如下：

CQ1：有没有考察别的场合？是否有反例存在？

CQ2：不同场合中所具有的差异因素是不是唯一的？在所比较的两种现象之间是否存

在其他差异因素？

CQ3：背景是否一样？即其他条件是否都相同？

CQ4：两个不同场合中所具有的差异因素是部分原因还是全部原因？

CQ5：是否还有隐藏着的其他原因？表面相同是否有实质不同？表面不同是否实质相同？

（二）解题指导

有关涉及求异法的逻辑推理，解题思路如下。

1. 求异强化

求异论证的强化方法大致有五种。

（1）求异论证的强化方法第一种：关键差异

从导致不同结果的原因方面指出差异因素是唯一的、关键的或必不可少的，即先行情况和被研究现象之间具有实质性的因果联系。

（2）求异论证的强化方法第二种：正面证据

通过一个对比观察或对比实验，提供一个符合求异法的对比事实作为正面证据。

（3）求异论证的强化方法第三种：无因无果

通过一个对比观察或对比实验，提供对比方的无因无果的事实作为正面证据。

（4）求异论证的强化方法第四种：背景相同

正面指出除这个差异因素之外，其他背景因素（先行条件）都是相同的。

（5）求异论证的强化方法第五种：没有他因

从导致不同结果的原因方面指出不存在其他方面的差异。

❶ 早期人类的骸骨清楚地显示他们比现代人更少有牙齿方面的问题。因此，早期人类的饮食很可能与今天的非常不同。

以下哪项陈述最能强化上述论证？

A. 那些残骸表明某些早期人类的牙齿有许多蛀牙。

B. 早期人类的饮食至少和我们的饮食一样种类繁多。

C. 早期人类的平均寿命较短，而牙齿问题主要出现在年纪大的人身上。

D. 健康的饮食能保持健康的牙齿。

E. 饮食是影响牙齿健康最重要的一个因素。

[解题分析] 正确答案：E

本题是使用求异法作出的论证，比较的对象是早期人类与现代人，先行情况中的差异因素是"饮食"，比较的现象是"牙齿健康"，求异法的结论：差异因素（饮食情况）是导致某种现象（牙齿健康）产生的原因。要使这个论证成立，就必须指出"饮食情况"这个差异因素对（牙齿健康）这个现象的出现是关键的。可见，E 项如果成立，最能支持题干论证。

❷ 有人认为鸡蛋黄的黄色跟鸡所吃的绿色植物性饲料有关，为了验证这个结论，下面哪种实验方法最可靠？

A. 选择一优良品种的蛋鸡进行实验。

B. 化验比较植物性饲料和非植物性饲料的营养成分。

C. 选择品种等级完全相同的蛋鸡，一半喂食植物性饲料，一半喂食非植物性饲料。

D. 对同一批蛋鸡逐渐增加（或减少）喂食植物性饲料的比例。

E. 选出不同品种的蛋鸡，喂同样的植物性饲料。

[解题分析] 正确答案：C

为了检查题干中的因果关系是否为真，最可靠的方法是做对比实验，即在让实验对象其他方面的条件相同的情况下，改变差异因素（植物性饲料）后，看结果（蛋黄的颜色）是否不同。因此，C 项为正确答案

D 项是干扰项，对题干结论有验证作用，但此方法不及 C 项可靠。

其余选项明显不妥，其中，A 项没谈何种实验；B 项只讲化验，而从饲料到鸡蛋还会有复杂的转化过程，不是仅靠化验能解决的；E 项不对，因题干中的结论并不是对某些特定的鸡而言的。

❸ 科学家发现，一种名为"SK3"的蛋白质在不同年龄的实验鼠脑部的含量与其记忆能力密切相关：老年实验鼠脑部 SK3 蛋白质的含量较高，年轻实验鼠含量较少；而老年实验鼠的记忆力比年轻实验鼠差。因此，科学家认为，脑部 SK3 蛋白质含量增加会导致实验鼠记忆力衰退。

以下哪项如果为真，最能支持科学家的结论？

A. 在年轻的实验鼠中，也发现脑部 SK3 蛋白质含量较高的情况。

B. 已经发现人类的脑部也含有 SK3 蛋白质。

C. 当科学家设法降低老年实验鼠脑部 SK3 蛋白质的含量后，它们的记忆力出现了好转。

D. 科学家已经弄清了 SK3 蛋白质的分子结构。

E. 有些实验鼠年龄越大，SK3 蛋白质含量越小。

[解题分析] 正确答案：C

题干是使用求异法作出的论证，比较的对象是老年鼠和年轻鼠，比较的现象是"记忆力"，得出的结论是：差异因素（SK3 含量）是导致某种现象（记忆力好坏）的原因。

年轻鼠：SK3 含量低，记忆力好。

老年鼠：SK3 含量高，记忆力差。

C 项表明：老年鼠，SK3 含量降低，则记忆力好转。因此，C 项是个无因无果的支持，为正确答案。

A、E 项能削弱题干论述；B、D 明显为无关选项。

❹ 将患癌症的实验鼠按居住环境分为两组。一组是普通环境：每个标准容器中生活的实验鼠不多于 5 只，没有娱乐设施。另一组环境复杂：每 20 只实验鼠共同居住在一个宽敞的、配有玩具、转轮等设施的容器中。几周后，与普通环境的实验鼠相比，复杂环境中实验鼠的肿瘤明显缩小了。因此，复杂环境与动物之间的互动可以抑制肿瘤生长。

如果以下哪项陈述为真，能给上面的结论以最有力的支持？

A. 在复杂环境中生活的实验鼠面临更多的纷争和挑战。

B. 两组中都有自身患癌症和因注射癌细胞而患癌症的实验鼠，且两组均有充足的食物和水。

C. 与普通环境的实验鼠相比，复杂环境的实验鼠体内一种名为"瘦素"的激素的水

平明显偏低。

D. 与普通环境的实验鼠相比，复杂环境的实验鼠体内的肾上腺素水平有所提高。

E. 与普通环境的实验鼠相比，复杂环境的实验鼠活的时间更短。

[解题分析] 正确答案：B

题干的结论是通过对比实验得到的，要使这一结论具有说服力，必须保证对比实验的背景条件是一样的，B 项符合这一要求，它陈述了两组实验对象之间的相同之处，是对题干的有力支持。

其余选项只是说明复杂环境的某种特性，但并没表明这些特性是否可以抑制肿瘤生长，因此，起不到支持作用。

❺ 孩子们看的电视越多，他们的数学知识就越贫乏。美国有超过 1/3 的孩子每天看电视的时间在 5 小时以上，在韩国仅有 7％ 的孩子这样做。但是鉴于在美国只有不到 15％ 的孩子懂得高等测量与几何学概念，而在韩国却有 40％ 的孩子在该领域有这个能力。所以，如果美国孩子要在数学上表现出色的话，他们就必须少看电视。

下面哪一个是上述论证所依赖的假设？

A. 美国孩子对高等测量和几何学概念的兴趣比韩国的孩子小。

B. 韩国孩子在功课方面的训练比美国孩子多。

C. 想在高等测量与几何学上取得好成绩的孩子会少看电视。

D. 如果一个孩子每天看电视的时间不超过 1 小时，那么他在高等测量与数学方面的能力就会提高。

E. 美国孩子在高等测量与几何学概念方面所能接受的教育并不比韩国孩子差很多。

[解题分析] 正确答案：E

题干是使用求异法作出的论证，比较的对象是美国孩子和韩国孩子；先行情况中的差异因素是"看电视"，比较的现象是"数学能力"，求异法的结论：差异因素（看电视）是导致某种现象（数学能力）产生的原因。要使这个论证成立，就必须指出除了"看电视"这个差异因素外，没有其他差异因素（比如所接受的数学教育）来影响论证。

E 项是题干推理必须假设的，否则，如果美国孩子在高等测量和几何方面所接受的教育比韩国的孩子差，意味着存在其他原因导致两组孩子的数学能力不同，而未必是看电视的影响，这样题干论证就不成立了。

A 项指出两组孩子存在其他差异，意味着可能存在其他原因导致数学能力不同，削弱题干。

B 项讨论两组孩子功课训练的差别，没有具体到某一科目，并且如果两组孩子在数学方面的功课训练不同，那么也有另有他因的意味，削弱题干。

C 项实际是重复了题干的论证后的进一步推论，不是题干论证所依赖的假设。

D 项错误，因为题干结论是，少看电视是学好数学的必要条件，而没有指出少看电视是学好数学的充要条件。

2. 求异弱化

求异论证的弱化方法大致也有五种。

（1）求异论证的弱化方法第一种：并非关键

从导致不同结果的原因方面指出差异因素不是唯一的、关键的或必不可少的。

（2）求异论证的弱化方法第二种：反面证据

通过一个对比观察或对比实验，提供一个违背求异法的对比事实作为反面证据。

（3）求异论证的弱化方法第三种：提供反例——无因有果、有因无果

通过一个对比观察或对比实验，提供与对比方的因果不一致的事实作为反面证据。

（4）求异论证的弱化方法第四种：背景不同

正面指出除这个差异因素之外，其他背景因素（先行条件）是不同的。

（5）求异论证的弱化方法第五种：另有他因

从导致不同结果的原因方面指出存在其他方面的差异。

❶ 自 1997 年开始的亚洲金融危机中，中国因为金融市场的开放程度有限而没有受到最严重的冲击。相反，亚洲各国中金融市场开放程度比较高的韩国、印尼、泰国等都饱受货币贬值、经济衰退之苦。看来，中国的金融市场还是应该自成体系地封闭运行为好。

以下哪项如果为真，最能削弱上述结论？

A. 亚洲金融危机只是一个前奏，更危险的冲击还在后头。

B. 中国金融市场开放程受受到中国经济发展阶段的限制。

C. 亚洲金融危机给中国带来的影响可能是深层次的，并非表面这样平静。

D. 随着香港经济与内地经济越来越紧密地融合，中国金融市场的开放程度也会越来越大。

E. 如果不开放金融市场，金融体系无法走向成熟和完善，躲过了亚洲金融危机，也躲不过世界金融危机。

[解题分析] 正确答案：E

题干根据亚洲金融危机中中国与韩国等对比推理得出结论：中国金融市场不开放为好。

因：金融市场开放；果：受到金融危机的冲击。

无因：不开放金融市场；有果：会受到世界金融危机的冲击。

E 项表明，不开放金融市场则会受到世界金融危机的冲击，这就以无因有果的方式有力地削弱了题干结论。

C 项对题干有所削弱，但由于它断定的只是一种可能性，削弱力度不足。其余选项均不能削弱题干。

❷ 在两个试验大棚内种上相同数量的茄子苗，只给第一个大棚施加肥料甲，但不给第二个大棚施加。第一个大棚产出 1 200 公斤茄子，第二个大棚产出 900 公斤茄子。除了水以外，没有向这两个大棚施加任何其他东西，故必定是肥料甲导致了第一个大棚有较高的茄子产量。

如果以下陈述为真，哪一项最严重地削弱了上面的论证？

A. 少量的肥料甲从第一个大棚渗入第二个大棚。

B. 在两个大棚中种植了相同品种的茄子苗。

C. 两个大棚的土质和日照量有所不同。

D. 第三个大棚施加肥料乙，没有施加肥料甲，产出 1 000 公斤茄子。

E. 两个大棚的占地面积相差很多。

[解题分析] 正确答案：C

要得出肥料甲和茄子产量高之间存在必然的因果关系，必须排除其他可能导致结果的原

因。即要保证对照实验中的这两块地除了是否施了肥料甲外，其他背景因素都应该相同。

C 项表明，两个大棚的土质和日照量有所不同。这就说明存在其他因素影响了论证，能有效地削弱题干结论，为正确答案。

❸ 某研究机构耗时 9 年，追踪调查 6.3 万名健康人士的饮食习惯，包括肉的消费量、肉类烹调方式以及肉类煮熟的程度等，研究小组按食用烤肉量的多少把研究对象分为 5 组。截至研究结束时，共有 208 人患上胰腺癌，他们大多集中在烤肉食用量最多的两组。因此，研究者得出结论，大量食用烤肉更容易患胰腺癌。

以下哪项如果为真，最能削弱上述结论？

A. 研究表明，父母若有一人患胰腺癌，子女患该病的概率将提高 30％。

B. 资料显示，长期食用煮熟肉类和长期食用烤肉类的人群相比，患胰腺癌的比例相当。

C. 调查数据表明，大量食用烤肉的人有 98％都喜欢一边喝啤酒一边吃烤肉，并且常常熬夜。

D. 该研究中偏好半熟烤肉的人患胰腺癌的比例比偏好全熟烤肉的人高约 60％。

E. 近年来的调查报告发现糖尿病人群中胰腺癌的发病率明显高于普通人群。

[解题分析] 正确答案：C

研究者得出的结论是，大量食用烤肉更容易患胰腺癌。

若选项 C 为真，大量食用烤肉的人有 98％都喜欢一边喝啤酒一边吃烤肉，并且常常熬夜，这意味着可能是由于酒和熬夜导致他们更容易患胰腺癌，这就有力地削弱了结论。

其余选项均不妥，其中 B 项易误选，因为题干探讨的是不同烤肉食用量的人群的比较，结论也不是食用烤肉比食用其他肉更容易患胰腺癌，所以，食用煮熟肉类和烤肉类的人群的比较起不到作用，为无关选项。

3. 弱化变形

题干论述：差异因素（先行情况）发生正反两方面的变化，比较的现象（结果）没变化，从而得出结论，差异因素对结果无影响。

怎么削弱？可指出虽然表面相同，但实际上存在其他不同因素。即使比较的现象（结果）实际上是有变化的（有其他因素造成或有其他方面的变化），就有利于说明差异因素与比较的现象（结果）具有因果关系。

❶ 统计数据显示，坚持常年打太极拳的人与从不打太极拳的人相比，平均寿命相同。由此可见，打太极拳并不能强身健体、延长寿命。

如果以下陈述为真，哪一项能够最有力地削弱上述论证？

A. 有些运动员身体强健，但寿命却低于普通人。

B. 太极拳动作轻柔舒缓，常年坚持，能够舒筋活血、养气安神。

C. 坚持常年打太极拳的人中有很多体弱多病者。

D. 太极拳运动容易开展，对场地、运动者的身体素质没有什么要求。

E. 太极拳这一中华武术瑰宝已受到了世界各地人们的普遍推崇。

[解题分析] 正确答案：C

题干得出打太极拳并不能强身益寿这一结论的依据是，坚持打太极拳的人与从不打太极拳的人相比，平均寿命相同。

即差异因素（先行情况）发生正反两方面的变化，比较的现象（结果）没变化，说明差异因素对结果无影响。

场合	先行情况	被研究现象
（1）	A、B、C	a
（2）	＿＿＿、B、C	a

所以，A 与 A 无因果关系

怎么削弱？说明两个场合的 a 实质上是不同的。

或者说明其背景因素不一样，本来就不具有可比性。

C 项表明，练太极拳使体弱多病者与普通人达到了相同的寿命，可见太极拳强身健体的作用是明显的，这就有力地削弱了题干论证。

其余选项不妥，其中，A、E 项引入外来信息，削弱力度很低；B 项削弱力度也不足；D 项对于题干论证不起作用。

❷ 针对脑部胶质瘤在全球范围内的高发病率，美国的罗斯公司研制出一种专门用于术后化疗的新药 X，在临床试验中与传统的化疗药物 Y 加以比较，分别在同类 70 个脑部胶质瘤晚期术后患者中分两组使用，每组 35 人，第一组用药物 Y，第二组用药物 X。但是两年后的统计结果却是每组都有 20 人死亡。因此，新药 X 并没有更好的疗效。

以下哪项如果为真，最能削弱上述论证？

A. 在死亡的 20 人中，第一组的平均寿命比第二组小三岁。

B. 在死亡的 20 人中，第一组的平均死亡月份比第二组早三个月。

C. 在活着的人中，第一组的比第二组的病情更严重。

D. 在活着的人中，第一组的比第二组的更年长。

E. 在活着的人中，第一组的比第二组的病情要轻一些。

[解题分析] 正确答案：B

本题是使用求异法作出的论证，先行情况中的差异因素是"服用不同药物"，比较的现象是"寿命"，由于两年后每一组都有 20 位病人去世，从中得出结论：新药 X 并没有更好的疗效。

如果 B 项为真，则事实上，在上述死亡病人中，不服用新药的那一组的平均死亡月份比第二组早三个月，则就有利于说明差异因素（服用新药）是导致某种现象（寿命增加）产生的原因，这样，就说明服用新药更有效，这就有力地削弱了上述论证，为正确答案。

对两组病人的考察，只能从患病并进行治疗开始，与平均寿命关系不大，A 不选。

根据题意，每组有 15 人活着，因此比较活着的人就不如比较死亡的 20 人更有说服力，所以 C、D、E 项均不予考虑。

场合	先行情况	观察到的现象
1	服用传统药 Y、B、C	20 人死亡 A
2	服用新药 X、B、C	20 人死亡 A
结论：新药 X 并没有更好的疗效		

求异法弱化变形（A 表面同实质不同）

4. 求异推论

求异推论指的是，题干是个求异论证，要求推出结论。得出的结论应该是，差异因素是导致某种现象产生的原因。

❶ 阿德莱德大学的研究人员在一项食用大蒜的实验研究中，将受试者分为两组。第一组的受试者在 3 至 6 个月中每天服用 600～900 毫克含有蒜素的营养补充剂，对照组人员服用安慰剂。研究结果显示，服用蒜素营养补充剂的高血压患者的高压平均降低了 8.4 毫米汞柱，低压平均降低了 7.3 毫米汞柱。

根据以上研究情况，最有可能得出以下哪项结论？

A. 血压越高的患者，在服用该营养补充剂后，其血压降低的幅度越大。

B. 食用蒜素有助于降低血压。

C. 蒜素是否能够长期起到良好降压效果还有待于进一步研究。

D. 服用蒜素营养补充剂的每一个人高压都比低压降低幅度大。

E. 服用安慰剂的受试者中也有人降低了血压。

[解题分析] 正确答案：B

题干做了个对比实验，从实验结果显然有利于说明：食用蒜素有助于降低血压。因此，B 项正确。

❷ 当谈到工地的安全性时，美国远远排在瑞典和加拿大的后面。在这三个国家中，监视工地安全情况的联合劳动安全管理委员会非常成功地减少了由职业引起的伤害。在美国，只有少数的几家公司有这样的委员会，并且是通过自愿的方式成立的。然而，在瑞典和加拿大的几个省内，联合劳动安全管理委员会是法律所要求的，且在所有中等和大型工地都有这样的委员会。

下面哪一项被上面的论述所支持？

A. 在美国的所有中等和大型工地创立联合劳动安全管理委员会能导致由职业引起的伤害的减少。

B. 被法律要求的联合劳动安全管理委员会在减少由职业引起的伤害上要比自愿成立的联合劳动安全管理委员会有效得多。

C. 法律要求在所有中等和大型工地创立联合劳动安全管理委员会之前，瑞典和加拿大的工地安全性就比美国的高。

D. 在瑞典和加拿大，联合劳动安全管理委员会在法律要求之前，就已在大多数中等和大型工地上自愿成立了。

E. 如果美国要求在所有的中型和大型工地上都创立联合劳动安全管理委员会，美国在工地的安全性方面将会超过瑞典和加拿大。

[解题分析] 正确答案：A

题干陈述：美国工地的安全性远远排在瑞典和加拿大的后面。在美国，只有少数公司有安全委员会，在瑞典和加拿大的几个省内，所有中等和大型工地都有安全委员会。

由此可见，在工地创立联合劳动安全管理委员会能导致由职业引起的伤害减少，所以 A 为正确答案。

其余选项都不能从题干论述中合理地推出。

5. 求异解释

题干论述，一方面，差异因素（先行情况）发生正反两方面的变化，比较的现象（结果）也变化，按理应该有因果关系，但另一方面，又说明它们没有因果关系。为什么呢？

那就要从另外角度，比如另有他因或背景因素不一样来解释它们的分歧。

◆ 研究表明，很少服用抗生素的人比经常服用抗生素的人有更强的免疫系统。然而，没有证据表明，服用抗生素会削弱免疫系统。

下面哪一项如果正确，最能够调和题干中信息之间的不一致？

A. 有些人常吃抗生素类药，因为他们的医生无论是对病毒感染还是对细菌感染都开抗生素类药物。

B. 免疫力强的人很少感染上人们通常用抗生素来治疗的疾病。

C. 尽管抗生素会产生许多副作用，有些人依然使用这类药。

D. 免疫力差的人，如果不服用抗生素类药，很难从细菌传染病中恢复过来。

E. 医生使用这类药是从病人当前的病情出发考虑的。

[解题分析] 正确答案：B

很少服用抗生素的人比经常服用抗生素的人有更强的免疫系统，按求异法推理，正常情况应该是，服用抗生素会削弱免疫系统；然而，题干认为没有证据证明这一结论，为什么呢？肯定存在别的原因导致使用求异法得出的这一结论不可靠。

B项就指出了"免疫力强的人很少感染上人们通常用抗生素来治疗的疾病"，说明很少服用抗生素的人本来就免疫系统就强；也就是说，不是因为服用抗生素削弱了免疫系统，而是免疫系统强的人不需要服用抗生素。

6. 求异描述

求异法的特点是同中求异。题干是个用求异法作出的论证，要求用逻辑的语言描述这一推理方法。

❶ 与新疆的其他城市一样，库尔勒直到 20 世纪 80 年代初物价都是很低的，自它成为新疆的石油开采中心以后，它的物价大幅上升，这种物价上涨可能来自这场石油经济，这是因为新疆那些没有石油经济的城市仍然保持着很低的物价水平。

最准确地描述了上段论述中所采用的推理方法的是哪项？

A. 鉴于条件不存在的时候现象没有发生，所以认为条件是现象的一个原因。

B. 鉴于有时条件不存在的情况下现象也会发生，所以认为条件不是现象的前提。

C. 由于某一特定事件在现象发生前没有出现，所以认为这一事件不可能引发现象。

D. 试图说明某种现象是不可能发生的，而某种解释正确就必须要求这种现象发生。

E. 由两个对象的某些相同或相似的性质，推断它们在其他性质上也有可能相同或相似。

[解题分析] 正确答案：A

题干得出"物价上涨可能来自这场石油经济"这一结论的理由是：有石油经济的地方物价高，没有石油经济的地方物价低。其推理方法就是求异法，A项准确地描述了这一推理方法。

❷ 在新近的医学实验中，对黄热病免疫的 20 名志愿者，在一种防蚊的环境中，与已经出现黄热病症状的病人生活很长一段时间。志愿者经常与这些病人接触，但没有一个志愿者染上黄热病。当该实验在不防蚊的环境中重复时，几名志愿者被蚊虫叮咬。在这种情况下，被叮咬过的志愿者全都染上了黄热病。基于这个实验，可以有信心推出：蚊虫的叮咬，而不是与患这种病的病人接触，是患黄热病的原因。

上面的论证使用了下面哪一种推理方法？

A. 通过排除所有其他的候选原因而只留下一个候选原因，由此确立一个因果结论。

B. 根据对一个先于该结果的事件的辨认而确立一个因果结论。

C. 根据两个不同环境之间的类比，确立一个因果结论。

D. 确立一个因果结论。

E. 使用实验中专家证言作为结论的根据。

[解题分析] 正确答案：A

题干论证所使用的推理方法是求异法。该方法消除在两个场合的所有因素，而留下两个场合赖以区别的唯一方式作为原因。A项正确地描述了这一推理方法。

三、共变法

共变法在科学研究和日常生活实践中都有很大作用，它不仅可以用来确定因果联系，而且也可以用来作为反驳事物间具有因果联系的根据。

（一）共变法概述

共变法是指在其他条件不变的情况下，如果一个现象发生变化，另一个现象就随之发生变化，那么，前一现象就是后一现象的原因或部分原因。

1. 共变法的推理

共变法可用下述公式来表示：

场合	先行情况	被研究现象
(1)	A1、B、C、D	a1
(2)	A2、B、C、D	a2
(3)	A3、B、C、D	a3
...	......	...

所以，A 是 a 的原因

只要我们能够证明假定原因的变化并不引起作为预想结果的变化，我们也就可以因此而否认它们之间可能存在的因果联系。另外，共变法的作用还表现在：几乎所有测量仪器（比如温度计）的构造，都是以互有因果联系的现象间的共变关系为基础的，从而也就可以使我们能根据一种现象的量来判断另一种现象的量。

2. 共变法的特点

共变法的特点是"同中求变"。

求同法是异中求同，求异法是同中求异。共变法的共变现象达到极限，就是求异法，所以说求异法是共变法的极端场合。

求同法、求异法都是从先行情况与被研究现象的出现和不出现来判明因果联系的。而共变法却是从先行情况与被研究现象的数量或程度的变化来判明因果联系的。在运用共变法时，先行情况与被研究现象在被考察的几个场合始终存在，只是两者在量上发生一定的变化，根据这种变化，不但能找出原因，还能初步确定原因与结果之间的数量关系，因而共变法的结论具有较大可靠性。

3. 批判性准则

针对运用共变法推出的因果主张，所提出的批判性问题如下：

CQ1：考察的场合是否足够多？是否有反例存在？

CQ2：被研究现象发生共变的情况是否唯一？是否还存在其他共变因素？

CQ3：在考察两个现象之间的共变关系时，背景是否一样？即其他条件是否保持不变？

CQ4：两种现象的共变是否具有相关性？是否有因果关系？

CQ5：共变情况在什么样的限制范围？

CQ6：两种因果共变的现象是正的共变还是逆的共变？

（二）解题指导

有关涉及共变法的逻辑推理，解题思路如下。

1. 共变强化

强化一个用共变法作出的论证的方法如下。

（1）指出发生共变的两个现象之间有实质性的相关。即从导致共变结果的原因方面指出共变因素是唯一的、关键的或必不可少的，也即先行情况和被研究现象之间具有实质性的因果联系。

（2）提供符合题干共变关系的原则（理论根据），或者，提供新的共变证据（事实例证：有因有果）。

（3）正面指出除这两个共变现象之外，其他背景因素都是相同的。或者，从反面指出不存在其他共变因素（没有他因）。

❶ 一项有关国家气象服务局的风暴检测雷达系统的测试表明，1957 年的雷达系统比新的雷达计算机系统可靠 10 倍。因此，用于新雷达系统的技术一定没有用于 1957 年的雷达系统中的技术复杂精密。

以上结论依赖以下哪项有疑问的假设？

A. 检测风暴的雷达系统的可靠性是由其故障的频率决定的。

B. 检测风暴的雷达系统所使用的技术的复杂精密程度可以由该系统的可靠性来决定。

C. 检测风暴的雷达系统的可靠性是由它们预测天气形势的准确性决定的。

D. 计算机硬件是现在用于天气预报服务的新的检测风暴的雷达系统中的一个关键的组成部分。

E. 检测风暴的雷达系统的大多数重要的技术进步是在 20 世纪 50 年代取得的。

[解题分析] 正确答案：B

题干结论是：检测风暴的雷达系统的可靠性越强，其复杂精密程度就越高。

B 项指出发生共变的两个现象之间有实质性的相关，是题干推理必需的假设，否则，如果检测风暴的雷达系统所使用的技术的复杂精密程度不能由该系统的可靠性来决定，则题干论证就不成立。

评价雷达系统可靠性的标准如何与题干论述关系不大，A、C 项排除；D 项，描述雷达系统的技术细节与题干论证无关；E 明显为无关选项。

❷ 在 1988 年，波罗的海有很大比例的海豹死于病毒性疾病；然而在苏格兰的沿海一

带，海豹由于病毒性疾病而死亡的比例大约是波罗的海的一半。波罗的海海豹血液内的污染性物质水平比苏格兰海豹的高得多。因为人们知道污染性物质能削弱海洋哺乳动物对病毒感染的抵抗力，所以波罗的海中海豹的死亡率较高很可能是由于它们的血液中污染性物质的含量较高所致。

下面哪一点如果正确，能给上述论述提供最多的附加支持？

A. 绝大多数死亡的苏格兰海豹都是老的或不健康的海豹。

B. 杀死苏格兰海豹的那种病毒击垮损害的免疫系统的速度要比击垮健康的免疫系统的速度快得多。

C. 在波罗的海海豹的血液中发现的污染性物质的水平略有波动。

D. 在波罗的海发现的污染性物质种类与在苏格兰沿海水域发现的大相径庭。

E. 1988 年，在波罗的海除了海豹之外的海洋哺乳动物死于病毒性疾病的死亡率要比苏格兰海岸沿海水域的高得多。

[解题分析] 正确答案：E

题干根据海豹由于病毒性疾病而死亡的比例与海豹血液内的污染性物质水平的共变现象，得出结论，波罗的海中海豹的死亡率高是由于它们的血液中污染性物质的含量较高所致。

题干：污染性物质高，则海豹死亡率高。

E项：污染性物质高，则其他哺乳动物死亡率高。

可见，该项表明海洋中污染性物质含量高与其他哺乳动物死于病毒性疾病的死亡率紧密相关，这作为一个新的证据，有力地支持了题干的论证。

2. 共变弱化

弱化一个用共变法得出的论证的方法如下。

（1）指出发生共变的两个现象之间没有实质性的相关；即从导致共变结果的原因方面指出共变因素不是唯一的、关键的或必不可少的。

（2）提供不符合题干共变关系的原则（理论根据），或者，提供存在共变现象不成立的反例（有因无果、无因有果）。

（3）正面指出除这两个共变现象之外，其他背景因素不同。或者，从反面指出存在其他共变因素（另有他因）。

❶ 美国 1935—1940 年的汽油消耗因为大战期间采取配额限制而下降了 35%，与此同时，美国白人的肺癌也下降了几乎相同的百分比。1941—1950 年肺癌死亡人数增加了 19 倍，而同一时期汽油的消耗量也增加了相同的比率。这说明汽油消耗是造成美国人得癌症的一个重要原因。

下列陈述如果为真，哪一个能够最有力地削弱上述观点？

A. 1939—1949 年，美国城市黑人的肺癌发病率没有变化。

B. 1936—1944 年，汽油中铅含量有所增加。

C. 1950 年以后，汽油消耗量大幅度上升。

D. 第二次世界大战期间，癌症病人不许开车。

E. 1941—1951 年，妇女开始大量开汽车。

[解题分析] 正确答案：A

题干根据汽油消耗与白人肺癌的共变关系的统计数据得出结论：汽油消耗引起的空气污染是造成美国人得癌症的一个重要原因。

A 项指出，黑人的肺癌发病率没有变化，也就是汽油消耗与黑人肺癌无共变关系，作为反例，有力地削弱了题干的观点。

❷ 学习筑巢在鸟类成功繁殖过程中扮演着重要角色。例如，斯诺博士记录了部分画眉鸟在若干年中的生育过程，他发现：第一次筑巢的鸟繁育成功的概率大大小于其他较年长的同类，也小于自己一年后的成功率。这不仅仅是体型和力量大小的问题，因为同大多数其他鸟类一样，画眉完全长成后才离开母巢。所以我们很难回避这样的结论：它们的成功繁殖得益于它们的筑巢经验。

以下哪项如果为真，最严重地削弱了上述论证？

A. 画眉比其他鸟类能建造更好的巢穴。

B. 画眉在最初几年的试验性繁殖过程中产下可孵化的蛋的能力逐年增强。

C. 第二次筑巢的鸟繁育成功的概率比第一次筑巢的鸟大。

D. 较弱小的画眉也能和比它们强壮的画眉一样成功地繁育后代。

E. 超过 25％的鸟类在开始筑巢前就被它们的猎食者捕杀。

[解题分析] 正确答案：B

题干结论：随着筑巢能力的增强，画眉繁殖后代的成功率不断提高。

B 项指出，画眉在最初几年的试验性繁殖过程中产下可孵化的蛋的能力逐年增强，意味着画眉繁殖后代的成功率不断提高存在其他原因，严重地削弱了题干论证。

其余选项都起不到削弱作用。选项 A、D、E 均为明显无关项。C 项重复了题干的描述。

3. 共变推论

由共变现象得出合理的结论：共变的先行因素是被研究现象出现的原因。

◆ 美国国家专利局授予发明者专利的数量，1971 年为 56 000 项，1978 年降低到 45 000 项，而用于科研与开发的国家投入，1964 年达到国民生产总值的 3％，1978 年只有 2.2％，而在此期间，在美国对科研与开发的投入不断减少的同时，联邦德国与日本在这方面的投入分别提高了 3.2％和 1.6％。

以下哪项是从上述信息中最能得出的结论？

A. 一个国家的国民生产总值和它的发明数量有直接关系。

B. 1978 年，联邦德国和日本用于科研与开发的投入要比美国的多。

C. 一个国家对科研与开发的投入量与这个国家的发明专利数有直接关系。

D. 在 1964 年至 1978 年间，美国用于科研与开发的投入占国民生产总值的比例一直高于日本。

E. 联邦德国和日本在授予发明者专利的数量上将很快超过美国。

[解题分析] 正确答案：C

题干断定：随着美国对科研与开发的投入不断减少，美国国家专利局授予发明者专利的数量也在不断减少。

由此根据研发投入与发明专利数的共变关系，可以合理地得出结论：一个国家对科研与开发的投入量与这个国家的发明专利数有直接关系，即 C 项为正确答案。

其余选项从题干得不出，比如，E 项成立要以 C 项为前提，而且"很快超过"也得不到。

4. 共变解释

解释一个用共变法得出的论证的方法如下。

（1）不管是正向还是反向共变关系，往往是现象之间存在某种实质性的关联。

（2）增加新的论据，来说明其共变现象。

◆ 如果某个人的脑神经联系效能较高，那么他的脑神经联系的能耗较少。有一项实验的内容是：受试者被要求从一大堆抽象的图样中识别出一个样式，然后选择另一种图样来完善这个样式。实验的结果令人吃惊，在实验中表现最出色的受试者正是那些脑神经细胞耗能最少的人。

以下哪项假说最能够解释此项实验中的发现？

A. 当受试者尝试识别样式时，其脑神经细胞的反应比作其他类型的推理少。

B. 实验中在处理抽象样式时表现最佳的受试者比表现差一点的人享受了更多的满足感。

C. 较善于识别抽象样式的人具备更有效能的脑神经联系。

D. 当最初被要求识别的样式选定后，受试者大脑消耗的能量增加。

E. 运动员在休息时的能量消耗低于一般人的能量消耗，他们更适合完成给定的完善图样的任务。

[解题分析] 正确答案：C

题干断定：如果某个人的脑神经联系效能较高，那么他的脑神经联系的能耗较少。

补充假说：较善于识别抽象样式的人的脑神经联系效能较高。

得出结论：较善于识别抽象样式的人的脑神经联系的能耗较少。

可见，C 项这一假说表明处理抽象样式时的表现与脑神经联系的能耗有共变关系，由此可有力地解释题干的实验发现：在处理抽象样式时表现最佳的受试者脑神经联系的能耗最少。

其余选项都起不到解释作用。A 项，其他任务的情况如何与题干推理无关。B 项明显为无关选项。D 项描写的细节与题干无关。E 项，题干讨论的是脑神经细胞的能耗，运动员的能耗未必与之相关。

5. 共变比较

共变法的相似比较：这类题目就是在选项中寻找与题干相似的共变关系。

❶ 地球磁场发生磁暴的周期性经常与太阳黑子的周期一致。随着太阳黑子数目的增加，磁暴的强度增大；当太阳黑子的数目减少时，磁暴的强度降低。所以，科学家推测，太阳黑子的出现可能是磁暴的原因。

下列哪一项与上面所使用的方法最为类似？

A. 闪电越强，雷声就越大；反之，闪电越弱，雷声就越小。由此可见，闪电是雷声的原因。

B. 在一定的限度内，密植可以提高粮食的产量。因为农作物的密度大一点，产量就高一些；密度再大一点，产量可以更高一些。

C. 通过温度与压力的同时变化，观测气体体积与两者的关系。

D. 冬至时，气温很低，白昼最短；随着气温升高，白昼变长，夏至时，气温很高，白昼最长。所以，气温的高低是白昼长短的原因。

E. 1960 年，英国某农场十万只火鸡和小鸭吃了发霉的花生，在几个月内得癌症死了。后来，用这种花生喂羊、猫、鸽子等动物，又发生了同样的结果。1963 年，有人又用发了霉的花生喂大白鼠、鱼和雪貂，它们也都纷纷得癌而死。于是，人们推断：吃了发霉的花生可能是这些动物得癌死亡的原因。

[解题分析] 正确答案：B

题干所使用的求因果的方法为"共变法"。选项 B 使用的也是共变法。

其余选项均不妥，其中，选项 A 是共变法的误用，因为雷声和闪电是同时发生的，两者不具有因果联系。

❷ X 公司的生产效率受到损害的原因是雇员们对电话的滥用。在管理者决定每两个雇员共用一部电话而不许每个人使用一部电话后，生产效率便明显提高了，而且没有引起雇员们的不满。但是，当公司为了提高生产效率而提出把电话全都撤掉时，便遭到了雇员协会的强烈抗议。

以下哪项中的论证方式与上文 X 公司的最相似？

A. 在二楼上班的人每天都在锻炼，但他们的体重一点都没减轻。

B. 某所学校规模过于庞大，以至于其现有的全部教员也不能满足学生的需要。

C. 狗的喂养者发现，当他减少狗的进食量时，狗却变得更加健壮。为了最大限度地使他的狗变得健壮，他将取消狗的所有食物。

D. 在提高本地区内的通话费用后，电话公司决定再将话费提高两倍，并同时预期通话量保持稳定

E. 当你谈论某些事情时，常常是差之毫厘，谬以千里，但有些时候，人们不得不夸大其词。

[解题分析] 正确答案：C

题干论述：管理者决定减少电话后，生产效率提高，而且没有引起雇员们的不满。但当提出把电话全都撤掉时，便遭到了雇员的强烈抗议。

可见，其逻辑原则是：在一定限度内，原因与结果之间会发生同向共变，超过这个限度就会发生异向共变，也即物极必反。选项 C 的论证方式与题干类似，因此为正确答案。

第五节　合情推理

合情推理在现实生活中普遍存在，是指从不完善的前提得出有用、暂时可接受的结论的推理。合情推理包括类比推理、实践推理以及根据信息源的推理等多种类型，前面已有所论述，这里主要介绍类比推理和实践推理。

一、类比推理

类比推理是根据两个或两类对象在某些属性上相同，推断出它们在另外的属性上（这

一属性已为类比的一个对象所具有，而在另一个类比的对象那里尚未发现）也相同的一种推理。

（一）类比推理概述

类比推理的客观根据是什么呢？在客观现实里，事物的各个属性并不是孤立的，而是相互联系和相互制约的。因此，如果两个事物在一系列属性上相同或相似，那么，它们在另一些属性上也可能相同或相似。客观事物属性之间的这种相互联系和相互制约的关系就是类比推理的客观根据。由于类比推理有其客观基础，因此，人们就可以应用类比推理去认识客观事物。

1. 类比推理的型式

案例 A 有属性 a、b、c、d；

案例 B 有属性 a、b、c；

所以，案例 B 有属性 d。

例如，据科学史上的记载，光波概念的提出者，荷兰物理学家、数学家赫尔斯坦·惠更斯曾将光和声这两类现象进行比较，发现它们具有一系列相同的性质：如直线传播、有反射和干扰等。又已知声是由一种周期运动所引起的、呈波动的状态，由此，惠更斯作出推理，光也可能有呈波动状态的属性，从而提出了光波这一科学概念。惠更斯在这里运用的推理就是类比推理。

2. 类比推理的特点

类比推理有两个基本特点。

其一，从思维进程来看，类比推理主要是由个别到个别的推理，它的前提和结论一般都是对个别对象的断定。

其二，类比推理的结论是或然的，结论所断定的范围超出了前提的断定范围，因此，当前提为真时，结论未必为真。

由于运用类比推理所得到的认识，有时可能是不正确的，我们就应当进一步去验证它，不能将它当作完全正确的认识来加以运用。其次，我们还要特别注意，不能将两个或两类本质不同的事物，按其表面的相似来机械地加以比较而得出某种结论，否则就要犯机械类比的错误。这是一种假类比，也称"谬比"。在类比推理中，如果把对象间的偶然相似作为根据，或者在实质上不同的两类对象之间进行类比，就会产生这种谬误。

例如，基督教神学家们就曾用机械类比来"证明"上帝的存在。在他们看来，宇宙是由许多部分构成的一个和谐的整体，正如同钟表是由许多部分构成的和谐整体一样，而钟表有一个创造者，所以，宇宙也有一个创造者——上帝。这就是把两类根本性质不同的对象，按其表面相似之处，机械地加以类比。这种类比显然是错误的、不合逻辑的。

由此可见，类比推理的结论只具有或然性，既可能为真，也可能为假。类比推理尽管其前提是真实的，但不能保证结论的真实性。这是因为，A 和 B 毕竟是两个对象，它们尽管在一系列属性上是相同的，但仍存在着差异性，这种差异性有时就表现为 A 对象具有某属性，而 B 对象不具有某属性。如何提高类比推理的结论的可靠性呢？

第一，前提中确认的相同属性愈多，那么结论的可靠程度也就愈大。

第二，前提中确认的相同属性愈是本质的，相同属性与要推出的属性之间愈是相关的，那么结论的可靠程度也就愈大。

3. 批判性准则

针对运用类比推理得出的因果主张，所提出的批判性问题。

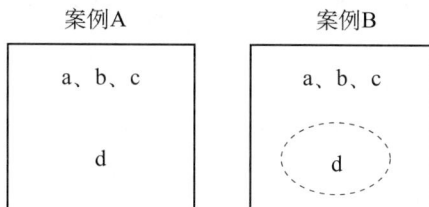

案例A	案例B
a、b、c d	a、b、c (d)

CQ1. 相似性问题：A 和 B 真的相似吗？

CQ2. 相关性问题：相似属性 a、b、c 与推出属性 d 是否具有相关性？

CQ3. 不相似问题：A 和 B 之间是否存在某些重要的差异？

CQ4. 反案例问题：是否存在另一案例 C 也相似于 A，但是其中的 d 是不存在的？

CQ5. 可类推问题：是否忽视了时间因素对样本属性的影响？

（二）解题指导

类比推理就是以类比的方式得出结论或者反驳他人论点的推理。一般说来，可以类比的事物都具有某些共性，要么是形式，要么是内容。

典型的类比推理是，某情况在一个特定情形下存在，因为它在一个相似的情形下存在。正确选项要么提到案例 A 或者案例 B，要么给出与这两个案例平行的等价案例 C。同时提到案例 A 和案例 B 的选项，成为正确答案的可能性最大。

1. 类比强化

强化一个用类比论证的方法。

（1）指出两类对象具有可类比性。

包括：两类对象真的相似；相似属性与推出属性具有相关性；类比的两类对象有实质性的相关；类比的两类对象没有实质性的不同。

（2）提供新的论据支持类比的结论。

包括：提供符合题干类比关系的原则（理论根据）；提供不存在与类推属性相关的反例（事实证据）。

❶ 去年引进国外大片《马语者》，仅仅在白山市放映了一周，各影剧院的总票房收入就达到 800 万元。这一次白山市又引进了《空军一号》，准备连续放映 9 天，1 000 万的票房收入应该能够突破。

根据上文包含的信息，分析以上推断最可能隐含以下哪项假设？

A. 白山市很多人因为映期时间短都没有看上《马语者》，这次可以补偿一下了。

B. 有《马语者》作铺垫，《空军一号》的票房应当会更火爆。

C. 这两部片子的上座率、票价等将非常类似。

D. 连续放映 9 天是以往比较少见的映期安排，可以吸引更多的观众。

E. 总统题材的影片的影响力和票房号召力是巨大的。

[解题分析] 正确答案：C

要在两样东西或是两种方法间类推，很重要的一点就是这两者实质性相关，即两者之间具有可类比类推性。对于本题来说，映期上可以类比，剩下的就是票价和上座率了，这些指标的综合就是一部影片的票房。因此，C 项是必须假设的，否则，如果《空军一号》的上座率、票价不如《马语者》，那么《空军一号》的票房收入的预期就显然缺乏说服力了。

其余选项作为答案均不恰当。

❷ 世界粮食年产量略微超过粮食需求量，可以提供世界人口所需要最低限度的食物。那种预计粮食产量不足必将导致世界粮食饥荒的言论全是危言耸听。与其说饥荒是由于粮食产量引起的，毋宁说是由于分配不公造成的。

以下哪种情形是上面论述的作者所设想的？

A. 将来世界粮食需求量比现在的粮食需求量要小。

B. 一个好的分配制度也难以防止世界粮食饥荒的出现。

C. 世界粮食产量将持续增加，可以满足粮食需求。

D. 现存的粮食供应分配制度没有必要改进。

E. 世界粮食供不应求是大势所趋。

[解题分析] 正确答案：C

题干根据世界粮食年产量略微超过粮食需求量，得出结论：将来不会导致饥荒，如果有的话，也是由分配问题而不是由产量问题引起的。

本题从现在类推将来，因此必须假设，现在发生的事情在将来也能够发生，也就是说，将来世界粮食产量也会满足或超过人们的需要。因此，C 项是正确答案。

其余选项均不妥，其中，A 项是个新的比较，易被误选，将来世界对粮食的需求量比目前的小，但是如果粮食产量降低了更多，那么将来的粮食产量将不能满足需要，必定会发生饥荒，因此不正确。B 和 D 项与题干中观点相悖，因为题干强调分配制度的重要性。E 项重申了结论，不可能作为一个假设。

2. 类比弱化

弱化一个用类比论证的方法。

（1）指出两类对象不可比。

包括：两类对象不完全相似；相似属性与推出属性不具有相关性；类比的两类对象没有实质性的相关；类比的两类对象存在实质性的区别。

（2）提供新的论据削弱类比的结论。

包括：提供不符合题干类比关系的原则（理论根据）；提供存在与类推属性相关的反例（事实证据）。

❶ 点子大王秦老师最近又要贡献一个点子给都市报报业集团。秦老师分析了目前报纸的发行时段：早上有晨报，上午有日报，下午有晚报，真正为晚上准备的报纸却没有。秦老师建议他们办一份《都市夜报》，打开这块市场。谁知都市报报业集团却没有采纳秦老师的建议。

以下哪项如果为真，能够恰当地指出秦老师的分析中所存在的问题？

A. 报纸的发行时段和阅读时间是不同的。

B. 酒吧或影剧院的灯光都很昏暗，无法读报。

C. 许多人睡前有读书的习惯，而读报的比较少。

D. 晚上人们一般习惯于看电视节目，很少读报。

E. 都市的夜生活非常丰富，读报纸显得太枯燥了。

[解题分析] 正确答案：A

秦老师建议办一份《都市夜报》的理由是：从报纸的发行时段来看，早上有晨报，上午有日报，下午有晚报。

秦老师的疏漏正是没有注意到阅读与发行的时间滞后。下午出的晚报正是为了晚上看的，若出夜报只能是凌晨看，读者太少。因此，A项恰当地指出了秦老师的分析中所存在的问题。

选项B的理由不充足，毕竟去酒吧或影剧院的人占少数。选项C、D、E的削弱力度不足，它们的基本点是晚上读报的人占少数，不该出"夜报"。其实，报纸发行总是面向一部分读者，不一定需要大多数人读才值得发行。题干中说到"晨报""日报""晚报"，也没有说大多数人都在读。

❷ 政治记者汤姆分析了奥巴马之前的十届美国总统的各种讲话和报告，发现其中有不少谎话，特别是关于经济问题的。因此，汤姆推断：奥巴马关于恢复美国经济的承诺也是谎话。

以下哪项最能削弱上述论证？

A. 更早的美国总统很少说谎话。

B. 汤姆对奥巴马不是十分了解。

C. 美国总统的承诺不一定都是谎话。

D. 从以往美国总统的表现不能推出现任美国总统的表现。

E. 是否能恢复美国经济取决于世界经济总的趋势。

[解题分析] 正确答案：D

题干论证是根据以往十届美国总统在经济问题上说谎话，推出现任总统在经济问题上也说谎话。

由对过去个别事例的观察不能逻辑地推出将来类似事例仍会发生的普遍结论。如果D项为真，即从以往美国总统的表现不能推出现任美国总统的表现。那么，显然有力地削弱了题干的论证。

A、C项对题干论证有所削弱，但力度不大。B、E为无关项。

3. 类比推论

题干给出的信息涉及不同对象的类比，要求通过类比推理来推出一个合理的结论。

❶ 持续的室内人造光照对患有先天性心脏病的小白鼠的健康很有好处。将连续接受室内人造光照的一组患心脏病的小白鼠与另一组交替接受室内人造光照和黑暗环境的类似的患心脏病的小白鼠进行对比试验，前者比后者的存活期平均要长25％。

上面所描述的这种研究方法提醒我们可以在以下哪种问题中也进行尝试？

A. 是否可以观察一下产业工人在日光下和人造光下的工作效果是否不同？

B. 有没有植物需要特定的黑暗环境来生长？

C. 深海鱼是否能在完全黑暗的环境中生存？

D. 小白鼠得的是什么样的先天性疾病？

E. 医院是否可以用持续的人造光来改善对病人的治疗？

[解题分析] 正确答案：E

题干论述的对比试验表明，持续的人造光能提高患心脏病的小白鼠的存活期。

由此类推，医院是否可以用持续的人造光来改善对病人的治疗？因此，E 项为正确答案。

❷ 有车的人都知道，从短期看，在小型维修和日常保养上缩减开支可能省一笔钱，但从长远看，这样做成本很大。然而，这样一个基本的道理却经常被那些呼吁政府减少社会项目开销的人所忘记。

下列哪一个没有被上文类比作为比较的一点而暗示？

A. 花在维修和保养上的费用能保证车辆持续地发挥功用。

B. 车主们可以带有侥幸的心理不去进行车辆的维修和保养。

C. 为了让车能一直正常行驶，通常需要对车进行维修。

D. 如果车出了毛病而不及时处理，情况会变得更糟。

E. 一辆车只能使用有限的时间，然后必须被淘汰掉。

[解题分析] 正确答案：E

题干把"汽车维护"与"政府在社会项目上的开销"进行类比，通过说明短期内在汽车维护上省钱而导致最终成本更大，进而论证政府在社会项目上减少开销必将会付出更大的代价。

选项 A、B、C、D 都是题干中的类比所暗示的。

E 项中"然后必须被淘汰掉"在上述类比论证中存在无可比之处，所以，不是题干所暗示的。

4. 类比比较

题干所给出的是一个类比推理或论证，要求从选项中找出相似的类比推理或论证。

❶ 有人认为看电视节目中的暴力镜头会导致观众好斗的实际行为，难道说只看别人吃饭能填饱自己的肚子吗？

以下哪项中的推论与上文中使用的最相似？

A. 有人认为这支球队是最优秀的，难道说这支球队中的每个运动员也都是最优秀的吗？

B. 有人认为民族主义是有一定道理的，难道说民族主义不曾被用来当作犯罪的借口吗？

C. 有人认为经济学家可以控制通货膨胀，难道说气象学家可以控制天气吗？

D. 有人认为中国与非洲进行能源交易是在掠夺非洲的能源，难道说中国与俄罗斯进行能源交易是在掠夺俄罗斯的能源吗？

E. 有人认为财务人员对公司发展是至关重要的，难道销售人员对公司发展就不重要吗？

[解题分析] 正确答案：C

题干用"看别人吃饭"与"填饱自己的肚子"这一明显荒谬的因果关系来对"暴力镜头会导致观众好斗"作出类比反驳，表明"暴力镜头"不是"观众好斗"的原因。

诸选项中只有 C 项与题干的推论相似，用的是类比反驳。

A、B、E 项明显与题干不类似。

D 项是干扰项，该项与题干论证似乎类似，但有差别。题干论证方法是：如果 p 导致 q，难道 s 导致 t 吗？而"s 导致 t"是明显荒谬的，从而说明并非 p 导致了 q。而该项中"中国与俄罗斯进行能源交易是在掠夺俄罗斯的能源"的荒谬性并不明显，因此，不如 C 项接近题干。

❷ 小光和小明是一对孪生兄弟，刚上小学一年级。一次，他们的爸爸带他们去密云水库游玩，看到了野鸭子。小光说："野鸭子吃小鱼。"小明说："野鸭子吃小虾。"哥俩说着说着就争论起来，非要爸爸给评评理。爸爸知道他们俩说得都不错，但没有直接回答他们的问题，而是用例子来进行比喻。说完后，哥俩都服气了。

以下哪项最可能是爸爸讲给儿子们听的话？

A. 一个人的爱好是会变化的。爸爸小时候很爱吃糖，你奶奶管也管不住。到现在，你让我吃我都不吃。

B. 什么事儿都有两面性。咱们家养了猫，耗子就没了。但是，如果猫身上长了跳蚤也是很讨厌的。

C. 动物有时也通人性。有时主人喂它某种饲料吃得很好，若是陌生人喂，它怎么也不吃。

D. 你们兄弟俩的爱好几乎一样，只是对饮料的爱好不同。一个喜欢可乐，一个喜欢雪碧。你妈妈就不在乎，可乐、雪碧都行。

E. 野鸭子和家里饲养的鸭子是有区别的。虽然人工饲养的鸭子是由野鸭子进化来的，但据说已经有几千年的历史了。

[解题分析] 正确答案：D

在题干中，两人说的"野鸭子吃小鱼"和"野鸭子吃小虾"都有可能性，可能一部分野鸭子吃小鱼，另一部分野鸭子吃小虾，也可能是野鸭子既吃小鱼又吃小虾。所以两个孩子的话并不矛盾，他们只是片面地看到了野鸭子某一种行为，各执一词，争论不休。

D 项表明，爸爸用哥俩各有偏好和妈妈既喝可乐又喝雪碧的例子进行类比，说明同一个群体的不同个体可能有不同偏好，一个主体也可以有不同的行为。由于类比恰当，哥俩也就服气了。

其余选项均不妥。其中，选项 A 虽然用了类比，但是说的是小孩和大人的区别，而题干中并未讨论小鸭子和大鸭子。选 B 不妥，因为 B 讲的是事物的两面性，与题干的含义相距较远。选项 C、E 用的不是类比，与题干不符。

5. 类比论证

类比论证就是以类比的方式得出结论或者反驳他人论点的论证，可以类比的事物都具有某些共性，要么是形式，要么是内容。

类比论证题主要考查考生在体会题干类比论证之后是否具备以下能力。

一是识别类比论证以及识别类比论证的要素，揭示不同对象之间的类比。

二是识别题干类比推理的结构与方法。

三是识别题干类比推理缺陷以及识别类比不当或弱类比的谬误。

❶ 压在人身上的税负与马背上的负担没有什么两样。就如小负荷如安放不当，可能对马匹产生不良影响，但如果调整得当，马可以轻松地承受更大的负荷。对人也一样，他

们很可能被税负压得更穷，无法进行物质生产。但如果用另一种方式对人征税，也许就能轻松地被人们接受。

作者通过以下哪项提出论点？

A. 指出歧义

B. 运用类推

C. 驳斥对立的例子。

D. 诉诸权威。

E. 从特例中归纳。

[解题分析] 正确答案：B

题干中作者想得出"但如果用另一种方式对人征税，也许就能轻松地被人们接受"的结论。而在论述过程中，作者用与人身上的税负相似的马背上负担来帮助说明这个问题。这明显是一种类比。即作者通过类比类推来得出他的推论。选项 B 正好描述了这种论证方式。

❷ 政府应该实施一条法案来禁止在通勤火车上销售和饮用酒精饮料。最近，政府运用它的法律权力，通过了一条禁止在通勤火车上抽烟，来保护上下班人的健康的法律。当喝醉了的乘客下了车，钻进他们的汽车后开车时，公众面临的危险与火车上不抽烟的乘客被迫呼吸香烟的烟尘所面临的危险至少是一样大。

在证明在通勤火车上喝含有酒精的饮料应该被禁止时作者依赖于：

A. 喝含有酒精的饮料有害个人健康的事实。

B. 人们需要保护以免受他们行为对自己造成伤害的原则。

C. 对抽烟和喝酒精饮料作了一个充满感情的指责性描述。

D. 读者对通勤者所遭遇的问题的同情。

E. 在抽烟的影响与喝含有酒精的饮料的影响两者之间作了一个比较。

[解题分析] 正确答案：E

题干首先提出论点，在通勤火车上销售和饮用酒精饮料的行为应当被法律禁止，接着举了一个法律上已禁止在通勤火车上抽烟的例子，然后说明两者对公众造成的危害或带来的危险具有相似性，由此得出结论，当一种行为（抽烟）被禁时，另一种行为（销售和饮用酒精饮料）也应当被禁。因此题干是通过抽烟对他人的影响与喝酒精饮料对他人的影响的比较来证明它的论点的，所以，E 项是正确答案。

其余选项都不能从题干中得出。

二、实践推理

实践推理在主体指向目标的行动的理智商议情形的范例中最为明显，表现为以下这些性质：目标、行动、知识、反馈、行动顺序的复杂性、行动描述的层级、预见后果、可塑性（不同的行动路线）、知识储存（知识库收回或添加新命题）、持续（当某个行动被阻碍时尝试其他的行动）和批评（批评或评估行动）。

（一）实践推理概述

实践推理是指主体指向目标的行动的推理。常见的实践论证是方案论证，即为达到一个目的或目标而提出一个拟采取的行动方案（包括方法、建议、计划等），是一种从目标到实现该目标所需要的行动的论证。

1. 实践推理的型式

目标前提：有一个目标 G。

方案前提：主体 a 拟采取行动方案 A，作为实现 G 的手段。

结论：因此，主体 a 应该执行行动 A。

2. 实践推理的批判性问题

CQ1. 有效性问题：方案能否达成目标？

CQ2. 操作性问题：方案可以操作吗？

CQ3. 副作用问题：操作该方案是否会带来不好的副作用？

CQ4. 选择手段问题：还有其他实现目标的方案吗？

CQ5. 最佳选项问题：是否有更好的其他解决方案？

CQ5. 冲突目标问题：是否有与目标冲突的其他目标？

（二）解题指导

有关实践推理的逻辑题，其解题思路如下：

1. 强化方案

强化一个方案论证的办法可分为两种。

（1）方案可行

一是该方案（方法、建议或是计划）可以达到目的或目标；

二是该方案（方法、建议或是计划）可以操作。

（2）方案可取

一是该方案（方法、建议或是计划）没有副作用，或者即使有副作用，但优点大于缺点。

二是没有比该方案（方法、建议或是计划）更好的其他解决方法。

❶ 面试在求职过程中非常重要。经过面试，如果应聘者的个性不适合待聘工作的要求，则不可能被录用。

以上论断是建立在哪项假设基础上的？

A. 必须经过面试才能获得工作，这是工商界的规矩。

B. 只要与面试主持人关系好，就能被聘用。

C. 面试主持者能够准确地分辨出哪些个性是工作所需要的。

D. 面试的唯一目的就是测试应聘者的个性。

E. 若一个人的个性适合工作的要求，他就一定能被录用。

[解题分析] 正确答案：C

题干断定：面试的作用是使个性不适合待聘工作要求的面试者不被录用。

其隐含假设应该是面试主持人能够分辨出参加面试者的哪些个性是工作所需要的，哪些是不适合工作要求的，这正是 C 项所陈述的。

其余选项均不是必须隐含的前提。其中，A 项不是有关面试的作用和结果的。B 项正好和题干唱反调。D 项把"测试应聘者的个性"作为目的，而题干中的目的很清楚，是

"适合待聘工作的要求"。E 项说"个性适合工作"是录用的充分条件，而题干中说的却是必要条件。

❷ 尽管世界市场上部分可以获得的象牙来自非法捕杀的野象，但是有些象牙的来源是合法的，比如说大象的自然死亡。所以当那些在批发市场上购买象牙的人只买合法象牙的时候，世界上所剩很少的野象群就不会受到危害了。

上面的论述所依赖的假设是什么？

A. 目前世界上，合法象牙的批发源较之非法象牙少。

B. 目前世界上，合法象牙的批发源较之非法象牙多。

C. 试图只买合法象牙的批发商确实能够区分合法象牙和非法象牙。

D. 通常象牙产品批发商没有意识到象牙供应减少的原因。

E. 今后对合法象牙制品的需要将持续增加。

[解题分析] 正确答案：C

题干结论：世界上的野生象群就不会受到危害了。

理由：购买象牙的人只买合法象牙。

C 项说明理由是可行的，是题干论证所依赖的假设，否则，如果试图只买合法象牙的批发商不能区分合法象牙和非法象牙，意味着批发商就不能避免购买非法象牙，那么，世界上的野生象群就仍可能会受到危害。

2. 弱化方案

弱化一个方案论证的办法可分为两种。

（1）方案不可行

一是该方案（方法、建议或是计划）不能达到目的或目标，即使那样做也解决不了问题。

二是该方案（方法、建议或是计划）本身不完善、不能执行或无法操作。

（2）方案不可取

一是该方案（方法、建议或是计划）有副作用，并且其所带来的负面效应往往大于正面效应。

二是有比该方案（方法、建议或是计划）更好的其他解决方法。

❶ S 城的环境污染日益严重。为了治理环境污染，市政府作出搬迁部分工厂的决定。以下哪项最能对市政府的决定进行质疑？

A. 这项决定没有公开征求意见。

B. 在原址上开发的商业区可能带来更大的污染。

C. 搬迁工厂工作本身会带来污染。

D. 还有一些污染严重的工厂没有搬迁。

E. 造成 S 城环境污染的主要原因是汽车废气。

[解题分析] 正确答案：E

若 E 项为真，即造成 S 城环境污染的主要原因是汽车废气，那么，即使搬迁工厂也不能有效治理环境污染。

❷ 一段时间以来，国产洗发液在国内市场的占有率逐渐减小。研究发现，国外公司的产品广告比国内公司的广告更吸引人。因此，国产洗发液生产商需要加大广告投入，以

增加市场占有率。

以下哪项如果为真，将严重弱化上述论证？

A. 一些国外洗发液的广告是由国内广告公司制作并由国内媒体传播的。

B. 广告只能引起人们对某种商品的注意，质量才能使人们产生对商品的喜爱。

C. 国产洗发液生产商的广告费现在只有国外厂商的一半。

D. 国外洗发液销售额增加，国产洗发液销售额同样也在增加。

E. 准备购买新的洗发液的人喜欢从广告中发现合意的品牌。

[解题分析] 正确答案：B

如果事实上"广告只能引起人们对某种商品的注意，质量才能使人们产生对商品的喜爱"，那么，消费者一般对那些他们已比较喜爱的产品的广告特别关注，而对不喜爱的产品，不管广告怎样变化，也不会特别关注，这就是说，国产洗发液作为消费者已经不喜爱的产品，不管广告如何变化，也不会引起消费者的关注，那么国产洗发液制造商通过加大广告投入以达到增加市场占有率的目的就落空了。所以，B项正确。

其余选项均不妥。其中，选项A的意思是国内广告公司和国内传播媒体也可以制作高质量的广告，但原因可能与广告费的高低有关，所以不会弱化题干的论证。选项C和E对题干有增强作用。选项D对题干有削弱作用，但没有对国外和国产洗发液销售额的增加量进行比较，难以得出明确结论。

❸ 长盛公司的管理者发现：和同行业其他企业相比，该公司产品的总成本远远高于其他企业，因而在市场上只能以偏高的价格出售，导致竞争力较弱。通过研究，公司决定降低工人工资，使之和同行业企业差不多。

以下哪项如果为真，将使公司的决定见效不大？

A. 长盛公司的产品质量和其他公司的相比，相差无几。

B. 长盛公司的销售费用比其他公司大。

C. 长盛公司员工工资总额只占产品成本的一小部分。

D. 长盛公司的设备比较落后。

E. 长盛公司交货速度不是特别快。

[解题分析] 正确答案：C

选项C表明，长盛公司员工工资总额只占产品成本的一小部分，这就使得公司想通过降低工人工资来大幅度减少总成本的决定成效不大。

其余选项都与该措施没有太大关系。

❹ 北方航空公司实行对教师机票六五折优惠，这实际上是吸引乘客的一种经营策略，该航空公司并没有实际让利，因为当某天某航班的满员率超过90％时，就停售当天优惠价机票，而即使在高峰期，航班的满员率也很少超过90％。有座位空着，何不以优惠价促销它呢？

以下哪项如果是真的，将最有力地削弱上述论证？

A. 绝大多数教师乘客并不是因为票价优惠才选择北方航空公司的航班的。

B. 该航空公司实行优惠价的7月份的营业额比未实行优惠价的2月份增加了30％。

C. 给予教师优惠票价表示对教师职业的一种尊重，不应从功利角度对此进行评价。

D. 该航空公司在给予教师优惠价的同时，实施季节性调价。

E. 该航空公司各航班全年的平均满员率是 50％。

[解题分析] 正确答案：A

题干论证是：为有效利用空位，航空公司实行对教师机票优惠以吸引教师乘客。

如果"绝大多数教师乘客并不是因为票价优惠才选择北方航空公司的航班的"，那么北方航空公司实行对教师机票六五折优惠，实际上起不到吸引这部分乘客的作用，反而降低了公司的收入。因此，A 项严重削弱了题干论证。

选项 C、D 是无关评论，选项 B、E 强化了题干的论证。

❺ 目前，北京市规定在公共场所禁止吸烟。京华大学国际工商学院将自己的教学楼整个划定为禁烟区。结果发现有不少人在教学楼的厕所中偷偷吸烟，这一情况使得法规和校纪受到侵犯。有管理人员建议说，应当把教学楼的厕所作为吸烟区，这样，既使得烟民们有一个抽烟的地方而又不会使人们违反规定。

下列哪项如果为真，最能削弱上述建议的可行性？

A. 新的规定会把厕所的卫生和环境搞得非常糟糕，对不吸烟的人是不公平的。

B. 抽烟的人会使厕所变成一个"烟囱"，而且不利于烟民们戒烟。

C. 当新规定实施后，那些烟民中的有些人又会逐渐在教学楼内厕所以外其他的禁烟区吸烟。

D. 在厕所吸烟多了，在其他戒烟区发现违法者的可能性就小多了。

E. 这个新规定对于解决因为吸烟造成的学生宿舍的失火问题不起作用。

[解题分析] 正确答案：C

为解决违反规定偷偷吸烟的问题，有人建议：把教学楼的厕所作为吸烟区。

若 C 项为真，即有些烟民完全有可能会逐渐在教学楼内厕所以外其他的禁烟区吸烟，这样上述建议就不可行了。

❻ 这里有一个控制农业杂草的新办法，它不是试图合成那种能杀死特殊野草而对谷物无害的除草剂，而是使用对所有植物都有效的除草剂，同时运用特别的基因工程来使谷物对除草剂具有免疫力。

下面哪个如果正确，是以上提出的新办法实施的最严重障碍？

A. 对某些特定种类杂草有效的除草剂，施用后两年内会阻碍某些作物的生长。

B. 最新研究表明，进行基因重组并非想象的那样可以使农作物中的营养成分有所提高。

C. 大部分只能除掉少数特定杂草的除草剂含有的有效成分对家禽、家畜及野生动物有害。

D. 这种万能除草剂已经上市，但它的万能作用使得人们认为它不适合作为农业控制杂草的方法。

E. 虽然基因重组已使单个的谷物植株免受万能除草剂的影响，但这些作物产出的种子却由于万能除草剂的影响而不发芽。

[解题分析] 正确答案：E

题干论述：新的除草方法是用对所有植物都有效的除草剂，同时用基因工程使谷物对这种除草剂具有免疫力。

E 项指出，新方法具有影响作物再生产的副作用，虽然通过基因工程能使农作物不受除草剂的伤害，但是农作物的种子会因为万能除草剂的作用而不会发芽。种子不会发芽，该作物就要绝种，从而否定了新的除草剂的可行性，所以以为正确答案。

其余选项均不妥，其中，A、C项指出旧方法的局限性，有支持使用新方法的意思。B项，营养成分不能提高不代表能够降低营养成分，没有削弱作用。D项，无论人们的看法如何都不影响新方法的有效性。

练 习 题

01　最近的一项调查询问了新闻系学生喜欢阅读的报道类型，结果表明大部分人关注政治和民生类问题，并且难以容忍现今大众喜爱的关于时尚和明星八卦类的报道。所以，当今追逐时尚和八卦的报道倾向是建立在对大众兴趣错误的假设之上的。

以下哪项陈述最准确地描述了上述论证中的缺陷？

A. 它把对一个事物的有利条件视为促成这个事物的充分条件。

B. 它所依赖的样本群体的看法几乎不能支持该论证的结论。

C. 它基于一个与事实相反的假设进行推论，结论没有可信性。

D. 它将一个现象可能导致的结果当成了这个现象产生的原因。

E. 它把缺少证据证明某种情况存在当作有充分证据证明某种情况不存在。

02　有一年，哈佛大学毕业生临出校门前，校方对他们做了一个人生目标的调查，结果27％的人完全没有目标，60％的人目标模糊，10％的人有近期目标，只有3％的人有长远而明确的目标。25年过去了，那3％的人不懈地朝着一个目标坚韧努力，成为社会的精英，而其余的人，成就要差很多，这说明：

下面接上哪一句话最合适？

A. 应该尽快、尽早地确定自己的人生目标。

B. 人生没有任何意义，但我们应该给它加一个意义。

C. 是否有长远而明确的人生目标，对人生成就的大小有非常重要的影响。

D. 如果有长远而明确的人生目标，就会获得人生的成功。

E. 目标越长远，越容易成功。

03　某人类学家在对260名杀人犯的外貌进行考察后，发现他们具有一些共同的生理特征，于是得出"杀人犯具有广颚、颧骨突出、头发黑而短特征"的结论。

以下哪项与上述推理方式相同？

A. 24～28之间没有质数。

B. 八月十五云遮月，正月十五雪打灯。

C. 植物种子经超声波处理后可增产，所以玉米种子经超声波处理后也可以增产。

D. 某高校在对全校学生进行调查后，得出"我校学生学习态度普遍较好"的结论。

E. 恰当的赞扬对孩子的作用，就像阳光对于花朵的作用一样。

04　一个装满东西的袋子，第一个人从袋子里摸出三个东西，全部都是红色的木球。第二个人从袋子里摸出三个东西，全部是红色的玻璃球。第三个人从袋子里摸出三个东西，全部是红色的石球。对于袋子里剩下的东西，他们没有继续往下摸。

对袋子里的东西，下列哪项说法比较切合实际？

A. 袋子里的东西全部都是红色的球。

B. 袋子里的东西全部都是球。

C. 除了红色的球以外，袋子里没有其他东西。

D. 袋子里的东西可能都是红色的球。

E. 袋子里的东西可能都是球。

05 电视纪录片不只是表现了那些来自遥远的东非的人们对保护野生动物的虔诚，而且还向我们展示了在一个缺少食品的国度，大象是一种有害的动物，而且是一种聪明的有害动物。目前好像还没有办法保护非洲东部的农田免受晚上出来寻找食物的狼吞虎咽的象群的破坏。

显然，这个例子表明：

以下哪项能最合逻辑地完成上文的论述？

A. 保护野生动物可能会危害人类的安康。

B. 现在应将大象从濒临灭绝的动物名单中除去。

C. 电视纪录片除了重复那些被接受的虔诚外不应再记录别的事。

D. 农民和农业官员在采取任何控制象群的措施前应当与野生动物保护者密切合作。

E. 任何国家的人民忍受饥饿都是不公平的。

06 李强说："我认识 100 个人，在我所认识的人中没有一个是失业的，所以中国的失业率一定是很低的。"

以下哪项最能反驳李强的推理？

A. 李强所认识的人中有小孩。

B. 李强所在城市的失业率和其他城市不一样。

C. 由于流动人口的存在，很难计算失业率。

D. 李强认识的绝大多数人是单位的同事。

E. 李强本人不是失业者。

07 营养学家：迄今为止的所有医学研究都表明，每天饮用 3 杯或更少的咖啡不会对心脏造成伤害。因此，如果你是一个节制的咖啡饮用者，那么，你完全可以放心地享用咖啡，不必担心咖啡损害你的健康。

以下哪一项陈述最准确地指出了以上论证的缺陷？

A. 咖啡饮用者在饮用咖啡的同时可能食用其他对心脏有害的食物。

B. 该营养学家的结论只依据相关的研究成果，缺乏临床数据的支持。

C. 喝咖啡对心脏无害不意味着对身体无害。

D. 常喝咖啡的人往往有较大的心理压力，而较大的心理压力本身就对心脏有害。

E. 咖啡的主要成分是咖啡因，长期喝咖啡会使人对咖啡因产生依赖性。

08 罗伯特出生于 1967 年，因此 1976 年他是 9 岁。从这个例子很明显地看出一个人出生年份的最后两个数字与他 9 岁生日那年的最后两个数字，除了数字次序颠倒之外，其他都相同。

下面哪一个是对上面断言的最好批评？

A. 该概括只对结尾数字不是两个 0 的年份有效。

B. 该例子没有展示基于它的概括所显示的相同规则。

C. 这个概括仅仅对最后一个数字比倒数第二个数字大一的年份有效。

D. 除非概括的正确性已预先被假设，否则该例子不能被说明是正确的。

E. 这个概括仅仅对最后一个数字大于 5 有效。

09 在对 6 岁儿童所做的小学入学前综合能力测试中，全天上甲学前班达 9 个月的儿童平均得分是 58 分，只在上午上甲学前班达 9 个月的平均得分是 52 分，只在下午上甲学前班达 9 个月的平均得分是 51 分；全天上乙学前班达 9 个月的儿童平均得分是 54 分；而那些来自低收入家庭且没有上过学前班的 6 岁儿童，在同样的小学入学综合能力测试中平均得分是 32 分。在统计学上，32 分与上述其他分数之间的差距有重要的意义。

从上面给定的数据，可以最合理地得出下面哪个假设性结论？

A. 得 50 分以上的儿童可以入学。

B. 要得出一个合情理的假设，还需要做更多的测试。

C. 应该给 6 岁以下儿童上学前班提供更多的经费支持。

D. 是否上过学前班与小学入学前综合能力之间有相关性。

E. 没有上过学前班的 6 岁儿童都是来自低收入家庭。

10 据调查，滨洲市有 24％的家庭拥有电脑，但拥有电脑的家庭中 12％每周编写程序 2 小时以上，23％的在 1～2 小时之间，其余的每周都不到 1 小时。可见，滨洲市大部分购买电脑的家庭并没有充分利用他们的家庭电脑。

以下哪种说法如果为真，则最能构成对上述结论的疑问？

A. 过多地使用电脑会对眼睛产生危害，对孕妇身体也有影响。

B. 许多人购买电脑是为了娱乐或其他用途，而不是编程序。

C. 在调查中，会有相当比例的被调查对象夸大他们的电脑知识。

D. 使用电脑需要不断学习与动手实践，有一个循序渐进的过程。

E. 家庭电脑的普及和充分利用肯定需要一个过程，不可操之过急。

11 政治家："那些声称去年全年消费物价涨幅低于 3％的经济学家是错误的。显然，他们最近根本没去任何地方买过东西。汽油价格在去年一年中涨 10％，我乘车的费用涨了 12％，报纸涨了 15％，清洁剂涨了 15％，面包涨了 50％。"

政治家的上述论证很容易受到批评，因为：

A. 它指责经济学家的品德，而不是针对他们的论证进行反驳。

B. 它使用了一个不具有代表性的小样本作为证据。

C. 它试图通过诉诸感情的方式来达到说服的目的。

D. 它错误地表明，所提到的那些经济学家不是消费价格领域的专家。

E. 它认为那些经济学家没去任何地方买过东西，说法太过绝对。

12 从 1980 年代末到 1990 年代初，在 5 年时间内中科院 7 个研究所和北京大学共有 134 名在职人员死亡。有人搜集这一数据后得出结论：中关村知识分子的平均死亡年龄为 53.34 岁，低于北京市 1990 年人均期望寿命 73 岁，比 10 年前调查的 58.52 岁也低了 5.18 岁。

下面哪一项最准确地指出了该统计推理的谬误？

A. 实际情况是 143 名在职人员死亡，样本数据不可靠。

B. 样本规模过小，应加上中关村其他科研机构和大学在职人员死亡情况的资料。

C. 这相当于在调查大学生平均死亡年龄是 22 岁后，得出惊人结论：具有大学文化程度的人比其他人平均寿命少 50 岁。

D. 该统计推理没有在中关村知识分子中间作类型区分。

E. 也许这些人都患有不治之症。

13 北京某报以"15％的爸爸替别人养孩子"为题，发布了北京某司法物证鉴定中心的统计数据：在一年时间内北京进行亲子鉴定的近 600 人中，有 15％的检测结果排除了亲子关系。

下面哪一项没有质疑该统计推断的可靠性？

A. 该文标题应加限定：在进行亲子鉴定的人中，15％的爸爸替别人养孩子。

B. 当进行亲子鉴定时，就已经对其亲子关系有所怀疑。

C. 现代科学技术真的能准确地鉴定亲子关系吗？

D. 进行亲子鉴定的费用太高了。

E. 该司法物证鉴定中心的鉴定可靠吗？

14 1936 年夏天，一个民意测验机构打电话给 1 万个美国选民，问他们在即将来临的总统选举中打算怎样投票。调查的样本包括各种回答者，他们来自各个州，有农村的和城镇的，有男人和女人。民意调查预示阿尔弗雷德·兰顿将彻底击败富兰克林·罗斯福。然而，事实上罗斯福却取得了压倒性的胜利。

如果以下哪项为真，最好地解释了为什么民意调查的预言是不准确的？

A. 采访者没有向采访对象透露他们自己隶属的政治派别。

B. 只有在选举时有资格投票的人被采访了，因而调查样本不能代表所有美国人。

C. 调查样本只代表了那时能够安装电话的人，当时拥有电话的人没有现在这样普及。

D. 调查者没有尽力去确定回答者的政治派别。

E. 由于调查者只问被调查者选择候选人的倾向，这并不能搜集到他们支持兰顿或罗斯福的真实信息。

15 在过去十年中，由美国半导体企业生产的半导体增加了 200％，但日本半导体企业生产的半导体增加了 500％，因此，日本现在比美国制造的半导体多。

以下哪项为真，最能削弱以上命题？

A. 在过去五年中，由美国半导体企业生产的半导体增长仅 100％。

B. 过去十年中，美国生产的半导体的美元价值比日本生产的高。

C. 今天美国半导体出口在整个出口产品中所占的比例比十年前高。

D. 十年前，美国生产的半导体占世界半导体的 90％，而日本仅 2％。

E. 十年前，日本半导体产量是世界第 4 位，而美国列第一位。

16 广告：世界上最好的咖啡豆产自哥伦比亚。在咖啡的配方中，哥伦比亚咖啡豆的含量越多，则配制的咖啡越好。克力莫公司购买的哥伦比亚咖啡豆最多，因此，有理由相信，如果你购买了一罐克力莫公司的咖啡，那么，你就买了世界上配制最好的咖啡。

以下哪项如果为真，最能削弱上述广告中的论证？

A. 克力莫公司配置及包装咖啡所使用的设备和其他别的咖啡制造商的不一样。

B. 不是所有克力莫公司的竞争者，在他们销售的咖啡中，都使用哥伦比亚咖啡豆。

C. 克力莫公司销售的咖啡比任何别的公司销售的咖啡多得多。

D. 克力莫咖啡的价格是现在配置的咖啡中最高的。

E. 大部分没有配置过的咖啡比最好配置的咖啡好。

17 在第二次世界大战中，大约有 37.5 万名平民在美国本土死亡，而有大约 40.8 万名美国军人在海外死亡。基于这些数字可以得出结论，在第二次世界大战中作为军人派驻海外并不比作为平民留在本土危险很多。

以下哪一项最能清楚地揭示出以上得出的结论的荒谬？

A. 除了派驻海外的军人死亡数外，将在美国本土死亡的军人数量计算出来。

B. 把平民的死亡人数和军人死亡人数之间的差别用占全部死亡人数的百分比表达出来。

C. 把在军队中服役期内由事故引起的死亡从由战斗中受伤而导致的死亡中区分出来。

D. 比较一下每一种类中每千人的死亡率而不是比较总的死亡人数。

E. 把在美国由事故造成的死亡人数同军队里在战斗中的死亡人数进行比较。

18 有一家权威民意调查机构，在世界范围内对"9·11"恐怖袭击事件发生的原因进行调查，结果发现，40% 的人认为是由美国不公正的外交政策造成的，55% 的人认为是由于伊斯兰文明与西方文明的冲突，23% 的人认为是出自恐怖分子的邪恶本性，19% 的人没有表示意见。

以下哪项最能合理地解释上述看来包含矛盾的陈述？

A. 调查样本的抽取不是随机的，因而不具有代表性。

B. 有的被调查者后来改变了自己的观点。

C. 有不少被调查者认为："9·11"恐怖袭击发生的原因不是单一的，而是复合的。

D. 处理调查结果的计算机出现技术性差错。

E. 调查人群仅为全球大学生。

19 在对 100 个没有使用过毒品的人进行吸毒检验时，平均只有 5 人的检验结果为阳性。相反，对 100 个吸过毒的人进行检验的结果有 99 人为阳性。所以，如果对随便挑选的人进行此项检验，绝大多数结果呈阳性的人都是用过毒品的人。

上述论证中的推理是错误的，因为这则论证：

A. 试图从纯粹属于事实方面的前提推出一个价值性判断。

B. 没有考虑到使用毒品的人在总人口中所占的比例。

C. 忽略了有些吸毒者的检验结果不是阳性这一事实。

D. 拥护在毫无根据地怀疑当事人吸毒的情况下对当事人进行吸毒检验。

E. 没有把阳性这个关键概念界定清楚。

20 很多人认为网恋不靠谱。芝加哥大学的一个研究小组对 1.9 万名在 2005—2012 年间结婚的美国人进行在线调查后发现，超过三分之一的人是通过约会网站或 Facebook 等社交网络与其配偶认识的；这些被调查对象总的离婚率远低于平均离婚率。这项调查表明，网恋在成就稳定的婚姻方面是很靠谱的。

以下哪项最有力地质疑了上述结论？

A. 仍遵循传统的线下约会方式的人，不是年龄特别大就是特别年轻。

B. 该项研究背后的资助者是某家约会网站。

C. 被调查对象的结婚时间比较短。

D. 与网恋相比，工作联系、朋友介绍、就读同一所学校是觅得配偶更为常见的途径。

E. 网恋比日常恋爱更迅速更直接，而且还避免了相见时的尴尬。

21 研究发现，试管婴儿的出生缺陷率约为 9%，自然受孕婴儿的出生缺陷率约为 6.6%。这两部分婴儿的眼部缺陷比例分别为 0.3% 和 0.2%，心脏异常比例分别为 5% 和 3%，生殖系统缺陷的比例分别为 1.5% 和 1%。因而可以说明，试管婴儿技术导致试管婴儿比自然受孕婴儿出生缺陷率高。

以下哪项如果为真，最能质疑该结论？

A. 试管婴儿要经过体外受精和胚胎移植过程，人为操作都会加大受精卵受损的风险。

B. 选择试管婴儿技术的父母大都生殖系统功能异常，这些异常会令此技术失败率增加。

C. 试管婴儿在体外受精阶段可以产生很多受精卵，只有最优质的才被拣选到母体进行孕育。

D. 试管婴儿的父母比自然受孕婴儿的父母年龄大很多，父母年龄越大，新生儿出生缺陷率越高。

E. 试管婴儿是利用体外受精技术产生的婴儿，这些孩子也是在妈妈的子宫内长成的。

22 一项研究发现，1998 年调查的中学生中有 61% 存在不同程度的近视，而在 2008 年的调查中，仅有 50% 的中学生存在不同程度的近视。于是研究者们得出结论，在 1998 年至 2008 年这段时间内，中学生的近视比率降低了。

以下哪项如果为真，最能削弱研究者们上面得出的结论？

A. 2008 年调查的中学生比 1998 年调查的中学生平均年龄要小。

B. 被调查的中学生是从那些与这些研究者们进行合作的老师的学生中选取的。

C. 被调查的中学生来自不同收入背景的家庭。

D. 近视是中学生们可能得的最普遍的一种疾病。

E. 没有养成良好的用眼习惯容易导致近视。

23 1929 年 10 月跟随美国股市暴跌后的"自杀潮"只是一种传说罢了。对 1929 年死亡统计资料的细致研究表明，当年 10 月和 11 月自杀的人数相对较低，较之自杀人数更低的其他月份只有三个月。在夏季股市大涨的月份中，自杀的人数反而较高。

如果以下哪项为真，对上文的结论会构成最严重的质疑？

A. 在任何历史时期，自杀率都是由心理、人际、社会等多方面因素造成的。

B. 在 20 至 30 年代，10 月和 11 月的自杀率总是高于其他月份。

C. 1929 年 10 月和 11 月的自杀率远高出其前后数年相同月份的平均自杀率。

D. 在股市暴跌的前后数年间，年初时的自杀率一般低于年底时的自杀率。

E. 在股市暴跌的前后数年间，每年的自杀率起伏很大。

24 美国有些州的法官是通过选举产生的。选举通常需要得到利益集团的资金支持，这有可能直接或间接地影响司法公正。一项研究表明，在涉案一方是自己的竞选资助人的案件中，路易斯安那州最高法院的法官有 65% 的判决支持了竞选资助人。这说明，给予法官的竞选资助与有利于资助人的判决之间存在相关性。

以下哪项陈述最好地指出了上述论证中存在的问题？

A. 该论证不恰当地预设，在涉案一方是竞选资助人的案件中，支持资助人的判决比例不应超出 50%。

B. 该论证未能说明竞选资助的额度对判决结果的影响。

C. 该论证忽略了以下事实：在竞选资助和司法判决完全透明的情况下，媒体对司法的监督无处不在。

D. 该论证没有给出竞选资助人在所有涉案当事人中所占的比例。

E. 该论证试图诉诸个例在不相关的现象之间建立因果联系。

25　到目前为止，核威慑政策是成功的。第二次世界大战结束以后，对毁灭性的核战争的恐惧，使拥有核武器的超级大国都不敢轻易动用它。超级大国之间的第三次世界大战还没有爆发就足以证明这一点。

以下哪项如果为真，指出了上述论证中的错误？

A. 保持一个较高水平的核武器装备会枯竭一个国家的经济实力。

B. 根据以前的经验，我们无法对未来作出任何确定的预测，一个小的事故也可能触发第三次世界大战。

C. 超出核威慑所需要的最小的武器量而继续制造核武器会增加出现事故的可能性。

D. 第二次世界大战结束以后，在超级大国之间曾经爆发了多起小规模武装冲突，但都相互克制以防止大的核冲突。

E. 现在还不知道没有发生核冲突的原因是否真的就是核威慑的作用，也许是其他一些因素，比如认识到保持和平的经济价值起了作用。

26　近年，在对某大都市青少年犯罪情况的调查中，发现失足青少年中，24%都是离异家庭的子女。因此，离婚率的提高是造成青少年犯罪的重要原因。

假设每个离异家庭都有子女，则以下哪项如果是真的，最能对上述结论提出严重质疑？

A. 十多年前该大都市的离婚率已接近 1/4，且连年居高不下。

B. 该大都市近年的离婚率较前有所下降。

C. 离异家庭的子女中走上犯罪道路的毕竟是少数。

D. 正常的离异比不正常地维系已经破裂的家庭要有利于社会的稳定。

E. 青少年犯罪中性犯罪占很大的比例。

27　洛杉矶这样的美国西部城市，几乎是和私人汽车业同步发展起来的，它的城市布局和风格明显带有相应的特点。由于有了私人汽车，住宅都散布在远离工作地点的地方；为了留出足够的停车空间，商业街的周边缺少林木绿化带。因此，如果私人汽车当初不发展，洛杉矶这样的城市会是另外一种完全不同的风貌。

以下哪项对上述论证的评价最为恰当？

A. 上述论证不恰当地假设：美国人可以接受没有私人汽车的生活。

B. 上述论证不恰当地依据某个特例，轻率概括出一般性的结论。

C. 上述论证不恰当地把某个结果归结为一个原因，并且仅仅归结为一个原因。

D. 上述论证忽视了：当原因发生变化时，相应的结果也会发生变化。

E. 上述论证忽视了：同一种原因，在不同的条件下可以产生不同的结果。

28　大多数关于有助于提高公众健康的因素的讨论都过低地估计了个人所拥有的价值

观的影响，这种影响被这样的事实所揭示：在过去的一个世纪中，传染病死亡率的急剧下降主要是因为生活条件的改善。在很大程度上，这种改善依赖于越来越多的人对干净、谨慎和节制的重视。

题干主要论点的提出主要通过：

A. 分析现存的医疗业务和健康结果的数据。

B. 提出了一套相关的因果见解。

C. 把几个普遍的原则应用于一具体的情况。

D. 提出一个总的意见，然后用几个具体的例子来证实它。

E. 详细地驳斥了一个普遍接受的论断。

29 一家化工厂，生产一种可以让诸如水獭这样小的哺乳动物不能生育的杀虫剂。工厂开始运转以后，一种在附近小河中生存的水獭不能生育的发病率迅速增加。因此，这家工厂在生产杀虫剂时一定污染了河水。

以下哪项陈述中所包含的推理错误与上文中的最相似？

A. 低钙饮食可以导致家禽产蛋量下降。一个农场里的鸡在春天被放出去觅食后，它们的产蛋量明显减少了。所以，它们找到和摄入的食物的含钙量一定很低。

B. 导致破伤风的细菌在马的消化道内生存，破伤风是一种传染性很强的疾病。所以，马一定比其他大多数动物更容易染上破伤风。

C. 营养不良的动物很容易感染疾病，在大城市动物园里的动物没有营养不良。所以，它们肯定不容易染病。

D. 猿的特征是有可反转的拇指并且没有尾巴，最近，一种未知动物的化石残余被发现，由于这种动物有可反转的拇指，所以，它一定是猿。

E. 玩网络游戏会导致学生的学习成绩下降，这所学校的学生的学习成绩普遍比较稳定，因此肯定没有学生玩网络游戏。

30 有高血压的人，通常比没有高血压的人更加焦虑和急躁。这一事实表明，具有这种所谓"高血压个性"特征的人可能更容易得高血压。

以下哪项陈述是针对上述论证的基础所作出的最严厉的批评？

A. 没有对术语"高血压个性"作出定义。

B. 只关注焦虑和急躁这两种个性，忽略了高血压患者可能具有的其他个性。

C. 只是简单地重申存在"高血压个性"，而没有提供证据来支持它。

D. 只根据高血压与"高血压个性"之间的一种关联，来证明这些个性能导致高血压。

E. 有高血压的人更加焦虑和急躁是患者的一种常见现象。

31 参加跆拳道运动的人通常比不参加跆拳道运动的人身体更健康，因此，跆拳道运动有助于增进健康。

以下哪一项如果为真，最能构成对上述结论的质疑？

A. 每年都有少数人在跆拳道运动中受伤。

B. 跆拳道运动能够训练人的反应能力，提高人的敏捷度。

C. 只有身体健康的人才参加跆拳道运动。

D. 男子比女子更喜爱跆拳道运动。

E. 参加跆拳道运动的人有些也参加羽毛球运动。

32　19 世纪有一位英国改革家说，每一个勤劳的农夫，都至少拥有两头牛。那些没有牛的，通常是好吃懒做的人。因此，他的改革方式便是国家给每一个没有牛的农夫两头牛，这样整个国家就没有好吃懒做的人了。

以下哪项论证中出现的逻辑错误与题干中改革家犯的逻辑错误类似？

A. 天下雨，地上湿。现在天不下雨，所以地也不湿。

B. 这是一本好书，因为它的作者曾获诺贝尔奖。

C. 你是一个犯过罪的人，有什么资格说我不懂哲学？

D. 因为他躺在床上，所以他病了。

E. 你说谎，所以我不相信你的话；因为我不相信你的话，所以你说谎是徒劳的。

33　大约在 12 000 年前，气候变暖时，人类开始陆续来到北美洲各地。在同一时期，大型哺乳动物，如乳齿象、猛犸和剑齿虎等，却从它们曾经广泛分布的北美洲土地上灭绝了。所以，与人类曾和自然界其他生物和平相处的神话相反，早在 12 000 年前，人类的活动便导致了这些动物的灭绝。

上述论证最容易受到以下哪项陈述的质疑？

A. 所提出的证据同样适用于两种可选择的假说：气候的变化导致大型哺乳动物灭绝，同样的原因使得人类来到北美洲各地。

B. 乳齿象、猛犸和剑齿虎等大型哺乳动物的灭绝，对于早期北美的原始人来说，具有非同寻常的意义。

C. 人类来到北美洲可能还会导致乳齿象、猛犸和剑齿虎之外的其他动物灭绝。

D. 该论证未经反思就把人类排除在自然界之外。

E. 由于乳齿象、猛犸和剑齿虎等大型动物会威胁到人类的生存，所以人们想方设法猎取它们。

34　售货员：显像管是任何一台电视机的核心元件，长虹牌电视和康佳牌电视使用相同质量的显像管。由于长虹牌电视的价格较低，所以，当你购买长虹而不是康佳时，便用较低的价钱买到了图像质量相同的电视。

如果以下哪项假设被证明为真，能使售货员的结论在其论证中适当地推出？

A. 康佳牌电视比长虹牌电视所做的广告更加广泛。

B. 电视的图像质量只由显像管的质量来决定。

C. 售货员销售长虹牌电视赚的钱少于销售康佳牌电视赚的钱。

D. 长虹牌电视每天要比康佳牌电视销售得多。

E. 长虹牌电视与康佳牌电视是在同一家工厂组装的。

35　壳牌石油公司连续三年在全球 500 家最大公司净利润总额排名中位列第一，其主要原因是该公司比其他公司有更多的国际业务。

下列哪项如果为真，最能支持上述说法？

A. 与壳牌公司规模相当但国际业务少的石油公司的利润都比壳牌石油公司低。

B. 历史上全球 500 家大公司的净利润冠军都是石油公司。

C. 近三年来全球最大的 500 家公司都在努力走向国际化。

D. 近三年来石油和成品油的价格都很稳定。

E. 壳牌石油公司是英国和荷兰两国共同拥有的。

36 科学家给内蒙古的 40 亩盐碱地施入一些发电厂的脱硫灰渣，结果在这块地里长出了玉米和牧草。科学家得出结论：燃煤电厂的脱硫灰渣可以用来改良盐碱地。

以下哪项如果为真，最能支持科学家的结论？

A. 在用脱硫灰渣改良过的盐碱地中生长的玉米与肥沃土壤中玉米的长势差不多。

B. 脱硫灰渣的主要成分是石膏，而用石膏改良盐碱地已有一百多年的历史。

C. 这 40 亩试验田旁边没有施用脱硫灰渣的盐碱地上灰蒙蒙一片，连杂草也很少见。

D. 这些脱硫灰渣中重金属及污染物的含量均未超过国家标准。

E. 河北省南部的盐碱地情况和内蒙古的一样，使用这些灰渣，却没能产生好的效果。

37 自 1965 年到 1980 年，印第安纳州赛车比赛中赛车手的平均年龄和赛车经历逐年增长。这一增长原因是高速赛车手比他们的前辈们活得长了。赛车的安全性能减少了以前能夺走驾驶者生命的冲撞的严重性，它们是印第安纳州赛车比赛中车手平均年龄增长的根本原因。

下面的哪个如果正确，最可能成为证明汽车安全性能在重大撞车中保护了车手，是赛车中赛车手平均年龄增长的原因？

A. 在 1965 年到 1980 年间，快速车道上发生重大事故的年轻车手略多于年长的车手。

B. 1985 年之前和之后，发生在高速赛车道上的重大事故频率相同。

C. 在 1965 年到 1980 年，试图取得资格参加印第安纳州赛车比赛的车手的平均年龄有轻微下降。

D. 1965 年之前和之后，在美国高速公路上事故发生的频率相同。

E. 在 1965 年到 1980 年间，其他的安全措施，包括车道的状况及车手驾车所穿的衣服，也在印第安纳州赛车比赛中被采纳。

38 作为一个促销实验，阳光公司分发了 400 万份产品目录。该目录两个版本之一对所售的每种产品的描述都贴有"手工制作"的标签。收到这种目录的消费者的平均购买量比收到没有贴这种标签的目录的消费者的平均购买量要多 20%。因此，贴有这种标签起到了促销作用。

以下哪项如果为真，最能削弱上述论证的结论？

A. 得到有特殊说明的目录的消费者以前通过邮购购买过阳光公司的产品，而得到另一种目录的以前没有这么做过。

B. 调查表明在促销活动期间，不论消费者得到的是哪种目录，他们购买和退货的速度相等。

C. 促销结束后，阳光公司的销售额大量减少了。

D. 阳光公司寄出的目录中，贴有"手工制作"标签的目录是没有贴"手工制作"标签的目录的三倍。

E. 在促销的这一年中，阳光公司卖出的产品比前一年少 20%。

39 在过去的世纪里，北美改变了其主要的能源，先是从木头到煤，然后是从煤到石油和天然气。在每次转变时，新的、占主流的燃料与以往相比都是含碳越来越少，含氢越来越多。合乎逻辑的结论是：在未来，主要的能源将是纯粹的氢。

以下哪项表述支持上述论证潜在的一般原则？

A. 假如从一个系统的某一状态向该系统的另一状态的转变能够接连不断地发生，那么，其最终的状态将会出现。

    B. 假如两种能够满足人们需要的属性同属于一个有用的物体，那么，该物体的最佳形态就是使这两种属性平分秋色。

    C. 假如一个过程的第二阶段比其第一阶段完成得较快，那么，该过程的第三阶段将比第二阶段完成得更快。

    D. 假如一个事物变化的每一步都包含一种属性的削弱和另一种属性的增长，那么，当该变化结束时，第一种属性就会消失，而只剩下第二种属性。

    E. 假如对于某种目的来说，第一个物体比第二个物体更适用，那么，对于该种目的来说，最佳的物体将会包括第一个物体的全部属性而不包括第二个物体的任何属性。

40 尽管大多数大学拥有教职员工发明的专利权，但教职员工拥有他们著书或文章的版税。因此，教职员工应该拥有他们编制的教学计算机软件的版税。

    如果将以下哪一项作为一项补充前提插入以上论述，会更合理地得出该结论？

    A. 发明的专利权收入比教学计算机软件的版税收入高。

    B. 比起发明来，教职员工更愿意编制教学软件程序。

    C. 发明会给大学带来比书和文章更多的声誉。

    D. 根据大多数大学的经验，教学软件程序比书和文章更易销售。

    E. 根据版税抽取的标准来看，教育软件更接近书和论文版权，而不是发明专利。

41 "奇文共欣赏，文章相与析"，一直是爱好读书的我国国民的好传统。一项调查表明，某些新闻类期刊每份杂志平均拥有4～5位读者，由此我们可以合理推断，在《微型小说选》12 000个订户的背后，约有48 000～60 000位读者。

    上述推断直接是以下述哪项假设为前提的？

    A. 大多数《微型小说选》的读者都是该刊物的订户。

    B.《微型小说选》的读者与订户的比例与上述新闻类期刊的读者与订户的比例相同。

    C. 新闻类期刊的读者大多也喜欢阅读《微型小说选》这类刊物。

    D. 新闻类期刊的读者数与《微型小说选》的读者数相差不多。

    E. 大多数期刊订户都喜欢与同事、亲友共享自己的杂志。

42 去年春节我们只用了2天时间就销售福利彩票400万元。今年春节我们准备用10天的时间来销售彩票，估计销售2 000万元是不成问题的。

    以下哪项最能支持上述推理？

    A. 在前年举办的春季体育彩票的销售活动中，5天的时间就销售彩票1 000万元。

    B. 体育彩票由于奖品采取奖金的方式发放，一直很受摸彩人的青睐。

    C. 我国的体育事业发展很快，这是和全国人民的支持分不开的。我们买体育彩票也是对体育事业的支持。

    D. 在每年卖体育彩票的过程中，我们发现每天的销售量是差不多的。

    E. 我国经济一直处于良性发展状态，人们的生活水平有了显著提高。

43 地球和月球相比，有许多共同属性，如它们都属太阳系星体，都是球形的，都有自转和公转等。既然地球上有生物存在，因此，月球上也很可能有生物存在。

    以下哪项如果为真，最能削弱上述推论的可靠性？

    A. 地球和月球大小不同。

B. 月球上同一地点温度变化极大，白天可以上升到100℃，晚上又降至零下160℃。

C. 月球距地球很远，不可能有生物存在。

D. 地球和月球生成时间不同。

E. 地球和月球旋转速度不同。

44 根据1980年的一项调查，所有超过16岁的美国公民中有10%是功能性文盲。因此，如果在2000年16岁以上美国公民将达2.5亿人，我们可以预计，这些公民中有2 500万人会是功能性文盲。

下面哪个如果正确，将最严重地削弱上文作者得出的结论？

A. 在过去的20年中，不上大学的高中毕业生比例稳步上升。

B. 从1975年到1980年，美国16岁以上公民功能性文盲的比例减少了3%。

C. 在1980年接受调查的很多美国公民在2000年进行的一项调查中也将被包括在内。

D. 设计不适当的调查通常提供不准确的结果。

E. 1980年，美国的所有公民中有65%的人超过16岁。

45 在20世纪80年代，数十亿枚电池被扔到垃圾坑中，人们越来越担心在电池腐烂时，其中的有毒金属会渗入到地下水中并将其污染。然而，这种担心是没有根据的，因为对20世纪50年代曾经用过而后关闭的大垃圾坑附近的地下水的检测表明，这种污染即使有也是微不足道的。

如果以下哪项为真，将最严重地削弱上述论证？

A. 与20世纪80年代典型的垃圾坑相比，20世纪50年代典型的垃圾坑中含有的电池数量可以忽略不计。

B. 20世纪50年代的电池中有毒金属的含量比20世纪80年代的含量高。

C. 与20世纪80年代相比，在20世纪50年代被倒进垃圾坑中的焚化垃圾包含更多从电池中产生的有毒物质。

D. 与20世纪50年代相比，20世纪80年代制造的电池泄漏有毒金属液体的可能性较小。

E. 在20世纪80年代，循环使用电池中含有的有毒金属的努力明显增加。

46 工业发达国家用来改善其栽培作物的许多植物种类来自欠发达国家。发达国家并未支付任何补偿，理由是这些植物是被作为"人类的共同遗产"而使用的。但是，这种逻辑是有缺陷的，不管怎么说，没有人提出煤、石油和矿石可以不付费地进行开采。

下面哪个最好地描述了作者在以上论证中使用的方法的一个方面？

A. 作者从很多具体观察前进到一个假定的概括。

B. 作者把假定在相关方面类似的现象事实应用到正在讨论的情况中。

C. 通过表明一种立场的对立面会有逻辑中可笑的结果，来加强这种立场的说服力。

D. 以某一推理过程混淆了因果关系中的原因和结果为理由，可以对这一推理过程提出质疑。

E. 一个论点可以通过个人价值判断形成的分散的表述来进行分析。

47 在1812年的战争期间，美国议会许可武装海盗掠夺敌方船只。这些武装海盗通过出售掠夺的货物来为其冒险事业供给资金。当前，一个佛罗里达人向议会请愿许可现代武装海盗来攻击海上非法毒品的走私。

下面哪一个如果正确，能指出佛罗里达人建议的缺陷？

A. 现代船只比 19 世纪的快。

B. 虽然美国宪法仍然许可武装海盗，但是已经有 150 多年没有发放许可证。

C. 现代武装海盗无法在不触犯法律的情况下，出售其掠夺的物品来为其运转提供资金。

D. 1812 年的武装海盗掠夺属于其他国家公民的船只。

E. 大多数被用作毒品走私的船是改装的渔船。

48　如果用户手机里安装了企业的客户端，那么就可以大大提高用户浏览手机时看到企业标识和名称的机会，进而达到宣传企业形象和品牌的目的，提高企业知名度。

上述结论的假设前提是：

A. 手机用户数量增长势头强劲。

B. 手机客户端是项成熟的技术。

C. 手机用户有浏览手机的习惯。

D. 手机营销的时效强、成本低。

E. 手机营销可有效地提高销量。

49　蕨丛是一种有毒的野草，正在北半球传播并毁坏牧场，一个潜在的并不昂贵的自我维护的措施是引进这种植物的天敌；因此，一些科学家建议通过释放一种南半球土生土长的吃蕨丛的蛾子到北半球蕨丛蔓延的地区，可以控制蕨丛。

如果科学家控制蕨丛的建议被采纳，下面哪个是其成功的必要条件？

A. 北半球的蕨丛生长的土壤、气候条件大致和南半球蕨丛生长的地区相似。

B. 释放出来的蛾子将以杂草而不是北半球土生土长的蕨丛为食。

C. 蕨丛肆虐的草原上的牲畜将产生对蕨丛引发疾病的免疫力。

D. 有足够量的蛾子生存下来减少蕨丛，延缓其生长。

E. 传统的诸如烧、割或药物喷洒这类方法不见得比现在的方法节省人力和资金。

50　伏案工作者长时间低头阅读、书写很容易患腰颈椎疾病，为帮助这部分人预防和缓解腰颈椎疾病，某单位工会为职工印发了宣传册，教大家预防和治疗腰颈椎疾病的一些方法。

以下哪项如果为真，最能对上述宣传册的效果提出质疑？

A. 腰颈椎疾病很难进行自我预防和治疗。

B. 预防和缓解腰颈椎疾病的方法因人而异。

C. 预防和治疗腰颈椎疾病需要专业人士指导。

D. 不经常伏案工作的人也可能患腰颈椎疾病。

E. 腰颈椎病经正规治疗可获得满意的临床效果。

答案与解析

01. 答案：B

题干论证是，根据对新闻系学生的阅读兴趣的调查结果，推出追逐时尚和八卦的报道倾向是建立在对大众阅读兴趣错误的假设之上的。

这一推理的错误在于样本不具有代表性，即它所依赖的样本群体的看法几乎不能支持该论证的结论。因此，B 项为正确答案。

02. 答案：C

题干的调查显示：有长远而明确人生目标的人成就比较大。

这显然说明是否有长远明确的人生目标的确对取得成就的大小有重要影响，C 正确。

03. 答案：B

题干是一个统计概括的归纳推理，得出的结论不具有必然性。B 项的推理方式与此相同。

其余选项都是必然性推理，比如 A、D 项是对全体对象的考察，并推出结论，是个完全归纳推理；C 项是演绎推理，E 项是类比推理。

04. 答案：D

该题是要求对题干中的现象进行归纳概括。简单枚举归纳所得出的结论只具有可能性，选项 A、B、C 都太绝对。

选项 E 和选项 D 都应该有道理，但选项 E 没有选项 D 好。

05. 答案：A

题干论述的例子是，在东非缺少食品的国度，保护大象就不能避免大象破坏农田。

从中可以合理地推出：保护野生动物可能会危害人类的安康。因此，A 项为正确答案。

其余选项均为无关项。

06. 答案：D

李强的推理犯了以偏概全的逻辑错误，D 指出了这一点，该项意味着李强所认识的 100 个人，对于分析中国的失业率来说不具有代表性。

07. 答案：C

营养学家的观点是：每天饮用少量咖啡对心脏无害，因此，有节制地饮用咖啡不会损害人的健康。

这是一个以偏概全的论证，因为对心脏无害并不意味着对身体无害，所以，C 项最准确地指出了以上论证的缺陷。

08. 答案：C

题干从一些个别的例子或特殊的样本得到一个普遍的结论，这属于归纳概括。但这个概括仅仅是根据特殊的例子得出的，随便再举几个例子就完全能够驳斥上文，比如 1957 年出生，在他 9 岁生日那年是 1966 年，显然与上文所得到的结论不符合，可见，这一概括仅仅对最后一个数字比倒数第二个数字大一的年份有效，因此，C 项对题干的断言作出了有力的批评。

09. 答案：D

从题干中上学前班的情况与小学入学前综合能力测试得分的数据，可合理地得出结论：是否上过学前班与小学入学前综合能力之间有相关性。

10. 答案：B

题干根据拥有电脑的家庭编写程序的比例低，推出结论，大部分购买电脑的家庭并没有充分利用他们的家庭电脑。

如果 B 项为真，即事实上许多人购买电脑不是为了编程序，而是用于其他目的，那么就不能以用编程时间的多少，来衡量一台电脑是否得到充分利用。

其余各项均不能削弱题干。

11. 答案：B

政治家所举的例子即样本都是其本人消费的，这在所有消费品中所占的比例过小，仅就这几样商品价格的上涨幅度不足以对全部消费品的情况作出说明，因此也就无法证明经济学家的观点是错的。因此，B项正确。

其余选项均不是其受到批评的原因。

12. 答案：C

题干由5年内中科院和北大的134名在职人员死亡的统计数据得出结论：中关村知识分子的平均死亡年龄为53.34岁。

这一统计推理是有荒谬的，因为这个样本不具有代表性。因为在职人员的年龄一般不超过60岁，在职期间如果死亡，往往属于英年早逝，这个样本不能代表一般知识分子的情况。

C项，从已经死亡的大学生的平均死亡年龄来推出所有大学毕业生的平均死亡年龄。这一推理同样是荒谬的，因为在校大学生通常是20岁左右的青年，如果死亡，大多数属于非正常死亡，这个样本不能代表一般具有大学文化程度的人。

13. 答案：D

题干的统计推理是：根据一年内进行亲子鉴定的近600人中有15％的检测结果排除了亲子关系，而得出一个普遍性的结论：15％的爸爸替别人养孩子。

这个推理显然是不充分的，结论是值得怀疑的。

该统计推理只能说明：在进行亲子鉴定的人中，15％的爸爸替别人养孩子。因为，社会上绝大多数家庭并没有进行亲子鉴定，由于本推理抽样不科学，整体比例无从得知。可见，A项质疑该统计推断的可靠性。（A项对统计结论进行了对象上的限定，否则会犯以偏概全的逻辑错误）

B项以另有他因的方式，说明进行亲子鉴定的这600人本来就对其亲子关系有所怀疑，所以测出的结果应该是高于社会上的整体情况，也就是样本不具有代表性，因此统计推理的结论不可靠。

C项怀疑进行亲子鉴定的技术是否可靠，E项怀疑该司法物证鉴定中心的鉴定是否可靠，均质疑了该统计推断的可靠性。

D项所说的费用高，则与统计推断的可靠性无关，是不能削弱质疑的正确答案。

14. 答案：C

题干中民意调查的结果不准确的原因在于样本不具有代表性，调查样本只代表了那时能够安装电话的人，而当时有电话的人远没有现在这样普及。选项C指出了这一点，起到了有效的解释作用。

15. 答案：D

增长的百分比多，不一定绝对量就大，关键还要看基数。

按选项D和题干中的数据估算，"现在"美国半导体的产量仍为日本的20多倍，严重地削弱了题干的结论"日本现在比美国制造的半导体多"。

其余选项不能有效地削弱题干论证。

16. 答案：C

题干根据克力莫公司购买的优质咖啡豆最多，得出结论：克力莫公司的咖啡最好。

要削弱这个论证，就要说明存在别的因素影响推理。克力莫公司购买的哥伦比亚咖啡豆最多，只是其咖啡豆原料总量多。如果"克力莫公司销售的咖啡比任何别的公司销售的咖啡多得多"，表明其咖啡产量与咖啡豆原料总量之比，比别的公司要大，也就是说哥伦比亚咖啡豆单位含量要低。那么，不见得克力莫公司的咖啡就好。这就有力地削弱了题干的论证，因此，C 项为正确答案。

其余选项均为无关项。

17. 答案：D

要比较危险程度，不能用绝对死亡人数来比较，而要用死亡率来比较。题干推理的荒谬之处在于，在国内的平民远比在海外服役的军队人数多。

选项 D 指出，需要比较两组的死亡率（这种比较将揭示出人数少的一组有更高的死亡率），从而揭示出这种荒谬，因此为正确答案。

18. 答案：C

题干罗列了被调查者对"9·11"事件发生原因认可程度的比例，而各个比例的和超过了 100%。说明必然有一些人所认定的原因不止一个。C 项指出各个观点有交集，即有人认为这几种原因中的两种或两种以上导致了 9·11 事件，因此简单的加和会导致比例的总合超过 100%，解释了题干矛盾。因此，C 为正确答案。

其余选项起不到解释作用，比如 B 项，被调查者改变观点会使一个数字减少而另一个数字增加，但是不会影响总量。

19. 答案：B

如果使用毒品的人在总人口中所占的比例极小，那么对随便挑选的人进行此项检验，可能其中根本就没有吸过毒的人，但有可能有一些人检验结果为阳性，这样题干结论就不成立了。

B 项指出了题干论证中的推理错误。

20. 答案：C

题干通过调查发现，网恋离婚率远低于平均离婚率，从而得出结论，网恋在成就稳定的婚姻方面很靠谱。

C 项如果为真，即网恋的结婚时间比较短，这意味着，网恋的离婚率与平均离婚率不具有可比性，当然题干中结论的成立也就受到了严重的质疑。

其余选项均不妥，比如，A、D 项为无关选项，B 项可能具有一定质疑，但力度较小。

21. 答案：D

题干运用统计数据得出结论：试管婴儿技术导致试管婴儿比自然受孕婴儿出生缺陷率高。

D 项说明"试管婴儿比自然受孕婴儿出生缺陷率高"的原因不是"试管婴儿技术"，而是"父母年龄大"，以另有他因的方式削弱了结论。

22. 答案：A

题干根据两个年份的调查结果，得出普遍性的结论：中学生的近视率降低了。

这一结论成立的前提条件必须是调查的两个样本没有质的差异。A 项指出，2008 年调查的中学生年龄要小，近视的可能性就低，这就有力地削弱了题干结论。

其余选项不妥，其中，选项 B 易误选，起不到有效的削弱作用，如果所选取的学生在年龄上第二次比第一次大的话，就不会削弱题干的结论，反而会有所增强。

23. 答案：C

要比较 1929 年 10 月股市暴跌后的自杀现象是否增多，不能用当年 10 月和 11 月自杀的人数与当年其他月份来比，而应该与其他年份相同月份的平均自杀率来比较。

可见，C 项对上文的结论会构成最严重的威胁。

24. 答案：D

题干中仅凭 65％的判决支持了竞选资助人就得出结论，给予法官的竞选资助与有利于资助人的判决之间存在相关性。

这一论证的隐含假设是支持竞选资助人的案件数量高于事实上应该支持的数量，而该论证并没有给出竞选资助人在所有涉案当事人中所占的比例，所以题干论证的假设是存在疑问的，所以选 D 项。

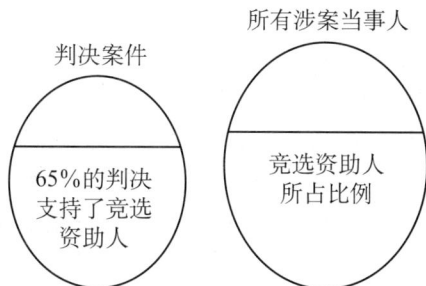

所有涉案当事人

判决案件

65%的判决
支持了竞选
资助人

竞选资助人
所占比例

25. 答案：E

核威慑政策对抑制第三次世界大战来说，可能是非常重要的一个原因，但未必是充分原因。E 项给出了可能另有他因的解释，也许是其他一些因素，比如和平时期的经济建设，也对抑制第三次世界大战起到了相当大的作用。

26. 答案：A

题干根据失足青少年的 24％都是离异家庭的子女，得出结论，离婚率的提高是造成青少年犯罪的重要原因。

只有当离异家庭在所有家庭中所占的比例小于 24％时，上述结论才可能成立；当离异家庭在所有家庭中所占的比例等于或大于 24％时，那么，青少年犯罪与离异家庭的因果关系就不能成立。

选项 A 表明在该城市离异家庭在所有家庭中所占的比例大约也是 24％，并且十多年前就是如此，即现在的青少年也都是那时出生的。这就有力地削弱了题干的结论，因此为正确答案。

其他选项皆构不成对题干结论的质疑。

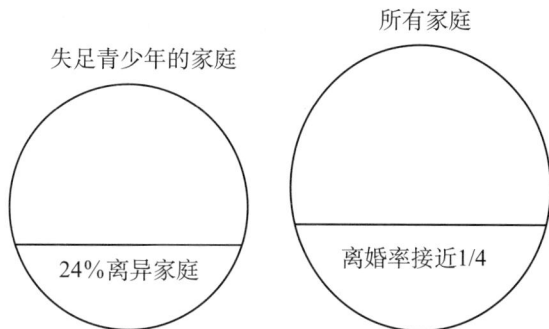

所有家庭

失足青少年的家庭

24%离异家庭

离婚率接近1/4

27. 答案：C

题干理由是：私人汽车业的发展造成了洛杉矶现有的城市风貌。可见，"私人汽车业的发展"是"造成现有城市风貌"的充分原因。

题干结论是：如果私人汽车当初不发展，洛杉矶不会是现在的风貌（即会是另一种完全不同风貌），可见，"私人汽车业的发展"是"造成现有城市风貌"的必要原因。

根据以上分析，由上述理由是得不出上述结论的，题干论证是轻率地把充分原因当成了充分必要原因，即是唯一的原因，C 项指出了这一点，是对题干最恰当的评价。

其余各项均不恰当。比如，B 项，题干并不是依据某个特例进行轻率概括（比如由洛杉矶推出全美）。D 项，题干的推理漏洞并没有忽视原因结果的变化情况。E 项，题干的推理漏洞也并没有忽视同因不同果的情况。

28. 答案：B

题干首先提出论点，个人所具有的价值观对提高公众健康的影响被低估，而公众健康状况提高的一个重要标志是传染病死亡率的下降，然后举例证明导致传染病死亡率下降的原因是生活条件的改善，而生活条件的改善又依赖于人们价值观的改变（对干净、谨慎和节制的重视）。可见，题干是通过因果关系证明了它提出的论点，所以，B 项为正确答案。

因果链条：价值观（对干净、谨慎和节制的重视）→生活条件的改善→传染病死亡率的急剧下降。（价值观是生活条件改善的必要原因）

A、C 和 E 项所描述的逻辑结构均与题意明显不符。D 项所述的用几个具体的例子来证实它，这显然不对，因为题干只用了一个具体的例子。

29. 答案：A

题干推理是有缺陷的，附近小河中的水獭不能生育的原因不一定是生产该杀虫剂的工厂污染造成的，有可能是其他原因。其推理错误在于，根据有因必有果，推导出有此果必有此因。推理结构是：

p 可以导致 q；（该杀虫剂可以让水獭不能生育）

有 q；（生产该杀虫剂的工厂运转后，在附近小河中的水獭不能生育的发病率迅速增加）

所以，一定有 p。（工厂在生产杀虫剂时一定污染了河水）

选项 A 与题干的推理错误类似。其余选项不类似，比如：C 项，p 可以导致 q，无 p，因此，无 q。选项 D，猿有两个特征，现在某动物有其中一个特征，因此，一定是猿。

30. 答案：D

题干只根据"高血压"与"高血压个性"之间的关联，来证明"高血压个性"是导致"高血压"的原因。这一论证显然是不充分的。

31. 答案：C

题干观点：参加跆拳道的人通常比不参加跆拳道的人身体更健康，所以参加跆拳道有助于健康。

C 项表明，很有可能不是因为练习跆拳道才身体健康，而是因为身体健康才练习跆拳道，意味着题干观点"因果倒置"，起到了质疑作用。

其余选项均不妥，其中，A 所说的受伤与题干推理无关；B 说练习跆拳道的好处，加强题干观点；D 明显为无关比较。

32. 答案：D

题干中改革家犯的逻辑错误是"因果倒置"，不是因为没有牛导致好吃懒做的，而是因为好吃懒做才导致没有牛的。

选项 D 也犯了同样的因果倒置错误。不是因为躺在床上导致生病，而是因为生病才导致躺在床上。

33. 答案：A

题干根据"人类活动"和"动物灭绝"两个事件的时间相关性，得出"人类的活动"是"动物灭绝"的原因。

这个论证是有缺陷的，有可能是第三个因素引起两个事件，产生了它们之间的相关，但在它们二者之间并没有任何直接的因果联系。A 项就说明了这一点，为正确答案。

34. 答案：B

售货员观点：因为两种电视的显像管一样，所以图像质量一样。

这是一则用求同法作出的论证，即比较两个对象所具有的相同点（核心元件显像管），并以此相同点为原因推出其产生的结果（图像质量的效果）也相同。若得出该论证的结论，就必须假设显像管是影响图像质量的全部原因（唯一的原因）。因此，B 项是必需假设的，否则，如果电视的图像质量不只由显像管的质量来决定，那么售货员的说法就不成立了。

其余选项均为无关项。

35. 答案：A

题干断定壳牌公司国际业务多，所以利润高。

A 项表明，与壳牌规模相当但国际业务少的石油公司利润低，作为一个证据，有力地支持了题干的断定。

其余选项均不妥，其中，B、D 项与国际化无关；C 项谈的是"500 家公司"都在"国际化"，而题干强调的是各公司的国际化程度的差异；E 项好像与国际业务有一定的关系，但国际业务的多少与公司是否由多国共管并无直接关系。

36. 答案：C

题干事实是：用脱硫灰渣的地里长出了玉米和牧草。

C 项事实是：不用脱硫灰渣的地里长不出玉米和牧草。

由此，由求异法可知，脱硫灰渣是盐碱地改良的原因，也即支持了科学家得出的结论。

A 项是增加了新的论据支持了题干，但是个旁证，支持力度不如 C 项，因为没有排除不用脱硫灰渣的盐碱地里也能长出玉米和牧草的情况。

B、D、E 项引入了新概念，为无关项。

37. 答案：B

题干根据赛车手年龄增加这一事实，得出一个解释性的结论：赛车的安全性能是赛车手平均年龄增加的主要原因。

要使其论证具有说服力，必须假设除了赛车的安全性能之外没有别的因素影响推论。选项 B 表明，发生在高速赛车道上的主要事故频率基本相同，恰恰说明不是事故数目的减少导致赛车手年龄增加，是一个没有他因的支持。

A 项是一个无关比较；C 项与推理无关；D 项陈述的是美国高速公路上的事故频率，扩大了范围。E 项指出其他的安全措施的使用，是个另有他因的解释，削弱了题干论证。

38. 答案：A

题干观点：由于收到的产品目录中有"手工制作"标签的消费者购买量比收到没有贴这种标签的的目录的消费者购买量高，所以标签能起到促销作用。

A 项指出有可能因为收到有标签的消费者是老客户才导致销量上升，这意味着销量高可能与标签无关，这就以另有他因的方式有力地削弱了题干结论。

其余选项起不到削弱作用，比如 B 项，退货率与题干论述关系不大。D 项，题干讨论的是人均购买量，与绝对数值无关。C、E 都明显为无关项。

39. 答案：D

题干观点：能源的演变呈现出含氢比例越来越高而含碳量越来越少的趋势，因此推出以后将使用纯氢作能源。

若支持这一论证，需要附加一个能作为其推论基础的一般原则，D 项所描述的就是这样的原则：假如一个事物变化的每一步都包含一种属性的削弱（碳减少）和另一种属性的增长（氢增加），那么，当该变化结束时，第一种属性（碳）就会消失，而只剩下第二种属性（纯氢）。

其余选项均不妥。A 项描述的一个系统的某一状态向该系统的另一状态的转变，与题干不符，题干描述的转变是阶段性的，而且不是带有方向性直接向可知的最终状态转变的。B 项明显与题干观点矛盾，碳和氢都能做燃料，然而结局不是平分秋色。C 项明显为无关选项，题干没有涉及转变速度问题。E 项，题干描述的进程没有指出什么是最佳的物体，未来的能源未必是最好的能源。

40. 答案：E

题干前提：教职员工拥有他们著书或文章的版税，尽管基本不拥有发明的专利权。

补充 E 项：根据版税抽取的标准来看，教育软件更接近书和论文版权，而不是发明专利。

得出结论：教职员工应该拥有他们编制的教学计算机软件的版税。

其余选项都不能作为合适的补充前提。A、B 项描述了软件和发明之间的区别，C 项是发明与书和文章之间的区别，D 项是软件与书和文章之间的区别，但都没有在发明软件与书和文章之间建立起联系。

41. 答案：B

题干前提：某些新闻类期刊每份杂志平均拥有 4～5 位读者。

补充 B 项：《微型小说选》与上述新闻类期刊的读者与订户的比例相同。

得出结论：在《微型小说选》12 000 个订户的背后约有 48 000～60 000 位读者。

其余选项都不是题干论证的假设前提。若以 A 项为前提，不能使得上述推断成立。C、D、E 项均为无关项。

42. 答案：D

题干前提：今年用去年 5 倍的天数来销售体育彩票。

补充 D 项：在每年卖体育彩票的过程中，我们发现每天的销售量是差不多的。

得出结论：今年的销售额将达到去年的 5 倍。

43. 答案：B

题干通过地球和月球类比，推出月球上也很可能有生物存在。

削弱一个用类比推理作出的论证的方法：指出两种现象不可比。各选项对题干都有所削弱，但显然 B 项削弱力度最大。

44. 答案：B

题干是由 1980 年的功能性文盲所占的比例，推出 2000 年功能性文盲的数量。

其推理成立所隐含的假设是前提与结论的探讨对象之间无本质差异，即 16 岁的美国公民的功能性文盲比例不变。B 项指出了这个比例有减少的趋势，这样就否定了假设，因此，严重地削弱了题干的结论。

45. 答案：A

题干论述：由对 20 世纪 50 年代垃圾坑的研究可以推出 20 世纪 80 年代的废电池不会严重污染地下水。

A 项指出，20 世纪 50 年代的污染很小很可能是因为当时的电池很少，意味着如果电池像 80 年代一样多就未必不能产生污染，有力地削弱了题干论证，因此为正确答案。

其余选项起不到削弱作用。B 项，20 世纪 50 年代的电池有毒物质更多，意味着 50 年代都没污染，那么 80 年代更不应该污染，有支持题干的作用。C 项也有支持题干的意思。E 项也说 20 世纪 80 年代的电池有毒物质可能较少，支持题干。

46. 答案：B

作者在论证时把"没有人提出煤、石油和矿石可以不付费地进行开采"，应用到"工业发达国家对用来改善其栽培作物的植物种类并未支付任何补偿"这种情况中，做了一个类比论证，可见，B 项很好地描述了这一论证中所使用的方法。

47. 答案：C

题干论述：在 1812 年允许这样做，为此，现在也应该许可这样做。

这个佛罗里达人的建议是从过去类推到将来，必须假设两者发生的所有情况都相同，所有条件都满足。

C 项表明，那时候武装海盗可以把货物抢来后卖掉，但是现在武装海盗把毒品抢来后再出售毒品，显然是触犯法律的，这就明确指出了佛罗里达人建议的缺陷。

48. 答案：C

题干论点为：手机安装企业的客户端可提高浏览企业标识的机会，从而提高企业知名度。

C 项是此结论成立的假设前提，否则，如果用户没有看手机的习惯，即使安装了企业客户端也不会被看到。

49. 答案：D

题干是为达到控制蕨丛的目的，而提出一个建议：把南半球土生土长的吃蕨丛的蛾子释放到北半球。

D 项是成功实现这一建议的必要条件，否则，如果没有足够量的蛾子能生存下来，题干提出的建议就不可行了。

50. 答案：A

为帮助预防和缓解腰颈椎疾病，某单位为职工印发了教大家预防和治疗腰颈椎疾病方法的宣传册。

选项 A，腰颈椎疾病很难进行自我预防和治疗，那么即使发放了宣传册，也不能帮助职工预防和缓解腰颈椎疾病，对上述宣传册的效果提出了质疑。

其余选项无法构成质疑。

第五章　论证逻辑

论证逻辑着眼于逻辑与批判性思维的技能与方法，解决日常论证或论辩的逻辑问题。论证逻辑的主要内容有：表述论证的语言、逻辑规律、论证谬误以及论证的分析等。

第一节　论证语言

如果把推理的逻辑视为狭义的逻辑，则语言表达的逻辑就是广义的逻辑。逻辑的研究对象就是思维，而在实际思维中，思维的过程同时也是使用语言的过程。所以在研究逻辑思维时一刻也不能离开语言。在语言表达中往往存在逻辑问题，在需要确定一句话或一段话的真实含义时，有必要进行一定的语言分析。

一、预设分析

预设通常指交际过程中双方共同接受的东西。它是包含在命题中并使之成立的"隐含判断"，是某一个判断、某一个推理、某一个论证有意义的前提。人与人之间比较容易沟通主要在于具有共同的"预设"，讨论问题、交流思想、沟通情况必须要有共同的论域、共同的语境、共同的预设。

例如：足球训练课上，小戴来晚了，教练问他："你怎么又迟到了？"

教练提问的预设就是，过去上足球训练课时小戴也迟到过。

又如：老张又戒烟了。

这句话的预设有：

（1）老张曾经抽烟。

（2）老张过去戒过烟的次数可能不止一次。

（3）老张过去的戒烟都没有成功。

（4）老张这次戒烟很难成功。

❶ 老王说："经过整改，我们工地再也没有出现违规操作的现象。"

老王的话必须预设以下哪一项？

A. 没有整改的工地一定有违规操作的现象。

B. 老王所在的工地整改前有违规操作的现象。

C. 老王所在的工地整改后没有违规操作的现象。

D. 老王知道他所在的工地整改后没有违规操作的现象。

E. 其他工地整改后还有规违规操作的现象。

[解题分析] 正确答案：B

选项 B 是老王论述所必须预设的，否则，如果老王所在的工地整改前没有违规操作的现象，老王就不可能说"经过整改，我们工地再也没有出现违规操作的现象"这样的话。

❷ 有一次班级活动王颖没有参加，事后班长问王颖："这次班级活动你怎么又没来？"班长的提问必须预设以下哪一项？

A. 王颖这次缺席班级活动没有预先请假。

B. 王颖没有缺席过学校活动。

C. 王颖从来没有缺席过班级活动。

D. 王颖缺席过过去的班级活动。

E. 没有其他同学缺席这次班级活动。

[解题分析] 正确答案：D

"这次班级活动你怎么又没来？"意味着"以前你缺席过班级活动"，可见 D 项是班长提问的预设。

❸ 富士康管理层说："富士康要改变原先的'校园式'管理，使职工的心理更为健康。"

以下哪项是富士康管理层说话必须预设的？

A. 富士康管理层实现他们的诺言。

B. 富士康的职工有严重的心理问题。

C. 富士康职工的心理问题主要来自"校园式"管理。

D. 富士康过去采用的是"校园式"管理模式。

E. 富士康管理层希望解决职工的心理问题。

[解题分析] 正确答案：C

富士康管理层所说的话显然必须预设富士康职工的心理问题主要来自"校园式"管理。

❹ 老李说："这一次，政府为防止房价上升过快而采取的新政策和措施仍然没有达到预期的效果。"

以下哪项不是老李预设的？

A. 目前房价上升过快。

B. 政府曾经为防止房价上升过快而采取过一些政策措施。

C. 过去的政策措施没有达到预期的效果。

D. 存在着一个房产市场。

E. 这一次政府的政策措施也没有达到预期的效果。

[解题分析] 正确答案：E

老李的话显然预设了 A、B、C、D 项。

E 项是老李的意思的重复，不属于预设。

❺ 甲、乙二人之间有以下对话：

甲：张琳莉是爱丽丝祛斑霜上海经销部的总经理。

乙：这怎么可能呢？张琳莉脸上长满了黄褐斑。

如果乙的话是不包含讽刺的正面断定，则它预设了以下哪项？

Ⅰ. 爱丽丝祛斑霜对黄褐斑具有良好的祛斑效果。

Ⅱ. 爱丽丝祛斑霜上海经销部的总经理应该使用本品牌的产品。

Ⅲ. 爱丽丝祛斑霜在上海的经销领先于其他品牌。

A. 仅Ⅰ。

B. 仅Ⅱ。

C. 仅Ⅲ。

D. 仅Ⅰ和Ⅱ。

E. Ⅰ、Ⅱ和Ⅲ。

[解题分析] 正确答案：D

乙的对话内容很丰富，跳跃性强，既包含了"爱丽丝祛斑霜上海经销部的总经理应该使用本品牌的产品"，又假设了"爱丽丝祛斑霜对黄褐斑具有良好的祛斑效果"。否则，如果不预设Ⅰ和Ⅱ，则乙就不会感到那么诧异。至于销售是否领先跟乙的对话没太大联系。

二、言语理解

日常推理和论证中，前提和结论之间总是存在着某种共同的意义内容，使得我们可以由前提推出结论。形式逻辑通常不理会推理内容的相关性，但以非形式逻辑和批判性思维为基础的逻辑考试却要顾及前提和结论之间的这种内容相关性，并为此设计了言语理解的考题。这种题型主要是测试考生的汉语阅读理解能力，其次才是逻辑分析、判断和推理的能力。

解答言语理解题的基本思路：一是要阅读仔细，通过对选项和题干的内容逐一对照，从中迅速发现找到答案的线索；二是充分运用自己平时积累起来的语感，细心品味其推理的语义，力求准确理解、分析和推断题干给出的用日常语言表达的句子或内容的复杂含义和深层意义。

❶ 春天的兰花是美丽的，即使没有人欣赏它。

上述文字是对下列哪项的反驳？

A. 人们只看见他们想看的。

B. 美丽是肤浅的。

C. 味道是不可数的。

D. 美丽只存在于每个人的眼中。

E. 人最大的快乐是对美丽的玷污。

[解题分析] 正确答案：D

题干意思是美丽是客观的，不以人的主观感受为转移。

而D项的意思是，美丽是人的主观感受，这和题干意思相反。因此，D项为正确答案。

其余选项为无关项。

❷ 任何方法都是有缺陷的。如何公正合理选拔合格的大学生？目前通行的高考制度恐怕是所有带缺陷的方法中最好的方法了。

以下各项都符合上述断定的含义，除了：

A. 被录取的大多数大学生的实际水平与他们的考分是基本相符的。

B. 存在落榜的考生，他们有较高的实际水平。

C. 存在被录取的考生，他们并无合格的实际水平。

D. 目前，没有比高考更能使人满意的招生制度。

E. 无合格的实际水平的考生被录取，是考场舞弊所致。

［解题分析］正确答案：E

题干断定：第一，任何方法都有缺陷，高考制度也不可避免地存在缺陷。

第二，目前的高考制度从总体上说能够公正合理地选拔合格的大学生。

选项 E 将"无合格的实际水平的考生被录取"归结为"考场舞弊"，这不属于高考制度本身的缺陷，与题干的断定不符。

其余选项都符合上述题干的含义。

❸ 环境污染已经成为全世界普遍关注的问题。科学家和环境保护组织不断发出警告：如果我们不从现在起就重视环境保护，那么人类总有一天将无法在地球上生存。

以下哪项解释最符合以上警告的含义？

A. 如果从后天而不是明天起就重视环境保护，人类厄运就要早一天到来。

B. 如果我们从现在起开始重视环境保护，人类就可以在地球上永久地生活下去。

C. 只要我们从现在起就重视环境保护，人类就不至于在这个地球上无法生活下去。

D. 由于科学技术发展迅速，在厄运到来之前人类就可能移居到别的星球上去了。

E. 对污染问题的严重性要有高度的认识，并且要尽快采取行动做好环保工作。

［解题分析］正确答案：E

题干的警告显然隐含了两点：一是对污染问题要高度重视；二是要尽快采取行动。选项 E 正强调这两个意思，为正确答案。

其余选项均不妥。其中，A 项对题干意思有曲解，题干是从宏观角度讨论问题的，不是讨论从哪一天开始行动。B 和 C 项忽视了题干讲的重视环保是人类在地球上永久生存的必要条件，不一定是充分条件。比如，宇宙发生的灾变也可能给人类带来不幸。D 项的意思在题干中没有反映。

❹ 金钱不是万能的，没有钱是万万不能的，发不义之财是绝对不行的。

以下除哪些项外，基本表达了上述题干的思想？

Ⅰ. 有些事情不是仅有钱就能办成的，比如抗洪抢险的将士冒着生命危险坚守堤防，不是为了钱才去干的。

Ⅱ. 有钱能使鬼推磨。世上没有用钱干不成的事。抗洪抢险的将士也是要发工资的。

Ⅲ. 对许多事情来说，没有钱是很难办的。有时候真是"一分钱急死男子汉"。

Ⅳ. "钱"是身外之物，生不带来，死不带去，钱多了还惹是生非。

Ⅴ. "君子好财，取之有道"。通过合法的手段赚得的钱记载着你的劳动，可以用来帮助你做其他的事情。

A. 只有Ⅰ。

B. 只有Ⅱ。

C. 只有Ⅰ和Ⅲ。

D. 只有Ⅱ和Ⅳ。

E. 只有Ⅰ、Ⅲ和Ⅴ。

［解题分析］正确答案：D

Ⅰ项，用事例强调了题干中"金钱不是万能的"的思想。

Ⅱ项，基本思想是"有钱能使鬼推磨"，也就是"金钱是万能的"，不符合题干的意思。

Ⅲ项，说明了"没有钱是万万不能的"的道理。

Ⅳ项，对金钱的态度超脱，不怎么在乎，与题干中"没有钱是万万不能的"的观点不符。

Ⅴ项，既讲到钱的重要，又讲了"取之有道"，符合题干中关于"发不义之财是绝对不行的"观点。

❺ 科学家的平均收入与他们作出的贡献比起来是太低了。最杰出的科学家的收入不应该和普通的名演员、歌星、体育明星、大饭店经理相比，应该和他们之中的最杰出者相比。

除了以下哪项，其余各项都可能是上述议论所表达的意思？

A. 有的科学家的收入和他们作出的贡献比起来不算太低。

B. 最杰出的科学家的收入并不比普通的名演员、歌星、体育明星和大饭店经理低。

C. 最杰出的名演员、歌星、体育明星、大饭店经理的收入一般要高于最杰出的科学家。

D. 最杰出的科学家的收入一般还不如普通的名演员、歌星、体育明星和大饭店经理。

E. 最杰出的科学家的收入不应该低于最杰出的名演员、歌星、体育明星和大饭店经理。

[解题分析] 正确答案：D

题干说"最杰出的科学家的收入不应该和普通的名演员、歌星、体育明星、大饭店经理相比，应该和他们之中的最杰出者相比"，就是隐含说尽管现在这些最杰出的科学家的收入比普通的名演员等要高，但却无法与他们之中的最杰出者相比（就是选项 B 和选项 C 的结合）。所以只有选项 D 与此内容相反，故选 D。

三、事例判断

事例判断类题指的是，题干给出一段陈述，要求从选项中找出符合题干或支持题干观点、原则等的相应的事例。这类题主要考查考生是否阅读仔细和对题干论述的范围是否界定清楚。解题时必须紧扣题干部分陈述的内容，正确选项所述事实应与题干所给的陈述相符。

❶ 某计算机销售部向顾客承诺："本部销售的计算机在一个月内包换、一年内免费包修、三年内上门服务免收劳务费，因使用不当造成的故障除外。"

以下哪项所讲的是该销售部应该提供的服务？

A. 某人购买了一台计算机，三个月后软驱出现问题，要求销售部修理，销售部给免费更换了软驱。

B. 计算机实验室从该销售部购买了 30 台计算机，50 天后才拆箱安装。在安装时发现有一台显示器不能显示彩色，要求更换。

C. 某学校购买了 10 台计算机。没到一个月，计算机的鼠标丢失了三个，要求销售部无偿补齐。

D. 李明买了一台计算机，不小心感染了计算机病毒，造成存储的文件丢失，要求销售部赔偿损失。

E. 某人购买了一台计算机，一年后键盘出现故障，要求销售部按半价更换一个新键盘。

[解题分析] 正确答案：A

题干陈述了售后服务的内容。选项 A 所论述的情况属于一年内免费包修的服务项目，在软驱不能修时，销售部给免费更换软驱是应该的，因此为正确答案。

其余选项均不妥。其中，B 项中的情况是购买后 50 天的事，虽然没拆箱，但已过了包换的期限，计算机销售部可以担保其免费修理服务，但不一定包换。C 项提到的鼠标丢失是保管不当造成的。D 项中的计算机病毒破坏是由于防护不当或使用不当引起的，公司没有责任。E 项中的情况超过了免费保修期，三年内虽然可以免服务费，零件费还是要照全价付的。

❷ 中星集团要招聘 20 名直接参加中层管理的职员。最不可能被招上的是学历在大专以下或是完全没有管理工作实践经验的人；在有可能被招上的人中，懂英语或懂日语将大大增加这种可能性。

如果上述断定是真的，则以下哪项所言及的报名者最有可能被选上？

A. 张先生现年 40 岁，中专学历，毕业后一直没有放松学习，曾到京华大学经济管理学院进修过半年，收获很大。最近，他刚辞去已任职五年的华亭宾馆前厅经理的职务。

B. 王女士是经济管理学院的副教授，硕士研究生学历，出版有管理学专著。出于收入的考虑，她表示如被招聘，将立即辞去现职。

C. 陈小姐是经贸大学专科班的应届毕业生，在校学习期间，曾任过某商场业务部见习经理。

D. 刘小姐是外国语学院 1995 年的本科毕业生，毕业后当过半年涉外导游和近两年专职翻译，精通英语和日语。

E. 老孙曾是闻名遐迩的南方集团公司的老总，曾被誉为是无学历、无背景、白手起家的传奇式的企业家。南方集团的倒闭使他不得不从头做起。

[解题分析] 正确答案：C

选项 A 学历在大专以下，不符合招聘条件。

选项 B 没有说有无管理工作实践经验。

选项 C 学历在大专以上，又曾任见习经理，算有工作经验，有可能被选上。

选项 D 不能算是有管理工作实践经验，所以也不选。

选项 E 学历在大专以下，不符合招聘条件。

相比而言，C 项的陈小姐最有可能被选上。

❸ 学校复印社试行承包后复印价格每张标准纸由 0.35 元上升到 0.40 元，引起了学生的不满。校务委员会通知承包商，或者他能确保复印的原有价格保持不变，或者将中止他的承包。承包商采取了相应的措施，既没有因而减少了盈利，又没有违背校务委员会通知的字面要求。

以下哪项最可能是承包商采取的措施？

A. 承包商会见校长，陈述因耗材（特别是复印纸）价格上涨使复印面临难处，说服校长指令校务委员会收回通知。

B. 承包商维持每张标准纸 0.40 元的复印价格不变，但由使用进价较低的三五牌复印纸改为使用进价较高的大北牌复印纸。

C. 承包商把复印价格由每张 0.40 元降低为 0.35 元，但由使用进价较高的大北牌复印纸改为使用进价较低的三五牌复印纸。

D. 承包商维持每张标准纸 0.40 元的复印价格不变，但同时增设了打字业务，其收费低于市价，受到学生欢迎。

E. 承包商决定中止承包。

[解题分析] 正确答案：C

不让涨价，又要保证赢利，承包商最可能怎么办呢？只能是降低成本啦，可见，C 项正确。对于本题而言，该承包商实际上是降低了服务质量，但是这并没有违背校务委员会通知的字面要求。

❹ 某单位要在 100 报名者中挑选 20 名献血者进行体检。最不可能被挑选上的是 1993 年以来已经献过血，或是 1995 年以来在献血体检中不合格的人。

如果上述断定是真的，则以下哪项所言及的报名者最有可能被选上？

A. 小张 1995 年献过血，他的血型是 O 型，医用价值最高。

B. 小王是区献血标兵，近年来每年献血，这次她坚决要求献血。

C. 小刘 1996 年报名献血，因"澳抗"阳性体检不合格，这次出具了"澳抗"转阴的证明，并坚决要求献血。

D. 大陈最近一次献血时间是在 1992 年，他因公伤截肢，血管中流动着义务献血者的血。他说，我比任何人都有理由献血。

E. 老孙 1993 年因体检不合格未能献血，1995 年体检合格献血。

[解题分析] 正确答案：D

题干断定：最不可能被挑选上的是两类人，一类是 1993 年以来已经献过血的人，另一类是 1995 年以来在献血体检中不合格的人。

选项 A、B、E 都是"1993 年以来已经献过血"的人，选项 C 是"1995 年以来在献血体检中不合格的人"，所以都不能选。只有 D 项的大陈不属于这两类人，最有可能被选上。

❺ 传统记忆理论认为，记忆就像录像带，每一次回忆都是从大脑中找出相应时间内的某一段录像加以回放。场景构建理论对记忆给出了另一种解释：人脑在编码记忆时只是记录一些碎片；在需要的时候，人脑以合乎逻辑并与主体当前信念状态相吻合的方式，将这些碎片连贯起来并作出补充，以形成回忆。

下面列出的现象都是场景构建理论能解释而传统记忆理论不能解释的，除了：

A. 有些阿尔茨海默病患者会丧失记忆能力。

B. 人对于同一件往事的多次回忆，内容会发生变化。

C. 一项统计显示，目击证人在 20%～25% 的情况下会指认警方明知不正确的人。

D. 英国心理学家金佰利·韦伯通过给实验对象看一些合成的假照片，成功地给他（她）植入了关于童年生活的虚假记忆。

E. 如果你仅仅假想自己做了某一件事，到后来你可能真的以为自己已经做过这件事了。

[解题分析] 正确答案：A

题干所述：传统记忆理论认为，记忆就像录像带，回忆完全是客观的，而场景构建理论认为，回忆带有主观的成分。

选项 A 所述，有些患者会丧失记忆能力，这可用传统记忆理论来解释。

其余选项都可以用场景构建理论来解释，即会出现补充的内容。

四、对话辩论

对话辩论题型是针对两个人的对话和辩论进行分析，是假设、支持、削弱、解释、推论等各类题型的综合运用。

1. 争议焦点

争议指的是在同一个问题上所存在的相互矛盾或相互反对的主张。争议的焦点既可以是观点，也可以是理由。发生在主要问题上的争议称为观点之争，发生在主要根据上的争议称为理由之争。提出恰当的问题是解决争议双方各自的主张相互纠缠的有效方法。

❶ 张先生：许多报纸只关注转瞬即逝的小事件而忽视了重大的社会变革，所以，过期的报纸对业余爱好者和专业的历史学家都没有什么用处。

王先生：但是，新闻故事和一些大众艺术都是人们了解该地区民众所思所感的较好的信息途径。

以下哪项陈述最恰当地表达了张先生和王先生争议的焦点？

A. 新闻报纸是否应该着重报道社会中发生的重大变革。

B. 报纸是否应当关注转瞬即逝的小事件。

C. 新闻故事和大众艺术能否很好地反映当时人们的所思所感。

D. 过期的报纸是不是用来了解当时状况的很好的资料。

E. 报纸对业余爱好者和专业的历史学家有没有用处。

[解题分析] 正确答案：D

张先生认为，过期的报纸没什么用处，理由是报纸只关注小事而忽视了重大的社会变革。

王先生则提出，关注小事的报纸是人们了解该地区民众所思所感的较好的信息途径。

可见，张先生和王先生争议的焦点是：过期的报纸是不是用来了解当时状况的很好的资料。

❷ 周先生：最近几年，低收入群体平均收入增长的比例，要比高收入群体平均收入增长的比例大得多。因此，他们经济收入的增长相对于高收入群体来说是提高了。

吴先生：我不同意这种看法。低收入群体的平均收入可能得到了更大比例的增长，但是，在平均收入的绝对增长量方面肯定是高收入群体要高一些。

周先生和吴先生争议的分歧在于：

A. 低收入群体在平均收入方面的变化是否应该与高收入群体在平均收入方面的变化进行比较。

B. 低收入群体相对于高收入群体在经济收入方面的变化，是否能以在平均收入上的百分比变化的比较来加以准确的衡量。

C. 与高收入群体相比，低收入群体在经济收入方面的变化是否比只与低收入群体自身相比更能准确地衡量经济收入方面的变化。

D. 最近几年，低收入群体在平均收入方面的增长比例是否比高收入群体在平均收入方面的增长比例要高。

E. 最近几年，低收入群体在平均收入方面的增长幅度是否与高收入群体在平均收入方面的增长幅度一致。

［解题分析］正确答案：B

周先生认为，低收入群体平均收入的增长相对于高收入群体来说是提高了。理由是低收入群体平均收入增长的比例要大于高收入群体。

吴先生的反驳是：低收入群体的平均收入可能得到了更大比例的增长，但在平均收入的绝对增长量方面肯定比高收入群体要低。

可见，周先生和吴先生争议的分歧在于：低收入群体相对于高收入群体在经济收入方面的变化，是否能通过在平均收入上的百分比变化的比较来加以准确的衡量。

❸ 甲：如果一件艺术作品的复制品和其真品看起来没有差别，那么复制品应与其真品等值。毕竟，如果两件作品看起来没有差别，那么它们具有相同的质量；如果它们拥有相同的质量，价格应该相等。

乙：你对艺术的理解真是井底之蛙！即使某个人可以复制视觉上不能与其真品区分开来的完美的复制品，但复制品有一个不同的历史，因此，就不会与真品有相同的质量。

下面哪一个是甲和乙争论的重点？

A. 一件艺术作品的复制品是否视觉上与真品区分不开。

B. 对一件艺术作品的再创造是否会比真品更值钱。

C. 一件艺术作品的复制品是否会被误认为是真品。

D. 一件艺术作品的复制品是否在质量上与真品的所有方面都一样。

E. 独创性是否艺术作品拥有的唯一有价值的属性。

［解题分析］正确答案：D

题干中甲和乙两人都谈到了"相同的质量"，但甲认为的两件艺术品的"相同的质量"基于"看起来没有差别"，而乙的反驳指出即使看起来没有差别，但是两件艺术品有不同的历史，因此，复制品不会与真品有"相同的质量"。D 项很好地描述了这一点，所以为正确答案。

2. 对话辨析

辨析两人对话含义的解题关键在于：一要抓住对话双方意思的差异，同时注意对话或论辩双方的语气，从而明确问题的方向；二要注意重点读第一个人最后一句话和第二个人最后一句话，如果是甲驳斥乙，就应该重点读乙的最后一句话。

❶ 小王："你觉得《碟中谍 3》拍得好吗？"

小马："我觉得说不上好。"

小王："那你的意思是说不好了？"

小马："不对，我并没有说坏话。"

小王："说不上好就是坏！"

以下各项都可以是对小王和小马二人对话的正确评价，除了：

A. 小王的意思是让小马对《碟中谍 3》作出明确的评价。

B. 小马的话前后矛盾。

C. 小王没有正确理解小马两次回答的含义。

D. 小马认为《碟中谍3》拍得一般。

E. 小王的判断标准可能只有好与坏两种。

[解题分析] 正确答案：B

A、C、D、E 项都可以是对小王和小马二人对话的正确评价。

由于小马的话前后并不矛盾，因此，B 项为正确答案。

❷ 老李说："虽然高等学校入学人数已经逐年下降，但是小学入学人数却增长了很多。所以，地区教育部门建议建一所新的小学。"

老刘说："另一个解决办法是把一些高校的教室用作小学教室。"

下列哪项最好地支持了老刘的方案？

A. 一些高校的教室不适合用作小学教室。

B. 建一所高校的费用远高于建一所小学。

C. 虽然出生率并未提高，但是有孩子在高校读书的家庭数量却增加了很多。

D. 高校的环境会破坏小学生的安全和自信。

E. 在高校入学人数减少之前，就有许多高校的教室很少被使用。

[解题分析] 正确答案：E

E 项指出高校的教室在入学人数下降之前就很少被使用，最有力地支持可转换使用的建议。

本题为支持老刘的建议，A 选项对此建议做了很好的反对，B、C、D 项与老刘的建议无关。

❸ 甲："你不能再抽烟了，抽烟确实对你的健康非常不利。"

乙："你错了。我这样抽烟已经 15 年了，但并没有患肺癌，上个月我才做的体检。"

有关上述对话，以下哪项如果是真的，最能加强和支持甲的意见？

A. 抽烟增加了家庭的经济负担，容易造成家庭矛盾，甚至导致家庭破裂。

B. 抽烟不仅污染环境，影响卫生，还会造成家人或同事们被动吸烟。

C. 对健康的危害不仅指患肺癌或其他明显疾病，还包括潜在的影响。

D. 如果不断抽烟，那么烟瘾将越来越大，以后就更难戒除了。

E. 与名牌的优质烟相比，冒牌劣质烟对健康的危害更甚。

[解题分析] 正确答案：C

题干中甲的意思是抽烟会损害健康，乙用自己长期抽烟但未得肺癌的例子来反驳甲。因此，只有 C 指出影响健康不能仅用是否患某些明显的疾病来衡量，切中两人争论的要害。

其余选项均不妥。其中，A 项不是讨论健康的；B 项讨论的对象是他人，题干专门讨论的是乙的健康问题；D 项没有从健康的角度分析问题；E 项强调的是烟的质量，似乎优质烟对健康影响不大，不支持甲的意见。

❹ 甲：从举办奥运会的巨额耗费来看，观看各场奥运比赛的票额应该要高得多，是奥运会主办者的广告收入降低了每份票券的单价。因此，奥运会的现场观众从奥运会拉的广告中获得了经济利益。

乙：你的说法不能成立。谁来支付那些看来导致奥运会票券降价的广告费用？到头来还不是消费者，包括作为奥运会现场观众的消费者？因为厂家通过提高商品的价格把广告费用摊到了消费者的身上。

以下哪项如果为真，则能够有力地削弱乙对甲的反驳？

A. 奥运会的票价一般要远高于普通体育比赛的票价。

B. 在各种广告形式中，电视广告的效果要优于其他形式的广告。

C. 近年来，利用世界性体育比赛做广告的厂家越来越多，广告费用也越来越高。

D. 奥运会的举办带有越来越浓的商业色彩，引起了普遍的不满。

E. 总体上说，各厂家的广告支出是一个常量，有选择地采取广播、电视、报纸、杂志、广告牌、邮递印刷品等各种形式。

[解题分析] 正确答案：E

甲认为：广告收入降低了票价。因此，奥运会的观众从广告中获得了利益。

乙反驳：广告费还是由包括作为奥运会现场观众的消费者来承担的。

由 E 项，由于厂家的广告支出是一个常量，因此商品价格中包含的广告成本也是一个常量，这种因广告费用而增加的商品价格均等地分摊到每个顾客身上。可见，奥运会的现场观众从奥运会的广告收入中确实得到了经济利益（票价的降低）。而即使没有奥运会，他们仍然要支付商品的价格中所包含的广告费用。

❺ 甲：今天早上我开车去上班时，被一警察拦住，他给我开了超速处罚单。当时在我周围有许多其他的车开得和我的车一样快，所以很明显那个警察不公正地对待我。

乙：你没有被不公正地对待。因为很明显那个警察不能拦住所有超速的司机。在那个时间、那个地点所有超速的人被拦住的可能性都是一样的。

下面哪一条原则如果正确，会最有助于证明乙的立场是合理的？

A. 如果在某一特定场合，所有那些违反同一交通规则的人因违反它而受到惩罚的可能性都是一样的，那么这些人中不管是谁那时受到了惩罚，法律对他来说都是公平的。

B. 隶属于交通法的处罚不应该作为对违法的惩罚，而应作为对危险驾车的威慑而存在。

C. 隶属于交通法的处罚应仅对所有违反那些法律的人实施惩罚，并且仅对那些人实施。

D. 根本不实施交通法要比仅在它适用的人中的一些人身上实施更公平一些。

E. 在实施交通法时，公平不是靠所有的违法者都有相同的被惩罚概率来保证，而是靠以相同程度的力度处罚由已知的违法者来担保。

[解题分析] 正确答案：A

根据乙的论述很容易看出，如果所有超速的人在当时被拦住的可能性一样时，警察只拦住某一个人并对他进行处罚，法律对他就是公平的。因此，A 项是正确答案。

第二节　逻辑规律

逻辑基本规律是正确思维的根本假定，也是理性交流的必要条件。主要的逻辑基本规律有：同一律、矛盾律和排中律。

一、同一律

同一律的要求是在同一思维过程中，对同一对象的同一方面的思想必须保持自身的确定性。

同一律的内容：任何一个思想与其自身是等同的。

同一律的公式：A＝A（A 是 A）或 A→A（如果 A，那么 A）

同一律要求任何一个概念都有其确定的内涵和外延，是这个概念就是这个概念，而不是别的概念。任一命题都有其确定的命题内容，是这个命题就是这个命题，而不是别的命题。

违反同一律要求的逻辑错误主要有两种：混淆或偷换概念和转移或偷换论题。

1. 偷换概念

偷换概念或混淆概念是指在论证中把不同的概念当作同一概念来使用的逻辑错误，实际上改变了概念的修饰语、适用范围、所指对象等具体内涵。从严格意义上讲，偷换概念是论证者或说话者故意这么做，而混淆概念是论证者或说话者并没有意识到这一点而无意中犯了此种谬误。这里，为简便起见，统一称为偷换概念的谬误。当偷换了一个重要概念，句子甚至观点的意思就会大不一样。

❶ 东方日出，西方日落，社会是发展的，生物是进化的，都反映了不以人的意志为转移的客观规律。小王对此不以为然。他说，有的规律是可以改造的。人能改造一切，当然也能改造某些客观规律。比如价值规律不是乖乖地为精明的经营者服务了吗？人不是把肆虐的洪水制住而变害为利了吗？

试问，以下哪项最为确切地提示了小王上述议论中的错误？

A. 他过高地估计了人的力量。

B. 他认为"人能改造一切"是武断的。

C. 他混淆了"运用"与"改造"这两个概念。

D. 洪水并没有都被彻底制住。

E. 价值规律若被改造就不叫价值规律了。

[解题分析] 正确答案：C

小王认为肆虐的洪水被人们制住而变害为利是改造规律的体现，其实这是人类运用规律的体现。精明的经营者也只是掌握了价值规律然后为我所用，怎么可能改造价值规律呢？

可见，小王认为规律可以改造的看法是错误的，事实上规律只是可以运用的，因此，选 C。

❷ 数学系的学生也学了不少文科课程，王颖是数学系的学生，所以她也学了不少文科课程。

以下哪项论证展示的推理错误与上述论证中的最相似？

A. 数学系的学生都学《哲学原理》这门课程，小马是数学系的一名学生，所以她学习这门课程。

B. 哲学系的教师写了许多哲学方面的论文，老张是哲学系的一名教师，所以他也写过许多哲学方面的论文。

    C. 所有的旧房子需要经常维修，这套房子是新的，所以不需要经常维修。

    D. 这个学习小组的成员多数是女学生，王颖是这个学习小组的成员，所以她也是女大学生。

    E. 哲学系的教师写了许多哲学方面的论文，老张不是哲学系的一名教师，所以他没有写过哲学方面的论文。

[解题分析] 正确答案：B

题干推理看似一个三段论推理，但犯了"四概念"的逻辑错误，大前提中的"学生"是指学生的集合概念，小前提中的"学生"是指一个学生，不是同一个概念。

选项 B 也是如此，大前提中的"教师"和小前提中的"教师"也不是同一个概念，也是犯了"四概念"的逻辑错误。所以，应该选 B。

A 项是一个正确的推理，排除；C、D、E 项的逻辑错误显然与题干不同。

❸ 老李买了一块手表，回家后发现手表的时间每小时比家里的挂钟快 2 分钟。老李又把家里的挂钟与电台发布的标准时间加以比较，发现挂钟的时间比标准时间每小时慢 2 分钟，因此老李买的手表的走时和标准时间是一致的。

以下哪项是对上述推理最确切的评价和说明？

    A. 这个推理是正确的。因为手表比挂钟快 2 分钟，挂钟比标准时间慢 2 分钟，因此，手表和标准时间一致。

    B. 这个推理是错误的。因为挂钟比标准时间慢 2 分钟，这 2 分钟是标准时间；手表比挂钟快 2 分钟，这 2 分钟不是标准时间。因此，手表和标准时间不一致。

    C. 这个推理是错误的。因为不应该把手表和挂钟比，而应该直接和标准时间比。

    D. 这个推理是错误的。因为手表、挂钟、电台标准时间的比较不是同时进行的。

    E. 这个推理是错误的。因为老李应该把手表直接退回商店。

[解题分析] 正确答案：B

因为两个 2 分钟不是同一概念。老李的推断违反同一律，犯了"混淆概念"的错误。

因为手表比挂钟快 2 分钟，即手表 62 分钟＝挂钟 60 分钟；因为挂钟比电台发布的标准时间慢 2 分钟，即挂钟 58 分钟＝标准时间 60 分钟。手表 62 分钟≈标准时间 62.069 分钟（60×60/58），即手表比标准时间慢 60－62×58/60＝0.067 分钟，约 4 秒钟。所以手表时间比标准时间慢一些。

❹ 许多怀孕妇女经常遭受维生素缺乏，但是这通常不是由于她们饮食中的维生素缺乏，而是由于她们比其他人有更高的维生素需求量。

对上文论述中最好的评价是什么？

    A. 没有能够指出维生素缺乏的孕妇百分比。

    B. 没有给出足够的关于为什么孕妇会比其他人有更高的维生素需求量。

    C. 文中出现的两次"维生素缺乏"所参照的对象不同。

    D. 没有提供其他高维生素需求量的人群维生素缺乏的发生率。

    E. 以模糊的方式使用"高需求量"。

[解题分析] 正确答案：C

题干中两次出现的"维生素缺乏"概念不同，因为其参照对象不同。

第一次说，许多怀孕妇女经常遭受维生素缺乏，指的是怀孕妇女与正常人比，参考对象是正常人。常人也许需要 100 克/每天，怀孕妇女也许需要 150 克/每天。

第二次说，这通常不是由于她们饮食中的维生素缺乏，指的是她们吃的食品中的维生素，饮食代表某些食物和饮料。因此参照对象是正常食品。正常食品中也许 100 克含 10 克维生素，但是她们吃的食品中，也许 100 克只含 5 克维生素。

因此，C 项为正确答案。

2. 转移论题

转移论题或偷换论题是指在论证过程中违反同一律的要求，偏离正题而转向另一问题，从而转移人们对要害问题的注意力。

❶ 当一位演艺界明星受到偷逃个人所得税的控告时，她为自己辩护说："多年来，我已经交纳了上百万元的个人所得税，比我表妹所在的国营机械厂所交的税还要多。难道这也是罪过吗？"

以下哪一项陈述最准确地指出了上文辩护中的缺陷？

A. 个人所得税交得越多证明她越富有，这样的人偷税漏税应当受到重罚。

B. 一个人交税总额的多少并不能证明她在每一项收入上都交纳了应缴的税额。

C. 部分所具有的属性通常不为由之所构成的整体所具有。

D. 个人交的税比国营机械厂交的多，不意味着她对社会的贡献比国营机械厂大。

E. 相关资料显示，高收入人群缴纳个人所得税仍是个行业难题。

[解题分析] 正确答案：B

该明星是否偷逃个人所得税与她交税额的多少无关。B 项准确地指出了上文辩护中的缺陷。

❷ 某对外营业游泳池更衣室的入口处贴着一张启事，称"凡穿拖鞋进入泳池者，罚款五至十元"。某顾客问："根据有关法规，罚款规定的制定和实施，必须由专门机构进行，你们怎么可以随便罚款呢？"工作人员回答："罚款本身不是目的，目的是通过罚款，来教育那些缺乏公德意识的人，保证泳池的卫生。"

上述对话中工作人员所犯的逻辑错误，与以下哪项中的最为类似？

A. 管理员："每个进入泳池的同志必须戴上泳帽，没有泳帽的到售票处购买。"
   某顾客："泳池中那两个女同志怎么没戴泳帽？"
   管理员："那是本池的工作人员。"

B. 市民："专家同志，你们制定的市民文明公约共 15 条 60 款，内容太多，不易记忆，可否精简，以便直接起到警示的作用？"
   专家："这次市民文明公约，是在市政府的直接领导下，组织专家组，在广泛听取市民意见的基础上制定的，是领导、专家、群众三结合的产物。"

C. 甲：什么是战争？
   乙：战争是两次和平之间的间歇。
   甲：什么是和平？
   乙：和平是两次战争之间的间歇。

D. 甲：为了使我国早日步入发达国家之列，应该加速发展私人汽车工业。
   乙：为什么？

甲：因为发达国家私人都有汽车。

E. 甲：一样东西，如果你没有失去，就意味着你仍然拥有，是这样吗？

乙：是的。

甲：你并没有失去尾巴，是这样吗？

乙：是的。

甲：因此，你必须承认，你仍然有尾巴。

[解题分析] 正确答案：B

题干中工作人员所犯的逻辑错误属于转移论题来回避矛盾，选项 B 中专家使用的手法与其相同。

❸ 有五名日本侵华时期被抓到日本的原中国劳工起诉日本一家公司，要求赔偿损失。2007 年日本最高法院在终审判决中声称，根据《中日联合声明》，中国人的个人索赔权已被放弃，因此驳回中国劳工的起诉请求。查 1972 年签署的《中日联合声明》是这样写的："中华人民共和国政府宣布：为了中日人民的友好，放弃对日本国的战争赔偿要求。"

以下哪一项与日本最高法院的论证方法相同？

A. 王英会说英语，王英是中国人，所以，中国人会说英语。

B. 我校运动会是全校的运动会，奥运会是全世界的运动会；我校学生都必须参加校运会开幕式，所以，全世界的人都必须参加奥运会的开幕式。

C. 中国奥委会是国际奥委会的成员，Y 先生是中国奥委会委员，所以，Y 先生是国际奥委会委员。

D. 教育部规定，高校不得从事股票投资，所以，北京大学的张教授不能购买股票。

E. 北方人过年都吃饺子，小李是南方人，所以，小李过年不吃饺子。

[解题分析] 正确答案：D

日本最高法院的论证偷换了论题，《中日联合声明》写的"中华人民共和国政府宣布……放弃对日本国的战争赔偿要求"，这与"中国人的个人索赔权已被放弃"是两个不同命题，中国政府放弃对日本索赔并不意味着放弃中国人个人的战争索赔权。

D 项犯了同样的逻辑错误，"高校不得从事股票投资"与"北京大学的张教授不能购买股票"是两个不同的命题，教育部规定高校不得从事股票投资，并不意味着北京大学的张教授不能购买股票。

二、矛盾律

矛盾律又称不矛盾律。矛盾律的要求是对于同一对象不能同时作出两个互相矛盾的断定，即不能既肯定它是什么，同时又否定它是什么。换句话说，矛盾律要求在同一思维过程中，思想必须前后一贯。

矛盾律的内容：在同一思维过程中，两个互相矛盾或反对的思想不能同时是真的。

矛盾律的公式：¬（A∧¬A）（A 并且非 A 是假的；即，A 不是非 A）

1. 自相矛盾

违反矛盾律要求常见的逻辑错误是"自相矛盾"。从命题方面看，如果对于两个互相矛盾或互相反对的命题同时给予肯定，或者说，如果对同一对象同时作出两个互相矛盾或互相反对的断定，那么就必然会产生逻辑矛盾。若论证中所使用的论据包含有逻辑矛盾，其可信度等于零，那么这一论证也就不能令人信服了。

❶《韩非子》中写道："楚人有鬻盾与矛者，誉之曰：'吾盾之坚，莫之能陷也。'又誉其矛曰：'吾矛之利，于物无不陷也。'或曰：'以子之矛陷子之盾，何如？'其人勿能应也。"

以下哪些议论与那位楚人一样犯有类似的逻辑错误，除了：

A. 电站外高挂一块告示牌："严禁触摸电线！500伏高电压一触即死。违者法办！"

B. 一位小伙子在给他女朋友的信中写道："爱你爱得如此之深，以至愿为你赴汤蹈火。星期六若不下雨，我一定来。"

C. 狗父论证："这是一条狗，它是一个父亲。而它是你的，所以它是你的父亲。你打它，你就是在打自己的父亲。"

D. 他的意见基本正确，一点错误也没有。

E. 今年研究生考试，我有信心考上，但却没把握。

[解题分析] 正确答案：C

题干论证属于自相矛盾。

C项，尽管"狗父论证"是个错误的论证（偷换概念），但不属于自相矛盾的错误。

其他各项都犯了自相矛盾的错误。

❷ 按照我国城市当前水消费量来计算，如果每吨水加收5分钱的水费，则每年可增加25亿元收入。这显然是解决自来水公司年年亏损问题的好办法。这样做还可以减少消费者对水的需求，养成节约用水的良好习惯，从而保护我国非常短缺的水资源。

以下哪一项最清楚地指出了上述论证中的错误？

A. 作者引用了无关的数据和材料。

B. 作者所引用的我国城市当前水消费量的数据不准确。

C. 作者作出了相互矛盾的假定。

D. 作者错把结果当作了原因。

E. 作者没有考虑到习惯是很难改变的。

[解题分析] 正确答案：C

题目论述，如果增加每吨水的收费，会带来两个结果：第一个结果是，增加收入，从而减少自来水公司的亏损；第二个结果是，让消费者养成节水的习惯，从而保护水资源。

在这个论证中，要得到第一个结果必须假定水的需求不变，而要得到第二个结果则必须假定水的需求降低；这两个假定显然是自相矛盾的。

其余选项都没有准确地指出题干中论证的错误。

❸ 孙先生的所有朋友都声称，他们知道某人每天抽烟至少两盒，而且持续了40年，但身体一直不错，不过可以确信的是，孙先生并不知道有这样的人，在他的朋友中也有像孙先生这样不知情的。

根据以上信息，最可能得出以下哪项？

A. 抽烟的多少和身体健康与否无直接关系。

B. 朋友之间的交流可能会夸张，但没有人想故意说谎。

C. 孙先生的每位朋友知道的烟民一定不是同一个人。

D. 孙先生的朋友中有人没有说真话。

E. 孙先生的大多数朋友没有说真话。

[解题分析] 正确答案：D

题干断定：第一，孙先生的所有朋友都声称知道某人；第二，孙先生有的朋友事实上不知道此人。

由于"所有朋友都知道某人"与"有的朋友不知道此人"是自相矛盾的，而第二个断定是事实，第一个断定是声称，因此，可推知：孙先生的朋友中有人没有说真话。

2. 归谬法

归谬法是这样的论证方法：当我们要论证一个命题是假的时，先假定这个命题是真的，然后从它推出荒谬的结论来，从而证明原命题的假。归谬法的逻辑根据是矛盾律。

❶ 湖队是不可能进入决赛的。如果湖队进入决赛，那么太阳就从西边出来了。

以下哪项与上述论证方式最相似？

A. 今天天气不冷。如果冷，湖面怎么结冰了？

B. 语言是不能创造财富的。若语言能够创造财富，则夸夸其谈的人就是世界上最富有的了。

C. 草本之生也柔脆，其死也枯槁。故坚强者也死之徒，柔弱者生之徒。

D. 天上是不会掉馅饼的。如果你不相信这一点，那上当受骗是迟早的事。

E. 古典音乐不流行。如果流行，那就说明大众的音乐欣赏水平大大提高了。

[解题分析] 正确答案：B

B 项与题干论证方式均是根据一个命题蕴涵显然假的命题，推出该命题为假，都属于归谬法。

A 项说不通，如果改为："今天天气冷。如果不冷，湖面怎么结冰了？"这才是归谬法。

❷ 法学家：刑法修正案（八）草案规定，对 75 周岁以上的老人不适用死刑，这一修改引起不小的争论。有人说，如果这样规定，一些犯罪集团可能会专门雇用 75 岁以上的老人去犯罪。我认为，这种说法不能成立，按照这种逻辑，不满 18 岁的人不判处死刑，一些犯罪集团也会专门雇用不满 18 岁的人去犯罪，我们是否应当判处不满 18 岁人的死刑呢？

上面的论证使用了以下哪一种论证技巧？

A. 通过表明一个观点不符合已知的事实，来论证这个观点为假。

B. 通过表明一个观点缺乏事实的支持，来论证这个观点不能成立。

C. 通过假设一个观点为正确会导致明显荒谬的结论，来论证这个观点是错误的。

D. 通过表明一个观点违反公认的一般性准则，来论证这个观点是错误的。

E. 通过表明一个观点不成立来推翻与其结构类似的观点。

[解题分析] 正确答案：C

题干的论证用的是归谬法：为反驳某种观点，先假设该观点成立，由它出发进行逻辑推理，推出荒谬的结论，由此说明原观点不成立，C 项概括了这一论证方法。

A、B 项所说明的明显不是事实；D 项的说法过于宽泛。

❸ 经济学家：最近，W 同志的报告建议将住房预售制度改为现房销售，这引发了激烈的争论。有人认为中国的住房预售制度早就应该废止，另一些人则说取消这项制度会推

高房价。我基本赞成前者。至于后者则是一个荒谬的观点，如果废除住房预售制度会推高房价，那么这个制度不用政府来取消，房地产开发商早就会千方百计地规避该制度了。

上述论证使用了以下哪一种论证技巧？

A. 通过指明一个观点与另一个已确定为真的陈述相矛盾，来论证这个观点为假。

B. 通过指明接受某个观点为真会导致令人难以置信的结果，来论证这个观点为假。

C. 通过表明对一个观点缺乏事实的支持，来论证这个观点不能成立。

D. 通过指明一个观点违反某个一般原则，来论证这个观点是错误的。

E. 通过对一个荒谬的观点进行假设，用来推翻原来的论点。

[解题分析] 正确答案：B

题干根据"如果废除住房预售制度会推高房价，那么开发商早就会规避该制度了"以及"开发商没有规避该制度"，得出结论"废除住房预售制度不会推高房价"。可见，题干中经济学家的论证技巧实际上就是归谬法，因此，B项的说法正确。

三、排中律

排中律的要求是对于两个互相矛盾的判断，必须明确地肯定其中之一是真的，不能对两者同时都加以否定。

排中律的内容：在同一思维过程中，两个互相矛盾的思想不能同时是假的。

排中律的公式：A∨¬A（A或者非A）

1. 两不可

"两不可"是一种常见的违反排中律要求的逻辑错误，就是对两个互相矛盾的命题，有人既不承认前者是真的，又不承认后者是真的。

❶ 这次新机种试飞只是一次例行试验，既不能算成功，也不能算不成功。

以下哪项对于题干的评价最为恰当？

A. 题干的陈述没有漏洞。

B. 题干的陈述有漏洞，这一漏洞也出现在后面的陈述中：这次关于物价问题的社会调查结果，既不能说完全反映了民意，也不能说一点也没有反映民意。

C. 题干的陈述有漏洞，这一漏洞也出现在后面的陈述中：这次考前辅导，既不能说完全成功，也不能说彻底失败。

D. 题干的陈述有漏洞，这一漏洞也出现在后面的陈述中：人有特异功能，既不是被事实证明的科学结论，也不是纯属欺诈的伪科学结论。

E. 题干的陈述有漏洞，这一漏洞也出现在后面的陈述中：在即将举行的大学生辩论赛中，我不认为我校代表队一定能进入前四名，我也不认为我校代表队可能进不了前四名。

[解题分析] 正确答案：E

题干的逻辑错误是：对试验成功和试验不成功这两个互相矛盾的命题同时否定。这一错误也出现在E项中，该项对"一定能进入前四名"和"可能进不了前四名"这两个互相矛盾的命题同时否定。可见，选项E和题干论证都违反了排中律，均犯了"两不可"的逻辑错误。

其余选项均不恰当。例如D项不恰当，"特异功能是被事实证明的科学结论""特异功能是纯属欺诈的伪科学结论"互相反对，但不互相矛盾，同时否定没有逻辑错误。

❷ 有一块空着的地可以种庄稼，甲、乙、丙、丁四个人讨论这块地种什么庄稼好。甲一会儿说应该种小麦，一会儿说不应该种小麦。乙对甲说："你的两种意见，我都不同意。"丙说："我看还是种小麦好。"丁说："我看还是种油菜好。"针对丙、丁的发言，乙又说："你们两人的意见，我都不同意。"

下列判断正确的是哪项？

A. 甲的说法不存在逻辑错误。

B. 乙对甲的说法不存在逻辑错误。

C. 乙对丙、丁两人的说法存在逻辑错误。

D. 乙对丙、丁两人的说法不存在逻辑错误。

E. 乙的两次回答都不存在逻辑错误。

[解题分析] 正确答案：D

甲一会儿说应该种小麦，一会儿说不应该种小麦。因此，甲犯了"自相矛盾"的逻辑错误。

乙对甲说："你的两种意见，我都不同意。"种不种小麦乙都反对，违反了排中律，因此，乙犯了"两不可"的逻辑错误。

乙对丙、丁两人的说法没有违反排中律，不存在逻辑错误。因此，D 项为正确答案。

2. 反证法

反证法是间接论证的主要方法，其逻辑根据是排中律。它是通过证明与原论题相矛盾的命题为假，来确定原论题为真的论证方法。通俗地说，反证法是通过证明"非此不行"来论证"应该如此"的论证方法。运用反证法大致有三个步骤：

首先，假设与原论题相矛盾的反论题为真；

其次，从中推出相互矛盾的两个结论；

最后，根据排中律，即两个相互矛盾的命题不能都为假，其中必有一真，由反论题为假推出原论题为真。

❶ 某地区国道红川口曾经是交通事故的频发路段，自从 8 年前对此路段限速每小时 60 公里后，发生在此路段的交通伤亡人数大幅下降。然而，近年来此路段超速车辆增多，但发生在此路段的交通伤亡人数仍然下降。

上述断定最能支持以下哪项结论？

A. 车辆限速与此路段 8 年来交通伤亡人数大幅下降没有关系。

B. 8 年来在此路段行驶的车辆并未显著减少。

C. 8 年来对本地区进行广泛的交通安全教育十分有效。

D. 近年来汽油费用的上升限制了本地区许多家庭购买新车。

E. 此路段 8 年来交通伤亡人数下降不仅是车辆限速的结果。

[解题分析] 正确答案：E

如果车辆限速是此路段 8 年来交通伤亡人数下降的唯一原因，那么，近年来随着此路段超速车辆增多，发生在此路段的交通伤亡人数不会下降。也就是说，如果 E 项不成立，题干的断定就不成立。即如果题干的断定成立，则 E 项成立。

❷ 储存在专用电脑中的某财团的商业核心机密被盗窃。该财团的三名高级雇员甲、

乙、丙三人涉嫌盗窃被拘审。经审讯，查明了以下事实：

第一，机密是在电脑密码被破译后窃取的；破译电脑密码必须受过专门训练。

第二，如果甲作案，那么丙一定参与。

第三，乙没有受过破译电脑密码的专门训练。

第四，作案者就是这三人中的一人或一伙。

从上述条件可推出以下哪项结论？

A. 作案者中有甲。

B. 作案者中有乙。

C. 作案者中有丙。

D. 作案者中有甲和丙。

E. 甲、乙和丙都是作案者。

[解题分析] 正确答案：C

根据题干论述，假设丙没作案，由条件二知，甲没作案，那么，作案的只能是乙。

由条件三，乙没有受过破译电脑密码的专门训练，再由条件一推出，乙不可能单独作案。

这样，三人中无人作案，与题干条件四矛盾。

因此，假设不成立，作案者中一定有丙。C 为正确答案。

❸ 大唐股份有限公司由甲、乙、丙、丁四个子公司组成。每个子公司承担的上缴利润份额与每年该子公司员工占公司总员工数的比例相等。例如，如果某年甲公司员工占总员工的比例是 20％。则当年总公司计划总利润的 20％须由甲公司承担上缴。但是去年该公司的财务报告却显示，甲公司在员工数量增加的同时向总公司上缴利润的比例却下降了。

如果上述财务报告为真，则以下哪项一定为真？

A. 在四个子公司中，甲公司的员工数量最少。

B. 甲公司员工增长的比例比前一年小。

C. 乙、丙、丁公司员工增长的比例都超过了甲公司员工增长的比例。

D. 甲公司员工增长的比例至少比其他三个子公司中的一个小。

E. 在四个子公司中，甲公司的员工增长数是最小的。

[解题分析] 正确答案：D

由于每个子公司承担的上缴利润份额是由该子公司员工占公司总员工数的比例决定的，如果甲公司员工增长的比例比其他三个子公司都大，那么，甲公司向总公司上缴利润的比例就不可能下降。所以，D 项一定为真。

而 C 项则不一定为真，因为如果乙、丙、丁中有一个公司员工增长比例足够大，则即使其他两个公司员工的增长比例小于甲公司，题干的断定仍然可以成立。

❹ W 病毒是一种严重危害谷物生长的病毒，每年会造成谷物的大量减产。W 病毒分为三种：W1、W2、W3。科学家们发现，把一种从 W1 中提取的基因，植入易受感染的谷物基因中，可以使该谷物产生对 W1 的抗体，经这样处理的谷物会在 W2 和 W3 中，同时产生对其中一种病毒的抗体，但严重减弱对另一种病毒的抵抗力。科学家证实，这种方法能大大减少谷物因 W 病毒危害造成的损失。

从上述断定最可能得出以下哪项结论?

A. 在三种 W 病毒中，不存在一种病毒，其对谷物的危害性，比其余两种病毒的危害性加在一起还大。

B. 在 W2 和 W3 两种病毒中，不存在一种病毒，其对谷物的危害性，比其余两种 W 病毒的危害性加在一起还大。

C. W1 对谷物的危害性，比 W2 和 W3 的危害性加在一起还大。

D. W2 和 W3 对谷物具有相同的危害性。

E. W2 和 W3 对谷物具有不同的危害性。

[解题分析] 正确答案：B

如果 B 项不成立，即如果在 W2 和 W3 两种病毒中，存在一种病毒，不妨假设是 W2，其对谷物的危害性，比其余两种 W 病毒的危害性加在一起还要大，那么，运用题干中的方法，谷物虽然得益于对 W1 和 W3 产生的抗体，但却同时受害于严重减弱了对 W2 的抵抗力。由于 W2 对谷物的危害性，比其余两种 W 病毒的危害性加在一起还要大，因此，题干的方法使谷物受害大于受益，这样，题干的论述就不能成立。所以，如果题干成立，那么，B 项一定成立，即 B 项是从题干中可以推出的结论。

其他各项不能作为题干的结论。比如 A 项也不能从题干中推出，因为如果事实上 W1 的危害性，比其余两种病毒的危害性加在一起还大，题干的陈述仍然成立。

第三节　论证谬误

从论证角度来看，谬误通常被定义为逻辑上有缺陷的但可能误导人们认为它是逻辑上正确的论证。论证有三个基本要素：主张（论点/结论）、理由（前提/论据）和支持（论证方式）。基于论证三个基本要素的角度，相应地我们可把谬误分为主张谬误、理由谬误和支持谬误三大类。

其中，对主张的批判性思考，需要检查论证是否存在以下谬误。

（1）语词谬误：包括语词歧义、语词含混、偷换概念（混淆概念）、歪曲词意。

（2）语句谬误：包括语句歧义、语句含混、断章取义（偷换句义）、强调不当。

（3）论题谬误：包括转移论题（偷换论题）、熏鲱谬误、稻草人谬误、回避论题、错失主旨、两不可（模棱两可）等。

关于主张的谬误与逻辑考试相关的偷换概念、转移论题等前面已有论述，本节重点论述理由谬误和支持谬误

一、理由谬误

对理由的批判性思考，需要检查论证是否存在以下谬误。

（1）相干谬误：包括诉诸无知、诉诸情感、诉诸怜悯、诉诸偏见（确认性偏见、一厢情愿、懒散归纳、诉诸信心、诉诸武断、诉诸传统、诉诸起源）、诉诸强力（诉诸势力、诉诸武力、诉诸暴力、诉诸威力）、诉诸恐惧、诉诸众人（诉诸大众、从众谬误、流行意见）、以人为据（因人纳言、因人废言）、人身攻击（人格人身攻击、处境人身攻击、井中

投毒、反唇相讥)、诉诸权威等。

(2)论据谬误:包括论据矛盾(自相矛盾、论据相左、前提不一致)、理由虚假(虚假原因、虚假理由、虚假前提)等。

(3)预设谬误:包括预期理由、复合问题(复杂问语、误导性问题)、非黑即白(黑白二分、虚假两分、假二择一、非此即彼)等。

(4)乞题谬误:乞求论题(丐题、窃取论题),包括同语反复、循环论证等。

下面主要介绍前面没有论述到而又在逻辑试题中出现过的几种理由谬误。

1. 诉诸无知

诉诸无知也叫根据不知,犯的是这样的逻辑错误,它以某一命题的未被证明或不能被证明为据,而断言这一命题为真或假。诉诸无知的论证模式是:没有证明 S 为真;所以,S 是假的。或者,没有证明 S 为假;所以,S 是真的。诉诸无知的论证谬误,其实质是推卸证明责任,其结论是缺乏论证性的。

❶ 有些人坚信飞碟是存在的。理由是,谁能证明飞碟不存在呢?

下列哪项与上文的论证方式是相同的?

A. 中世纪欧洲神学家论证上帝存在的理由是:你能证明上帝不存在吗?

B. 神农架地区有野人,因为有人看见过野人的踪影。

C. 科学家不是天生聪明的。因为,爱因斯坦就不是天生聪明的。

D. 一个经院哲学家不相信人的神经在脑中汇合。理由是,亚里士多德的著作中讲到,神经是从心脏里产生出来的。

E. 鬼是存在的。如果没有鬼,为什么古今中外有那么多人讲鬼故事?

[解题分析] 正确答案:A

题干和 A 项都把不能证明某事不存在作为论证的充分理由,同样犯了"诉诸无知"的谬误,其论证方式是相同的。

其余选项与题干的论证方式明显不同。比如 E 项,说的是有人讲鬼故事,一方面,"讲鬼故事"并不等同于相信鬼存在,就像讲"西游记"并不一定相信有孙悟空一样;另一方面,即使是相信鬼存在,其理由也只是说"有些人"相信鬼存在,并不是说没有人证明鬼不存在。

❷ 学生上完体育课后回到教室,有 15 人喝了饮水机里的纯净水,其中 5 人很快产生了腹泻。饮水机里的纯净水马上被送去检验,检验的结果不能肯定其中有造成腹泻的有害物质。因此,喝了饮水机里的纯净水不是造成腹泻的原因。

如果上述检验结果是正确的,则以下哪项对上述论证的评价最为恰当?

A. 题干的论证是成立的。

B. 题干的论证有漏洞,因为它没有考虑到另一个事实:那些没有喝饮水机里的纯净水的人没有造成腹泻。

C. 题干的论证有漏洞,因为它把缺少证据证明某种情况存在,当作有充分证据证明某种情况不存在。

D. 题干的论证有漏洞,因为它没有利用一个有力的论据:为什么有更多人喝了饮水机里的纯净水没有造成腹泻。

E. 题干的论证有漏洞,因为它没有指出造成腹泻的真正原因。

[解题分析] 正确答案：C

题干的论证模式是：没有证明 S 为真；所以，S 是假的。犯了"诉诸无知"的逻辑错误。

2. 诉诸众人

诉诸众人的谬误在于援引众人的意见、见解、信念或常识进行论证，即为了赢得对结论的认同而诉诸大众热情或公众情感进行论证，即试图说服受众采取某一行动或接受某一说法，只因为（据说）大家都这样。

❶ 政治评论家们认为最近政府对 X 国的政策是彻头彻尾的绥靖政策。但是，这一看法本质上是错误的。因为民意调查表明大多数公众不同意政治评论家们有关政府对 X 国政策的观点。

上述论证的推理是有问题的，因为：

A. "政策"一词在上述论证中的使用含混不清（暧昧）。

B. 没有对上文中所讨论的政治评论家作鉴定。

C. 只根据大多数人相信一种观点为假便推断这种观点为假。

D. 把政治评论家们的主张既作为论证的前提又作为其结论，这是错误的。

E. 假设对于一个个人为真的事情，对于一个国家的整体也为真。

[解题分析] 正确答案：C

题干根据大多数公众不同意政治评论家们的观点，得出结论，政治评论家们的观点是错误的。

可见，这一论证只根据大多数人相信一种观点为假便推断这种观点为假，犯了"诉诸众人"的谬误。因此，C 项为正确答案。

❷ 使用手枪犯罪比其他犯罪更有可能导致死亡的后果，然而，大多数使用手枪的犯罪并没有导致死亡的后果。所以，没必要颁布与其他犯罪相区别的有关持枪犯罪的法律。

上述论证的推理错误与以下哪项中的最相似？

A. 超重的人患心脏病的危险比其他的人大。然而，半数以上超重的人从来不患心脏病，所以，对医生来说，没必要对超重患者比对其他病人更注意强调患心脏病的危险。

B. 许多人每天游泳以保持身体健康，但是，每天游泳会增加患耳病的危险。因此，想保持身体健康的人最好不要进行包括每日游泳这样的健康锻炼。

C. 大多数医生向那些想保持健康的人推荐一种平衡的饮食，但是，许多人发现非传统的饮食控制法，比如持续的节食，对他们的健康并没有造成严重危害。因此，没必要每个人都避开非传统的饮食控制法

D. 富含胆固醇和脂肪的食物对大多数人的健康都造成严重的威胁。然而，许多人都不情愿放弃吃他们特别喜欢的食物。因此，拒绝放弃吃油腻食物的人需要比其他人花更多的时间锻炼。

E. 许多严重的健康问题是由于饮食不规律造成的。然而，这些不规律经常是由心理因素造成的。因此，有严重健康问题的人应当进行心理检查。

[解题分析] 正确答案：A

题干的推理方式是：大多数 s 没有导致严重的后果 p，所以，没必要采取措施干预 s。

其错误在于强调大多数并不能作为防患于未然的充足理由。A 项的推理错误与题干类似。

3. 以人为据

以人为据也叫诉诸人身，其谬误是指以立论者或反驳者的人格或处境为根据，而不是以立论者或反驳者所提出的观点和理由为根据而进行辩护或反驳。这种谬误可分为因人纳言、因人废言等。

❶ 所谓的环境保护论者争辩说，提议中的格登湖发展计划将会干扰鸟的迁徙模式，然而，同样的这些人近年来对议会提出的几乎每一个发展建议都提出环境上的反对这一事实表明，他们对鸟类迁徙模式所表达的关注只不过是他们反对发展、阻碍进步的一个借口。因此，应该不用进一步考虑而应忽略他们的宣称。

上面题干使用了下面哪一个可疑的论证技术？

A. 把不能够得出它的结论的某一论述作为那个结论所表达的观点是错误的宣称的基础。

B. 基于提出论述的那些人的动机而反驳一个论点的结论。

C. 使用一些例外案例作为一宣称总体上是正确的基础。

D. 误用了该论述要去驳斥的立场的那些支持性证据。

E. 假设作为一个整体正确是整体里面每一个成员都正确的必要条件。

[解题分析] 正确答案：B

题干根据"环境保护论者总是提出反对意见"，就得出结论"他们的宣称应该被忽略"。显然，其推理错误在于基于论述者的动机而反驳一个结论，因此，B 项为正确答案。

❷ 病人：药剂师们认为医生不应当被允许自行销售他们自己开的药。如果这样做的话，医生就会为谋利而多开一些无用的药。但是，药剂师们自己却十分想在经济上垄断药物的销售，所以他们对医生的反对不应被给予过多的重视。

病人的论证是通过以下哪一种论证方法得出的？

A. 指出并推翻了药剂师们的论证所依赖的一个假设。

B. 试图以质疑持某一立场者的动机来否定这一立场的正确性。

C. 通过证明药剂师们的论证中的一个前提是假的，来削弱他们的论证。

D. 用公众的意见来反驳一个一般的论题。

E. 断言药剂师们不具备讨论当前问题所需要的知识。

[解题分析] 正确答案：B

题干中病人反对药剂师们认为医生不应自行售药的理由是，药剂师们自己想在经济上垄断药物的销售。

可见，病人的论证方法犯了诉诸动机的逻辑错误，因此，B 项为正确答案。

4. 诉诸权威

诉诸权威的谬误，严格地说是"诉诸不当权威"，是这样一种谬误：在论证中滥用权威者的证言作为论据，以此论证某论题的思维错误。

❶ 王鸿的这段话不大会错，因为他是听他爸爸说的。而他爸爸是一个治学严谨、受人尊敬、造诣很深、世界著名的数学家。

如果以下哪项是真的，则最能反驳上述结论？

A. 王鸿谈的不是关于数学的问题。

B. 王鸿平时曾说过错话。

C. 王鸿的爸爸并不认为他的每句话都是对的。

D. 王鸿的爸爸已经老了。

E. 王鸿很听他爸爸的话。

[解题分析] 正确答案：A

当王鸿谈数学问题时，他爸爸的话有权威性，当讨论其他问题时，比如关于体育、音乐或生物等方面的问题时，王鸿的爸爸的见解可能与常人无异，甚至很差。因此，选项 A 能直接针对题干论证所犯的"诉诸不当权威"的谬误进行反驳。

其余选项起不到削弱作用。比如，B 项不妥，即使"王鸿平时曾说过错话"，但这次的根据是王鸿的爸爸说的。C 项说王鸿的爸爸不认为自己总是对的，这正体现了他的治学精神，也许王鸿的爸爸认为自己说的绝大多数话是对的，这就不能成为对题干结论的有力反驳。

❷ 哲学家：在 18 世纪，某篇关于运动是绝对的论文断言，一个物体在一段时间内的位置变化可以不参照任何其他物体的位置而测得。不过，一位颇受尊敬的物理学家声称：这篇论文是不连贯的。既然一篇不连贯的论文不能认为是对实在的描述，故运动不可能是绝对的。

这个哲学家的论证使用了下面哪一种论证方法或技巧？

A. 观察到某物在实验条件下是某种情况，推出该物在任何情况下也是这种情况。

B. 使用实验结果来说明所提到的位置变化是合理的。

C. 依赖某个专家的权威来支持一个前提。

D. 使用专业术语来说服别人。

E. 使用过于绝对的语气来使别人信服。

[解题分析] 正确答案：C

哲学家得出"运动不可能是绝对的"这一结论依赖的前提有两个：第一，一篇不连贯的论文不能认为是对实在的描述；第二，该篇关于运动是绝对的论文是不连贯的。而支持第二个前提的是，这是一位颇受尊敬的物理学家声称的。

显然，哲学家的论证方法是，依赖某个专家的权威来支持一个前提。因此 C 项正确。

哲学家的论证没有涉及实验问题，故 A、B 项不妥，D、E 项也明显不妥。

5. 非黑即白

非黑即白的谬误就是在两个极端之间不恰当地二者择一，其所犯的论证谬误，实际上就是忽视了第三种情况的存在，机械地进行非此即彼的选择。这类论证只考虑了两个极端的情况，没有考虑可能存在的中间情况，这就像在黑与白之间本来有很多中间色，却非要人们或者选择黑或者选择白。论证中否定一个观点，从而就认可另一个相反的观点，就是非黑即白。其实，这两个极端的观点都有可能是错误的。

❶ 电视是现代文明的产物，但也给人们带来很多麻烦。对于有孩子的家庭，来自电视节目正反两方面的诱惑力都很大。电视看久了，也会影响学习。更使家长担心的是电视中的暴力片等的副作用。因此，家长应对孩子看电视给以指导与约束。

以下哪种做法与以上观点不符？

A. 为保护孩子的视力，对孩子看电视的时间加以限制。

B. 教会孩子对各种电视节目作出正确的选择。

C. 看电视影响孩子的学习，索性把电视机关掉。

D. 只要不影响学习和身心健康，让孩子适当看电视，会达到增长知识的目的。

E. 教育孩子对电视节目要有分析，即使是好节目，也不能什么都模仿。

[解题分析] 正确答案：C

题干的观点是要注意克服电视对孩子的负面影响，但题干同时也肯定了电视的正面影响。因此，A、B、D、E项都符合题干观点。

C项，因为电视对孩子有负面影响而主张对它采取完全排斥的态度，过于绝对化，不符合题干的观点。

❷ 记者："您是《百家讲坛》最受欢迎的演讲者之一，人们称您为国学大师、学术超男，对这两个称呼，您更喜欢哪一个？"

教授："我不是国学大师，也不是学术超男，只是一个文化传播者。"

教授在回答问题时使用了以下哪项陈述所表达的策略？

A. 将一个多重问题拆成单一问题，分而答之。

B. 通过重述问题的预设来回避对问题的回答。

C. 通过回答另一个有趣的问题来答非所问。

D. 摆脱非此即彼的困境而选择另一种恰当的回答。

E. 避而不谈记者的问题，而且另辟蹊径替自己解围。

[解题分析] 正确答案：D

记者问教授在国学大师、学术超男这两个称呼中更喜欢哪个，教授对这两个称呼都不满意，他突破记者所限定的范围，选择了另一种回答。可见，教授回答的策略就是，摆脱非此即彼的困境而选择另一种恰当的回答。D项正确。

6. 循环论证

循环论证的谬误是论据间接重复论题。在论证中，必须用论题以外的其他命题作为支持论题的根据，论据的真实性必须独立于论题。

循环论证的形式一：有 A 是因为有 B，有 B 是因为有 A。

即论据的真实性直接依赖于论题，就会产生循环论证的错误。

循环论证的形式二：有 A 是因为有 B，有 B 是因为有 C，有 C 是因为有 A。

即论证者要证明 A，这要用到 B，证明 B 要用到 C，而证明 C 又要用到 A。在兜了一个圈子之后，又回到最初的出发点。循环论证等于没有证明。当然，诡辩者使用循环论证的时候，会绕一个大圈子，使得看起来并无破绽。

❶ 为了在今天的社会中成功，你必须有大学文凭。对此持怀疑态度的人认为，有许多人高中都没有上完，但他们却很成功。不过，这种成功只是表面的，因为没有大学文凭，一个人是不会获得真正成功的。

题干的论证是错误的，因为它：

A. 假设了它所要证明的结论。

B. 将一种相互关联错认为一种因果联系。

C. 从与个别的案例有关的论据中推出一个高度概括的结论。

D. 没有考虑到与所断言的反例存在的情形。

E. 基于大多数人都会相信这个结论的假设而得出这个结论。

[解题分析] 正确答案：A

题干结论是"为了在今天的社会中成功，你必须有大学文凭"。其假设的理由是"因为没有大学文凭，一个人是不会获得真正成功的"。

可见，题干犯了循环论证的错误，其错误在于假设了它所要证明的结论，即 A 项为正确答案。

❷ 甲：什么是生命？

乙：生命是有机体的新陈代谢。

甲：什么是有机体？

乙：有机体是有生命的个体。

以下哪项与上述的对话最为类似？

A. 甲：什么是真理？

乙：真理是符合实际的认识。

甲：什么是认识？

乙：认识是人脑对外界的反应。

B. 甲：什么是逻辑学？

乙：逻辑学是研究思维形式结构的规律的科学。

甲：什么是思维形式结构的规律？

乙：思维形式结构的规律是逻辑规律。

C. 甲：什么是家庭？

乙：家庭是以婚姻、血缘或收养关系为基础的社会群体。

甲：什么是社会群体？

乙：社会群体是在一定社会关系基础上建立起来的社会单位。

D. 甲：什么是命题？

乙：命题是用语句表达的判断。

甲：什么是判断？

乙：判断是对事物有所断定的思维形式。

E. 甲：什么是人？

乙：人是有思想的动物。

甲：什么是动物？

乙：动物是生物的一部分。

[解题分析] 正确答案：B

题干的对话中，乙的回答犯了"循环定义"的逻辑错误，即为了定义"生命"要用到"有机体"，而定义"有机体"时又用到"生命"的概念。

B 项在"逻辑"和"思维形式结构的规律"这两个概念的定义上犯了同样的逻辑错误。

而 A、C、D、E 四个选项均不属于循环定义。

二、支持谬误

对支持的批判性思考，需要检查论证是否存在以下谬误。

（1）演绎谬误：包括词项逻辑、命题逻辑等推理中的谬误；

（2）概括谬误：包括特例概括、轻率概括等；

（3）统计谬误：包括以偏概全、数字陷阱、数据误用等；

（4）因果谬误：包括强加因果、因果倒置、混淆原因、复合原因、复合结果、错否因果、滑坡谬误等；

（5）类比谬误：包括类比不当、类推不当等；

（6）合情谬误：包括举证不全、以全赅偏、分解谬误、合成谬误等。

下面主要介绍前面没有论述到而又在逻辑试题中出现过的支持谬误。

1. 合成谬误

合成谬误也叫合举、构成谬误，是指在论证中，以部分（个体）、元素所具有的某种属性不恰当地推出其整体或集合体也具有这种属性的结论所产生的谬误。

❶ 吉瑞最近完成了一座大学图书馆的设计，它的每个部分都是抄袭其他图书馆的设计。该设计包括了许多古希腊式、伊斯兰式、莫卧儿式和罗马式的结构，由于没有一个部分的设计是原创的，所以，整座图书馆的设计也不能被认为是原创的。

以下哪项指出了上述论证中的推理错误？

A. 假设每个部分所具有的特性，作为各部分总和的整体也具有。

B. 仅凭一类事物中部分对象的性质便不合逻辑地概括出适用于这类事物全体的结论。

C. 认为一个未知的现象肯定也具有所有已知现象的特征。

D. 假定单个选择是合理的，合起来就不是合理的。

E. 以审美观念为基础得出了一个事实性的判断。

[解题分析] 正确答案：A

题干论证犯了"合成谬误"的错误，A 项指出了这一推理错误，为正确答案。

其余选项均不妥，比如，选项 B 指的是"轻率概括"。

❷ 观察到某个群体的每一个个体都可能具有某一个特性，不能轻易地得出群体的所有成员有可能都具有这一特性的结论。道理很简单，每个进场的网球选手都有可能赢这场比赛，但不可能所有进场的选手都能赢这场比赛。

以下哪一项犯了上文所描述的逻辑错误？

A. 你可以一直骗某些人，也可以有时骗所有的人，但不可能一直骗所有的人。

B. 每个竞选市长的人乍一看都具备当选的资格，所以，不经过一番考察就排除他们中的任一个都是错误的。

C. 在许多候选人中，每个候选人都有机会被指定为三个委员会成员中的一个，所以，有可能所有的候选人都被指定为委员会成员。

D. 如果一枚普通的硬币被掷五次，每次正面向上的机会都是二分之一，所以，五次都是正面的机会也是二分之一。

E. 据估计银河系中有一千万颗行星可能有生命存在，因此，为了排除其他星球有生命存在的可能性，需要进行一千万次宇宙探险。

[解题分析] 正确答案：C

题干所描述的逻辑错误是"合成谬误"。

C 项也犯了同样的逻辑错误：每个候选人都有机会被指定为三个委员会成员中的一个，但不可能所有的候选人都被指定为委员会成员。

❸ 根据现代科学，宇宙中的一切物质都是由特别小的原子构成的。事实上，即使用高倍显微镜也无法看到它们，因为它们对视觉神经并不提供足够的刺激，即使是在被放大的情况下。但是，如果宇宙中的一切物质真的是由不可见的原子构成的，那就确实可以推出：宇宙中的一切物质都是不可见的。不过，以下事实证明了这一点的显著荒谬性：桌子、椅子和日常物品都是可见的。所以，由此可以推出：现代科学的断言，即一切物体都是由原子构成的，必定是错误的。

下面哪一个选项最好地描述了作者推理中的漏洞？

A. 作者的推理依赖于一个错误的信念：仅仅因为某物先于另外一物出现，前者必定就是后者的原因。

B. 作者的推理依赖于一个错误的信念：凡对于部分为真的，对于整体必然为真。

C. 作者在两种不同的含义上使用了"不可见的"一词。

D. 作者的推理依赖于一个错误的信念：一个观点的起源与它的真或假是相关的。

E. 作者的推理依赖于一个错误的信念：凡是不能被证明为真的，就必定是假的。

[解题分析] 正确答案：B

题干论证过程如下：

前提一：各种物体是由不可见的原子构成的，所以，各种物体也是不可见的。

前提二：各种物体是可见的。

结论：所以，"一切物体由原子构成"是错误的。

这一论证错在前提一，因为部分是不可见的，所以，整体也是不可见的。这意味着该结论依赖于一个性质从某物的部分到其整体的转移，犯了合成谬误，因此，B 项描述了作者推理中的漏洞。

2. 分解谬误

分解谬误也叫分举、分割谬误，指的是以总体符合某条件推断总体的所有部分均符合某条件，即以整体或集合体所具有的某种属性推出其部分（个体）或元素也具有这种属性的结论所产生的谬误。

❶ 英国的表演比美国的表演好，T 是一个英国的演员，所以，他一定是比他的美国同行好的演员。

以下哪项表明了上述论证中主要的弱点？

A. 在议论中不顾另一方面证据的存在而推出结论。

B. 从唯一的例子中概括出普遍适用的结论。

C. 预设一组事物整体的一个特性会映现在这个整体所包含的每个独立的个体中。

D. 对关键词语的定义是不恰当的。

E. 通过与其他国家的对比来诋毁一个国家完美的形象。

[解题分析] 正确答案：C

题干属于典型的分解谬误。选项 C 是对分解谬误的准确定义。

❷ M 小学的 T 班学生所收集的铝罐总量超过了该校其他的各个班。因而，M 小学收集了最多铝罐的学生一定在 T 班里。

以下哪个选项中的逻辑错误与上文中的最相似？

A. K 班学生植树的数量超过了 L 和 J 班的总和。因而，K 班的学生所植的树要多于 J 班的学生。

B. M 小学的学生有一多半参加了乐队，一多半参加了唱诗班。因而，M 小学的学生不是在乐队，就是在唱诗班。

C. R 班通过卖糖果条比 H 班卖彩券募集到更多的钱。因而，R 班所售出的糖果条的数量要大于 H 班所卖出的彩券的数量。

D. R 班所卖出的学校博览会门票的总数比其他任何一个班都多。因而，该校卖出门票最多的学生一定在 R 班里。

E. V 班所组装的鸟舍比其他任何一个班都多，由于 V 班的学生比其他任何班的人数都少，所以，V 班的学生平均组装的鸟舍比任何其他班的学生都多。

［解题分析］正确答案：D

题干属于典型的分解谬误，具体是指，如果整体或集合具有某种性质，则它的每一部分或元素也具有此种性质。

D 项也犯了同样的逻辑错误。

❸ 在所有市内文物区的建筑中，泰勒家族的房屋是最著名的。由于文物区是全市最著名的区，所以，泰勒家族的房屋是全市最著名的房屋。

以下哪一项与上述论证中的推理错误最相似？

A. 在海岸山脉所有的山峰中，威廉峰最高，由于整个地区最高的山峰都集中在海岸山脉，所以，威廉峰是全地区最高的山峰。

B. 吸烟是最容易造成人们患肺癌的行为，由于格林县的人所吸的烟比全世界任何地方的都多，所以，格林县患肺癌的人数也居世界之首。

C. 苏珊是他们家三个孩子中年龄最大的，由于苏珊他们家中三个孩子的每一个都比楼里的其他孩子年龄要大，所以，苏珊是楼里年龄最大的孩子。

D. 在港口地区所有的鱼店中，米勒的鱼店鱼类品种最多，由于港口地区的鱼店比城里其他地方的都多，所以，米勒的鱼店是这个城市中鱼类品种最多的鱼店。

E. 在学校植物园的所有花中，玫瑰是最漂亮的，而学校的植物园是这一地区最漂亮的花园了，所以，学校植物园中的玫瑰就是这一地区最美的花。

［解题分析］正确答案：E

题干陈述：文物区是全市最著名的，泰勒家族的房屋是文物区中最著名的，所以，泰勒家族的房屋是全市最著名的房屋。

这属于典型的分解谬误。E 项也犯了同样的逻辑错误。

其余选项的推理错误与题干不同，比如 D 项，集合体属性（港口地区的鱼店比其他地方都多）与个体的属性（鱼类品种最多）不一致。

练 习 题

01 母亲要求儿子从小就努力学外语。儿子说："我长大又不想当翻译，何必学外语。"

以下哪项是儿子的回答中包含的前提？

A. 要当翻译，需要学外语。

B. 只有当翻译，才需要学外语。

C. 当翻译没什么大意思。

D. 学了外语才能当翻译。

E. 学了外语也不见得能当翻译。

02 小王说："老李现在不打老婆了。"

以下哪一项是小王说话必须预设的？

A. 小王知道老李现在不打老婆了。

B. 老李现在不打老婆了。

C. 老李过去曾经打过老婆。

D. 除老李外，机关里没有其他人打老婆。

E. 打老婆是社会陋习。

03 足球训练课上，小戴来晚了，教练问他："你怎么又迟到了？"

以下哪项是教练提问的预设？

A. 小戴不喜欢上足球训练课。

B. 小戴迟到是有意的。

C. 这节足球训练课没有别的同学迟到。

D. 小戴迟到不是有意的。

E. 过去上足球训练课时小戴也迟到过。

04 甲、乙二人正在议论郑建敏。

甲：郑建敏是福特公司如今最得力的销售经理。

乙：这怎么可能呢？据我所知，郑建敏平时开的是一辆日本车。

乙的判断包含了以下哪项假定？

A. 日本车现在越来越受欢迎，占领了越来越大的国际市场。

B. 这辆日本车的性能一定非常优异，才可能吸引福特公司的销售经理。

C. 一个公司的销售经理应当使用本公司的产品，哪能买别的公司的车。

D. 郑建敏开的那辆日本车可能是福特公司在日本的合资企业生产的。

E. 最得力的销售经理应当享受最高级的待遇，所以郑建敏能买日本车。

05 某省政法委综合治理办公室副主任的妻子陈某在省委大院门口被 6 名便衣警察殴打 16 分钟，造成脑震荡，几十处软组织挫伤，左脚功能性障碍，自主神经紊乱。相关公安局领导说"打错了"，表示道歉。

下面各项都是该公安局领导说的话所隐含的意思，除了：

A. 公安干警负有打击犯罪之责，打人是难免的。

B. 如果那些公安干警打的是一般上访群众，就没什么错。

C. 公安干警不能打领导干部家属，特别是省委大院领导的家属。

D. 即使是罪犯，他也只应受到法律的制裁，而不应受到污辱和殴打。

E. 公安干警是可以打某些人。

06 警方对嫌犯说："你总是撒谎，我们不能相信你。当你开始说真话时，我们就开始相信你。"

以下哪一项陈述是警方的言论中所隐含的假设？

A. 警方认定嫌犯知道什么是说谎。

B. 警方知道嫌犯什么时候说真话。

C. 警方相信嫌犯最终将会说真话。

D. 警方从来不相信这个嫌犯会说真话。

E. 警方认为嫌犯刚开始会说谎。

07 艾森豪威尔烟瘾很大，烟斗几乎不离手。某天，他宣布戒烟，立刻引起轰动。记者们向他提出了戒烟能否成功的问题，艾森豪威尔回答说："我决不第二次戒烟。"

下面各项都可能是艾森豪威尔讲话的含义，除了：

A. 在这次戒烟以前，我从没有戒过烟。

B. 我曾经戒过烟，但失败了。

C. 如果这次戒烟失败，我就不再戒烟。

D. 我相信这次戒烟一定成功。

E. 我具有戒烟所需要的足够的意志和决断力。

08 古希腊有人论证说：探究是不可能进行的，因为一个人既不能探究他所知道的，也不能探究他所不知道的。他不能探究他所知道的，因为他知道它，无须再探究它；不能探究他所不知道的，因为他不知道他要探究的东西是什么。

以下哪一项最准确地指出了该论证的逻辑漏洞？

A. 虚假预设：或者你知道你所探究的，或者你不知道你所探究的。

B. 循环论证：把所要论证的结论预先安置在前提中。

C. 强词夺理：理性上黔驴技穷，只好胡搅蛮缠。

D. 歧义性谬误：其中"知道"有两种不同含义：知道被探究问题的答案是什么；知道所要探究的问题是什么。

E. 诉诸无知：认为不知道的就是不用知道的，不愿探究学习。

09 B市的商会近日开会讨论美化本地区高速公路的方案，其中包括重新设置动力管线、增加地面景观和移走户外广告牌。会议上，户外广告公司的代表S先生说："户外广告牌是我们的商业基础，如果把它们移走，我们的生存能力将会受到严重的损害。"另一位本地商人J说："我不同意这种看法，我们的商业基础是有吸引力的社区环境，要来我市购物的人在来我市的路上不愿意看到那些令人反感的户外广告牌，这些广告牌正在损害我们的生存能力。"

J的议论表明他误解了S先生所使用的哪一个词？

A. 广告牌。　　　　　　　　　　B. 基础。

C. 我们。　　　　　　　　　　　D. 能力。

E. 损害。

10 西蒙：我们仍然不知道机器是否能够思考，计算机能够执行非常复杂的任务，但是缺少人类智力的灵活特征。

罗伯特：我们不需要更复杂的计算机来知道机器是否能够思考，我们人类是机器，我们思考。

罗伯特对西蒙的反应是基于对哪一个词语的重新理解？

A. 计算机。　　　　　　　　　　B. 知道。

C. 机器。　　　　　　　　　　　D. 复杂。

E. 思考。

11 皇帝：大海另一边的敌国几个世纪以来一直骚扰我们，我想征服它并且一劳永逸地解除这种骚扰。你能给我什么建议？

海军上将：如果你穿过大海，一个强大的帝国将会衰落。

皇帝：那样的话，准备部队，今天晚上我们就出海。

下面选项中，对皇帝决定入侵的最强有力的批评是哪一项？

A. 必定导致那个皇帝的失败。

B. 基于不是关于军队强弱的客观事实观点。

C. 与海军上将的陈述相冲突。

D. 没有充分考虑海军上将的建议的可能的意义。

E. 对解决即将发生的问题来说是一个无效的策略。

12 诡辩者：因为 6 大于 4，并且 6 小于 8，所以 6 既是大的又是小的。

以下哪一项中的推理方式与上述诡辩者的推理最相似？

A. 因为老子比孟子更有智慧，所以老子对善的看法比孟子对善的看法更好。

B. 因为张青在健康时喝通化葡萄酒是甜的，而在生病时喝通化葡萄酒是酸的，所以通化葡萄酒既是甜的又是酸的。

C. 因为赵丰比李同高，并且赵丰比王磊矮，所以赵丰既是高的又是矮的。

D. 因为一根木棍在通常情况下看是直的，而在水中看是弯的，所以这根木棍既是直的又是弯的。

E. 因为大脑神经递质化学物质不平衡导致了重度症抑郁，这些患者只能通过药物进行治疗。

13 虽然有许多没有大学学历的人也能成为世界著名的企业家，比如微软公司的创始人之一比尔·盖茨就没有正式得到大学毕业文凭，但大多数优秀的管理人才还是接受过大学教育特别是 MBA 教育。虽然得到 MBA 学位并不意味着成功，但还是可以说 MBA 教育是培养现代企业管理人才的摇篮。

以下论断除了哪项外，都可能是以上题干的文中之义？

A. 有些人在大学里是学习哲学的，搞起经营管理来却不比学 MBA 的差。

B. 对于有些天才人物，不经历 MBA 教育阶段也可以学到 MBA 教育传授的知识和才能。

C. 由于 MBA 教育离实际的管理还有一定距离，得到 MBA 学位的人还需要在实践中不断积累管理经验。

D. 得到 MBA 学位的学生毕业后，大多数人成为优秀的管理人才，有些人成为世界知名企业高级主管。

E. 一些得到 MBA 学位的人并不一定能管理好企业，把企业搞到破产地步的也不少见。

14 中国青少年发展基金会在成功地推行"希望工程"八年之后，又面向社会隆重推出"中华古诗文经典诵读"工程。为此，国家科学技术部研究中心组成了专题评估小组，进行了抽样调查，得到有效样本 1 342 个。调查结果显示：多数家长和教师认为古诗文诵读应从小抓起，作为孩子启蒙教育的一部分，这既能修身养性，又能促进学习。

以下哪项结论最不符合以上题干所表达的思想？

A. 国家科学技术部研究中心组成的专题评估小组采取了科学的研究方法，进行了细致的调查研究，其结论很有说服力。

B. 古诗文诵读不仅能让孩子学习语文知识，对加强精神文明建设也具有重要意义。

C. 有了推行希望工程的经验，中华古诗文经典诵读工程成功的可能性更大了。

D. 由于孩子们上中学以后，数理化课程加重，需要把古诗文诵读的任务放在幼儿园和小学阶段，在中学和大学阶段集中力量学习科学技术。

E. 少数老师和学生家长认为不应该过分强调古诗文诵读，因为在孩子小的时候，过分强调背诵，会影响独立思考能力的培养。

15 某大学哲学系的几个学生在谈论文学作品时说起了荷花。甲说："每年碧园池塘的荷花开放几天后，就该期终考试了。"乙接着说："那就是说每次期终考试前不久碧园池塘的荷花已经开过了？"丙说："我明明看到在期终考试后池塘里有含苞欲放的荷花嘛！"丁接着丙的话茬说："在期终考试前后的一个月中，我每天从碧园池塘边走过，可从未见到开放的荷花呵！"

虽然以上四人都没有说假话，但各自的说法好像存在很大的分歧。以下哪项最能解释其中的原因？

A. 甲说的荷花开放并非指所有荷花，只要某年期终考试前夕有一枝荷花开放就行了。

B. 正如丙说的一样，有些年份在期终考试后池塘里有含苞欲放的荷花，这是自然界中的特殊现象，不要大惊小怪。

C. 自去年以来，碧园池塘里的水受到污染，荷花不再开了。所以丁也就不会看到荷花开放了。看来环境治理工作有待加强。

D. 通常说来，哲学系的学生爱咬文嚼字。可他们今天讨论问题时对一些基本概念还没有弄清楚，比如部分与全体的关系以及对时间范围的界定，等等。

E. 虽然大多数期终考试的时间变化不大，有些时候也会变。比如，去年三年级的学生要去实习，期终考试就提前了半个月。

16 某地区有些得到国家特殊政策的国有企业仍然未扭亏为盈，这让区委书记格外着急。

以下哪项论断最符合以上论述的基本思想？

A. 该地区得到国家特殊政策的国有企业都没有盈利，区委书记为此着急。

B. 该地区得到国家特殊政策的国有企业没有亏损，不需要扭亏，区委书记不必着急。

C. 该地区没有得到国家特殊政策的国有企业都有盈利，区委书记对它们放心。

D. 该地区的非国有企业可能都有盈利。即使没有盈利，区委书记也不着急。

E. 该地区所有不盈利的企业都让区委书记着急，尤其是其中的试点单位。

17 如果某人答应作为矛盾双方的调解人，那么，他就必须放弃事后袒护任何一方的权利。因为在调解之后再袒护一方，等于说明先前的公正是伪装的。

下列哪项是以上论述最强调的？

A. 调解人不能有自己对争议双方矛盾的任何看法。

B. 如果不能保持公正的姿态，就不能做一个好的调解人。

C. 调解人要完全附和矛盾双方的意见，左右逢源。

D. 如果调解人把自己的偏见公开化，争论时可以袒护一方。

E. 为了不使争论公开化，调解人应当伪装公正。

18 试考虑三个数：0.9、1、1.1，后一个数与它前一个数的差只有 0.1。若让每个数与自身连乘 10 次，0.9 变成了 0.31，1 仍然是 1，1.1 变成了 2.85，它是 0.31 的近 10 倍，1 的近 3 倍。差距就是这样产生的！

从以上陈述不能合理地引出下面哪一个结论？

A. 失之毫厘，差之千里。

B. 细节决定成败，性格决定命运。

C. 微小差别的不断累积和放大，可以产生巨大的差别。

D. 每个人都必须当心生命过程中的每一步：小胜有可能积成大胜，小过有可能铸成大错。

E. 每天多看一点书，日积月累，就会成为一个有文化的人。

19 因为对微博的无知，某局长和某主任在微博上泄露个人隐私，暴露其不道德行为，受到有关部门的查处。有网友对他们的行为冷嘲热讽，感慨道：知识改变命运，没有知识也改变命运。

以下哪项陈述最接近该网友所表达的意思？

A. 无论是否有知识，都会改变命运。

B. 有知识导致命运由不好向好的方向改变，没有知识导致命运由好向坏的方向改变。

C. "知识就是力量"这一说法过于夸张，实际上，权力和金钱才是力量。

D. "命运"的本义就是先天注定，它不会因有无知识而改变。

E. 命运不会因为知识改变，但会因为道德水平改变。

20 靠一个"俗"字争得了一大批讨厌一本正经说教的读者，又经常被人一本正经地斥之为"俗"的王朔，竟然一本正经斥起别人为"俗"来，这确实是令许多人包括文艺界人士百思不得其解的。贾女士和陈先生都是文艺界人士，他们在网上就王朔上述所为的动机和缘由，以及王朔的个人性格和个人品质，争得不亦乐乎。在经过了 20 多个来回后，陈先生收到了贾女士的一封电子邮件，其中称："看来你是对的。昨天，我遇到了一个认识王朔的人，他肯定了你的观点。"

以下各项，都可能是贾女士用以和陈先生争论的根据，除了：

A. 王朔斥别人为"俗"的言论。

B. 和被王朔斥为"俗"的人的私人交往。

C. 和斥王朔为"俗"的人的私人交往。

D. 和王朔本人的私人交往。

E. 别人斥王朔为"俗"的言论。

21 游戏 X 的规则 1 提出，任何在游戏 X 中拒绝成为选手的人将在拒绝的时候被判减 10 分。

下列哪一个是规则 1 所暗含的？

A. 同意参加游戏 X 的所有人的得分将高于那些在规则 1 下被判罚分的人的得分。

B. 最初同意成为游戏参加者然后在游戏进行中退出的人可以避免被罚 10 分。

C. 游戏 X 的规则 1 提供了一个决定游戏何时结束的程序。

D. 一个拒绝玩游戏 X 的人不能在游戏中被宣布为失败者。

E. 一个人可以同时拒绝玩游戏 X，并且成为游戏的一部分。

22 张三："你认为《笑傲江湖》拍得好吗？"

李四："我认为不算好。"

张三："那就是说，你认为坏了？"

李四："不，我并没有说坏。"

张三："说不好就是坏！"

由上面的对话，我们推不出以下哪项结论？

A. 张三对李四的两次回答，没有把握其真谛。

B. 张三的问话用意要求李四作出一个肯定的、明确的答复。

C. 张三对事物的评判一般是采取好与坏两个判定。

D. 李四的前后回答自相矛盾。

E. 在李四看来，《笑傲江湖》拍得一般。

23 人生之路，考试重重。面临即将到来的考试的巨大压力，很多人吃不好、睡不着、难以精神抖擞地全力备考。"双百全优"中药冲剂，集中国传统医学之精华，镇静您的精神，焕发您的精力，消除长时间学习的疲倦，让您吃好睡好，以崭新的面貌走上考场。

以下哪一项在上述的广告宣传中没有作为"双百全优"中药冲剂的功效特性？

A. 夺取优异成绩。

B. 稳定精神状态。

C. 帮助保持食欲。

D. 消除身体疲劳。

E. 加强睡眠休息。

24 情形：在波屯岛国中，政府对汽油课以重税，以鼓励人们不要驾车，它用汽油税的收入来补贴电力供给，以降低电价。

分析：第一个目标实现得越好，第二个目标实现得就会越差。

对上述情形所作的分析最适合以下哪一种情形？

A. 一座图书馆为了促使读者及时还书，决定对晚还的读者罚款，图书馆就用这项收入来向晚还者发信提醒，以防止晚还。

B. 一家经营邮购业务的商店对过夜邮递这一服务收取较高的附加费用，以限制用户使用这项服务。商店用从附加费用中获得的收益来支付因过夜邮寄而发生的额外费用。

C. 公园管理人员决定征收入门费，以便公园的使用者也对公园的维护出一份力。为了使入门费较低，管理人员决定不把它作为任何新项目的资金来源。

D. 一家饭店加收一项服务费，以免除客人单独付小费的麻烦。这项收入将被平均到饭店工作人员的收入中，以提高他们较少的小时工资。

E. 公路管理人员决定征收过桥费，以鼓励司机选择其他道路，并用这项收入来建立一项发展基金，以便修筑另一座桥。

25 X：霍桑承认自己可以影响高层政府官员，并承认他把这种影响力出售给了环保组织。这种不道德的行为是没有正当理由的。

Y：我不认为他的行为是不道德的。获得霍桑服务的组织是为了防止水污染的，霍桑在为这个组织谋利的同时，也在为公众谋利。

X 与 Y 的分歧在于：

A. 道德行为的含义是否随时间的变化而变化。

B. 霍桑行为的后果是否能证明他的行为在道德上是正当的。

C. 别人是否可以将道德判断的标准强加给霍桑。

D. 无论从公众的角度还是从个人的角度说，道德规范是否都是一致的。

E. 对行为能不能进行正确的道德判断，是人们对相应的行为形成正确的倾向性态度的关键。

26 小朱与小王在讨论有关用手习惯的问题。

小朱：在当今 85～90 岁的人中，你很难找到左撇子。

小王：在 70 年前，小孩用左手吃饭和写字就要挨打，所以被迫改用右手。

小王对小朱的回答能够加强下面哪个论断？

A. 天生的右撇子有生存优势，所以长寿。

B. 用手习惯是遗传优势与社会压力的共同产物。

C. 逼迫一个人改变用手习惯是可以办到的，也是无害的。

D. 在过去的不同时代，人们对用左手还是用右手存在着不同的社会态度。

E. 小时候养成的良好习惯可以受用终身，而小时候的不良习惯也会影响终生。

27 这所大学的学生学习了很多课程，小马是这所大学的一名学生，所以她学习了很多课程。

以下哪项论证展示的推理错误与上述论证中的最相似？

A. 这所学校里的学生学习数学这门功课，小马是这所学校的一名学生，所以他也学习数学这门课程。

B. 这本法律期刊的编辑们写了许多法律方面的文章，老李是其中的一名编辑，所以他也写过许多法律方面的文章。

C. 这所大学的大多数学生学习成绩很好，小贞是这所大学的一名学生，所以她的学习成绩很好。

D. 所有的旧汽车需要经常换零件，这部汽车是新的，所以不需要经常换零件。

E. 独立的大脑细胞是不能够进行思考的，所以整个大脑也不能够进行思考。

28 根据男婴出生率，甲和乙展开了辩论。

甲：人口统计发现一条规律：在新生婴儿中，男婴的出生率总是摆动于 22/43 这个数值，而不是 1/2。

乙：不对，许多资料都表明，多数国家和地区，例如俄罗斯、日本、美国、德国都是女人比男人多。可见，认为男婴出生率总在 22/43 上下波动是不成立的。

试分析甲、乙的对话，指出下列选项哪一个能说明甲或乙的逻辑错误？

A. 甲所说的统计规律不存在。

B. 甲的资料不可信。

C. 乙混淆了概念。

D. 乙违反了矛盾律。

E. 乙的资料不可信。

29 在美国出生的正常婴儿在 3 个月大时平均体重在 12～14 磅之间。因此，如果一个 3 个月大的小孩体重只有 10 磅，那么他的体重增长低于美国小孩平均水平。

以下哪一项指出了上项推理中的一处缺陷？

A. 体重只是正常婴儿成长的一项指标。

B. 一些 3 个月大的小孩体重有 17 磅。

C. 一个正常的小孩出生时体重达到 10 磅是有可能的。

D. 短语"低于平均水平"并不一定意味着不够。

E. 平均体重增长同平均体重并不相同。

30 木材商：由于伐木公司长期以来在伐木之后都会重新种上树，现在销售的热带硬木几乎一半都来自这些可再生资源。

环境保护主义者：相反，所销售的热带硬木只有 1% 是从可再生资源中得到的，因为几乎所有的砍伐活动都会对动物栖息地造成破坏，而这是不能由重新植树所恢复的。

环境保护主义者对木材商的反应是基于对下列哪一个词的重新解释？

A. 可再生资源　　　　　　　　　B. 热带的

C. 重新植树　　　　　　　　　　D. 伐木

E. 开采

31 1988 年，乔治·布什与丹·奎尔搭档竞选美国总统。当时人们攻击奎尔，说他的家族曾帮他挤进印第安纳州的国民卫队，以逃避去越南服兵役。对此，布什反驳说："奎尔曾在国民卫队服役，他的分队当时尚有空缺；现在，他却受到了爱国派们尖刻的攻击。……诚然，他没去越南，但他的分队也没有被派往那里。有些事实谁也不能抹杀：他没有逃往加拿大，他没有烧掉应征卡，也肯定没有烧过美国国旗！"

以下哪些议论的手法与布什的手法最为相似？

A. 某公司用淀粉加红糖制成所谓"营养增高剂"，被骗者甚众。工商管理人员因它是假药要查封它。该公司董事长振振有词，不让查封，他说："我没有害死人。营养增高剂吃不死人，你不信，我现在就吃给你看，并且吃了它还顶事，管饱。"

B. 一公司经理说："过去有个说法，金钱关系最肮脏。其实从某种意义上讲，金钱关系最纯洁，人情关系最复杂，说不清有什么肮脏的东西在那里边。所以，我跟朋友都不借钱，也绝不与朋友做生意。"

C. 某研究生对导师说："学习成绩全优的学生学习都很刻苦，你要是想让我学习刻苦，最好的办法是给我的所有课程都判优。"

D. 你说"所有的天鹅都是白的"不对，因为在澳洲早就发现了黑天鹅。

E. 张一弛解决了一个数学史上一百多年未被解决的难题，所以，他是一位优秀的数学家。

32 按照上帝创世说，上帝在第一天创造了地球，第二天创造了月亮，第三天创造了太阳。因此，地球存在的头三天没有太阳。

以下哪项最为确切地指出了上述断定的逻辑漏洞？

A. 没有太阳，一片漆黑，上帝如何创造地球？

B. 上帝创世说是一种宗教想象，完全没有科学依据。

C. 上述断定带着地球中心说的痕迹，在科学史上，地球中心说早被证明是错误的。

D. 天体史揭示星球的形成确实有先后，但没有证据说明太阳比地球早形成。

E. "一天"的概念是由太阳对于地球的起落周期来定义的。

33 曾经有位雄心勃勃的年轻人，想发明一种可以溶解一切物质的万能溶液。但这位年轻人的理想注定是不能实现的。

假若您想劝告这位年轻人放弃这项计划，那么，您认为以下哪一项劝告更能为这位年轻人所接受？

A. 根据目前已有的科学理论研究成果，发明这种溶液缺乏理论上的支持。

B. 发明这种溶液需要掌握极其复杂的技术和工艺，你目前的条件和能力远没有达到这一步。

C. 如果世界上真有这样一种溶液的话，别人早就发明出来了，怎么可能等到今天你来发明呢？

D. 据考证，世界上曾有许多人和你一样想发明这种溶液，但遗憾的是，他们全都失败了。

E. 这种溶液发明出来之后，你用什么器皿来盛它呢？

34 人们常说：人们在工作中付出的努力有多大，应该得到的酬劳就有多大。不过，稍微思考一下就会发现这是一个坏主意，因为它意味着那些用低等技术或靠自然体能去完成任务的人将会得到更大的奖励。

上述论证使用了以下哪种论证策略？

A. 陈述一个一般原则，然后再运用这一原则展开推论。

B. 为所讨论的被采用的原则提供证据，结果却适得其反。

C. 假设需要证明的结论能从某个原则中推出这一点是不证自明的。

D. 试图通过论证由一个一般原则能得出一个不能令人接受的结论，来动摇这个一般原则。

E. 表明所考虑的原则在实践中不能被一贯地运用。

35 我虽然不认识你，但第一眼就知道你是个军医。很简单，因为你具有医生的风度，但却是一副军人气概。

上述说法成立，则：

A. 若要成为军医，必须同时具备医生和军人的双重气质。

B. 军队的医生与普通医生相比，更具军人气概。

C. 只要是军医，就一定能显示出其医生的风度和军人的气概。

D. 凡是具有医生风度和军人气概的人，一定都是军医，不管其医术如何。

E. 普通医生与军医相比，更具医生的风度。

36 在 Q 国生产收音机的成本比在 Y 国生产收音机的成本少 10％。即使把运输费用和关税加上，一家公司将收音机从 Q 国进口到 Y 国仍比在 Y 国生产的收音机便宜。

以上所述如果是正确的，最有力地支持以下哪一个论断？

A. Q 国的劳动力成本比 Y 国低 10％。

B. 从 Q 国进口收音机到 Y 国将减少 Y 国 10％的制造业就业机会。

C. 对从 Q 国进口到 Y 国的收音机征收的关税少于在 Y 国制造该收音机的成本的 10％。

D. 将收音机从 Q 国运到 Y 国的运费大于在 Q 国制造该收音机的成本的 10％。

E. 在 Q 国生产一台收音机的时间比在 Y 国的时间少 10％。

37 有些人坚信，在宇宙空间中，还存在着人类文明之外的其他高级文明，因为现在尚没有任何理论和证据去证明这样的文明不可能存在。

下面哪一个选项与题干中的论证方式相同？

A. 神农架地区有野人，因为有人看见过野人的踪影。

B. 既然你不能证明鬼不存在，所以鬼就是存在的。

C. 科学家不是天生聪明的，例如爱因斯坦小时候并未显得很聪明。

D. 一个经院哲学家不相信人的神经在脑中汇合，理由是，亚里士多德的著作中讲到，神经是从心脏里产生出来的。

E. 人不是一般动物，因此，高级动物包括人。

38 尽管有些人说三道四，吃肉还是健康的，毕竟大多数医生都吃肉。还有谁比医生在这方面懂得更多呢？

以下哪项指明了题干推理中的缺陷？

A. 攻击对手的动机而不是他的论证。

B. 基于非典型的样本而作出一般的概括。

C. 在一开始就假定了需要通过整个论证才能得以确立的东西。

D. 尽管不同的专家在某个问题上的意见相互抵触，还是诉诸了权威的证言。

E. 把专家们在他们最感兴趣的事情上也不会违背他们专业的见解视为理所当然的。

39 社会学家：认为我们社会中存在大量暴力犯罪的说法是错误的。因为这种说法的根据是报纸上有关暴力犯罪的大量报道。实际上，正因为暴力犯罪并不多见，报纸才愿意刊登这种报道。

社会学家的论证是错误的，因为它：

A. 预先假定报纸上的大部分报道都是有关暴力犯罪的。

B. 预先假定他所要证明的结论为真。

C. 未经证实就假定他所探讨的有关报道并无偏见。

D. 把群体中每一个体的属性与整个群体的属性混为一谈。

E. 不加分辨地由一个在过去正确的结论推论出该结论在将来也必然正确。

答案与解析

01. 答案：B

儿子的结论是不学外语，理由是不想当翻译，其隐含的预设就是 B 项。

其推理过程是："只有当翻译，才要学外语，我不想当翻译，所以不要学外语。"

选项 A、D 不妥，因为这两项表示"当翻译"是"学外语"的充分条件，并不一定必要，不当翻译也可能需要学外语。选项 C、E 显然不是儿子回答中包含的前提。

02. 答案：C

"老李现在不打老婆了"的说法必然预设他过去打过老婆。因此，C 项正确。

03. 答案：E

教练说"你怎么又迟到了？"既然"又迟到了"，就意味着"曾经迟到过"。A、B、C、D 都不能作为题干问话的预设。所以，应该选 E。

04. 答案：C

乙根据郑建敏是福特公司的销售经理，而对其开日本车感到惊讶。

可见，乙的判断假定了 C 项，否则，如果乙不假定一个公司的销售经理应当使用本公司的产品，他就不会因为作为福特公司销售经理的郑建敏不开福特车而开日本车感到惊讶。

其余各项均没有理由被认为是乙的断定所假定的。

05. 答案：D

题干陈述：针对某干部家属在省委大院门口被便衣警察殴打，相关公安局领导说"打错了"。

可见"打错了"所隐含的意思是：打人本身没错，只是把被打的人弄错了。显然 A、B、C、E 项都是公安局领导说的话所隐含的意思。而 D 项否定了公安干警打人这件事本身的合法性，这显然不是该领导所隐含的意思，所以，为正确答案。

06. 答案：B

警方对嫌犯说："当你开始说真话时，我们就开始相信你。"

可见，警方是否相信嫌犯取决于嫌犯什么时候说真话，因此，警方的隐含假设是他们能够知道嫌犯什么时候说真话。所以，B 项为正确答案。

07. 答案：B

艾森豪威尔的回答"我决不第二次戒烟"包含了很多含义，包括：

第一，他以前从来没有戒过烟，A 项符合其含义。

第二，如果他这次戒烟失败，那么他就不再戒烟了，否则，他就要第二次戒烟了；C 项符合其含义。

第三，戒烟者的自信心；D 项符合其含义。

第四，戒烟者的决心；E 项符合其含义。

只有选项 B"我曾经戒过烟，但失败了"，与他的话的含义不相容，因为如果艾森豪威尔曾经戒过烟，那么他就不会把自己这次戒烟看作第一次戒烟，把下一次戒烟称之为第二次戒烟。

08. 答案：D

题干中结论的得出依赖于这样的论证：他不能探究他所不知道的，因为他不知道他要探究的东西是什么。

这一论证的逻辑漏洞在于混淆了"知道"这一概念，第一个"他不知道的"是指所要探究问题的答案，而第二个"他不知道的"是要探究的东西。只有 D 选项准确地指出了这一点，其余选项均不是该论证的逻辑漏洞。

09. 答案：C

S 先生所说的"户外广告牌是我们的商业基础"中的"我们"指的是其所在的户外广告公司。

J 所说的"这些广告牌正在损害我们的生存能力"中的"我们"指的是本地商人。

10. 答案：C

西蒙的结论：机器不思考，通过计算机执行复杂操作，但是缺乏人类的灵活性，把机器指代为计算机。而罗伯特的结论：机器思考，人类就是机器，把机器指代为人类。

可见，"机器"一词在两人的对话中有不同的理解。所以，C 项为正确答案。

11. 答案：D

"强大的帝国"可以指大海另一边的敌国，也可以指自己的国家。

海军上将所提到的"强大的帝国"可能指的就是自己的国家，D 项指出了这一点。

12. 答案：C

题干是一种诡辩，其推理模式是这样的：一个元素与同类的其他元素比，该元素有强于其他同类元素的情况，也有弱于其他同类元素的情况，所以，这个元素既是强的又是弱的。

在各选项中，只有 C 项与题干最为相似。

13. 答案：D

题干中讲"大多数优秀的管理人才接受过 MBA 教育"并不意味着"得到 MBA 学位的学生，大多数成为优秀的管理人才"。因此，D 项不符合文义。

其余选项都符合题干意思。A 项与题干意思吻合，即有的人即使没有正式学习过管理专业，也可以成为成功的企业家。B 项，比尔·盖茨的"知识和才能"是从实践中"学到"的。C 项符合文义，因为题干已经说明了"得到 MBA 学位并不意味着成功"。E 项符合文义，"得到 MBA 学位并不意味着成功"的意思包含"可能失败"。

14. 答案：D

选项 D 表明，古诗文诵读虽然有益，但最好放在幼儿园和小学阶段，到中学和大学以后，课程加重，需要集中力量学习科学技术。言外之意，古诗文诵读会影响学习。这与题干中说的"既能修身养性，又能促进学习"的论点不符，因此为正确答案。

选项 A、B 支持题干的观点。选项 C 也不违背题干的意思。选项 E 说"少数老师和学生家长认为不应该过分强调古诗文诵读"，而题干讲"多数家长和教师认为古诗文诵读应从小抓起"，一个是"少数"，一个是"多数"，并不矛盾。

15. 答案：D

本题关键是要弄清两个问题：第一，部分与全体的关系，是部分荷花还是所有荷花。在题干中，甲指的是部分荷花，而乙、丙把甲说的荷花误解为所有荷花。

第二，时间范围的界定，期终考试是在暑假前还是在寒假前。在题干中，甲、乙、丙说的是暑假前的期终考试，而丁谈的是寒假前的期终考试。

因此，D 项最能解释其四人的分歧。

其余选项均起不到解释作用。选项 A、B 不妥，如果 A、B 对，若期终考试是同一时间，则丁说的就不是事实，与题干矛盾。C 项不妥，如果 C 对，则丙的叙述失实。E 项，期终考试的时间小的调整，不能解释甲、乙、丙三人在考试前后看到荷花和丁在考试前后没看到荷花的"矛盾"。

16. 答案：E

题干中讲"区委书记格外着急"的"格外"的意思是：区委书记对亏损企业都着急，对得到国家特殊政策的国有企业更着急。E 项所述"试点企业"可以是"得到国家特殊政策的国有企业"，符合题干意思。

其余选项均不符合题干基本思想。A 项，得到国家特殊政策的国有企业"都"没有盈利，而题干说的是"有些"国有企业。B 项，明显与题干讲的事实不符。选项 C 和 D 中叙述的内容不能从题干中推出。

17. 答案：B

题干所强调的是：公正是作为好的调解人的必要条件。

B 项所说的是，若不具备此必要条件，就不是好的调解人，与题干的观点一致。

其余选项均不妥，其中，A 项中"任何看法"的提法模糊，题干中的"公正"并不意味着调解人没有自己的观点或看法；C 项中所说的调解人只是"附和矛盾双方的意见"，起不到任何"调解"的作用；D 项中说调解人可以袒护一方，显然不符合题干的观点；E 项中的"伪装公正"正是题干所否定的。

18. 答案：B

题干中的陈述说明，小的差别的积累可能造成巨大的差别这一含义。其重点在于"累积"，A、C、D 均含有积少成多这一含义，而 B 选项有可能是一次，无须累积就决定成败，性格的差别也不用累积，只是时间的关系就可能决定命运。因此选项 B 为正确答案。

19. 答案：B

网友所述"知识改变命运"的意思是，有知识会使命运向好的方向改变；

网友所述"没有知识也改变命运"的意思是，没有知识会使得命运向坏的方向改变。

显然，B 项最接近于网友所表达的意思。

20. 答案：D

从题干可知，贾女士以认识王朔的人的观点作为判别是非的根据。

显然，贾女士和陈先生都不认识王朔，因而自然不会以和王朔的私人交往为争论的依据。因为，如果陈先生认识王朔并以他们的私人交往为根据，他早就可使贾女士相信他的观点是对的，而不必等到贾女士遇到一个认识王朔的人；同样的道理，如果贾女士认识王朔并以他们的私人交往为根据，贾女士早就认为自己的观点是对的。

除此以外，其余各项都可能是贾女士和陈先生争论的根据。

21. 答案：E

规则 1 表明，在游戏 X 中可拒绝成为选手并被判减分。

这暗含，一个人可以同时拒绝玩游戏 X，并且成为游戏的一部分。

22. 答案：D

"不算好"并不等于"坏"，李四的前后回答并不矛盾，因此，D 项正确。

23. 答案：A

广告宣传："双百全优"中药冲剂，镇静您的精神，焕发您的精力，消除长时间学习的疲倦，让您吃好睡好，以崭新的面貌走上考场。

这包含的功效特性包括稳定精神状态、帮助保持食欲、恢复身体疲劳、加强睡眠休息，而不包含夺取优异成绩。因此，A 项正确。

24. 答案：E

该国政策的目标是不一致的，即"鼓励人们不要驾车"的目标实现得越好，则"增收汽油税"的目标就会实现得就会越差。

诸选项中，只有 E 项所述情形符合题干的分析。

25. 答案：B

X 认为霍桑的行为是不道德的，因为他为环保组织谋利。

Y 不认为霍桑的行为是不道德的，因为他为环保组织谋利的同时，其结果也在为公众谋利。

因此，X 与 Y 的分歧在于：霍桑行为的后果是否能证明他的行为在道德上是正当的。

26. 答案：B

从小王的话中可以得出两点：一是 70 年前小孩中有左撇子，这是遗传造成的；二是这些左撇子被迫改用右手，是挨打等外在的压力造成的。这就说明，用手习惯是遗传优势与社会压力的共同产物。因此，小王的话加强了 B 项的断定。

小王的话说明逼迫一个人改变用手习惯是可以办到的，但并没有说明这种改变是无害的。因此 C 项不成立。其余选项也均不成立。

27. 答案：B

题干推理看似一个三段论推理，但犯了"四概念"的逻辑错误，大前提中的"学生"是集合概念，小前提中的"学生"是个体概念，不是同一个概念。（这所大学的学生学习了很多课程是指，并不是每个学生学了很多课程）

选项 B 也是如此，大前提中的"编辑"和小前提中的"编辑"也不是同一个概念，也是犯了"四概念"的逻辑错误。所以，应该选 B。

A 的大前提是"这所学校里的学生学习数学这门功课"有歧义，不能确定是"都学习数学"，还是"有学习数学的"。如果是"都学习数学"的，那么这是一个正确的推理，如果是"有学习数学的"，题干推理就不正确了，因此，A 项与题干错误并不类似。

C、D 的错误都在于由一部分样本的特征推出了未必相关的另一部分样本的特征，排除；

E 的错误在于以偏概全，排除。

28. 答案：C

乙混淆了婴儿出生时的"男女比例"和社会人口性别构成中的"男女比例"两个不同的概念。后者除了受男女婴儿出生率及死亡率的影响，还要受到儿童、青少年、成年男女死亡率等其他因素的影响。

29. 答案：E

题干属于偷换概念，将"平均体重增长"和"平均体重"混为一谈。事实上，它们是两个不同的概念。因此，E 项是正确答案。

其余选项都没有指出题干论述中的缺陷。

30. 答案：A

题干中两人对于"可再生资源"显然具有不同的理解，木材商所说的"可再生资源"仅是指树木的再生，而环境保护主义者所说的"可再生资源"则指的是包括动物在内的整个生态环境的再生。所以，A 项为正确答案。

31. 答案：A

题干中的问题在于奎尔的家族是否曾经帮助他逃避服兵役，而不在于他是否爱国。布什所提出的那些事实性断言与结论不相干，属于转移论题，用诉诸情感因素诱使人们从基本问题上游离开去。

选项 A 中那位董事长用一些不相干的事实来逃避管理人员的问题，与布什的手法最为类似，属于转移论题，因此，为正确答案。

其余选项中的议论手法与布什没有任何类似，比如 D、E 项所提出的论据是支持其结论的充分理由。

32. 答案：E

题干陈述"地球存在的头三天没有太阳"，而 E 项表明，"一天"的概念是由太阳对于地球的起落周期来定义的。这意味着，没有太阳也就没有"头三天"这一概念。这显然确切地指出了上述断定的逻辑漏洞。

33. 答案：E

E 项"这种溶液发明出来之后，你用什么器皿来盛它呢？"生动地揭示了"可以溶解一切物质的万能溶液"所蕴含的矛盾：它是溶液，需要器皿来盛它；但它又能溶解一切物质，故没有任何器皿能够盛它。上述矛盾的存在有力地说明了发明万能溶液是不可能的。

其余选项都从不同角度说明了发明"可以溶解一切物质的万能溶液"之不现实，但均显得劝告的力度不够。

34. 答案：D

题干论证把"在工作中付出的努力"的含义曲解为"用低等技术或靠自然体能去完成任务"，完全忽视对工作的复杂性和效率等方面的考虑，并试图运用归谬法推翻"多劳多得"这一原则。D 项正确地描述了题干运用归谬法的论证策略。

35. 答案：D

题干根据你具有医生的风度和军人气概，得出结论：你一定是军医。

若此论证成立，必须保证其前提假设为真：凡是具有医生风度和军人气概的人，一定都是军医。否则，如果这一假设不成立，题干结论就得不到。因此，D 项为正确答案。

其余选项都不能从题干中推出。其中，选项 A 和 C 都将具有医生风度和军人气概作为军医的必要条件，错误。题面中并未提到与普通医生的比较，排除 B、E。

36. 答案：C

根据题干陈述，可以推出 C 项正确。否则，如果 C 项错误，即对从 Q 国进口到 Y 国收的关税高于或等于 Y 国生产收音机的成本的 10%，那么，从 Q 国进口收音机到 Y 国的成本将高于或等于在 Y 国生产收音机的成本，这与题干事实相违背。

37. 答案：B

题干论证方式为：因为不能证明非 X，所以 X 成立。

B 的论证方式：因为不能证明非 X（鬼不存在），所以 X 成立（鬼存在），与题干论证方式相同，均犯了诉诸无知的谬误，因此为正确答案。

其余选项的论证方式均与题干不同，比如，A 为枚举归纳推理；C 是由特例推出一般；D 是诉诸权威，E 项为演绎推理。

38. 答案：E

题干论述：大多数医生都吃肉，医生更懂健康，所以，吃肉是健康的，

这一论证的缺陷是诉诸权威。E 项表明，忽视了专家们有时也会在他们最感兴趣的事情上做出违背他们专业知识的举动。这就明确指出了题干推理中的缺陷。

39. 答案：B

题干中社会学家的论证是：暴力犯罪并不多见，报纸才愿意刊登这种报道。因此，报纸上有关暴力犯罪的大量报道不足为据。所以，暴力犯罪并不多见。

可见，这显然犯了循环论证的错误，其错误在于预先假定他所要证明的结论为真，即 B 项为正确答案。

第六章　论证推理

所谓论证，是指用一个或一些已知、真实的判断去证明另一判断的真实性，或揭示另一判断虚假性的思想过程。所谓论证推理，就是由 n 个句子组成的语段，其中有一个核心的句子叫结论，其余支持这个核心句的句子叫前提。论证推理是一个从前提到结论的过程，强调的是前提和结论的逻辑关系。推理并不关注前提和结论本身是否正确，而是关注前提和结论之间的逻辑关系。

论证推理试题设计所依据的理论是"批判性思维"，其思维重点关注的，是如何识别、构造特别是评价实际思维中各种推理和论证的能力；论证推理题主要考查确定论点、评价论点、规范或者评价一个行动计划等三个方面的推理能力——大多数问题基于一个单独的推理或是一系列语句。但有时候，也会有两三个问题基于一个推理或是一系列语句的情况。

论证推理试题的特点主要包括三个方面：一是考查重点明确，逻辑考试考查的重点是对知识的综合运用以及解决实际问题的能力；二是出题方式相对固定，具体表现在题目内容虽然很活，但题型相对固定；三是考查细致化，要求对解题技巧和方法准确把握。由于解题技巧和感觉只有在反复练习中才会真正掌握并巩固，因此，要拿高分，秘诀就是类型化方法。

所谓类型化方法，指的就是以最佳的试题类型分类为基础，根据不同的试题类型所具有的主要特征而提炼出来的处理不同类问题的具体方法。为此，本书针对逻辑题型，深入分析探究，用"举题型讲方法"的格式，按考题的表现形式或解题方法划分为不同的题型和解题套路，并做详细剖析说明，通过举例讲解，透彻分析每一种套路的特点和解题方法。

对逻辑题型的分类可以从两个维度进行：一是从问题类型的维度进行分类，主要有假设、支持、削弱、评价、推论和解释等题型；二是从论证方式的维度进行分类。

论证推理题目一般比较综合，虽然可以根据题目的特征和一般解题思路进行分类，但是有的题目是可以从多角度分析的，从不同的角度可以分为不同的题型。因此，这里的题型分类只具有相对意义，是帮助考生形成解题的题感，考生在自行解题时不要拘泥于题型的细分，不要生搬硬套。

本章的内容是全面介绍解题套路，而不是技巧，区别在于，套路讲的是方向，是往哪方面思考的问题，而技巧讲的是具体怎么解决的问题，解题技巧不能作为解题的思考出发点。套路具有一般的规律性，而技巧则要具体问题具体分析，不能为技巧而技巧。

论证的本质是事件或事件之间的关系，从解题角度来看，论证的本质就是句子与句子的关系。假设就是必要的支持；支持就是增加结论的可信度；削弱就是降低结论的可信度；支持的取非就是削弱；评价就是支持与削弱的综合；解释是对题干结论的支持。同一个题目可以按照不同的问题考多次。不同的问法在逻辑原理上没有根本的区别，所以题型不是关键，题干的论证关系才是本质。

特别要指出的是，本章用"分类思维"的方式讲解每一类题型及其各种解题思路是一种分解动作，目的是训练大家的解题感觉，如果感觉已形成并熟练掌握了，那么在正式解题时就应一气呵成，而不用拘泥于具体是哪种思路了。其实，逻辑题的推理过程最重要，要从繁复的叙述中看清事物间的推理关系，推理过程清楚了，什么题型都好说，很多题型是相通的。切忌解题的时候拿到一道题想想到底哪个技巧能用上，这绝对不行，有的题目是很难讲技巧的，逻辑推理每道题目就是一个独立的挑战，要具体问题具体分析。

逻辑推理考试作为一种能力考试，其相对独立于各种专业知识，关键是要强化日常逻辑思维能力，其中一个最有效的办法就是多做相关的练习题。逻辑过关的指标就是，你做完一套题后能知道自己得了多少分，选一道题有充分的理由认为自己选对了，说明你有"题感"了。我们确信，拥有"题感"是逻辑考试高分突破的真正秘诀。

由于本章用归类思维概括了各类论证推理题的解题思路和解题规律，有助于考生全面了解考试题型以及相关的解题方法和技巧，如果考生能认真研读本部分所列的真题，并能在熟练掌握的基础上融会贯通、举一反三、触类旁通，那么，在遇到同类问题时，一定有助于尽快理清思路，快速准确解题。

第一节 假 设

假设题的题干给出前提和结论，然后问你假设是什么？或者，需要补充什么样的前提，才能使题干中的推理成为逻辑上有效的推理。典型的问法有"上文的说法基于以下哪一个假设？""上面的逻辑前提是哪个？""再加上什么条件能够得出结论？"等等

由于假设是一个论证的潜在的前提，是从前提到结论推理的桥梁，因此，相当多的论证题都是围绕假设来作为出题点的。假设、支持、削弱、评价这四种题型在整个逻辑推理题中占了相当大的比重，而支持、削弱与评价这三种题型的答案方向多是针对题干推理的隐含假设，再加上归纳题型的推理题有时就是隐含假设，所以假设在整个论证推理中占有基础性的地位和作用。

1. 假设的含义

假设就是隐含前提。对于一命题而言，假设的真或假是其能否成立的前提条件。如果假设为假，则命题不成立，而且也毫无意义。

假设的定义：假设是使推理成立的一个必要条件。

具体而言，若 A 是 B 的一个必要条件，那么非 A→非 B；若一个推理在没有某一条件时，这个推理就不成立，那么这个条件就是题干推理的一个假设。

2. 揭示假设的步骤

基于共同前提之上的讨论或辩论才有意义。实际上，在人们提出的命题或观点中，总是包含着一系列的前提假设。在展开讨论之前，需要澄清这些假设，需要就前提取得共识。否则，讨论是无意义的。此题型考查考生的假设辨认能力，考查考生能否理解和辨认一个命题或观点中所包含的前提假设。

（1）提炼出理由与结论。站在为作者着想的角度考虑，怎样才能使论证中已表述的前提成为支持其结论的强有力的理由？

（2）补充隐含前提。假定已表述的前提为真，紧扣结论，查看要使其结论成立，至少还需要得到什么样的隐含前提的支持，这样的隐含前提就是该论证的假设。在做这种补充时，常常存在多种不同的选择，这时应该遵循宽容原则（即"慈善原则"），要站在论证者的立场上尽量寻找有利于论证者、有利于论证成立的假设。

（3）检验重构的论证。补充隐含前提后，这个论证即可被重新构建出来，再来对论证者的推理进行评价，看被省略的前提是否真实，论证过程是否正确、是否符合原意。

3. 假设的类型

假设分为充分型和必要型。

（1）充分型的假设做题思路是加进法，即三段论思维。充分型的假设因为题干结论必须能从证据推出（加上假设），所以方法较简单，将选项加到题干的推理中，如果结论必成立，则为答案。

比如：所有美德都值得称赞，诚信是一种美德。所以，诚信是值得称赞的。

因此，如果说："所有美德都值得称赞。所以，诚信是值得称赞的。"

这个推理的假设就是"诚信是一种美德"。

（2）必要型的假设做题思路是取非法，即将选项取非，如果题干的结论必不成立，则为答案，如果还有成立的可能性，则不是正确答案。

4. 寻找假设的方法

（1）加进法。第一，加进去不能支持的不是假设；第二，能直接得到结论的是充分性假设；第三，能支持但不能必然得到的，可能不是假设的支持，也可能是必要性假设。

（2）加非法。对第三种情况再用否定代入，否定后严重削弱题干论证的是假设，否定后题干仍有可能成立的就不是假设。

5. 假设的检验

那么，如何来排除不是假设的选项呢？我们可以用"否定代入法"来验证。

何谓"否定代入法"？就是把你认为有可能正确的选项首先进行否定，然后再把这个经过否定的选项代入到题干之中去，如果代入以后严重削弱了题干或题干推理不成立，那么，这个选项就是我们所要寻找的假设性选项；如果代入以后没有严重削弱题干或题干推理仍然可以成立，那么，这个选项就不是我们所要寻找的假设性选项。

6. 解题指导

假设是论证推理的中心环节。首先，应理解假设的基本定义，也就是使推理成立的一个必要条件，即上面推理成立所必需的东西。但许多考生往往认为如果有了这个假设，上面的推理一定成立。这在大多数情况下是不对的，因为假设仅仅为"使推理成立的一个必要条件"，还可能需要其他条件的共同作用，上面的推理才能成立。

所以，找到了推理的一个假设，并不能够肯定该推理必然成立。我们只有找到了推理成立的所有必要条件，才能够得出一个确定性的结论，推理才能够成立。不过，在考试时，我们只需要找到一个使推理成立的必要条件，尽管不能保证推理一定正确，但由于答案不需要充分性，所以就做对了"假设"的题目。

假设题的逻辑关系是最严密的，吃透假设题就比较容易体会逻辑的推理过程，从而可以对别的题型举一反三，所以它是逻辑考题中最重要的一种题型。由于答案给出方式相对比较固定，假设题的解题技巧也很明确。

解题步骤如下：

（1）读题，找出前提和结论，把握逻辑主线

（2）寻找疑似答案

① 根据核心词、否定词、能够/可以等标志词来定位选项。

② 若无明显标志词，则凭语感或三段论思维寻找推理缺口，找出疑似答案。

（3）排除那些并没有填补推理缺口的选项

排除无关项以及带有绝对化词的断定过强的选项。

（4）若题目冗长绕口，则猜答案

读选项顺序，先是最长项，再是次长项

（5）加非验证

作答假设题的最有效方法就是对选项取非验证。通过否定代入判断上面的推理是否成立，若加入否定词后上面的推理必不成立，则必为假设，若仍可能成立，则立即排除。

通常方法是用有关无关排除后剩下难分的选项才用这方法，很多情况下通过有关无关排除便只剩下一个。

注意：

（1）有些选项可以加强原来的结论但未必是假设；

（2）取非后的选项要能够彻底否定原来的论断，否则就不是假设。

一、充分假设

充分假设就是前面讲的充分型假设，做题思路是加进法，即将待选的选项加入题干论证，若该选项与题干前提结合起来，能使题干结论必然被推出，则该选项就为正确答案。

❶ 最近，在100万年前的河姆渡氏族公社遗址发现了烧焦的羚羊骨残片，这证明人类在很早的时候就掌握了取火煮食肉类的技术。

上述推论中隐含着下列哪项假设？

A. 从河姆渡公社以来的所有人种都掌握了取火的技术。

B. 河姆渡人不生食羚羊肉。

C. 只要发现烧焦的羚羊骨就能证明早期人类曾聚居于此。

D. 河姆渡人以羚羊肉为主食。

E. 羚羊骨是被人类取火烧焦的。

[解题分析] 正确答案：E

题干断定：在遗址发现了烧焦的羚羊骨；

补充E项：羚羊骨是被人类取火烧焦的；

推出结论：人类很早就掌握了取火技术。

其余选项均为无关项。

❷ 人类学家发现早在旧石器时代，人类就有了死后复生的信念。在发掘出的那个时代的古墓中，死者的身边有衣服、饰物和武器等陪葬物，这是最早的关于人类具有死后复生信念的证据。

以下哪项是上述议论所假定的？

A. 死者身边的陪葬物是死者生前所使用过的。

B. 死后复生是大多数宗教信仰的核心信念。

C. 宗教信仰是大多数古代文明社会的特征。

D. 放置陪葬物是后人表示对死者的怀念与崇敬。

E. 陪葬物是为了死者在复生后使用而准备的。

[解题分析] 正确答案：E

题干前提：旧石器时代的古墓中有陪葬物。

补充 E 项：陪葬物是为了死者在复生后使用而准备的。

推出结论：旧石器时代的人类就有了死后复生的信念。

其余各项均不是必须假设的。

❸ 校务会议上，汪副校长发言说："总的说来，现在大学生的家庭困难情况比以前有了大幅度减少。这种情况是十分明显的，因为现在要求学校安排课余勤工俭学的学生越来越少了。"

上面汪副校长的结论是由下列哪个假设得出的？

A. 随着改革开放的深入发展，现在大学生父母亲的收入不断增加，大学生不再需要用勤工俭学来养活自己了。

B. 尽管家境有了改善，也应当参加勤工俭学来锻炼自己的实践能力。

C. 课余要求学校安排勤工俭学是学生家庭是否困难的一个重要标志。

D. 大学生把更多的时间用在学业上，勤工俭学的人就少起来了。

E. 学校安排的勤工俭学报酬相对来说比较低，不如到校外去打工。

[解题分析] 正确答案：C

题干前提：现在要求学校安排课余勤工俭学的学生越来越少了。

补充 C 项：课余要求学校安排勤工俭学是学生家庭是否困难的一个重要标志。

题干结论：现在大学生的家庭困难情况比以前有了大幅度减少。

❹ 在美国，比较复杂的民事审判往往超过陪审团的理解力，结果，陪审团对此作出的决定经常是错误的。因此，有人建议，涉及较复杂的民事审判由法官而不是陪审团来决定，将提高司法部门的服务质量。

上述建议依据下列哪项假设？

A. 大多数民事审判的复杂性超过了陪审团的理解力。

B. 法官在决定复杂民事审判的时候，对那些审判的复杂性，比陪审团的人员有更好的理解。

C. 在美国以外一些具有相同法系的国家，也早就有类似的提议，并有付诸实施的记录。

D. 即使涉及不复杂的民事审判，陪审团的决定也常常出现差错。

E. 赞成由法官决定民事审判的唯一理由是想象法官的决定几乎总是正确的。

[解题分析] 正确答案：B

题干前提：比较复杂的民事审判往往超过陪审团的理解力

补充 B 项：法官在决定复杂民事审判的时候，对那些审判的复杂性，比陪审团的人员有更好的理解。

题干结论：涉及较复杂的民事审判由法官而不是陪审团来决定，将提高司法质量。

5 恐龙专家：一些古生物学家声称鸟类是一群叫作多罗米奥索斯的恐龙的后裔。他们求助于化石记录，结果发现，与鸟类和大多数恐龙相比，多罗米奥索斯具有的特征与鸟类更为相似。但是，他们的论述存在致命的缺点，已经发现的最早的鸟类的化石比最古老的已知的多罗米奥索斯的化石早几千万年。因此，古生物学家的声称是错误的。

专家的论述依赖于下面哪条假设？

A. 具有相似的特征并不是不同种类的生物在进化上相联系的标志。

B. 多罗米奥索斯和鸟类可能会有共同的祖先。

C. 已知的化石揭示了鸟类和多罗米奥索斯起源的相对日期。

D. 多罗米奥索斯化石和早期鸟类化石的知识是完整的。

E. 多罗米奥索斯和鸟类在许多重要方面都不一样。

[解题分析] 正确答案：C

题干前提：发现的最早的鸟类的化石比最古老的已知多罗米奥索斯恐龙的化石早几千万年。

省略前提：已知化石揭示了鸟类和多罗米奥索斯恐龙起源的相对日期。

推出结论：鸟类比多罗米奥索斯恐龙的起源要早。

从而得出题干结论：鸟类是一群叫作多罗米奥索斯恐龙的后裔这一观点是错误的。

C项表达了这一省略前提，因此为题干论述所基于的假设。

其余选项均不是假设。

二、推理可行

推理可行的假设是一种必要型假设，也是数量最多的假设题型。若能使一个论证可行或有意义，那么这样的假定就是题干推理成立的必要条件。因为若推理根本就不可行或没有实际意义，那么题干论证必然不成立。

在解答假设题时，首先可凭语感来寻找可能为假设的选项，然后通过对选项加入否定的方法来判断题干推理是否成立。若加入否定，题干推理必不成立，则其必为假设；若加入否定后，题干推理仍可成立，则绝对不是假设。

注意：假设一定是支持，但支持不一定是假设。因此，命题者加大假设题难度无一例外地是在加大阅读的前提下设计出一个支持选项，而这时的易混淆支持选项必然不是题干论证成立的必要条件，所以可用加入否定的方法去掉这个易误选的支持答案。

1 节能灯所需要的电能少，比较省电，所以，如果人们都只用节能灯，不用耗电多的普通白炽灯，那就会节省不少电费。

以下哪项陈述是上面论证所依赖的假设？

A. 人们少用电就可以减少环境污染。

B. 人们总想减少电费、水费等。

C. 节能灯不比普通白炽灯便宜。

D. 节能灯的亮度至少与普通白炽灯一样。

E. 生产节能灯比普通白炽灯花费的成本要少得多。

［解题分析］正确答案：D

要使题干论证成立，D项是必须假设的，否则，如果节能灯的亮度比普通白炽灯低，那么即使单个节能灯比普通白炽灯所需要的电能少，人们为了保持亮度，还可能用更多的节能灯，这样未必比使用普通白炽灯省电。其余选项均为无关项。

❷ 既然某种树根中的提取物有可能治愈癌症，那么政府应该提供充足的资金来支持测试这种可能性的研究。

上述陈述假设了以下哪项？

A. 某种树根的提取物可能治愈癌症。

B. 找到一种疗法的可能性是支持此种研究的理由。

C. 治愈癌症的方法对社会有很大的好处。

D. 政府是上述研究资金的唯一来源。

E. 政府有充足的资金支持这项研究。

［解题分析］正确答案：B

B项是题干推理必需的假设，否则，如果找到一种疗法的可能性并不是支持此种研究的理由，那么，即使某种树根中的提取物有可能治愈癌症，政府也未必应该提供充足的资金来支持测试这种可能性的研究。

A项是题干的重复；C项是无关项；D项假设过强，因为即使政府不是上述研究资金的唯一来源，政府也应该提供资金支持研究；E项也不是假设，因为即使政府没有充足的资金支持这项研究，只能说明政府没有这个实力，而不能说明政府不应该提供充足的资金。

❸ 对基础研究投入大量经费似乎作用不大，因为直接对生产起作用的是应用型技术。但是，应用型技术发展需要基础理论研究作后盾。今天，纯理论研究可能暂时看不出有什么用处，但不能肯定它将来也不会带来巨大效益。

上述论证的前提假设是什么？

A. 发展应用型新技术比搞纯理论研究见效快、效益高。

B. 纯理论研究耗时耗资，看不出有什么用处。

C. 纯理论研究会造福后代，而不会利于当代。

D. 发现一种新的现象与开发出它的实际用途之间存在时滞。

E. 发展应用型新技术容易，搞纯理论研究难。

［解题分析］正确答案：D

题干的论证意图是：对基础研究投入经费是有作用的。

理由是：纯理论研究可能暂时看不出有什么用处，但不能肯定它将来也不会带来巨大效益。

若D项为真，即发现一种新的现象和它的实际应用之间存在时滞，这就意味着题干的理由是正确的，因此，是题干论证的前提假设。

其余各选项显然都不是假设。比如A项不能加强题干中作者的论证意图。没有理由认为这种时滞一定会长到跨过时代，因此，C项不对。

❹ 3月，300名大学生在华盛顿抗议削减学生贷款基金的提案，另外有35万名大学生在3月期间涌向佛罗里达的阳光海滩度春假，因为在佛罗里达度春假的人数要多些，所

以他们比在华盛顿提出抗议的学生更能代表当今的学生，因此，国会无须注意抗议学生的呼吁。

上面的论证进行了下面哪个假定？

A. 在佛罗里达度假的学生不反对国会削减学生贷款基金提案。

B. 在佛罗里达度假的学生在削减学生贷款基金提案问题上与大多数美国公民意见一致。

C. 在华盛顿抗议的学生比在佛罗里达度假的学生更关心其学业。

D. 既没去华盛顿抗议，也没有去佛罗里达度假的学生对政府的教育政策漠不关心。

E. 影响议会关于某政治问题的观点的最好方法是华盛顿与其选出来的代表交流。

[解题分析] 正确答案：A

题干前提：休假的人多，代表了当今学生，而抗议削减学生贷款基金的人少；

得出结论：不需要注意抗议学生的要求。

A项是题干论证的假设，否则，休假的人也反对削减学生贷款基金，即使抗议的人少，那么国会也需注意抗议学生的呼吁了。

其余选项均不是题干论证的假设。

⑤ 近来，信用卡公司遭到了很多顾客的指责，他们认为公司向他们的透支部分所收取的利率太高了。事实上，公司收取的利率只比普通银行给个人贷款的利率高两个百分点。但是，顾客忽视了信用卡给他们带来的便利，比如，他们可以在货物削价时及时购物。

上文是以下列哪个选项为前提的？

A. 购物折扣省下来的钱至少可以弥补以信用卡付款超出普通银行个人贷款利率的那部分花费。

B. 信用卡的申请人除非有长期的拖欠历史或其他信用问题，否则申请很容易被批准。

C. 消费者在削价时购买的货物价格并不很低，无法使消费者抵消高利率成本，并有适当盈利。

D. 那些用信用卡付款买削价货物的消费者可能不具有在银行以低息获得贷款的资格。

E. 信用卡使用者所能透支的总量是有限制的，因此，其支付的利息也是有限的。

[解题分析] 正确答案：A

面对顾客对信用卡公司的指责，题干作者的辩解是：信用卡公司对其顾客的透支所收的利率并不能算高，只是略比银行高，但却给顾客带来了可在货物削价时及时购物等便利。

选项A是题干论述的隐含前提，否则，如果购物折扣省下来的钱不足以弥补以信用卡付款超出普通银行个人贷款利率的那部分花费，那么，信用卡公司对其顾客的透支所收的利率就算高了，题干作者为信用卡公司所作的辩解就不能成立了。

其余各项均不是题干论述所必须假设的。

三、无因无果

无因无果的假设是推理可行的必要性假设的一种特例，这类假设往往与求异法有关。

假设的目的是说明 A 就是 B 的原因。由于假设是推理成立的必要条件，若我们能得出"无 A 则无 B"，那么我们就可以得出 A 是 B 成立的必要条件，也就是 A 是 B 结果发生必不可少的原因。所以达到了假设的作用。

❶ 看电视的儿童需要在屏幕闪现的时间内处理声音和图像，这么短的时间仅仅可以使眼睛和耳朵能够接收信息；读书则不同，儿童可以以自己想要的速度阅读，电视图像出现的速度如此机械而无情，它阻碍了而不是提高了儿童的想象力。

上述观点最可能基于下面哪个选项？

A. 当被允许选择一种娱乐时，儿童会更喜欢读书而不是看电视。

B. 儿童除非可以接触到电视和书，否则其想象力不会得到适当的激发。

C. 当儿童可以控制娱乐的速度时，他的想象力可以得到更完全的发展。

D. 儿童刚刚能理解电视上的内容时，就应教他们读书。

E. 由于每个孩子都是不同的，因此孩子对不同的感官刺激的反应是不可预测的。

[解题分析] 正确答案：C

题干论证：由于不能控制电视的速度，因此电视阻碍孩子想象力的发展。

C 项表明，当孩子能够控制娱乐的速度时，他的想象力不会被阻碍，因此为无因无果的假设。否则，当孩子不能够控制娱乐的节奏时，他的想象力也会发展得更完全，那么，题干论证就不成立了。

其余选项均为无关项。比如，B 项，题干讨论的并不是想象力能否得到适当的激发。

❷ 以前有几项研究表明，食用巧克力会增加食用者患心脏病的可能性。而一项最新的、更为可靠的研究得出的结论为：食用巧克力与心脏病发病率无关。估计这项研究成果公布之后，巧克力的消费量将会大大增加。

上述推论基于以下哪项假设？

A. 大量食用巧克力的人中，并不是有很高的比例患心脏病。

B. 尽管有些人知道食用巧克力会增加患心脏病的可能性，却照样大吃特吃。

C. 人们从来也不相信进食巧克力会更容易患心脏病的说法。

D. 现在许多人吃巧克力是因为他们没听过巧克力会导致心脏病的说法。

E. 现在许多人不吃巧克力完全是因为他们相信巧克力会诱发心脏病。

[解题分析] 正确答案：E

题干论述：食用巧克力与心脏病发病率无关的研究成果公布后，巧克力的消费量将会大大增加。

题干的因果为：巧克力与心脏病发病率无关→吃巧克力。

E 项无因无果：巧克力与心脏病发病率有关→不吃巧克力。

E 项是题干的推论必须假设的，否则，如果许多人不吃巧克力并不是因为他们相信巧克力会诱发心脏病（比如他们觉得巧克力不好吃），那么，即使他们知道了食用巧克力与心脏病无关，也不会因此转而购买巧克力。这就使题干的推理无法成立。

其余各项不是题干推理必须假设的。

场合	先行情况	观察到的现象
题干前提	以前研究：巧克力与心脏病发病率有关、背景相同	现在许多人不吃巧克力
题干结论	最新研究：巧克力与心脏病发病率无关、背景相同	将来许多人吃巧克力
选项	"巧克力与心脏病发病率是否有关"与"是否吃巧克力"具有因果关系	

四、没有他因

逻辑推理有很大一部分是从一个研究、调查、发现等诸如此类的事实中推导出结论，此类型推理成立的必要条件为：没有其他可能来说明这些研究、调查发现的事实了，这就是"没有他因"的考题。当题干推理是要达到的一个目的而提出一个方法或建议，推理成立所做的隐含假设也多为"没有他因"。

❶ 在非洲草原上，一头凶猛的豹子可以抓住几乎任何一只它决定捕捉的羚羊。而羚羊一旦被饥饿的豹子盯上，它最好的逃生机会，就是这头豹子很快又找到另一只动物作为其攻击的目标。因此，羚羊跟随群体活动可以减少被豹子吃掉的危险。

以下哪一项是上面论证所依据的假设？

A. 豹子主要靠捕食羚羊为生。

B. 羚羊群中羚羊的绝对数量能够阻止豹子的攻击。

C. 豹子不能一次吃掉整个羚羊群。

D. 在非洲草原上，豹子是羚羊的主要天敌。

E. 豹子更喜欢寻找小羚羊下手。

[解题分析] 正确答案：C

C项是题干必须假设的，否则，如果豹子能一次吃掉整个羚羊群，那么，羚羊跟随群体活动可以减少被豹子吃掉的危险这一结论就不成立。其余选项都不是题干论证所需要假设的。

❷ 在过去两年中，有 5 架 F717 飞机坠毁。针对 F717 存在设计问题的说法，该飞机制造商反驳说：调查表明，每一次事故都是由于飞行员操作失误造成的。

飞机制造商的上述反驳基于以下哪一项假设？

A. 在 F717 飞机的设计中，不存在任何会导致飞行员操作失误的设计缺陷。

B. 调查人员能够分辨出，飞机坠毁是由于设计方面的错误，还是由于制造方面的缺陷。

C. 有关 F717 飞机设计有问题的说法并没有明确指出任何具体的设计错误。

D. 过去两年间，商业飞行的空难事故并不都是由飞行员操作失误造成的。

E. 飞行员操作失误比其他原因更容易导致飞机坠毁。

[解题分析] 正确答案：A

为使飞机制造商的反驳成立，选项 A 是必须假设的，否则，如果在飞机设计中存在会导致飞行员操作失误的设计缺陷，那么，就不能认为每一次飞机坠毁事故都是由于飞行员操作失误造成的。

其余选项都不是飞机制造商的上述反驳所基于的假设。

❸ 癣是由某种真菌引起的皮肤感染。很大一部分患了癣的人反复出现该症状。这证明对每一个患者而言，癣实际上从一开始就无法被彻底治愈。

上述论证假设一个反复出现癣症状的人：

A. 可能从未彻底治愈过癣。

B. 不知道导致癣的病因。

C. 对最初的癣感染没进行医治。

D. 没有采取防止感染癣的步骤。

E. 没有重新感染过癣。

[解题分析] 正确答案：E

题干观点：癣总是复发，证明癣无法彻底治愈。

E 项为题干论证的假设，否则，如果一个反复出现癣症状的人重新感染过癣，意味着可能已经彻底治愈之后又感染了癣，削弱了题干观点。

其余选项均不是假设。其中，A 项重复题干的论述。B 项为明显无关项。C 项与题干的说法矛盾。D 项，否定代入，采取了防止感染癣的步骤，意味着癣不是治愈后又感染的，而是当初就没有治愈，支持题干，因此不是假设。

❹ 政府不应该允许烟草公司在其营业收入中扣除广告费用。这样的话，烟草公司将会缴纳更多的税金。它们只好提高自己的产品价格，而产品价格的提高正好可以起到减少烟草购买的作用。

以下哪个选项是上述论点的前提？

A. 烟草公司不可能降低其他方面的成本来抵消多缴的税金。

B. 如果它们需要付高额的税金，烟草公司将不再继续做广告。

C. 如果烟草公司不做广告，香烟的销售量将受到很大影响。

D. 政府从烟草公司的应税收入增加所得的收入将用于宣传吸烟的害处。

E. 烟草公司由此所增加的税金应该等于价格上涨所增加的盈利。

[解题分析] 正确答案：A

题干根据烟草公司将缴纳更多的税金，得出结论，只好提高产品价格，从而减少烟草的销售。

A 项是题干论证必须假设的，否则，如果事实上烟草公司可以通过降低其他方面的成本来抵消因为不扣除广告费用而多缴的税金，那么，烟草公司就不会因此被迫提高价格，从而减少烟草的销售。

其余选项均不妥，比如，C 项只是说广告的重要性，只说明了应该做广告，但并没有针对题干推理，因此为无关项。E 项不是题干必须假设的，题干确实必须假设，因扣除广告费用所增加的税金，会对烟草公司产生压力而迫使它提高产品价格，但是不必过强地假设，烟草公司由此所增加的税金应该等于价格上涨所增加的盈利。

❺ 用卡车能把蔬菜在 2 天内从某一农场运到新墨西哥州的市场上，总费用是 300 美元。而用火车运输蔬菜则需 4 天，总费用是 200 美元。如果减少运输时间比减少运输费用对于蔬菜主人更重要的话，那么他就会用卡车运蔬菜。

下面哪项是上面段落所做的一个假设？

A. 用火车运的蔬菜比用卡车运的蔬菜在出售时获利更多。

B. 除了速度和费用以外，用火车和卡车来进行从农场到新墨西哥州的运输之间没有什么差别。

C. 如果运费提高的话，用火车把蔬菜从农场运到新墨西哥州的时间可以减少到两天。

D. 该地区的蔬菜主人更关心的是运输成本而不是把蔬菜运往市场花费的时间。

E. 用卡车运输蔬菜对该农业区的蔬菜主人而言每天至少值 200 美元。

[解题分析] 正确答案：B

题干由一个数据事实而得出结论：若时间比费用更重要，则用卡车运输。

B项是题干论述的假设，否则，如果除了速度和费用以外，用火车和卡车来进行从农场到新墨西哥州的运输之间还有其他差别，意味着用卡车运输可能出于其他考虑，未必是从时间角度考虑才采用卡车，削弱了题干，因此为正确选项。

其余选项均不是假设。其中，A项可以削弱题干；C项为无关选项，题干中没有涉及具体时间；D项与题干意思不相符；E项，只提及卡车，没有和火车比较。

五、假设辨析

假设辨析就是假设的筛选，包括假设的删除、选取和验证。当题目出现干扰性很强的假设选项时，我们要学会对假设的识别，找到最恰当的假设。

1. 假设的删除

（1）排除无关选项。超出题干论证、与题干论证无关的不是假设。

（2）排除语意重复性选项。假设是题干论证的非重复性条件。因此，要排除重复题干理由或者是题干理由的同语反复的选项。

（3）排除一般性的支持选项。支持性的选项未必是假设。因此，要排除虽然可加强题干结论但仅仅使题干前提具体化的选项。

2. 假设的选取

（1）假如有若干满足论证重构规则的隐含前提，则应补充使论证成立强度高的隐含前提，优选能使得论证必然成立的选项。

（2）当有多个满足论证重构规则的隐含前提都能使得论证必然成立时，则应补以最弱的隐含前提。

（3）若题干结论带"可能"等类似限定词的话，则补充的隐含前提要减弱，假设不应该出现"必然"等限定词，而应同样带有"可能"等类似的限定词

3. 假设的验证

取非后的选项要能够彻底否定题干，这样的选项才是假设，否则就不是假设。

❶ "打猎不仅无害于动物，反而对其有一定的保护作用"。

以上观点最有可能基于以下哪个前提？

A. 许多人除非自卫不会杀死野生动物。

B. 对经济困难的家庭来说，打猎也是一种经济来源。

C. 当其他食物缺乏时，野生动物会偷吃庄稼。

D. 当野生动物过多时，减少其数量有利于种群的生存和发展。

E. 被猎获的动物大部分是弱小动物。

[解题分析] 正确答案：D

题干观点是：打猎对动物是有益的。

若D项为真，当野生动物过多时，减少其数量有好处，因此，打猎对动物整体有保护作用。

其余选项均不妥，其中，A、B、C项明显不符合要求。E是干扰项，似乎可以作为题干的前提，因为弱的动物被猎杀后，强的动物会有更多的食物，可能有利于物种发展；但是，弱小动物被大量捕杀，也可能会影响种群繁衍。充其量该项对题干是个间接支持，不

如 D 那么直接。

❷ 1995 年，年龄在 25 岁到 30 岁之间的已婚青年夫妇，与父母或岳父母生活在一起的人占该年龄段人口的比例是 15％，而 2002 年，这一比例升至 46％。因此，在 2002 年，这一年龄段的已婚青年夫妇更难以承担独立生活。

上文的结论基于下列哪项假设？

A. 这一年龄段中不能自立的青年夫妇更愿意和同龄人生活在一起，而不是和双方父母。

B. 这一年龄段的青年夫妇只要能够独立生活，就不会选择与双方父母亲共同生活。

C. 这一年龄段中的有些青年夫妇虽然在调查时和父母或岳父母生活在一起，但在此之前是独立生活的。

D. 从 1995 年到 2002 年，适合青年夫妇购买和租住的住房数目是逐年减少的。

E. 这一年龄段中与父母或岳父母生活在一起的青年夫妇绝大多数不分担生活费用。

[解题分析] 正确答案：B

题干论述：根据跟父母共同生活的比例上升，推出年轻夫妇变得更加难以独立生活。

为使题干论证成立，B 项是必须假设的，否则，如果这一年龄段的青年夫妇"即使"能够独立生活，"也"会选择与双方父母亲共同生活，这就不利于说明"这一年龄段的已婚青年夫妇更难以承担独立生活"。

A 项削弱题干。之前怎样与调查时关系不大，C 项排除。D 项说明青年夫妇可能不是因为不能独立，而仅仅因为买不到房子才跟父母生活在一起的，削弱题干。

E 项能支持题干，但不是假设。因为即使与父母或岳父母生活在一起的青年夫妇绝大多数分担生活费用，也不能说明他们就能够独立生活。（比如他们独立生活一个月需要 1 000 元，与父母住即使分担 500 元生活费，也不能说明他们有独立生活能力），因此，E 不是必须假设的，排除。

❸ 李进：这学期没有女生获得"银士达"奖学金。

王芳：这就是说这学期没人获得"银士达"奖学金。

李进：不，事实上有几个男生这学期获得了"银士达"奖学金。

王芳的回答可能假设了以下所有的断定，除了：

A. "银士达"奖学金只发给女生。

B. 只有女生能申请"银士达"奖学金。

C. 所有女生"银士达"奖学金申请者要比男生申请者更为够格。

D. 这学期"银士达"奖学金的申请者中，女生多于男生。

E. 男生和女生将获得相等数额的"银士达"奖学金名额。

[解题分析] 正确答案：D

题干中王芳的回答意味着，没有女生获得"银士达"奖学金，那就没有人获得"银士达"奖学金，即女生获得"银士达"奖学金是有人获得"银士达"奖学金的必要条件。

选项 A、B 都表明，女生获得"银士达"奖学金是有人获得"银士达"奖学金的必要条件，都可以作为王芳回答的假设。

选项 C 意味着，既然所有女生"银士达"奖学金申请者要比男生申请者更为够格，如果女生都没有获得，当然也就可以说没有人获得了。这可以作为王芳回答的假设。

选项 E 意味着，既然男生和女生将获得相等数额的"银士达"奖学金名额，而女生无人获得，当然男生也无人获得了。这可以作为王芳回答的假设。

选项 D 说女生的申请者多于男生，但是申请者多未必就是够格的。所以，该项不能作为王芳回答的假设。

❹ 毫无疑问，采用多媒体课件进行教学能够提高教学效果。即使课件做得过于简单，只是传统的板书的"搬家"，未能真正实现多媒体的功效，也可以起到节省时间的作用。

以下哪一项陈述是上面的论证所依赖的假设？

A. 有些老师使用的课件过于简单，不能真正发挥多媒体的功效。

B. 用多媒体课件代替传统的板书可以节省写板书的时间。

C. 将板书的内容移入课件不会降低传统的板书在教学中的功效。

D. 采用多媒体课件进行教学比使用传统的板书进行教学有明显的优势。

E. 教学时间的多少与教学效果成反比。

［解题分析］正确答案：C

题干结论是，采用多媒体课件进行教学能够提高教学效果。

理由是，多媒体课件即使是传统板书的"搬家"，也可以起到节省时间的作用。

C 项是题干论证必需的假设，否则，如果将板书的内容移入课件会降低传统的板书在教学中的功效，那么，即使多媒体课件能节省时间也不能提高教学效果。这样，题干论证就不成立了。

A、E 是无关项。B 项是干扰项，但该项实际上已作为理由出现在题干论证中了，因此，不是题干论证所必需的假设。D 项支持题干的结论，但作为假设则断定过强了，其实不需要明显的优势，但只要有些优势，题干论证还是可以成立的。

六、不能假设

不能假设型考题的解题方法是把题干论证的必要条件的选项排除掉，剩下的选项就是正确答案。正确答案可能为无关项，也可能为不是假设的支持项。

❶ 培养能适应新时代要求的学生的关键因素不是灌输知识，而是培养能力。因此，提高我国中小学教育质量的关键措施是尽快把目前的应试教育改变为素质教育。

以下哪项都可能是上述论证所假设的，除了：

A. 提高我国中小学教育质量的主要目标是培养能适应新时代要求的学生。

B. 目前我国中小学教育中的应试教育不利于培养学生的能力。

C. 素质教育的着重点不是灌输知识。

D. 掌握知识较多的学生不一定有较强的能力。

E. 有较强能力的学生一定能掌握较多的知识。

［解题分析］正确答案：E

选项 A、B、C、D 都是题干推理所必需的假设，否则，题干论证就不成立了。

选项 E 把能力和知识统一了起来，但这不是题干的意思。

❷ 某家私人公交公司通过增加班次、降低票价、开辟新线路等方式，吸引了顾客，增加了利润。为了使公司的利润指标再上一个台阶，该公司决定更换旧型汽车，换上新型大客车，包括双层客车。

该公司的上述计划假设了以下各项，除了：

A. 在该公司经营的区域内，客流量将有增加。

B. 更换汽车的投入费用将在预期的利润中得到补偿。

C. 新汽车在质量、效能等方面足以保证公司获得预期的利润。

D. 驾驶新汽车将不比驾驶旧汽车更复杂、更困难。

E. 新换的双层大客车在该公司经营的区域内将不会受到诸如高度、载重等方面的限制。

[解题分析] 正确答案：D

选项 A、B、C 和 E 都是公司实行新计划所必须假设的，否则新计划就不会获得预期的收益。选项 D 讨论驾驶新旧汽车复杂性的不同，这与利润指标的实现没多大关系，为正确答案。

❸ 某电力公司由于建造了高效率的发电厂，同时又减少了每度电的收费，大大刺激了该厂电力覆盖地区的用电量，创造了巨额利润。为了创造更高的效益，这家公司计划扩建三倍发电量的新厂以取代旧厂。

该公司的上述计划假设了以下诸项，除了：

A. 该厂电力覆盖地区的用电需求量将有增长。

B. 扩建的花费不会超出扩建后规模效益和效率效益带来的补偿。

C. 该公司具有足够的经济实力来完成上述计划。

D. 新厂房安全设施的标准必须和旧厂房一样保持不变。

E. 三倍的发电量将不会导致难以克服的技术障碍。

[解题分析] 正确答案：D

题干论述：为了创造更高的效益，这家公司计划扩建三倍发电量的新厂以取代旧厂。

选项 A 是该电力公司扩建计划所必须假设的，因为如果该电厂电力覆盖的地区的用电需求不增长，那么该公司的扩建计划就会由于没有市场需求而失去必要性，项目建成后带给公司的不仅不是经济效益，而且会成为该公司巨大的负担。

选项 B 是该电力公司扩建计划所必须假设的，因为扩建是一项投资计划，当然必须考虑回报和补偿问题。

选项 C 是该电力公司扩建计划所必须假设的，因为如果公司没有完成该扩建计划的经济实力，那么扩建计划就是一个空想。

选项 E 是该电力公司扩建计划所必须假设的，如果扩建计划遇到难以克服的技术障碍，那么这个计划就是不可行的。

唯有选项 D 不是该电力公司扩建计划所必须假设的，因为新厂房安全设施的标准完全可以和旧厂房的不同，可以比旧厂房的安全标准更高、更完善。

七、假设复选

假设复选题指的是要找出多个使题干推理成立的必要条件，这是各类假设方向的综合运用。复选题型的特征是，题干选项是Ⅰ、Ⅱ、Ⅲ几个结论的综合，复选题本质上就是多选题，因此，要做对复选题需要对Ⅰ、Ⅱ、Ⅲ每个选项都有充分的把握，实际上复选题是加大考试难度的一种重要方式。

❶ 许多影视放映场所为了增加票房收入，把一些并不包含有关限制内容的影视片也标以"少儿不宜"。

他们这样做是因为确信以下哪项断定？

Ⅰ. 成年观众在数量上要大大超过少儿观众。

Ⅱ. "少儿不宜"的影视对成年人无害。

Ⅲ. 成年人普遍对标以"少儿不宜"的影视片感兴趣。

A. 仅Ⅰ。

B. 仅Ⅱ。

C. 仅Ⅰ、Ⅲ。

D. 仅Ⅱ、Ⅲ。

E. Ⅰ、Ⅱ、Ⅲ。

[解题分析] 正确答案：C

Ⅰ、Ⅲ项是题干所必需的假设，否则，如果成年观众在数量上不超过少儿观众，或者，成年人对标以"少儿不宜"的影视片不感兴趣。那么，影视放映场所就不可能把影视片标以"少儿不宜"以增加票房收入了。

而Ⅱ项显然是不需要假设的。因此，C项为正确答案。

❷ 林工程师不但专业功底扎实，而且非常有企业管理能力。他上任宏达电机厂厂长的三年来，该厂上缴的产值利润连年上升，这在当前国有企业普遍不景气的情况下是非常不易的。

上述论述一定假设了以下哪项前提？

Ⅰ. 该厂上缴的产值利润连年上升很大程度上要归结于林工程师的努力。

Ⅱ. 宏达电机厂是国有企业。

Ⅲ. 产值利润的上缴情况是衡量厂长管理能力的一个重要尺度。

Ⅳ. 林工程师企业管理上的成功得益于他扎实的专业功底。

A. Ⅰ、Ⅱ、Ⅲ和Ⅳ。

B. 仅Ⅰ、Ⅱ和Ⅲ。

C. 仅Ⅰ和Ⅱ。

D. 仅Ⅱ和Ⅲ。

E. 仅Ⅱ、Ⅲ和Ⅳ。

[解题分析] 正确答案：B

题干结论是：林工程师非常有企业管理能力。

理由是：他上任宏达电机厂厂长的三年来，该厂上缴的产值利润连年上升，这在当前国有企业普遍不景气的情况下是非常不易的。

显然，Ⅰ、Ⅱ和Ⅲ项对题干议论都是必不可少的，否则，缺少其中任何一项，题干议论都不能保证成立。

至于林工程师企业管理上的成功是否得益于他扎实的专业功底，从题干看不出来。

❸ 在世界市场上，日本生产的冰箱比其他国家生产的冰箱耗电量要少。因此，其他国家的冰箱工业将失去相当部分的市场，而这些市场将被日本冰箱占据。

以下哪项是上述论证所要假设的？

Ⅰ．日本的冰箱比其他国家的冰箱更为耐用。

Ⅱ．电费是冰箱购买者考虑的重要因素。

Ⅲ．日本冰箱与其他国家冰箱的价格基本相同。

A．Ⅰ、Ⅱ和Ⅲ。

B．仅Ⅰ和Ⅱ。

C．仅Ⅱ。

D．仅Ⅱ和Ⅲ。

E．仅Ⅲ。

[解题分析] 正确答案：D

题干论证，日本冰箱比其他国家冰箱耗电量要少。因此，市场将被日本冰箱占据。

Ⅱ是题干论证所必须假设的，否则，如果电费不是冰箱购买者考虑的重要因素，那么题干论证就受到了削弱。

Ⅲ是题干论证所必须假设的，否则，如果日本冰箱比其他国家冰箱的价格高，那么，即使日本冰箱省电，也不一定就销得好，题干论证就受到了削弱。

至于是否日本冰箱比其他国家冰箱更为耐用，不必更耐用，只要同等耐用即可。Ⅰ不是题干论证所要假设的。

❹ 北京市是个水资源严重缺乏的城市，但长期以来水价格一直偏低。最近北京市政府根据价值规律调高水价，这一举措将对节约使用该市的水资源产生重大的推动作用。

为使上述议论成立，以下哪项必须是真的？

Ⅰ．有相当数量的浪费用水是因为水价格偏低而造成的。

Ⅱ．水价格的上调幅度一般足以对浪费用水的用户产生经济压力。

Ⅲ．水价格的上调不会引起用户的不满。

A．Ⅰ、Ⅱ和Ⅲ。

B．仅Ⅰ和Ⅱ。

C．仅Ⅰ和Ⅲ。

D．仅Ⅱ和Ⅲ。

E．仅Ⅲ。

[解题分析] 正确答案：B

题干议论是，调高水价将有效节约用水。

显然Ⅰ和Ⅱ是题干议论所必需的假设，否则，如果相当数量的浪费用水不是因为水价格偏低而造成的，或者，水价格的上调幅度不足以对浪费用水的用户产生经济压力；那么，调高水价也不能达到有效节约用水的目的。

Ⅲ项，水价格的上调是否会引起用户的不满，这显然不是题干议论所必需的假设。

❺ 无论是工业用电还是民用电，现行的电费价格一直偏低。某区推出一项举措，对超出月额定数的用电量，无论是工业用电还是民用电，一律按上调高价收费。这一举措将对该区的节约用电产生重大的促进作用。

上述举措要达到预期目的，以下哪项必须是真的？

Ⅰ．有相当数量的浪费用电是因为电价格偏低而造成的。

Ⅱ．有相当数量的用户是因为电价格偏低而浪费用电的。

Ⅲ. 超额用电价格的上调幅度一般足以对浪费用电的用户产生经济压力。

A. Ⅰ、Ⅱ和Ⅲ。

B. 仅Ⅰ和Ⅱ。

C. 仅Ⅰ和Ⅲ。

D. 仅Ⅱ和Ⅲ。

E. Ⅰ、Ⅱ和Ⅲ都不必须是真的。

[解题分析] 正确答案：C

Ⅰ是必须假设的，否则，如果相当数量的浪费用电不是因为电价格偏低而造成的，那么，提高价格也无助于节电。

Ⅱ并不是题干推理所必需的假设。比如尽管相当数量的用户因为电价低而浪费用电，但浪费的总量很有限，那么提高电价就不一定能达到目的。要是把本项改成"有相当数量的浪费用电是因为电价偏低而造成的"，那么就成为假设了。

Ⅲ是必须假设的，否则，如果超额用电价格的上调幅度不足以对浪费用电的用户产生经济压力，那么，提高价格也无助于节电。

第二节　支　持

支持也叫加强，支持型考题的特点是在题干中给出一个推理或论证，要求用某一选项去补充其前提或论据，使推理或论证成立的可能性增大。

1. 支持的含义

支持型考题的特点是在段落中给出一个推理或论证，但或由于前提条件不够充分，不足以推出其结论；或者由于论证的论据不够全面，不足以得出其结论，因此需用某一选项去补充其前提或论据，使推理或论证成立的可能性增大。但由于"答案不需充分性"的原则，所以只要某一选项放在题干推理的论据（前提）或结论之间，对题干推理成立或结论正确有支持作用，使题干推理成立、结论正确的可能性增大，那么这个选项就是支持性选项。所以支持的答案既可以是题干推理成立或结论正确的一个充分条件，也可以是一个必要条件（这时等同于假设，因为假设答案必将可以支持推理），可以是非充分条件，也可以是非必要条件。

考生要善于辨识支持在问题中的特点，体会下列两种问题的差别：

(1) 下列哪一项假如正确，最支持上文的观点？

(2) 下面哪个推论最被上文所支持？

上面第一个问题是典型的支持类问法，而第二个问题其实是一种推论题，不要与支持类混淆。

2. 支持与假设

支持并不等同于假设，但假设本身一定是支持。

假设是支持的子集。因为假设连接前提和结论，所以可以通过肯定假设来支持一个推理。如果支持题型的某个备选选项是题干推理成立的必要条件，那么该选项就是正确答案。由于假设是题干推理的必要条件，找到了题干推理的一个假设，那么其推理成立的可能性就必然增大，这个假设对题干推理起到了支持作用，所以假设必然是支持，因此这类支持题型相当于寻找题干推理成立的一个假设。

支持不一定都是假设。支持的选项既可以是题干推理成立或结论正确的一个充分条件（这时等同于充分性假设），也可以是一个必要条件（这时等同于必要性假设），还可以是既非充分又非必要条件。若该选项是加强题干结论但又是题干论证成立的既非充分又非必要条件，那么，此时的支持就不是假设。

3. 支持的类型

因为支持题的选项不像假设的范围那么窄，如果对答案没有把握，还是花些时间迅速浏览一下其他选项，看看有没有遗漏可能性或者错选，取非法对支持题一样有效。支持题有以下几种主要类型。

假设类支持：将题干推理中的缺口填补，消除题干的推理缺陷。

因果型结论：即题干给出两件事，然后得出结论说是一件事（因）导致另一件事（果）。支持该结论的方法包括：（1）没有其他原因或可能导致该结果。（2）结合因果：或有因有果或无果无因。（3）因果没有倒置。（4）显示因果关系的资料是准确的。

题干是类比：支持方式为两者本质相同。

题干是调查：有效性不受怀疑（被调查的有代表性等）。

题干前提和结论关系不密切：正确选项直接支持结论。

4. 支持的方式

支持的方式一般可分为两大类。

（1）假设支持

虽然支持题和假设题的问法并不相同，但很多支持题可以与假设题一样，用同样的步骤和方法解题，因此，假设题的解题思路也是支持题的解题思路。假设支持包括：

① 充分支持。填补题干论证的推理缺口，等同于充分性假设。

② 必要支持。即该选项是题干论证成立的必要条件，等同于必要性假设，包括推理可行、没有他因。

（2）论据支持

论据支持也叫合理支持，即通过增加论据的方法来支持结论，具体包括：

① 理据支持。即补充一个原则或原理，使题干论证成立的可能性增大，包括直接重复结论（再次加强、明确态度）等。

② 证据支持。即增加一个事例和证据，使题干论证成立的可能性增大（包括有因有果、无因无果以及表明因果关系的资料是准确的）。

一、充分支持

充分支持就是指补充省略前提的支持题，等同于充分假设。解题思路是加进法，即将待选的选项加入题干论证，若该选项与题干前提结合起来，能使题干结论必然被推出，则该选项就为正确答案。

❶ 全国政协常委、著名社会学家、法律专家钟万春教授认为：我们应当制定全国性的政策，用立法的方式规定父母每日与未成年子女共处的时间下限。这样的法律能够减少子女平日的压力。因此，这样的法律也就能够使家庭幸福。

以下各项如果为真，哪项最能够加强上述推论？

A. 父母有责任抚养好自己的孩子，这是社会对每一个公民的起码要求。

B. 大部分孩子平常都能够与父母经常在一起。

C. 这项政策的目标是降低孩子们在平日生活中的压力。

D. 未成年孩子较高的压力水平是成长过程以及长大后家庭幸福很大的障碍。

E. 父母现在对孩子多一分关心，就会减少日后父母很多的操心。

[解题分析] 正确答案：D

题干陈述：这样的法律能够减少子女平日的压力。

补充 D 项：未成年孩子较高的压力水平是成长过程以及长大后家庭幸福很大的障碍。

得出结论：这样的法律有利于排除家庭幸福的障碍，即这样的法律也就能够使家庭幸福。

E 项可看成是题干推论的后继，至多对题干有所加强，但加强力度不如 D 项。其余项不能加强题干。

❷ 人的日常思维和行动，哪怕是极其微小的，都包含着有意识的主动行为，包含着某种创造性，而计算机的一切行为都是由预先编制的程序控制的，因此计算机不可能拥有人所具有的主动性和创造性。

补充下面哪一项，将最强有力地支持题干中的推理？

A. 计算机能够像人一样具有学习功能。

B. 计算机程序不能模拟人的主动性和创造性。

C. 在未来社会，人控制计算机还是计算机控制人，是很难说的一件事。

D. 人能够编出模拟人的主动性的创造性的计算机程序。

E. 未来的计算机主要还是人设计和制造的。

[解题分析] 正确答案：B

题干陈述：计算机的一切行为都是由预先编制的程序控制的。

补充 B 项：计算机程序不能模拟人的主动性和创造性。

得出结论：计算机不可能拥有人所具有的主动性和创造性。

其余选项都起不到支持作用。

❸ 历史并非清白之手编制的网，使人堕落和道德沦丧的一切原因中，权力是最永恒、最活跃的。因此，应该设计出一些制度，限制和防范权力的滥用。

下面哪个假设能够给予上述推理最强的支持？

A. 应该设法避免使人堕落和道德沦丧。

B. 权力常常使人堕落和道德沦丧。

C. 没有权力的人就没有机会在道德上堕落。

D. 一些堕落和道德沦丧的人通常拥有很大的权力。

E. 无权力的人往往道德高。

[解题分析] 正确答案：A

题干陈述：权力是使人堕落和道德沦丧的最永恒、最活跃的原因。

补充 A 项：应该设法避免使人堕落和道德沦丧。

得出结论：应该设法限制和防范权力的滥用。

选项 B、D 只用不同的说法重复了题干的内容，而选项 A 提供了推出题干结论所缺少的一个前提，因此，为正确答案。

二、必要支持

必要支持指的是推理可行，也即正确答案是使题干论证成立的一个必要性假设。由于假设是题干推理的必要条件，找到了题干推理的一个假设，就使得题干论证可行或有意义，那么题干结论成立的可能性就必然增大，这个假设就对题干推理起到了有力的支持作用。因此，推理可行的支持题相当于寻找题干推理成立的一个必要性假设。

其中，"没有他因"的支持也属于必要支持的一种。如果支持题型的题干有一个调查、研究、数据或实验等得出一个解释性的结论，或者为达到的一个目的而提出一个方法或建议时，那么"没有别的因素影响论证"就是支持其结论或论证的一种有效方式。

❶ 市长：在过去五年中的每一年，这个城市都削减教育经费，并且，每次学校官员都抱怨，减少教育经费可能逼迫他们减少基本服务的费用。但实际上，每次仅仅是减少了非基本服务的费用。因此，学校官员能够落实进一步的削减经费，而不会减少任何基本服务的费用。

下列哪项如果为真，能最强地支持该市长的结论？

A. 该市的学校提供基本服务总是和提供非基本服务一样有效。

B. 现在，充足的经费允许该市的学校提供某些非基本服务。

C. 自从最近削减学校经费以来，该市学校对提供非基本服务的价格估计实际上没有增加。

D. 几乎没有重要的城市管理者支持该市学校昂贵的非基本服务。

E. 该市学校官员几乎不夸大经费削减的潜在影响。

［解题分析］正确答案：B

市长的结论是：削减经费不会导致基本服务费用的减少。

要使市长的结论成立，B 项是必须假设的，否则，如果"经费不充足以至于不能提供某些非基本服务"，那么"削减经费就会导致基本服务费用的减少"。

❷ 磁共振造影（MRI）是一种非侵犯性诊断程序，能被用来确认冠状动脉堵塞。与一种经常应用的侵犯性诊断程序血管造影相比，MRI 不会对病人造成危害。所以，为了在尝试诊断动脉堵塞时确保病人的安全，MRI 应在所有尝试诊断冠状动脉堵塞时取代血管造影。

以下哪项如果为真，最能强化上述建议？

A. 血管造影能被用来诊断动脉堵塞以外的情况。

B. MRI 主要是被设计用来诊断冠状动脉堵塞的。

C. 血管造影比 MRI 能揭示更多的关于堵塞物性质的信息。

D. MRI 与血管造影确认动脉堵塞的效果相同。

E. 一些使用血管造影而没有风险的病人不愿意使用 MRI。

［解题分析］正确答案：D

题干建议：因为 MRI 不会对病人产生危害，因此在诊断动脉堵塞时应用 MRI 代替血管造影。

要使题干建议成立，必须假设 D 项，否则，如果 MRI 没有血管造影确认动脉堵塞的效果好，那么即使 MRI 无害，也不能说明一定要用 MRI 代替血管造影。可见，D 项指出 MRI 能起到与血管造影相同的效果，意味着更有理由使用不会造成伤害的 MRI，这就有力地强化了上述建议。

其余选项均不妥。其中，A 项讨论血管造影的其他用途与题干推理无关。B 项易误选，但仅仅说明 MRI 的设计动机，并没有说明 MRI 效果怎么样。C 项说血管造影比 MRI 在某些方面有优势，有削弱题干的意思。E 项也起削弱题干的作用。

三、论据支持

论据支持也叫增加论据、合理支持，即通过增加一个正面论据来使结论成立的可能性增大。

1. 论据的类型

论据是支持论点的证据、根据、依据。论据一般分为道理论据（简称为理据）和事实论据（可视为某种证据）两类。

2. 论据支持的类型

（1）理据支持。理据支持就是增加原则，或补充一个原理或道理，从而与题干前提结合起来，使题干论证成立的可能性增大。

（2）证据支持。证据支持就是补充正面的事实论据从而支持题干论证。正面的事实支持论点，反面的事实削弱论点。其中，前面所述的"有因有果"或"无因无果"等例子都是正面的事实论据。

事实（资料）是论证的出发点。陈述自己的观点，首先要真实，要符合事实，要凭证据说话。此题型考查考生在论证中选择事实资料的能力，考查考生能否选择最有力的、关联度最高的事实来支持论点。

3. 论据支持的方式

如果题干逻辑主线为，由前提 A 得到结论 B。增加论据 A′作为支持方式有三种：

（1）新论据 A′加强了前提 A，从而间接支持了结论 B。

（2）新论据 A′和前提 A 结合起来，强化了结论 B。这种情况最多。

（3）题干没有前提 A 直接断定结论 B 这种情况，新论据 A′直接支持了结论 B。

◆ 据报道，上海 64 名中小学生利用假期到江西茨坪、宁冈等贫困地区进行参观，还有的家长带孩子到自己当年上山下乡的地方寻根。他们认为现在的小孩甜蜜太多，吃苦太少，应该走出暖房经受磨炼。

以下哪项断定为真，最能支持以上观点？

A. 由于人口过多，城市青年还得到农村去。

B. 一个人只有具备不怕苦、不怕难的精神，才能取得成功。

C. 农村山清水秀、空气清新，是城市人旅游的好去处。

D. 城市青年只有到农村去，才能全面了解中国的国情。

E. 上山下乡知青喜欢农村的黄土地。

[解题分析] 正确答案：B

题干观点可归纳为：中小学生应该多在吃苦和磨炼中成长。

选项 B 这一断定显然有助于支持题干观点，为正确答案。

选项 A 与题干论点不搭界，选项 C、D、E 都偏离了题干论点。

❷ 一种转基因的新品种水果有良好的口感和更丰富的营养，考虑到人们对转基因副作用的担忧，要采取一定措施来推广这种新品种水果。

以下哪项最有利于推广这种新品种水果？

A. 加大宣传新品种水果广告的力度。

B. 给出科学证据，证明这种新品种水果对人体可能的危害并不比同类水果大。

C. 采取"薄利多销"的销售策略。

D. 已经在市场上销售的其他转基因水果并没有给人造成直接的危害。

E. 提高这种新品种水果的种植量。

[解题分析] 正确答案：D

如果事实上已经在市场上销售的其他转基因的水果并没有给人造成直接的危害，那么，人们对转基因副作用的担忧就没有太大必要了，这显然有利于推广这种转基因的新品种水果。因此，D 项为正确答案。

B 项为真，就意味着转基因还是有危害的，不利于这种新品种水果的推广。其余选项即使为真，也不利于这种新品种水果的推广。

❸ 小李和小张就广告问题争论得面红耳赤，没完没了。小李说：广告进了百姓门，带来方便送福音。小张说：广告就会吹，真假难区分。

以下哪项对小张的论点提供了最有力的支持？

A. 某教师受浅表性萎缩性胃炎折磨多年，从电视广告中找到了良药。

B. 电视广告对不愿意看的观众，是一种浪费。

C. 妈妈通过报纸广告为孩子找到计算机辅导班。

D. 64% 的保健品凭着广告进入市场。在一次抽样调查中，仅有 2% 具有所说的效果。

E. 街头的招牌广告被风吹倒，造成了人身伤亡，应该引以为戒。

[解题分析] 正确答案：D

小张的观点是，广告就会夸大事实。

选项 D 用统计数据作为论据支持了小张的论点，因此为正确答案。

选项 A、C 支持了小李的论点，选项 B 和 E 都揭示了广告的一些负面效果，但与广告的真假性无关。

❹ 寻求一套普及性的伦理法则，是一个全球性法学理论的研究课题。在中国，有求助于儒学者，有借助于西学者，更有倾心于宗教者。在我们看来，解决这个难题必须着眼于宪法和法律。

假设以下各项都正确，哪一项最有可能是上述资料的加强型条件？

A. 重视精神文明建设，是中国自古以来的一大优良传统。

B. 宪法和法律集中体现了人民的根本意志和价值观念，具有权威性、普遍性、科学性等特点。

C. 极端个人主义者只想享受自己的权利而拒绝履行自己的义务，只向社会索取，不向社会奉献。

D. 儒家学说既包含我国古老文化的优良传统，也有一些不适应社会主义时代的封建糟粕。

E. 近十余年中国经济的腾飞依赖于社会物质财富的有效积累。

［解题分析］正确答案：B

题干结论是：寻求一套普及性的伦理法则必须着眼于宪法和法律。

可见，题干结论与"宪法和法律"有关，核心词定位答案，选项中只有 B 项涉及。其余选项都是无关项。

❺ 威尔和埃克斯这两家公司，对使用它们文字处理软件的顾客，提供二十四小时的热线电话服务。既然顾客仅在使用软件有困难时才打电话，并且威尔收到的热线电话比埃克斯收到的热线电话多四倍，因此，威尔的文字处理软件一定比埃克斯的文字处理软件难用。

下列哪项如果为真，则最能够有效地支持上述论证？

A. 平均每个埃克斯热线电话比威尔热线电话时间长两倍。

B. 拥有埃克斯文字处理软件的顾客数比拥有威尔文字处理软件的顾客数多三倍。

C. 埃克斯收到的关于字处理软件的投诉信比威尔多两倍。

D. 这两家公司收到的热线电话数量逐渐上升。

E. 威尔热线电话的号码比埃克斯的号码更公开。

［解题分析］正确答案：B

若 B 项为真，即拥有埃克斯文字处理软件的顾客数比拥有威尔文字处理软件的顾客数多三倍，那么，如果两种软件同样难用，则埃克斯的热线电话应该也比威尔多三倍左右。现在，威尔收到的热线电话反而比埃克斯收到的热线电话多四倍，可见，威尔的文字处理软件一定是比埃克斯的文字处理软件难用。

四、有因有果

题干根据相关前提，得出结论，A 是 B 的原因。有因有果也是一种增加论据的强化方式，即提出一个"有 A 有 B"的事例来支持题干论证。

◆ 当一个人处于压力下的时候，他更可能得病。

下列选项中最能支持上述结论的是哪项？

A. 研究显示，医院或诊所是一个有压力的环境。

B. 许多企业反映职员在感到工作压力增大时，缺勤明显减少。

C. 在放假期间，大学医院的就诊人数显著增加。

D. 在考试期间，大学医院的就诊人数显著增加。

E. 农村比城市生活压力小，但农民比市民患病率要高。

［解题分析］正确答案：D

题干中的因果关系是压力大容易生病。D 项表明，在考试期间，学生的压力会明显增加，也很容易得病，为有因有果的支持，因此为正确答案。

其余选项都不符合题干的陈述。题干所述的意思是人有压力更易得病，而不是哪些是有压力的环境，因而 A 项可排除。B、C 项所述反对题干的结论。E 项，农民患病率高可能是其他原因导致的。

五、无因无果

题干根据相关前提，得出结论，A 是 B 的原因。无因无果也是一种增加论据的强化方式，即提供一个"无 A 无 B"的论据或证据来支持题干论证。

这类论证往往与求异法有关，即通过一个对比观察或对比实验，提供一个因果一致的对比事实，即"无 A 无 B"的事例作为正面证据。

❶ 工业革命期间，有两种植物的病害在污染严重的英国工业城市消失了，一种是黑斑病，会感染玫瑰；另一种是焦油斑点病，会感染梧桐。生物学家认为，有可能是空气污染消除了这两种病害。

以下哪项陈述如果为真，能最强地支持上述论证？

A. 黑斑病和焦油斑点病在城市空气污染减轻时便会复发。

B. 空气污染对许多植物种类的影响是有利还是有害，科学家还不清楚。

C. 有预防感染黑斑病和焦油斑点病的方法，可是一旦感染就很难根除。

D. 有些植物能够对空气污染产生较强的抵抗力。

E. 黑斑病和焦油斑点病由许多种真菌所引致，容易在潮湿季节发生。

[解题分析] 正确答案：A

题干根据黑斑病和焦油斑点病在工业革命期间污染严重的英国工业城市消失，得出结论，有可能是空气污染消除了这两种病害。

若 A 项为真，即黑斑病和焦油斑点病在城市空气污染减轻时便会复发，这作为一个无因无果的证据有力地支持了上述论证。

❷ 患有抑郁症的人有很强的自杀倾向，很多人认为抑郁症是一种心理疾病，20 世纪中期，医学研究发现，抑郁症自杀者大脑内有 3 种神经递质（血清素、去甲肾上腺素和多巴胺）的浓度低于正常人。医学专家由此推测：是这 3 种神经递质的浓度失衡导致了抑郁症。

以下哪项陈述如果为真，能给上述医学家的结论以最强的支持？

A. 抑郁症不仅是一种心理疾病，也是一种器质性病变。

B. 可能是抑郁症导致了大脑内上述 3 种神经递质的浓度失衡。

C. 女性和老年人是抑郁症的高发人群。

D. 针对上述 3 种神经递质而研制出的保持其浓度平衡的药物，对治疗抑郁症有效。

E. 生物、心理与社会环境诸多方面因素参与了抑郁症的发病过程。

[解题分析] 正确答案：D

医学专家的结论：这 3 种神经递质的浓度失衡导致了抑郁症。其理由是：抑郁症自杀者大脑内有 3 种神经递质的浓度低于正常人。

浓度失衡→导致抑郁

浓度平衡→降低抑郁

D 项表明，针对上述 3 种神经递质而研制出的保持其浓度平衡的药物，对治疗抑郁症有效。这作为一个无因无果的论据，有力地支持了医学专家的结论。

其余选项不妥，比如，A 项支持力度很弱；B 项是因果倒置的削弱。

❸ 在众声喧哗中，尽可能打捞那些沉没的声音，是社会管理者应尽之责。以政府之

力，维护弱势人群的表达权，使他们的利益能够通过制度化规范化渠道正常表达，这是构建和谐社会的关键所在。只有这样，才能让"说话""发声"不仅是表达诉求的基本手段，更成为培育健康社会心态的重要环节，成为社会长治久安的坚实基础。

如果以下哪项陈述为真，将最有力地支持上述论证？

A. 弱势者是社会中"沉默的大多数"，一旦真正发怒，其力量足以颠覆整个国家机器。

B. 甚至像美国这样的国家，也有很多食不果腹、居无定所的弱势者。

C. 有些弱势者的诉求长期得不到表达和满足，容易患各种心理疾病。

D. 有些弱势者缺医少药，甚至得不到温饱。

E. 弱势者是社会的一个重要组成部分，关系社会安定。

[解题分析] 正确答案：A

题干断定：维护弱势人群的表达权，才能让"说话""发声"成为培育健康社会心态的重要环节，成为社会长治久安的坚实基础。

A项，保持沉默的弱势者一旦真正发怒，会颠覆国家，这就有力地支持了题干论证。

其余选项均为无关项。

六、最能支持

在支持型题目中，有的题具有两个或两个以上的支持性选项，这时就需要比较支持的程度，正确答案应是支持程度最大的选项。

下面提供一些评价支持程度的一般方法。

（1）结论强于理由——支持结论的力度大于支持原因或论据。

（2）内部强于外部——针对逻辑主线的支持强于对非逻辑主线的支持。

（3）必然强于或然——必然的支持力度大于或然的支持。

（4）明确强于模糊——含有确定性数字的支持大于对模糊概念的支持。

（5）量大强于量小——量大的支持力度大于量小的支持。

（6）直接强于间接——直接支持的力度大于间接支持。

（7）整体强于部分——综合因素的支持力度要大于单一因素的支持力度。

（8）逻辑强于非逻辑——逻辑支持（形式化支持）的力度大于非逻辑支持。

（9）质强于量——针对样本质的支持力度大于对样本量的支持。

❶ 有的电视广告采取同一句广告词反复多次的方式，以期加深观众的印象，让观众记住其所要推销的产品。其实，这种做法是不明智的。调查显示，数家长期做这类广告的商家近来都陷入了经营困境，产品大量积压。可见，商家不仅没有达到预期目的，反而产生了负面效应。

以下哪项成立，能有力地加强以上论证？

A. 尽管有些电视观众并不在意同一句广告词反复播放，但许多观众觉得广告最好更多地兼顾艺术性。

B. 由于观众急于要观看广告之后精彩的电视节目，因此任何广告的播放都会使观众不耐烦。

C. 虽然《广告法》并没有禁止同一句广告词反复多次，但商家应该考虑不同观众的多样化感受。

D. 同一句广告词反复播放会引起电视观众的厌烦，甚至愤怒，从而对商家所要推销的产品产生强烈反感。

E. 有的观众看了这类电视广告，商家所要推销的产品是记住了，但仍不购买。

[解题分析] 正确答案：D

题干论证的观点是，同一句广告词反复播放这种做法是不明智的，反而产生了负面效应。

选项 D 指出，同一句广告词反复播放这种方式会引起电视观众的厌烦，甚至愤怒，从而对商家所要推销的产品产生强烈反感，这作为一个证据，有力地加强了题干论证。

其余选项均不妥。其中，A 项指出同一句广告词反复多次的方式缺乏艺术性，C 项认为它未考虑不同观众的多样化感受，都从不同侧面加强了题干的论证，但支持力度不足。B 项并不是只针对这种广告方式的。E 项是人们看了广告之后一种正常、普遍的情况。

❷ 2012 年 9 月，欧盟对中国光伏电池发起反倾销调查。一旦欧盟决定对中国光伏产品设限，中国将失去占总销量 60% 以上的欧洲市场。如果中国光伏产品失去欧洲市场，中国光伏企业将大量减产并影响数十万员工的就业。不过，一位中国官员表示"欧盟若对中国光伏产品设限，将搬起石头砸自己的脚"。

如果以下陈述为真，哪一项将给中国官员的断言以最强的支持？

A. 中国光伏产业从欧洲大量购买原材料和设备，带动了欧盟大批光伏上下游企业的发展。

B. 欧盟若将优质低价的中国光伏产品挡在门外，欧洲太阳能消费者将因此付出更高的成本。

C. 太阳能产业关乎欧盟的能源安全，俄罗斯与乌克兰的天然气争端曾经殃及欧盟各国。

D. 目前欧洲债务问题继续恶化，德国希望争取中国为解决欧债危机提供更多的帮助。

E. 欧盟从其他国家进口光伏产品将要付出更高的价格。

[解题分析] 正确答案：A

要支持中国官员的断言，就要表明欧盟决定对中国光伏产品设限会对其自身产生不利影响。

A 项说明欧盟如果对中国光伏产品设限，欧盟大批光伏上下游企业都会受到严重影响，从而对欧盟自身同样会造成市场和就业方面的严重损失，有力地支持了中国官员的断言。因此，为正确答案。

B 项易误选，该项也能支持中国官员的断言，但欧盟若将优质低价的中国光伏产品挡在门外，欧洲太阳能消费者可以选择其他能源，因此支持力度不如 A 项。

C、D 选项对中国官员的断言不起作用，直接排除。

七、不能支持

不能支持型考题的解题方法是将能与题干一致的选项（能支持题干的选项）排除掉，最后剩下的选项不管是与题干相矛盾、不一致还是不相干的，都是不能支持的，也即，不能支持题型的正确答案必为削弱或无关项。

❶　一位教育工作者撰文表达了她对电子游戏给青少年带来的危害的焦虑之情。她认为电子游戏就像一头怪兽，贪婪、无情地剥夺青少年的学习和与社会交流的时间。

以下哪项不成为支持以上观点的理由？

A. 青少年玩电子游戏，上课时无精打采。

B. 青少年玩电子游戏，作业错误明显增多。

C. 青少年玩电子游戏，不愿与家长交谈。

D. 青少年玩电子游戏，花费了家里的资金。

E. 青少年玩电子游戏，小组活动时常缺席。

[解题分析]　正确答案：D

题干观点：电子游戏剥夺青少年的学习和与社会交流的时间。

选项 D 说的是玩电子游戏花费了家里的资金，与题干观点无直接关系。

其他选项都与"学习"或"社会交流"有关，支持题干的观点。

❷　思想观念的价值，在竞争中才会彰显，在实践中才能检验。"我不同意你的看法，但我誓死捍卫你说话的权利"，这是一种胸怀，更是一种自信。那种扣帽子、抓辫子的辩论方式，"不同即敌对"的思维模式，本质上都是狭隘虚弱的表现，无助于和谐社会的构建，全社会都应该以包容的心态对待"异质思维"，尤其是执掌权柄者。

以下各项陈述都支持上述观点和论证，除了：

A. 个别的异质思维者是偏执狂，其言行近乎疯子，理应受到严格管制。

B. 让人说话天不会塌下来，科学是在不断颠覆或改进"正统"观念中前进的。

C. 如果社会成员的思想和情绪都得不到适当的表达和宣泄，容易导致各种极端行为。

D. 每个人，甚至是当今的执掌权柄者，都有可能在某一天成为异质思维者，成为少数派。

E. 任何一个人，即使他的看法很荒谬，他也有权利阐述自己的观点。

[解题分析]　正确答案：A

题干观点是：全社会都应该以包容的心态对待"异质思维"。

A 项，个别异质思维者应受严格管制，这不符合题干观点，为正确答案。

其余选项都用新的信息支持了题干观点。

❸　近几年来，我国许多餐厅使用一次性筷子，这种现象受到越来越多人的批评。许多资源环境工作者在报刊上呼吁：为了保护森林资源，让山变绿、水变清，是采取坚决措施，禁用一次性筷子的时候了！

以下除哪项外，都从不同方面对批评者的观点提供了支持？

A. 我国森林资源十分匮乏，把大好的木材用来做一次性筷子，实在是莫大的浪费。

B. 1998 年的特大水灾造成的损失既与气候有关，也与多年的乱砍滥伐有很大关系。

C. 森林和各种绿色植被对涵养水分、调节气候、防止水土流失具有不可替代的作用。

D. 禁用一次性筷子既要大张旗鼓地宣传，又要制定相应的法规，建立完善的监督机制。

E. 保护森林不能只保不用。合理利用，适量地采伐，发展林区经济，还能促进保护。

[解题分析]　正确答案：E

题干中批评"使用一次性筷子"的人的"观点"是：坚决"禁用一次性筷子"。

选项 A、B、C、D 都从不同方面对批评者观点中的部分内容起到了支持作用。

选项 E 对此起不到支持作用，还有为一次性筷子制造者辩解的意思，为正确答案。

❹ 某西方国家高等院校的学费急剧上涨，其增长率几乎达到通货膨胀率的两倍。1980—1995 年中等家庭的收入只提高了 82%，而公立大学学费的涨幅比家庭收入的涨幅几乎高了 3 倍，私立院校的学费在家庭收入中所占的比例几乎是 1980 年的 2 倍。高等教育的费用已经令中产阶级家庭苦恼不堪。

以下除哪项外都为上文的观点进一步提供论据？

A. 尽管 1980—1995 年间消费价格指数缓慢增长了 79%，公立四年制大学的学费上涨了 256%。

B. 私立学校的学费上涨比公立学校慢，从 1980 年到 1995 年上涨了 219%。

C. 如果学费继续保持过去的增长速度，1996 年新做父母的人将来他们的子女上私立大学每年的学费和食宿费总额将多达 9 万美元。

D. 政府对公立学校每个学生的补贴在学校收入中的比例从 1978 年的 66% 下降到 1993 年的 51%，而同一时期，学费在学校收入中所占比例从 16% 上升到 24%。

E. 高教市场已开始显露竞争迹象。几家私立学校和公立学校已通过缩短攻读学位时间的办法来间接地降低学习费用。

[解题分析] 正确答案：E

题干观点是：高等教育的费用不断上涨，已到了人们难以承受的地步。

从 E 项中可以得出学习费用在降低的结论，与题干观点"高等教育的费用已经令中产阶级家庭苦恼不堪"不符，不能为题干观点进一步提供论据。

其余选项都能为题干观点进一步提供论据。A 项指出公立大学的学费上涨大大超过消费价格指数的增长率。B 项指出私立学校的学费上涨率大大超过家庭收入的增长率。C 项用学费和食宿费总额的庞大数字支持题干的论点。D 项列举了学校经费来源的数字，说明学生家庭的教育开支在大幅增加。

八、支持复选

支持复选是支持题型的多选题，这类题的选项可从多个角度对题干论证进行支持，是各类支持方向的综合运用，需要对每个选项都有正确的把握。

❶ 目前食品包装袋上没有把纤维素的含量和其他营养成分一起列出。因此，作为保护民众健康的一项措施，国家应该规定在食品包装袋上明确列出纤维素的含量。

以下哪项如果是真的，能作为论据支持上述论证？

Ⅰ. 大多数消费者购买食品时能注意包装袋上关于营养成分的说明。

Ⅱ. 高纤维食品对于预防心脏病、直肠癌和糖尿病有重要作用。

Ⅲ. 很多消费者都具有高纤维食品营养价值的常识。

A. 仅Ⅰ。

B. 仅Ⅱ。

C. 仅Ⅲ。

D. 仅Ⅰ和Ⅱ。

E. Ⅰ、Ⅱ和Ⅲ。

［解题分析］正确答案：E

列出来的三部分内容从不同方面作为论据支持了题干的论证。

Ⅰ. 大多数消费者购买食品时能注意包装袋上关于营养成分的说明，这样在包装袋上列出纤维素的含量才有意义。

Ⅱ. 高纤维食品对于预防心脏病、直肠癌和糖尿病有重要作用，为了保护民众健康，我们需要明确列出纤维素的含量。

Ⅲ. 很多消费者具有高纤维食品营养价值的常识，他们才会去关心列出的纤维素含量。

❷ 某市教育系统评出了十所优秀中学，名单按它们在近三年中毕业生高考录取率的高低排序。专家指出不能把该名单排列的顺序作为评价这些学校教育水平的一个标准。

以下哪项如果是真的，能作为论据支持专家的结论？

Ⅰ. 排列前五名的学校所得到的教育经费平均是后五名的八倍。

Ⅱ. 名列第二的金山中学的高考录取率是75%，其中录取全国重点院校的占10%；名列第六的银湖中学的高考录取率是48%，但其中录取全国重点院校的占35%。

Ⅲ. 名列前三名的学校位于学院区，学生的个人素质和家庭条件普遍比其他学校要好。

A. Ⅰ、Ⅱ和Ⅲ。

B. 仅Ⅰ和Ⅱ。

C. 仅Ⅰ和Ⅲ。

D. 仅Ⅱ和Ⅲ。

E. Ⅰ、Ⅱ和Ⅲ都不能。

［解题分析］正确答案：D

专家的观点是，不能用高考录取率排名作为评价学校教育水平的一个标准。

Ⅰ项，高考录取率排名高的学校教育经费充足，教育经费充足可用来改善软硬件设施，有利于提高教育水平。这就说明它们高考录取率排名与教育水平是相关的，不能支持专家的观点。

Ⅱ项说明高考录取率与重点院校录取率不成正比，单用高考录取率来评价"中学教育水平"未必恰当。

Ⅲ项说明并非学校的教育水平高，而是生源素质好，所以高考录取率高。这也说明单用高考录取率来评价"中学教育水平"可能有很大疏漏。

第三节　削　弱

削弱题型是逻辑考试的重点题型，典型的削弱题的问法有："以下哪项如果正确，最严重地削弱了上文论点？""以下哪项如果正确，将提供出反对上述论述的最强有力的证据？""以下哪项如果正确，对上述结论将产生最严重质疑？"

削弱就是弱化题干论证，这类考题要求被测试者去识别能够使结论更不可能的陈述。

1. 削弱的含义

只要将某选项放入题干的前提与结论之间，使结论成立的可能性降低，那么，这个选项就是削弱性选项。

2. 削弱与支持

削弱题型的解题思路与支持题型的解题思路大致一样，只不过其答案对题干推理的作用刚好相反。

3. 削弱方式

削弱题型的解题关键是首先应对题干部分的论证尽可能进行简化，抓住中间最主要的推理关系，明确题干的推理关系，即什么是前提，什么是结论；首先要搞清题干中的结论是什么；如果是反对什么观点，特别要注意的是问题问的是反对谁的观点、什么观点。然后寻找一种弱化的方式，既可以是肯定选项中与题干的结论不相容的选项，也可以从选项中找到一个使题干的论证不能成立的条件。寻找削弱的基本方向是针对前提、结论还是论证本身。

削弱的三大方式是削弱论题（推理的结论）、削弱论据（推理的前提）和削弱论证方式（推理形式）。

（1）第一类结构：因果论证型。前提（原因）→结论（结果）

① 断桥：措施达不到目的、原因得不到结果、条件得不出结论。

② 他因：受其他因素限制，措施未必达目的、原因未必得结果、条件未必得结论。

（2）第二类结构：因果解释型。前提（结果）→结论（原因）

① 是其他原因可能导致该结果。

② 割断因果：有因无果或无因有果。

③ 因果颠倒了。

④ 显示因果关系的资料不准确。

（3）特殊类结构：如下几种特殊类型

① 题干是类比：削弱方式为两者本质不同。

② 题干是调查：有效性受怀疑（被调查的没代表性等）。

③ 条件型结论：举反例。

4. 解题步骤

第一，寻找结论，推理的重点在结论上。

第二，找出题干得出结论的理由。

第三，分析题干中的论证形式。

第四，预测答案：用结论的具体性去区分有关无关，对于特殊类，先预测出答案。

第五，验证答案。

5. 解题思路

（1）否定假设：削弱题干前提和结论间的关系，即削弱论证方式。削弱和假设关系很密切，因为假设答案取非就是削弱答案。

（2）反对理由：削弱题干前提，反驳或质疑论据。

（3）另有他因：存在别的因素影响论证，从而削弱题干结论。

（4）反面论据：增加一个新的论据从而削弱题干结论。

总之，削弱就是找出一个论证的漏洞，即找出割裂题干论证的证据和结论之间关系的选项。比如指出哪些前提是错误的，或者隐含的假设不成立，或者论证的前提为何不足以支持其结论。只要选项加入题干的原前提中去以后，会降低证据支持度，降低结论的可靠性，这样的选项就是削弱题的正确答案。

一、否定假设

否定假设就是指出论证不可行或没有意义，这就达到了推翻结论的目的。因为假设是题干论证成立的必要条件，如果否定了潜在的假设，就能动摇论证的依据，从而说明题干推理是不可行的，也就有力地削弱了题干的论证。

❶ 市场调查表明，在价格战中，名牌电脑的降价幅度不超过 10％，所以神舟电脑的降价幅度也不超过 10％。

以下哪项最能推翻以上论证？

A. 去年神舟电脑没有降价。

B. 许多电脑的降价幅度超过 10％.

C. 神舟电脑不是名牌电脑。

D. 神舟电脑的市场占有率提高了 10％。

E. 市场预测，明年电脑还会降价。

［解题分析］正确答案：C

题干论证的假设是，神舟电脑是名牌电脑；选项 C 直接否定了这个假设，当然有力地推翻了题干论证。

❷ 在某报上有一段广告文字非常精彩，但广告在内容上却有许多虚假之处。因此，消费者一定不会相信这个广告。

以下哪项最能削弱以上结论？

A. 消费者不一定会发现其中有虚假之处。

B. 消费者可能不会发现其中有虚假之处。

C. 消费者不可能会发现其中有虚假之处。

D. 消费者一定会发现其中有虚假之处。

E. 消费者不一定不会发现其中有虚假之处。

［解题分析］正确答案：C

题干论证隐含的假设是，消费者能够发现广告中有虚假之处。如果消费者不可能发现有虚假之处，而其中有一段广告文字又非常精彩，于是，消费者就有可能相信这个广告。因此，C 项正确。

❸ 高脂肪、高糖含量的食物有害人的健康。因此，既然越来越多的国家明令禁止未成年人吸烟和喝含酒精的饮料，那么，为什么不能用同样的方法对待那些有害健康的食品呢？应该明令禁止 18 岁以下的人食用高脂肪、高糖食品。

以下哪一项如果为真，最能削弱上述建议？

A. 许多国家已经把未成年人的标准定为 16 岁以下。

B. 烟、酒对人体的危害比高脂肪、高糖食物的危害要大。

C. 并非所有的国家都禁止未成年人吸烟喝酒。

D. 禁止有害健康食品的生产，要比禁止有害健康食品的食用更有效。

E. 高脂肪、高糖食品主要危害中年人的健康。

[解题分析] 正确答案：E

题干根据"高脂肪、高糖含量的食物有害人的健康"，提出建议，应该明令禁止18岁以下的人食用高脂肪、高糖食品。

如果E项为真，即"高脂肪、高糖食品主要危害中年人的健康"，那么意味着，高脂肪、高糖食品对未成年人的危害并不大，这就削弱了题干的建议。

❹ 长天汽车制造公司的研究人员发现，轿车的减震系统越"硬"，驾驶人员越是在驾驶中感到刺激。因此，他们建议长天汽车制造公司把所有新产品的减震系统都设计得更"硬"一些，以提高产品的销量。

下面哪一项如果为真，最能削弱研究人员的建议？

A. 长天公司原来生产的轿车的减震系统都比较"软"。

B. 驾驶汽车的刺激性越大，车就容易开得越快，越容易出交通事故。

C. 大多数人买车是为了便利和舒适，而"硬"的减震系统让人颠得实在难受。

D. 目前，"硬"减震系统逐步流行起来，尤其是在青年开车族中。

E. 买车的人中有些年长者不是为了追求驾驶中的刺激。

[解题分析] 正确答案：C

题干根据轿车的减震系统越硬越刺激，得出结论，减震系统越硬轿车越好销。

可见，题干中的建议是基于一个假设，即多数轿车买主喜欢在驾驶中感到刺激。C项和E项都对这一假设构成质疑，但E项仅涉及年长者，力度不大，而C项断定大多数人买车是为了便利和舒适，而并不喜欢在颠簸中的刺激。这就使得题干中的建议难以成立。

B项断定的是驾驶汽车具有刺激性的危害。即使这种危害性确实存在，只要多数汽车买主喜欢刺激，题干的建议仍然成立，因为此项建议的直接目的是提高销量。因此，即使B项能对题干的建议有所削弱，其力度也不大。其余项不能削弱题干。

❺ 在发生全球危机那样极为紧急的时刻，投机活动猖獗，利率急剧上升，一切都变化不定，保护好自己的财产是至关重要的。管理和经济领域的专家认为：储蓄仍然是最安全的避难所，尽管收益非常低，但是把钱存起来实际上不会遇到风险。即使存款的银行破产，政府也保证归还储户一定数量的存款。对于存款数额多的人来说，在发生恐慌时，最好能将存款分别存入不同的户头，每个户头不超过政府保证归还的最高限额。

根据上述信息分析，以下哪项如果为真，最能质疑上述建议？

A. 每个人允许在不同的银行开设多个银行户头。

B. 政府在银行破产时只归还那些按照真实姓名开设户头的储户一定数量的存款。

C. 政府保证归还的最高存款限额是有明文规定的。

D. 在出现危机时，购买房子、汽车也是一个安全的决定，当然这仅仅是在出现恶性通货膨胀时。

E. 在大批银行破产的时候，政府也会失去对银行的控制，地位岌岌可危。

[解题分析] 正确答案：E

题干的建议是基于一个假设，即政府具有足够的能力兑现它的保证。E项如果为真，说明在大批银行破产的时候，政府兑现上述保证的能力也会发生动摇。这就对题干的建议提出了严重的质疑。

由于以同一个真实姓名可以将存款存入不同户头，因此，B 项不能构成质疑。其余项也不能构成质疑。

二、反对理由

反对理由就是否定或削弱理由，其基本特点是针对前提进行直接反对而达到推翻结论的效果，具体包括反对论据（证据）、反对原因等。

（1）反对论据，即指出论证的论据是虚假的或者站不住脚的，那么，该论证的结论便失去了依据。

（2）反对原因，即指出题干论证的原因是不可靠的。解题特点是抓住原因，寻找原因中的关键词，一般是其主语或强调的对象，根据关键词来迅速定位选项。

❶ 某特级招待所报案失窃现款 20 040 元。保安人员经过周密调查，得出结论是前台经理孙某作的案。所长说："这是最不可能的"，保安人员说："当所有其他的可能性都被排除了，剩下的可能性不管看来是多么不可能，都一定是事实。"

以下哪项如果为真，最为有力地动摇了保安人员的说法？

A. 保安人员事实上不可能比所长更了解自己的经理。

B. 对非法行为惩处的根据，不能是逻辑推理，而只能是证据。

C. 保安人员无法穷尽所有的可能性。

D. 孙某是该招待所公认的优秀经理。

E. 该招待所前台出纳王某的丈夫有作案前科。

［解题分析］正确答案：C

选项 C 其实指出了保安人员话中的问题，"当所有其他的可能性都被排除了，剩下的可能性不管看来是多么不可能，都一定是事实。"可你怎么知道你已经穷尽所有的可能性了呢？因此，选项 C 的存在使保安人员的说法不成立。

其余选项都不能削弱，比如 D 和 E 是迷惑选项，再优秀的经理也有可能犯罪，有作案前科的人不一定参与每一次新的作案。

❷ 有时为了医治一些危重病人，医院允许使用海洛因作为止痛药。其实，这样做是应当禁止的。因为，毒品贩子会通过这种渠道获取海洛因，对社会造成严重危害。

以下哪项为真，最能削弱以上论证？

A. 有些止痛药可以起到和海洛因一样的止痛效果。

B. 贩毒是严重犯罪的行为，已经受到法律的严惩。

C. 用于止痛的海洛因在数量上与用作非法交易的比起来是微不足道的。

D. 海洛因如果用量过大就会致死。

E. 在治疗过程中，海洛因的使用不会使病人上瘾。

［解题分析］正确答案：C

题干结论：应当禁止医院使用海洛因作为止痛药。

理由是：毒品贩子会通过这种渠道获取海洛因。

选项 C 表明，由于用于止痛的海洛因在数量上微不足道，即使毒品贩子通过这种渠道获得海洛因，数量上也非常有限，不至于"对社会造成严重危害"，即该渠道的存在对毒品贩子没有意义。因此，从这个意义上来看，没必要禁止医院使用海洛因。

其余均为无关项。

❸ 康和制药公司主任认为，开发疫苗的开发费用该由政府资助。因为疫苗市场比任何其他药品市场利润都小。为支持上述主张，主任给出下列理由：疫苗的销量小，因为疫苗的使用是一个人一次，而治疗疾病尤其是慢性疾病的药物，对每位病人的使用是多次的。

下列哪项如果为真，将最严重地削弱该主任提出的针对疫苗市场的主张的理由？

A. 疫苗的使用对象比大多数其他药品的使用对象多。

B. 疫苗所预防的许多疾病都可以由药物成功治愈。

C. 制药公司偶尔销售既非医学药品也非疫苗的产品。

D. 除了康和制药公司外，其他制药公司也生产疫苗。

E. 疫苗的使用费不是由生产疫苗的制药公司承担。

[解题分析] 正确答案：A

主任的理由是：疫苗的销量小。若 A 项为真，即疫苗的使用对象比大多数其他药品的使用对象多，意味着疫苗的销量并不小，这就严重削弱了主任的理由。

❹ 市政府的震后恢复重建的招标政策是标的最低的投标人可以中标。有人认为，如果执行这项政策，一些中标者会偷工减料，造成工程质量低下。这不仅会导致追加建设资金的后果，而且会危及民众生命安全。如果我们要杜绝"豆腐渣工程"，就必须改变这种错误的政策。

如果以下哪项陈述为真，能最有力地削弱上述论证？

A. 重建损毁的建筑的需求可以为该市居民提供许多就业机会。

B. 该市的建筑合同很少具体规定建筑材料的质量和雇工要求。

C. 该政策还包括：只有那些其标书满足严格质量标准，并且达到一定资质的建筑公司才能投标。

D. 如果建筑设计有缺陷，即使用最好的建筑材料和一流的工程质量建成的建筑也有危险。

E. "豆腐渣工程"可以使怀有贪念的投标人从中获利。

[解题分析] 正确答案：C

题干的论证是，如果让标的最低的投标人中标，会造成工程质量低下。因此，要杜绝"豆腐渣工程"，就必须改变这种错误的政策。

如果 C 项为真，就削弱了题干论证的前提，因为还要对投标公司有严格质量标准和资质审查，不达标的公司就不能投标，这样，就不大可能出现"豆腐渣工程"，因此，招标政策并非是错误的。

A、E 为无关项；B 项支持题干；D 项是转移论题，不能削弱题干论证。

三、另有他因

另有他因的削弱方式是相反论据的一种特例，就是指出还有别的因素影响推理。具体来说，如果题干是以一个事实、研究、发现或一系列数据为前提推出一个解释上述事实或数据的结论，要削弱这个结论，就可以通过指出有其他可能来解释题干事实，即存在别的因素影响推论。

❶ "人靠衣服马靠鞍"，汽车的外观设计实际上就是汽车的衣装。顾客在购买汽车时不可能一眼就看出汽车的性能，他们总是先从汽车的外观来判断汽车的档次，并由此形成是否购买的初步意向。因此，汽车推销最重要的是向顾客展示汽车的外观美。

以下哪项为真，最能削弱上述结论？

A. 人们的审美观念影响到他们的购买行为。

B. 人们购买汽车时总希望一部汽车的某些特征能符合自己的身份。

C. 当价格相近时，显得豪华的汽车更能赢得顾客的青睐。

D. 绝大部分顾客购买汽车都是以方便实用为目的的。

E. 汽车推销广告都设计得非常漂亮。

[解题分析] 正确答案：D

题干结论是：汽车推销最重要的是向顾客展示汽车的外观美。

D项是另有他因的削弱，既然汽车的绝大部分买主是以方便实用为目的，那么，就不能认为汽车的推销最主要的是向顾客展示汽车的外观美。这就有力地削弱了题干的结论。

A、B、C项都是对题干结论的支持。E项不能削弱题干结论。

❷ 在某国的总统竞选中，争取连任的现任总统声言："本届政府执政期间，失业率降低了两个百分点，可见本届政府的施政纲领是正确的。"

如果下列哪项为真，则能有力地削弱以上申辩？

A. 政府用调低利率的办法来刺激工商业的发展，使通货膨胀率上升了40％。

B. 由于减轻了失业压力，从而减少了犯罪率。

C. 就业人数增加，减少了政府福利开支。

D. 就业人数增加，刺激了人们学习职业技能的积极性。

E. 失业率下降，新毕业的大学生就业容易了。

[解题分析] 正确答案：A

总统的结论是：施政纲领正确。理由是：失业率降低。

要削弱结论，就要说明存在别的原因影响这个推理，即要想表明"本届政府的施政纲领是正确的"，不能仅仅只看"失业率"情况。A项表明，通货膨胀率上升了，这就意味着政府的施政纲领不见得是正确的，有力地削弱了题干。

选项B、C、D、E都是加强题干论证的，不能削弱现任总统的申辩。

❸ 春江市师范大学的学生普遍抱怨各个食堂的伙食太差。然而，唯独一年前反映最差的风味食堂，这一次学生抱怨的人数比较少。学校后勤部门号召其他各个食堂向风味食堂学习，共同改善学校学生关心的伙食问题。

下列哪项如果为真，则表明学校后勤部门的这个决定是错误的？

A. 各个食堂的问题不同，不能一刀切，要因地制宜，采取不同的措施。

B. 风味食堂的进步是与其他各个食堂的支持分不开的。

C. 粮食价格一天天上涨，食堂再努力，也"难为无米之炊"啊。

D. 因为伙食差，去风味食堂就餐的人数比起其他食堂要少得多。

E. 风味食堂的花样多，但是价格高，困难同学可吃不起。

[解题分析] 正确答案：D

抱怨的人数比较少，而不是抱怨的比例比较低，这是题目的关键。为什么抱怨的人数比较少呢？不是因为伙食特别好，而是因为太差了，同学们都不去吃了，当然抱怨的绝对人数就少了。

❹ 最近公布的一项国家特别咨询委员会的调查报告声明：在选择大量的研究对象进行对比实验后，发现在名人家族中才能出众者是普通人家族中才能出众者人数的 23 倍，因此我们可以得出信度很高的结论，人的素质主要是由遗传决定的。

以下哪项如果为真，最能削弱上述结论？

A. 美国心理学界普遍有这样的认识：一两的遗传胜过一吨的教育。而事实也确实如此。

B. "家无三代兴"，才能再出众也避免不了兴衰轮回的历史规律。

C. 普通人家族中才能出众的表现方式与名人家族中不同，需要另外的衡量规则。

D. 一个人的才能培养、后天接受教育的程度，与他的成长环境之间有很强的正相关性。

E. 名人与普通人结合，下一代才能出众人数并不如名人家族中的比例高。

[解题分析] 正确答案：D

如果 D 项为真，那么就给出了名人家族名人比例高的"遗传"以外的原因，那就是名人家族中的人后天接受教育和培养才能要比普通人好得多，所以容易成为名人，而不是遗传。可见，D 项有力地削弱了题干的结论。

选项 A 和 E 其实是加强了题干结论。选项 B 没有针对遗传和后天之争，不能削弱题干结论。选项 C 质疑才能出众的衡量规则，但是对题干中的结论没有构成反驳。

四、反面论据

反面论据的削弱方式是指，增加一个新的削弱题干论证的论据来弱化结论。这样的论据包括起弱化作用的理据、证据以及事实反例。

❶ 一种虾常游弋于高温的深海间歇泉附近，在那里生长有它爱吃的细菌类生物。由于间歇泉发射一种暗淡的光线。因此，科学家们认为这种虾背部的感光器官是用来寻找间歇泉，从而找到食物的。

下列哪项能对科学家的结论提出质疑？

A. 实验表明，这种虾的感光器官对间歇泉发出的光并不敏感。

B. 间歇泉光线十分暗淡，人类肉眼难以觉察。

C. 间歇泉的高温足以杀死它附近的细菌。

D. 大多数其他品种的虾的眼睛都位于眼柄的末端。

E. 其他虾身上的感热器官同样能起到发现间歇泉的作用。

[解题分析] 正确答案：A

科学家断定：这种虾背部的感光器官是用来寻找间歇泉，从而找到食物的。

如果感光器官对间歇泉发出的光并不敏感，那么此感光器官是用来寻找间歇泉的说法就值得怀疑了。因此，A 项为正确答案。

其余选项均为无关项。比如 B 项，人无法感觉不意味着虾也无法感觉；E 项，其他虾的感热器官也有此功能并不能对题干中所讲的虾的感光器官有此功能构成质疑。

❷ 某公司多年来实行一套别出心裁的人事制度，即每隔半年就要让各层次的干部、职工实行一次内部调动，并将此称作"人才盘点"。

以下哪项能对这种做法的必要性提出质疑？

A. 这种办法破除了职位高低的传统观念，强调每一工作都重要。

B. "人才盘点"使技术人员全面了解生产流程，利于技术创新。

C. 以此方式培养提拔的管理干部对公司的情况了如指掌。

D. 干部、职工相互体会各自工作的困难，有利于团结互助。

E. 工作交换时，由于情况生疏会出现不必要的失误。

[解题分析] 正确答案：E

本题要求对"人才盘点"的必要性提出质疑。

E项指出了"人才盘点"的负面作用，起到了质疑作用，因此，为正确答案。

其余选项讲的都是"人才盘点"的正面作用，并没有对题干提出质疑。

❸ 在某西方国家，高等学校的学费是中等收入家庭难以负担的，然而，许多家长还是节衣缩食供孩子上大学。有人说，这是因为高等教育是一项很好的投资。

以下哪项可对以上说法提出质疑？

A. 一个大学文凭每年的利润率是 13％以上，超过了股票的长期利润率。

B. 在 25～29 岁的人中，只有高中学历的人的失业率是受过高等教育的人的 3 倍。

C. 科技发展迅速，经济从依赖体力转变为更多地依赖脑力，对大学学历的回报进一步提高。

D. 1980 年有大学文凭的人的收入大约比只有高中文凭的人多 43％，1996 年增加到 75％。

E. 随着计算机技术的发展，许多原来需要高技术人才承担的工作可以雇只会操作键盘的技工来干。

[解题分析] 正确答案：E

题干说法是，高等教育是一项很好的投资。

E项表明，未来的高技术人才工作可以由技工代替，因而，接受高等教育的必要性值得怀疑。A、B、C、D项都涉及接受高等教育在就业及收入方面带来的好处，是支持题干观点的，不应作为选择的答案。

❹ 足协官员："与广大球迷一样，我们也迫切希望惩办那些收受贿赂的黑哨。但打击黑哨要靠真凭实据，不能靠猜测，否则很可能出现冤假错案。所以，有的人在没有证据的情况下，仅根据某些现象猜测某些裁判是黑哨，这是很不应该的。"

以下哪项如果为真，会有力地削弱足协官员的论证？

A. 被猜测为黑哨的裁判通常在足球场上表现出某种不公正。

B. 被猜测为黑哨的裁判有可能真的是黑哨。

C. 被猜测为黑哨的裁判不一定真的是黑哨。

D. 受贿案件的一般侦破过程是：先根据现象进行猜测，再根据猜测查找证据。

E. 裁判被球迷指责为黑哨后，即使没有受贿，也应该首先检查自己是否公正。

[解题分析] 正确答案：D

如果 D 项为真，则即使在没有证据的情况下，仅根据某些现象猜测某些裁判是黑哨也是非常需要的；这样就有力地削弱了足协官员的论证。

五、有因无果

题干根据相关前提，得出结论，A 是 B 的原因。有因无果是提供反面论据的一种弱化方式，即提出一个"有 A 无 B"的反例事实来削弱题干论证。

❶ 班主任老师对一个学习优秀的学生说，你之所以取得这样好的成绩，主要是因为我教学有方。

以下哪项如果为真，将最有力地反驳老师的说法？

A. 内因是变化的根据，外因是变化的条件。

B. 班里其他大部分学生学习都不好。

C. 另一个班里也有学习很优秀的学生，而他并不是那个班的班主任。

D. 这个优秀学生的家长为该学生请了一个著名的学者当家教。

E. 这个班主任经常单独教授这个学生。

[解题分析] 正确答案：B

如果班里其他大部分学生学习都不好，这有利于说明，这个优秀的学生取得好成绩的原因不是老师教学有方，而是该学生基础好或者别的原因，这就有力地反驳了老师的说法。因此，B 项正确。

❷ 近些年来，西方舆论界流行一种论调，认为来自中国的巨大需求造成了石油、粮食、钢铁等原材料价格暴涨。

如果以下哪项陈述为真，能够对上述论点提出最大的质疑？

A. 由于农业技术特别是杂交水稻的推广，中国已经极大地提高了农作物产量。

B. 今年 7—9 月间，来自中国的需求仍在增长，但国际市场的石油价格重挫近三分之一。

C. 美国的大投资家囤积居奇，大量购买石油产品和石油期货。

D. 随着印度经济的发展，其国人对粮食产品的需求日渐增加。

E. 杂交水稻技术的发展使中国的粮食产量大幅增加。

[解题分析] 正确答案：B

西方一种论调认为，来自中国的巨大需求造成了原材料价格暴涨。

如果 B 项为真，即中国的需求仍在增长，但国际市场的石油价格重挫近三分之一。这就作为一个反例，直接削弱了上述论点。

A、E 项是无关项；C、D 项为真，则说明美国和印度的需求也对某些商品价格的上涨有推动作用，质疑力度很弱，因为即使它们为真，也不能排除来自中国的巨大需求是原材料价格暴涨的重要原因之一。

❸ 美国的一个动物保护组织试图改变蝙蝠在人们心目中一直存在的恐怖形象。这个组织认为，蝙蝠之所以让人觉得可怕和遭到捕杀，仅仅是因为这些羞怯的动物在夜间表现得特别活跃。

以下哪项如果为真，将对上述动物保护组织的观点构成最严重的质疑？

A. 蝙蝠之所以在夜间特别活跃，是由于它们具有在夜间感知各种射线和声波的特殊能力。

B. 蝙蝠是夜间飞行昆虫的主要捕食者，在夜间飞行的昆虫中，有很多是危害人类健康的。

C. 蝙蝠在中国及其他许多国家同样被认为是一种恐怖的飞禽。

D. 美国人熟知的浣熊和中国人熟知的食蚊雀，都是些在夜间特别活跃的羞怯动物，但在众人的印象中一般并没有恐怖的印象。

E. 许多视觉艺术品，特别是动画片丑化了蝙蝠的形象。

［解题分析］正确答案：D

题干中动物保护组织的观点是：蝙蝠之所以让人觉得可怕和遭到捕杀，是因为这些羞怯的动物在夜间表现得特别活跃。

题干：因（在夜间活跃的羞怯动物）→果（令人可怕和遭到捕杀）。

D项：有因（浣熊和食蚊雀是在夜间活动的羞怯动物）→无果（不会令人恐惧并遭到捕杀）。

D项如果为真，则对上述观点提出了一个有力的反例：浣熊和食蚊雀，都是在夜间特别活跃的羞怯动物，但在人们的印象中一般并没有恐怖的印象，因而是对题干观点的有力质疑。

六、无因有果

题干根据相关前提，得出结论，A 是 B 的原因。无因有果是提供反面论据的一种弱化方式，即提出一个"无 A 有 B"的反例事实来削弱题干论证。

❶ 近年来我国房价快速攀升。2004 第四季度政府各部门出台多项措施，以压制房价的过快增长，但 2005 年第一季度全国房价仍逆势上扬。有人断言：土地价格上涨是房价猛涨的主因。

以下哪项如果为真，最能对断言提出质疑？

A. 2005 年第一季度上海房价比去年同期上涨 19.1%，地价上升了 6.53%。

B. 2005 年第一季度北京住宅价格比去年同期上涨 7.2%，住宅用地价格上涨了 0.37%。

C. 华远地产董事长认为，随着土地开发成本的提高，房价一定会上涨。

D. 永泰开发公司董事长说："房价的暴涨是因为供应量没有跟上需求。"

E. 某杂志社地产板块主编认为，部分投资客的炒作才是房价上涨的主要原因。

［解题分析］正确答案：B

题干断言是：土地价格上涨是房价猛涨的主因。

B项是个反例，从中看出，北京地价几乎没涨（涨得很少），房价却涨了很多。这说明土地价格上涨并不是导致房价上涨的主要因素，则对题干"地价上涨引起房价上涨"的断言构成有力质疑。

A项也能削弱题干，但不如 B 项有力。A 项表明上海房价是地价上涨幅度的近 3 倍，而 B 项表明北京房价是地价上涨幅度的 20 倍。（量大的削弱大于量小的削弱）

C、D、E 均不妥，某人确实发表了观点并不等于这些观点本身就是事实。比如 D 项并没断定永泰开发公司董事长所说的话是真的，而只是断定他说的这句话是真的，因此，质疑力度不足。

❷ 水汽会在夜晚凝结，在汽车的前挡风玻璃上形成冰。第二天早上汽车逐渐发动起

来以后，因为除霜口调到最大，而除霜口只吹向前挡风玻璃，因此（在前挡风玻璃上的）冰很快就融化了。

以下哪一选项如果是正确的，最严重地威胁到这种关于冰融化速度的解释？

A. 两边的玻璃没有冰凝结在上面。

B. 尽管没有采取任何措施对后窗进行解冻，但那儿的冰同前挡风玻璃上的冰的融化速度一样快。

C. 冰在一块窗上融化的速度随着吹向这块窗的空气温度的升高而加快。

D. 从除霜口吹向前挡风玻璃的热空气，当它扩散到汽车内其他部分时迅速冷却。

E. 即使当把吹向司机和乘客的脚和脸部的暖气打开时，除霜口仍可以很有效率地工作。

[解题分析] 正确答案：B

题干将冰的快速融化归因于除霜口被调到最大。

因：前挡风玻璃的除霜口被调到最大。

果：冰快速融化。

无因：车后窗玻璃没有除冰措施。

有果：前后窗玻璃上的冰以相同速度融化。

B项表明，没有采取措施对后窗进行除霜，而后窗上的冰同前挡风玻璃上的冰融化得一样快，这作为一个反例，显然有力地削弱了关于冰融化速度的解释。

其余选项均不妥。其中，A项中所提到的在边窗上没有冰的凝结同该解释的有效性无关；C项可以支持该解释，因为从除霜口吹出的空气是热的；D和E项都不能提出一个理由去怀疑是从除霜口吹出的空气导致了冰的融化。

七、最能削弱

在逻辑考试中，不仅要测试考生对各种削弱方式的理解程度，同时还经常测试考生评价削弱的力度的能力。解答最能削弱题，首先应将与题干一致的选项排除掉，同时寻找与题干相矛盾或不一致的选项，从中进一步比较削弱的程度。特别要注意的是最能削弱型考题在很多情况下，备选项中有两个或两个以上能削弱题干推理，因此，在确定答案时必须比较其削弱的程度。

下面提供一些评价削弱力度的一般方法。

（1）结论强于理由——削弱结论的力度大于削弱前提（论据、原因）。

（2）内部强于外部——内部削弱的力度大于外部削弱。

（3）必然强于或然——必然性削弱的力度大于或然性削弱。

（4）明确强于模糊——对确定性数字的削弱大于对模糊概念的削弱。

（5）量大强于量小——量大的削弱力度大于量小的削弱。

（6）直接强于间接——直接削弱的力度大于间接削弱。

（7）整体强于部分——针对整体的削弱力度要大于针对部分的削弱。

（8）逻辑强于非逻辑——逻辑削弱的力度大于非逻辑削弱。

（9）质强于量——针对样本质的削弱力度大于对样本量的削弱。

❶ 甲省的省报发行量是乙省的省报发行量的十倍，可见，甲省的群众比乙省的群众

更关心时事新闻。

以下哪项属实，最能削弱上述论证？

A. 甲省的人口是乙省人口的五倍。

B. 甲省的面积是乙省面积的十倍。

C. 甲省的省报在全国发行。

D. 甲省的省报主要在乙省销售。

E. 乙省的省纸在全国发行。

[解题分析] 正确答案：D

题干根据甲省的省报发行量比乙省的大，得出结论：甲省的群众更关心时事新闻。

D项表明，甲省的省报主要在乙省销售。这意味着，虽然甲省的省报发行量大，但实际上看报的人乙省更多，应该得出乙省群众更关心时事新闻的结论，这就严重削弱了题干论证。

A、C项对题干也有所削弱，但力度不如D大。B、E项起不到削弱作用。

❷ 飞龙集团在最近几年不断发展扩大，为了寻找新的商业机会和生产新的电子产品，集团准备在其他城市建设更大的电子工厂。徐经理主张选择甲市作为新的发展基地，因为甲市是较大城市，人力资源丰富，该市为了吸引新的公司给予了许多优惠条件，并且甲城市在工业生产方面具有传统优势。

下面哪项如果正确，能最严重地削弱徐经理的观点？

A. 该城市给予的优惠条件不能引起飞龙集团领导层的重视。

B. 甲市在电子产品生产方面的传统优势对飞龙集团新的电子工厂影响不大。

C. 甲市在地区工业中心，因此受经济波动的影响和冲击比其他城市大。

D. 飞龙集团新的电子产品主要用于出口，而该城市交通较落后，又远离港口。

E. 该市人员的观念落后。

[解题分析] 正确答案：D

题干论述：徐经理认为应将甲市作为新的发展基地。理由是：人力资源丰富，给予优惠条件，工业方面具有传统优势。

五个选项都能削弱徐经理的结论，其中A、B、E项均削弱理由；C项表明，甲城市有其他缺点，同样有削弱作用。而选项D指出，甲城市有致命的缺陷，不宜作为新的发展基地，削弱力度最强，因此为正确答案。

❸ 我国多数软件开发工作者的"版权意识"十分淡薄，不懂得通过版权来保护自己的合法权益。最近对500多位软件开发者的调查表明，在制订开发计划时也同时制订了版权申请计划的仅占20%。

以下哪项如果为真，最能削弱上述结论？

A. 制订了版权申请计划并不代表有很强的"版权意识"，是否有"版权意识"要看实践。

B. 有许多软件开发者事先没有制订版权申请计划，但在软件完成后申请了版权。

C. 有些软件开发者不知道应该到什么地方去申请版权，有些版权受理机构服务态度也不怎么样。

D. 版权意识的培养需要有一个好的法制环境。人们既要保护自己的版权，也要尊重他人的版权。

E. 在被调查的 500 名软件开发者以外还有上万名计算机软件开发者，他们的"版权意识"如何，有待进一步调查。

[解题分析] 正确答案：B

版权意识不仅包括制订版权申请计划，还包括软件完成后申请版权等方面。选项 B，许多软件开发者在软件完成后申请了版权，说明他们有版权意识，这显然削弱了题干关于"我国多数软件开发工作者的版权意识十分淡薄"的结论。因此，B 项为正确答案。

其余选项均不妥。其中，选项 A 对"制订了版权申请计划"的软件开发者也提出了质疑，怀疑他们是否真有"版权意识"，会增强题干的结论。选项 C 对题干论点有削弱的意思，但强度远不如 B，请注意"有许多"和"有些"的区别。选项 D 讲的是理想环境，与题干讲的现实状况无关。选项 E 讲需要再调查，但对题干的论点削弱力度不大，因为现在的调查已经是个大样本。另外，进一步的调查也可能得出加强题干论点的结论。

（注意：凡是"需要进一步调查""不一定""尚待进一步证实"之类的选项都是或然性削弱，往往都不是最能削弱题型的正确答案）

❹ 有医学研究显示，吃维生素和矿物质补充剂对人体没有显著帮助，有时甚至会对人体造成伤害。一些医生给出劝告，不要再吃维生素和矿物质补充剂了，而应该通过均衡的饮食来补充人体所需的维生素和矿物质。

以下哪项如果为真，最能削弱上述研究结果？

A. 一项对 3 万名妇女进行的 7 年追踪调查发现，服用维生素 D 加上钙补充剂并没有给她们的身体造成伤害。

B. 一项对 1 万名男性展开的 8 年追踪调查显示，不服用维生素和矿物质补充剂并没有增加他们患病的风险。

C. 一项对 1 万名发达地区和欠发达地区老年人的对照调查显示，他们的健康状况差异不显著。

D. 一项对 2 万名儿童展开的 3 年追踪调查显示，不服用维生素和矿物质补充剂的儿童，营养缺乏的发生率较高。

E. 一项对 2 万名东部地区和西部地区大学生的对照调查显示，他们基本都不吃维生素和矿物质补充剂。

[解题分析] 正确答案：D

题干断定的医学研究显示，吃维生素和矿物质补充剂对人没有好处，有时甚至有害处。

D 项，有助于说明不服用维生素和矿物质补充剂有害处，严重削弱了题干，为正确答案。

其余选项不妥，比如，A 项，只能有助于说明服用维生素 D 加上钙补充剂并没有害处，对题干有所削弱，但削弱力度不足。B 项，只能有助于说明不服用维生素和矿物质补充剂并没有害处，支持了题干。C、E 项为无关项。

八、削弱变形

削弱变形题指的是由于题干结论和提问方式的变化，使得有的题目貌似支持实际上是削弱，有的题目貌似削弱实际上是支持。

第一，若题干是否定性的结论，一定要注意提问方式。

（1）支持否定性结论实际上就是削弱肯定性结论。

（2）削弱否定性结论实际上就是支持肯定性结论。

（3）不能支持否定性结论实际上就是支持肯定性结论（或无关项）。

（4）不能削弱否定性结论实际上就是削弱肯定性结论（或无关项）。

第二，注意提问方式的灵活多变。由于提问方式的变化，会导致削弱或支持的指向发生变化。

支持和削弱是密切相关的，两者的解题思路基本一致，只不过其答案对题干推理的作用刚好相反。加上解题时运用排除法等，支持题型也可转化为削弱题型来考虑，削弱题型也可转化为支持题型来考虑。要明确的是，不论支持还是削弱，题干的选项都必须首先与题干相关，紧扣题干，与题干不相关的选项都不能加强题干，也不能削弱题干。因此，不管是哪一类的支持或削弱方式，支持或削弱都最终对推理或结论起作用，所以关键是要针对结论来寻找满足问题要求的选项。

❶ 为了祛除脸上的黄褐斑，李小姐在今年夏秋之交开始严格按使用说明使用艾利雅祛斑霜。但经过整个秋季三个月的疗程，她脸上的黄褐斑毫不见少。由此可见，艾利雅祛斑霜是完全无效的。

以下哪项如果是真的，最能削弱上述结论？

A. 艾利雅祛斑霜价格昂贵。

B. 艾利雅祛斑霜获得了国家专利。

C. 艾利雅祛斑霜有技术合格证书。

D. 艾利雅祛斑霜是中外合资生产的，生产质量是信得过的。

E. 如果不使用艾利雅祛斑霜，李小姐脸上的黄褐斑会更多。

[解题分析] 正确答案：E

题干：用了艾利雅祛斑霜→李小姐脸上的黄褐斑并没有变得更多（尽管毫不见少）。

E项：不使用艾利雅祛斑霜→李小姐脸上的黄褐斑会更多。

要削弱结论，就要说明艾利雅祛斑霜是有效的。事实上，如果不使用艾利雅祛斑霜，李小姐脸上的黄褐斑会更多。而且，实际上经过三个月的使用，李小姐脸上的黄褐斑并没有变得更多（尽管没减少），这就无因无果地支持了艾利雅祛斑霜是有效的，即削弱了艾利雅祛斑霜完全无效的结论。

❷ 最近对北海班轮乘客的一项调查表明，在旅行前服用晕船药的旅客比没有服用的旅客有更多的人表现出了晕船的症状。显然，与药品公司的临床实验结果报告相反，不服用晕船药会更好。

如果以下哪项为真，最强地削弱了上文的结论？

A. 在风浪极大的情况下，大多数乘客都会表现出晕船的症状。

B. 没有服用晕船药的乘客和服用了晕船药的乘客以相同的比例加入了调查。

C. 那些服用晕船药的乘客如果不服药，他们晕船的症状会更严重。

D. 花钱买晕船药的乘客比没有花钱买药的乘客更不愿意承认自己有晕船的症状。

E. 晕船是因为船体的摇晃和脑部收集错误信息所致。

[解题分析] 正确答案：C

要削弱结论，就要说明晕船药是有效的。

如果 C 项为真，即那些服用晕船药的乘客如果不服药，他们晕船的症状会更严重，这显然说明服用晕船药还是有效的。因此，C 项有力地削弱了题干结论。

❸ 海洋生物学家长期以来一直认为海蜗牛贝壳颜色的变化是为了掩护自己不被鸟类和其他食肉动物猎杀而进化来的。在深色的海底，贝壳颜色多为褐色，在浅色的海底，则多为白色。一个新的理论则认为海蜗牛贝壳的颜色与其吸收热量的生理反应相关。根据这个理论，在海浪较大、热量吸收最小的海底，海蜗牛贝壳的颜色多为褐色，而在风平浪静、能吸收较多热量的海水中，海蜗牛贝壳的颜色则多为白色。

以下哪一项提供的证据支持了新理论而削弱了传统理论？

A. 在平静的、有许多天敌的深色海底，发现了大量深色海蜗牛。

B. 在平静的、白色沙质海底，发现了大量深色海蜗牛。

C. 在海浪较大、暗色的海底，发现了大量淡色海蜗牛。

D. 在平静的、有许多天敌的深色海底，发现了大量淡色海蜗牛。

E. 刚出生的小海蜗牛呈棕色，半透明，身上点缀有红色斑点。

[解题分析] 正确答案：D

按照新理论，在平静的海底，应该是热量吸收中等，海蜗牛贝壳颜色应该是淡色。而按照传统理论，在有许多天敌的深色海底，海蜗牛颜色应该是深色。

因此，D 项所述，在平静的、有许多天敌的深色海底，发现了大量淡色海蜗牛。这一证据显然支持了新理论而削弱了传统理论。

九、不能削弱

不能削弱型考题的解题方法是先将能反对题干结论的选项排除掉，最后剩下的选项不管是与题干不相干还是支持题干的都是不能削弱的，即不能削弱题型的正确答案必为支持项或无关项。

❶ 甲校学生的英语考试成绩总比乙校学生的英语考试成绩好。因此，甲校的英语教学方法比乙校好。

除了以下哪项外，其余各项若为真都会削弱上述结论？

A. 甲校英语考试题总比乙校的容易。

B. 甲校学生的英语基础比乙校学生好。

C. 乙校选用的英语教材比甲校选用教材要难。

D. 乙校的英语教师比甲校教师工作更勤奋。

E. 乙校学生英语课的学时比甲校少。

[解题分析] 正确答案：D

题干根据甲校学生比乙校学生成绩好，得出结论：甲校的教学方法比乙校好。

若 D 项为真，既然乙校的教师更勤奋，其学生成绩差更可能是教学方法不当所致。因此，该项会加强题干的结论，至少不能削弱题干结论，为正确答案。

其余选项都是另有他因的削弱，其中 A 项说甲校试题容易，B 项说甲校学生基础好，C 项讲乙校的教材难，E 项讲乙校的学时少，这些都从不同角度表示甲校英语成绩好的原因不一定是教学方法好，而可能是教学方法以外的原因造成的。

❷　据《计算机》杂志评论员分析，新一代的巨星微机比目前市场上的其他品牌质量更高、速度更快、价格更低。因此，它会很快在市场上建立起自己的销售优势。

以下哪项如果是真的，将最不能削弱上述论证？

A. 许多微机零售商店已经经销一种或数种低价位微机，它们并不想改变推出的品牌。

B. 除了巨星微机，又将有几种优质、快速、低价位的微机新品牌推出。

C. 巨星微机可以与其他厂家生产的高价位微机联网。

D. 巨星微机所瞄准的个人或公司客户对微机的需求已基本饱和。

E.《计算机》杂志评论员对巨星微机的高度评价并未被微机客户所广泛接受。

[解题分析] 正确 E 答案：C

题干根据"巨星微机比其他品牌在质量、速度、价格上更有优势"，得出结论：它会很快建立起销售优势。

选项 C 指出了巨星微机的兼容性，对题干结论是个支持，不能削弱题干论证，为正确答案。

其余选项都以另有他因的方式削弱了题干论证。

❸　一位计算机行业的资深分析专家认为，新型的 SuperReger 微机质量高、运转快而且价格比市场上任何其他一种品牌都低。因此，我们可以这样认为，SuperReger 微机会很快发展成为销量大、价格低的现有微机的替代品。

以下哪个选项如果为真，则最不能削弱上述观点？

A. SuperReger 公司的微机可以与其他公司生产的高价格的微机一比高低。

B. 一些运转速度快、价格更低的微机将很快引入其他公司（特别是 SuperReger 公司的竞争对手公司）的生产中。

C. 大多数零售商已经销售了一种或多种的低价微机，不愿意再销售别的低价微机。

D. 市场调查结果显示，SuperReger 微机潜在市场的大多数需求者已经解决了他们的微机需求问题。

E. 这位计算机行业的分析专家进行评论所使用的质量衡量标准是不被广大微机购买者所接受的。

[解题分析] 正确答案：A

题干根据"SuperReger 微机比其他品牌在质量、速度、价格上更有优势"，得出结论：它会很快发展成为现有销量大、价格低的微机的替代品。

A 项所述 SuperReger 微机可与其他高价格的微机一比高低，这不但没有削弱，还事实上加强了题干的观点，因此，为正确答案。

其余选项都以另有他因的方式削弱了题干论证。

❹　石船市的某些中学办起了"校中校"，引起人们的议论，褒贬不一。"校中校"指的是在公办学校另设的、高价接收自费择校生的学校。择校生包括学习优秀生、特长生，也包括没有特长还要择校的"特需生"。其中"特需生"每年要交纳 3 000 元左右的学费。学费的数量大大超过公费生交的学杂费。别看费用高，择校生的考试还是火爆得很，有的家长缠着校长，宁可花两三万元，也要把孩子送进来。

以下分析除哪项外，都对此"校中校"基本持否定的态度？

A. 现在国家对教育投入不足，应该加大投入，不要光想从家长那里收钱。

B. 在现在的经济条件下，下岗职工那么多，有几家能付得起那么高的学费？

C. 现在是市场经济，对特殊生的特殊需求应该采取各种措施满足。

D. "有钱的孩子上好学校，没钱的孩子上差学校"，这公平吗？

E. "校中校"私不私，公不公，用公家的设施，收私立的学费，那还不是稳赚？

[解题分析] 正确答案：C

在各选项中，只有 C 项是对"校中校"持赞同态度，对特殊生的特殊需求应该采取各种措施满足，说明"校中校"应该办。

其余选项均持否定态度。比如：A 项，不要光想从家长那里收钱；B 项，绝大多数家庭付不起高学费；D 项，根据有没有钱来决定孩子上什么学校，这有失公平；E 项，"校中校"用公家的设施收私立的学费，有失公平竞争。因此，这些选项均可排除。

⑤ 据报道，某国科学家在一块 60 万年前来到地球的火星陨石上发现了有机生物的痕迹，因为该陨石由二氧化碳化合物构成，该化合物产生于甲烷，而甲烷可能是微生物受到高压和高温作用时产生的。由此可以推断火星上曾经有过生物，甚至可能有过像人一样的高级生物。

以下条件除了哪项外，都对上文的结论提出质疑？

A. 火星陨石在地球上的 60 万年间可能产生了很多化学变化，要界定其中哪些物质仍完全保留着在火星上的性质不是那么容易的。

B. 60 万年的时间与宇宙的年龄相比是微不足道的，但在这一期间的生物进化的历史可以是丰富多彩的。

C. 微生物受到高压和高温作用时可以产生甲烷，但甲烷是否可以由其他方法产生是有待探讨的一个问题。

D. 由微生物进化到人类需要足够的时间和合适的条件，其复杂性及其中的一些偶然性可能是现在的人们难以想象的。

E. 所说的二氧化碳化合物可以从甲烷中产生，但也不能绝对排除从其他物质产生的可能性。

[解题分析] 正确答案：B

选项 B 没有对题干所言提出质疑，其中后半句对生物进化的可能性和丰富性给予肯定，间接支持了题干中的观点，因此为正确答案。

其余选项均能质疑题干结论。其中，A 项提出的质疑是化验的物质是否来自火星；C 项怀疑甲烷是否与微生物有关；D 项指出由微生物进化到像人一样的高级生物十分困难，对题干中的部分结论提出质疑；E 项怀疑二氧化碳化合物是否与甲烷有关。这些选项都能质疑题干的结论。

十、削弱复选

削弱复选是削弱题型的多选题，这类题的选项可从多个角度对题干论证进行削弱，是各类削弱方向的综合运用，需要对每个选项都有正确的把握。

❶ 在学校里应该教育孩子培养有利于健康的卫生习惯。例如，用棉花棒掏耳垢就是一种好习惯，它会防止由于耳垢的堆积影响听力。

以下哪项如果是真的，会构成对上述建议的质疑？

Ⅰ. 有些有利于健康的良好习惯很小的孩子就能接受，因此，良好习惯的培养应该从学龄前开始。

Ⅱ. 掏耳垢容易不慎损害耳膜，引起感染。

Ⅲ. 清除了耳垢就使内耳通道暴露在外面的脏物之下，容易引发炎症。

A. 仅Ⅰ。

B. 仅Ⅱ。

C. 仅Ⅲ。

D. 仅Ⅱ和Ⅲ。

E. Ⅰ、Ⅱ和Ⅲ。

[解题分析] 正确答案：D

选项Ⅰ与题干一致，加强了题干。Ⅱ和Ⅲ都陈述了掏耳垢的坏处，削弱了题干。

❷ 经过人们长时间的统计研究，发现了一个极为有趣的现象：大部分数学家都是长子。可见，长子天生的数学才华相对而言更强些。

以下哪项如果为真，能有效地削弱上述推论？

Ⅰ. 女性才能普遍受到压抑，很难表现出她们的数学才华。

Ⅱ. 长子的人数比起次子的人数要多得多。

Ⅲ. 长子能够接受更多的来自父母的数学能力的遗传。

A. 仅Ⅰ。

B. 仅Ⅱ。

C. 仅Ⅰ和Ⅱ。

D. 仅Ⅱ和Ⅲ。

E. Ⅰ、Ⅱ和Ⅲ。

[解题分析] 正确答案：C

题干根据大部分数学家都是长子，从而得出结论：长子天生的数学才华相对更强。

选项Ⅰ和Ⅱ都是另有他因的削弱。

选项Ⅰ，说明女性也有很好的天生的数学才华，但在后天被压抑了，所以并非只有男性（长子）才有天生的数学才华。

选项Ⅱ，说明长子比次子人数多得多，所以长子中数学家多一些也很正常，甚至，说不定长子是数学家者占所有长子的比例比次子是数学家者占所有次子的比例还低呢。

选项Ⅲ，没有削弱上述推论，反而是为之提供论据，这加强了题干结论。

第四节　评　　价

论证评价考题主要考查考生评价论点的能力，一个人经常需要论证自己的观点，说服他人支持自己的主张。有些论证是有说服力的，有助于别人接受自己的主张；有些论证缺乏说服力，几乎无助于说服别人支持自己。一个具有批判性思维的人，可以辨别出哪些论证具有说服力，哪些论证缺乏说服力。此题型考查考生对一项论证的说服力的判断能力。

1. 解题思路

评价题型的解题思路就是寻找一个在肯定或否定状态下支持题干而相反状态下则削弱题干结论的选项。

（1）当选项为一般疑问句时，对这个问句有两方面的回答：肯定和否定。如果一方面的回答能支持或加强题干，而另一方面的回答能反驳或削弱题干，于是，这个问题就对题干推理有评价作用，这个疑问句所对应的选项就是我们所要寻找的评价型选项。

（2）当选项为特殊疑问句时，我们可以尝试着对这个选项所对应的问题作出精确的回答。在得到回答的精确信息之后，再否定这个精确信息。这样我们就得到了两方面的信息。如果一种信息能够支持和加强题干，而另一种信息能够削弱或反驳题干，那么这个疑问句所对应的选项就是我们所要寻找的评价型选项。

（3）当选项为陈述句时，一般来说，我们都可以把它们转换成一般疑问句或特殊疑问句来处理。

要特别引起注意的是，正确的选项一定是对这个问句的"是"与"否"的回答都起作用，如果仅仅对一方面回答起作用，则不是评价。

2. 答案方向

评价实质上就是支持和削弱的结合。对评价题可以从是否假设、有无他因、对比评价三个角度来考虑，答案方向如下。

（1）结果和原因之间有没有关系。

（2）原因是否可行或者有意义。

（3）除这个原因之外，是否还有别的因素影响结论，或者有没有其他的原因来解释题干中存在的事实或者现象。

一、是否假设

由于评价在很多情况下是针对题干推理成立的隐含假设起作用，所以读题时要注意体会题干推理的隐含假设，解题重点一般在隐含假设上，对隐含假设提出评价，以达到评判目的。

针对隐含假设提出评价的思路包括因果有无联系？推理是否可行？方法是否可行？有无他因？也即寻找一个对题干论证过程起到正反两方面作用的隐含假设的选项。

❶ 大学图书馆馆员说："直到三年前，校外人员还能免费使用图书馆，后来因经费减少，校外人员每年须付 100 元才能使用我馆。但是，仍然有 150 个校外人员没有付钱，因此，如果我们雇用一名保安去辨别校外人员，并保障所有校外人员均按要求缴费，图书馆的收益将增加。"

要判断图书馆馆员的话是否正确必须首先知道下列哪一项？

A. 每年使用图书馆的校内人员数。

B. 今年图书馆的费用预算是多少。

C. 图书馆是否安装了电脑查询系统。

D. 与三年前相比，图书馆经费低了多少。

E. 雇用一名保安一年的开支是多少。

[解题分析] 正确答案：E

如果我们促使这150个校外人员每年缴费，那么图书馆多收入15 000元。雇用一名保安后图书馆的收益将增加的前提条件是雇佣一名保安一年的开支起码应该比15 000元少。因此，E项是有效的评价。

❷ 一家超市常常发现有顾客偷拿商品不付款，从而影响该超市的赢利，于是，该超市管理层痛下决心，在该超市安装监控设备，并且增加导购员人数，由此来提高该超市的利润率。

下面哪一项对于评价该超市管理层的决定最为重要？

A. 该超市商品的进价与卖价之比。

B. 该超市每天卖出的商品的数量和价格。

C. 每天到该超市购物的顾客人数和消费水平。

D. 该超市因顾客偷拿商品所造成的损失，与运行监控设备、增加导购员的花费之比较。

E. 该超市每天的收入与费用支出的差价。

[解题分析] 正确答案：D

题干论述：超市通过加装监控设备和增加人手来减少窃案发生，以减少损失，从而提高利润。

如果该超市因顾客偷拿商品所造成的损失，比加装监控设备、增加导购员的花费高，则该方案有效，如果该超市因顾客偷拿商品所造成的损失，比加装监控设备、增加导购员的花费低，则该方案起不到减少损失、增加利润的作用。D正确，这是个有无他因的评价。

❸ 吉丝：三年前，交通委员会改进了我们镇上最繁忙的十字路口的可见度，这是一个减少那里的交通事故的值得称赞的努力。

伽瑞：在过去三年里，在那个路口每周交通事故实际上是增多了而不是减少了，因此这一改进增加了事故的可能性。

对下列哪一个问题的回答对评价伽瑞的论述最有用？

A. 卷入改进前交通事故的镇中司机有多大比例的人在事故中受了伤？

B. 当改进被实施后，交通委员会成员在位时间多长？

C. 该镇大多数居民认可交通委员会的总体表现吗？

D. 在过去三年中，附近城镇为了提高危险的十字路口的可见度采用了什么方法？

E. 该镇最繁忙的十字路口的交通流量在过去三年是怎样变化的？

[解题分析] 正确答案：E

题干中伽瑞的论述为：改进可见度后交通事故反而增加了，所以改进可见度增加了事故的可能性。

这个论述要成立必须假设没有别的因素影响这一论证，即必须假设，在过去三年交通流量基本不变。E项指出了这一点，因为如果交通流量增加了，则上述论述被反对，反之上述论述被支持。

❹ 污水处理要消耗大量电力。美国某大学的研究人员最近开发出一项新的微生物电池技术，使污水产出电力的效率比原来提高了10至50倍。运用这项技术，污水处理厂不仅可以实现电力自给，还可将多余的电力出售。可以期待，一旦这项技术投入商业运作，

企业对污水处理的态度会变得积极主动，从而减轻污水排放引发的环境污染。

对以下哪个问题的回答与上述判断的评估最具相关性？

A. 采用这种方式进行污水处理的技术转让和设备成本会不会很高？

B. 这种技术能否有效地处理化工厂污水中的重金属？

C. 这种污水处理方式会不会因释放甲烷而造成空气污染？

D. 环保部门是否会加大对企业排污情况的监管？

E. 这种新的微生物电池技术是不是应该申请专利？

[解题分析] 正确答案：A

即使这项技术使污水产出电力的效率大幅度提高了，企业对污水处理的态度能否变得积极主动，还涉及另一个重要问题，那就是采用这种方式进行污水处理的技术转让和设备成本会不会很高，如果很高，则企业就不一定能盈利，对污水处理的态度就不见得会变得积极主动。因此，A 项对上述判断的评估最具相关性。

二、对比评价

对比评价针对的是一个对比实验或对比调查，往往涉及求异法，需要重点考虑的评价方向有：

（1）对比的基准如何？对某个事物的评价，首先要有个评价的基准，也就是可比较的标准。

（2）另一方的情况如何？重点考虑隐含比较的另一方往往是一个有效的评价。

（3）其他关键证据怎样？有无反例存在？对比实验或对比调查的关键是要让实验或调查对象其他方面的条件相同。

❶ 林教授是河北人，考试时，他总是把满分给河北籍的学生。例如，上学期他教的班上只有张贝贝和李元元得了满分，她们都是河北籍的学生。

为了检验上述论证的有效性，最有可能提出以下哪个问题？

A. 林教授和张贝贝、李元元之间到底有没有特殊的亲戚关系？

B. 林教授为什么更愿意把满分给河北籍的学生？

C. 林教授所给满分的学生中是否曾有非河北籍的学生？

D. 张贝贝和李元元的实际考试水平是否与她们的得分相符？

E. 林教授平日的一贯工作表现如何？

[解题分析] 正确答案：C

题干的论据是个例，而论证的是一般性的结论，检验这样的论证最关键的问题是：有没有反例？C 项提出的正是这样的问题。

D 项即使相符，也不能说总把满分给河北籍的学生。D 项仅仅针对的是论据，C 项针对的是结论，和其余各项比较，C 项是最好的选项。

❷ 有一则电视广告说，草原绿鸟鸡，饿了吃青草，馋了吃蚂蚱，似乎在暗示该种鸡及其鸡蛋的营养价值与该种鸡所吃的草原食物有关。

为了检验这个结论，下面哪种实验方法最为可靠？

A. 选择一优良品种的蛋鸡投放到草原上喂养，然后与在非草原上喂养的普通鸡的营养成分相比较。

B. 化验、比较草原上的鸡食物和非草原上的鸡食物的营养成分。

C. 选择品种等级完全相同的蛋鸡，一半投放到草原上喂养，一半在非草原上喂养，然后比较它们的营养成分。

D. 选出不同品种的蛋鸡，投放在草原上喂养，然后比较它们的营养成分。

E. 选择品种等级完全相同的蛋鸡，一半是圈养，一半是放养。

[解题分析] 正确答案：C

题干结论：鸡及其鸡蛋的营养价值与该种鸡所吃的草原食物有关。

C的实验采用两组相同的鸡，如果两组鸡的营养成分相同甚至在草原上养的鸡的营养成分较低，能够驳斥题干结论，如果草原鸡的营养成分的确高，则能支持题干结论。因此，这个实验方法能可靠地检验题干结论，为正确答案。

❸ 教授：美国和加拿大等国早就招收写作学的硕士生、博士生了，而我们还在为争取写作学的学位授予权而竭力呼吁。这就是对应用性、技能性学科两种截然不同的态度。是我们错了，还是人家错了？

以下哪一项所表述的问题对评估上述论证的合理性最为重要？

A. 如果允许我们招收写作学的硕士和博士，有多少人会报考这个专业？

B. 我们在写作学的师资和学科研究水平上是否具备招收硕士和博士的条件？

C. 我们在写作学以外的其他应用性、技能性学科是否招收了硕士和博士？

D. 我们是否应该重视对应用性、技能性学科硕士和博士的培养？

E. 我们是否应该招收写作学的硕士生、博士生？

[解题分析] 正确答案：B

选项B对评估上述论证的合理性最为重要，如果我们在写作学的师资和学科研究水平上具备招收硕士和博士的条件，那么意味着我们错了；否则，如果我们不具备这样的条件，那么我们就没错。

其他选项都是无关项，不能评估上述论证的合理性。

❹ 针对某种溃疡，传统疗法可在6个月内将44%的患者的溃疡完全治愈。针对这种溃疡的一种新疗法在6个月的试验中使治疗的80%的溃疡取得了明显改善，61%的溃疡得到了痊愈。由于该试验只治疗了那些病情比较严重的溃疡，因此这种新疗法显然在疗效方面比传统疗法更显著。

为更好地比较两种疗法的效果，还需要补充的证据是：

A. 这两种疗法使用的方法有何不同。

B. 这两种疗法的使用成本是否存在很大差别。

C. 在6个月中以传统疗法治疗的该种溃疡的患者中，有多大比例取得了明显改善。

D. 在参加6个月的新疗法试验的患者中，有多大比例的人对康复的比例不满意。

E. 在参加6个月的新疗法试验的患者中，有多大比例的人对康复状况感到满意。

[解题分析] 正确答案：C

根据题意可知，所需要的证据是为了说明新疗法在"疗效"方面胜过传统疗法，因此该证据必须是和"疗效"有关的。

C项问及在6个月中以传统疗法治疗的该种溃疡的患者中有多大比例获得了明显康复。若为100%，那么就高于新疗法的80%，新疗法疗效更显著受到质疑；若低于80%，则新疗法疗效更显著受到支持。因此 C 项为很好的评价。

三、不能评价

不能评价型考题的解题方法是把能够评价题干推理的选项排除掉，剩下的起不到评价作用的选项就是正确答案。

❶ 自 2003 年 B 市取消强制婚前检查后，该市的婚前检查率从 10 年前接近 100％降至 2011 年的 7％，为全国倒数第一。与此同时，该市的新生儿出生缺陷发生率上升了一倍。由此可见，取消强制婚前检查制度导致了新生儿出生缺陷率的上升。

对以下各项问题的回答都与评价上述论证相关，除了：

A. 近十年来该市的生存环境（空气和水的质量等）是否受到破坏？

B. 近十年来在该市育龄人群中，熬夜、长时间上网等不健康的生活方式是否大量增加？

C. 近十年来该市妇女是否推迟生育，高龄孕妇的比例是否有较大提高？

D. 近十年来该市流动人口的数量是增加还是减少了？

E. 近十年来该市食品安全问题是否频发？

[解题分析] 正确答案：D

题干论证的结论是，取消强制婚前检查制度和新生儿出生缺陷率的上升之间存在因果关系。

要使该因果关系成立，必须排除其他因素的影响。A、B、C 选项可能是导致新生儿出生缺陷率上升的其他原因，均与评价题干论证相关。

D 项所述的近十年来该市流动人口的数量是增加还是减少，这与新生儿出生缺陷率的上升不直接相关，因此为正确答案。

❷ 警官：我们的警官大学不再要求申请者在被录取之前必须通过一项体验，其结果是使一些患有心脏病和高血压的候选人被录取。由此，我们可以预测到未来的警官队伍会比目前的警官队伍存在更多的健康问题。

对以下哪项的肯定或否定，与评价警官的预测相关，除了：

A. 警官候选人在加入警官队伍之前被检查是否有高血压。

B. 现在不健康的警官候选人成为警官后可能是不健康的。

C. 警官大学的毕业生要求通过体检。

D. 目前警官候选人的健康状况比以前的警官候选人的健康状况更差。

E. 一位警官的健康状况是这位警官工作效能的一个可靠标志。

[解题分析] 正确答案：E

题干中的警官预测：因为不要求体验，使得一些患有心脏病和高血压的人被警校录取，所以未来的警官将比现在的警官健康问题多。

题干没有提到健康与工作效能的关系问题，E 项与警官推测无关，因此，为正确答案。

其余选项均能起到评价作用，其中：

A 项在肯定状态下说明虽然警校没检查但是上岗前要检查，削弱题干论述；否定状态下，警官候选人在加入警官队伍之前不被检查是否有高血压，支持题干论述，因此，与警官预测相关。

同理，B、D项也都与警官推测相关。

C项在肯定状态下削弱题干论述；在否定状态下，警官大学的毕业生不要求通过体检，加强警官论述。因此，与警官预测相关。

第五节　推　　论

推论题主要考查考生的阅读理解能力和交流沟通能力，考查考生能否把握阅读材料所传达的主要信息。

1. 题型特点

推论题是指逻辑考试中问题方向"自上而下"的论证推理考题。所谓"自上而下"的解题思路，即假定题干论述成立，要求从题干论述中推出某些结果。

推论与假设、支持、削弱、评价题型的最大差异在于：假设、支持、削弱、评价考题所面临的题干是有待评价的论证（题干论证是有疑问的），因此这四类考题是要求从所列选项中选择一个选项放到题干中对题干推理起到一定作用。而推论所面临的题干论述是肯定成立的，不需要对题干的内容是否正确、结论是否荒谬、推理是否合理作出评价，而是要求从上面题干中能合理地推出什么，因此，推理目标应锁定在怎么才能从题干论述中得出一个合理的结论，推出一个最合适的选项。

2. 阅读原则

（1）收敛思维原则。不管题干内容如何，考生都不能对试题所陈述的事实的正确与否提出怀疑，题干论述是被假设为正确的、不容置疑的。

（2）阅读分析原则。推论题的阅读难度要大于假设、支持、反对、评价这四类题，并且由于推论题的题干中每一个陈述都可以作为出题方向，所以读题要求比较高，读题时需要注意从逻辑层次结构上去分析题干推理关系，要学会一边读题一边分析题干论述。

（3）紧扣题干原则。解题时必须紧扣题干陈述的内容，不能忽视试题中所陈述的事实，正确答案应与陈述直接有关，并从陈述中直接推出一个合理的结论。

3. 题干分类

推论题的题干陈述可分为两类：

（1）第一类是题干仅是个陈述，只给出某些前提或多个信息，没给出结论。这类题占推论题的大多数，包括概括论点、推出结论、推论支持等。解题思路是从题干所陈述的信息中，按问题要求，概括、引申或推出某个结论。

（2）第二类是题干是个论证，给出了前提，也给出了结论。首先要认为题干的论证是必然正确的，因此，其前提与结论之间有必然的联系。所以，这类题往往转化为假设题或支持题来思考。推论假设题的解题思路就是要找出使题干论证成立的隐含假设。

4. 选项分类

推论题的题干选项可分为四类：

（1）无关类选项：与题干所陈述的内容无关的选项。

（2）引申类选项：与题干所陈述的内容相关，或选项陈述是从题干论述中引申出来的。

（3）概括类选项：与题干所陈述的内容相关，且选项陈述是从题干陈述中归纳概括出来的。

（4）收敛类选项：与题干所陈述的内容相关，且选项陈述是从题干陈述中演绎推理出来的。

5. 常用解法

推论题常用解题方法有以下几种。

（1）排除法

从某种意义上看，这类题型考的就是阅读理解，解题策略就是要确定范围：即限定范围或收敛思维。推论题的"垃圾"选项经常是在文章的范围之外。做题时，注意一定要直击问题的范围。也就是说，推论题的答案应该在文章的范围之内。在文章之外的个人的观点和背景知识通常都是在范围之外。

除了推论支持题和不能推论题外，包括演绎推论、概括论点、推出结论、推论假设等大部分推论题的正确答案必须与题干所给的陈述相符，一般不能用题干之外的信息进一步推理！原则上可用排除法排除超出题干范围的选项。

① 排除绝对化语言。题干没有绝对化语言，答案也不能包括绝对化语言。

② 排除新内容。一般不能出现题干中没有的新内容。

（2）直接代入法

由于答案不能和题干信息相违背，直接代入法（归谬法）可用来帮助排除选项，具体是指当错误选项不容易排除，而正确选项又难以选择时，就应该运用代入法试一试。这种方法是说，先假设某一个备选项是成立的，然后代入题干，看是否导致矛盾，如果出现矛盾就说明假设该选项成立不对，该选项是不成立的。

但是，需要注意的是，如果通过假设某一选项成立代入题干，并没有导致矛盾，是不是就说明该选项一定能成立呢？这可不一定。因为有时可能出现不止一个选项如果成立而不会导致矛盾的情况。这里，代入法需要结合排除法来使用，如果通过使用排除法，其他选项均导致矛盾，则剩余的不导致矛盾的选项就是正确的。

（3）否定代入法

否定代入法也叫假设反证法，例如，假设 p 假，推出逻辑矛盾，因此，p 真。该方法是说，如果我们对某个选项难以确定其真假，那么就可以先假设所要考虑的选项为假，然后代入题干，看是否导致矛盾，如果导致矛盾则说明该选项不可能为假，一定为真。

既然题干事实为真，根据逆否命题的思路，由于如果选项不成立，题干推理就会不成立；这就说明，如果题干推理成立，则该选项就成立；这时，这个选项就是正确答案。

6. 答题技巧

推论题选择答案的技巧有：

（1）与题干重合度越高的选项越可能是正确答案。推论题一般都可以找到题干的关键词语，按关键词语定位选项的话，解题速度可以加快。

（2）首先要读懂题目的论述和结构，特别是找出题干的主结论或主要事实。推论答案往往是题干主结论的重写，必须概括全文，比如是原论断的逆否命题的改写或者是关键词替换。

（3）推论题型的错误选项无非两种：无关或扩大推理范围。

一、概括论点

概括论点题的具体表现形式是，题干给出一段论述，然后问作者到底想证明什么，实际上是要求总结它们所表达的中心内容或者作者的主要观点。这类题考查的方向包括确定论点，概括出题干陈述的内容、原则、主旨或中心思想，引申或推断出题干论述的意图。解这类题要注重对语言的理解，应在着重把握题干层次结构的基础上，凭语感去体会作者的写作用意。正确答案大多是概括类选项。

❶ 一国丧失过量表土，需进口更多的粮食，这就增加了其他国家土壤的压力；一国大气污染，导致邻国受到酸雨的危害；二氧化碳排放过多，造成全球变暖、海平面上升，几乎可以危及所有的国家和地区。

下述哪项最能概括上文的主要观点？

A. 环境危机已影响到国与国之间的关系，可能引起国际争端。

B. 经济的快速发展必然导致环境污染的加剧，先污染、后治理是一条规律。

C. 在治理环境污染问题上，发达国家愿意承担更多的责任和义务。

D. 环境问题已成为区域性、国际性问题，解决环境问题是人类面临的共同任务。

E. 各国在环境污染治理方面要量力而行。

[解题分析] 正确答案：D

题干强调的是环境问题及其对超出国界的影响，D中的内容概括了题干的观点。

其他选择都增加了题干没有包含的观点，比如：选项A的"引起国际争端"、选项B的"先污染、后治理"、选项C的"发达国家愿意承担更多的责任"、选项E的"污染治理要量力而行"等都是额外的材料。

❷ 环境学家关注保护濒临灭绝的动物的高昂费用，提出应通过评估各种濒临灭绝的动物对人类的价值，以决定保护哪些动物。此法实际不可行，因为，预言一种动物未来的价值是不可能的。评价对人类现在作出间接但很重要贡献的动物的价值也是不可能的。

作者的主要论点是什么？

A. 保护没有价值的濒临灭绝的动物比保护有潜在价值的动物更重要。

B. 尽管保护所有濒临灭绝的动物是必须的，但在经济上却是不可行的。

C. 由于判断动物对人类价值高低的方法并不完善，在此基础上作出的决定也不可靠。

D. 保护对人类有直接价值的动物远比保护有间接价值的动物重要。

E. 要评估濒临灭绝的动物对人类是否重要是不可能的。

[解题分析] 正确答案：C

题干先表明环境学家提出的办法不可行，然后进一步指出预言一种动物对于人类的价值也不可能。选项C恰当概括了题干中作者的主要论点。

其余选项不妥。其中，A、B、D为无关选项。E项不能完全概括作者的观点，因为题干只是说，评价一种动物的具体价值是不可能的，并没有说评价动物对人类是否重要是不可能的。

❸ 人类中的智力缺陷者，无论经过怎样的培训和教育，也无法达到智力正常者所能达到的智力水平；同时，新生婴儿如果没有外界的刺激，尤其是人类社会的环境刺激，也

同样达不到人类的正常智力水平，甚至还会退化为智力缺陷者。

以下哪项作为上面这段叙述的结论最为恰当？

A. 人的素质是由遗传决定的。

B. 在环境刺激接近的条件下，人的素质直接取决于遗传的质量。

C. 人的素质主要受环境因素的制约。

D. 遗传和环境的共同作用决定了人的素质状况的优劣。

E. 社会环境和自然地理环境都会对人的智力产生长远的影响。

[解题分析] 正确答案：D

题干断定：第一，智力缺陷者，无论经过怎样的培训和教育，也无法达到智力正常。

第二，新生婴儿如果没有外界的刺激，也同样达不到正常智力水平。

可见，人的素质是由遗传和环境的共同作用决定的。因此，选项 D 比较好地综合了这段叙述的全部内容。

❹ 先天的遗传因素和后天的环境影响对人的发展所起的作用到底哪个重要？双胞胎的研究对于回答这一问题有重要作用。唯环境影响决定论者预言，如果把一对双胞胎婴儿完全分开抚养，同时把一对不相关的婴儿放在一起抚养，那么，待他们长大成人后，在性格等内在特征上，前二者之间决不会比后二者之间有更多的类似。实际的统计数据并不支持这种极端的观点，但也不支持另一种极端观点，即唯遗传因素决定论。

从以上论述最能推出以下哪个结论？

A. 为了确定上述两种极端观点哪一个正确，还需要进一步的研究工作。

B. 虽然不能说环境影响对于人的发展起唯一决定的作用，但实际上起最重要的作用。

C. 环境影响和遗传因素对人的发展都起着重要的作用。

D. 试图通过改变一个人的环境来改变一个人是徒劳无益的。

E. 双胞胎研究是不能令人满意的，因为它得出自相矛盾的结论。

[解题分析] 正确答案：C

题干中讨论的问题是"先天的遗传因素跟后天的环境影响对人的发展所起作用到底哪个重要"。题干举出对双胞胎的研究所得到的实际的统计数据，否定了两种极端观点："唯环境影响决定论"和"唯遗传因素决定论"，即不能片面强调两种因素中的任何一种。这说明两种因素"都起着重要的作用"，因此，C 项为正确答案。

其余选项均不妥。其中，A 项不对，因为题干没有继续实验的意思，并根据已经进行的实验给出了结论。B 项不对，题干并没有说环境影响的作用比遗传因素大。D 项中"改变一个人"的含义模糊，好像环境对人的发展没有影响似的。E 项否定了双胞胎研究，理由是其结论"自相矛盾"，这个指责是站不住脚的。因为影响人的发展的两种因素并不是非此即彼，完全可以都起重要的作用。双胞胎研究的方法的确有一定的科学依据，题干是把它作为值得肯定的实验方法加以介绍的。

二、推出结论

推出结论型考题是最普遍的推论题，具体表现形式是题干列举一堆事实或给出一段陈述，然后问你从中最能得出什么结论。解题时要在把握题干层次结构的基础上去寻找隐含的结论或内在的含义。正确答案必定是与题干前提相关并从中合理推出的，大多也是概括类选项。

❶ 农业科学研究所对水稻品种进行施肥试验。试验表明：在其他条件不变的情况下，如果钾肥比磷肥多，则品种 1 号比品种 2 号长势好；如果磷肥比钾肥多，则品种 2 号比品种 1 号长势好。

根据这个结果可以推出以下哪一项？

A. 除钾肥和磷肥外，品种 1 号和品种 2 号不需要其他肥料。

B. 氮肥也是水稻生长所需要的。

C. 品种 1 号和品种 2 号对于肥料的要求不一样。

D. 如果改变了试验的其他条件，得到的结果可能是不一样的。

E. 在相同的条件下，品种 1 号和品种 2 号都比其他水稻品种长势好。

[解题分析] 正确答案：C

简单的推理题。根据实验结果显然有利于得到结论：品种 1 号和品种 2 号对于肥料的要求不一样，即 C 项正确。

其余选项都超出题干范围，推不出。

❷ 群英和志城都是经营微型计算机的公司，它们是电子一条街上的两颗高科技新星。为了在微型计算机市场方面与几家国际大公司较量，群英公司和志城公司在加强管理、降低成本、提高质量和改善服务几方面采取了有效措施，1998 年的微机销售量比 1997 年分别增加了 15 万台和 12 万台，令国际大公司也不敢小看它们。

根据以上事实，最能得出下面哪项结论？

A. 在 1998 年群英公司与志城公司的销售量超过了国外公司在中国的微机销售量。

B. 在 1998 年群英公司和志城公司用降低价格倾销的策略扩大了市场份额。

C. 在 1998 年群英公司的销售量的增长率超过志城公司的增长率。

D. 在价格、质量相似的条件下，中国的许多消费者更喜欢买进口电脑。

E. 在 1998 年群英公司的市场份额增长量超过了志城公司的市场份额增长量。

[解题分析] 正确答案：E

从题干中所说的群英公司和志城公司的微机销售量分别增加了 15 万台和 12 万台，可以直接得出：群英公司的市场份额增长量超过志城公司的市场份额增长量，即 E 项正确。

其余选项都不能从题干推出。

❸ 西方发达国家的大学教授几乎都是得到过博士学位的。目前，我国有些高等学校也坚持在招收新教员时，有博士学位是必要条件，除非是本校的优秀硕士毕业生留校。

根据以上论述，最可能得出以下哪一结论？

A. 在我国，大多数大学教授已经获得了博士学位，少数正在读在职博士。

B. 在西方发达国家，得到博士学位的人都到大学任教。

C. 在我国，有些高等学校的新教师都有博士学位。

D. 在我国一些高校，得到博士学位的大学教师的比例在增加。

E. 大学教授中得到博士学位的比没有得到博士学位的更受学生欢迎。

[解题分析] 正确答案：D

题干意思是，在通常情况下，新教师要有博士学位，仅有的例外是本校优秀硕士留校。

可见，新招收的教师中有博士学位的人数的比例会比原有教师中相应的比例高，从而可合理地推出，在我国一些高校，教师总体有博士学位的比例会增加。因此，D 项为正确答案

其余选项不妥。其中，A、B、E 项在题干中并未论述，超出题干范围。C 项是干扰项，我国有些高校的新教师都有博士学位，这具有可能性但不具有必然性，因为忽略了题干说的"除非是本校的优秀硕士毕业生留校"。

❹ 据统计，2003 年，全国查处药品案件总值 4.96 亿元，撤销和终止药品批号 13 个，捣毁制假窝点 994 个，吊销医疗器械生产企业许可证 134 个。全国药品企业有 5 000 多家，政府规定，全部药品企业必须在 2004 年 7 月 1 日之前通过 GMP 认证，至 2004 年 5 月底，通过认证的只有 2 700 家。

根据以上信息最有可能得出下述哪项结论？

A. 从 2004 年 7 月 1 日起，消费者到药店购买抗生素药品时必须出示执业医师的合法处方。

B. 从 2004 年 7 月 1 日起，未列入非处方药目录的各种抗菌药物（包括抗生素和磺胺类、喹诺酮类、抗结核、抗真菌药物），在全国范围内的所有零售药店里必须凭执业医师的合法处方才能销售。

C. 从 2004 年 7 月 1 日起，药店没有凭医生处方向消费者出售处方药的，卫生部门将予以警告，并对其处以 2 000 元至 30 000 元的罚款。

D. 有上千家药品企业在这次认证关卡中被淘汰。

E. 据不完全统计，我国 180 多万的聋哑儿童中，60% 以上是不合理使用抗生素而造成的。所以儿童是滥用抗生素恶果中的最大受害者。

[解题分析] 正确答案：D

A、B、C、E 项所涉及的处方药、非处方药、抗生素等概念都超出题干断定范围，因此，均不能作为合适的答案。

相比较而言，D 项可作为最有可能的推论。

❺ 在美国纽约，有这样一种有趣的现象。每天晚上，总有几个时刻，城市的用水量突然增大。经过观察，这几个时刻都是热门电视节目间隔中插播大段广告的时间。而用水量的激增是人们同时去洗手间的缘故。

以下哪项，作为从上述现象中推出的结论最为合理？

A. 电视节目广告要短小，零碎地插在电视节目中才会有效。

B. 电视台对于热门节目中插播的广告的费用要提高，否则竞争就更为激烈。

C. 热门的电视节目后插播广告不如在冷门些的节目后插播广告效果好。

D. 在热门的电视节目中插播广告，需要向自来水公司缴纳一定的费用，补偿用水激增对设备的损害。

E. 现代生活中人们普遍不喜欢电视节目中大段广告的插入。

[解题分析] 正确答案：E

题干论述，热门电视节目间隔中插播大段广告的时候，人们同时去洗手间造成用水量激增。

从中显然可以合理地推出：人们普遍不喜欢大段广告。因此，E 项最合理。

至于其他选项都需要进一步的推理，而且还不那么确定。

三、推论假设

推论假设题是指，题干是一个已经成立的论证，要求你推出一个结论。由于对推论题而言，题干论证是一个已经成立的论证关系，因此，其论证的必要条件自然能被推导出来，即题干论证的隐含假设必定成立。这类题应转化为假设去思考，可用否定代入法（选项反证法）解决，即假设如果选项不成立，则题干结论也不成立，这样的选项就是正确答案，必定是收敛类选项。

❶　如果石油供应中断导致国际石油价格上涨，那么开放市场的国家（如美国），无论其石油完全进口还是完全自产，其国内石油价格也将上涨。

上文陈述最好地支持了下面哪项结论？

A. 当国际石油供应中断时，开放市场的国家的国内石油生产商被驱逐出国际石油市场。

B. 只要开放市场的国家的国内石油供应能满足内需，那么国际石油供应中断对国内油价的影响，即便有，也微乎其微。

C. 实际上，即便开放市场的国家的国内石油通常用于内销，其国内石油市场也是国际石油市场的组成部分。

D. 即便国际油价大幅上涨，那些不出口或少量出口石油的市场开放的国家仍可维持国内油价保持稳定。

E. 如国际油价上升，开放市场的国家的销售商进口石油量将超过出口石油量。

[解题分析] 正确答案：C

题干陈述：国际石油价格上涨，那么开放市场的国家的国内石油价格也将上涨。

C 项是题干中推理的假设，即一个市场开放的国家的石油市场是国际市场的一部分，那么，国际石油价格上涨的话，就可以合理地得出结论，市场开放的国家的石油价格也会上涨。否则，如果该项不成立，题干结论就得不出了。因此，C 项受到题干的支持，为正确答案。

其余选项均不妥。其中，B 和 D 项没有得到支持，因为每一项都与国际石油供应的波动导致开放市场国家油价的上涨相矛盾；A 和 E 项也没有得到支持，因为该论述仅提供了关于波动对石油价格的影响的信息，而没有国内生产商或分销商的信息。

❷　广告业的自明之理之一是，为了促进销售，它很少有必要在一个广告中阐述某种产品的实质；相反，它只要吸引住潜在顾客的注意就够了。让人们记住一种产品会促进销售，因为对销售者来讲，让人们知道一种商品比了解一种商品要重要得多。

上文暗示了下面哪一个？

A. 人们能够在没有很多信息的情况下，记住一种产品。

B. 广告用其自身的方法，起着促进人们记忆的作用。

C. 吸引一个潜在顾客的注意是一件简单的事情。

D. 广告业很少了解其促销产品的实质。

E. 广告很少告知你一种产品的真实情况。

[解题分析] 正确答案：A

题干陈述：让人们记住一种产品会促进销售，所以没必要在一个广告中阐述某种产品的实质，而只要吸引住人们的注意就够了。

选项 A 是上述推理的假设，否则，人们在没有很多信息的情况下不能够记住一种产品，广告就不能只吸引住人们的注意，就很有可能有必要在一个广告中阐述某种产品的实质。

❸ 美国大众文化的欧洲化已经达到了 25 年前无法想象的程度。那时没有多少人在用餐的时候喝葡萄酒，也没有人饮用进口的矿泉水，最令人诧异的是，美国人竟然会花钱去看英式足球比赛。这种观点的提出源于一份报告，该报告指出美国州际高速公路与运输官员协会刚刚采纳了一项提议，准备开发美国的第一条综合性的州际自行车道路系统。

该段文字最好地支持了下面哪一项推论？

A. 欧洲使用长距离自行车道路。

B. 饮用进口矿泉水比饮用进口葡萄酒更加奢侈。

C. 美国文化对外国观念的开放性使之受益匪浅。

D. 大多数欧洲人经常骑自行车。

E. 在过去 25 年中，美国对欧洲文化的影响达到了前所未有的程度。

[解题分析] 正确答案：A

题干论述：因为美国采纳了一项开发全国第一条综合性的州际自行车道路系统，所以美国文化欧洲化了。

A 项是上述推理的假设，否则，如果欧洲没有使用长距离自行车道路，那么即使美国采纳了开发综合性的州际自行车道路系统的建议，也不能得出美国文化欧洲化这一结论。所以，该项得到了题干的支持，为正确答案。

其余选项均不妥。其中，D 是干扰项，因为得出美国文化欧洲化这个结论的原因是"综合性的州际自行车道路系统"，并不是"美国人使用自行车"。其余选项都超出题干范围。

四、推论支持

推论支持指的是自上而下的支持，要求用题干陈述去支持下面的选项。解题思路是根据题干陈述使下面选项成立的可能性最大的那个就是正确答案。这类题的正确答案可以是概括类选项，也可以是引申类选项。因此，推论支持题的正确答案尽可能在题干范围之内，但由于推论支持并不是从题干必然推出的，实际上正确答案也可以是引申类选项，有可能超出题干范围，但选项中出现的新内容一定要与题干紧密相关，或者选项能合理地得到题干的支持。

❶ 如果一个人增加每日进餐次数但不增加进食总量，则他的胆固醇水平会明显下降。然而，大多数人在增加进餐次数的同时也摄入了更多的食物。

如果以上陈述为真，它将最有力地支持下面哪一个选项？

A. 在大多数人看来，他每天的进食量不会明显地影响他体内的胆固醇水平。

B. 对大多数人来说，增加每天的进餐次数不会使胆固醇水平显著降低。

C. 对大多数人来说，每天的进食量不会受每天的进食次数的影响。

D. 对大多数人来说，进食量受到进食时间的很大影响。

E. 对于大多数人来说，每天的进食量随次数的增加也会成比例增加。

[解题分析] 正确答案：B

题干断定一：胆固醇水平会明显下降的前提条件是增加每日进餐次数但不增加进食总量。

题干断定二：大多数人在增加进餐次数的同时也摄入了更多的食物。

也就是说，大多数人不能满足胆固醇水平会明显下降的前提条件，因此，胆固醇水平很可能不会显著降低。因此，题干支持了 B 项。

❷ 历史学家普遍同意，在过去的年代里，所有的民主体制都衰落了，这是因为相互竞争的特殊利益集团之间无休止的争辩，伴随而来的是政府效率低下，荒废政事，贪污腐败，以及社会道德价值在整体上的堕落。每一天的新闻报道都在证实，所有这些弊端都正在美国重现。

假设以上陈述为真，下面哪一个结论将得到最强的支持？

A. 如果民主制的经历是一个可靠的指标，则美国的民主制正在衰落中。

B. 非民主社会不会遇到民主社会所面临的那些问题。

C. 新闻报道通常只关注负面新闻。

D. 在将来，美国将走向独裁体制。

E. 专制是比民主制更好的政府形式。

[解题分析] 正确答案：A

题干断定：第一，由于存在种种弊端，因此，民主体制都衰落了；第二，所有这些弊端都正在美国重现。

由此显然可以合理地支持这一结论：如果民主制的经历是一个可靠的指标，则美国的民主制正在衰落中。所以 A 项为正确答案。

其余选项超出了题干断定范围，均从题干中推不出。

❸ 爱迪生做过一个有趣的实验，他让新来的年轻职员去巡查各个商店，然后写出各自的建议和批评报告。其中一个职员是化学工程师，说他的兴趣和专长是化学，而他的报告却几乎没有谈到化学方面的问题，详述的是怎样出货和陈设商品的事情。爱迪生认为这位员工的兴趣和专长是销售管理，于是分派他做销售管理，结果他的工作非常出色。

爱迪生的实验最有力地支持以下哪一项结论？

A. 人们会很自然地被他感兴趣的事物所吸引，他自己却未必能觉察到。

B. 人们自己所认定的兴趣和专长，不一定是他的真正兴趣和专长。

C. 人们首先对自己感兴趣，其次对与自己有关的人或事感兴趣。

D. 只有对某类事物感兴趣，该类事物才能吸引你的注意力。

E. 每个人都必然不知道自己真正的兴趣所在，只能靠别人来发掘。

[解题分析] 正确答案：B

爱迪生的实验：一个自称兴趣和专长是化学的职员，写的报告都是涉及销售方面的事，于是分派他做销售管理，结果他的工作非常出色。

这一实验显然有利于说明：人们自己所认定的兴趣和专长，不一定是他的真正兴趣和专长。因此 B 项正确。

A 项也得到了题干支持，但不是题干所强调的，因为它只谈到兴趣，没谈到专长。C、D、E 项不能由题干引出。

❹ 通常认为人的审美判断是主观的，短时间内的确如此，人们对当代艺术作品的评价就经常出现较大分歧。但是，随着时间的流逝，审美中的主观因素逐渐消失。当一件艺术作品历经几个世纪还能持续给人带来愉悦和美感，如同达·芬奇的绘画和巴赫的音乐那样，我们就可以相当客观地称它为伟大的作品。

以上陈述最好地支持了以下哪项陈述？

A．达·芬奇、巴赫在世时，人们对其作品的评价是不同的。

B．对于当代艺术作品的价值很难作出客观的认定。

C．对于同一件艺术作品，不同时代人们的评价有很大差异。

D．如果批评家对一件当代艺术作品一致予以肯定，这件作品就是伟大的作品。

E．对于某些当代艺术作品的评价，人们的看法是完全一致的。

[解题分析] 正确答案：B

题干所述表明，人们对当代艺术作品的评价经常是不一致的，只有历经几个世纪后才能得到客观的评价。B 选项最为恰当地表达了这一含义。

其余选项均从题干不能得出，比如，D 选项与题干的意思背离。

五、推论削弱

推论削弱题指的是自上而下的削弱，要求用题干陈述去反对下面的选项。解题思路是根据题干陈述使下面选项成立的可能性降低的力度最大的那个就是正确答案。这类题的正确答案是与题干陈述相关且相反的选项，实质上是让我们找出一个与题干推理完全违背的选项。选择答案时需注意两点：

一是这种削弱是题干反对选项，不能选无关选项。

二是一般对题干中的主要观点取非即为答案。

❶ 学校体育教育课程的主要目标是促使所有孩子身体健康，但只有一小部分孩子曾经参与过集体体育运动。而且，通常集体体育运动对促进参与者健康的效果不如直接集中于有氧锻炼的体育教育课程的效果好。

以上考虑如果正确，可最有效地被用于反驳下列哪项？

A．学校的体育教育课程是为了帮助学生们养成保持身体健康的好习惯。

B．孩子们加入社区的运动队。

C．学校主要依靠有氧训练来提高孩子们的健康状况。

D．学校体育课程大部分都是用来做集体体育活动。

E．学校的集体体育活动应偶尔作为有资质的田径运动员的活动。

[解题分析] 正确答案：D

题干陈述：体育课的主要目的是促使学生身体健康，但只有一小部分孩子曾参与集体体育运动，而且，集体体育运动对促进参与者健康的效果并不好。

可见，上述对集体体育运动不满的陈述可有效地用于反驳：学校体育课程大部分都是用来做集体体育活动。因此，D 项为正确答案。

其余选项均不妥。其中，A 项，题干没有涉及终身概念。B 项，题干没有涉及运动队这个概念。C项，题干只是说集体体育运动不如直接集中于有氧锻炼，不可能用来反驳"学校主要依靠有氧训练来提高孩子们的健康状况"。E项，题干没有说集体体育活动的用途是什么。

❷ 一组随机挑选出来的人看了一位演讲者给一群人数较多且注意力集中的听众做关于环境道德的讲座。另一组随机挑选出来的人看了同一位演讲者以同样方式给一群人数较少、注意力不集中的听众做相同的讲座。头一组人认为演讲者思考深入、自信，后一组人认为演讲者表达模糊、冗长。

以上信息最好地反驳了以下哪种说法？

A. 同样的社会行为在不同的社会背景下，给不同人的感觉可能很不一样。

B. 如果第二组人看到该演讲者的第一组人认真听取报告，他们对演讲者个人素质的判断很可能大不相同。

C. 人们对演讲者个人素质的判断主要取决于他的谈话内容和说话的方式。

D. 一个听众对演讲者发言的评论可能受到其他人态度的影响。

E. 随机选出的一批人在特定的社会环境下，对演讲者个人素质的认识可能达成一致。

[解题分析] 正确答案：C

题干的实验说明，观察者对同一个演讲者相同演讲的评价结果与观众的人数和注意力有关。

选项C指出人们对演讲者个人素质的判断主要取决于他的谈话内容和说话方式，若如此，两组观察者对这个演讲者的反应应该相同，这与题干所述的情况相矛盾。这就表明，题干信息有力地反驳了该项这一说法，因此，C项为正确答案。

A为无关选项；B、D和E项都支持了题干的观点。

六、不能推论

不能推论题的解题思路是与题干论述的内容相一致的选项首先要排除掉，正确答案应该是其论述与题干没有明显关系的选项。

❶ 一经济管理杂志刊登的文章提出：在对外经济交往中不能一味地好让不争，在必要的时候，我们也要用"反倾销"的武器来保护自己。

除哪项以外，下面都是对上述观点的进一步论述？

A. 一些国家频频对我国的某些产品提出"反倾销"，而我们却常常把市场拱手让人。

B. 某外国公司卖的某商品的价格远远低于专家推算的成本价。

C. "反倾销"是一把双刃剑，可能影响我国的商品出口。

D. 某外国公司计划用高额的代价取得在我国彩电市场上的绝对优势。

E. 我国要加速制定"反倾销"的有关法律、法规，并形成保护自身的群体意识。

[解题分析] 正确答案：C

题干的观点是：要用"反倾销"的武器来保护自己。

C项指出了"反倾销"的弊端，与题干观点不同，不是对题干的进一步论述。

其余选项均不妥。其中，A项说我国"反倾销"的武器运用得不够，并以外国"反倾销"的事实论证我国运用"反倾销"武器的合理性。B和D项指出外国对我国正在进行"倾销"，进一步论证"反倾销"不是无中生有。E项论述如何运用"反倾销"武器，指出需要加强法制和宣传教育。这些都是对题干观点的进一步论述。

❷ 在刚刚闭幕的高科技交易会上，无话费手机项目正式签约。这种新型的智能广告手机有望在年内面世，"打手机不花钱"将不再是梦想。

以下哪项断定，最不可能与上述无话费手机的功能和特点相符？

A. 这种无话费手机的价格比一般手机的价格要高些。

B. 这种手机具有独特的接收广告信息的功能。

C. 无话费手机的意思是打电话免费，并不意味着免费入网。

D. 这种手机是智能式的，用户每天收看十条广告后，才可获得话费赠送。

E. 这种手机的老板推出该项产品的目的，是用自己多年的积蓄为社会免费提供服务。

[解题分析] 正确答案：E

按常理，无话费手机要实现接打电话免费，运营该手机通话的企业是不可能永远亏本的，那一定从别的地方来得到赢利，比如，手机高价、收取广告费、入网费等。选项 A、B、C、D 都是对这种无话费手机的功能和特点比较合理的推断，

而选项 E 从常理上几乎不可能，因为如果是这样一种免费服务，那么将耗费巨大，几乎不可能是一个人多年的积蓄能够支撑的。

❸ 商业周期并未寿终正寝。在西方某国，目前的经济增长要进入第六个年头，增长速度稳定在 2%～2.5% 之间。但是，实业界人士毕竟不是天使，中央银行的官员也不是贤主明君，关于商业周期已经寿终正寝的说法过于夸大其词了。

以下除哪项外都进一步论述了上文的观点？

A. 适应顾客需求的制造业比原来大工厂的大批量生产更具有灵活性。

B. 当公司预见繁荣会继续时，大家就会争着投放过多的资金。

C. 当建厂过多、生产过剩时，公司就会急剧抽回资金。

D. 联邦储备委员会有时会反应过度或行动过火，动不动就提高利率。

E. 繁荣时的盲目乐观和萧条时的惶恐不安，都会妨碍市场进行自我调节。

[解题分析] 正确答案：A

题干观点：商业周期是必然存在的。

选项 A 没有提供进一步的论据，而且制造业更具灵活性，就有可能不存在商业周期，显然不能进一步论述上文的观点，因此为正确答案。

其余选项均不妥。其中，B、C 项指出投资带有盲目性，可能引起经济的衰退，符合题干的观点。D 项指出宏观调控可能不当，E 项指出繁荣时的盲目乐观和萧条时的惶恐不安都可能对经济发展带来影响。B、C、D 三项都对题干的论点提供了进一步的支持。

七、推论复选

推论复选是推论题型的多选题，解题时需要把能从题干推出的选项都选出来，这实际上增加了解题难度，需要对每个选项都有正确的把握。

❶ 旺堆山温泉中含有丰富的活性乳钙，这种活性乳钙被全国十分之九的医院用于治疗牛皮癣。

如果以上断定是真的，则以下哪项也一定是真的？

Ⅰ. 全国有十分之九的医院使用旺堆山温泉治疗牛皮癣。

Ⅱ. 全国至少有十分之一的医院不治疗牛皮癣。

Ⅲ. 全国只有十分之一的医院不在旺堆山温泉设立牛皮癣治疗点。

A. 只有Ⅰ。

B. 只有Ⅱ。

C. 只有Ⅲ。

D. Ⅰ、Ⅱ和Ⅲ。

E. Ⅰ、Ⅱ和Ⅲ都不必然是真的。

[解题分析] 正确答案：E

根据题意，显然，三个选项其实都可能是真的，但都不一定是真的，所以 E 为正确答案。

❷ 宇宙中穿过地球运行轨道的大行星有 1 000 多颗。虽然一颗行星与地球碰撞的概率极小，但人类仍必须尽其所能来减少这种概率，因为如果这种碰撞一旦发生，对地球将是灾难性的。避免这种灾难的最好方法是使行星的运行轨道发生一定的偏斜。而要使行星的运行轨道发生偏斜，唯一的方法是使用储存在空间站中的核武器对行星进行袭击。

从上述断定能推出以下哪项结论？

Ⅰ. 人类应当在空间站中储存核武器。

Ⅱ. 在防止空间灾难方面，核技术是唯一有效的技术。

Ⅲ. 在地球的发展史上，已出现过多次地球与行星的碰撞。

A. 只有Ⅰ。

B. 只有Ⅱ。

C. 只有Ⅲ。

D. 只有Ⅰ、Ⅲ。

E. Ⅰ、Ⅱ和Ⅲ。

[解题分析] 正确答案：A

题干论述：避免空间灾难的最好办法是使行星的运行轨道发生一定的偏斜，而要使行星的运行轨道发生一定偏斜的唯一方法是使用储存在空间站中的核武器对行星进行袭击。

由此可见：

Ⅰ项，人类应当在空间站中储存核武器，这是必然能推出来的结论。

Ⅱ项，说法太绝对，因为使行星的运行轨道发生偏斜仅仅是避免空间灾难的最好办法，而不是唯一方法。

Ⅲ项，超出题干断定范围。

第六节　解　　释

所谓解释就是用某些一般道理说明某一事件之所以如此发生的原因。解释是为了更进一步说明推理的正确性，或者说明矛盾的不矛盾性，或说明一种现象，或者说明差异事件的合理性。

1. 题型特征

解释题型的特征是，给出一段关于某些事实或现象的客观描述，要求考生对这些事实、现象、结果或矛盾作出合理的解释，实际上类似于支持题。

2. 阅读原则

（1）收敛思维：首先必须接受而不能怀疑或削弱题干所设定的基本事实。

（2）阅读理解：分析题干论述的现象、基本论点以及关键概念。

3. 答题原则

（1）相干原则：思路要紧扣题干，虽然正确答案有时可以超出题干范围，但一定要与题干相关。正确答案必须和题干的所有基本事实有关系，也就是说，选项不能只和某一事实有关而和另一事实无关，或者说，正确选项不能通过无视题干的某些事实来解释另一些事实。

（2）常识思维：只需运用理性思维与常识思维来寻找答案。即针对结果为什么发生，题干论述的反常现象的原因是什么，找出一个常识性的选项来达到解释的效果即可。所谓常识一般是指人所共知的内容。

一、解释现象

解释结论或现象考题是指给出一段关于某些事实或现象的客观描述，要求从选项中寻求一个选项来解释事实、结果、现象发生的原因，找到一个能说明结论成立或现象为什么发生的选项即可。

解题要点：抓住要解释的对象，思考其具体发生了什么变化，为什么会发生。

❶ 某公司为了扩大其网上商店的销售收入，采取了各种各样的广告宣传和促销手段，但是效果并不明显。该公司重金聘请专业人士进行市场分析，专业人士认为开通了网上银行的人群才是真正潜在的网上商店的顾客群。于是该公司决定与商业银行合作，在新开通网上银行业务的人群中开展宣传和促销活动。但是三个月后，效果并不理想。

以下哪项为真，最能解释上述结果？

A. 开通网上银行在中国还是一件新鲜事，一般来说，消费者对此态度比较谨慎。

B. 最近网上银行用户被盗的案件频发，开通网上银行的人因此有所减少。

C. 一般来说，刚刚开通网上银行的人需要经过一段时间后才有可能进行网上消费。

D. 网上金融服务在知识分子中已经比较普及，他们更希望网上商品能够提供一些特色服务。

E. 目前网上商店数量增长很快，广告宣传和推广促销要想有成效，必须有鲜明的特色，才能够打动消费者的心。

［解题分析］正确答案：C

若 C 项为真，即事实上，由于刚刚开通网上银行的人需要经过一段时间后才有可能进行网上消费，显然能解释"在新开通网上银行业务的人群中开展宣传和促销活动，但是三个月后效果并不理想"这个结果。

本题 A 项也能起到解释作用，但解释力度不如 C 项。

B 是无关项；D 项起不到解释作用。

E 项是一种或然性的解释，若该公司广告促销有特色，则不能解释；若该公司广告促销没有特色，则能起到一定的解释作用。因此，E 项的解释力度不如 C 项。

❷ 保持伤口深处不受细菌感染是困难的，即使是高效抗生素也不能杀死生活在伤口深处的细菌。但是，许多医生却用诸如蔗糖这样的甜性物质包扎伤口而除去了伤口深处的细菌。

如果以下哪项为真，最有助于解释用蔗糖杀死伤口深处细菌的原因？

A. 伤口深处的细菌在潮湿的环境中生长旺盛，而蔗糖有脱水作用。

B. 许多种细菌以蔗糖为养料，当它们得到糖时迅速繁殖。

C. 有些含蔗糖的食物能够削弱某些抗生素的作用。

D. 高效的抗生素只是最近才开发出来的，用蔗糖治疗伤口则有久远的历史。

E. 伤口被包扎好之后，细菌处于缺氧状态，自然慢慢死去。

[解题分析] 正确答案：A

A 项指出，伤口深处的细菌在潮湿的环境中生长旺盛，而蔗糖有脱水作用。这可以解释蔗糖杀死伤口深处的细菌这一说法，其余选项均不能解释。

❸ 通常认为，抛掷一枚质量均匀的硬币的结果是随机的。但实际上，抛掷结果是由抛掷硬币的冲力和初始高度共同决定的。尽管如此，对抛掷硬币的结果作出准确预测还是十分困难。

下面哪一项最有助于解释题干所说到的现象，即抛掷结果被某些因素决定，但预测却很困难？

A. 很长时间以来，抛掷硬币已被用作随机事件的典型例证。

B. 如果抛掷一枚质量不均匀的硬币，其结果总能够被精确地预测。

C. 如果抛掷硬币的初始高度保持稳定不变，则抛掷硬币的结果将仅由抛掷冲力决定。

D. 对抛掷硬币结果的准确预测，要求极其精确地估计抛掷硬币的初始高度和冲力。

E. 同一个人抛掷同一枚硬币在大数概率的理论框架内能作出较为科学预测。

[解题分析] 正确答案：D

解释题。已知现象 q 由 p1 和 p2 两个因素决定，但现象 q 仍难以预测。原因何在？当然是 p1 和 p2 两个因素难以确定。对本题来说，就是极其精确地估计抛掷硬币的初始高度和冲力是难以做到的，因此，即使抛掷结果是由抛掷硬币的冲力和初始高度共同决定的，但对抛掷硬币的结果作出准确预测还是十分困难。可见，D 项为正确答案。

❹ 在美国，远小于一半的工作遵循一周 40 小时且工作日每天上午 9 点—下午 5 点的工作制。这主要是由于服务公司的迅速增长以及这些公司所雇佣的劳动力的比例迅速增长的缘故。

下面哪项如果正确，最能帮助解释服务部门的增加怎么会有上面的效果？

A. 为了增加收入，其他经济部门的一小部分工人也在服务部门打工。

B. 为了满足日常照看孩子的需要，新的服务部门公司创建起来，这种需要是由于双亲都工作的家庭数目的增加而引起的。

C. 通过新技术应用到传统的职业，和全职工作相比，创造了更多的兼职工作。

D. 制造企业和其他非服务公司经常一天 24 小时工作，一周工作 7 天。

E. 服务部门作为最大并且最快速增长的部门迎合 9—5 点工作制之外的娱乐活动。

[解题分析] 正确答案：E

题干论述：服务部门的增加导致了远小于一半的工作遵循 9—5 点工作制。

E 项表明，雇佣大量劳动力的服务部门要迎合 9—5 点工作制之外的娱乐活动，这就有力地解释了服务部门的增加导致了题干的现象。

其余选项起不到解释作用。比如，A、C 项，解释力度不足。B 项，看护孩子主要是在白天 9—5 点，反对题干。D 项，有其他的原因，反对题干。

二、解释矛盾

解释差异或缓解矛盾的考题主要指逻辑考题中发现的矛盾现象，或发现两类元素之间的不同，而让你寻找一个答案说明为什么不同，即要你消除这些矛盾或者解题分析为什么会存在这种矛盾，也就是要求考生从备选项中找到能够解释题干中看似矛盾但实质上并不矛盾的选项。

1. 思维原则

（1）"收敛思维"原则：首先必须接受而不能怀疑或削弱题干所设定的基本事实。其次正确选项必须和题干的所有基本事实有关系。也就是说，选项不能只和某一事实有关而和另一事实无关，或者说，正确选项不能通过无视题干的某些事实来解释另一些事实。

（2）"涉及双方"原则：解释差异类题时，注意正确答案一定要直接或者间接（用比较级）提到差异双方，否则就不是正确答案。

（3）"内在化解"原则：解释矛盾最好是从内部去寻找原本矛盾的二者之间共同的东西，正确答案必须是能够化解题干相互矛盾的事实的桥梁。

（4）"另有他因"原则：要解释分歧，就要找差异原因，通过找他因的办法解决上述分歧。

2. 解题步骤

解释矛盾题的关键是，找到矛盾的事件、差异点，直接明确破解一方或者双方，或者破解推理过程，正确答案应该能解题分析矛盾的两面。

（1）阅读题干。找出明显的矛盾（矛盾、差异或冲突）。

（2）复述矛盾。用自己的话复述这些矛盾。

（3）排除选项。用相关无关排除选项，和具体的矛盾的事物有关无关，排除那些不能联系矛盾双方的选项。

（4）寻找答案。解题主要抓住区别点，寻找说明为什么会存在这种矛盾的选项。

（5）验证答案。答案必须使题干相矛盾的事物不矛盾，或者，都是真都成立。

❶ 桌球就是台球。几乎所有人都知道丁俊晖是台球高手，但很少有人知道丁俊晖是桌球高手。

以下哪项陈述能最有效地解决上文中的不一致之处？

A. 大多数人不知道桌球和台球是同一项体育活动。

B. 大多数人没有看过丁俊晖的比赛。

C. 如果有人知道丁俊晖是桌球高手，则他一定知道丁俊晖是台球高手。

D. 有些人知道桌球和台球是一回事。

E. 有些人非常喜欢看丁俊晖的比赛。

［解题分析］正确答案：A

如果 A 项为真，即大多数人不知道桌球和台球是同一项体育活动，那么，完全有可能出现这种情况：即几乎所有人都知道丁俊晖是台球高手，但很少有人知道丁俊晖是桌球高手。

其余选项均不能有效地解决题干论述的不一致。

❷ 某国有一个非常受欢迎的冰激凌店，最近将一种冰激凌的单价从过去的 1.80 元提高到 2 元，销售仍然不错。然而，在提价一周之内，几个服务员陆续辞职不干了。

下列哪一项最能解释上述现象？

A. 提价后顾客不再像过去那样将剩下的零钱作为小费。

B. 提高价格使该店不能继续保持其冰激凌良好的市场占有率。

C. 尽管冰激凌涨价了，老主顾们依然经常光顾该店。

D. 尽管提了价，该店的冰激凌仍然比其他商店卖得便宜。

E. 冰激凌的提价对店员们的工资水平并没有影响。

[解题分析] 正确答案：A

若 A 项为真，由于价格从 1.8 美元提高到了 2 美元，售价是整数，顾客可能没有零钱给小费了，服务员的收入便可能比以前大大减少，有力地解释了服务员陆续辞职这一现象。

其余选项解释力度不足或不能解释题干现象。

❸ 用甘蔗提炼乙醇比用玉米需要更多的能量，但奇怪的是，多数酿酒者却偏爱用甘蔗做原料。

以下哪项最能解释上述矛盾现象？

A. 任何提炼乙醇的原料的价格都随季节波动，而提炼的费用则相对稳定。

B. 用玉米提炼乙醇比用甘蔗节省时间。

C. 玉米质量对乙醇产出品的影响较甘蔗小。

D. 用甘蔗制糖或其他食品的生产时间比提炼乙醇的时间长。

E. 燃烧甘蔗废料可提供向乙醇转化所需的能量，而用玉米提炼乙醇则完全需额外提供能源。

[解题分析] 正确答案：E

用甘蔗提炼乙醇比用玉米需要更多的能量，但酿酒者却偏爱用甘蔗做原料。为什么呢？一定是用甘蔗另有好处，选项 E 则明确提出了用甘蔗的好处，所以为正确答案。

选项 A 为无关项。选项 B、C 和 D 都赞成用玉米。

❹ 一则关于许多苹果含有一种致癌防腐剂的报道，对消费者产生的影响极小。几乎没有消费者打算改变他们购买苹果的习惯。尽管如此，在报道一个月后的三月份，食品杂货店的苹果销售量大大地下降了。

下列哪项如果为真，能最好地解释上述明显的差异？

A. 在三月份，许多食品杂货商为了显示他们对消费者健康的关心，移走了货架上的苹果。

B. 由于大量的食物安全警告，到了三月份，消费者已对这类警告漠不关心。

C. 除了报纸以外，电视上也出现了这个报道。

D. 尽管这种防腐剂也用在别的水果上，但是，这则报道没有提到。

2021 年 MBA MPA MPAcc MEM 管理类联考综合能力逻辑高分指南（考点精讲与分类精练）

E. 卫生部门的官员认为，由于苹果上仅含有少量的该种防腐剂，因此，不会对健康有威胁。

[解题分析] 正确答案：A

食品杂货店的苹果销售不仅仅取决于消费者的购买习惯，也取决于食品杂货商的供应。由于许多食品杂货商移走了货架上的苹果，所以尽管几乎没有消费者打算改变他们购买苹果的习惯，却可能无处购买，也同样会导致食品杂货店的苹果销售大大下降。因此，A 项有力地解释了题干。

❺ 经济学家与考古学家就货币问题展开了争论。

经济学家：在所有使用货币的文明中，无论货币以何种形式存在，它都是因为其稀缺性而产生其价值的。

考古学家：在索罗斯岛上，人们用贝壳作货币，可是该岛上贝壳遍布海滩，随手就能拾到呵。

下面哪项能对二位专家论述之间的矛盾作出解释？

A. 索罗斯岛上居民节日期间在亲密的朋友之间互换货币，以示庆祝。

B. 索罗斯岛上的居民认为鲸牙很珍贵，他们把鲸牙串起来当作首饰。

C. 索罗斯岛上的男女居民使用不同种类的贝壳作货币，交换各自喜爱的商品。

D. 索罗斯岛上的居民只使用由专门工匠加工的有美丽花纹的贝壳作货币。

E. 即使在西方人将贵金属货币带到索罗斯岛之后，贝壳仍然是商品交换的媒介物。

[解题分析] 正确答案：D

题干的争论是：经济学家认为货币是因稀缺而产生价值的；而考古学家提出索罗斯岛上用并不稀缺的贝壳作货币这一反例。

D 项断定，索罗斯岛上的居民只使用由专门工匠加工的有美丽花纹的贝壳作货币，这说明，虽然作为货币原料的贝壳遍布海滩，但由专门工匠加工的有美丽花纹的贝壳就有可能因其稀缺性而产生价值。这样，经济学家和考古学家的观点并不存在矛盾。其余各项均不能对题干作出解释。

三、不能解释

不能解释型考题的解题方法是把能解释题干推理的选项排除，剩下的起不到解释作用或加剧题干矛盾的选项就是正确答案。

❶ 一座著名的旅游城市，每年都接待许多中外游客。在游览风景名胜的路上，导游小姐总在几个工艺品加工厂停车，劝大家去厂里参观，而且说买不买都没有关系。为此，一些游客常有怨言，但此种现象仍在继续，甚至一年胜似一年。

以下哪项最不可能是造成以上现象的原因？

A. 虽然有的人不满意，许多游客是愿意的，他们从厂里出来时的笑容就是证据。

B. 有些游客来旅游的一项重要任务就是购物。若是空手回家，家里人会不高兴的。

C. 厂家生产的产品直销，质量有保证，价格也便宜，何乐而不为？

D. 所有的游客经济上都是富裕的，他们只想省时间，不在意商品的价格。

E. 在厂家购物，导游小姐会得到奖励。当然，奖励的钱是间接地从购物者那里来的。

[解题分析] 正确答案：D

如果游客想省时间，会尽量把时间花在欣赏旅游景点上，而不是参观工厂；他们不在意商品的价格，就不会从旅游地买东西受累带回家，而是到离家近的商店去买。因此，D项最不可能是造成以上现象的原因

其余选项都能解释题干。选项 A，许多游客带着笑容从厂里出来，说明许多游客还是愿意去工艺品加工厂参观的，即使一些游客常有怨言，多数游客还是愿意的话，那么反对这种现象的声音还不大，这种现象就得不到有效遏止，还是会继续下去的。同样的道理，选项 B、C 是说游客希望得到旅游购物的机会，选项 E 讲导游小姐会得到实惠，当然会使题干所述的现象继续。

❷ 我国有 2 000 万家庭靠生产蚕丝维持生计，出口量占世界市场的四分之三，然而，近年来丝绸业面临出口困境：丝绸形象降格，出口数量减少，又遇到亚洲的一些竞争对手，有些国家还对丝绸进口实行配额，这无疑对我国丝绸业是一个打击。

以下哪项不是造成上述现象的原因？

A. 丝绸行业的决策者不认真研究国际行情，缺乏长远打算，只追求短期效益。

B. 几年来国内厂家一门心思提高丝绸产量，而忘记了质量。

C. 中国的丝绸技术传到外国，使丝绸市场有了竞争对手。

D. 丝绸是人们非常喜欢的一种夏季面料，穿着凉爽、舒适。

E. 加剧的竞争和大大增加的产量使丝绸从充满异国情调的商品成了很平常的东西。

[解题分析] 正确答案：D

题干断定：我国近年来丝绸业面临出口困境。

选项 D 说的是丝绸的优点，不是丝绸出口下降的原因。

其余选项都能起到解释作用。A 项讲的是出口决策者目光短浅，只顾眼前利益，造成丝绸出口的好形势维持不久；B 项指出质量问题是影响出口的原因；C 项讲的是竞争对手多了，客观上增加了出口的困难；E 项指出随着竞争加剧和产量增加，丝绸不再具有很大的吸引力，这也会影响出口。

❸ 英国研究各类精神紧张症的专家们发现，越来越多的人在使用 Internet 之后都会出现不同程度的不适反应。根据一项对 10 000 个经常上网的人的抽样调查，承认上网后感到烦躁和恼火的人数达到三分之一；而 20 岁以下的网迷则有 44% 承认上网后感到紧张和烦躁。有关心理专家认为确实存在着某种"互联网狂躁症"。

根据上述资料，以下哪项最不可能成为导致"互联网狂躁症"的病因？

A. 由于上网者人数剧增，通道拥挤，如果要访问比较繁忙的网址，有时需要等待很长时间。

B. 上网者经常是在不知道网址的情况下搜寻所需的资料和信息，成功的概率很小，有时花费了工夫也得不到预想的结果。

C. 虽然在有些国家使用互联网是免费的，但在我国实行上网交费制，这对网络用户的上网时间起到了制约作用。

D. 在 Internet 上能够接触到各种各样的信息，但很多时候信息过量会使人们无所适从，失去自信，个人注意力丧失。

E. 由于匿名的缘故，上网者经常会受到其他一些上网者的无礼对待或接收到一些莫名其妙的信息垃圾。

[解题分析] 正确答案：C

"互联网狂躁症"是由于经常上网引起的。在我国实行上网交费制，会减少用户的上网时间，所以不会成为"互联网狂躁症"的病因。因此，C 项正确。

其余选项都可能成为导致"互联网狂躁症"的病因

❹ 最近几年，某地区的商场里只卖过昌盛、彩虹、佳音三种品牌的电视机。1997 年，昌盛、彩虹、佳音三种品牌的电视机在该地区的市场占有率（按台数计算）分别为 25％、35％和 40％。到 1998 年，几个品牌的市场占有率变成昌盛第一、彩虹第二、佳音第三，其次序正好与 1997 年相反。

以下条件除了哪项外，都可能对上文提到的市场占有率的变化作出合理的解释？

A. 昌盛集团成立了信息部，应用信息技术网络与客户建立了密切联系。

B. 佳音集团的经理班子与董事会的经营理念出现分歧，总经理在 1998 年初辞职。

C. 昌盛集团耗巨资购并了一个濒临倒闭的大型电冰箱厂，转产 VCD 机。

D. 佳音集团新的总经理推行全面质量管理，引起费用增加，不得不提高价格。

E. 彩虹集团设计了新的生产线，要等到 1999 年才能投产，在 1998 年难有作为。

[解题分析] 正确答案：C

昌盛集团耗巨资购并电冰箱厂，又转产 VCD 机，其电视机的产量有可能下降，与题干的结论不符，难以作为昌盛集团市场占有率大幅度提高的解释。因此，C 项正确。

其余选项均不妥。其中，A 项能解释昌盛集团的进步。B 项能解释佳音集团的退步。由 D 项可以推理佳音集团的产品质量可能提高，但提高价格会影响市场份额。E 项对彩虹集团的介绍属于中性，正好符合题干所述。

四、解释复选

解释复选是解释题型的多选题，这类题的选项可从多个角度对题干论证进行解释，是各类解释方向的综合运用，实际上增加了解题的难度，需要对每个选项都有正确的把握。

❶ 最近对受欢迎的品牌的调查显示，R-B 牌大豆在所有的年龄组中被认为是所有品牌中最好的，遥遥领先于 T-T 牌和 A-S 牌大豆。然而，国内的销量表明：去年 T-T 牌和 A-S 牌大豆的销售量都比 R-B 牌大豆的销售量高得多。

以下哪项能独自帮助解决上文所描述的矛盾？

Ⅰ. 针对不同的年龄组所作的某些调查表明，偏爱 R-B 牌大豆的人多于偏爱其他品牌的。

Ⅱ. 上文所作的调查仅限于 R-B 牌大豆的销售地而不是全国性的。

Ⅲ. 大多数食品店拒绝销售 R-B 牌大豆，因为 R-B 牌大豆的厂商要求销售商只能卖这种品牌的大豆。

Ⅳ. 在销售量计算出来之前，R-B 牌大豆投放市场仅仅三个月，而 T-T 牌和 A-S 牌大豆投放市场有好几年了。

A. 只有Ⅰ和Ⅱ。

B. 只有Ⅱ和Ⅲ。

C. 只有Ⅱ和Ⅳ。

D. 只有Ⅱ、Ⅲ和Ⅳ。

E. Ⅰ、Ⅱ、Ⅲ和Ⅳ。

[解题分析] 正确答案：D

题干矛盾在于，一方面，R-B是最受欢迎的品牌；另一方面，T-T牌和A-S牌的销量都比R-B高得多。

Ⅰ项只是支持了R-B是最受欢迎的品牌，而无法解决题干所述的矛盾。Ⅱ、Ⅲ、Ⅳ都从不同的角度解释了这一矛盾。

❷ 科学发现表明，氯化碳在空气中含量的增大，是造成大气层中臭氧分子减少、臭氧层变薄的原因。20世纪80年代初，美国科学家发现，大气层臭氧的含量和70年代初相比下降了32％。1982年，美国颁布并实施了禁止在喷雾器中使用氯化碳的法令。但是，到90年代初，新的测试表明，大气层中的臭氧含量比80年代初又下降了31％。

以下哪项如果为真，能对上述现象提供解释？

Ⅰ. 20世纪80年代在日本和西欧，氯化碳的产生急剧上升。

Ⅱ. 在20世纪80年代中期发生的全球气候变化，导致大气臭氧的衰变。

Ⅲ. 20世纪80年代初，发现氯化碳有几个新的、能带来重大效益的用途。

A. 只有Ⅰ。

B. 只有Ⅱ。

C. 只有Ⅲ。

D. 只有Ⅰ和Ⅱ。

E. Ⅰ、Ⅱ和Ⅲ。

[解题分析] 正确答案：E

题干陈述：氯化碳在空气中含量的增大，是造成大气层中臭氧含量下降的原因。美国实施禁止在喷雾器中使用氯化碳，这显然起到了减少氯化碳在空气中含量的作用。但是，这并没有扭转大气层中的臭氧含量下降的趋势。

由Ⅰ可知，20世纪80年代在日本和西欧，氯化碳的产生急剧上升，因此，虽然美国实施禁止在喷雾器中使用氯化碳在一定程度上减少了氯化碳在空气中的含量，但氯化碳在空气中的含量在全球范围内极可能继续上升。这提供了对题干陈述的现象的一个解释。

由Ⅱ可知，氯化碳在空气中含量的增大，不是造成大气层中臭氧含量下降的唯一原因。20世纪80年代中期发生的全球气候变化，就是另一个原因。这也是对题干陈述的现象的一个解释。

Ⅲ断定发现氯化碳有几个新的、能带来重大效益的用途，如果这一断定是真的，则完全可能在利益的驱动下，人类在开发这些新用途的过程中导致氯化碳在空气中含量的增大，这也是一个解释。

以上三项都是另有他因的解释，因此，E项为正确答案。

第七节　比　较

比较题也叫相似比较，是有关类似推理的问题，这种类型的问题要求被测试者去识别这样一个论证，其中所包含的推理过程类似于一个给定论证中的推理过程。比较题型可大致分为结构平行（推理形式的相似比较）和方法相似（推理方法的相似比较）两类。

一、结构平行

结构平行是指推理形式的相似比较，该类题型主要从形式结构上比较题干和选项之间的相同或不同，即比较几个不同推理在结构上的相同或者不同。通过把题干和选项的论证过程翻译成符号形式，将方便地识别这种推理形式是否相似。

❶ 大多数喝酒过量的人都会感到头疼，如果小王不喝酒过量，他可能不会头疼。

上述推理与下列哪项相似？

A. 大多数灰狗都很容易训练，所以小王训练他新买的那条狗肯定没有问题。

B. 大多数国产车都很差，这辆车做得很好，所以它可能不是国产的。

C. 大多数名演员表演得都很好，因为老高不是名演员，所以他可能演得不好。

D. 大多数工程师都在学校里学习了很多年，所以老刘可能是一个工程师，因为他在学校里学习了很多年。

E. 所有已知的历史上的社会都有明确的社会等级，所以一个无等级的社会是绝对没有的。

[解题分析] 正确答案：C

题干推理结构可表示为：（大多数 p 是 q）∧ ¬p→可能 ¬q

C 项推理与题干类似；

B 项的推理结构为（大多数 p 是 q）∧ ¬q→可能 ¬p；

D 项的推理结构为（大多数 p 是 q）∧ 可能 p→q；

A、E 项的推理结构显然不与题干类似。

❷ 每个有责任心的教师都会反对考试作弊。因此，任何考试作弊行为都会受到有责任心的教师的反对。

以下哪项与上面的推论方式相同？

A. 每个人非常珍惜自己的自由。因此，当自由受到威胁时，每个人都会为自由而战。

B. 所有的树都会落叶。因此，今年深秋一到，那些园林中的树都会落叶。

C. 蓝眼睛的父母不会生出棕色眼睛的孩子。因此，既然杰克的父母都是蓝眼睛，那么杰克一定是蓝眼睛。

D. 刘凯的所有文章都含有深刻的哲学道理。因此，刘凯对哲学问题有相当的研究。

E. 任何有正义感的公民都会同情弱势群体。所以，凡是弱势群体都会得到有正义感的公民的同情。

[解题分析] 正确答案：E

题干的推论方式是：所有 s 都反对 p，所以，所有 p 都受到 s 反对。

显然 E 项与题干的推论方式相同。

❸ 过去没有具有智能的计算机，现在也没有具有智能的计算机，所以将来也不可能有具有智能的计算机。

上述论证与以下哪项最相似？

A. T 城没有亿万富翁，G 城也没有亿万富翁，所以 K 城也不可能有亿万富翁。

B. 过去地球绕太阳转，现在地球仍绕太阳转，所以将来地球也绕太阳转。

C. 我过去没在学校工作，现在也没在学校工作，但将来可能在学校工作。

D. 我过去没有写过小说，现在也没有在写小说，所以将来也一定不会去写小说。

E. 过去没有时速超过 100 公里的汽车，现在没有时速超过 1 000 公里的汽车，所以将来也不可能有时速超过 10 000 公里的汽车。

[解题分析] 正确答案：D

题干论证的形式是：过去没有 X，现在也没有 X，所以将来也不可能有 X。

选项中只有 D 项与此类似。

❹ 美国在遭受"9·11"恐怖袭击后采取了这样的政策："要么与我们站在一起去反对恐怖主义，那你是我们的朋友；要么不与我们站在一起，那你是我们的敌人。"

下面哪一项与题干中的表达方式不相同？

A. 有一则汽车广告"或者你开凯迪拉克，那么你是富人；或者你根本不开车，那么你是穷人！"

B. 以足球为职业的人只有两种命运：要么赢，那你是英雄，面对鲜花、欢呼、金钱、美女；要么输，那你是孬种、笨蛋，面对责难、愤怒、谩骂，打落牙齿往肚里吞。

C. 如果一位教授有足够的能耐，他甚至能够把笨学生培养合格，因此，如果他不能把笨学生培养合格，就说明他的能耐不够大。

D. 要么你做一个道德高尚的人，那你就无私地贡献自己的一切；要么你做一个卑鄙的人，那你就不反对不择手段地谋私利。

E. 要么你做一个有梦想的人，那你心中始终为梦想而奋斗；要么你做一个浑浑噩噩度日之人，终日无所事事过着每一天。

[解题分析] 正确答案：C

相似比较题。题干论述结构：要么 X 则 Y，要么非 X 则非 Y。

A、B、D、E 项均是同样的表达方式。

C 项的结构：如果 X 则 Y，因此，如果非 Y 则非 X，这与题干的表达方式不同，因此为正确答案。

二、方法相似

方法相似指的是从题干和选项不能或很难抽象出推理形式来进行相似比较，因此，主要从推理方法上来把握和比较题干和选项之间的相同或不同。

❶ 某学院行政管理专业本科有两个班。一班学生的学习成绩一般要比二班的学生好很多。田丰来自该学院的行政管理专业，他研究生第一学年的学习成绩是专业第一，并且遥遥领先，因此，他原来肯定是一班的。

以下哪项与题干的论证方式最为类似？

A. 如果天下雨，则地就会湿。现在地没有湿，所以没下雨。

B. 男性一般要比女性坚强，王强是男经理，因此，他一定要比女经理坚强。

C. 在其他条件相近的情况下，如果一个人有好的人脉，就能在商界取得更多的成就。王炜在商界取得了出色的成就。因此，王炜有最好的人脉。

D. 儿童的心理教育比成年人更重要。张燕是从事成人心理教育工作的，因此，她的水平一定不如从事儿童心理教育的人。

E. 在球类运动员中，篮球队员一般要比足球队员高，阎林在球员中是最高的，所以，他一定是篮球运动员。

[解题分析] 正确答案：E

题干的论证漏洞是，根据可能性的前提，只能得出可能性的结论，但题干却得出了必然性的结论。选项 E 的论证方式存在类似的漏洞。

A 是正确的假言推理。B、D 是错误的关系推理。C 是错误的假言推理。

❷ 警察发现，每一个政治不稳定事件都有某个人作为幕后策划者。所以，所有政治不稳定事件都是由同一个人策划的。

下面哪一个推理中的错误与上述推理的错误完全相同？

A. 所有中国公民都有个身份证号码，所以，每个中国公民都有唯一的身份证号码。

B. 任一自然数都小于某个自然数，所以，所有自然数都小于同一个自然数。

C. 在余婕的生命历程中，每一时刻后面都跟着另一时刻，所以，她的生命不会终结。

D. 每个亚洲国家的电话号码都有一个区号，所以，亚洲必定有与其电话号码一样多的区号。

E. 每个人都有自己独有的相貌和性格特征，所以大家都是独一无二的。

[解题分析] 正确答案：B

这是一道推理结构类比的考题，题干的推理结构是：每一个 X 都有一个 Y；所以，所有 X 都有同一个 Y。

B 项的推理结构是：任一 X 都小于一个 Y，所以，所有 X 都小于同一个 Y。该推理结构与题干最类似。

其余选项的推理结构与题干明显不同。

❸ 某人到医院求医切除右手多余的第六根歧指。手术后令他大吃一惊：他的拇指被切除了，而歧指仍保留着。

这一现象与下述哪项最为类似？

A. 某单位实施精兵简政，结果多余臃肿的机构没精简掉，反而多出了一个"精简办公室"。

B. 某地修建大型水库，不得不淹没万顷良田。

C. "文化大革命"发动者的初衷，原是坚持继续革命、革除社会弊端，但一切动乱下来，打倒的是老一辈革命家，弹冠相庆的是"四人帮"这样一批野心家。

D. 战国时代，燕国有一人到赵国邯郸去，看到赵国人走路的姿势很美，就跟着学起来，结果不但没有学好，连自己原来的走法也忘掉了，只好爬着回去。

E. 某研究生酷爱围棋，经常以棋会友，通宵达旦，结果荒废了学业，棋艺亦未成正果。

[解题分析] 正确答案：C

题干所陈述的现象的典型特征是：该去除的没去除，不该去除的去除了。

A 项，该去除的没去除，但没有不该去除的去除了，因而不成立。

B 项，所去除的并非是不该去除的，因而不成立。

C 项，不该去除的去除了，也有该去除的没去除，因而成立。

D 项，该获得的没获得，不该去除的去除了，因而不成立。

E 项，不该去除的去除了，没有该去除的没去除，因而不成立。

❹ 多人游戏纸牌，如扑克和桥牌，使用了一些骗对手的技巧。不过，仅由一个人玩的纸牌并非如此。所以，使用一些骗对手的技巧并不是所有纸牌的本质特征。

下面哪一个选项最类似于题干中的推理？

A. 轮盘赌和双骰子赌使用的赔率有利于庄家。既然它们是能够在赌博机上找到的仅有的赌博类型，其赔率有利于庄家就是能够在赌博机上玩的所有游戏的本质特征。

B. 大多数飞机都有机翼，但直升机没有机翼。所以，有机翼并不是所有飞机的本质特征。

C. 动物学家发现，鹿偶尔也吃肉。不过，如果鹿不是食草动物，它们的牙齿形状将会与它们现有的很不相同。所以，食草是鹿的一个本质特征。

D. 所有的猫都是肉食动物，食肉是肉食动物的本质特征。所以，食肉是猫的本质特征。

E. 有的学生存在厌学的情绪，但大多数学生是热爱学习的，所以，学习仍然是学生的一个本质特征。

[解题分析] 正确答案：B

题干推理是，某类事物中的多数具有某种性质，而该类事物中的某个事物没有这种性质，因此，具有这种性质不是这类事物的本质特征。选项 B 与题干推理方法类似。

其余选项均不与题干推理类似。

第八节　描　　述

逻辑描述题并非涉及文章主题，并不是要求从上文中必然推导出什么，而是要求总结题干推理的方法或特点，最基本的问题是直接问上述推理怎样得到，要求考生描述作者推理的构建。描述题主要考查被测试者是否具备这些能力：识别题干论证的推理结构、方法和特点的能力，识别论证如何构建的能力，识别推理缺陷的能力。

一、逻辑描述

逻辑描述要求去总结或描述题干推理的方法或特点，以及识别某句话对结论或前提是否起作用或起什么作用。

❶ 诸如"善良""棒极了"一类的语词，能引起人们积极的反应；而"邪恶""恶心"之类的语词，则能引起人们消极的反应。最近的心理学实验表明：许多无意义的语词也能引起人们积极或消极的反应。这说明，人们对语词的反应不仅受语词意思的影响，而且受语词发音的影响。

"许多无意义的语词能引起人们积极或消极的反应"，这一论断在上述论证中起到了以下哪种作用？

A. 它是一个前提，用来支持"所有的语词都能引起人们积极或消极的反应"这个结论。

B. 它是一个结论，支持该结论的唯一证据就是声称人们对语词的反应只受语词的意思和发音的影响。

C. 它是一个结论，该结论部分地得到了有意义的语词能引起人们积极或消极的反应的支持。

D. 它是一个前提，用来支持"人们对语词的反应不仅受语词意思的影响，而且受语词发音的影响"这个结论。

E. 它是一个结论，支持该结论的证据就是前述的引起人们积极或者消极反应的词语。

[解题分析] 正确答案：D

心理学实验表明：许多无意义的语词也能引起人们积极或消极的反应。这说明，人们对语词的反应不仅受语词意思的影响，而且受语词发音的影响。

根据题干论述，显然，前一句话是一个前提论据，用来支持后面这个结论的。因此，D项正确。

❷ 赞成死刑的人通常给出两条理由：一是对死的畏惧将会阻止其他人犯同样可怕的罪行；二是死刑比其替代形式——终身监禁更省钱。但是，可靠的研究表明：从经济角度看，终身监禁比死刑更可取。人们认为死刑省钱并不符合事实，因此，应该废除死刑。

从逻辑上来看，下面哪一项是对题干中论证的恰当评价？

A. 该论证的结论是可接受的，因为人的生命比什么都宝贵。

B. 该论证具有逻辑力量，因为它的理由真实，人命关天。

C. 该论证没有考虑到赞成死刑的另外一个重要理由，故它不是一个好论证。

D. 废除死刑天经地义，不需讨论。

E. 死刑剥夺人的生命，应当予以废除。

[解题分析] 正确答案：C

题干给出了赞成死刑的两条理由，但题干的论证只是反驳了其中一个理由，因此，该论证没有考虑到赞成死刑的另外一个重要理由，故它不是一个好论证。所以，选C。

❸ 政治家：大约4年前，我们党一开始执政就致力于治理通货膨胀，并成功地将消费者物价指数（CPI）的涨幅从当时的4%降到现在的1.5%。反对党在前一个4年的执政期间，CPI涨幅都超过了4%。因此，在我们党的领导下，商品的价格越来越低。

这个政治家的论证最容易受到以下哪项批评？

A. 没有详细说明反对党的主张，而是简单地将它忽略了。

B. 用来支持这一结论的证据实际上为否定这一结论提供了更多的支持。

C. 没有提到这样一种可能性：反对党执行了治理通货膨胀的政策，但该政策的效果要经过一段时间才能显现。

D. 没有提到反对党执政期间是国内经济过热的时期，而现在欧美出现了经济危机。

E. 没有说明我们党和反对党的执政理念有何不同，为何有这么大的差异。

[解题分析] 正确答案：B

政治家的论证是，根据消费者物价指数（CPI）的涨幅从4%降到1.5%，得出结论：商品的价格越来越低。

消费者物价指数的涨幅降低，但实际上还是上涨了1.5%，商品价格还是提高了，因此，答案为B。

C为干扰项，该项只能削弱"我们党治理通货膨胀的能力比反对党强"这样的说法。

❹　心理学者：表达感激的义务通过匿名的方式是不能完成的。不管几个世纪以来社会发生了多大变化，人类的心理主要还是受人际互动的驱使。只有当恩人知道感激来源的时候，感激这种对别人有利的行为，其正面强化人际互动的社会功能才能显示出来。

心理学者关于"表达感激的义务通过匿名的方式是不能完成的"，这一断言在论证中的角色是什么？

A. 它是对支持结论的某个前提的解释。

B. 它是可能会动摇结论的一个反面事例。

C. 它是用来区分论证中所提到的对社会有益的一个标准。

D. 它是论证想要支持的结论。

E. 它是支持结论中的一个。

[解题分析]　正确答案：D

心理学者的结论就是，表达感激的义务通过匿名的方式是不能完成的。

理由是：只有当恩人知道感激来源的时候，感激这种对别人有利的行为，其正面强化人际互动的社会功能才能显示出来。

因此，D项为正确答案。

二、缺陷描述

缺陷描述题主要考查阅读题干推理之后是否具备识别论证和推理缺陷的能力。题目特点是从前提到结论的推理方法或论证方式不正确或有漏洞，阅读和分析时要重点关注从前提到结论的推理过程中所存在的具体缺陷。

❶　文娱时评：KTV究竟该不该为歌曲使用付费，到底是KTV该为歌曲使用付钱，还是免费为唱片公司乃至歌手做了宣传从而扯平了，双方各执一词。这就好比"鸡生蛋还是蛋生鸡"，只能是一场无休止的争论。

如果以下哪项陈述为真，最严重地动摇了上述论证的基础？

A. 如果KTV为歌曲使用付费，那些小型的KTV将被淘汰出局。

B. 如果KTV不为歌曲使用付费，唱片公司会因版权问题状告KTV。

C. 在各执一词的两种观点之间，不存在互相依赖的循环关系。

D. 即使KTV为歌曲使用付费，歌曲的词曲作者和演唱者也拿不到钱。

E. 只有KTV为歌曲使用付费，歌曲的词曲作者和演唱者才能拿不到钱。

[解题分析]　正确答案：C

题干论述：到底是KTV是否该为歌曲使用付钱，双方各执一词。而这两种观点并不能用"鸡生蛋还是蛋生鸡"来类比，因为这两种观点不是一种互相依赖的循环关系。

❷　王宏和李明是要好的朋友。王宏是学气象的，每天要做天气预报。李明是学哲学的，爱和人辩论。某个星期六的中午，两人在一块吃饭，王宏急着要走，说要去加班，准备明天的天气预报。李明说："何必着急？做天气预报还不容易。你只要说明天有50％的概率降水就行了。如果真的下了雨，你可以说'我预报准确'，因为你说过有50％的概率降水；如果明天没有下雨，你也没错，因为你预言有50％的概率不降雨。因此，你总是对的。"

以下哪项论述最科学地指出了李明论断的错误？

A. 一个天气预报员的水平高低不是仅用某一次是否符合天气实际情况来判断的。

B. 李明的说法不对。如果明天真的下雨了，只有预报降水概率 100% 才算预报正确，其他预报都不对。

C. 李明的说法有问题。如果明天没有下雨，只有预报降水概率为 0% 才算预报正确，其他预报都算错。

D. 李明的说法揭示了现在天气预报方式的弊端。用百分率做天气预报不科学，应该像原来那样，明确地预报有雨或无雨。

E. 用百分率做天气预报是一种推卸责任的办法，就和算命先生给人算卦一样，都是些模棱两可的话。你说让人信还是不信？

[解题分析] 正确答案：A

天气预报的水平高低不是仅用某一次是否符合天气实际情况来判断的。这意味着，应该对多次预报的正确程度进行估计，这正是 A 项的观点。比如，气象台 100 次预报说明天有 50% 的概率下雨，事后检验，实际有 50 次左右真的下雨，说明预报非常准确；否则，如果有 20 次下雨或 90 次下雨，则气象台的预报不太准。因此，可以用这个方法对多个气象台进行比较。

也可用排除法，B、C、D、E 项明显不正确。

❸ 国内油价与国际油价相比一向是"涨快跌慢"，原因之一是我国成品油调价依据三地原油价格变动超过 4% 这个边界条件。比如，从 100 美元一桶涨到 104 美元时，我们就跟着涨价；但是，从 104 美元回调 4% 再降价，则要等价格回落到 99.84 美元。两个条件实际上是不同的，降价要求的条件更高，更不容易达到。

以下哪项陈述最好地指出了上述论证的缺陷？

A. 上述论证没能证明，国内油价不合理是由多种原因造成的。

B. 上述论证没有从相同的价格基点出发进行比较，如果涨价的基点是 100 美元，对降价的条件分析也应该以 100 美元为基点。

C. 上述论证没能说明，以 4% 为边界条件，则油价越高，国内反应越迟钝。

D. 上述论证没能说明，国内油价不合理的根本原因在于行业垄断。

E. 上述论证没能说明，"涨快跌慢"的目的都是获取更高的利润。

[解题分析] 正确答案：B

题干论证油价"涨快跌慢"的一个原因是调价依据原油价格变动超过 4% 这个边界条件。这意味着降价要求的条件更高，然后用举例来说明，比如从 100 美元涨到 104 美元时就跟着涨价；但是从 104 美元回调 4%，即要回落到 99.84 美元才能再降价。

这一论证显然是有缺陷的，因为没有从相同的价格基点出发进行比较。因此 B 项正确。

❹ 物理主义者预料：所有心理的功能最终都能用神经生物学的术语解释。要达到这个目标，要求了解神经系统和它们的基本功能及其如何相互作用，并且要求刻画心理的官能（意志、理性等）。到目前为止，已经有了大量的基本知识，对有关神经的基本功能以及诸如视知觉、记忆等心理的官能都很了解，所以，物理主义者断言，心理的功能在不久的未来能够用神经生物学的术语来阐释。

以下哪项指明了上述推论中的错误？

A. 结论与物理主义者的断言相矛盾。

B. 没有确切描述目前关于神经基本功能方面的知识。

C. "神经生物学的"这个词与"心理的"在同一种意义上被使用。

D. 没有指明用神经生物学的术语解释心理的功能是否有用。

E. 没有指明在神经相互作用方面已经取得的任何知识。

[解题分析] 正确答案：E

题干中物理主义者的推论是：要达到所有心理的功能都能用神经生物学的术语解释，就要了解神经系统和它们的基本功能及其如何相互作用，并且要求刻画心理的官能。

目前已对有关神经的基本功能以及有关心理的官能都很了解；

所以，心理的功能在不久的未来能够用神经生物学的术语来阐释。

可见，上述推论的错误在于，目前只是部分地解决了所要求的问题，并没有指出在神经相互作用方面所获得的任何知识。因此，E项为正确答案。

第九节　综　合

综合题是对前面所述的假设、支持、削弱、解释、推论等各类题型的综合运用，主要包括完成句子和论证题组两大类题目。

一、完成句子

完成句子类题型要求完成一个带有空格的推理，包含的空格是该推理的最后一句。完成句子题的题干一般都包含一个完整的推理过程，需要做的是识别这个推理的缺口，这个缺口可能是论据，也可能是论点。做完成句子题，找答案需满足：

(1) 在句子意思上要满足问题要求；

(2) 答案必须和题干描述有关系；

(3) 找答案时要注意前后照应，要选最恰当的选项；

(4) 注意语气上要前后呼应。

❶ 每一个曾活着的人都有两个父母。因此，3 000 年前的人口多于现在活着的人口。

上面论点的推理是有缺陷的，因为它：

A. 忽略过去 3 000 年中的每一代中没有后代的人的数目。

B. 忽视了诸如饥荒和瘟疫这样的灾难对人类历史造成的可能的影响。

C. 过分估计人口的反复加倍的数学效果。

D. 没有考虑现在生存的人有共同的祖先。

E. 没有考虑到准确地估计 3 000 年前人类的人数也许是不可能的。

[解题分析] 正确答案：D

选项 D 表明，人们有共同的祖先，这使得"3 000 年前比现在人多"的成立受到质疑，所以为正确答案。

❷ 在过去的三年里，十三岁到十六岁的少年中驾驶或乘坐大马力摩托车时因事故受伤或死亡的人数持续增加。这些大马力摩托车对十六岁以下的少年来说实在是太难对付了，即使他们这个年龄中那些训练有素的骑手都缺乏灵活控制它们的能力。

上述这段话看起来最像是要通过一项法律来禁止：

A. 十六岁以下的少年驾驶大马力摩托车。

B. 十三岁到十六岁之间的少年驾驶大马力摩托车。

C. 十三岁以下的少年驾驶大马力摩托车。

D. 十六岁以下的少年拥有大马力摩托车。

E. 十六岁以下的少年乘坐大马力摩托车。

[解题分析] 正确答案：A

由题干可知，造成伤亡事故的原因是：十六岁以下的少年缺乏驾驶大马力摩托车的能力。因此，这段话看起来最像是要通过一项法律来禁止十六岁以下的少年驾驶大马力摩托车，选择 A 项作为答案最恰当。

B 项也有道理，但不如 A 项贴切。

❸ 现在，一个出版商正在为大学教授定做教材提供选择，教授们可以在一本书上删掉他们不感兴趣的章节，增添他们自己选择的材料。

这种选择的广泛应用对下列哪项教育目标的完成贡献最小？

A. 提高一部分学生的特殊兴趣。

B. 提供高级的选修课程，这些选修课程对某一领域所选择的主题进行深入的研究。

C. 保证学生对某一专业课程有系统的理解。

D. 便于介绍某些领域的最新成果。

E. 通过提供生动、有趣的作业，加深学生对该门功课的理解。

[解题分析] 正确答案：C

教授们可以对教材任意增删、定做，这样做的结果容易影响学生对某一专业课程的系统学习和理解，因此，C 项为正确答案。

❹ 为减轻学生沉重的课业负担，我国不断对高考内容进行改革。高考科目由原来的7科减为4科，但是考试难度却增加了，学校不得不强化学生的应试训练。有些省市尝试稍微降低考试的难度，结果学生的成绩普遍提高，高校录取的分数线也随之上升，为上大学，学生必须考出更高的分数。由此可见：

以下哪项可以最合乎逻辑地完成上面的论述？

A. 将高中会考成绩作为高考成绩的一部分可以减轻学生的课业负担。

B. 只对高考内容进行改革可能无法减轻学生的课业负担。

C. 应当在高考中增加能力测试的比重，以此来改变整个基础教育中应试教育的倾向。

D. 扩大高校招生规模可以减轻学生的课业负担。

E. 应该加强素质教育，弱化甚至废除现有的应试教育。

[解题分析] 正确答案：B

题干断定了高考内容改革的后果：

第一，高考的科目减少后，但是考试难度却增加了，学校不得不强化学生的应试训练。

第二，降低考试的难度后，学生成绩普遍提高，高校录取的分数线也随之上升，为上大学，学生必须考出更高的分数。

从中显然可以归纳推出：无论怎样改革高考内容都可能起不到减轻学生课业负担的作用。因此，B 项正确。

其余选项都超出题干断定范围，均应排除。

二、论证题组

论证题组就是两到三个题（一般为两个题）基于同一个题干的考题，实际上是对题干论证关系从不同角度同时考查，能更有效地考查考生的批判性思维能力。

❶ 下列两题基于以下题干：

有项调查报告指出，服用某种药品会提高人的注意力。

（1）如果上述信息正确，那么以下哪项可由上述信息推出？

A. 长期服用这种药品，会产生药物依赖，并且伤害身体。

B. 考生服用这种药品将视为考试作弊。

C. 很多考生服用了这种药品。

D. 有些考生不愿服用这种药品。

E. 小李服用了这种药品，提高了注意力。

[解题分析] 正确答案：E

简单的三段论推理：服用某种药品会提高人的注意力，小李服用了这种药品，所以，小李提高了注意力。

（2）下列哪项如果正确，最能质疑题干信息？

A. 有些没有服用该药品的学生的考试成绩不理想。

B. 学校周围的许多药店出售这种药品。

C. 有学生反映，服用该药品后与服用该药品前相比，注意力没有改善。

D. 药品在学生中很受欢迎。

E. 教师劝导学生不要服用这种药品，因为这种药物对身体会造成伤害。

[解题分析] 正确答案：C

若C项为真，即有学生反映，服用该药品后与服用该药品前相比，注意力没有改善。这作为反例，显然能质疑服用该药品会提高人的注意力这一效果。其余选项均为无关项。

❷ 下列两题基于以下题干：

S这个国家的自杀率近年来增长非常明显，这一点有以下事实为证：自从几种非处方安眠药被批准投入市场，仅由过量服用这些药物导致的死亡率几乎翻了一倍。然而，在此期间，一些特定类别的自杀并没有增加。虽然老年人自杀增长了70％，但是青少年的自杀只占这个国家全部自杀的30％，这比1995年——那时青少年自杀占这个国家全部自杀的65％——有显著下降。

（1）以下哪项指出了上述论证最主要的漏洞？

A. 它忽视了老年人与青少年之外的人群自杀的可能性。

B. 它想当然地认为，非处方安眠药准入市场对两种不同人群有相同的效果。

C. 它假设青少年自杀率下降必然意味着青少年自杀人数下降。

D. 它忽视了S国死亡总人数自1995年以来已经增加了。

E. 它依赖与其结论相矛盾的证据。

[解题分析] 正确答案：A

题干论证关系为：

结论：该国自杀率近年来增长非常明显。

论据：第一，过量服用非处方安眠药导致的死亡率几乎翻了一倍。第二，老年人自杀增长了 70％，但是青少年的自杀只占这个国家全部自杀的 30％。

分析论据二对结论的支撑情况：结论说明全国自杀率在上升；论据说明老年人自杀人数增加，青少年占全国自杀的比例在下降。由于自杀率＝自杀人数/总人数，所以，还需要知道除了老年人自杀和青少年自杀之外，别的人群（比如中年人）自杀的情况。因此，A 项为论证中最主要的漏洞。

（2）以下哪项为真将最有力地支持 S 国的自杀处于上升状态？

A. 服用过量安眠药的人中老年人最多。

B. 服用过量安眠药在十年前不是最普遍的自杀方式。

C. 近年来 S 国的自然死亡人数在下降。

D. 在因服用过量非处方安眠药而死亡的人中，大多数并非意外。

E. S 国的自杀率高于世界平均自杀率。

［解题分析］正确答案：D

分析论据一对结论的支撑情况：如果服用过量非处方安眠药而死亡的人中大多数不是意外，即是因为自杀导致，这就对题干所述的自杀率增长明显这一结论起到有力的支持作用。因此，D 项为正确答案。

练 习 题

01　杜威：逻辑之所以对人类极端重要，正是因为它在经验中建立，并在实践中应用。

以下哪项陈述是上述论证所依赖的假设？

A. 逻辑在人类知识体系中处于基础地位。

B. 对人类极端重要的东西都是在经验中建立的。

C. 在经验中建立并且在实践中应用的东西对人类极端重要。

D. 经过人类长期实践检验和逻辑证明的东西对人类非常重要。

E. 所有学科都应该在经验中建立，并在实践中应用。

02　在一所小学的图书馆中，科技书和文艺书一直是最受学生欢迎的两种图书，最近借科技书的学生越来越多，所以借文艺书的学生有所减少。

以上说法要假设下面哪个前提？

A. 因为最近在搞科技活动月活动，所以科技书很受欢迎。

B. 学生们的课程很多，课外作业也很多，所以没有时间看文艺书。

C. 借文艺书的学生和借科技书的学生的总和是基本不变的。

D. 喜欢读书的学生往往各类图书都喜欢读，不喜欢读书的学生什么书都不爱读。

E. 只有高年级的学生到图书馆借书，低年级的学生认字太少，一般不借书。

03　市妇联对本市 8 100 名 9 岁到 12 岁的少年儿童进行了问卷调查。统计显示：75％的孩子"愿意写家庭作业"，只有 12％的孩子认为"写作业挤占了玩的时间"。对于这些"乖孩子"的答卷，一位家长的看法是：要么孩子没有说实话，要么他们爱玩的天性已经被扭曲了。

以下哪一项陈述是这位家长推论所依赖的假设？

A. 要是孩子们能实话实说，就不会那么多的孩子表示"愿意写家庭作业"，而只有很少的孩子认为"写作业挤占了玩的时间"。

B. 在学校和家庭的教育下，孩子们已经认同了"好学生、乖孩子"的心理定位，他们已经不习惯于袒露自己的真实想法。

C. 与写家庭作业相比，天性爱玩的孩子更喜欢玩，而写家庭作业肯定会减少他们玩的时间。

D. 过重的学习压力使孩子们整天埋头学习，逐渐习惯了缺乏娱乐的生活，从而失去了爱玩的天性。

E. 本市的 8 100 名儿童中有一多半是优秀三好学生，他们都爱学习。

04 孔子非常懂得饮食和养生的道理，《论语·乡党》就列出了很多"食"和"不食"的主张，比如"不时不食"，意思是说不要吃反季节蔬菜。

以下哪项陈述是上述解释所必须依赖的假设？

A. 孔子在饮食方面的要求很高。

B. 饮食不仅滋养人的身体，还塑造人的心灵。

C. 我们可以选择吃当季蔬菜，还是吃反季节蔬菜。

D. 孔子生活的时代既有当季蔬菜，也有反季节蔬菜。

E. 吃反季节蔬菜会对身体造成伤害，不利于健康。

05 没有计算机能够做人类大脑所能做的一切事情，因为有些问题不能通过运行任何机械程序来解决。而计算机只能通过运行机械程序去解决问题。

以下哪项陈述是以上论述所依赖的假设？

A. 至少有一个问题，它能够通过运行机械程序来解决，却不能被任何人的大脑所解决。

B. 至少有一个问题，它不能通过运行任何机械程序来解决，却能够被至少一个人的大脑所解决。

C. 至少有一个问题，它能够通过运行任何机械程序来解决，却不能被任何人的大脑所解决。

D. 每一个问题，若能通过运行至少一套机械程序来解决，就能被每个人的大脑所解决。

E. 每一个问题，若能通过运行机械程序来解决，计算机就能够做人类大脑所能做的一切事情。

06 对新汽车的态度调查表明：因为颜色不一样而其他任何方面都相同的汽车受到了来自潜在消费者对质量大不相同的评价。因此，在未来对高质量汽车的广告中，我们可以预见汽车的颜色将没有区别。

下面哪一项是上文的假设？

A. 如果某一款车购买者偏爱的颜色没有了，购买者通常愿意接受其他颜色。

B. 新车就质量而言，差别很大。

C. 在研究中，只有一种颜色通常是与最高质量评分相关。

D. 某车的广告应该展示出它的所有重要优势。

E. 潜在客户在购买车的决定时，赋予颜色的权重高于价格

07 政治行动委员会 PAC 的主要目的是从个人那儿获得资助为候选人的选战服务。通过增加捐助者的数目，PAC 使更多的人对政治活动感兴趣。那些怀疑这个主张的人仅仅需要下一次在赛马中赌 50 美元，他们将看到比他们什么也不赌增大多少兴趣。

上面的论述依赖下列哪一个假设？

A. 捐钱给 PAC 的人在任一次政治竞选中通常不会捐助超过 50 美元。

B. 捐钱给 PAC 的人通常在去赛马比赛或其他运动比赛中也赌许多钱。

C. 那些捐钱给 PAC 的人假如不捐的话就对政治活动不感兴趣。

D. 那些对政治活动感兴趣的人来自总人口中很少的一部分人。

E. 捐助给超过一个 PAC 的人比只捐给一个 PAC 的人在政治活动中没有更强的兴趣。

08 1980 年，年龄在 18 岁到 24 岁之间，与父母生活在一起的人占该年龄段人口的比例为 48％，而 1986 年，这一比例上升至 53％。可以说，在 1986 年，这一年龄段的人更加难于负担独立生活。

上文得出的结论是基于下列哪项假设？

A. 这一年龄段中不能自立的人更愿意和同龄人生活在一起，而不是和父母。

B. 这一年龄段中有些人，只要他们能独立生活，就会选择独立，而不再和父母生活在一起。

C. 这一年龄段中与父母生活在一起的人，不分担房费支出。

D. 在 1980 年到 1986 年间，适合单人租用的住房数量减少了。

E. 这一年龄段中有些人尽管在调查时和父母住在一起，而在此之前是独立生活的。

09 在当前的音像市场上，正版的激光唱盘和影视盘销售不佳，而盗版的激光唱盘和影视盘却屡禁不绝，销售异常火爆。有的分析人员认为这主要是因为在价格上盗版盘更有优势，所以在市场上更有活力。

以下哪项是这位分析人员在分析中隐含的假定？

A. 正版的激光唱盘和影视盘往往内容呆板，不适应市场需要。

B. 与价格的差别相比，正版盘与盗版盘在质量方面的差别不大。

C. 盗版的激光唱盘和影视盘比正版的盘进货渠道畅通。

D. 正版的激光唱盘和影视盘不如盗版的盘销售网络完善。

E. 加强对知识产权的保护和对盗版行为的打击使得盗版盘的价格上涨。

10 汤姆森是电子的发现者和诺贝尔物理学奖获得者，他培养了许多物理学家，其中有 7 人获诺贝尔奖，32 人成为伦敦皇家学会会员，83 人成为物理学教授。这表明创造性研究所需要的技巧是能够教授和学习的。

以下哪项是上述论证所依赖的假设？

A. 汤姆森是国际上知名的学者，世界各地的学者都来与他一起工作。

B. 所有由汤姆森培养的科学家都以他们创造性的科学研究而著称。

C. 至少有一位由汤姆森培养过的科学家在见到汤姆森之前不是一位有创造性的研究者。

D. 物理学中的创造性研究所要求的研究习惯不必是其他学科的创造性研究所需要的。

E. 那些最有研究成就的科学家通常都受过著名科学家的专业培养。

11 一项对爱伦·坡的信件的精确研究发现，他没有在任何一封信中提到过他因之出名的吗啡瘾。在这个证据的基础上，可以讲爱伦·坡得到吗啡上瘾者的名声是不恰当的，那些关于他的吗啡瘾的报道也是不真实的。

上文的论述做了下列哪一个假设？

A. 有关爱伦·坡对吗啡上瘾的报道直到爱伦·坡死后才广为流传。

B. 没有一项有关爱伦·坡对吗啡上瘾的报道是由真正认识爱伦·坡的人所提供的。

C. 爱伦·坡的稿费不足以支付其吸食吗啡的费用。

D. 在吗啡的影响下，爱伦·坡不可能写这么多的信件。

E. 爱伦·坡不会因害怕后果而不在其信中提及对吗啡的嗜好。

12 经过一段时间的研究，人们发现商场室内温度略高所导致的顾客与售货员之间的争吵要比温度略低时多。因此，如果我们能控制商场室内温度，顾客和售货员之间的争吵就能得到控制。

上述推论隐含了以下哪项假设？

Ⅰ. 室内温度与顾客和售货员争吵之间的关系是纯属巧合的。

Ⅱ. 室内温度与顾客和售货员争吵之间的关系是有因果关系的。

Ⅲ. 室内温度与顾客和售货员争吵之间的关系是可以被利用的。

A. Ⅰ、Ⅱ。

B. Ⅱ、Ⅲ。

C. Ⅰ、Ⅱ、Ⅲ。

D. 仅Ⅰ。

E. 仅Ⅱ。

13 在股份公司的经营状况评比中，每股收益和净资产收益率是两个最重要的指标。有人说只要比较它们的赢利能力（净资产收益率）就可以了，不必比较它们的每股收益。

如果这样来比较一个企业的经营能力，那么下面的哪个前提是需要假设的？

A. 因为净资产收益率更重要，如果一个企业有很高的收益率，那么用不了多久，其每股收益就会提高上来。

B. 企业的发展能力很重要，传统产业正面临挑战。

C. 每个公司的每股收益都差不多。

D. 如果一个企业没有很好的发展前景，即使暂时每股收益不少又有什么用呢？

E. 由于宏观经济形势趋好，企业的总体赢利能力增强了

14 即使最有经验的珠宝收藏家，也不会凭他们的肉眼鉴定来购买钻石，他们担心自己的眼睛会被赝品欺骗。既然最有经验的珠宝收藏家都无法凭肉眼将一件赝品和真的钻石区分开，赝品就与真品具有同样的审美享受，这两件珠宝就具有同样的价值。

如果以下哪项陈述为真，最强地支持了上述论证？

A. 最有经验的珠宝收藏家也不能将赝品与真钻石区分开来。

B. 最有经验的珠宝收藏家只收藏那些更有审美享受的珠宝。

C. 一件珠宝的价值在很大程度上取决于市场需要。

D. 一件珠宝的价值应该完全由它提供的审美享受来决定。

E. 一件完美的赝品就是在所有物理可感性质上与一件相应的真品没有差别的物品。

15 近年来中国不断增加对非洲的投资，引起西方国家不安，"中国掠夺非洲资源"之类的批评不绝于耳。对此一位中国官员反驳说："批评的一个最重要的依据是中国从非洲拿石油，但去年非洲出口的全部石油，中国只占 8.7%，欧洲占 36%，美国占 33%。如果说进口 8.7% 都有掠夺资源之嫌，那么对 36% 和 33% 应该怎么来看呢？"

加入以下哪项陈述，这位官员可以推出"中国没有掠夺非洲资源"的结论？

A. 欧洲和美国有掠夺非洲资源之嫌。

B. 欧洲和美国没有掠夺非洲资源。

C. 中国和印度等国家对原料的需求使原料价格上涨，为非洲国家带来了更多收入。

D. 非洲国家有权决定如何处理自己的资源。

E. 除中国、欧洲和美国以外，还有其他国家和地区从非洲进口石油。

16 废除农业税，仍然要执行宪法规定的"公民有依法纳税的义务"。农民也是公民，当然也应该纳税。

以下哪项断定最能支持上述观点？

A. 农业税是按人头、按田亩收税，不管收入多少，也不管贫富，平均纳税。

B. 农业税从某种意义上来说是穷人替富人交了税，是不公平的。

C. 城市居民主要交所得税，如果农民像市民一样征个人所得税，至少有 9 成以上的农民达不到纳税人的水平。

D. 废除不合理的农民负担，废除农林特产税，逐年免征农业税，五年后完全免征农业税。

E. 取消农业税不等于"零赋税"。

17《信息报》每年都要按期公布当年国产和进口电视机销量的排行榜。管理咨询专家认为这个排行榜不应该成为每个消费者决定购买哪种电视机的根据。

以下哪项最能支持这个管理咨询专家的观点？

A. 购买《信息报》的人不限于要购买电视机的人。

B. 在《信息报》上排名较前的电视机制造商利用此举进行广告宣传，以吸引更多的消费者。

C. 每年的排名变化较小。

D. 对任何两个消费者而言，可以根据自己具体情况的不同，而有不同的购物标准。

E. 一些消费者对他们根据《信息报》上的排名所购买的电视机很满意。

18 一则公益广告劝告人们，酒后不要开车，直到你感到能安全驾驶的时候才开。然而，在医院进行的一项研究中，酒后立即被询问的对象往往低估他们恢复驾驶能力所需要的时间。这个结果表明，在驾驶前饮酒的人很难遵循这个广告的劝告。

下列哪项如果为真，能最强地支持以上结论？

A. 对于许多人来说，如果他们计划饮酒的话，会事先安排不饮酒的人开车送他们回家。

B. 医院中被研究的对象估计他们恢复驾驶的能力，通常比其他饮酒的人更保守。

C. 一些不得不开车回家的人就不饮酒。

D. 医院研究的对象也被询问，恢复对安全驾驶不起重要作用的能力所需要的时间。

E. 一般人对公益广告的警觉比医院研究对象的警觉高。

19 在可控制的条件下，从幼苗成长的橘子树暴露于两倍正常浓度的二氧化碳的空气中，能够长到它们正常尺寸的三倍。这些剧烈的变化结果展示：空气中二氧化碳的浓度增加对全世界农业是有好处的。

下面哪一项如果正确，最能支持上面的结论？

A. 大气中二氧化碳浓度高时结的果实比正常浓度时结的果实营养成分低。

B. 研究中的橘子树果实的产量是正常产量的 3 倍。

C. 当大气中二氧化碳浓度升高时，一些影响植物生长的土壤营养被消耗完了。

D. 用来研究的橘子树又矮又结实。

E. 随着二氧化碳量的增加，和农作物竞争的蔬菜生长更快。

20《卫生报》上登了国内 20 家大医院的名单，名单按它们在近 3 年中病人死亡率的高低排序。专家指出不能把名单的排序作为评价这些医院医疗水平的一个标准。

以下各项如果是真的，都能作为论据支持专家的结论，除了：

A. 这 20 家医院中，有 5 家依靠国家资助从国外进口了多套先进、大型和配套的医疗设备，其余的都没有。

B. 有些医院，留病人住院的时间长，病人死亡率因此就较高；有些医院，往往较早地动员患绝症而救治无望的病人出院，病人死亡率因此就较低。

C. 这 20 家医院中，有 2 家老人医院和 3 家儿童医院。

D. 在 20 家医院中，有 2 家是肿瘤医院。

E. 有些医院不具备特种手术和特别护理条件，碰到相关的病人就转院了事。

21 人们通常不使用基本的经济原则来进行决策，该原则理性地衡量所有可能性，而后作出预计能够将利益最大化并将损失最小化的选择。常规上讲，人们在这方面是以非理性的方式处理信息。

下面各项如果正确，都将为支持上述推断提供论据，除了：

A. 人们倾向于依据其可看到的相对好处对新信息采取行动，而不是依据他们已有的信息。

B. 人们更愿意选择一个他们主动选择的大的冒险，而不愿意选择一个强加于他们的小的冒险，即使他们知道主动采取的冒险比统计上讲更危险。

C. 人们倾向于形成有潜在危害的习惯，即使他们有清楚的证据显示他们的同辈以及专家反对这种行为。

D. 人们更避免卷入有很多人在内的事故境况中，而不那么避免可能发生单人受害的事故的境况，虽然他们能认识到在后一种情况下，发生事故的可能性更大。

E. 人们通常对医生关于对某种疾病最佳治疗的意见给予更多的重视，而不对邻居的观点给予重视，如果他们意识到邻居不是疾病治疗的专家。

22 以两面针、芳草、中华等为代表的国产品牌的牙膏在质量、品种、保健和价格上都相当不错，又在各种渠道展开了强大的广告攻势，占据了国内市场消费量的七成以上，使国外品牌的进口牙膏难以称雄，这与其他许多日用品市场形成鲜明的对照，值得其他国产日用品厂商认真反思。

以下哪项不适合作为以上论述的理由？

A. 国产品牌牙膏洁齿效果好，品质优良，使用方便。

B. 国产品牌牙膏的价格合理，经济实惠，适合中国普通老百姓的消费水平。

C. 国产品牌牙膏充分利用了中药特有的保健作用，洁齿护齿有效，吸引了国内众多的消费者。

D. 电视中的精彩广告使国产牙膏的品牌老少皆知，广为传颂。

E. 我国有超过 12 亿的人口，构成了一个巨大的消费市场。

23 即使计算机犯罪被发现并且被告发，仍然存在着逮捕罪犯和进一步证明罪犯有罪的问题。

以下哪项能支持上述断言？

Ⅰ. 对计算机欺诈案件起诉的准备工作要比一般欺诈案花费更多时间，而检察官的工作成绩是以出色完成案件的数量来衡量的。

Ⅱ. 在大多数警察局，警官的职位总是隔两三年就相互轮换，而这段时间对于成为一个精通计算机犯罪的调查人来说太短了。

Ⅲ. 社区警察部门优先处理的不是大量的计算机犯罪，而是对人们的威胁更大的常见的街头犯罪。

Ⅳ. 计算机罪犯很少被送到监狱里服刑，因为暴力犯和毒品犯已把监狱弄得拥挤不堪。

A. 只有Ⅰ和Ⅱ。

B. 只有Ⅱ和Ⅲ。

C. 只有Ⅰ、Ⅱ和Ⅲ。

D. 只有Ⅱ、Ⅲ和Ⅳ。

E. Ⅰ、Ⅱ、Ⅲ和Ⅳ。

24 某调查显示：82％的小学生每天都会上网，84％的每天都会使用QQ，78％的每天都会使用QQ空间，65％的每天都会使用微博。据此有人认为，小学生已从媒介被动的受众转变为积极的参与者与传播者。

如果以下各项为真，最能削弱上述论证的是哪项？

A. 小学生的QQ好友或微博关注对象大多是同学。

B. 大多数小学生每天上网时间被控制在半小时以内。

C. 大多数家庭的电脑中都安装了学生上网监控软件。

D. 大多数小学生使用QQ空间和微博只是浏览信息。

E. 小学生越来越多地受到网络负面因素的影响。

25 在本届全国足球联赛的多轮比赛中，参赛的青年足球队先后有六个前锋、七个后卫、五个中卫、两个守门员。比赛规则规定：在一场比赛中同一个球员不允许改变位置身份，当然也不允许有一个以上的位置身份，同时，在任一场比赛中，任一球员必须比赛到终场，除非受伤。由此可得出结论：联赛中青年足球队上场的共有球员 20 名。

以下哪项为真，最能削弱以上结论？

A. 比赛中若有球员受伤，可由其他球员替补。

B. 在本届全国足球联赛中，青年足球队中有些球员在各场球赛中都没有上场。

C. 青年足球队中有些队员同时是国家队队员。

D. 青年足球队队的某个球员可能在不同的比赛中处于不同的位置。

E. 根据比赛规则，只允许 11 个球员上场。

26 在当今信息时代，计算机越来越普及，越来越在众多领域发挥重要作用。在这种情况下，教会学生有效地使用计算机是很重要的。因此，学校应该给全体学生开设计算机程序设计课，以使全体学生都会编写计算机程序。

以下哪项如果为真，最可能削弱上述结论？

A. 只有那些能够有效使用计算机的人，才擅长计算机程序设计。

B. 只有精通计算机程序设计的人，才能有效地使用计算机。

C. 不少能有效使用计算机的人，并不会编写计算机程序。

D. 有些学校教授的计算机编程课比其他学校更为实用。

E. 绝大多数能编程的人，都能熟练使用计算机。

27 在一次考古发掘中，考古人员在一座唐代古墓中发现多片先秦时期的夔文（音 kui，一种变体的龙文）陶片。对此，专家解释说，由于雨水冲刷等原因，这些先秦时期的陶片后来被冲至唐代的墓穴中。

以下哪项如果为真，最能质疑上述专家的观点？

A. 在这座唐代古墓中还发现了多件西汉时期的文物。

B. 这座唐代古墓保存完好，没有漏水、毁塌迹象。

C. 并非只有先秦时期才使用夔文，唐代文人以书写夔文为能事。

D. 唐代的墓葬风俗是将墓主生前喜爱的物品随同墓主一同下葬。

E. 陶片上刻有在先秦战国时期官方发文中经常出现的吉祥图案。

28 在过去十年中，美国年龄在 85 岁或以上的人口数开始大量增长。出现这一趋势的主要原因是这些人在脆弱的孩提时期受到了良好的健康医疗照顾。

下面哪项如果正确，最严重地削弱了上面的解释？

A. 在美国，年龄 85 岁或 85 岁以上的人中，有 75% 的人其父母的寿命小于 65 岁。

B. 在美国，现在 85 岁的人们代表的年龄组的出生人数少于比这一年龄组大一点和小一点的年龄组。

C. 在美国，年龄在 85 岁以上的人中，有 35% 需要 24 小时护理。

D. 美国很多 85 岁以上的人是在 20 岁或 20 岁以后才移民到美国的。

E. 由于联邦政府用于怀孕妇女和儿童的医疗护理的资金减少，美国公民的寿命有可能会缩短。

29 某国的一份公文如下："我国应立法限制使用石油制品生产塑料。我国对燃料的需要远远甚于对塑料的需要；而且，我国对进口石油越来越依赖，一旦战争爆发，石油进口被阻断，我国将陷入危机。如果减少制造塑料和石油制品用量，我们就能在独立自主和国家安全上迈出显著的一步。"

以下哪项如果为真，最能反驳上述论证？

A. 事实上，该国用于制造塑料的石油消耗只占全部石油消耗非常小的比例。

B. 某些塑料制品，如飞机、汽车上的部件，对国防有很重要的作用。

C. 战争时期，敌国会极力攻占石油供给国地区。

D. 新研制的塑料制造方法能有效减少石油用量。

E. 利用核能代替石油的研究受到了国际核条约的约束而减慢。

30 一家社会评价机构为评价人们对电视剧的喜欢程度进行了社会调查，调查表明，电视剧 A 的收视率要超过电视剧 B 的收视率，由此这家社会评价机构断言：A 的受欢迎程度要高于 B。

以下哪项最能反驳上述断言？

A. 收视率只是对电视剧喜欢程度的一个标准

B. 对电视剧的喜欢程度与人们受教育程度有关

C. 播放电视剧 A 的电视台远远多于播放 B 的电视台

D. 喜欢电视剧 B 的大多数都是中老年人

E. 喜欢电视剧 A 的大多数都是年轻人

31 李教授说：与矿泉水相比，纯净水缺少人体所必需的某些矿物质。所以，经常饮用纯净水的人会缺乏这些矿物质。

以下哪项最能削弱李教授的论证？

A. 矿物质过多也会危害健康。

B. 人体缺乏一些矿物质并不会危害健康。

C. 人们可以从其他食品中得到这些矿物质。

D. 有些人既饮用纯净水也饮用矿泉水。

E. 饮用什么样的水取决于人们的生活习惯。

32 禁止在公共媒介上刊登香烟广告并不能减少年轻人吸烟的数量，因为他们早就知道世界上有香烟，早就知道香烟的各种品牌，并且熟知从哪里能搞到它们。他们不需要广告提供这些信息。

以下哪项如果是真的，最能削弱上述论证？

A. 看或听广告，能增加一个人获得此种产品的欲望。

B. 禁止在公共媒介上刊登香烟广告会使得其他形式的香烟广告激增。

C. 公共媒介上香烟广告费用是烟草公司的一项主要开支。

D. 反对吸烟者从一开始就在公共媒介上做广告反对吸烟。

E. 和青年人比起来，老年人较不易受公共媒介上广告的影响。

33 莫尔鸟是仅存在于新西兰的一种高大但不会飞的鸟。在人类定居新西兰之前，莫尔鸟没有什么可怕的天敌，数量极多。当人们开始猎取它们后，莫尔鸟几乎绝迹了。所以，肯定是人类的打猎造成了莫尔鸟的绝迹。

下面哪项如果正确，最能严重削弱上面的论述？

A. 一些莫尔鸟栖息在新西兰人类定居最晚的一部分地区。

B. 新西兰人也猎取一种哺乳动物。这种动物虽然也易受本地天敌的攻击，却并未灭绝。

C. 人们引入新西兰好几种捕食莫尔鸟的动物。

D. 大约第一批人进驻新西兰 500 年之后，莫尔鸟仍存在于新西兰的某些地区。

E. 一些莫尔鸟能战胜人类。

34 最近实施的一项历史上最严格的禁止吸烟的法律，虽然尚未禁止人们在其家中吸烟，却禁止人们在一切公共场所和工作地点吸烟。如果这项法律得到严格执行，就会彻底保护上班人员免受二手烟的伤害。

如果以下哪项陈述为真，能最有力地削弱上述论证？

A. 上下班人员吸入的汽车尾气要比吸二手烟的危害大得多。

B. 诸如家教、护工、小时工等人员都在雇主的家里上班。

C. 任何一项立法及其实施都不能完全实现立法者的意图。

D. 这项控制吸烟的法律过高地估计了吸二手烟的危害。

E. 公共场所禁止吸烟已成为新的社会行为规范。

35 我的大多数思想开放的朋友都读了很多书，我的大部分思想不开放的朋友就不是这样。你读得越多，你就越有可能遇到新思想的挑战，你对自己思想的坚持就会被削弱，这种说法是有道理的。阅读还把你从日常生活中解放出来，向你展示生活的多样性和丰富性。因此，阅读使人思想开放。

如果以下陈述为真，哪一项最有力地削弱了上文中的结论？

A. 某人爱读文学作品，特别爱读诗歌，后来自己也写诗，现在是一位很有名的诗人。

B. 有人读了很多书，每读一本书都觉得有道理，不同的道理老在脑袋里打架，都快变成疯子了。

C. 如果只选择性地阅读特定类型或有特定观点的书，很可能读得越多越偏执。

D. 有些人读书喜欢把自己摆进去，读《红楼梦》时就觉得自己是林黛玉或者是贾宝玉。

E. 老张坚持博览群书，年龄越大思想越开放，脾气也越来越好。

36 一种正在试制中的微波干衣机具有这样的优点：它既不加热空气，也不加热布料，却能加热衣服上的水。因此，能以较低的温度运作，既能省电，又能保护精细的纤维。但是，微波产生的波通常也能加热金属物体。目前，微波干衣机的开发者正在完善一个工艺，它能阻止放进干衣机的衣服上细小的金属（如发夹）发热而烧坏衣服。

下列哪项如果为真，能最有力地说明，即使完善了这一工艺也不足以使微波干衣机有销路？

A. 经常使用干衣机干衣的顾客的衣服上大多有厚金属物，如装饰铜扣等。

B. 许多放进干衣机的衣服并不和发夹或其他金属物放在一起。

C. 试制中的微波干衣机比未来完善的微波干衣机耗电多。

D. 微波干衣机比机械干衣机引起的皱缩小。

E. 通常放进干衣机的衣服上的金属按扣同大多数的发夹一样厚。

37 一个世界范围的对生产某些破坏臭氧层的化学物质的禁令只能提供一种受到保护的幻觉。已经生产出的大量的这种化学物质已经作为制冷剂存在于数百万台冰箱中。一旦它们到达大气中的臭氧层，引起的反应无法被停止。因此没有办法来阻止这些化学物质进一步破坏臭氧层。

下面哪项如果正确，严重地削弱了以上论述？

A. 无法准确测出作为冰箱制冷剂存在的破坏臭氧层的化学物质的数量。

B. 在现代社会，为避免不健康甚至对生命构成潜在威胁的状况，冷藏食物是必要的。

C. 这些化学物质的替代品还没有被研制成功，并且这种替代品比现在使用的冰箱制冷剂要昂贵得多。

D. 即使人们放弃使用冰箱，早已存在于冰箱中的制冷剂还是会破坏大气中的臭氧层。

E. 冰箱中的制冷剂可以在冰箱完成它的使命后被完全开发并重新使用。

38 在近20年的世界杯上，凡是淘汰阿根廷队的球队，都会在下一轮比赛中输掉，这被称为"阿根廷魔咒"。1994年，罗马尼亚在1/8决赛中干掉了失去老马的阿根廷，紧接着就被瑞典人挡在4强之外；1998年，荷兰靠博格坎普灵光一现淘汰阿根廷，下一轮他们就点球负于巴西；2002年，瑞典在小组赛末轮淘汰阿根廷，一出线就被塞内加尔打败；2006年和今年，德国两次淘汰阿根廷，但都在随后的决赛或半决赛中输掉了。

下面各项都没有反驳或削弱"阿根廷魔咒"，除了：

A. 在2002年世界杯上，阿根廷队在小组赛中没有出线。

B. 在2014年世界杯上，巴西队将淘汰阿根廷队，最终赢得冠军。

C. 1990年，阿根廷队在首战输给喀麦隆队之后，最后获得亚军。

D. 2006年，意大利队获得冠军，但比赛中未遭遇阿根廷队。

E. 2002年，阿根廷在输给英格兰后，英格兰在随后的1/4决赛中输了。

39 虽然人事激励对公司很重要，但是，一项研究结果表明，人事部门并不如此重要，因为人事部门不参加战略决策会议，而且雇佣高级经理都由CEO决定，人事部门很多时候只起支持和辅助的作用。

以下哪项陈述如果为真，对上述论证的削弱最强？

A. 虽然人事部门没有雇佣高级经理的决定权，却有雇佣中层管理者的决策权。

B. 人事部门设计的报酬体系虽然不能创造财富，却能为公司留住有才能的人。

C. 人事激励的对象也包括人事部门的经理，尽管人事部门的绩效难以测量。

D. 可口可乐公司的人事总部是公司的决策团队之一，掌控人事方面的决定权。

E. 人事部门要起到支持作用，必须成为高层主管的咨询顾问。

40 《乐记》和《系辞》中都有"天尊地卑""方以类聚，物以群分"等文句，由于《系辞》的文段写得比较自然，一气呵成，而《乐记》则显得勉强生硬，分散拖沓，所以，一定是《乐记》沿袭或引用了《系辞》的文句。

以下哪项陈述如果为真，能最有力地削弱上述论证的结论？

A. 经典著作的形成通常都经历了一个由不成熟到成熟的漫长过程。

B. 《乐记》和《系辞》都是儒家的经典著作，成书年代尚未确定。

C. "天尊地卑"在比《系辞》更古老的《尚书》中被当作习语使用过。

D. 《系辞》以礼为重来讲天地之别，《乐记》以乐为重来讲天地之和。

E. 《乐记》作者不如《系辞》作者有文采。

41 当代知名的动漫设计大师，绝大部分还没从动漫设计学校毕业就已经离开学校，开始自己的动漫设计生涯。因此，有人认为动漫设计的专业学习对学生们今后的职业发展并没能提供有力的帮助。

以下哪项如果为真，能够最有力地反驳上述推论？

A. 动漫设计大师都承认，他们学习了动漫设计学校的基础课程。

B. 知名动漫公司在招聘设计师时，很看重应聘人员的毕业院校。

C. 调查显示，动漫设计学校毕业生的平均年收入要显著高于同类院校其他专业的毕业生。

   D. 在动漫设计行业中职业发展比较好的从业者，基本都毕业于动漫设计学校。

   E. 高科技的运用使动漫产业给人们带来更加丰富多彩的互动娱乐体验。

42 在我们的法律体系中存在着一些不合理性。在刑法中，尽管作案的动机是一样的，对于成功作案的人的惩罚却比试图作案而没有成功的人的惩罚重得多。然而，在民法中，一个蓄意诈骗而没有获得成功的人却不必支付罚款。

以下哪项陈述为真，严重地削弱了上述议论中的看法？

   A. 学民法的人比学刑法的人更容易找到工作，可见民法与刑法大不相同。

   B. 许多被监禁的罪犯一旦获释将会犯其他的罪行。

   C. 对这个国家来说，刑事审判比民事审判要付出更高的代价。

   D. 刑法的目的是惩罚罪犯，而民法的目的则是给受害者以补偿。

   E. 立法的科学性在进步，相信以后不会再发生类似的事情。

43 一份关于酸雨的报告总结道，"加拿大的大多数森林没有被酸雨损害"。这份报告的批评者坚持认为这一结论必须改变为，"加拿大的大多数森林没有显示出明显的被酸雨损害的症状，如不正常的落叶、生长速度的减慢或者更高的死亡率。"

下面哪项如果正确，为批评者坚持要改变报告结论提供了逻辑上最强有力的正当理由？

   A. 加拿大的一些森林正在被酸雨损害。

   B. 酸雨可能正在造成症状尚未明显的损害。

   C. 报告没有把酸雨对加拿大森林的损害与酸雨对其他国家森林的损害进行比较。

   D. 过去的 15 年内，加拿大所有森林都下过酸雨。

   E. 酸雨造成的损害程度在不同森林之间具有差异。

44 一项研究表明，吃芹菜有助于抑制好斗情绪。151 名女性接受了调查。在称自己经常吃芹菜的女性中，95％称自己很少有好斗情绪，或者很少被彻底激怒。在不经常吃芹菜的女性中，53％称自己经常有焦虑、愤怒和好斗的情绪。

以下陈述都削弱了上文的结论，除了：

   A. 那些经常吃芹菜的女性更注意健身，而健身消耗掉大量体能，十分疲惫，抑制了好斗情绪。

   B. 女性受访者易受暗示且更愿意合作，会有意无意地配合研究者，按他们所希望的方向去回答问题。

   C. 像安慰剂有疗效一样，吃芹菜会抑制好斗情绪的说法激发了女性受访者的一系列心理和精神活动，让她们感觉不那么好斗了。

   D. 芹菜具有平肝清热、除烦消肿、解毒宣肺、健胃利血、降低血压、健脑镇静之功效。

   E. 好斗情绪弱的女性比好斗情绪强的女性更喜欢吃芹菜。

45 上河市的报纸销售量多于天河市。因此，上河市的居民比天河市的居民更多地知道世界上发生的大事。

下列选项中除了哪个都能削弱上述论断？

   A. 上河市的居民比天河市多。

B. 天河市的绝大多数居民在上河市工作并在那里买报纸。

C. 上河市居民的人均看报时间比天河市居民的人均看报时间少。

D. 一种上河市报纸报道的内容局限于上河市内的新闻。

E. 上河市报亭的平均报纸售价低于天河市的平均报纸售价。

46 光明中学学生的数学考试成绩比向新中学学生的数学考试成绩要好。因此，光明中学的数学教学方法比向新中学的要好。

以下各项如果是真的，都能削弱以上结论，除了：

A. 光明中学的数学试题比向新中学的容易。

B. 向新中学学生的基础普遍不如光明中学。

C. 向新中学的数学教科书要比光明中学的难。

D. 向新中学的数学教师比光明中学的数学教师普遍工作更勤奋。

E. 光明中学的数学课时比向新中学的多，但考试要求并没因此提高。

47 巴西赤道雨林的面积每年以惊人的比例减少，这引起了全球的关注。但是，卫星照片的数据显示，去年巴西雨林面积的缩小比例明显低于往年。去年，巴西政府支出数百万美元用以制止乱砍滥伐和防止森林火灾。巴西政府宣称，上述卫星照片的数据说明巴西政府保护赤道雨林的努力取得了显著成效。

以下哪项如果为真，最能削弱巴西政府的结论？

A. 去年巴西用以保护赤道雨林的财政投入明显低于往年。

B. 与巴西毗邻的阿根廷的赤道雨林的面积并未缩小。

C. 去年巴西的旱季出现了异乎寻常的大范围持续降雨。

D. 巴西用于雨林保护的费用只占年度财政支出的很小比例。

E. 森林面积的萎缩是全球性的环保问题。

48 研究人员把受试者分成两组：A 组做十分钟自己的事情，但不从事会导致说谎行为的事；B 组被要求偷拿考卷，并且在测试时说谎。之后，研究人员让受试者戴上特制的电极，以记录被询问时的眨眼频率。结果发现，A 组眨眼频率会微微上升，但 B 组的眨眼频率先是下降，然后大幅上升至一般频率的 8 倍。由此可见：通过观察一个人的眨眼频率，可判断他是否在说谎。

对以下哪项问题的回答，几乎不会对此项研究的结论构成质疑？

A. A 组和 B 组受试者在心理素质方面有很大差异吗？

B. B 组受试者是被授意说假话，而不是自己要说假话，由此得出的说假话与眨眼之间的关联可靠吗？

C. 用于 A 组和 B 组的仪器设备是否有什么异常？

D. 说假话是否会导致心跳加速、血压升高？

E. A 组和 B 组受试者有没有配合实验结果的心理？

49 哈丁争论说，人们使用共同拥有的（即对任何使用者开放的）牧场比使用私人的牧场更不注意。每个放牧者都有过度使用公地的冲动，因为从中获得的利益将归于个人，而由于过度使用土地而引起的土地质量下降的成本由所有使用者分摊。但一项研究比较了 2.17 亿英亩的公用牧场和 4.33 亿英亩的私人牧场，表明公用牧场的条件更好。

与哈丁的宣称做比较，评价以上描述的这项研究的意义时，以下哪一个问题的答案将最有用？

    A. 有没有一些放牧者，他们的土地属于被研究之列，既使用公用牧场又使用私人牧场？

    B. 那些自己的土地属于被研究之列的放牧者是否倾向于更愿意使用公用牧场而不使用私人牧场来放牧？

    C. 在用来放牧之前该研究中的私人牧场是否与公用牧场的质量相当？

    D. 该研究中的公用牧场使用者是否至少与私人牧场的使用者一样有钱？

    E. 是否有任何牧群的所有者只在公用牧场不在私人牧场上放牧？

50 许多上了年纪的老北京都对小时候庙会上看到的各种绝活念念不忘。如今，这些绝活有了更为正式的称呼——民间艺术，然而，随着社会现代化进程加快，中国民俗文化面临前所未有的生存危机，城市环境不断变化，人们兴趣及爱好快速分流和转移，加上民间艺术人才逐渐流失，这一切都使民间艺术发展面临困境。

    从这段文字可以推出以下哪项？

    A. 市场化是民间艺术的出路。

    B. 民俗文化需要抢救性保护。

    C. 城市建设应突出文化特色。

    D. 应提高民间艺术人才的社会地位。

    E. 民俗文化产业显现出一定的规模。

51 科学家研究发现，超过 1 000 个小行星经常穿越地球轨道。即使小行星撞击地球的概率几乎可以忽略不计，但由于撞击将带来灾难性的后果，应尽可能降低撞击概率。避免撞击的办法是使用核武器摧毁小行星，因此将核武器存储在空间站以备不时之需是有必要的。

    科学家的推断会导致如下哪个推论？

    A. 核武器是目前人类可知的唯一阻止小行星撞击地球的方法。

    B. 空间站应当部署核武器。

    C. 小行星撞击地球的事件尚未发生。

    D. 小行星撞击地球的概率极低。

    E. 除了防止小行星撞击地球，没有理由拒绝使用核武器。

52 从表面上看，美国目前所面临的公众吸毒问题和 20 世纪 20 年代所面临的公众酗酒问题很相似。当时许多人不顾禁止酗酒的法令而狂喝滥饮。但是，二者之间应该说还是有实质性区别的：在大多数中产阶级分子和其他一些守法的美国人当中，吸毒（吸食海洛因和可卡等）从来就没有成为一种被广泛接受的社会性行为。

    从上述材料中，我们可以得出以下哪项结论？

    A. 20 世纪 20 年代，大多数美国中产阶级分子普遍认为酗酒并不是不可接受的违法行为。

    B. 美国中产阶级的价值观是衡量美国社会公众行为的一种尺度。

    C. 大多数美国人把海洛因和可卡因视为与酒精类似的东西。

    D. 在议会制国家，法律的制定以大多数公民的意志和价值观为基础。

    E. 法律越禁止吸毒，吸毒行为就越是肆无忌惮。

53 一旦一个人行为的任何部分有损害地影响他人利益，社会就对其有审判权，对这种行为的干涉是否能提高总体福利成为一个公开讨论的问题。假如一个人的行为没有损害他人利益，那么就不应该对其进行社会审判。

作者在上文中主张以下哪项？

A. 社会是不依赖于个人行为的。

B. 当一个人的行为对他人有利时，一个社会的总体福利被提高。

C. 没有损害他人福利的行为不应当受到社会审判。

D. 对个人行为的干涉没有提高总体福利。

E. 总体上讲，人们的利益是相互排斥的。

54 经验丰富的电影剧本作家要为一部电影创作一个 120 页的剧本，通常交上去 135 页的草稿。这正如一个电影剧本作家所说的：这给了那些负责电影的人一个创造性的机会，至少他们可以删掉 15 页。

电影剧本作家的陈述传达了下面哪一个主张？

A. 电影剧本作家除了提供剧本之外，通常不参与电影制作的任何方面。

B. 老练的电影剧本作家有意地给评价剧本草稿的审核人留有修改的余地。

C. 真正有创意的电影剧本作家太感情用事了，以至于不能遵从为作品所设的页数限制。

D. 这样删除剧本，使留下的内容最好，需要有一种特殊的创造性。

E. 即使有经验的电影剧本作家也不能被期待写出通篇高质量的剧本。

55 物理学概念通常都很规范和严谨，物理学名词所表示的物理量都有明确的定义、计量方法和换算关系。对于暗能量，目前物理学家和宇宙学家对其仍一无所知。"暗能量"指的不过是当前宇宙学中最为深刻的一个难题。

以下哪项陈述最适合接续上文作为它的结论？

A. "暗能量"显然不是一个明确的物理学概念。

B. 科学家用"暗能量"来命名一个宇宙谜题是无奈之举。

C. "暗能量"是指此前发现的宇宙正在加速膨胀这个令人困惑的现象。

D. 科学家对于"暗能量"这个名词背后所隐含的深刻内涵仍一无所知。

E. "暗能量"在宇宙空间中几乎均匀分布。

56 为保护海边建筑免遭海洋风暴的袭击，海洋度假地在海滩和建筑之间建起了巨大的防海墙。但这些防海墙不仅遮住了一些建筑物的海景，而且使海岸本身也变窄了。这是因为在风暴从水的一边对沙子进行侵蚀的时候，沙子不再向内陆扩展。

如果上述信息正确，能最有力地支持下列哪项？

A. 由于海洋风暴的猛烈程度不断加深，必须在海洋和海边财产之间建立起更多的高大防海墙。

B. 即使在海滩被人类滥用的时候，它们对于许多野生物种的生存来说依然是必不可少的。

C. 用来保护海边建筑的防海墙如果要保护那些建筑，它们自己最终不会被风暴破坏，也不需要昂贵的维修和更新。

D. 为以后的世代保留下海滩应该是海岸管理的首要目标。

E. 对于一个想要维护自己海滩疗养功能的海边社区来说，通过建筑防海墙来保护海边建筑的努力，从长远来看，其作用是适得其反的。

57 目前，要求私营企业为抽烟者和不抽烟者设立不同的办公区的法规是一种对私营部门进行侵犯的不合理法规。研究指出的不抽烟者可能会由于吸入其他抽烟者的烟味而受害的事实并不是主要的问题，相反，主要的问题是政府侵犯了私营企业决定它们自己遵守的政策和法规的权利。

下面哪条原则如果能被接受，能合理地推出上述结论？

A. 仅当个人可能被伤害时，政府侵犯私营企业应遵守的政策和法规的行为才是正当的。

B. 个人呼吸安全空气的权利高于企业不受政府侵犯的权利。

C. 企业的独自裁决权高于政府必须保护个人的一切权利和义务。

D. 保护雇员在工作场所不受伤害是私营企业的义务。

E. 当企业权利与政府的职责发生冲突时，最重要的是找到一个成功的折中办法。

58 在国内，私有化的概念说起来好像就是把国有资产分掉。而实质上则是对私有财产所有权的保护问题。如果没有对这个权利进行保护的法律基础，国有资产能够被分掉，分得的财产也随时可以被没收。

如果以上陈述为真，最有力支持以下哪项陈述？

A. 如果没有私有财产可以保护，保护私有财产的法律就毫无意义。

B. 即使有保护私有财产的法律，不能有效地执行也无济于事。

C. 私有化的制度是建立在拥有私有财产的合法权利的基础上的。

D. 私有化和市场自由化是社会主义市场经济都应该重视的问题。

E. 法律是解决私有财产保护问题的唯一途径。

59 报纸社论：许多染上海洛因瘾的人最终试图戒毒，主要有两个原因：吸食海洛因的巨额花费和害怕被捕。假如像一些人所倡议的那样，海洛因被合法化并且可以廉价获得，那么对海洛因瘾君子试图戒毒的两个原因就不起作用了。

上面的考虑可以最好地被用于下列哪个结论的论据？

A. 使海洛因销售合法化可能导致这种毒品价格下降。

B. 使海洛因瘾君子容易获得戒毒治疗可能鼓励许多海洛因瘾君子努力戒毒。

C. 使海洛因销售合法化可能增加海洛因瘾君子为买毒品而导致的犯罪。

D. 使海洛因合法廉价获得可能使海洛因瘾君子不大可能努力克服他们的毒瘾。

E. 降低对使用海洛因的个人惩罚的力度，不会增加新的染海洛因瘾的人。

60 家用电烤箱的供热系统仅有两种状态开和关，与烤箱温度柄相连的恒温器是对温度的仅有控制，当达到设定的温度时就会自动关上。之后根据保持温度的需要自动打开或关闭。

下面哪一个陈述最被上面的信息所支持？

A. 由于家用电烤箱的供热系统总在开、关两种状态转换，因此最高温度状态比最低温度状态多用不了多少电。

B. 一旦达到设定的温度并由恒温器保持该温度的话，供热系统关闭的时间要比打开的时间长。

C. 即使供热系统具有两种以上状态的烤箱也无法提高家用电烤箱保持温度的精确度。

D. 在运转正常的现代家用电烤箱中，如果烤箱的温度要比设定的温度高几度，恒温器一般不会关闭供热系统。

E. 如果现代家用电烤箱的恒温器坏了，而供热系统一直开着，那么最后烤箱的温度就可能超过温度柄所设定的最高温度。

61 我的跑步能力从来都不是很强，但自从用了 X 牌跑步鞋之后，我的跑步成绩大幅度提高。现在我能跑得更快更远了，而且跑完之后肌肉也不那么酸疼了。《跑步者》杂志也说，X 牌跑步鞋是市场上卖得最好的。因此，所有想提高跑步成绩的人都应该买 X 牌跑步鞋。

从上文中可以引出比"我"所得出的结论更为合理的结论，除了：

A. 凡是不买 X 牌跑步鞋的人就是不想提高跑步成绩的人。

B. 与"我"相似的跑步者应该购买 X 牌跑步鞋。

C. 如果你购买 X 牌跑步鞋，它就会让你跑得更快更远。

D. 如果跑步者对目前的跑步鞋不满意，建议他去购买 X 牌跑步鞋。

E. 用 X 牌跑步鞋跑步，肌肉不容易酸疼。

62 很多人以为只有抽烟的老人才会得肺癌，但某国一项最新的统计显示：近年来该国肺癌导致的女性死亡人数比乳腺癌、子宫内膜癌和卵巢癌三种癌症加起来还多，而绝大多数妇女根本没有意识到这一点。

由此无法推出的是：

A. 肺癌是导致该国人口死亡的首要原因，应当得到极大的重视。

B. 普遍认为男性比女性更容易患肺癌的观点，可能是片面的。

C. 烟草并不是肺癌的唯一致病源，还有很多因素也参与到肺癌的发病过程中。

D. 肺癌未引起广大女性的重视，是因为她们认为自己不抽烟，不可能得肺癌。

E. 女性即使不抽烟，也有可能得肺癌。

63 临海市消费者协会公布的牛奶比较试验报告说：从整个抽查的情况看，牛奶的质量基本上是合格的，国产和合资厂生产的品牌，不仅大部分指标符合国际要求，而且价格上有很大的优势，但也有某些品牌个别指标存在问题。另外，在抽检中没有发现明显的掺假现象，只是个别品牌的牛奶加水过量。

以下各项中哪一项不能从上面的内容中经过合理推断得出？

A. 国产品牌的牛奶中仍然有一些品牌的个别指标不符合国际要求。

B. 合资厂品牌牛奶的价格优势比国产的牛奶品牌更有竞争力。

C. 在抽查中，个别品牌牛奶的加水过量算不上明显的掺假现象。

D. 总体来看，国产和合资的品牌的质量已经越来越接近国际要求。

E. 消费者对于临海市销售的不同品牌的牛奶基本可以放心购买。

64 运用新的组织培养和无性系技术能繁殖出某种植物数以百万计的典型样本。如果在实验室里运用上述方法进行植物的繁殖被证明是经济的，那么，以下各项如果成立将代表该项新技术的一种益处，除了：

A. 由于减少了成熟植物的繁殖过程，该技术将让优良品系更快地更替。

B. 照料那些生长速度变化不大的植物将变得更加容易。

C. 作物的病虫害一旦发作起来，它在基因一致的植物中比在那些发生基因变化的植物中传播得更快。

D. 如果作物的大小一致，则更利于机械化收割。

E. 如果运用该项新技术，特殊的基因品性将会更轻易地植入作物系中。

65 制造数据库软件 XYZ 的公司估计有数以百万计的盗版 XYZ 正在被使用。如果这些软件的用户都用正版软件，公司会获得上百万元的销售额。尽管全公司上下都采取了促销活动，但该公司并没有去起诉那些使用盗版软件的用户。

以下哪一项如果为真，最好地解释了公司不诉诸法律的原因？

A. XYZ 软件有很先进的反盗版系统，会自动锁死软件，所以极难被盗版。

B. 在 XYZ 软件上市多年前，法律就为使用正版软件提供了保护。

C. 大多数 XYZ 软件的用户只有在使用了它之后，才愿意出钱购买。

D. 使用盗版 XYZ 软件的用户多于使用正版软件的用户。

E. XYZ 软件的竞争对手 ABC 软件的生产商多次提出盗版起诉。

66 一场严重的旱灾事实上会减少美国农民作为整体所得到的政府补助总额。如果有的话，政府支付给农民的补助是每蒲式耳粮食实际出售时的市场价格与预定目标价格之差。例如1983年的旱灾，使农场计划的支付额减少了 100 亿美元。

给定以上信息，下面哪项如果正确，最好地解释了为什么1983年的干旱导致了农场计划支付额的减少？

A. 在1983年以前，政府为了帮助农民减少他们的债务负担而提高了粮食的目标价格。

B. 由于1983年的干旱，美国农民出口的食品在1983年比以前的年份减少了。

C. 由于1983年的干旱，美国农民的收成变少了，从而1983年的粮食比以往粮食较多的年份获得了更高的市场价格。

D. 由于1983年的干旱，美国农民计划在1984年种植比1983年更少的粮食。

E. 尽管出现了1983年的干旱，1982—1983 年间的食品价格并未明显上涨。

67 资本的特性是追求利润。2004 年上半年我国物价上涨的幅度超过了银行存款的利率。1—7 月份，居民收入持续增加，但居民储蓄存款增幅持续下滑，7 月外流存款达 1 000 亿元左右，同时定期存款在全部存款中的比重不断下降。

以下哪项如果为真，最能够解释这 1 000 亿元储蓄资金中大部分资金的流向？

A. 由于预期物价持续上涨，许多居民的资金只能存活期，以便随时购买自己所需的商品。

B. 由于预期银行利率将上调，许多居民的资金只能存活期，准备利率上调后改为定期。

C. 由于国家控制贷款规模，广大民营企业资金吃紧，民间借贷活跃，借贷利息已远远高于银行存款利率。

D. 由于银行存款利率太低，许多居民考虑是否购买股票或是基金。

E. 由于银行存款利率太低，许多居民考虑应该用于消费。

68 莲花居士就是李白，每个中学生都知道李白是唐代诗人，但知道莲花居士是唐代诗人的中学生不到 10%

以下哪项是对以上陈述最好的解释？

A. 有超过 20％的大学生知道莲花居士就是李白。

B. 有超过 10％的小学生不知道莲花居士就是李白。

C. 大多数中学生知道李白的字是太白。

D. 李白的诗很多，中学生只读了其中一部分。

E. 大多数中学生不知道李白的号是莲花居士。

69 某湖泊在白天时，浮游生物 X 游到湖泊深处缺乏食物且水冷的地方，浮游生物 Y 则留在食物充足的水面，虽然浮游生物 Y 生长和繁殖较快，它的数量却常常不如浮游生物 X 多。

最能解释上述矛盾现象的是哪项？

A. 住在湖底的浮游生物数量是在湖面的浮游生物的两倍。

B. 浮游生物的掠食者如白鱼和鸟等，白天都在湖面生活和觅食。

C. 为了使稀少的食物发挥最大效用，浮游生物 X 成长较浮游生物 Y 慢。

D. 在一天中最热的时候，浮游生物 Y 在植物地下群集，以躲避阳光的照射。

E. 浮游生物 Y 在任何时间段的繁殖速度都是浮游生物 X 的两倍。

70 由于近期的干旱和高温，导致海湾盐度增加，引起了许多鱼的死亡。虾虽然可以适应高盐度，但盐度高也给养虾场带来了不幸。

以下哪个选项如果为真，能够提供解释以上现象的原因？

A. 一些鱼会到低盐度的海域去，来逃脱死亡的厄运。

B. 持续的干旱会使海湾的水位下降，这已经引起了有关机构的注意。

C. 幼虾吃的有机物在盐度高的环境下几乎难以存活。

D. 水温升高会使虾更快速地繁殖。

E. 鱼多的海湾往往虾也多，虾少的海湾鱼也不多。

71 一项对东华大学企业管理系 94 届毕业生的调查结果看来有些问题，当被调查毕业生被问及其在校学习成绩的名次时，统计资料表明：有 60％的回答者说他们的成绩位居班级的前 20％。

如果我们已经排除了回答者说假话的可能，那么下面哪一项能够对上述现象给出更合适一些的解释？

A. 未回答者中也并不是所有的人的成绩名次都在班级的前 20％以外。

B. 虽然回答者没有错报成绩，但不排除个别人对于学习成绩的排名有不同的理解。

C. 东华大学对学生学习成绩的名次排列方式与其他大多数学校不同。

D. 成绩较差的毕业生在被访问时一般没有回答这个有关学习成绩名次的问题。

E. 在校学习成绩名次是一个敏感的问题，几乎所有的毕业生都进行略微的美化。

72 美国汽车"三包"法案实施后的几年中，汽车公司因向退货人支付退款而遭受了巨大损失。因此，2014 年我国《家用汽车产品修理、更换、退货责任规定》（简称"三包法"）实施前，业内人士预测该汽车"三包法"会对汽车厂家形成很大冲击。但"三包法"实施一年来，记者在北京、四川等地多家 4S 店的调查显示，依据"三包法"退换车的案例为零。

如果以下陈述为真，哪项最好地解释了上述反常现象？

A. "三包法"实施一年后，仅有 7% 的消费者在购车前了解"三包"权益。

B. 多数汽车经销商没有按法规要求向消费者介绍其享有的"三包"权益。

C. "三包法"保护车主利益的关键条款缺乏可操作性，导致退换车很难成功。

D. 为免受法律的惩罚，汽车厂家和经销商提高了维修方面的服务质量。

E. 汽车"三包"指的是汽车产品生产者、销售者和修理者在质量保证期内，因汽车产品质量问题，对汽车产品修理、更换、退货的行为。

73 研究表明一座桥的高压点越多，它就越有可能最终断裂。这一研究结果可能会导致人们期望在高压点处发现裂痕。奇怪的是，断裂不是在高压点上，而是在别处。

以下哪项陈述如果为真，最好地解释了为什么桥的断裂不在高压点上？

A. 在很多不是桥的建筑里，如船壳和飞机外壳，断裂都不发生在高压点上。

B. 断裂不会发生在高压点上，因为桥在这些点上都加固了，使压力转到别的点上，从而导致断裂。

C. 在许多建筑里，断裂的过程往往导致高压点的形成。

D. 没有高压点的建筑更有可能断裂。

E. 桥梁断裂皆因建设质量不合格所致。

74 对中国 31 个省（市、自治区）的商人信任度的调查结果表明，一半本地人都认为本地人值得信任。如北京人为北京人打出的可信任度分数是 57.9，而为天津人打出的分数是 15，有一个地方例外，就是海南人自己并不信赖海南人。

如果以下陈述为真，除了哪项之外，都能对上述的例外提供合理解释？

A. 海南本来就骗子多，互不信任。

B. 海南绝大多数的被抽查者是从外地去那里经商留下的。

C. 外地人对海南商人不了解，给他们打的信任分数很低。

D. 在海南经商的大多数商人不是本地人。

E. 海南省属于新移民较多的省份，移民来自全国各地。

75 冬季，某市公交系统在许多线路上增加了临时公交车，以作为这些线路公交运输的补充。但是在一段时期内，原线路乘客拥挤的现象并未得到缓解。

下列陈述中，无助于解释上述现象的是哪项？

A. 这些线路的乘客中，在冬季突然增加了大量外地民工。

B. 一段时期内人们对新增临时公交车的停车站、运行时间等还不清楚。

C. 临时公交车在每日运行高峰期中增加的数量有限。

D. 临时公交车的司机与售票员都与公司签订了承包合同。

E. 这些线路上正常运输的公交车在这段时间分批抽调出去进行检修。

76 在回答伊拉克是否实际拥有大规模杀伤性武器或者只是曾试图获得这些武器时，美国总统布什称："这有什么区别吗？如果它获得这些武器，它会变得更危险。它是'9·11事件'后美国应当解决掉的威胁。在 12 年这么长的时间里，世界一直在说它很危险，到现在我们才解决了这一危险。"这就是说，布什认为，萨达姆是否实际拥有大规模杀伤性武器与他曾计划拥有大规模杀伤性武器并无区别。

下面哪个选项不同于布什说话的逻辑？

A. 如果布什想过接受贿赂，那就等于布什实际上接受了贿赂。

B. 拉登想做好人，意味着拉登就是好人。

C. 美国想"9·11事件"没有发生，"9·11事件"就真的没有发生。

D. 如果不发动伊拉克战争，就不会在伊拉克死1 000名以上的美国军人。

E. 萨达姆想成功抵抗美国的进攻，就真的成功了。

77 工业机器人的广泛发展导致失业，因此，智能机器是危险的。

上述论述最像下列哪一项？

A. 墨索里尼是一个邪恶的人，因此他成为一名法西斯。

B. 吃熏肉是有害于健康的，因此高脂肪的食物是不安全的。

C. 一些法官是不诚实的，因为他们受贿。

D. 鲸处于灭绝的危险中，因此我们不应当同允许捕鲸的国家做贸易。

E. 鸟类是危险的，因为它们都传播疾病。

78 有关Jamison活动的进一步的证据一定已真相大白。单靠以前掌握的证据，不可能证明Jamison是欺诈活动的参与者；现在，Jamison积极参与欺诈活动已被最后证实。

上面论证中所展示的推理模式与下面哪一个最为接近？

A. Smith一定不是在去年购买了他的房子，作为那所房子的房主，他被列在一旧的房产所有者名单上，而任何在那张旧名单上的人，都不可能是在去年购买了他的或她的房子。

B. Turner今天一定没有坐她通常乘坐的火车去Nantes。如果她乘那列火车，她不可能在今天下午就到Nantes，但是，今天上午就有人看见她在Nantes喝咖啡。

C. 当Nofris说她没有批准那个调查研究时，她一定在撒谎。毫无疑问，她已经批准它了，批准一调查研究不是一件任何人都可能会忘记的事情。

D. Waugh一定知道昨天晚上的课被取消了。Waugh昨天在图书馆，而在图书馆的人不可能没有看到那个取消的通知。

E. Lafort一定为他没被提升而深感愤恨。他说无所谓，但是只有那些受到不公正待遇的人才会作出那样的评论，Lafort在昨天的会上作了那样的评论。

79 万宝路香烟的醒目广告画面下都有一行特殊的广告文字，"吸烟有害健康"。

假设这并非出自有关法规的强制要求，则以下各项都是对上述事实的恰当评价，除了：

A. 这说明万宝路烟草公司对自己的营销充满了自信。

B. 这说明万宝路烟草公司认为为了赚钱可以干有碍公众利益的事。

C. 这样的广告增加了公众对万宝路烟草公司及其产品的信任度。

D. 这说明万宝路烟草公司向公众表示歉意。

E. 这说明万宝路香烟广告的设计者犯了自相矛盾的疏忽。

80 自从1989年阿拉斯加埃克森油轮灾难和1991年中东战争以来，航空油料的价格已经巨幅上涨。在同一时期内，几种石油衍生品的价格也大幅上扬。这两个事实表明：航空油料是石油衍生品。

以下哪项陈述最好地评价了上述论证？

A. 坏的思维，没有精确地陈述所有的事实。

B. 坏的思维，给定关于石油衍生品的事实，不能得出关于航空油料的任何结论。

C. 坏的思维，同一时期内食品价格也上涨了，但这不能证明航空油料是食品。

D. 好的思维，因为航空油料是石油衍生品。

E. 好的思维，因为石油衍生品价格的上涨可以增加石油国家的收入。

81 通勤客机坠落的事故急剧增加在很大程度上是由飞行员缺乏经验所致。作为一个主要增长的工业部门，通勤客机最近对有经验的飞机驾驶员的需求量剧增。然而，对飞机驾驶员的经验进行确定及评估是不可能的。例如，一个在气候良好的亚利桑那州飞行1 000小时的教官，是不能和一个在充满暴风雨的东北部飞行1 000小时的夜班货机飞行员相比的。

作者关于通勤客机坠毁事故的增加是由飞行员缺乏经验所致的结论最能被作者提出的哪项观点所削弱？

A. 认为不可能衡量飞行员的经验。

B. 使用了一个与所阐明的观点在逻辑上不相关的例子。

C. 对往返航空公司飞机坠毁事件的增加，只给出了片面的解释。

D. 对飞行教官的经验与夜班货机的经验作了一个不公平的比较。

E. 没有指明最近有多少往返航空公司的飞机的坠毁是由飞行员缺乏经验所致。

82 一度被广泛持有的"知识分子是基本道德问题的澄清者"的观念现在不再有效了。知识分子不再充当被压迫组织的代言者。他们把辩论留给了政治家，而不是运用他们的洞察力来分析解决这些组织的问题。

上面文章的逻辑结构依赖作者紧密地把基本道德问题的澄清与下列哪一个联系起来？

A. 智力的运用

B. 代表被压迫组织辩护

C. 洞察力和分析

D. 对当代实践问题辩论

E. 政治家的角色

83 甲：我国的汽车进口配额应该被取消，这样国内的汽车生产商将会直接面对日本的竞争者而生产出质量更好的汽车，这种竞争对消费者是有利的。

乙：你错了。汽车进口配额全世界都有。因为德国、英国和法国都有配额，所以我国也应当有。

以下哪一项最准确地刻画了乙对甲的回答？

A. 乙不公正地对甲进行人身攻击。

B. 乙揭开了甲的立场所隐藏着的一个潜在的假设。

C. 乙采取了以牙还牙的回答方式。

D. 乙没有提到甲用以支持其结论的理由。

E. 乙没有与甲的结论相关联。

84 评论家：随着对员工进行电子监控的做法越来越普遍，由此对个人隐私越来越具有侵犯性，我也听到了越来越多来自雇主方面对这种做法的辩护。他们解释说，监控是为了使员工保持诚实、高效和对顾客的礼貌。我认为，这种解释显然是为雇主自己服务的，根本不能表明对个人隐私的无理侵犯是正当合理的。

以下哪项最恰当地指出了该评论家论证中的缺陷？

A. 攻击一个与雇主实际提出的论证不同的论证。

B. 假定员工从来都不会不诚实、办事效率低或对顾客不礼貌。

C. 攻击雇主的动机而不是反驳他们的辩护。

D. 根据一个有偏的样本作出了概括。

E. 在缺乏可比性的对象之间进行不当类比。

85 每年赛尔公司的每一个雇员都必须参加由赛尔公司提供的两个健康保险计划中的一个。一个计划要求雇员自己支付一部分钱，另外一个计划则完全由赛尔公司支付。许多赛尔公司的雇员都参加要求自己支付一部分钱的计划。这个事实并不能表明他们觉得这个计划的好处比另一个不需要雇员付款的计划好处多，因为：

下列哪一项能最合逻辑地完成以上论述？

A. 要求雇员自己支付一部分钱的计划比赛尔公司以外的公司所提供的一般健康保险计划使加入的雇员的花费显著地少。

B. 只有那些已为赛尔公司工作了至少 15 年的雇员才有资格参加完全由赛尔公司付款的计划。

C. 目前由赛尔公司提供的两个健康保险计划实际是过去 10 年中赛尔公司所提供的相同计划。

D. 大多数参加完全由赛尔公司付款的健康保险计划的雇员是小于 50 岁的。

E. 由赛尔公司所提供的两个计划不仅服务于赛尔公司的雇员，还服务于参加计划的雇员的配偶和孩子。

86 "不可动摇的基础的哲学教条"这一说法一度被一位批评家用于阐述某一政治经济哲学的教条本质，该哲学的追随者在面对把他们的哲学付之于实践的政策失败时，只想出一个反应：设计另一个不同的政策，将其付诸实践。

从上文中可以推导出，假如追随者怎样的话，批评家将会同意？

A. 有勇气不加改变地尝试一个新政策。

B. 抑制住试图把其哲学中的每一点付诸实践。

C. 允许政策的失败导致他们质疑其哲学的基础。

D. 从他们的政策失败推导出政策一定不足以反映他们的哲学。

E. 尽管彻底地失败，仔细分析失败政策表现出仍然有前途的特点。

87~88 题基于以下题干：

股票市场分析家总将股市的暴跌归咎于国内或国际的一些政治事件的影响，根据是二者显示出近似的周期性。如果这种见解能够成立的话，我们完全有理由认为，股市的涨跌和月球的运转周期有关，正是它同时也造成周期性的政局动荡和世界事务的紧张，如同它引起周期性的潮汐一样。

87 以下哪项最为恰当地概括了题干的作者对股票市场分析家的观点提出质疑时所使用的方法？

A. 他提出了一个反例，从而否定股票市场分析家的一般结论。

B. 他从股票市场分析家的论证中引出一个荒谬的结论，从而对他的观点提出质疑。

C. 他指出了另一种因果关系，通过论证这种因果关系的成立来说明股市分析家观点的不成立。

D. 他援用被普遍接受的观念来说明股市分析家观点的不成立。

E. 他运用科学技术的新发现来说明股市分析家观点的不成立。

88 以下哪项最可能是作者事实上想说明的?

A. 股票市场分析家在两种没有关系的现象之间人为地建立因果联系。

B. 股票市场分析家将股市暴跌和政治事件的关系过于简单化。

C. 股市的涨跌和月球的运转周期的关系的揭示,是科学的重大成果。

D. 股票市场分析家缺乏必要的自然科学知识。

E. 股市的暴跌和政治事件之间近似的周期性,是股市分析家的一种错觉。

89～90题基于以下题干:

一个医生在进行健康检查时,如果检查进行得太彻底就会使病人感到不适,并且产生一些不必要的检查费用。如果检查进行得不够彻底又有可能错过一些严重的问题,因而给病人一种虚假的安全感。对医生来说,要确切地判定检查应该进行的彻底程度是困难的。因此,一般对病人来说,当他们没有感觉到生病时去接受医疗检查的做法是不明智的。

89 下面哪一项如果正确,能最严重地削弱上述题干中的论述?

A. 有些严重的疾病在它们的早期阶段就具有很容易被医生察觉的症状,尽管病人并没有意识到任何问题。

B. 在减少费用的压力之下,医生们减少了他们在每项医疗检查上所花的时间。

C. 没有在医疗上受过培训的病人在接受医生对他们进行的医疗检查时不能判断什么样的彻底程度对他们来说是合适的。

D. 许多人付不起经常的医疗检查费用。

E. 有些医生有时在进行医疗检查时,检查的彻底程度是恰如其分的。

90 以下哪项如果为真,最能够强化上述论证?

A. 并非所有的医疗化验都有那么多麻烦。

B. 有时,不必要的医疗化验使健康的人染上了病。

C. 有些病人拒绝相信医生对其身体健康的诊断。

D. 在医疗检查时,化验得愈系统就愈有可能发现罕见的疾病。

E. 通过仔细询问病人并在此基础上排除某些疾病存在的可能性,医生们可以免去某些化验。

答案与解析

01. 答案:C

题干前提:逻辑在经验中建立,并在实践中应用。

补充C项:在经验中建立并且在实践中应用的东西对人类极端重要。

题干结论:逻辑对人类极端重要。

02. 答案:C

题干前提:借科技书的学生越来越多。

补充 C 项：借文艺书的学生和借科技书的学生的总和是基本不变的。

得出结论：借文艺书的学生有所减少。

03. 答案：C

题干前提：75％的参加调查的孩子表示愿意写家庭作业。

补充 C 项：孩子天性爱玩，而写家庭作业肯定会减少他们玩的时间。

得出结论：要么孩子没有说实话，要么他们爱玩的天性已经被扭曲。

04. 答案：D

孔子所说的意思是不要吃反季节蔬菜。

其隐含的假设显然是孔子生活的时代也有反季节蔬菜，如果孔子生活的时代没有反季节蔬菜，孔子就不可能说出这样的话。

A 项是题干意思的重复，但不是隐含的假设。B、C 超出题干范围。

05. 答案：B

题干得出结论的理由是，有些问题不能通过运行任何机械程序来解决，而计算机只能通过运行机械程序去解决问题。这个理由可概括为，有些问题不能通过运行计算机来解决。

这样题干的论证是：因为有些问题不能通过运行计算机来解决，所以，没有计算机能够做人类大脑所能做的一切事情。

这一论证必须假设 B 项，否则，如果不能通过计算机来解决却能够被大脑所解决的问题不存在，那么题干的论证就不成立了。

06. 答案：C

题干根据颜色不一样而其他方面都相同的车受到质量大不相同的评价，得出结论：在未来的广告中汽车的颜色将没有区别，也就是意味着将来只有一种颜色。

颜色不一样和只有一种颜色是有区别的，因此，题干论证必须假设 C 项，否则，如果并非只有一种颜色，也即有几种颜色与最高质量评分相关，那么，题干结论就不成立了。

07. 答案：C

题干利用了一个类比推理：观看赛马比赛赌钱的人比未赌钱的人兴趣大，因此，对政治活动捐钱了的人对政治活动会更感兴趣。

C 项表明，假如不捐钱，就对政治活动不感兴趣，是一个很好的假设。否则，如果不捐钱的人也对政治活动感兴趣，就不能说明捐了钱就对政治活动更感兴趣了。

08. 答案：B

题干由"年龄在 18 岁到 24 岁之间的人，与父母共住的比例上升了"这一事实，得出一个解释性的结论"这一年龄段的人更难以负担独立生活"。

因果关系可简化为：因为难以独立生活，所以与父母共住。

B 项表明，如果能独立生活就不与父母共住，所以是一个无因无果的假设。否则，如果他们能独立生活也要和父母生活在一起，那么，题干结论就不成立了。

09. 答案：B

盗版盘价格上有优势，所以就畅销，这中间暗含着一个假设，就是盗版盘与正版盘的质量差别不大。否则，如果盗版盘比正版盘的质量要差很多，那么，即使盗版便宜，也不见得好销。

10. 答案：C

题干列举汤姆森门生的成就，得出结论：创造性研究所需要的技巧是能够教授和学习的。

选项C是题干论证必需的假设，否则，如果所有由汤姆森培养过的科学家在见到汤姆森之前都是创造性的研究者，意味着汤姆森门生的创造性研究所需要的技巧就不一定是学习来的。

A、D、E均为无关选项。B项属于支持，但不是必需的假设。

11. 答案：E

题干论述是由一个事实"爱伦·坡的信件中未提到吗啡瘾"，而得出一个解释性的结论"爱伦·坡没有吗啡瘾"。

E项是题干论述的假设，否则，如果由于担心后果而使爱伦·坡不在信中提到他的吗啡瘾，则说明爱伦·坡虽然在信中没有提到吗啡瘾，但实际上他却是个吗啡上瘾者，这样反对了题干结论。

其余选项均不是假设，比如，D项起到了支持作用，但显然不是假设。

12. 答案：B

题干推论是，如果我们能控制商场室内温度，顾客和售货员之间的争吵就能得到控制。

这显然必须假设，室内温度与顾客和售货员争吵之间是有因果关系的。而且这一关系是可以被利用的。因此，B项正确。

13. 答案：C

每股收益和净资产收益率是衡量一个企业的经营能力的两个最重要指标，只要比较净资产收益率就可以了这种观点显然是片面的，要使这个观点成立，必须满足一个前提假设，即每个公司的每股收益都差不多。否则，即使一个企业的净资产收益率高，但它的每股收益低，也不能说这个企业的经营能力好。因此，C项是需要假设的。

A项是干扰项，也似乎具有假设意义，但没有C项准确，因为它需要一段时间使每股收益提高，因此，比较企业经营能力还是需要看当时的每股收益的。

14. 答案：D

题干断定：赝品与真品具有同样的审美享受。

补充D项：一件珠宝的价值应该完全由它提供的审美享受来决定。

得出结论：这两件珠宝就具有同样的价值。

15. 答案：B

题干断定：非洲出口的全部石油，中国只占8.7%，欧洲占36%，美国占33%。

这意味着，如果说中国掠夺非洲资源，那么欧洲和美国更是掠夺非洲资源。

补充B项：欧洲和美国没有掠夺非洲资源；

从而可以合理地得出结论：中国没有掠夺非洲资源

其余选项不妥。比如，A项是中国官员所隐含的推论，不是所需的前提假设。C项有为中国官员辩护的意思，但不是其所需的前提假设。

16. 答案：E

E项表明，取消农业税不等于"零赋税"，说明农民还是在别的方面纳了税。这样就支持了农民也应纳税的结论。

17. 答案：D

管理咨询专家的观点是：排行榜不应成为每个消费者决定购买哪种电视机的根据。

选项 D 说明不同的消费者有不同的购物标准，这就直接支持了这个管理咨询专家的观点。

选项 E 是反对这个管理咨询专家的。

18. 答案：B

题干观点：因为饮酒后的人会低估恢复时间，酒后开车者难以遵循酒后不要开车的广告的建议。

B 项表明，实际情况比医院的调查更糟糕，实际饮酒的人会更加低估自己的恢复时间，因此他们在遵从广告建议方面有困难。这作为一个新的论据，有力地支持了题干论证。

其余选项均起不到支持作用。其中，A、C 都说明喝酒的人采用其他方式遵守了公益广告的建议，削弱了题干；D、E 都是无关项。

19. 答案：B

题干结论是：二氧化碳的浓度增加对农业是有好处的。

如果 B 项为真，即研究的暴露于两倍正常浓度的二氧化碳的空气中的橘子树的果实产量是正常产量的 3 倍，这显然是一个新的证据，有力地支持了题干的结论。

其余选项均起不到支持作用。其中，A、C 项都说到了不好之处，有削弱作用。D、E 为无关项。

20. 答案：A

A 项所述医疗设备可以认为是医疗水平的一部分，不能支持专家的结论，为正确答案。

选项 B、C、D、E 都支持了专家的结论，即不能把病人死亡率的高低排序作为评价各家医院医疗水平的标准。

21. 答案：E

题干的结论是：人们通常不用理性的方式来处理信息。

E 选项表明，人们在某种疾病的治疗上通常是信赖医生而不是那些不是医疗专家的邻居，这说明人们对待疾病的态度是理性的，这就对题干的结论构成了反对。

其余四个选项中，人们都以非理性的方式来处理问题，因此都对题干的结论构成了支持。

22. 答案：E

题干论述：国产品牌牙膏具有诸多优势，在国内市场占据较大份额，值得其他国产日用品厂商认真反思。

选项 A、B、C、D 均论述了国产品牌牙膏某方面的优势，适合作为以上论述的理由。

只有 E 项没有涉及国产品牌牙膏的优势，不适合作为以上论述的理由，因此为正确答案。

23. 答案：C

Ⅰ、Ⅱ、Ⅲ均从不同角度支持了题干的断言：计算机犯罪即使被告发仍存在着逮捕罪犯和进一步证明罪犯有罪的问题。

Ⅳ与逮捕罪犯和进一步证明罪犯有罪无关。

24. 答案：D

题干结论是，小学生已从媒介被动的受众转变为积极的参与者与传播者。

其依据的理由是某调查显示：大多数小学生每天都上网，使用 QQ 空间和微博。

其隐含假设是，大多数小学生是网络信息的参与者与传播者。

选项 D 表明，他们只是浏览信息，因此，不是参与和传播，有力地削弱了结论。

其余选项均为无关项。

25. 答案：D

题干中根据某足球队多次比赛中先后出场的各位置上队员的人数总和，推断此球队的队员人数，得出该球队有 20 名球员的结论。

要使题干推理成立，则必须假设某个球员在所有的比赛中处于相同的位置，否则，如果某个球员曾在不同的比赛中先后充当两个位置的角色，总人数就会多计算一个。因此，D 能削弱题干。

A 讲的队员替补，如果还是用曾上场的固定位置的角色替换，仍然能得出"共有 20 名球员"的结论。B 错误，因为题干中说的是"上场的共有球员 20 名"，并未包括不上场的队员。C 与本题没有关系；E 错误，因为联赛中有多轮比赛，即使每场比赛严格限制 11 人上场，在多轮比赛中仍可能有 20 名队员上场。

26. 答案：C

题干根据有效地使用计算机很重要，得出结论，学校应开设计算机程序设计课。

这一论证的假设是，要有效地使用计算机必须精通计算机程序设计。C 项所述事实，否定了这一假设，

其余选项均起不到削弱作用，其中，A、B、E 项都支持题干结论。D 项是一个新比较，与题干论证无关。

27. 答案：B

B 项断定，这座唐代古墓保存完好，没有漏水、毁塌迹象。这说明，这些先秦时期的陶片不可能是后来被雨水冲刷至唐代的墓穴中。这就严重质疑了专家的观点。

28. 答案：D

题干对美国年龄在 85 岁以上人口数增长这一事实的解释是：他们在孩提时受到了良好的健康医疗照顾。

D 项指出美国很多 85 岁以上的人是在 20 岁或 20 岁以后才移居美国的，也就是说，这些人在孩提时代是不大可能接受良好的健康医疗照顾的，这严重地削弱了题干的解释，因此为正确答案。

其余选项均起不到削弱作用，其中，A、C、E 项都与题干的结论无关；B 项引入了新的比较。

29. 答案：A

上文的结论是，我国应立法限制使用石油制品生产塑料。

A 项表明，该国用于制造塑料的石油消耗只占全部石油消耗非常小的比例。这就意味着没必要立法限制使用石油制品生产塑料，从而有力地反驳了上述论证。

30. 答案：C

题干论证是根据 A 比 B 的收视率高，得出结论，A 比 B 的受欢迎程度高。

C 项表明，播放电视剧 A 的电视台远远多于播放 B 的电视台，这显然说明 A 的收视率高存在别的原因，不见得能说明其受欢迎程度就高，有力地反驳了题干论述。

A 项对题干也有所削弱，但削弱程度不足。其余选项为无关项。

31. 答案：C

李教授根据纯净水缺少人体所必需的某些矿物质，得出结论，经常饮用纯净水的人会缺乏这些矿物质。

如果 C 项为真，即事实上人们可以从其他食品中得到这些矿物质。那么，经常饮用纯净水的人也不至于会缺乏这些矿物质，有力地削弱了李教授的论证。

其余选项起不到削弱作用。

32. 答案：A

题干论述：禁止香烟广告对于减少年轻人吸烟数量来说没有实际意义，因为年轻人不需要通过广告，就早已知道在什么地方可以买到什么品牌的香烟。

要削弱这个论证，就必须说明卷烟生产厂家在公共媒介上刊登广告确实可以起到扩大香烟销量的作用。选项 A 说明年轻人从公共媒介上看到或听到香烟广告，他们就会情不自禁地想获得此种香烟，这对年轻人的健康是十分不利的，因此，禁止在公共媒介上刊登香烟广告，对于减少年轻人吸烟的数量还是有积极意义的。

其他选项都与题干论证不相关。

33. 答案：C

题干论述：莫尔鸟绝迹归因于人类的打猎。

C 项表明，有动物捕食了莫尔鸟，这就以另有他因的方式削弱了题干论述。

其余选项都不到削弱作用。

34. 答案：B

题干论述：如果这项禁烟法律得到严格执行，就会彻底保护上班人员免受二手烟的伤害。

B 项表明，诸如家教、护工、小时工等人员都在雇主的家里上班，而该法律尚未禁止人们在其家中吸烟，那么如果雇主在家里吸烟，该法律仍保护不了这类上班人员免受二手烟的伤害。这就有力地削弱了题干论证。

其余选项均为无关项。

35. 答案：C

题中结论：阅读使人思想开放。

C 选项说明读得越多，可能会越偏执，即思想越不开放。这是对题干观点的严重削弱。

36. 答案：A

如果选项 A 成立，即经常使用干衣机干衣的顾客的衣服上大多有厚金属物，那么，即使完善了"阻止细小金属发热而烧坏衣服"的工艺，也不能真正解决问题。

选项 B、C、D、E 都是讲微波干衣机的好处的，都不符合问题要求。

37. 答案：E

题干论述：冰箱中的制冷剂一旦到达大气中的臭氧层就会引起无法停止的反应，因此，没有办法来阻止这些化学物质破坏臭氧层。

E项表明，冰箱中的制冷剂可以在冰箱完成使命后被完全开发并重新使用，说明制冷剂没有泄漏，那么这些制冷剂就不可能到达臭氧层，这就严重地削弱了题干论述。

其余选项均不妥，其中，A中的"数量"、B中的"冷藏食物"均与推理无关；C、D均起到部分支持作用。

38. 答案：B

题干断定：凡是淘汰阿根廷队的球队，都会在下一轮比赛中输掉，这被称为"阿根廷魔咒"。

本题是要找出削弱"阿根廷魔咒"的选项，就是要找出淘汰了阿根廷队又在下一轮比赛中没输掉的球队这样的反例。B项所述，巴西队将淘汰阿根廷队，最终赢得冠军，意味着下一轮比赛中没输掉，起到了削弱作用。

选项A、C为无关项，D、E项支持题干论证。

39. 答案：D

题干论证：因为人事部门不参加战略决策会议，在雇佣高级经理时人事部门没有决定权，所以，人事部门对公司并不重要。

D项对题干论据进行了反驳，举出了一个反例，可口可乐公司的人事总部是公司的决策团队之一，掌控人事方面的决定权，因此，人事部门对公司非常重要，这就有力地削弱了题干论证。

其余选项不妥，其中，A项所述人事部门有雇佣中层管理者的决策权，B项所述人事部门设计的报酬体系能为公司留住有才能的人，这也都说明了人事部门的重要性，但这两项对题干论证的削弱力度都不如D项。C项所述激励的对象也包括人事部门的经理，与题干论证无关。E项起不到削弱作用

40. 答案：C

题干结论是，《乐记》沿袭或引用了《系辞》的文句。

理由是，《乐记》和《系辞》中有同样的文句，而《系辞》写得自然，《乐记》显得生硬。

C项，同样的文句在比《系辞》更古老的《尚书》中被当作习语使用过，这说明《乐记》很可能是沿袭或引用了《尚书》的文句，而不是《系辞》，这就有力地削弱了题干的结论。

B项是干扰项，该项所述《乐记》和《系辞》的成书年代尚未确定，这是一种或然性削弱；如果《乐记》比《系辞》还早的话，那么题干结论就不成立了；如果《乐记》比《系辞》要晚的话，就不能削弱题干结论；综合来看，B项削弱力度不如C项。

A、D、E项是明显的无关项。

41. 答案：D

题干结论是，动漫设计的专业学习对学生们今后的职业发展没用；论据是，绝大部分当代知名的动漫设计大师还没从动漫设计学校毕业就开始工作。

D项的事实表明，动漫设计的专业学习对学生们今后的职业发展是有用的，有力地反驳了题干。

其余选项均不妥，比如，A项的事实只能反驳题干的论据，削弱力度不如D项。

42. 答案：D

题干的结论是：我们的法律体系中存在着一些不合理性。

理由是存在如下事实：

在刑法中，即使作案动机一样，对于成功作案的人的惩罚比没有成功的人的惩罚重得多。

在民法中，一个蓄意诈骗而没有获得成功的人却不必支付罚款。

而 D 项所述刑法和民法的目的不同，意味着会导致刑法和民法的惩治方式不同，因此，据此不能认为我们的法律体系是不合理的。因此，D 项削弱了题干的看法，为正确答案。

其余均为无关项。

43. 答案：B

题干论述：这份报告的结论是，大多数森林没有被酸雨损害；批评者认为这一结论必须改变为，大多数森林没有明显被酸雨损害的症状。

B 项表明，酸雨可能正在造成症状尚未明显的损害；这作为一个理由有力地支持了批评者的观点，因此为正确答案。

其余选项均不能支持"大多数森林没有明显被酸雨损害的症状"这一观点。其中，A 项的说服力不够。C 项是一个无关比较。D 项只表明下过酸雨，但没有明确损害如何。E 也是无关选项。

44. 答案：D

调查研究发现，吃芹菜比不吃芹菜的女性更少有好斗情绪，题干由此得出结论，吃芹菜有助于抑制好斗情绪。

D 项说明芹菜在功效上的确有镇静功效，对题干结论起到支持作用，因此不是削弱选项，为正确答案。

其余选项均能削弱题干结论。

45. 答案：E

题干论断：报纸销售量多的城市，其居民知道的世界大事就更多。

E 项表明，上河市报亭的平均报纸售价低于天河市的平均报纸售价，这支持了题干前提"上河市的报纸销售量多于天河市"，也就支持了题干论证，因此就不能削弱"上河市的居民比天河市的居民更多地知道世界上发生的大事"这个结论。

其余选项均能起到削弱题干论断的作用，其中：

选项 A，上河市报纸销量虽多，但由于人口也多，可能人均报纸拥有量比天河市低，这样，上河市的居民反而不如天河市的居民更多地知道世界大事。

选项 B，上河市出售的许多报纸使天河市的市民掌握了信息，而不是上河市的居民。

选项 C，上河市居民的人均看报时间少，这将导致其知道的世界大事就少。

选项 D，上河市居民阅读的很多报纸不是关于世界大事的信息来源，显然削弱了题干论断。

46. 答案：D

题干根据光明中学学生比向新中学学生的数学成绩好，得出结论，光明中学的教学方法比向新中学好。

D项表明，向新中学的数学教师比光明中学的数学教师普遍工作更勤奋，花的精力更多，但学生考试的成绩反而不如光明中学，这正说明了向新中学数学教师的教学方法不如光明中学的好，这不是削弱而是强化了题干的结论，因此为正确答案。

其余选项都是另有他因的削弱。其中，A项，光明中学试题容易；B项，光明中学学生基础好；C项，向新中学的教材难；E项，向新中学的学时少。这些都从不同角度表示光明中学数学成绩好的原因不一定是教学方法好，而可能是教学方法以外的其他原因造成的。

47. 答案：C

去年巴西雨林面积的缩小比例明显低于往年。对这一结果的原因，巴西政府的解释是本国政府保护赤道雨林的努力取得了显著成效。

而C项指出，去年巴西的旱季出现了异乎寻常的大范围持续降雨，这有利于雨林的生长，是雨林面积的缩小比例降低的另一个解释，有效地削弱了巴西政府的结论。

选项B，不能削弱。因为阿根廷和巴西是两个国家，选项B并没有断定二者具有可比性。

48. 答案：D

研究人员通过把受试者分成两组进行对比试验后得出结论：眨眼频率与说谎有因果关系。

由于对比实验的结果要有说服力，必须保证背景相同，即要求两组测试对象之间除了说假话外，在其他方面没有重大差异，否则，测试结果的差异有可能不是源自是否说谎，而是源自其他方面的差异。A、B、C、E项均以另有他因的方式，对实验的背景是否相同构成了质疑。

只有D项为无关项，不会对此项研究的结论构成质疑。

49. 答案：C

题干论述：哈丁宣称，因为过度使用，公用牧场比私人牧场条件恶化更快；但研究表明，公用用牧场的状况更好。

C项能起到评价作用，如果在放牧前，私人牧场与公用牧场的质量不相当，公用牧场的条件就远远好于私人牧场，该研究中指出的现象就不会削弱哈丁的宣称；反之，如果在放牧之前私人牧场与公用牧场的质量确实相当，那么该研究中指出的现象就能削弱哈丁的宣称。

其余选项均起不到评价作用，其中，A、E项不合适，因为不管某些放牧者使用两种牧场还是只使用公用牧场，该研究都可削弱哈丁的宣称。B项，不管放牧者是否更喜欢使用公用牧场，该研究都可削弱哈丁的宣称；D项不合适，因为如果公用牧场的使用者更加富有或更不富有，都不会使研究的说服力减小。

50. 答案：B

转折复句的语意重点在"转折"后的半句，因此题干中"然而"所引出的是这段内容的观点所在，即本段文字论述的主题是"民俗文化面临前所未有的生存危机"，既然存在生存危机，则本段语意的推论就应该是：民俗文化需要抢救性保护。因此，B项正确。

51. 答案：B

题干论述：避免空间灾难的办法是使用核武器摧毁小行星，因此将核武器存储在空间站以备不时之需是有必要的。

这显然可推出，空间站应当部署核武器。因此，B 项为正确答案

52. 答案：A

由题干可知，先前的酗酒和目前的吸毒只是表面上相似，却有实质性区别，其区别在于：在中产阶级当中，吸毒从来就没有成为一种被广泛接受的社会性行为。

这意味着，先前公众的酗酒行为，对中产阶级来说，并不是不可接受的。因此，A 项正确。

53. 答案：C

从题干中看出，作者的观点是：假如一个人的行为没有损害他人利益，那么就不应该对其进行社会审判。C 项与这句话的意思完全一致，所以为正确答案。

54. 答案：B

题干陈述：经验丰富的电影剧本作家为 120 页的剧本写 135 页，就是给负责电影的人删去部分内容的余地。

B 项所述完全符合题意，因此为正确答案。

其余选项均不妥。其中，A 项，关于电影制作题干没有说。C 项，从题干无法知道电影剧本作家不能遵从为作品所设的页数限制是由于他们太感情用事了。D 项，题干只是说删去 15 页，也算是一种创造性，没有说剧本中留下的就是最好的，也没有说删去这 15 页需要有特殊的创造性。E 项，删去这 15 页并不能说明它就是低质量的，也许是为了需要才删去。

55. 答案：A

题干断定：

第一，物理学概念通常都很规范和严谨，都有明确的定义、计量方法和换算关系。

第二，目前物理学家和宇宙学家对"暗能量"仍一无所知。

从中可合理地推出："暗能量"不是一个明确的物理学概念。因此，A 项正确。

56. 答案：E

题干断定：建立巨大的防护墙可避免海边建筑免遭海洋风暴的袭击，但这会遮住一些海景并且使海岸本身也变窄了。

很明显，对于一个想要维护自己海滩疗养功能的海边社区来说，通过建筑防海墙来保护海边建筑的话，将使海岸本身变窄，就会逐步失去海滩疗养的功能。所以，E 项正确。

57. 答案：C

题干论述：政府侵犯私营企业决定它们自己应遵守的政策和法规的权利的问题要比不抽烟者可能会因吸收其他抽烟者的烟味而受害的问题更严重。

由此可见，企业的独自裁决权高于政府必须保护个人的一切权利和义务是题干的结论成立的前提条件，所以，C 项是正确答案。

选项 A 和 B 削弱题干结论；选项 D 和 E 与题干结论无关。

58. 答案：C

题干陈述：如果没有对私有财产所有权进行保护的法律基础，那么，私有财产就不能得到保护。

即私有化实质上是对私有财产所有权的保护。C 项和题干断定的意思一致。

选项 B、D 与题干无关，A、E 项不能从题干中推出。

59. 答案：D

题干论述：海洛因被合法化并且可以廉价获得，那么试图戒毒的两个原因就不成立了。

D项所述，使海洛因合法廉价获得可能使海洛因瘾君子不大可能努力克服他们的毒瘾，这与上述推理逻辑相符合，所以为正确答案。

60. 答案：E

题干陈述：恒温器正常时，到设定温度就关闭供热系统。

如果恒温器坏了，供热系统继续开着，当然最后温度就有可能超过设定的最高温度。因此，E项正确。

其余选项均不妥，比如，A项，题干没有涉及用电量的比较。B项，题干没有涉及这两方面时间的比较。

61. 答案：A

题干只论及想提高跑步成绩的人都应该买鞋，买鞋与跑步之间的关系不是全同的关系，所以A选项不能由题干得出。

其余选项都是题干表达的含义。

62. 答案：A

选项A从题干中找不到相关证据，无法推出。故A项为正确答案。

其余选项均可以从题干中推出。

63. 答案：B

诸选项中只有B项超出题干断定范围，不能从上面的内容中经过合理推断得出。

其余选项均符合题干论述的意思。

64. 答案：C

诸选项中显然只有C项是该新技术的害处，其余选项均为益处。

65. 答案：C

本题需要解释的是，对那些使用盗版软件的用户，该软件公司为什么不诉诸法律。

C项表明，大多数XYZ软件的用户只有在使用了它之后，才愿意出钱购买。因此，这些用户使用了盗版XYZ之后，才会买正版XYZ软件。这样就最好地解释了公司不诉诸法律的原因。

66. 答案：C

题干断定，政府支付给农民的补助是粮食实际出售时的市场价与预定目标价之差。需要解释的是为什么干旱导致了农场计划支付额的减少？

如果C项为真，即由于干旱导致粮食价升高，因此，就会导致政府补助额减少。

67. 答案：C

需要解释的是储蓄资金的流向问题。如果民间借贷利息已远远高于银行存款利率，那么，就会吸引逐利的资金，使得存款外流。因此，如果C项为真，有利于说明，上述1 000亿外流存款大部分流向民间贷款。

其余选项都不能解释存款外流的现象，注意D项只是说明居民有购买股票或是基金的意愿，但不能解释已经流走的1 000亿元资金的去向。

68. 答案：E

显然，E项有力地解释了题干的陈述。

A、B 项不符合题干断定，C、D 为无关项。

69. 答案：B

需要解释的矛盾现象是：白天留在食物充足的水面的生物 Y 生长和繁殖快，但是其数目却不如白天游到湖泊深处的生物 X。

B 项说明，白天浮游生物的掠食者在湖面生活和觅食，这就有力地解释了 Y 虽然食物充足、繁殖快，但因为生活在水面更容易被捕食，从而导致数量反而不如 X 多。

70. 答案：C

如果 C 项为真，说明虽然虾能适应高盐度，但是由于幼虾吃的有机物在高盐度下难以存活，因此，海湾盐度增加，同样威胁到虾的生存特别是繁衍，给养虾场带来不幸。

其余各项均不能解释题干。

71. 答案：D

如果所有的上述毕业生都受到了调查，并且所有的被调查者都回答了所有的问题，那么，题干的断定就包含了明显的矛盾。

D 项断定，成绩较差的毕业生在被访问时一般没有回答这个有关学习成绩名次的问题，这意味着，回答问题者的成绩都较好，因此，其中的 60% 的成绩居前 20% 就不奇怪了。这就对题干作出了一个恰当的解释。其余各项对题干都不能作出有说服力的解释。

72. 答案：C

题干论述：业内人士预测汽车"三包法"的实施会对汽车厂家形成很大冲击，但"三包法"实施一年来，在多家 4S 店的调查显示，依据"三包法"退换车的案例为零。

C 项表明，"三包法"保护车主利益的关键条款缺乏可操作性，导致退换车很难成功。这就以另有他因的方式解释了上述反常现象。

其余选项起不到有力的解释作用。

73. 答案：B

题干陈述：虽然一座桥的高压点越多就越有可能断裂，但是奇怪的现象是，断裂不是在高压点上，而是在别处。

B 项以另有他因的方式解释了这一现象。

74. 答案：C

题干陈述的例外是：一般本地人都信任本地人，但海南人自己不信赖海南人。

A、B、D、E 项都用另有他因的方式对题干的例外作出了解释。

而 C 项所述的外地人给海南商人打的信任分数很低，不能解释为什么海南人自己不信赖海南人。

75. 答案：D

既然增加了临时公交车，可为什么乘客拥挤现象还没有缓解呢？D 项显然不能解释这一现象。

其余选项都以另有他因的方式解释了上述现象。

76. 答案：D

推理方法的相似比较题。布什的逻辑是：计划拥有大规模杀伤性武器等同于实际拥有大规模杀伤性武器，即把主观情况等同于客观情况，A、B、C、E 项都犯了同样的逻辑错误，唯有 D 项不是。

77. 答案：B

题干论述是跳跃的，前提中主语为"工业机器人的广泛发展"，结论中主语为"智能机器"，而前提宾语为"失业"，结论宾语为"危险的"，其内在联系是：第一，工业机器人是智能机器；第二，失业是危险的。

B项论述同样是跳跃的，主语吃"熏肉"与"高脂肪的食物"不对应，宾语"有害于健康的"与"不安全的"之间也不对应，其内在联系是：第一，熏肉是高脂肪食物；第二，有害于健康是不安全的。可见其推理与题干类似，因此，为正确答案。

其余选项均不类似，比如，A项，前提与结论主语对应，墨索里尼就是结论中的他。C项，一些法官与他们完全对应。D项为一递进性因果关系推理，与上述推理结构完全不符。E项，鸟类和它们同样对应。

78. 答案：B

题干推理模式如下：

p：单靠以前掌握的证据

q：不可能证明Jamison是欺诈活动的参与者

非q：Jamison积极参与欺诈活动已被最后证实

所以，非p：有进一步的证据（不是单靠以前掌握的证据）

可见，题干推理结构是：p→q，非q；因此，非p。

在各个选项中，只有B项所用的推理方法与题干的一样。

79. 答案：E

万宝路烟草公司在推销自己的香烟产品时，在广告画面下附上"吸烟有害健康"的广告文字，这看上去是自相矛盾的，但这种自相矛盾只是表面现象。既然这种广告方式有这么多有利于万宝路烟草公司推销自己产品的作用，它当然就不可能是该公司的香烟广告的设计者犯了自相矛盾的疏忽。E项不是一个恰当评价，因此为正确答案。

万宝路烟草公司的这种做法，正如选项A和C说明的那样：万宝路烟草公司对自己的营销充满了信心，打出这样的广告可以增加公众对万宝路烟草公司及其产品的信任度；也如选项B和D说明的那样：万宝路烟草公司认为为了赚钱可以干有碍公众利益的事，并以这种广告的形式向公众表示歉意。

80. 答案：C

题干根据在同一时期航空油料和几种石油衍生品的价格都大幅上扬，得出结论：航空油料是石油衍生品。

这一论证显然是错误的，C项很好地评价了这一论证。

81. 答案：A

针对通勤客机坠毁事故的增加是由飞行员缺乏经验所致这一结论，作者的论述一方面承认这一观念，另一方面又认为对飞行员的经验进行确定和评价是不可能的。因此，A项是正确答案。

82. 答案：B

文章的逻辑结构是指文章中句子之间的逻辑关系。第一句话是结论，知识分子作为基本道德问题的澄清者不再有效。后面进一步说明知识分子不再做什么，显然从逻辑上讲，他们不再做的事情（被压迫组织的代言者）是与基本道德问题相关的。由此可见，与"基本道德问题的澄清者"紧密联系的是"代表被压迫组织辩护"。所以，B 项为正确答案。

其余选项不妥，比如，C 项中"洞察力和分析"是题干最后一句"而不是"后的内容，其与前面"基本道德问题的澄清者"的关系不是联系而是转折。

83. 答案：D

甲得出"我国的汽车进口配额应该被取消"这一结论的理由是：国内的汽车生产商直接面对日本的竞争者而生产出质量更好的汽车。

而乙所说的"汽车进口配额全世界都有"只直接针对了甲的结论，但没有提到甲用以支持其结论的理由。

84. 答案：C

评论家的论述是反对雇主的动机，而没有对雇主的辩护进行反驳。因此，评论家的论证是无力的。所以，答案选 C 项。

85. 答案：B

题干论述：两项保险计划，一个要自己付款，一个不要自己付款，两个计划的好处差不多，但是反而参加自己付款的保险计划的人多，题目实际上是要我们找一个原因来解释这个看起来很反常的现象。

B 项说明，完全由赛尔公司付款的计划只对为赛尔公司工作了 15 年的雇员有效，并不是每一个人都可以参加的，这就有力地解释了题干的反常现象，因此，为正确答案。

A 引入无关比较；C、D 明显为无关选项；E 是说两种计划没什么区别，不能解释题干。

86. 答案：C

题干陈述：批评家阐述某哲学的教条本质是该哲学基础不可动摇。

那么该哲学的追随者怎样做批评家会同意呢？在面对把他们的哲学付之于实践的政策失败时，不能仅设计另一个不同的政策，而应该质疑其哲学的基础。因此，C 项为正确答案。

其余选项均不妥。其中，A 项与问题要求不符。B 项与题意不符。D 项与批评家态度不符。E 项也与题意不符。

87. 答案：B

题干的作者的论证方法是，假设股票市场分析家的论证成立，即由股市的暴跌和政治事件的发生具有近似的周期性，而断定二者具有因果关系，那么同样道理，股市的涨跌和月球的运转周期有关，从而可以断定，月球的运转是股市涨跌和政局动荡的原因。

这一结论显然是荒谬的。这样就对股票市场分析家的观点提出了有力的质疑。因此，B 项恰当地概括了题干的作者所使用的方法。

其余选项不妥，比如，C 项不成立。题干的作者确实指出了股市涨跌和政治事件之间的另一种因果关系，但这种因果关系是在假设股市分析家观点成立的前提下推出来的。作者不是通过论证这种因果关系的成立来说明股市分析家观点的不成立，而事实上是通过这种因果关系的难以成立来说明股市分析家的观点难以成立。

88. 答案：B

题干作者论证的是，不能因为股市的涨跌和政治事件的发生之间具有近似的周期性，而断定二者之间具有因果关系。由此不能得出结论，作者认为股市的涨跌和政治事件的发生之间完全没有关系，而只能得出结论，作者认为股票市场分析家将股市暴跌和政治事件的关系过于简单化。因此，A项不成立，B项成立。其余选项显然不成立。

89. 答案：A

题干观点：因为检查是否彻底都有弊端，所以，病人没有感到有病时不必去做医疗检查。

A项是削弱论证的反例，疾病的早期症状很容易检查出来，若病人不去接受医疗检查，他们就会错过及早发现严重疾病的机会。因此在这种情况下，无不良感觉时不去接受医疗检查的做法很显然是不明智的，这样就存在检查无弊端又有必要的情况，因此为正确答案。

其余选项均不妥。题干论证的重点是病人应该怎样对待医疗健康检查，因此要削弱题干的论述，就应该从病人入手，而不应该从医生方面入手。根据这条原则，显然B和E都是错误选项；C和D项与论述的内容无关。

90. 答案：B

选项B表明，有的检查会有严重的副作用，那当然要尽量避免检查了，从而有力地强化了题干论证。

其余选项均不妥。其中，A项有支持的意思，但"并非所有"不是"没有"，强化力度不足。C明显为无关选项。D项说检查有好处，削弱题干论述。E项强化力度不足，免去"某些"化验，不是免去全部化验。

附录一　习题精编

　　提高逻辑成绩最有效的办法是进行有效的解题训练，下面提供六套综合训练习题，建议考生每套题用一个小时解答，再用半个小时时间总结错题和难题。在不断的练习过程中，才能强化对方法和技巧的使用，见到的题型多了，解题自然得心应手。通过平常多加练习，一定能够将逻辑快速突破！

综合训练一

　　01　大城市的公共运输部门正在同赤字做斗争。乘客抱怨延误和故障服务有所减少以及车费的增加。因为所有这些原因以及因为汽油价格并不是高不可攀，使得使用公共交通乘客的数量已经下降，增加了赤字。

　　下列哪一句关于使用公共交通乘车者的数量和汽油价格的关系被上文所支持？

　　A. 当汽油价格上涨时，使用公共交通乘客的数量也增加。

　　B. 即使汽油价格上涨，使用公共交通乘客的数量也将持续下降。

　　C. 假如汽油价格上升到高不可攀的水平，使用公共交通乘客的数量将增加。

　　D. 使用公共交通的大多数乘客不使用汽油，因此，汽油价格的浮动不可能影响使用公共交通乘客的数量。

　　E. 汽油价格总是保持低水平，足够低以至于私人驾车比乘坐公共交通便宜，因此，汽油价格的浮动不可能影响使用公共交通乘客的数量。

　　02　许多科学家相信，在宇宙中存在居住着高级生命的星球。他们认为，在宇宙的演化中，大约有十万分之一的概率会形成像地球这样的具备生命产生条件的星球。可是，仅凭概率并不能证明这样的星球真的存在，因为有一定概率出现的事件未必一定发生。实际上，人类从未发现有关外星人存在的任何证据。可见，关于外星人和居住着高级生命的星球存在的看法，不过是某些科学家为满足其好奇心而编造的虚假的科学神话。

　　以下哪项中的论证方法与上述论证中的最相似？

　　A. 许多人认为，吸烟有害，所以应该禁止吸烟。可是，"有害"不能成为禁止吸烟的理由，就如同呼吸被污染的空气有害，但不能因此而禁止人们呼吸一样。

　　B. 许多唯物论者不相信美人鱼的存在，可是却拿不出美人鱼不存在的证据来。可见，美人鱼还是存在的。

　　C. 许多心理学家认为，人类以外的其他具有快速眼动睡眠的哺乳动物也会通过做梦来恢复记忆功能。这一看法是荒谬的。一方面，关于其他具有快速眼动睡眠的哺乳动物有记忆这一点尚未得到证明；另一方面，人们对这类动物也做梦这一点更是一无所知。

D. 许多星相学家认为，人出生的星座决定人生的命运。他们经常为别人预测吉凶祸福，却大都不能应验。所以，他们从不根据出生的星座来预测自己的命运。

E. 许多哲学家认为，哲学是关于智慧的学问，智慧能给人带来财富。可是，古往今来的大多数哲学家都穷困潦倒。所以，有智慧的人不一定都是富翁。

03 尽管新制造的国产汽车平均油效仍低于新制造的进口汽车，但它在1996年到1999年间却显著地提高了。自那以后，新制造的国产汽车的平均油效没再提高，但新制造的国产汽车与进口汽车在平均油效上的差距却逐渐缩小。

如以上论述正确，那么基于此也一定正确的是以下哪项？

A. 新制造的进口汽车的平均油效从1999年后逐渐降低。

B. 新制造的国产汽车的平均油效从1999年后逐渐降低。

C. 1999年后制造的国产汽车的平均油效高于1999年后制造的进口汽车的平均油效。

D. 1996年制造的进口汽车的平均油效高于1999年制造的进口汽车的平均油效。

E. 平均油效是个含糊的概念。

04 当颁发向河道内排放化学物质的许可证时，它们是以每天可向河道中排放多少磅每种化学物质的形式来颁发的。通过对每种化学物质单独计算来颁发许可证，这些许可证所需的数据是基于对流过河道的水量对排放到河道内的化学物质的稀释效果的估计。因此河道在许可证的保护之下，可以免受排放到它里面的化学物质对它产生不良影响。

上面论述依赖的假设是下列哪项？

A. 相对无害的化学物质在水中不相互反应形成有害的化合物。

B. 河道内的水流动得很快，能确保排放到河道的化学物质被快速地散开。

C. 没有完全禁止向河道内排放化学物质。

D. 那些持有许可证的人通常不会向河道内排放达到许可证所允许的最大量的化学物质。

E. 化学物质对河道污染所带来的危险只应用它是否危及人类健康的观点来评价，而不应以它是否危及人类和野生动植物的观点来评价。

05~06 基于以下题干：

某仓库被窃。经过侦破，查明作案人是甲、乙、丙、丁四个人中的一个。审讯中，四个人的口供如下：

甲："仓库被窃的那一天，我在别的城市，因此我是不可能作案的。"

乙："丁就是罪犯。"

丙："乙是盗窃仓库的罪犯，因为我亲眼看见他那天进过仓库。"

丁："乙是有意陷害我。"

05 现假定这四个人的口供中，只有一个人讲的是真话。那么，谁是盗窃仓库的罪犯？

A. 甲是盗窃仓库的罪犯。

B. 乙是盗窃仓库的罪犯。

C. 丙是盗窃仓库的罪犯。

D. 丁是盗窃仓库的罪犯。

E. 甲、乙、丙、丁都不是盗窃仓库的罪犯。

06 现假定这四个人的口供中，只有一个人讲的是假话。那么罪犯是哪个？

A. 甲是盗窃仓库的罪犯。

B. 乙是盗窃仓库的罪犯。

C. 丙是盗窃仓库的罪犯。

D. 丁是盗窃仓库的罪犯。

E. 甲、乙、丙、丁都不是盗窃仓库的罪犯。

07 高级经理人在报酬上的差距可反映公司各个部门之间的工作方式。如果这个差距较大，它激励的是部门之间的竞争和个人的表现；如果这个差距较小，它激励的是部门之间的合作和集体的表现。3M 公司各个部门之间是以合作的方式工作的，所以，_____

以下哪项陈述作为上述论证的结论最为恰当？

A. 3M 公司的高级经理人在报酬上的差距较大。

B. 以合作的方式工作能共享一些资源和信息。

C. 3M 公司的高级经理人在报酬上的差距较小。

D. 以竞争的方式工作能提高各个部门的工作效率。

E. 应该鼓励他们以竞争方式工作。

08 一项调查结果显示，78％的儿童中耳炎患者均来自二手烟家庭，研究人员表示，二手烟环境会增加空气中的不健康颗粒，其中包括尼古丁和其他有毒物质。与居住在无烟环境中的孩子相比，居住于二手烟环境中的孩子患中耳炎概率更大，因此医学专家表示，父母等家人吸烟，是造成儿童患中耳炎的重要原因。

下列哪项如果为真，最能削弱上述论证？

A. 调查中还显示，无烟家庭的比率呈逐年上升的趋势。

B. 研究证明，二手烟家庭中儿童中耳炎的治愈率较高。

C. 门诊数据显示，儿童中耳炎就诊人数下降了 4.6％。

D. 在这次调查的人群中，只有 20％的儿童来自无烟家庭。

E. 政府官方网站指出，二手烟是室内 PM2.5 的重要来源。

09 吴旭、郑洁和沈瑶三人打算到南京故地重游，三人选择了飞机、火车、汽车和轮船之一出行，但每个人出行方式均不相同。如果郑洁选择汽车出行，则吴旭不选择轮船；如果吴旭选择火车出行，则沈瑶不选择飞机；沈瑶选择飞机、火车之一出行。

根据以上陈述可知，下列哪项必定是错误的？

A. 沈瑶选择飞机，而郑洁选择汽车。

B. 沈瑶选择飞机，而郑洁选择轮船。

C. 沈瑶选择火车，而郑洁选择汽车。

D. 沈瑶选择火车，而郑洁选择飞机。

E. 沈瑶选择火车，而郑洁选择轮船。

10 文学名著是互相交织的，也就是说，它们被写出来不是对现实进行反映，而是对其他文学作品的反映。在某种程度上，如果一部作品是与其他作品互相交织的，它作为社会现实的镜子就模糊了。

上面的论述最支持下面哪一个结论？

A. 一部作品不反映社会现实，则作品是交织的。

B. 希望写出名著的作者应该避免受其他作品的影响。

C. 不是交织的作品与其他作品之间没有任何联系。

D. 过去的文学名著作为过去社会现实信息的来源是值得怀疑的。

E. 一部作品是不交织的，如果它反映了一部确实反映社会现实的作品。

11 得 W 急性病的患者，其血液中的脂肪含量平均低于正常人的水平。然而，大多数医生却认为降低血液中的脂肪含量是预防 W 这种急性病的有效方法。

以下哪项如果为真，能对上文中看似自相矛盾的观点作出最适当的解释？

A. 被治愈的 W 急性病患者血液中的脂肪含量与正常人的相同。

B. 给实验中的动物注射大量的人造脂肪会产生得 W 急性病的某些症状，尽管 W 这种病实际上还没有产生。

C. 只有当导致急性 W 的介质从患者的血液中吸收大量的脂肪时，W 才会从慢性而转为急性的。

D. 得 W 病的患者血液中的脂肪含量水平在对脂肪的吸收进行限制的饮食结构中，其变化是异常缓慢的。

E. 若是血液中的脂肪含量轻度增高的话，可以通过饮食调理及运动来进行治疗。

12 哺乳类动物侏儒个体的身体相对于非侏儒个体的身体的比例较之侏儒个体的牙齿相对于非侏儒个体的牙齿的比例要小。一头成年侏儒长毛猛犸象的不完整的骨骼遗迹最近被发现，它的牙齿是正常成年长毛猛犸象的 3/4。

以上陈述如果为真，最有力地支持了以下哪项陈述？

A. 此侏儒长毛猛犸象的身体不到正常的非侏儒成年长毛猛犸象身体的 3/4。

B. 最近被发现的侏儒长毛猛犸象的牙齿没有一颗是与已经被发现的非侏儒长毛猛犸象的牙齿同样大的。

C. 哺乳类动物的大部分成年侏儒的个体的牙齿是相同种类的非侏儒成年个体牙齿的 3/4。

D. 侏儒长毛猛犸象与非侏儒长毛猛犸象有相同个数的牙齿。

E. 大多数哺乳类动物的侏儒个体的大小通常不超过那个种类的非侏儒个体大小的 3/4。

13 甲：儿时进行大量阅读会导致近视眼——难以看清远处景物。

乙：我不同意，近视眼与阅读之间的关联都来自以下事实——观看远处景物有困难的孩子最有可能选择那些需要从近处观看物体的活动，如阅读。

乙对甲的反驳是通过下列哪项？

A. 运用类比来说明甲推理中的错误。

B. 指出甲的观点是自相矛盾的。

C. 说明如果接受甲的观点，会导致荒谬的结论。

D. 论证甲的观点中某一现象的原因实际上是该现象的结果。

E. 试图说明甲对"近视眼"这一术语的使用是模棱两可的。

14 曾任中国男子足球队教练的佩兰，在 2007—2008 赛季率领法国里昂队赢得法甲冠军和法国杯冠军，但随即出人意料地离开了这支球队。当时他的信条是：要么绝对信任，要么不干，没有中间路线。

以下哪项陈述最准确地表达了佩兰这一信条的意思？

A. 要干就必须得到绝对信任，否则就不干。

B. 只有得到绝对信任才干，如果不干就是没有得到绝对信任。

C. 只有得到绝对信任才干。

D. 如果得到绝对信任就干。

E. 如果得到绝对信任就干，只有得不到绝对信任才不干。

15～16 题基于以下题干：

在工业化国家中，许多企业主通过设备自动化解雇工人以减少开支，但是因自动化而被解雇的失业者需要政府的救济才能维持生计。失业者的队伍扩大了，政府的失业救济负担随之增加，这又导致了税收的增加。征税的对象中，当然包括那些因自动化而解雇工人的企业。

15 这段议论是要说明：

A. 高额的税收将阻止企业推进自动化。

B. 通过自动化裁减人员来节省开支将导致企业其他开支的增加。

C. 自动化带给工人的是失业的前景。

D. 那些解雇工人的企业将不得不重新雇用他们。

E. 自动化是不人道的。

16 下面哪项最有力地削弱了上述论证？

A. 失业者将很难重新找到工作。

B. 很多未推行自动化的企业发现它们的利润有所下降。

C. 失业者中只有很小一部分是因为自动化而失业的。

D. 征税的对象中均等地包含未推行自动化的企业。

E. 用于自动化的投资要大于短期中减少劳动力节省的开支。

17 "杂草"本意是指"无用或不美的草本植物"，而所谓"有用""美丽"其实都取决于人的视角。"杂草"这个语词是一个带有强烈主观色彩的方便的标签，所以，它并不是一个科学的分类术语。

以下哪项陈述是使上面结论成立的假设？

A. 凡是带有强烈主观色彩的语词都不是科学的分类术语。

B. 科学的分类术语都是方便的标签。

C. 有些带有强烈主观色彩的方便的标签不是科学的分类术语。

D. 带有强烈主观色彩的语词都是方便的标签。

E. 有些科学的分类术语是方便的标签。

18 某班有三个小组，赵、钱、孙三人分属不同的小组。这次语文考试成绩公布，情况如下：赵和三人中的第 3 小组那位不一样，孙比三人中第 1 小组的那位的成绩低，三人中第 3 小组的那位比钱分数高。

若赵、钱、孙三人按语文成绩由高到低排列，正确的是哪项？

A. 赵、钱、孙。

B. 赵、孙、钱。

C. 钱、赵、孙。

D. 孙、赵、钱。

E. 孙、钱、赵。

19　对一群在 1950 年 35 岁的人的长期健康跟踪研究表明，从整体上讲，那些过了 35 岁以后平均每年体重增加半公斤或一磅的人倾向于比那些过了 35 岁以后体重保持不变的人活得长。这个结果好像与其他研究相矛盾，其他研究把体重增加与一大堆的健康问题联系起来，并且体重增加倾向于使一个人的平均寿命降低。

下面哪一项如果正确，最有助于解决上面短文中明显的相互冲突的结果？

A. 随着人们年龄的增加，肌肉和骨骼组织占人体总重的比例倾向于越来越小。

B. 那些通过减轻体重来降低他们的胆固醇水平的人同时也降低了他们遭受心脏病或中风袭击的危险性。

C. 抽烟者倾向于比不抽烟者瘦，活的时间也倾向于比不抽烟者短。

D. 人类免疫系统随着年龄增加的正常退化可以减少热量的消费来抑制。

E. 那些倾向于使人的体重增加的饮食通常不但含有过多的脂肪而且含有对健康有害的糖和钠的浓缩物。

20　我五岁的孪生子穿着相同的衣服，我把他们两个弄脏的衬衫洗了，一件用普通的洗涤剂，另一件用新买的碧浪洗涤剂，洗完后发现用碧浪洗的衬衫要比另一件衬衫干净，所以说碧浪要比普通洗涤剂去污效果好。

下面哪一个是上面广告中的论述所基于的假设？

A. 五岁的孪生子要比同龄的孩子更容易弄脏衣服。

B. 用普通洗涤剂洗的衬衫在洗之前不比另一件衬衫脏多少。

C. 通常情况下，一件脏衬衫用同一种洗涤剂洗时，每一次都洗得同样干净。

D. 用碧浪洗涤剂洗的衣服，比用其他任何品牌洗涤剂洗的衣服都干净。

E. 大部分双胞胎喜欢穿相似的衣服。

21　从经济萧条一开始，瑞斯工厂就压缩劳动力。如今随着经济复苏，每周收到的订货单大大增加，而已完成货物的库存目前非常少。所以，如果瑞斯工厂打算按时交货，就必须尽快增加人手。

下面哪一个如果正确，最能加强上面的论述？

A. 公司增加其劳动力的方法是雇他们以前辞退的人。

B. 今天瑞斯工厂的熟练工人要比经济萧条开始时多。

C. 目前在瑞斯工厂中工人的工作时间已达到工人合同中规定的一周最长工作时间。

D. 几乎所有瑞斯工厂生产的产品的配件都是从其他厂采购的。

E. 正式劳动协议规定，一旦需要，主管人员就要加入工人流水线工作。

22　降价和打折已成为商家促销的一种手段，而这种手段颇能打动一部分顾客的心，使他们买了许多原本不想买的商品，并觉得从降价和打折中得到了实惠。

以下哪项最能说明顾客的这种心理是没有依据的？

A. 大多数降价和打折的商品原先的定价就是偏高的。

B. 确有某些商品在降价和打折后，其价格是低于成本价的。

C. 许多经营服装的商家在换季时都降价和打折出售服装。

D. 经检测，有少数降价和打折商品的质量是有问题的。

E. 商家在出售降价和打折商品时，有时会搭配其他商品。

23 知名度和美誉度反映了社会公众对一个组织的认识和赞许的程度，两者都是公共关系学所强调追求的目标。一个组织形象如何，取决于它的知名度和美誉度。公共关系策划者需要明确的是：只有不断提高知名度，才能不断提高组织的美誉度。知名度只有以美誉度为基础才能产生积极的效应。同时，美誉度要以知名度为条件，才能充分显示其社会价值。

由此可知，知名度和美誉度的关系是：

A. 知名度高，美誉度必然高。

B. 知名度高，美誉度必然低。

C. 只有美誉度高，知名度才能高。

D. 只有知名度高，美誉度才能高。

E. 没有美誉度，就没有知名度。

24 刀耕火种的农业需要烧掉数亩林木，把植物的灰烬留在地里为以后三四年的粮食丰收做丰富的肥料。但是，经过多次耕种的土地养分会被从土壤中滤掉，如此，土地就变得太贫瘠以至于不适于继续耕种。所以需要通过刀耕火种的方法来开垦新的耕地，这个过程又从头开始。由于热带地区大部分农业使用这种方法，因此，这一地区的森林将最终被永久毁灭。

上述论证以下面哪一项为假设？

A. 热带森林用刀耕火种的方法开垦过后不能很好地再生，以恢复原貌。

B. 其他农业耕作方法不像刀耕火种方法这样对热带地区的环境造成破坏。

C. 热带森林本质上缺乏为非这一地区所固有的农作物的生长所需要的养分。

D. 刀耕火种的方法特别适合于热带地区的农业。

E. 刀耕火种的方法在第一年能比任何其他方法取得更大的丰收。

25 只要诊治准确并且抢救及时，那么这个病人就不会死亡。现在这个病人不幸死亡了。

如果上述断定是真的，以下哪项也一定是真的？

A. 对这个病人的诊治既不准确，抢救也不及时。

B. 对这个病人的诊治不准确，但抢救及时。

C. 如果对这个病人的诊治是准确的，那么，造成他死亡的原因一定是抢救不及时。

D. 如果这个病人死亡的原因是诊治不准确，那么，抢救不及时不会是原因。

E. 如果这个病人死亡的原因是抢救不及时，那么，诊治不准确不会是原因。

26 二氧化硫是造成酸雨的主要原因。某地区饱受酸雨困扰，为改善这一状况，该地区 1—6 月累计减排 11.8 万吨二氧化硫，同比下降 9.1%。根据监测，虽然本地区空气中的二氧化硫含量降低，但是酸雨的频率却上升了 7.1%。

以下最能解释这一现象的是哪项？

A. 该地区空气中的部分二氧化硫是从周围地区飘移过来的。

B. 虽然二氧化硫的排放得到控制，但其效果要经过一段时间才能显现。

C. 机动车的大量增加加剧了氮氧化物的排放，而氮氧化物也是造成酸雨的重要原因。

D. 尽管二氧化硫的排放总量减少了，但二氧化硫在污染物中所占的比重没有变。

E. 酸雨中含有多种无机酸和有机酸,绝大部分是硫酸和硝酸,还有少量灰尘。

27 在印度的歇格特地区发现了一些罕见的陨石。其结构表明它们来自水星、金星、火星等地质活动剧烈的行星。因为水星接近太阳,任何从它表面分离出来的东西都会被太阳所俘获,而不会坠入地面成为陨石。这些陨石也不可能来自金星,因为金星的重力太大,足以防止从它表面脱离的物体进入外层空间。因而这些陨石有可能是火星与某一大型物质相撞后脱离的物体坠入地球而形成的。

上述论证导出其结论的方法是什么?

A. 举出某一理论的反例。

B. 排除其他可供选择的解释。

C. 对目前与过去的情况进行比较。

D. 对某一假设提出质疑。

E. 从特殊的事实材料中归纳出一般原则。

28 某些东方考古学家是美国斯坦福大学的毕业生。因此,某些美国斯坦福大学的毕业生对中国古代史很有研究。

为保证上述推断成立,以下哪项是必须假设的?

A. 某些东方考古学家专攻古印度史,对中国古代史没有太多的研究。

B. 某些对中国古代史很有研究的东方考古学家不是美国斯坦福大学毕业的。

C. 所有对中国古代史很有研究的人都是东方考古学家。

D. 所有的东方考古学家都是对中国古代史很有研究的人。

E. 某些东方考古学家对中国古代史很有研究。

29 当两个团体相互承诺利益互惠时,它们之间便存在一种契约关系,不管是表达出来,还是没有表达出来。因此,艺术家在接受公共基金的支持时,就在他或她自己与公众之间至少建立了某种未被表达出来的契约关系,公众有正当理由希望从艺术家的作品中获得益处。

以下哪项最准确地描述了上述推理中的错误?

A. 试图证明一条行为规范,理由是它使有关的全部党派都有益处。

B. 在只知道某种情形与定义部分一致时就得出这个定义完全适用于这种情形的结论。

C. 只是抽象地谈论必须逐个判断的包含偶然性的事件。

D. 把个体的智力或情感活动的类型与代表集体特征的智力或情感状况混为一谈。

E. 把需要靠政治手段来解决的问题只看作是不同意见之争。

30 在因特网日益深入家庭的今天,有人坚持,因特网并不会导致色情、暴力等方面内容的信息大肆泛滥。例如,某权威机构的网上调查统计显示,在因特网蓬勃发展的近几年中,以色情、暴力等方面内容为主的信息节点在整个网络中的比例一直在降低,而不是在增加。

以下哪项如果为真,最能反驳上述观点?

A. 色情、暴力等方面的信息大多为图像信息,其传递和阅读都比较费时费力。

B. 网上调查统计显示,色情、暴力节点的访问人数超过一般网络节点的19倍以上。

C. 如果身心尚不成熟的儿童访问色情、暴力站点,会产生比成人恶劣得多的后果。

D. 近年来,色情、暴力等方面的信息,在包括因特网在内的各种媒体上广泛传播着。

E. 要想减少因特网上色情、暴力等方面的信息，必须依靠网络服务商、学校、家庭乃至全社会的共同努力。

综合训练一答案与解析

01. 答案： C

题干论述：所有的这些原因加上汽油价格并不高不可攀，使得公共交通乘客人数下降。

根据这一成立的因果关系可知，汽油价格并不高不可攀是公共交通乘客人数下降的必要条件，即汽油价格并不是高不可攀←乘客的数目下降。

其等价的逆否命题为：汽油价格高不可攀→乘客的数目上升。

C 项表达了上面关系，所以为正确答案。

题干涉及的价格是高不可攀而不是增加，因此 A 项不对。其余选项均与题干陈述明显不符。

02. 答案： C

选项 C 与题干一样是"诉诸无知"式论证。选项 B 虽然也是犯了"诉诸无知"式谬误，但其结论是肯定的，而题干中的结论是否定的，故选项 C 与题干的论证更接近。

03. 答案： A

题干属于数学相关类的推论题，可以用简单的数学思维去判断。分析题意可知，1999 年之后，国产汽车的平均油效没有变化，但是国产汽车与进口汽车的平均油效之间的差距在不断减小，这只能说明进口汽车的平均油效在不断降低。由此可知 A 项为正确答案。

04. 答案： A

题干论述：通过基于对每种化学物质的最高允许排放量单独计算来颁发许可证，可以免受排放到河道中的化学物质对它产生不良影响。

为使题干论证成立，必须假设 A 项，否则，如果相对无害的化学物质在水中会相互反应形成有害的化合物，那么，河道即使在许可证的保护之下，也无法免受排放到它里面的化学物质对它产生不良影响。

其余选项均为无关选项。

05. 答案： A

乙、丁矛盾，必有一真一假。

因为只有一个人讲真话，所以，甲、丙说假话。

由甲说假话，推出，甲是盗窃仓库的罪犯。

06. 答案： B

乙、丁矛盾，必有一真一假。

因为只有一个人讲假话，所以，甲、丙说真话。

由丙说真话，推出，乙是盗窃仓库的罪犯。

07. 答案： C

本题是溯因推理，即根据已知事实结果和有关规律性知识，推断出产生这一结果的原因的推理。其公式可以表示为：

已知：q（3M 公司各个部门之间是以合作的方式工作的）

已知：如果 p，那么 q（如果这个差距较小，它激励的是部门之间的合作和集体的表现）

所以，p 可能为真（很可能 3M 公司的高级经理人在报酬上的差距较小）

因此，C 项作为上述论证的结论最为恰当，是正确答案。

选项 A、E 明显不对；选项 B、D 出现了题干中没有出现的新信息，排除。

08. 答案：D

题干认为，78％的儿童中耳炎患者来自二手烟家庭，因此家人吸烟是导致儿童患中耳炎的重要原因。

脱离比较基础的独立数据，在论证中的证据效力是不能令人信服的。若使所列的数据成为有说服力的证据，就必须与相关数据进行比较。D 项表明，本次调查中，80％的儿童本就来自吸烟家庭，因此题干的论据不能证明论点，有效地削弱了上述论证。

09. 答案：A

根据题干所给条件进行推理：假设选项 A 成立，即，沈瑶选择飞机，则吴旭不选择火车。郑洁选择汽车，则吴旭不选择轮船。这样吴旭只能选择飞机了，但三人的出行方式不同，这就存在了矛盾，必定错误。因此，选 A。

其余选项均与题干条件不矛盾，都可以成立。

选项 B，沈瑶选择飞机，则吴旭不选择火车。郑洁选择轮船，则吴旭可以选择汽车，成立。

选项 C，沈瑶选择火车，郑洁选择汽车，则吴旭不选择轮船，可以选择飞机，成立。

选项 D，沈瑶选择火车，而郑洁选择飞机，则吴旭可以选择轮船或汽车，成立。

选项 E，沈瑶选择火车，郑洁选择轮船，则吴旭可以选择飞机或汽车，成立。

10. 答案：D

题干断定：第一，文学名著是互相交织的；第二，互相交织就不反映社会现实。

由此可推出，文学名著不能反映社会现实，因此，D 项为正确答案。

其余选项均不能被题干信息有力地支持。其中，A 项错误，因为这是上述第二个断定的逆命题。B、C 项超出题干范围。E 项的意思是，如果一部作品是"一部确实反映社会现实的作品"，那么，这部作品是不交织的，这不符合上述第二个断定的逆否命题；如果一部作品反映社会现实，那么这部作品是不交织的。

11. 答案：C

题干的矛盾之处在于：一方面，得 W 急性病的患者血液中的脂肪含量低于正常人的水平；另一方面，降低血液中的脂肪含量是预防 W 这种急性病的有效方法。

C 项表明，只有当导致急性 W 的介质从患者的血液中吸收大量的脂肪时，W 才会从慢性而转为急性的。这就说明，如果降低血液中的脂肪含量，那么 W 的介质就不能从患者的血液中吸收大量的脂肪，W 就难以转为急性的，这样就可以有效预防 W 这种急性病。这就合理地解释了题干中看似矛盾的观点。

12. 答案：A

题干断定：第一，侏儒个体与非侏儒个体身体的比例小于它们牙齿的比例。

第二，侏儒个体与非侏儒个体牙齿的比例是 3/4。

从而可合理地得出结论：侏儒个体与非侏儒个体身体的比例一定小于3/4。因此，A项正确。

B讨论的情况题干没有涉及；C引入新的比较，题干没有信息支持；D、E为无关选项，均应排除。

13. 答案：D

甲的观点是大量阅读导致近视眼，乙的观点是因为有近视眼看不清远处，所以选择近距离可以看清的活动——阅读。两者因果关系互相倒置，所以，D项为正确答案。

14. 答案：B

佩兰的信条是：要么"绝对信任"，要么"不干"。可用条件表达为两个条件关系式：

① 绝对信任→¬不干

等价于：¬绝对信任←不干；意思是：如果不干就是没有得到绝对信任。

② ¬绝对信任→不干

等价于：绝对信任←干；意思是：只有得到绝对信任才干。

因此，B项最准确地表达了这一信条的意思。

其余选项都不能同时表达上述两个意思，比如A项前后两句话只表达了同一个意思。

15. 答案：B

题干论述：企业通过设备自动化解雇工人，减少了开支；被解雇的工人扩大了失业者的队伍；失业者队伍的扩大加重了政府失业救济的负担；政府失业救济负担的加重，导致税收的增加；在征税的对象中，包括那些因自动化而解雇工人的企业。

由此可见，实行设备自动化的企业，一方面因解雇工人而减少了开支，另一方面又因为税负的增加而不得不加大支出。这意味着，通过自动化裁减人员来节省开支将导致企业其他开支的增加，因此，B项为正确答案。

其余选项均不妥，其中，A、C、D项均只涉及这段议论的某一个方面，E项与题意不甚相关。

16. 答案：D

企业生产的目的是获取利润，尤其是高额利润，只有当实行设备自动化所减少的开支大于因税负的增加而加大的开支，企业才会实行设备自动化。

由于征税的对象包括每一个企业，那些没有实行自动化的企业，一方面减少不了生产的成本，另一方面要承受加重的税负，这样它们较之那些实行了自动化的企业，就会失去市场竞争的优势。D项正是从这个角度说明企业实行自动化不仅是应该的，而且是必需的，这就有力地削弱了题干论证。

其余选项均不妥，其中，选项B和E对题干的论证有所削弱，但力度不足。选项A和C与题意不甚相关。

17. 答案：A

题干前提："杂草"这个语词是一个带有强烈主观色彩的方便的标签。

补充A项：凡是带有强烈主观色彩的语词都不是科学的分类术语。

得出结论：所以，它并不是一个科学的分类术语。

18. 答案：B

题干论述可转化为：赵≠③，孙<①，钱<③。

根据题意，赵和钱都不在第三组，只能孙在第三组，可推出，①＞孙＞钱。

因此，成绩由高到低排列的顺序为：赵、孙、钱。

19. 答案：C

题干需要解释的矛盾是：一方面，一个研究表明，那些过了 35 岁以后平均每年体重增加的人活得长。另一方面，其他研究表明，体重增加倾向于使一个人的平均寿命降低。

C 项表明，抽烟者倾向于比不抽烟者瘦而且寿命短。由此可知，35 岁以后体重不断增长的人大多是不抽烟的人，因此尽管他们的体重增加会给他们带来一大堆健康问题，但是他们的寿命还是比那些相对较瘦的抽烟的人长，这就有助于解决题干题干中相互冲突的研究结果。

其余选项都不能起到有效的解释作用。

20. 答案：B

题干通过比较，得到结论：碧浪比普通洗涤剂效果好。

B 项是题干结论必须基于的一个假设，即两件衬衫在洗之前差不多一样脏，否则，如果用普通洗涤剂洗的衬衫在洗之前比另一件衬衫脏，那么题干结论就得不到了。

21. 答案：C

题干论述，瑞斯工厂的人手少，订单大大增加，产品库存又非常少。C 项表明，目前在瑞斯工厂中工人的工作时间已达到工人合同中规定的一周最长工作时间。由此，可合理地得出结论：如果瑞斯工厂打算按时交货，就必须尽快增加人手。

其余选项均起不到支持作用。其中，A、B、D 为无关项，E 项削弱了题干。

22. 答案：A

题干论述的在商家促销中顾客的心理是：从降价和打折中得到了实惠。

A 项表明，大多数降价和打折的商品原先的定价就是不合理的，是偏高的，因此，这些商品尽管降价和打折了，但顾客仍未能从中得到实惠。这显然说明顾客的这种心理是没有依据的。

其余选项均不妥，其中，B 项违背题意。C 项与题意无关。选项 D、E 虽然都在一定程度上说明了顾客的心理依据不足，但分别说的只是少数商品的质量问题和有时会有的现象，都不足以从根本上动摇顾客的心理依据。

23. 答案：D

题干断定：只有不断提高知名度，才能不断提高美誉度。

这意味着，知名度是美誉度的必要条件，因此，D 项符合题意。

其余选项都不符合题意。

24. 答案：A

题干论述：刀耕火种得到的土地在一段时间后会变得不适合耕种，这就需要开辟新的耕地，随着这种刀耕火种的耕作方式的不断重复，有限的热带森林不断遭到破坏乃至完全毁灭。

选项 A 是题干论证必需的假设，否则，如果热带森林用刀耕火种的方法开垦过后能很好地再生，以恢复原貌，意味着刀耕火种不会永久破坏森林，削弱了题干论述，因此为正确答案。

其余选项均为无关项。

25. 答案：C

"只要诊治准确并且抢救及时，那么这个病人就不会死亡"，是一个充分条件假言命题。

条件关系式为：准确∧及时→¬死亡。

其等价的逆否命题为：¬准确∨¬及时←死亡。

"现在这个病人不幸死亡了"，说明这个充分条件假言命题的后件为假。

既然后件为假，那就表明前件的两个条件"诊治准确"和"抢救及时"至少有一个不成立。

当我们知道其中的一个条件成立，那么，就可以推知另一个条件一定不成立。选项C"如果这个病人的诊治是准确的，那么造成他死亡的原因一定是抢救不及时"断定的正是这一点。

26. 答案：C

题干论述的现象是，某地区减排了造成酸雨的二氧化硫，但是酸雨的频率却上升了。

C项所述，机动车的大量增加加剧了氮氧化物的排放，而氮氧化物也是造成酸雨的重要原因。这就以另有他因的方式解释了题干。

其余选项不能解释题干。

27. 答案：B

题干论证用的是选言证法，又称排除法或淘汰证法。在诸选项中，只有B项说明了这一点。

28. 答案：D

题干是个省略三段论，补充省略的前提后构成有效的三段论推理：

题干前提：某些东方考古学家是美国斯坦福大学的毕业生。

补充D项：所有的东方考古学家都是对中国古代史很有研究的人。

得出结论：某些美国斯坦福大学的毕业生对中国古代史很有研究。

补充其他选项都不能保证上述推理成立。

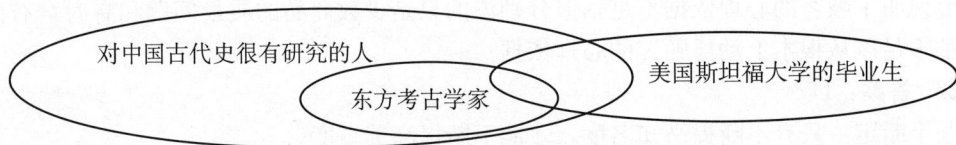

29. 答案：B

题干结论是，公众有正当理由希望从艺术家的作品中获得益处，其理由包含两条：

第一句话：当两个团体相互承诺利益互惠时，它们之间便存在一种契约关系；

第二句话：艺术家在接受公共基金的支持时，他或她与公众之间建立了契约关系。

可见，第二句话作为第一句话的推论是不恰当的，因为艺术家接受公共基金的支持只是得到单方面的利益，并没有承诺相互的利益互惠。因此，题干论证是在只知道某种情形与定义部分一致时就得出这个定义完全适用于这种情形的结论，实际上也是一种"轻率概括"的错误，B项指出了这个逻辑错误。

30. 答案：B

题干论述：以色情、暴力等方面内容为主的信息节点在整个网络中的比例一直在降低，因此，不会导致这方面的信息大肆泛滥。

B 项表明，色情、暴力节点的访问人数超过一般网络节点访问人数的 19 倍以上，因而，尽管以色情、暴力等方面内容为主的信息节点在整个网络中的比例一直在降低，但仍然可能导致这方面的信息大肆泛滥。这就有力地反驳了题干观点。

其余选项均不妥，其中，A 项支持题干的论点；C 项不是题干所直接涉及的内容；D、E 项对题干的论点发表了不同意见，反驳力度不足。

综合训练二

01 大气污染物会造成高酸性的酸雨。然而，酸雨本身并不能显著影响其落入水体的酸性，它能够通过增加森林地表上腐蚀物质的量来大幅度增加邻近湖水的酸性。因此最近森湖中的水的酸性增加，必定表明附近的降水变得更酸了。

下列哪一项如果正确，最能反驳以论述？

A. 即使没有大量酸雨的地区，位于植被类似于森湖附近植被地区的大多数湖水的酸性高于其他湖中水的酸性。

B. 最近森湖附近地区空气质量的测试已经揭示了空气中污染物量的略微增加。

C. 在森湖周围的森林中最近开始的大规模砍伐，增加了森林地表上的腐蚀物数量。

D. 在科学家中，关于大气中的污染物确切地怎样导致酸雨有一些争议。

E. 森林植被上的腐烂物质是决定森林生长的一个重要因素。

02 一项调查显示，我国各地都为引进外资提供了非常优惠的条件。不过，外资企业在并购中国企业时要求绝对控股，拒绝接受不良资产，要求拥有并限制使用原中国品牌。例如，我国最大的工程机械制造企业被美国某投资集团收购了 85％的股权；德国一家公司收购了我国油嘴的龙头企业；我国首家上市的某轴承股份有限公司在与德国一家公司合资两年后，成了德方的独资公司。因此_____

以下哪项可以最合乎逻辑地完成上面的论述？

A. 以优惠条件引进外资有可能危害中国的产业。

B. 以优惠条件吸引外资是为了引进先进的技术和管理。

C. 在市场经济条件下资本和股权是流动的。

D. 以优惠条件引进外资是由于我国现在缺少资金。

E. 欧美国家的企业比中国企业更看重股权。

03 罗伯特、欧文、叶赛宁都新买了汽车，汽车的牌子是奔驰、本田、皇冠。他们一起来到朋友汤姆家里，让汤姆猜猜他们三人各买的是什么牌子的车。汤姆猜到："罗伯特买的是奔驰车，叶赛宁买的肯定不是皇冠车，欧文自然不会是奔驰车。"很可惜，汤姆的这种猜法，只猜对了一个。

根据以上题干，可以推出下面哪项为真？

A. 罗伯特买的是本田车，欧文买的是奔驰车，叶赛宁买的是皇冠车。

B. 罗伯特买的是奔驰车，欧文买的是皇冠车，叶赛宁买的是本田车。

C. 罗伯特买的是奔驰车，欧文买的是本田车，叶赛宁买的是皇冠车。

D. 罗伯特买的是皇冠车，欧文买的是奔驰车，叶赛宁买的是本田车。

E. 罗伯特买的是皇冠车，欧文买的是本田车，叶赛宁买的是奔驰车。

04～05 题基于以下题干：

反核活动家：关闭这个核电站是反核的胜利，它同时也体现了核工业很迟才肯承认它们不能安全运作这样的发电站的事实。

核电站经理：它并不体现这样的事情。从非核资源可得到便宜的电力，加上强制性的安全检查和安全维修，使继续运作变得不经济。因此，不是出于安全方面的考虑，而是出于经济方面的考虑，才下令关闭了这个核电站。

04 核电站经理的论证的推论是有缺陷的，因为该论证：

A. 没有承认即使这家核电站不是出于安全方面的原因被关闭，电力公司现在也可能会认为核电站是不安全的。

B. 忽略了那些可以利用的便宜电力资源本身也可能存在安全问题的可能性。

C. 把关闭这个核电站对公众来说体现了什么的问题错认为是经理的关闭理由是什么的问题。

D. 把电力工业对待核安全的态度与反核活动家的观点相抵触的观点作为它的一个前提。

E. 把由于需要采取安全预防措施而引起的一些费用的上升看作是纯粹的经济上的因素。

05 下面哪一项如果正确，最能强有力地支持反核活动家胜利的主张？

A. 那个电厂的工作许可期届满。

B. 经理所提及的检查与修理的命令是迫于反核小组的压力才于最近颁布的。

C. 如果不能从非核资源获得便宜的电力，这个核电站就不会被关闭。

D. 在所有的核电站中，这个核电站发一度电所用的费用最高。

E. 当电网的某些部分过载时，关闭的这家核电站可向电网提供后备电力。

06 在世界总人口中，男女比例相当，但黄种人大大多于黑种人，在其他肤色的人种中，男性比例大于女性。

如果上述断定为真，则可推出以下哪项是真的？

A. 黄种女性多于黑种男性。

B. 黄种男性多于黑种女性。

C. 黄种女性多于黑种女性。

D. 黄种女性不多于黑种男性。

E. 黄种男性多于黑种男性。

07 在整个 20 世纪 80 年代，孟加拉虎被猎杀的总数达 3 000 余只，珍贵的虎制品如虎皮衣和虎骨酒等销往世界各地，使捕猎者和经销者大获其利。此期间，孟加拉虎从 30 000 余只下降到不足 20 000。从 90 年代开始，孟加拉国政府和周边国家的政府联手，采取坚决的反偷猎措施。大批偷猎者被拘捕，许多偷猎团伙和窝点被摧毁。偷猎活动明显减少。但到 90 年代末，孟加拉虎的总数下降到不足 10 000 只。

以下哪项如果为真，最有利于解释上述现象？

A. 上述捕猎者被抓获后处以的刑罚不够严厉，有的仅罚款了事。

B. 90 年代，虎制品的价格有了很大的上涨。

C. 中国东北虎的反偷猎的刑罚要相对严厉得多，但东北虎的数量同样呈下降趋势。

D. 90 年代，东南亚的大片森林被开发成农田，这些森林是孟加拉虎的自然栖息地。

E. 在许多贫困地区，偷猎到一只孟加拉虎带来的收入，等于当地农民一年的务农所得。

08 某单位选派人员出国留学，唯一的条件是：业务精通，并且英语流利或者法语流利。小洪没有被选派上。

以下哪项解释小洪未被选上原因的分析是我们可以从上得出的结论？

A. 小洪只有英语流利是不够的，还需要法语也比其他候选人流利。

B. 如果小洪业务精通的话，那么他的英语和法语都不够流利。

C. 小洪业务精通，但英语不流利。

D. 小洪业务精通，但法语不流利。

E. 如果小洪的英语不流利或者法语不流利的话，那么她的业务也不精通。

09 在星期六，张三建议李四下周不工作陪他到某个山区旅游，李四拒绝了，自称他既支付不起旅行费用又得因为没请假而被扣工资。然而，费用很明显不是李四不愿陪张三到那个山区旅游的真正原因，因为每次张三邀请他参加一个没事先安排的旅行时，不管张三计划上哪儿，李四都给出同样的理由。

上面的推理最易受下面哪一项批评的攻击？

A. 它企图通过把注意力集中在李四的行为上从而预防张三的行为受攻击。

B. 它没有证实张三和李四一样支付不起一个没事先安排的假期旅行的费用。

C. 它忽视了这种可能性，即不像张三那样，李四喜欢一个早就计划好的假期。

D. 它假定如果李四所说的原因不是他的唯一的原因，那么这个原因对李四来说根本就不是真正的原因。

E. 它没有调查李四的行为可以被他所给出的理由所充分解释的可能性。

10 在现在的法国境内，罗斯河谷的一个洞穴中有一组大约创作于 1.5 万年前的壁画，这些画描绘了不同种类的动物。其中描绘的一种动物看上去很像猹如——喜马拉雅山上一种罕见的羚羊。

下列哪个如果正确，最能支持以下假设，即在描绘像猹如这种动物时，这位洞穴艺术家画的是他或她所熟悉的猹如？

A. 在同时期的洞穴作品中，有许多想象中的动物的代表作。

B. 在山谷北端发现了大约有 1.6 万年历史的猹如的化石残骸。

C. 这个山洞不仅有像猹如的动物的图画，还有赋予一定形式的植物图画。

D. 本地区更古老的山洞里没有像猹如这样的动物的图画。

E. 画中动物的角比成年的喜马拉雅山上的猹如的角长。

11 郝斯汀挛缩是一种一只手或两只手的连接组织的失调，这通常会导致行动能力的丧失。一项对几千份医疗保障索赔的调查表明，一只手进行过郝斯汀挛缩手术的人中有 30％在三年内会对该种失调进行第二次手术。因此，显而易见，对郝斯汀挛缩进行一次性手术治疗通常对于长期矫正这种失调是无效的。

下列哪一项如果正确，最能削弱上述论断？

A. 医疗保险索赔并没有说明手术是针对患者的左手还是右手进行的。

B. 针对郝斯汀挛缩采取的手术技术与那些成功地用于处理某种手部工伤的手术技术相同。

C. 一项独立的调查发现，动过郝斯汀挛缩手术的患者中有 90％在术后一个月内手部的活动能力改善了。

D. 调查中，所有患者都被其保险公司要求在动手术前向一位有资格的医生寻求不同意见。

E. 许多患有郝斯汀挛缩的人选择忍受该失调的影响，而不去冒动手术的风险。

12 在汽车事故中，安全气囊可以大大降低严重伤害的风险。然而，统计显示，没有安全气囊的汽车卷入事故的可能性比有安全气囊的要小。因此，有安全气囊的汽车并不比没有安全气囊的汽车安全。

以下哪项陈述最准确地描述了上述论证的缺陷？

A. 论证中只是假设而没有确证：有安全气囊的汽车将来可能会卷入事故中。

B. 否认了这种可能性：没有安全气囊的汽车会有其他降低严重伤害风险的安全措施。

C. 忽视了这种可能性：在一些事故中既包括有安全气囊的汽车，也包括没有安全气囊的汽车。

D. 论证中只是假设而没有确证：事故的发生至少与事故所造成的严重伤害在评估安全性问题上处于同等重要的地位。

E. 忽视了这种可能性：有安全气囊的汽车经常走危险的路，而没有安全气囊的汽车往往走的是不危险的路。

13 世界上最著名的绘画之一《戴金盔的男人》，长期以来认为作者是伦勃朗，实际上不是伦勃朗所画。几个艺术专家这样说道，他们的结论是基于对风格特征，特别是对描影法和画家风格等细节的分析得出的。为了确认谁绘制了这副杰作，专家们进行了一系列复杂的新测试，包括一个利用中子活化作用的试验。这些测试为任何一个画家所得的模式就像一组指纹一样有区别性。

下面哪一个是艺术专家的结论所基于的假设？

A.《戴金盔的男人》不是在伦勃朗生前所画。

B. 如果甚至《戴金盔的男人》的作者也存在有争议，那么任何假设为真正的伦勃朗的作品现在都值得怀疑。

C.《戴金盔的男人》是伦勃朗原画的复制品。

D.《戴金盔的男人》最初归属为伦勃朗是一场故意的骗局。

E. 真正的伦勃朗作品的风格的某些方面存在显著的一致性。

14 如果小赵去旅游，那么小钱、小孙和小李将一起去。

如果上述断定是真的，那么，以下哪项也是真的？

A. 如果小赵没去旅游，那么小钱、小孙、小李三人中至少有一人没去。

B. 如果小赵没去旅游，那么小钱、小孙、小李三人都没去。

C. 如果小钱、小孙、小李都去旅游，那么小赵也去。

D. 如果小李没去旅游，那么小钱和小孙不会都去。

E. 如果小孙没去旅游，那么小赵和小李不会都去。

15 向一群不同年龄的小孩讲述人们做坏事的故事，其中有一些人是故意做的坏事而一些人是无意的。当被问及对那些做坏事的人如何进行惩罚时，年纪小一些的孩子，与年纪大一些的孩子不同，提出的惩罚方式没有因这种坏事是有意做的还是无意做的而不同，那么年纪小一些的孩子不认为人们的意愿与惩罚方式有联系。

以下哪一项如果是正确的，将最严重地削弱以上结论？

A. 在理解这些故事时，听者必须借助于一些人类心理中相对成熟的心智来区分坏事是有意造成的还是无意造成的。

B. 这些故事中清楚地指明了所做坏事的严重程度。

C. 年纪小一些的孩子和年纪大一些的孩子一样容易无意中做坏事。

D. 年纪大一些的孩子提出的惩罚方式与成人们在类似试验中提出的惩罚方式非常相似。

E. 年纪小一些的孩子提出的惩罚方式根据故事中的人做的坏事的严重程度不同而不同

16 对于与居民人口息息相关的整个地毯市场来说，扩展的空间是相对有限的。大多数人购买地毯不过一两次，第一次是在二三十岁，然后可能是在五六十岁的时候。这样，那些生产地毯的公司在地毯市场上占有一席之地的方式就只能是吞并竞争者，而不是进一步拓展市场。

如果以下哪项为真，会对上述论证提出最有力的质疑？

A. 大多数地毯生产商还销售其他地面覆盖物。

B. 大多数地位稳固的地毯生产商销售好多种不同牌子和品种的地毯，在市场上没留下使新品牌介入的空隙。

C. 近十年里，本行业 2/3 的合并行为都导致那些新合并公司利润和收入的下降。

D. 地毯市场上几家主要商号通过降低生产成本而降低价格，这正在使其他的生产者自动放弃这个市场。

E. 地毯市场不同于大多数市场，因为消费者们日益对新的样式和风格反感。

17 某岛上有甲、乙两个部落。其中：

(1) 甲部落的女人都穿白色的裙子；

(2) 乙部落的女人都穿黑色的裙子；

岛上绝没有女人有两种颜色的裙子。

现在，岛上走来一个穿黑色裙子的女人。对于这个女人的身份，有下列五项断定：

(1) 这个女人是甲部落的人。

(2) 这个女人是乙部落的人。

(3) 这个女人是该岛人。

(4) 这个女人不是该岛人。

(5) 这个女人不是乙部落人。

这五项断定中，有几项不可能是真的？

A. 只有一项。

B. 只有二项。

C. 只有三项。

D. 只有四项。

E. 共有五项。

18 在美国，本国制造的汽车的平均耗油量是每 21.5 英里一加仑，而进口汽车的平均耗油量是每 30.5 英里一加仑。显然，美国车的买主在汽油上的花费要远高于进口汽车的买主。因此，美国的汽车工业在和外国汽车制造商的竞争中将失去很大一部分国内市场。

上述论证基于以下哪个假设？

A. 美国制造的汽车和进口汽车的购置和使用的总的价格性能比大致相同。

B. 汽车在使用过程中的花费是买主在购买汽车时的一个主要考虑因素。

C. 美国汽油的价格呈上涨趋势。

D. 美国汽车的最高时速要高于进口汽车。

E. 目前在美国国内，国产汽车的销售要优于进口汽车。

19 未名湖里的一种微生物通常在冰点以上繁殖。现在是冬季，湖水已经结冰。因此，如果未名湖里确有我们所研究的那种微生物的话，它们现在不会繁殖。

假如题干中的前提都是真的，可以推知：

A. 其结论不可能不真。

B. 其结论为真的可能性很高，但也有可能为假。

C. 其结论为假的可能性很高，但也有可能为真。

D. 其结论不可能为真。

E. 其结论肯定为真。

20 私人拥有那些传统上被认为是政府职责的服务将显著改善那些服务。19 世纪美国收费公路系统证明了这一原则的正确；该系统以前由政府控制，当私人组织接管以后变得更加完善。

下列哪一个描述了作者推理的一个明显缺陷？

A. 作者通过权威来支持其结论。

B. 在攻击其弱点时，作者扭曲了一个相反的观点。

C. 作者通过指出另一个已经是错误的行动来证明一件他自己认为是错误的行动。

D. 作者从一个不具有足够代表性的例子总结出不足以建立的结论。

E. 作者对相同词语用了两种不同的意思。

21 赵明、钱红、孙杰三人被北京大学、清华大学和北京师范大学录取。他们分别被哪个学校录取的，同学们作了如下猜测：

同学 A 猜：赵明被清华大学录取，孙杰被北京师范大学录取。

同学 B 猜：赵明被北京师范大学录取，钱红被清华大学录取。

同学 C 猜：赵明被北京大学录取，孙杰被清华大学录取。

结果，同学们的猜测各对了一半。

那么，他们的录取情况是下列哪项？

A. 赵明、钱红、孙杰分别被北京大学、清华大学和北京师范大学录取。

B. 赵明、钱红、孙杰分别被清华大学、北京师范大学和北京大学录取。

C. 赵明、钱红、孙杰分别被北京师范大学、清华大学和北京大学录取。

D. 赵明、钱红、孙杰分别被北京大学、北京师范大学和清华大学录取。

E. 赵明、钱红、孙杰分别被清华大学、北京大学和北京师范大学录取。

22 许多人通过非法拷贝而不是购买为家中的计算机装载软件。然而，在过去的五年中，由于人们为家用计算机购买软件的平均数量显著增加，所以拥有家用计算机的人非法拷贝软件的平均数量一定比以前少了。

如果以下哪项为真，最能强化上述论证？

A. 家用计算机使用的数量在过去五年中显著增加了。

B. 五年前大约有一半家用计算机的软件是非法拷贝而不是购买的。

C. 大多数拥有家用计算机的人使用计算机越频繁，他们拥有计算机的时间就越长。

D. 很少有偏好非法拷贝软件的人由于他们没有熟人拥有这些软件而不能拷贝这些软件。

E. 平均来说，如今拥有家用计算机的人与五年前的基本上拥有相同数量的软件。

23 一盎司不同的人工增甜剂的混合物和一盎司单一的人工增甜剂的增甜强度是一样的。当用来使食物变甜时，混合物极大地降低了消费者摄入过量的单一增甜剂的可能性。因此，应该使用混合的而不是单一的人工增甜剂，因为混合物明显更健康而且有同样的增甜效果。

上述论证依赖以下哪项假设？

A. 当混合物中的不同人工增甜剂一起被消化时，不会产生交叉作用以至于对健康有害。

B. 不同的人工增甜剂一起用于食物时，不会比单独使用其中的一种给食物带来更好的味道。

C. 任何一种人工增甜剂所给定的日摄入量都是一个保守数字，即使超过这一数字也不会有危险。

D. 在饮食中用人工增甜剂代替食糖的消费者通常会记录他们每日对不同增甜剂的摄入量。

E. 过量摄入任何一种单一的人工增甜剂对健康造成的危害不能通过以后摄入量的减少来消除。

24 亲爱的编辑：琼斯的新书有可能会毁掉在国内危机期间担任高级政府职位的人的名誉。然而，读者们应该不考虑琼斯的批评。琼斯的反政府态度是众所周知的，他的批评只能说服和他一样的人，即那些从未有过，以后也不会有真正的责任感的人，因此他们没有资格作出评判。

上述论述用了下面的哪一种有质疑的技巧？

A. 它用"责任"这一词来表达了不同的意思。

B. 它假设攻击某一宣称的来源就足以否定这一宣称。

C. 它假定大多数人与琼斯持相同的反政府政策的态度。

D. 它呼吁一个不可靠的权威人士作为它的立场的支持者。

E. 它将因果混淆。

25 某些科学家相信：所有的人都是生活在大约二百万年前的女祖先的后裔，这个结论是通过对人类 DNA 的线粒体的研究而得出的。人类的 DNA 有 96% 的线粒体是相似的，基于这一事实，这些科学家运用 DNA 的线粒体的突变来逆推已经过去了的时间，也就是自人类的女祖先存在以来的时间。

如果以下哪项为真，最能支持上述科学家的理论？

A. DNA 的线粒体只在现代人类的高级女祖先的细胞中才有。

B. DNA 的线粒体在比率上的变化是前后不一致的。

C. 人类中共有的特殊的 DNA 的线粒体在细胞中的作用是未被了解的。

D. 200 万年前，地球气候的变化使人的直系祖先所剩无几且广泛分散成家族群。

E. DNA 的线粒体按照一致性原则经受突变，并且按照可预见的比率和母系的遗传方式传下来。

26 甲、乙、丙、丁四位同学在操场上踢足球，不小心打碎了玻璃窗，有人问他们时，他们这样说：甲说："玻璃是丙也可能是丁打碎的。"乙说："肯定是丁打碎的。"丙说："我没有打碎玻璃。"丁说："我没有干这种事。"他们四位的老师听了后说道："他们中有三位都不会说谎。"

由此我们知道，打碎玻璃的同学是哪位？

A. 甲。   B. 乙。

C. 丙。   D. 丁。

E. 推不出。

27 最近一项调查显示，近年来在某市高收入人群中，本地人占 70% 以上，这充分说明外地人在该市获得高收入相当困难。

以下哪项如果为真，才能支持上述结论？

A. 外地人占该市总人口的比例高达 40%。

B. 外地人占该市总人口的比例不足 30%。

C. 该市中低收入人群中，外地人占 40%。

D. 该市中低收入人群中，本地人占不足 30%。

E. 该市中低收入人群数量远多于高收入人群。

28 甲被指控犯罪，乙是此项起诉的主要证人。关于这个案件，有如下断定：

Ⅰ. 基于乙提供的有关证词，就可以宣判甲有罪。

Ⅱ. 乙的证词说明他自己实际上也参与了甲的犯罪活动。

Ⅲ. 甲被指控的犯罪活动只可能由一个人独立完成。

如果以上断定都是真的，则以下哪项最可能是审判的结果？

A. 甲和乙都被宣判在乙为证人的案件中有罪。

B. 除了在乙已被指控的案件中，甲和乙还被宣判为在其他案件中有罪。

C. 甲被宣判为有罪，而乙被宣判为无罪。

D. 甲被宣判为无罪。

E. 甲将提出证据反驳乙。

29 一个美国旅游者去希腊克里特岛观光，碰到了一个年轻人。年轻人对美国人说："别相信克里特人，他们说的每句话都是谎话。我最了解这一点，因为我就是克里特人。"这个美国人对年轻人说："我无法相信你的话，既然克里特人不说真话，那么，凭什么让我相信你这个克里特人没说谎呢？"

以下哪项最为确切地评价了美国人的反应？

A. 这是站不住脚的，因为年轻人并无恶意，他仅仅想帮助陌生人。

B. 这是自我相悖的，因为不相信年轻人的话正是由于相信了他的话。

C. 这是可以理解的，一个陌生人特别是一个年轻的陌生人的话不应完全相信。

D. 这是非常生硬的，容易使人对美国旅游者产生不好的印象。

E. 这过于谨慎了。因为年轻人既然敢于承认包括自己在内的克里特人都说谎，这说明他是真诚的。

30 当农场主们希望年复一年种植的同样的农作物得到较高的产量时，就需要使用大量的化肥和杀虫剂，这些会污染水的供给。因此，专家们督促农场主们将他们的农作物分散化，每年轮流种植。为获得政府对于一种作物的价格支持补贴，农场主必须种植与过去若干年相同的作物。

以上陈述如果是正确的，最支持以下哪一个结论？

A. 政府关于支持补贴农产品价格的规定起到了阻碍人们减少水污染的努力的作用。

B. 解决由化肥和杀虫剂引起的水污染问题的唯一办法是将农场退出生产。

C. 农场主可以通过轮流种植不同的作物，从而减少购买化工产品的费用来继续赢利，但不能通过每年种植相同的作物来赢利。

D. 将发展新的耕作技术使农场主们减少化肥和杀虫剂的使用成为可能。

E. 政府对产品的价格补贴订立在不足以使农场主摆脱负债的水平上。

综合训练二答案与解析

01. 答案：C

题干论述：酸雨是通过增加森林地表上腐蚀物质来大幅度增加邻近湖水的酸性。因此，最近森湖酸性增加，表明附近的降水变得更酸了。

选项 C 表明，在森湖周围的森林中最近开始的大规模砍伐，增加了森林地表上的腐蚀物数量。这就从另一个角度削弱了题干结论。

酸雨→腐蚀物质→湖水酸性

02. 答案：A

题干论述给出了归纳推理的几个事实，显然在暗示：以优惠条件引进外资后可能的危害。因此，A 项最合乎逻辑地完成上面的论述，为正确答案。

B 项所述的引资目的、C 项所述的资本和股权流动、D 项所述的引资原因、E 项所述欧美企业看重股权，都偏离了题干主题，均为无关项。

03. 答案：D

解法一：根据题干条件进行分析推理。

假设汤姆的第一句话"罗伯特买的是奔驰车"为真，那么，第三句话"欧文买的不是奔驰车"为假，因此，欧文买的一定是奔驰车。这样，同一辆奔驰车既为罗伯特所买又为欧文所买，而这是不可能的，所以，第一句话"罗伯特买的是奔驰车"为真是不能成立的。

再假设第三句话"欧文买的不是奔驰车"为真，即欧文买的是皇冠车或本田车；由于第二句话"叶赛宁买的不是皇冠车"为假，可知叶赛宁买的是皇冠车，并由此可知欧文买的一定是本田车；又由第一句话"罗伯特买的是奔驰车"为假，可知罗伯特买的是皇冠车或本田车，而皇冠车和本田车已分别为欧文和叶赛宁所买，所以，假设第三句话为真是不能成立的。

那么，剩下的第二句话"叶赛宁买的不是皇冠车"就一定为真，即叶赛宁买的是奔驰车或本田车；由于第三句话"欧文买的不是奔驰车"为假，可知欧文买的是奔驰车，并由此可知叶赛宁买的是本田车；剩下的罗伯特买的车当然是皇冠车，这与"罗伯特买的是奔驰车"为假也相符。

因此，D 项为正确答案。

解法二：选项排除法，对各选项依次与题干条件对照，把不符合题干条件的排除。

	罗伯特买的是奔驰车	欧文自然不会是奔驰车	叶赛宁买的肯定不是皇冠车
选项 A	−	−	−
选项 B	＋	＋	＋
选项 C	＋	＋	−
选项 D	−	−	＋
选项 E	−	＋	＋

可见，只有选项 D 符合只猜对一个的条件，其余选项都不符合，均排除。

04. 答案：E

核电站经理认为：关闭核电站不是出于安全方面的考虑，而是强制性的安全检查和安全维修使继续运作变得不经济。

如果核电站在安全检查和维修上花了大量的费用，那么就可以推出这个核电站在安全预防方面要做大量的工作，也即这座核电站的安全可靠性可能不强。可见，经理的论证的缺陷在于，把由于需要采取安全预防措施而引起的费用上升仅看作是经济上的因素。因此，E 项是正确答案。

其余选项均是无关选项。

05. 答案：B

反核活动家对核电站的主要看法是认为它不安全，B 项说明反核小组认为核电站不安全的想法得到了实施，有力地支持反核活动家胜利的主张，因此是正确答案。

其他选项都是无关选项。

06. 答案：A

根据题干断定，黄种人大大多于黑种人，可表示为：

黄男＋黄女＞黑男＋黑女　　（1）

又根据题干断定，在世界总人口中男女比例相当，在其他肤色的人种中，男性比例大于女性。这意味着，黄种人和黑种人的女性总数要大于黄种人和黑种人的男性总数，可表示为：

黄女＋黑女＞黄男＋黑男　　（2）

上述两式相加，可得：黄男＋黄女＋黄女＋黑女＞黑男＋黑女＋黄男＋黑男。

从而推得：黄女＞黑男。

因此，正确答案为 A。

07. 答案：D

题干需要解释的是，为什么偷猎活动的减少，并没有改变孟加拉虎总数下降的趋势。

D 项表明，随着东南亚的大片森林被开发成农田，孟加拉虎失去了越来越多的自然栖息地，这不可避免地会导致许多孟加拉虎的死亡，从而有力地解释了题干现象。

其余选项不妥，其中，选项 A、B 和 E 有助于说明偷猎活动的原因和打击偷猎活动的难度，但不能说明，为什么偷猎活动的减少并没有改变孟加拉虎总数下降的趋势。选项 C 陈述了与题干类似的现象，但并没对这种现象作出解释，因而也无助于对题干的解释。

08. 答案：B

题干断定：

第一，业务精通 ∧ （英语流利 ∨ 法语流利）→选派出国留学。

其等价于：¬业务精通 ∨ （¬英语流利 ∧ ¬法语流利）←¬选派出国留学。

第二，¬选派出国留学。

得出结论：

¬业务精通 ∨ （¬英语流利 ∧ ¬法语流利）

＝业务精通→¬英语流利 ∧ ¬法语流利。

即小洪没有被选派上，说明他业务不精通，或者英语和法语都不够流利。那么，如果小洪业务精通的话，那么他的英语和法语都不够流利。因此，B 项为正确答案。

09. 答案：E

题干论述仅根据李四每次都给出同样的理由，就毫无根据地认为李四的理由不是真正的理由。因此，E 项是正确答案。

10. 答案：B

题目需要支持的假设是：在描绘像猹如这种动物时，这位洞穴艺术家画的是他或她所熟悉的猹如。

B 项表明，至少在 1.6 万年之前，在这个地区很可能的确有猹如这种动物，比这个艺术家创作壁画的时代早 1 000 多年，意味着壁画中的猹如很可能是这位洞穴艺术家根据观察画的，这就有力地支持了题干假设，为正确答案。

其余选项均起不到支持作用。其中，A 项，许多壁画动物是虚构的，削弱题干假设。C 明显为无关选项。D、E 也都起削弱作用。

11. 答案：A

题干根据医疗保障索赔的调查表明，一只手进行手术的人中有 30％在三年内会对该种失调进行第二次手术，得出结论，一次性手术治疗通常对于长期矫正这种失调是无效的。

A 项指出，医疗保险索赔并没有说明手术是针对患者的左手还是右手进行的，很可能第一次和第二次做手术的手不是同一只手，比如有一些人第一次手术时只针对左手进行，因三个月后右手连接组织失调，而进行第二次手术，说明一次性手术治疗还是有效的，这就有力地削弱了题干的论断。

其余选项均不妥。其中，C 项讨论的是在一个月内有效，与长期矫正是否有效无关。

12. 答案：D

题干结论是，有安全气囊的汽车并不比没有安全气囊的汽车安全。

理由是，没有安全气囊的汽车卷入事故的可能性比有安全气囊的要小。

可见，题干在评价安全性问题时，把事故的发生与事故所造成的严重伤害看成同等重要的，没有考虑到安全气囊在汽车事故中所具有的减轻危害的作用。因此，这个论证的缺陷在于：只对比了事故发生的可能性，而没有对比事故所造成的后果。所以，D 项为正确答案。

13. 答案：E

题干所述的艺术专家根据风格特征分析，得出结论：这幅画不是伦勃朗的作品。

E 项是题干论证必须假设的，否则，如果真正的伦勃朗作品的风格不存在显著的一致性，那么根据风格特征分析就不能有效鉴定伦勃朗的作品了。

其余选项均不是题干论证的假设。

14. 答案：E

题干推理：赵→钱∧孙∧李。

等价于逆否命题：非赵←非钱∨非孙∨非李。

"如果赵没去"会怎么样，显然得不到任何确定的结果，所以选项 A、B 不必考虑。

钱、孙、李都去，也得不出赵去，因此，C 错误；

李没去，得不到钱和孙是否去，D 错误。

根据逆否命题，可得出，如果后面的"钱、孙和李"三人中有一人不去，则前面的"赵"就没去。既然"赵"就没去，当然"赵和李不会都去"也一定正确（其实我们并不知道李的情况，只是肯定地知道赵不去了，当然就有赵和李不会都去了）。所以应该选 E。

15. 答案：A

题干根据，年纪小的孩子提出的惩罚方式没有因这种坏事是有意做的还是无意做的而不同，得出结论，年纪小的孩子不认为人们的意愿与惩罚方式有联系。

A 项指出，年纪小的孩子可能不能区分故事中的坏事是否有意造成的，因此，即使年纪小的孩子确实认为人们的意愿与惩罚方式有联系，他们也可能不能够应用这项标准，这就有力地削弱了题干结论。

其余选项均不妥。其中，选项 B 和 E 通过指出另一个因素，促使年纪小的孩子在提出的惩罚方式上的变化来支持该结论。选项 C 和选项 D 都对题干结论没有影响。

16. 答案：D

题干推理为：地毯公司占有市场的方式或者是吞并竞争者，或者是拓展市场。由于拓展市场的空间有限，所以，公司在地毯市场上占有一席之地的方式只能是吞并竞争者。

D 项指出除了拓展市场、吞并竞争者之外，还有让竞争者自动放弃市场这种情况存在。由于有第三种情况的存在，吞并竞争者就不是占有地毯市场的唯一方式了，这就有力地削弱了题干。

A、C、E 为无关选项。B 说市场很难有新品牌介入，支持题干。

17. 答案：A

根据题意，可作如下判断：

（1）这个女人是甲部落的人。这一断定必定为假，因为甲部落的女人都穿白色的裙子，而该女人穿黑色的裙子，因此她不可能是甲部落的人。

（2）这个女人是乙部落的人。这一断定真假不确定，因为乙部落的女人都穿黑色的裙子，但穿黑色裙子的女人未必就是乙部落的人。

（3）这个女人是该岛人。这一断定真假不确定，岛上居民中有女人穿黑色裙子，但穿黑色裙子的女人未必就是该岛人。

（4）这个女人不是该岛人。这一断定真假不确定，因为该女人有可能就是该岛人。

（5）这个女人不是乙部落人。这一断定真假不确定，因为该女人有可能就是乙部落的人。

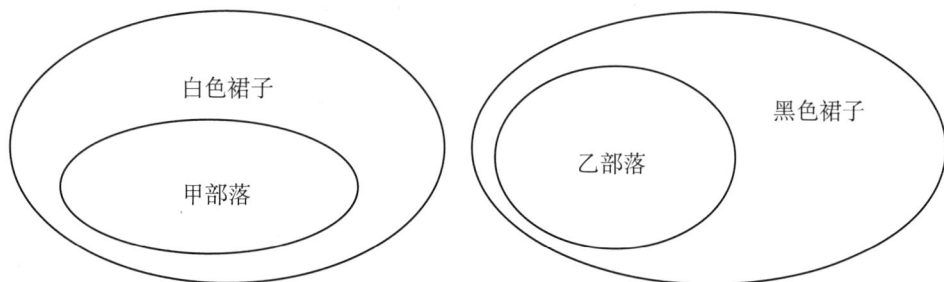

18. 答案：B

题干前提：美国车的买主在汽油上的花费要远高于进口汽车的买主。

省略前提：汽车在使用过程中的花费是买主在购买汽车时的一个主要考虑因素。

题干结论：美国的汽车工业在和外国汽车制造商的竞争中将失去很大一部分国内市场。

B 项表达了这一省略前提，因此为题干论述所基于的假设。

其余选项均不是假设。其中，A 项可以得出这样的结论，由于美国制造的汽车和进口汽车的价格性能比大致相同，因此，美国产汽车的买主在耗油上较多的花费，一定可以在某些美国产汽车较好的性能中得到补偿。这就削弱了题干的论证。同样，选项 D 和 E 也将削弱题干的论证。选项 C 能加强题干的论证，但并不是题干必须假设的。

19. 答案：B

这是个模态三段论推理，题干推理过程如下：

前提一：未名湖里的一种微生物通常在冰点以上繁殖。

前提二：现在是在冰点以下。

结论：未名湖里该种微生物现在不会繁殖。

其实这个结论是不可靠的，因为前提一所隐含的意思是，大多数情况下是在冰点以上繁殖，但也不排除在冰点以下繁殖的可能性。从前提的可能性不能得出结论的必然性，因此，正确的结论应该是：未名湖里该种微生物现在很可能不会繁殖。

因此，正确答案应该选 B。

C 项似乎有道理，但其实是干扰项，没有 B 项确切。

20. 答案：D

题干结论是第一句话，其依据的理由是 19 世纪美国收费公路系统这一例子。

其推理缺陷在于这个例子是否具有代表性，D 项指出上述推理方法的缺陷，因此为正确答案。

21. 答案：A

假定 A 项成立，则三位同学的猜测确实都各对了一半。

假定其余选项成立，则不能满足三位同学的猜测都各对一半的条件，因此，产生矛盾，均排除。

所以，答案选 A。

22. 答案：E

题干前提：人们为家用计算机购买软件的平均数量显著增加。

补充 E 项：现在和过去拥有的家用计算机软件数量相同。

得出结论：非法拷贝数量减少。

上述推理实质上是，如果一个总量不变的集合有两个子集，若其中一个子集增大，则另外一个子集变小。

因此，E 项为正确答案。其余选项为无关项。

23. 答案：A

题干论证：因为人工增甜剂的混合物更健康且有同样的增甜效果，所以应该使用混合的而不是单一的人工增甜剂。

A 项是题干论证必需的假设，否则，如果当混合物中的不同人工增甜剂一起被消化时，会产生交叉作用以至于对健康有害，那么，题干结论就不成立了。

其余选项均不是假设。其中，B 项支持题干论述，但题干论证与其他味道无关。C、D 明显为无关选项。E 项是支持项，但其否定代入后并不能推翻题干结论，因此起不到假设作用。

24. 答案：B

题干论述：琼斯的新书有可能毁坏别人的名誉，读者不应该理会，原因是因为琼斯本人的反政府观点是众所周知的。

这一论述是要拒绝琼斯的新书，却去攻击琼斯本身，说他本人怎么不好，这显然不对。你要说琼斯的书不好，就应该说书不好在哪儿，而不应该攻击他本人。这是逻辑上的一个谬误，称为人身攻击，其隐含假设是攻击某一宣称的来源（琼斯这个人本身），就是否定这一宣称（琼斯的新书可能会毁掉某些人的名誉）。所以，B 项为正确答案。

25. 答案：E

题干论述：现在人类的 DNA 有 96％的线粒体是相似的，科学家运用 DNA 的线粒体的突变来逆推已经过去了的时间，得出结论，所有的人都是生活在大约二百万年前的女祖先的后裔。

为使科学家的结论成立，E 项是必须假设的，否则，如果 DNA 的线粒体不按照一致性原则经受突变，或者不按照可预见的比率和母系的遗传方式传下来，那么就无法推出人类的女祖先出现的时间。

其余选项均不妥。其中，A 项，线粒体是否高级女祖先独有与题干推论关系不大；其余选项都明显是无关项。

26. 答案：D

根据题意，乙与丁的说法矛盾，必然一真一假。

由于他们中有三位都不会说谎，也即，四人中只有一人说谎，则说谎话的必然在乙和丁中。

因此，甲和丙的说法为真。

甲为真，则打碎玻璃的可能是丙，也可能是丁。

丙为真，则丙没有打碎玻璃。

则打碎玻璃的只能为丁。因此，D项为正确答案。

27. 答案：A

要比较外地人在该市获得高收入是否困难，关键是要比较"外地人在该市高收入人群中的比例"与"外地人占该市总人口的比例"。

根据题干，外地人在该市高收入人群中的比例应为30%；而A项所述"外地人占该市总人口的比例为40%"，前者小于后者，有力地支持了"外地人在该市获得高收入相当困难"的结论。

28. 答案：D

如果乙的证词是真实的，则由Ⅰ，可推出甲犯罪；又由Ⅱ，可推出乙参与了甲的犯罪活动。又由Ⅲ，事实上甲被指控的犯罪活动只可能由一个人独立完成，因此，乙的证词必然导致和事实的矛盾，因而不是真实的。

根据题干断定，甲被指控犯罪，乙是此项起诉的主要证人。而主要证人的证词不真实，即证据无效，因此甲被宣判为无罪是最可能的审判结果。

29. 答案：B

克里特岛的年轻人说："别相信克里特人，他们说的每句话都是谎话。我最了解这一点，因为我就是克里特人。"既然克里特人说的每句话都是谎话，而这个年轻人又是克里特人，所以他的"别相信克里特人"也就是谎话。

显然，那位美国人之所以说："我无法相信你的话，既然克里特人不说真话，那么，凭什么让我相信你这个克里特人没说谎呢？"这正是因为他相信了这位年轻人的"别相信克里特人"的话，而这位年轻人的话已表明他自己的每句话包括"别相信克里特人"都是谎话。

由此可见，那位美国人的反应是自我相悖的，因为他不相信年轻人的话正是由于相信了他的话。因此，B项为正确答案。

其他选项皆与题意不相关。

30. 答案：A

题干陈述：为获得政府对于一种作物的补贴，农场主必须种植同一种作物。当农场主们希望种植同一种作得到较高的产量时，就需要使用大量的化肥和杀虫剂，这些会污染水的供给。

由此可知，政府关于支持补贴农产品价格的规定起到了阻碍人们减少水污染的努力的作用。因此，A项是正确答案。

其余选项均不能被题干信息有力地支持。其中，选项B得不到支持，因为专家们轮流种植的建议显然是解决水污染的办法。选项C和D得不到支持，因为题干陈述既没有提到农场主的成本和收益，也没有提到耕作技术的发展。选项E也没有得到支持，因为题干没有给出关于价格补贴数量或农场主债务的信息。

综合训练三

01 科学家有时被描述成作出如下假设的人，即基于某些事情的假设直到被证明为真（符合实际）之前，这一假设并不是真实的。现在，假设提出了食品添加剂是否安全的问题，在这个问题上，既不知道它是安全的，也不知道它是不安全的。基于这一特征，科学家会假设添加剂不是安全的，因为它没有被证明是安全的；但是，他们同样会假设添加剂是安全的，因为它没有被证明不是安全的。然而，没有科学家就一种给定的物质假设它既是安全的又是不安全的而不相互矛盾。所以，这个有关科学家的特征描述显然是错误的。

以下哪一项描述了上述论证所使用的推理技巧？

A. 通过表明一个一般的陈述是蓄意被表达出来用以产生误导，来论证这个一般的陈述为假。

B. 通过表明接受一个陈述为真会导致令人难以置信的结果，来论证这个陈述为假。

C. 通过表明一个陈述与第二个已确定为真的陈述直接矛盾，来论证这个陈述为假。

D. 通过表明一个一般的陈述相对于其所概括的特殊事例而言可真可假（真假各半），来论证这个一般的陈述没有提供任何信息。

E. 通过表明一个陈述支持了不能独立检验的结论，来论证这个陈述没有提供任何信息。

02 当土地在春季被犁时，整个冬季都在土壤里的蕨的种子被翻到表面，然后重新沉积到表层的正下面，种子短暂的曝光刺激了感受器。感受器在种子埋在土壤里的那几个月期间已对太阳光变得高度敏感。受刺激后的感受器激发种子发芽。没有漫长的黑暗和随后的曝光，蕨的种子就不会发芽。

上面的陈述如果正确，能最强有力地支持下面哪一个关于"一块整个冬季埋着蕨的种子将要在春季犁的土地"陈述？

A. 这块土地在夜晚犁要比在白天犁生长的蕨类植物少。

B. 这块土地根本就不犁要比它仅在夜晚犁生长的蕨类植物少。

C. 刚好在日出前犁这块地要比刚好在日落后犁这块地生长的蕨类植物少。

D. 在犁地的过程中，被翻到土壤表层的蕨的种子不会发芽，除非它们被重新沉积到土壤表层的下面。

E. 在这块土地被犁之前，所有已经位于土壤表层的蕨的种子都会发芽。

03 汽车排出的废气是滨河区一个严重的污染问题，在滨河区的桥上收取通行费将会减少汽车行驶的英里数。尽管如此，仍无法降低总的污染水平，因为在收费亭排起了长队，而汽车停着不走时会比其在行驶状态下放出更多的废气。

上面的论述依赖于下面哪一个假设？

A. 缴费排队产生的多余废气相当于或超过因减少汽车行驶里程数而减少的汽车尾气。

B. 平均来讲，汽车在滨河区停着不走的时间比处于其他行驶状态的时间长。

C. 在桥上增加的汽车尾气不会严重影响大气污染，因为在滨河区很少有司机经常驾车过桥。

D. 减少汽车废气排放不是降低空气污染的最有效办法。

E. 在滨河区的桥上排队缴"通行费"所带来的不便，使大多数人改变行车路线，而不是改变行驶的里程数。

04 老刘工作多年了，他的工资收入不低，且家庭负担又不重。因此单位里不少人认为他在银行里有些存款。甲、乙、丙、丁四个人是这样估计的。

甲："老刘有五千元存款。"

乙："老刘至少有一万元存款。"

丙："他的存款不到两万元。"

丁："他的存折上最少有十元钱。"

后来，老刘将情况如实告诉了大家。这时候，大家才发现只有一个人的估计是正确的。

请问：谁的估计是正确的？老刘有多少存款？

A. 甲的估计是正确的，老刘有五千元的存款。

B. 乙的估计是正确的，老刘至少有一万元存款。

C. 丙的估计是正确的，老刘的存款不到两万元钱。

D. 丁的估计是正确的，老刘的存折上最少有十元钱。

05 招魂术是欺骗性的，它号称人们能够通过叫作巫师的有特殊才能的人与死去的灵魂相沟通。早在19世纪70年代，爱德华教授揭露出著名巫师亨瑞传说中的"灵魂写作"实际上是在灵魂开始写到石板上之前，已经在石板上存在。这个例子显示出招魂术这个学说是没有价值的。

以下哪项能有效地反对上面所得出的结论？

A. 没有证据证明死去的灵魂不存在。

B. 这个结论依赖于一个历史上的报道，这些过去事件的报道没有详述所有的细节。

C. 引用的证据预先假定所要证实的。

D. 一个欺骗性的例子不能表明整个学说是错误的。

E. 报道的正确性取决于反招魂术者的诚实，因为他们可能有偏见。

06 在欧洲，学龄儿童每天都花时间做柔软体操，而北美洲的学校则很少提供这样的每日柔软体操运动。调查表明：相对于欧洲的儿童来说，北美洲的儿童弱小、迟钝且不善长跑。由此断言，只有北美儿童在学校每日做柔软体操运动，他们的身体才可能强壮起来。

以下哪一项是上述论证的假设？

A. 所有儿童都可能通过做每日柔软体操而变得强壮起来。

B. 所有儿童都能通过做每日柔软体操而变得同样强壮。

C. 良好的身体素质取决于良好的健康状况。

D. 学校的每日柔软体操运动是使欧洲儿童具有良好身体素质不可缺少的因素。

E. 北美儿童除了做柔软体操运动外，还要学着多吃营养丰富的食物。

07~08题基于以下题干：

凯勒：去年公路上行驶每一亿公里死亡率比十年前降低了1/3。这主要归因于广泛使用安全带和司机减少饮酒。但是去年经济萧条限制驾驶也起了作用。

李斯：经济不可能是一个因素。你讨论的是"每一亿公里"。因为即便当行驶里程减少时死亡事故降低，这个数字也不会仅仅因为行驶里程减少而降低。

07 李斯的反对是基于以下哪项？

A. 指出混淆因果

B. 区分事件总数和发生比率。

C. 提出另一种解释所提的数据。

D. 指出用统计来证明观点时，统计会误导人。

E. 表明精确度不高会导致模糊概念。

08 下面哪一个如果正确，提供给凯勒反对李斯的最有力支持？

A. 若车道不太拥挤，司机操作失误或机械故障就不太可能导致致命的撞车现象。

B. 过去三年内，进行统计的地区的天气对司机行车非常不利。

C. 经济停滞时期，购物者、送货者及度假者开车的更少了。

D. 当安全带配上气囊后，安全带就更为有效，并且越来越多的车装有气囊。

E. 经济停滞增加了路上旧车的比例，因为人们推延旧车换新车的打算，或者因为经济拮据干脆买二手车。

09 旧式的美国汽车被认为是造成全球性空气污染的重度污染者，许多州的司法部门都要求这种车通过尾气排放标准检查。许多旧式汽车因此而被禁止在美国使用，汽车未通过检查的车主被要求购买较新型汽车。所以，这种旧式美国汽车对全球大气污染的危害在未来将会逐渐消失。

以下哪项如果为真，能最强地削弱上文的论证？

A. 们不可能把一个州或一个国家的空气分隔开来，因为空气污染是个全球问题。

B. 由于技术的革新，现在的新车开旧后不会像以前的旧车那样造成严重的空气污染。

C. 在非常兴旺的旧车市场上，旧式美国二手汽车被出口到没有尾气排放限制的国家。

D. 美国要求汽车通过尾气检查的州的数目没再增加。

E. 在美国，尽管所有的旧式汽车被停止使用，但如果使用中的汽车的总数量显著增长，来自美国汽车对空气的污染仍然会增加。

10 尽管所有目前的广告都在试图说服顾客，但其中只有一小部分应当受到道德上的谴责。由此可以得出结论说，某些试图进行说服的行为应当受到道德上的谴责。

以下哪项中的逻辑形式与上文推理中所用的最相似？

A. 没有任何一种用于清洗西斯廷教堂的化学品会影响教堂的原样，所以，米开朗琪罗所用的颜色将会完好地被保存。

B. 一位优秀的经理总是根据充分的资料作出一个重要的决策，尽管有些经理并没有这样做。所以，有些经理不是优秀的经理。

C. 在重复某事的次数与记忆某事的程度之间存在正比关系，所以，重复总是有助于记忆的。

D. 某些短诗是主题多样化的，因为某些十四行诗具有这种多样化的特征，而且所有的十四行诗都是短诗。

E. 有些故事，不一定要讲给所有人听；有些悲伤，不一定谁都会懂。

11 石器时代的陶工经常制造用精致的瓷做的复杂的罐、工具和珠宝。他们也制造一些粗糙的陶制的小雕像。尽管许多精致的瓷做的罐、工具和珠宝被发现时几乎未受损，然而与陶瓷同时制造的小雕像，几乎都变成了碎片。

下面哪一个如果正确，最能够解释为什么只有如此少的小雕像，而如此多的精致的瓷器被发现是原封不动的？

A. 当一批中一个陶瓷做的罐、工具和珠宝被打碎了，为了避免坏的运气，石器时代的人们总是故意打碎那批中剩余的陶瓷。

B. 陶土的成分（它影响陶制品的寿命）在世界不同地区的差别很大。

C. 陶器是在石器时代发明的，在精制瓷器所需技术产生以前人们已经就熟练掌握了制陶技术。

D. 石器时代的陶工频繁像制作瓷器图案一样地雕刻陶制图案

E. 许多石器时代的祭祀要毁坏小雕像，也许是对神的一种供奉。

12 如果你不会使用键盘，那么你就不会使用计算机；你不可能运用文字处理软件来写论文，除非你会使用计算机。

如果上述断定为真，以下哪项一定为真？

A. 如果你会使用键盘，那么你就能运用文字处理软件来写论文。

B. 如果你不能运用文字处理软件来写论文，那么你不可能会使用键盘。

C. 如果你能运用文字处理软件来写论文，那么你至少会使用键盘。

D. 如果你能使用计算机，你就有可能运用文字处理软件来写论文。

E. 如果你不能运用文字处理软件来写论文，那么你不能使用计算机。

13 一大群行为亢进且日常饮食中包含大量添加剂的儿童被研究者观测用以评价他们是否存在行为问题，起初有接近 60% 的儿童有行为问题。然后让这些儿童吃几个星期的含较少添加剂的食物，接下来再对他们进行观测，发现仅有 30% 的儿童有行为问题。基于这些数据，我们可以推出食物添加剂有助于引起行为亢进的儿童行为问题。

上面引用的证据不能证明上面的结论，因为：

A. 没有证据显示行为问题的减少与食物添加剂摄入量的减小成比例。

B. 因为仅对那些吃含较少添加剂食物的儿童进行了研究，所以我们无法知道若不改变饮食会出现什么样的变化。

C. 因为被研究的群体的大小没有精确地给出，所以改变饮食后，我们无法确定究竟有多少个儿童有行为问题。

D. 没有出示有些儿童的行为不受添加剂影响的证据。

E. 文中的证据与有些儿童在食用含较少添加剂的饮食后比他们起初表现出更加频繁的行为问题的声明相一致。

14 热可石油燃烧器在沥青工厂中使用非常有效率。热可石油燃烧器将向克立夫顿沥青工厂出售一台这种燃烧器，价格是过去两年该沥青工厂使用热可石油燃烧器的成本费用与将来两年该沥青工厂使用热可石油燃烧器将产生的成本费用的差额。在安装时，工厂会进行一次预付，两年以后再将其调整为与实际的成本差额相等。

下面哪项如果为真，会对上述计划中的热可石油燃烧器售价造成不利？

A. 另一个制造商把有相似效率的燃烧器引入市场。

B. 克立夫顿沥青工厂对不止一台新燃烧器的需要。

C. 克立夫顿沥青工厂的旧燃烧器非常差的效率。

D. 对沥青的需求下降。

E. 新燃烧器安装后不久，石油价格的持续上涨。

15 在 20 世纪 50 年代，60％的接受治疗的癌症病人在发现疾病后活了 5 年。现在 60％的病人在发现后至少活了 7 年。这个事实显示，因为治疗方法的提高，现在的癌症病人比 20 世纪 50 年代的病人在患病后活的时间长了。

上面论述的结论依赖下列哪一个假设？

A. 在 20 世纪 50 年代，仅仅有 60％的癌症病人接受治疗，而现在接受治疗的比例显著提高了。

B. 无健康保险的人现在比 20 世纪 50 年代更可能获得免费治疗。

C. 现在癌症的早期发现并不比 20 世纪 50 年代平均而言要早。

D. 现在的医生比 20 世纪 50 年代的医生在疾病被发现以后预测病人活的时间更长。

E. 现在癌症病人的数量与 20 世纪 50 年代的数量大致相同。

16 本州的医生执照委员会坚持认为，唯有由该委员会授权的医学院才能被允许培训医生。对这一政策所给出的主要理由是，由未经授权的机构培养的医生可能缺乏成为一名合格医生所必需的训练。但是，既然执照委员会完全由医生所组成，并且他们明显地能够从限制新医生的供应中获得经济利益，他们的理由不能被认真对待。

下面哪一种论证技巧在上文中被使用？

A. 通过指出用来支持该结论的一个陈述是假的，从而削弱了执照委员会的论证。

B. 通过质疑提出该论证的执照委员会的动机，使该委员会的论证不被信任。

C. 通过表明执照委员会在该论证的主题上不是可信的权威，使该委员会的论证不被信任。

D. 通过指出在被执照委员会授权的那些机构之外的其他机构能够培养合格的医生，使该委员会的论证不被信任。

E. 执照委员会的论证受到挑战，理由是：该委员会的结论所依赖的大前提是有问题的。

17 生理学研究发现的令人不安的证据表明许多结构性紊乱症与慢跑有关。与这项流行的运动明显相关的疾病有腰椎间盘脱出、压迫性足踝骨折、膝髋关节损伤和肌腱炎。此外，这些疾病不只是发生在初习者中，经常锻炼的人也有相同比例的患者。这些累计的数据表明人体的骨骼不足以承受慢跑所带来的压力。

以下哪项是上述论证的假设？

A. 慢跑与一定的结构性紊乱之间的关联体现了某种因果关系。

B. 慢跑比其他运动导致更严重的紊乱症。

C. 慢跑者的经验水平是决定慢跑损伤的可能性的一个因素。

D. 对人的体格来说，有些运动比慢跑更安全。

E. 人类这一物种不是非常有耐力的。

18 某珠宝店被窃。经过侦破，查明作案的人就是甲、乙、丙、丁这四个人中的一个人。审讯中，四个人的口供如下：

甲："我没作案。"

乙："丁就是罪犯。"

丙："乙是盗窃珠宝的罪犯，因为我亲眼看见他出卖过这种珠宝。"

丁："乙陷害我。"

现假定这四个人的口供中，只有一个人讲的是真话。那么以下哪项正确?

A. 甲是盗窃珠宝的罪犯。

B. 乙是盗窃珠宝的罪犯。

C. 丙是盗窃珠宝的罪犯。

D. 丁是盗窃珠宝的罪犯。

E. 不能确定谁是珠宝盗窃犯。

19 根据最近一项调查显示，近年来在市外企高收入（指合法收入为年薪 12 万元以上）人群中，从国外归来的人（简称"海归派"）数占 60%，这充分说明国内大学毕业的人（简称"本土派"）在该市外企中获得高工资极为困难。

以下哪项如果为真，最能加强上述结论?

A. 在该市外资企业中，"本土派"人数占 40%。

B. 在该市外资企业中，"本土派"人数超过 50%。

C. 在该市就业人群中，"海归派"仅为"本土派"的 10%。

D. 在该市就业人群中，"海归派"与"本土派"的人数比例约为 6∶4。

E. 在该市就业人群中，"海归派"与"本土派"的人数比例约为 4∶6。

20 一种部分可被生物分解的塑料饮料罐是将很小的塑料用玉蜀黍淀粉等黏合剂黏在一起而制造出来的。只有黏合剂分解掉了，才能留下细小的塑料，然而，这些饮料罐被丢弃时每个罐子产生的塑料垃圾并不比类似的不可被生物分解的罐子被丢弃时产生的塑料垃圾少。

下面哪个如果正确，最能加强以上观点?

A. 部分可被生物分解的和不可被生物分解的塑料饮料罐都能被垃圾压缩机完全压平。

B. 为了弥补黏合剂的弱化效果，制造部分可以被生物分解的塑料饮料罐比制造不可被生物分解的塑料饮料罐需要更多的塑料。

C. 许多消费者关心生态问题，他们宁愿购买装在可被生物分解的塑料饮料罐里的产品，即使前者价格要高一些。

D. 部分可被生物分解的塑料饮料罐的生产程序比不可被生物分解的塑料饮料罐的生产程序产生更少的塑料废物。

E. 目前再循环技术上的问题阻止了任何一种类型的塑料饮料罐的塑料被重新做成食品罐或饮料罐来使用。

21 杰克、奎恩和罗特三人，一人是经理，一人是军官，一人是教师。现在只知道，罗特比教师的年龄大，杰克和军官不同岁，军官比奎恩的年龄小。

根据以上条件，确定他们三人的各自身份:

A. 杰克是经理，奎恩是军官，罗特是教师。

B. 杰克是经理，奎恩是教师，罗特是军官。

C. 杰克是教师，奎恩是军官，罗特是经理。

D. 杰克是教师，奎恩是经理，罗特是军官。

E. 杰克是军官，奎恩是经理，罗特是教师。

22 因为爵伯市长通常都会尽快偿还她在政治上的债务，所以她一定会委任李先生为艺术委员会的新领导。李先生很长一段时间以来都想得到那个工作，并且爵伯市长因在上次选举中得到了李先生的支持而欠他很多。

下面哪一项是上面论述依赖的一个假设？

A. 爵伯市长没有比欠李先生的时间更长并且比委任李先生作为艺术委员会的领导更合适的方式偿还政治上的债务。

B. 爵伯市长在上次选举中因得到别人的支持而欠的债中，欠李先生的债最多。

C. 李先生是仅有的一个爵伯市长欠他政治债的人，并且他愿意接受爵伯市长委任他为艺术委员会的新领导。

D. 李先生是否有资格领导艺术委员会与爵伯市长的决定无关。

E. 爵伯市长能充分偿还她欠李先生的政治债的唯一办法是委任他领导艺术委员会。

23 为了吸引新的消费者，从竞争对手中将顾客夺过来，客隆超级市场开始对在本店一次购买 50 元或 50 元以上的顾客给予折扣优惠。客隆的总经理认为，这个折扣活动取得了巨大成功，因为根据收银员的统计，自从活动开始实施后，50 元或 50 元以上的买卖增加了 30%。

以下各项如果为真，哪项最能削弱上述推论？

A. 在该打折活动开始实施后，大部分 50 元或超过 50 元的买卖是那些从没有到过客隆超级市场的人们所为，并且他们的平均账单是高于 50 元的。

B. 在该打折活动开始实施后，大部分 50 元或超过 50 元的买卖是那些老顾客，他们的平均账单比他们以往的记录要高。

C. 打折开始后改到客隆来购物的人们几乎每一次都花不止 50 元钱。

D. 那些打折后仍然只买 50 元以下的商品的顾客，可能永远都不会被这种折扣活动所吸引。

E. 大部分在打折阶段购买了 50 元或 50 元以上商品的顾客，在打折结束后还会到客隆超级市场来购物。

24 广告："脂立消"是一种新型减肥药，它可以有效地帮助胖人减肥。在临床实验中，100 个服用脂立消的人中只有 6 人报告有副作用。因此，94% 的人在服用脂立消后有积极效果，这种药是市场上最有效的减肥药。

以下哪项陈述最恰当地指出了该广告存在的问题？

A. 该广告贬低其他减肥药，却没有提供足够的证据，存在不正当竞争。

B. 该广告做了可疑的假定：如果该药没有副作用，它就对减肥有积极效果。

C. 该广告在证明脂立消的减肥效果时，所提供的样本数据太小，没有代表性。

D. 移花接木，夸大其词，虚假宣传，这是所有广告的通病，该广告也不例外。

E. 虚假广告具有误导性、欺骗性，侵害了他人的合法权益，是一种侵权行为。

25 警察发现 90% 的偷盗发生在没有报警系统的房屋。于是警察得出结论，在 C 城市，报警系统的存在对偷盗起了威慑作用。

警察的结论预先假设了什么？

A. 只有盗贼认为可以发现昂贵物品的时候，才会进入有盗窃报警系统的屋子。

B. 窃贼只有在期望找到特别有价值的东西时才进入有报警系统的房屋。

C. 盗贼进入没有盗窃报警系统的屋子，可以有更多的时间寻找贵重物品。

D. 窃贼在进屋前能够辨别出是否有报警系统。

E. 在有报警系统和没有报警系统屋子中，盗窃发生率的差异在五年内保持不变。

26 生活水平的提高或平衡贸易，仅凭它们自身，都不能形成一个国家在国际市场上的竞争能力，需要二者同时具备才行。因为生活水平可以通过日益增长的贸易赤字来提高，贸易可以通过一个国家生活水平的降低来平衡。

如果上述短文中陈述的事实是正确的，对于一个国家的竞争力的一种适当的测试应是它哪一方面的能力？

A. 在其生活水平提高的同时达到贸易平衡。

B. 在其生活水平降低的同时达到贸易平衡。

C. 在其生活水平提高的同时贸易赤字增加。

D. 在其生活水平降低的同时贸易赤字减少。

E. 在其贸易赤字上升的同时保持生活水平不变。

27 美国是当今世界上最富裕的国家，所以，每一个美国人都是富人。

下面哪一项是题干中的推理所必须假定的？

A. 世界其他国家有不少富人移居美国。

B. 世界上最富裕的人都在美国。

C. 有的美国人不富裕。

D. 美国的人均收入是世界上最高的。

E. 当今世界上最富裕国家的公民都是富人。

28 有人认为，让妇女当警官的想法是不切实际的，因为女人一般比男人矮 5～8 厘米，体重轻 10～20 公斤，显然，在需要力量的场合，女人是远不如男人胜任的。

以下哪项如果是真的，最能削弱以上论证？

A. 经过专业训练的警官的体格和体能要强于一般人。

B. 警官学校的教学经验证明，女学员的接受能力不比男学员差。

C. 许多罪犯是女性。

D. 警官职业中有相当数量的办公室工作可以由妇女担任。

E. 警官将配备武器并将受训学会使用武器。

29 只要是高中毕业生，就不可能不想考上一所重点大学，并且选择一个自己心仪的专业。

如果以上陈述为真，则以下哪项必为假？

A. 所有的高中毕业生都想考上重点大学并选择自己心仪的专业。

B. 有的高中毕业生只想选择自己喜欢的重点大学。

C. 小王是某重点高中的毕业生，但是他只想报一所重点大学。

D. 小王是某重点高中的毕业生，但是他只想上一所高职学校。

E. 任何一名高中生都想上重点大学的重点专业。

30 一名粒子物理学家开玩笑说：自 1950 年以来，所有的费米子都是在美国发现的，所有的玻色子都是在欧洲发现的。很遗憾，希格斯粒子是玻色子，所以，它不可能在美国被发现。

必须补充下面哪一项假设，上述推理才能成立？

A. 即使某件事情过去一直怎样，它未来也有可能不再那样。

B. 如果 x 在过去一段时间内一直做成 y，则 x 不可能不做成 y。

C. 如果 x 在过去一段时间内一直未做成 y，则 x 不可能做成 y。

D. 如果 x 在过去一段时间内一直未做成 y，则 x 很可能做不成 y。

E. 如果 x 在过去一段时间内一直未做成 y，则 x 很可能做成 y。

综合训练三答案与解析

01. 答案：B

题干论证用的是归谬法，先假设对科学家的特征描述是正确的，然后由之导出一个矛盾：就一种给定的物质既能假设它是安全的，又能假设它是不安全的。由于这一结果难以置信，所以对科学家的特征描述一定是错误的。B 项正确地描述了这一推理技巧。

02. 答案：A

题干陈述：没有漫长的黑暗和随后的曝光，蕨的种子就不会发芽。

由此可知，离开了太阳光的刺激，蕨的种子就不会发芽，而在夜晚犁的地在第二天才能接触太阳光，而白天犁的地只要被翻出来都接触了太阳光，也即夜晚犁的地要比白天犁的地其中的蕨的种子受到太阳光的刺激少，蕨的种子发芽就少，生长的蕨类植物也少，因此 A 项为正确答案。

其余选项均不能被题干信息有力地支持。

03. 答案：A

题干前提：在滨河区的桥上收取通行费既会减少汽车行驶的英里数，也会让汽车排起长队。

省略前提：缴费排队产生的多余废气相当于或超过因减少行驶里程数而减少的汽车尾气。

题干结论：仍无法降低总的污染水平。

A 项表达了省略前提，因此为正确答案。

04. 答案：C

采用数学图解法，得出的结论是老刘有不足 10 元的存款。

	十元	五千元	一万元	两万元
甲				
乙				
丙				
丁				

05. 答案：D

题干论述：因为这个灵魂写作例子是具有欺骗性的，所以招魂术是没有价值的。

从个例得到一个普遍的结论这样的归纳推理是不一定可靠的。D项有效地反对了题干的结论。

其余选项起不到反对作用或削弱力度不足。比如，A项并不能说明死去的灵魂存在；B项仅仅是说论据不够好，但即使知道所有细节，论据也可能没有意义。

06. 答案：D

题干是使用求异法作出的论证，比较的对象是欧洲儿童与北美儿童，先行情况中的差异因素是"柔软体操"，比较的现象是"身体素质"，得出的结论是：差异因素（柔软体操）是导致某种现象（身体素质）产生的原因，即要使北美儿童强壮必须做柔软体操。

要使这个论证成立，就必须假设差异因素（柔软体操）是导致现象（身体素质）出现的关键因素。D项是题干论证必需的假设，否则，如果学校的每日柔软体操运动不是使欧洲儿童具有良好身体素质不可缺少的因素，那么意味着欧洲儿童不做每日体操也有可能更强壮，题干推理就不成立了。

场合	先行情况	观察到的现象
欧洲儿童	A（柔软体操）、B、C	强壮
北美儿童	—、B、C	—
结论：体操是强壮的原因		

其余选项不是合适的假设。比如，A项假设过强，该项表明"柔软体操"是"强壮"的充分原因，并不能说明要强壮必须做柔软体操，也许可以有别的办法，比如跑步也能使儿童强壮，所以，不是假设。B项也属于假设过强，而且未必要求同样强壮。C、E都明显是无关项。

07. 答案：B

凯勒认为经济萧条限制驾驶，英里数少，是导致死亡率降低的因素。

而李斯认为，凯勒说的是每行驶1亿英里数死亡人数，是死亡的发生比率。英里数少，也许总死亡人数会变少，但是死亡的发生比率不一定降低。李斯的反对是基于区分事件总数和发生比率。因此，B项为正确答案。

08. 答案：A

本题就是要找支持经济萧条会导致交通死亡率下降的选项。

A项表明，低迷的经济导致车少，车少导致致命的碰撞减少，死亡率就会降低，有力地支持了凯勒的观点，因此为正确答案。

其余选项不妥。比如C项，没有与死亡数目挂钩。

09. 答案：C

题干观点：由于旧式美国汽车在美国被限制使用，所以由旧式美国汽车造成的全球大气污染将逐渐消失。

C项指出，虽然美国不用旧式美国汽车了，但是这些汽车在全球范围内的使用并没有减少，因此不能减少它们对全球大气的污染，有力地削弱了题干论证。

其余选项均起不到削弱作用。其中，A项明显为无关选项。B项，讨论新式汽车，与题干讨论的旧式汽车无关，并且说污染不会更严重，有支持题干论述的意思。D项，暗示该污染可能不会消失，有削弱题干的味道，但是目前没有再增加不意味着以后不会逐渐增加，削弱力度不足。E项，题干讨论的是旧式汽车的污染，其他汽车的污染与题干无关。

10. 答案：D

题干的推理结构是：所有 s 都是 p，某些 s 是 q，所以，某些 p 是 q。

D项语序改为，所有的十四行诗都是短诗，某些十四行诗具有这种多样化的特征，因此，某些短诗是主题多样化的。

由此可见 D 项的推理结构和题干相似。

11. 答案：E

题干陈述：石器时代陶制的小雕像与精致的瓷器同时制造，但是陶制的小雕像几乎都变成了碎片，而精致的瓷器未受损。

E项表明，石器时代的祭祀要毁坏小雕像，这就有力地解释了上述现象。

其余选项不能解释。比如，A项，陶瓷既包括精致的瓷器，也包括陶制的小雕像，该项无法说明它们之间的区别点，起不到解释作用。

12. 答案：C

题干断定：

第一，你不会使用键盘→你就不会使用计算机；

第二，你不会使用计算机→你不可能运用文字处理软件来写论文。

假设你能运用文字处理软件来写论文，那么由题干的第二个断定可推出：你会使用计算机；由你会使用计算机和题干的第一个断定，可推出你会使用键盘。

也即，如果你能运用文字处理软件来写论文，那么你至少会使用键盘。因此，C项正确。

其余各项均不能从题干的断定中推出。

13. 答案：B

题干根据日常饮食中包含大量添加剂的儿童的行为问题比例高，改为吃几个星期的含较少添加剂的食物后行为问题比例大大降低，得出结论：食物添加剂导致了儿童行为问题。

这是用求异法得出的结论，其隐含的假设是，除了添加剂含量降低之外，要保证其他条件不变。而题干论证的问题在于，当用发展的眼光来看待儿童的行为问题时，若不改变饮食，那些儿童的行为问题是否也会自动下降。B项指出了这一点，因此为正确答案。

其余选项都不是这个证据应该解决的问题，比如，E项引入了新的比较。

14. 答案：E

题干断定：热可售价＝过去两年使用原燃烧器的成本－将来两年使用热可燃烧器的成本

那么，如果 E 项为真，即使用热可石油燃烧器后不久，石油价格持续上涨，那么，将来两年使用热可燃烧器的成本就会大幅度上升，因此，会对热可石油燃烧器售价造成不利。

其余选项均没有 E 项有效，比如，A、D项都不与费用直接关。

15. 答案：C

题干对癌症病人被发现后活的时间比以前长的事实作出的解释是，原因在于医疗技术的进步。

C项是这一论述必须基于的假设，否则，如果现在癌症发现得比以前早了，这也能够解释为什么病人活的时间长了，这样题干的解释就不成立了。

其余选项均不是假设，其中，A 项，治疗与否无法说明题干推理。B 项，为新的比较。D 项，医生预测长短与否与事实上长短与否毫无关系。E 也为无关项。

16. 答案：B

该论证犯有处境式人身攻击的谬误，这意味着：它通过质疑提出该论证的执照委员会的动机，预先剥夺了论证者论证的权利，来使该论证不被信任。

17. 答案：A

题干陈述（结果）：研究发现，许多结构性紊乱症与慢跑有关。

补充 A 项：慢跑与一定的结构性紊乱之间的关联体现了某种因果关系。

得出结论（原因）：人体的骨骼不足以承受慢跑所带来的压力。

可见，A 项是题干论证所必需的假设，否则，如果慢跑与一定的结构性紊乱之间的关联并没有某种因果关系，意味着这些疾病不是由慢跑引发的，这样就削弱了题干论述，因此 A 项为正确答案。

其余选项均不是假设。B、D 项引入了无关比较。C 项，题干所述是否有经验与发病率无关。E 明显为无关项。

18. 答案：A

乙的话"丁就是罪犯"和丁的话"乙陷害我"是一对矛盾，其中必有一真，必有一假。又只有一人说真话，因此，甲和丙的话就都是假话。由此可得，甲是罪犯。

19. 答案：B

要得出"本土派在该市外企中获得高工资极为困难"的结论，必须比较外企高收入人群中本土派的比例与外企总人群中本土派的比例。

若 B 项为真，即在该市外资企业中，"本土派"人数超过 50%，而根据题意，外企高收入人群中本土派只有 40%，这说明外企高收入人群中本土派比例明显低于外企总人群中"本土派"比例，这就有力地支持了"'本土派'在该市外企中获得高工资极为困难"这一结论。

其余选项不能支持题干结论。比如，选项 A 的比例一样，削弱了题干结论。其他选项的范围不对，不应该是该市就业人群中，而只是该市外资企业中。

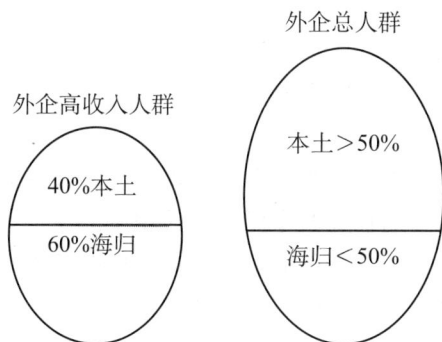

外企总人群

外企高收入人群

40%本土

60%海归

本土＞50%

海归＜50%

20. 答案：B

题干观点是：这些饮料罐被丢弃时每个罐子产生的塑料垃圾并不比类似的不可被生物分解的罐子被丢弃时产生的塑料垃圾少。

B 项表明，制造部分可以被生物分解的塑料饮料罐所用的塑料多于制造不可被生物分解的塑料饮料罐所用的塑料，那么就可以合理地得出题干观点。

其余选项均不能加强题干观点。其中，A、E 项指出了两者的共性，但起不到支持作用。C 为无关项。D 项颠倒了两者关系，起反对作用。

21. 答案：D

"军官比奎恩的年龄小"表明，奎恩不是军官。"杰克和军官不同岁"表明，杰克不是军官。既然奎恩不是军官，杰克也不是军官，那么很显然，罗特一定是军官。

"罗特比教师的年龄大"表明，罗特不是教师。

再从年龄顺序上分析：军官比奎恩年龄小，即奎恩的年龄大于罗特；而罗特比教师年龄大，即奎恩的年龄更大于教师；既然奎恩的年龄既大于军官又大于教师，因此奎恩只能是经理。那么剩下杰克，当然就是教师了。

奎恩　＞　罗特　＞　（杰克）
（经理）　　军官　　　教师

22. 答案：A

题干论述：爵伯市长现有的一个偿还政治债务的方法是委任某人为艺术委员会的领导，李先生是爵伯市长的债权人之一，并且爵伯市长通常会尽快偿还她在政治上的债，所以爵伯市长一定会委任李先生为艺术委员会的新领导。

A 项是题干论述所依赖的假设，否则，如果爵伯市长有比欠李先生的时间更长或者没有比委任李先生作为艺术委员会的领导更合适的方式偿还政治上的债务，那么，爵伯市长就不一定会委任李先生为艺术委员会的新领导。

其余选项均不是假设。其中，B、C 和 E 项不能从题干得出。D 项与题干论述无关。

23. 答案：B

总经理认为，对一次购买 50 元或 50 元以上的顾客给予折扣优惠取得了成功；理由是，自从活动开始实施后，50 元或 50 元以上的买卖增加了 30%。

B 项则指出，50 元或 50 元以上的买卖的增加是因为老顾客消费的比以前多了，而并非由于吸引了新的顾客，因此削弱了上述推论。

其余选项均不妥，比如，A 项支持了推论；C 项属于无关项。

24. 答案：B

广告中存在的问题很明显是犯了"非黑即白"的错误。没有副作用，还可以是不起作用，而不必然是有积极效果。B 项恰当地指出了这一点。

25. 答案：D

为使警察的结论成立，D 项是必须假设的，否则，窃贼在进屋前不能够辨别出是否有报警系统，报警系统的存在就对偷盗起不到威慑作用了。

其余选项均不是题干论述所依赖的假设。比如，B 项可作为支持，仅仅在期望找到特别有价值的东西时才进入有报警系统的房屋，那也说明一般情况下，报警系统还是有作用的，但它不能作为假设。

26. 答案：A

题干断定：生活水平的提高 ∧ 平衡贸易 ← 建立一个国家在国际市场上的竞争能力。

同时满足生活水平的提高和贸易的平衡是建立一个国家在国际市场上的竞争能力的必要条件。A 项同时满足两个条件，因此，为正确答案。

B 只满足后一个条件；C 只满足前一个条件；D 只满足后一个条件；E 两个条件都不满足。因此，均予以排除。

27. 答案：E

题干是个省略三段论，补充省略前提后构成有效的三段论推理。

补充 E 项：当今世界上最富裕国家的公民都是富人。

题干前提：（每一个）美国（人都）是当今世界上最富裕国家（的公民）。

题干结论：每一个美国人都是富人。

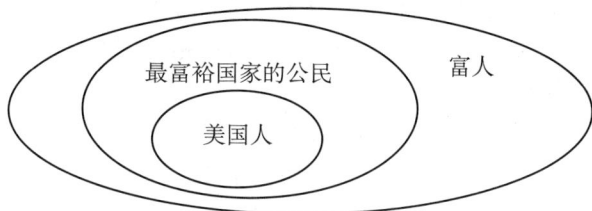

28. 答案：D

题干中认为让妇女当警官的想法是不切实际的，其理由是，女人的力量和体能是远不如男人胜任的。

D 项表明，警官职业中有相当数量的办公室工作可以由妇女担任，而办公室工作对体能的要求是不高的，也就是说，尽管女人的体能不如男人，却仍能担任警官，这就严重地削弱了题干的论证。

其余选项均不妥。其中，A 项没有说明经过专业训练后，男女体能之间的差别是否就会消失；B 项没有涉及男女之间的体能差别；C 项表明许多罪犯是女性，但并未说明非得女警官不可；E 项并未说明使用武器后，男女体能之间的差别就不再重要了。因此，这些选项即使在一定程度上对题干论证也有所削弱，但力度均明显不足。

29. 答案：D

根据题干断定，如果小王是高中毕业生，那么，他必定想考上一所重点大学，并且选择一个自己心仪的专业。

条件关系式为：高中毕业生→想考上一所重点大学∧选择一个自己心仪的专业。

因此，小王作为高中毕业生不想上重点大学是不可能的，也即他不可能只想上一所高职学校。即 D 项必假，为正确答案。

题干的意思是高中毕业生都想考上重点大学并选择自己喜欢的专业，不排除有的高中毕业生只想选择自己喜欢的重点大学及专业，B 项有可能为真。

30. 答案：C

该粒子物理学家的意思是，过去玻色子都不是美国发现的，所以，属于玻色子的希格斯粒子不可能在美国被发现。

如果 C 项为真，即如果 x 在过去一段时间内一直未做成 y，则 x 不可能做成 y。那么，该粒子物理学家的观点就能成立。

综合训练四

01 大学中的学杂费在过去几年中上涨得很厉害，并且还有继续上涨的趋势。其实，许多院校是有办法扭转这一趋势的，这些院校在海内外经常得到大笔捐赠，这些捐赠完全可以用来减少学生的学杂费。

以下哪项如果为真，将严重削弱上述结论？

A. 学校中资助贫困学生的措施日臻完善，其中包括各种形式的奖学金和助学贷款等。

B. 越来越多的大学生通过打工来支持学习。

C. 海内外对高等教育的捐赠，主要集中在一些名牌大学。

D. 教育基金的捐款人通常对捐赠款项的使用有严格的限制。

E. 高等教育历来是企业捐助的热点。

02 所有参加最近一次问卷调查的人都表示，忠诚于两个主要政党中的一个。但是，来自每个党派超过 1/3 的投票者都说不满意两党的统治哲学，如果有第三个党派存在的话，他们可能会加入。即使这个民意测验真实地反映了一般投票者的意见，然而，一个新的党派却没有机会赢得 1/3 的投票者，这是因为_____

以下哪项陈述最能够合乎逻辑地完成上述论证？

A. 目前对两个党派统治哲学不满的情绪达到了史无前例的程度。

B. 对两个党派不满的成员被完全不同的统治哲学所吸引。

C. 虽然参加调查的人的比例高于 50%，但还是高估了对两党不满的投票者的比例。

D. 将近一半的参加调查的人声明他们很可能放弃投票而不是改变他所属的党派。

E. 任何新党派都可能激励以前没有投票的公民参加投票并使之成为合格的投票者。

03 对患有偏头痛的成年人的研究揭示，被研究者中有很大比例的人患有非常复杂的综合征，这种综合征的特征是有三种症状。那些患有综合征的人早在他们的孩童时代，就经历了极度的焦虑症。当到了青少年时，这些人开始患有偏头痛。当这些人到 20 岁时，他们还开始忍受循环性发作的抑郁症。既然这种模式是一成不变的，开始时总是伴随着过度焦虑症，那么就可推出孩童时代的过度焦虑症是偏头痛和后来的抑郁症的起因之一。

上述辩论的推理最易受到下面哪条理由的批评？

A. 它没有指明整个人口中患有偏头痛的人的比例。

B. 它没有排除该综合征的所有症状特征具有共同的起因的可能性。

C. 它的概括性论述与证据不一致。

D. 它没有证明被研究者是偏头痛患者的代表。

E. 它没有证实为什么对偏头痛患者的研究只局限于成年受试人员。

04 语法学家多年来一直指责英语短语 "between you and I" 的用法是不合语法的，坚持正确的用法是 "between you and me"，即在介词后加宾语。然而，这样的批评显然是站不住脚的，因为莎士比亚自己在《威尼斯商人》中写到 "All debts are cleared between you and I"。

以下哪项如果为真，最严重地削弱了上述论证？

A. 在莎士比亚的戏剧中，他有意让一些角色使用他认为不合语法的短语。

B. "between you and I" 这样的短语很少出现在莎士比亚的作品中。

C. 越是现代的英语词语或短语，现代的语言学家越认为它们不适合在正式场合使用。

D. 现代说英语的人有时说 "between you and I"，有时说 "between you and me"。

E. 许多把英语作为母语的人选择说 "between you and I" 是因为他们知道莎士比亚也

用这个短语。

05 所有居住在莫顿城的人在到 65 岁以后都有权得到一张卡，保障他们对城中所售的大多数商品和服务享有折扣。1990 年的人口普查记录显示，莫顿城有 2 450 人那一年到了 64 岁，然而在 1991 年的时候，有超过 3 000 人申请并合理地得到了折扣卡。因此，显而易见，1990 年至 1992 年间莫顿的人口增长肯定部分来源于 60 多岁的人向该城自移民。

上面论述是基于下列哪项假设？

A. 莫顿城 1991 年没有完全的人口普查记录。

B. 莫顿城的人口总规模在 1990 年期间增长了不止 500 人。

C. 1991 年申请并得到折扣卡的人比 1992 年少。

D. 1991 年移居莫顿的 65 岁或以上的人中，没有人没有申请过折扣卡。

E. 总的来说，1991 年申请并得到折扣卡的人在那一年是第一次有权申请该卡。

06～07 题基于以下题干：

小儿神经性皮炎一直被认为是由母乳过敏引起的。但是，如果我们让患儿停止进食母乳而改用牛乳，他们的神经性皮炎并不能因此而消失。因此，显然存在别的某种原因引起小儿神经性皮炎。

06 下列哪项如果是真的，最能削弱上面的论证？

A. 牛乳有时也会引起过敏。

B. 小儿神经性皮炎属顽症，一旦发生，很难在短期内治愈。

C. 小儿神经性皮炎的患者大多有家族史。

D. 母乳比牛乳更易于被婴儿吸收。

E. 小儿神经性皮炎大多发生在有过敏体质的婴儿中。

07 下列哪项如果是真的，最能支持题干的结论？

A. 医学已经证明，母乳是婴儿最理想的食料。

B. 医学尚不能揭示母乳过敏诱发小儿神经性皮炎的病理机制。

C. 已发现有小儿神经性皮炎的患儿从未进食过母乳。

D. 已发现有母乳过敏导致婴儿突发性窒息的病例。

E. 小儿神经性皮炎的患儿并没有表现出对母乳的拒斥。

08 一位逻辑学家访问某国时，应邀参加了一个酒会，并与当地的三位财团头目聊天。A 财团约翰提醒逻辑学家："B 财团亨利和 C 财团罗斯都是说谎者。"B 财团亨利坚决否认自己是说谎者。C 财团罗斯对逻辑学家说："B 财团亨利是个说谎者。"至于罗斯自己，他认为不便说，应让逻辑学家自己去作出断定。听了他们三位的话，逻辑学家说："虽然我刚到贵国，不了解情况，但根据谈话，我可以确定你们当中有几个人说了谎，有几个说了真话。"

以下哪项是逻辑学家所断定的？

A. 三人说谎话。

B. 一人说谎，两人说真话。

C. 两人说谎，一人说真话。

D. 三人都说真话。

E. 约翰与亨利两至少有一人未说谎。

09 加入 W 旱冰俱乐部的要求之一是具备滑旱冰的高超技艺。该俱乐部主席曾表达了这样的忧虑：今年俱乐部在批准接纳会员时，可能会歧视已经具备资格的妇女。但是，今年获准加入俱乐部的申请者当中有一半是妇女。这说明今年俱乐部在接纳会员时没有歧视具备资格的女性申请者。

上述论证的结论所依赖的假设是下面哪一项？

A. 今年只有一少部分申请者够资格被接纳为俱乐部成员。

B. 在 W 旱冰俱乐部只有半数滑旱冰的人是妇女。

C. 在 W 旱冰俱乐部，滑旱冰的人中男人只占半数。

D. 在今年具备加入俱乐部资格的全部申请者中，妇女只占半数。

E. 在今年审定申请者资格的俱乐部委员会成员中，男人只占半数。

10 甲、乙和丙在一起，一位是作家，一位是市长，一位教授。丙比教授年龄大，甲和市长不同岁，市长比乙年龄小。

根据上述资料可以推理出的结论是：

A. 甲是作家，乙是市长，丙是教授。

B. 甲是市长，乙是作家，丙是教授。

C. 甲是市长，乙是教授，丙是作家。

D. 甲是教授，乙是市长，丙是作家。

E. 甲是教授，乙是作家，丙是市长。

11 历史学家：我们不应该用现在的观念来评价亚历山大大帝，作为一个古代的英雄人物，应该用他当时的文化标准来对他进行评价。也就是说，他是否达到了那个时代领导者的理想水平？亚历山大大帝是否提高了那个时代衡量公正的标准？在那个时代，他是否被认为是一个公正而有才干的统治者？

学生：可是，如果不使用其他时期的文化标准进行评价，就不能够判断亚历山大大帝是否提高了他那个时代衡量公正的标准。

学生在回答历史学家的问题时，运用了以下哪一种论证策略？

A. 如果使用历史学家的原则，则需要知道很多现在的学者难以了解的历史知识。

B. 通过表明由历史学家的原则导出的一些结论是相互矛盾的，来试图削弱历史学家的原则。

C. 表明历史学家的原则如果用在亚历山大大帝身上，并不能证明他是一个英雄人物。

D. 对历史学家确定一种行为标准的提高或降低的动机提出了质疑。

E. 认为历史学家关于评价亚历山大大帝的某个标准与其所倡导的评价原则是相互矛盾的。

12 销售专家普遍认为，在一个不再扩张的市场中，一家公司最佳的策略是追求较大的市场份额，要做到这一点的最佳方式是做一些能突出竞争对手的产品缺点的比较广告。在一个萧条的食用油市场内，大豆油和棕榈油的生产商进行了两年的比较广告之战，相互指责对方产品对健康的有害影响。然而，这些战役对各自的市场份额影响甚小，并且它们使很多人不再购买任何的食用油。

上面的陈述最强有力地支持以下哪项结论？

A. 比较广告在任何情况下都能增加一个公司的市场份额，如果该公司的产品比它的竞争对手的产品明显好的话。

B. 比较广告不应该在一个正在扩张或可能扩张的市场中使用。

C. 比较广告在任何情况下，都不应该作为一个报复手段来使用。

D. 比较广告冒着使它们的目标市场收缩的危险。

E. 比较广告不会产生任何长期收益，除非消费者能容易地判断那些声明的正确性。

13　一些哺乳动物的牙齿上有明显的"年轮"痕迹，即来自在夏天时形成的不透明的牙骨质沉淀和在冬天形成的半透明的牙骨质沉淀的积累。在对一个石器时代的遗址发掘中发现的猪的牙齿横断面表明，除最外一层以外，其他的各层"年轮"都有令人惊讶的相似的宽度。最外这一层大概只有其他各层一半左右的宽度，而且是半透明的。

上文的论述最强地支持了以下哪一项关于这些动物死亡的结论？

A. 死在一个反常的初冬。

B. 大约死于相同的年龄。

C. 大约死在一个冬季的中期。

D. 死于一次自然灾害中。

E. 由于饥饿而死。

14　中秋节来临，某超市为了吸引消费者，推出了一次购物满 500 元赠送一盒月饼的促销活动。超市经理说，促销活动开始以来收银机单次进款 500 元以上的单子增加了近 30%，这表明促销活动很成功，达到了扩大市场份额的目的。

如果以下陈述为真，哪一项最有力地削弱了经理的断言？

A. 习惯于小额购物的顾客不太会受促销活动影响。

B. 有些在活动期间一次购物满 500 元的顾客，平时购物也总是高于 500 元。

C. 促销活动中，大多数一次购物满 500 元的人是这家超市的长期顾客，他们增加单次购物的额度，却减少了购物的次数。

D. 被促销活动吸引到该超市购物的顾客在活动结束后可能不会再来了。

E. 过节期间大家都会给亲戚朋友赠送礼品。

15　许多州议会正在考虑建议，大意为某些政策不应当由议会自身决定，而应由每个投票者都能参与的全民投票决定。对这些建议的批评者争辩说，公众全民投票的结果会是偏袒的，因为富人特殊利益集团能够通过电视广告影响投票者的观点。

以下哪一个如果正确，最能支持批评者的论述？

A. 许多州议员把公众全民投票看作是避免对那些能使他们的选民分裂的问题进行投票的一个办法。

B. 在议会成员选举中，投票人的数量不受候选人是否进行电视广告的影响。

C. 被富人特殊利益集团所反对的政策的拥护者经常不能支付起当地电视台广告时间的费用。

D. 不同的特殊利益集团经常在本州应采取哪一个政策上持反对观点。

E. 电视台不情愿与任何政治观点有联系，因为他们害怕失去与他们观点相左的观众。

16～17 题基于以下题干：

飞机相撞的数量正在增加，这是由于航线上运行飞机的数量显著增加造成的。许多在这种相撞中发生的死亡事故并不是由相撞本身造成的，而是由于大多数飞机机舱设计中的固有缺陷造成的。飞机上的座位限制了人们进入紧急出口，阻碍了人们逃生。所以为降低每年这类相撞所造成的死亡人数，应当要求航空公司拆除那些阻碍人们进入紧急出口的座位。

16 以下哪项如果为真，为上述建议提供了最强的支持？

A. 由于观众难以逃出，在剧院发生火灾时会造成人员死亡。当剧院被要求有通向每个出口的走廊后，死亡人数大大减少。

B. 移走飞机上阻碍进入紧急出口的座位将使重新装修飞机客舱花费很高。

C. 在发生火灾时，装有警报器的公共建筑物比不装警报器的造成的伤亡要少。

D. 在发生相撞事件时，载客能力小的飞机上的乘客比载客能力大的飞机上的乘客受到的伤害更严重。

E. 飞机座位上的安全带能保护乘客在飞机发生碰撞时不受全部冲力的冲击。

17 以下哪种建议如果作为上述建议的附加手段，将会进一步提高减少死亡的可能性？

A. 应该要求航空公司在买新飞机时，只买那些紧急出口未被堵塞的飞机。

B. 不应该允许航空公司进一步增加航班次数以补偿每架飞机座位减少而造成的损失。

C. 应该要求机场当局精简旅客检查手续以适应飞机乘客人数的增长。

D. 应该要求机场当局通过使安全预防措施不那么引人注目而又很有效来改善这些措施。

E. 不允许航空公司提高每位乘客的票价来补偿每架飞机因座位减少而造成的损失。

18 不像叙事艺术的其他形式一样，戏剧如果要成功的话，必须通过反映观众的关注点和价值观，把欢乐带给直接的观众。一部小说可以通过数月甚至数年获得成功，但是戏剧必须是或者成功或者失败。因此，王朝复辟时期的成功戏剧普遍反映了那个时代人们的品味与态度。

上文的作者假设了什么？

A. 为王朝复辟时期观众所写的戏剧不能够吸引现代观众。

B. 作为叙事艺术的形式，戏剧高于小说。

C. 王朝复辟时期的观众能代表那个时代整个人口。

D. 一般来说，爱看戏的人和爱读小说的人是相互区别和相互排斥的群体。

E. 复辟时期的戏剧是以批评者的胜利为代价取得成功的。

19 X 国生产汽车发动机的成本比 Y 国低 10%，即使加上关税和运输费，从 X 国进口汽车发动机仍比在 Y 国生产便宜。

由此我们可以得出哪项结论？

A. X 国的劳动力成本比 Y 国低 10%。

B. 从 X 国进口汽车发动机的关税低于在 Y 国生产成本的 10%。

C. 由 X 国运一台汽车发动机的费用高于在 Y 国造一台汽车发动机的 10%。

D. 在 X 国生产一台汽车发动机的费用是 Y 国的 10%。

E. 从 X 国进口汽车发动机的运输费用是在 Y 国生产成本的 10%。

20 广告商经常因不择手段地操纵人们的喜好与需求而受指责。然而，有证据表明，有些广告商不仅出于财政上的考虑，而且受道德观念所驱使。有一刊物决定改变其形象，从以家庭内容为主，转向以性爱和暴力为主，以迎合不同的读者。有一些广告商就从该刊物上撤走了他们的广告，这一定是因为他们在道义上不赞成该刊物刊登猥亵的内容。

下面哪一点如果正确，最能加强上面的论述？

A. 那些广告商们把他们的广告转向了其他家庭报刊。

B. 有些广告商把他们的广告从家庭报转向了那家改变后的报刊。

C. 如果那些广告商们继续在改变后的刊物上登广告，他们的产品销量就有望增加；如果他们撤走广告，他们的产品销量就会下降。

D. 通常那些家庭报刊的读者不大可能会买以性爱和暴力为主的报纸。

E. 人们期望这家改变后的刊物能主要迎合那些不同收入群体的读者。

21 某州设立了一个计划，允许父母亲们可以按当前的费率预付他们的孩子们未来的大学学费。然后该计划每年为被该州任一公立大学录取的（参加该项目的）孩子支付学费。父母亲们应该参加这个计划，把它作为一种减少他们的孩子大学教育费用的手段。

以下哪一个选项如果是正确的，是父母亲们不参加这个计划的最合适的理由？

A. 父母亲们不清楚孩子将会上哪一所公立大学。

B. 将预付资金放到一个计息账户中，到孩子上大学时，所积累的金额将比任何一所公立大学所需的学费开支都要多。

C. 该州公立大学的年学费开支预计将以比生活费用年增长更快的速度增加。

D. 该州一些公立大学正在考虑下一年大幅增加学费。

E. 预付学费计划不包括在该州任何公立大学中的食宿费用。

22 人或许可以分为两类：有那么一点雄心的和没有那一点雄心的。对普通人而言，那一点雄心，是把自己拉出庸常生活的坚定动力；没有那一点雄心的，只能无力甚至无知无觉地，慢慢地被庸常的生活所淹没。在变革时代，那一点雄心或许能导致波澜壮阔的结果。

以下哪项陈述构成对上文观点的反驳？

A. 编草鞋的刘备，从来没有忘记自己是皇叔。就凭这一点，他从两手空空到三分天下有其一。

B. 张雄虽壮志凌云，却才智庸常，一生努力奋斗，但一事无成，还弄得遍体鳞伤。

C. 柳琴既无什么雄心，也无特别才华，仅凭天生丽质，一生有贵人相助，做成了很多事情。

D. 菊花姐姐既不才高八斗，也不貌美如花，但自视甚高，不断折腾，一生也过得风生水起。

E. 老王才智平平，也没什么雄心壮志，安安稳稳过了一辈子，日子倒也舒坦。

23 所有的游戏规则都是公平的，官场规则是游戏规则。所以，官场规则是公平的。

以下哪项推理中的错误与上述推理中的最相似？

A. 有的道德风险不能转嫁，个人信誉风险是道德风险，所以，个人信誉风险不能转嫁。

B. 大学生是国家的有用人才，张华是大学生，所以，张华是国家的有用人才。

C. 大学生是受高等教育的人，王磊是大学生，所以，王磊是受高等教育的人。

D. 所有天才少年都很自负，有些天才少年是围棋手，所以，有些围棋手很自负。

E. 所有天才少年都很自负，赵明是天才少年，所以，赵明很自负。

24 国家委员会、州长会议和领导机构所做的公众报告都强调公民更好地了解国际事务的极大必要性。如果一个国家要在国际竞争中保持主导地位，这种必要性就是无可辩驳的。如果需要公民对国际事务更好地了解，那么我们所有的新教师都必须按国际方向来准备和教授他们的课程。

如果题干中所有的陈述都是正确的，下面哪一条也一定是正确的？

A. 如果一个国家要在国际竞争中保持主导地位，那么新教师必须按国际方向来准备和教授他们的课程。

B. 如果新教师按国际方向来准备和教授他们的课程，那么这个国家在国际竞争中就能保持主导地位。

C. 如果公民能更好地了解国际事务，那么这个国家在国际竞争中就能保持主导地位。

D. 如果一个国家要在国际竞争中保持主导地位，那么就不需要公民对国际事务有较好的了解。

E. 不同机构和委员会所做的公众报告都强调在培训教师的过程中加强国际方向性的必要。

25 T1 次特快列车抵达长沙后，《铁路报》的记者们在车站出口处采访了刚到站的乘客："您对刚乘坐的特快列车的服务是否满意？"只有 5% 的被采访者回答"不满意"。铁路局根据这一抽样调查，得出结论：95% 的乘客对他们乘坐的 T1 次特快列车的服务满意。

以下哪项如果是真的，将最有力地对上述结论提出质疑？

A. 有 5% 的被采访者行色匆匆，根本没有回答记者的问题。

B. 由于记者太少，离开出口的乘客中，只有 90% 的乘客接受了采访。

C. T1 次特快列车抵达长沙时已晚点了 2 个小时。

D. 记者采访时离开出口的乘客中，有 30% 乘坐的不是 T1 次特快列车。

E. 在这次采访前后，铁路局收到过一些对 T1 次特快列车不满意的投诉。

26 如果与会者不使用"爆炸"这个词而使用"能量分解"这个短语的话，那么任何严肃的关于与爆炸相连的可接受风险水平的政策讨论都是不恰当的。实际上，"爆炸"这个词可以引出合意的反应，诸如提高注意度，而那个替代的短语并没有这种效果。因此，在这两个术语中，"爆炸"应该在这种讨论的全过程中被使用。

以下哪一个是上述讨论所基于的假设？

A. 在该问题的讨论中，对"爆炸"这个术语产生合意反应的优点要超过其缺点。如果有缺点的话，它是产生于对那个术语的不合意的反应。

B. 在该问题讨论中，"能量分解"这个词组目前还没有被当作"爆炸"这个词的替代词用。

C. 在任何严肃的政策讨论中，与会者所说的要比如何表达重要得多。

D. 人们将用"能量分解"来代替"爆炸"的唯一原因是让任何关于爆炸的严肃政策讲座成为不可能。

E. 在描述可控制的而不是意外的爆炸时，"能量分解"这个短语并不必然是不恰当的。

27 某些经济学家是大学数学系的毕业生。因此，某些大学数学系的毕业生是对企业经营很有研究的人。

下列哪项如果为真，则能够保证上述论断的正确？

A. 某些经济学家专攻经济学的某一领域，对企业经营没有太多的研究。

B. 某些对企业经营很有研究的经济学家不是大学数学系毕业的。

C. 所有对企业经营很有研究的人都是经济学家。

D. 某些经济学家不是大学数学系的毕业生，而是学经济学的。

E. 所有的经济学家都是对企业经营很有研究的人。

28 为了预测大学生毕业后的就业意向，《就业指南》杂志在大学生中进行了一次问卷调查，结果显示，超过半数的答卷都把教师作为首选职业。这说明，随着我国教师社会地位和经济收入的提高，大学生毕业后普遍不愿意当教师的现象已经成为历史。

以下哪项如果为真，将严重削弱上述结论？

A. 目前我国教师的平均收入和各行业相比，仍然是中等偏下。

B. 被调查者虽然遍布全国 100 多所院校，但总人数不过 1 000 多人。

C. 被调查者的半数是师范院校的学生。

D.《就业指南》并不是一份很有影响的杂志。

E. 上述调查的问卷回收率超过 90%。

29 知己知彼，才能百战不殆。这句话同样适用于人际交往之中，一个人只有先了解了自己，才能了解别人；任何人也只信赖充分了解他的人，包括他自己。试想，如果一个人根本不了解你，他如何值得你信赖呢？

由此可以推出以下哪项？

A. 只有信赖自己，才能信赖别人。

B. 不了解自己，就不会被任何人信赖。

C. 他充分了解你，所以他值得你信赖。

D. 充分了解自己，就可以获得许多人的信赖。

E. 你了解别人，别人就会信赖你。

30 世界高水平的电影演员每年接拍片约都不超过 3 个，因此，如果左元每年接拍片约 4 个，他就不是一名世界高水平的电影演员。

以下哪项的推理方法与上文相同？

A. 好的学生每天都不开夜车，如果刘勇每天都不开夜车，那么他就是个好学生。

B. 当好的领导离开自己的工作岗位后，他手下的员工能够干得像他在时一样好。所以，如果一个总经理调走后公司变成了一盘散沙，那么这个总经理不是一个好的领导。

C. 如果一个企业在淡季的时候还能够保持良好的销售势头，那么在旺季时就会有一个丰收。我们公司今年淡季不淡，所以旺季会更旺。

D. 移动电话的话费一般比普通电话要贵。如果移动电话和普通电话都在身边时，我们选择了普通电话，那么就是节约的做法。

E. 准确的闹钟在 10 点钟会敲 10 下，如果现在这个闹钟在 10 点钟时敲了 10 下，那么它就是一个准确的闹钟。

综合训练四答案与解析

01. 答案：D

题干陈述：捐赠完全可以用来减少学生的学杂费。

D 项断定，教育基金的捐款人通常对捐赠款项的使用有严格的限制，有理由认为，这种严格的限制包括不得将捐赠款项用于减少学生的学杂费，这将严重削弱题干的结论。

其余各项均不能削弱题干的结论。

02. 答案：B

题干的矛盾在于：虽然两个政党都有 1/3 以上的成员不满意两党的统治哲学，并表示愿意加入第三党，而即使成立第三党，它也没机会获得 1/3 以上的选票。

B 项表明，两党的不满成员所倾向的主张完全不同，暗示即使成立第三党也不能包容两党所有的不满成员，所以，新成立一个第三党不可能获得 1/3 选票。因此，该项为正确答案。

A、E 项为无关项。C 项指出可能统计的数据有漏洞，有可能解释题干的矛盾，但是题干已表明该民意测验反映了一般选民的情绪，排除了统计漏洞的可能。D 项指出有超过一半的人会放弃投票，这些人包括不满意两党的统治哲学的 1/3 的反对派，也可能包括这两党的成员或者其他成员，所以即使如此，第三党也有可能获得 1/3 以上的选票。

03. 答案：B

题干根据综合征的三种症状中先出现的是焦虑症，后依次出现偏头痛和抑郁症，从而推出焦虑症是偏头痛和抑郁症的起因之一。

该推理模式把先出现的事物当作后出现的事物的原因，其结论成立的前提假设是先后出现的事物不可能具有共同的起因，而题干没有给出这个前提假设，即没有排除该综合征的所有症状特征具有共同的起因的可能性。因此，B 项是正确答案。

其余选项均为无关项。

04. 答案：A

题干论述：因为莎士比亚用过某种语法，所以该语法是正确的。

A 项指出，莎士比亚很有可能是故意使用了错误的用法，意味着用莎士比亚的用法为论据是站不住脚的，削弱了题干论证。

其余选项均不妥。其中，B 项，无论出现频率如何只要出现了就不影响题干的论述。C、E 明显为无关选项。D 项，意味着两种用法在现代都是可用的，中立态度不影响题干论述。

05. 答案：E

题干论述：莫顿城的人在到 65 岁后都有权得到一张折扣卡，由于在 1991 申请并得到了折扣卡的人数远超过 1990 年到了 64 岁的人数，因此肯定有 60 多岁的人向该城自移民。

E 项为题干论述的假设，否则，1991 年申请并得到折扣卡的人在那一年不是第一次有权申请该卡，这就表明，1991 年相比较 1990 年多出的 550 多人是由于那些早已有权利申请但却没有申请的莫顿城的人，那么结论就不成立了。

其余选项均不是假设。其中，A、B均为无关选项。C为新的比较。D项，对其否定代入后题干结论仍可以成立，因此不是假设。

06. 答案：B

题干推理成立的假设是"小儿神经性皮炎在在短期内就能治愈"，而选项B否定了这个假设。

即要削弱这一结论，就要说明停止进食母乳虽然表面上神经性皮炎依旧存在，但长远来看还是会好转的。（这样的话，说明母乳还是小儿神经性皮炎的原因）

场合	先行情况	观察到的现象
1	进食母乳	神经性皮炎
2	停止进食母乳	神经性皮炎依旧存在
结论：母乳不是小儿神经性皮炎的原因		

07. 答案：C

选项C是个无因有果的反例，显然能反对母乳是神经性皮炎的原因，也就是能支持题干"存在别的某种原因引起小儿神经性皮炎"的结论的。

场合	先行情况	观察到的现象
1	进食母乳	神经性皮炎
2	停止进食母乳	神经性皮炎
结论：母乳不是小儿神经性皮炎的原因		

08. 答案：C

题干条件表达如下：

A：B、C都说谎

B：B不说谎

C：B说谎

可见，B、C说的矛盾，必然一真一假，即一个说真话，一个说谎话。

而A说，B、C都说谎。这不符合事实，因此，A说谎。

所以，两人说谎，一人说真话。

09. 答案：D

题干论述：今年获准加入俱乐部的申请者当中有一半是妇女。这说明今年俱乐部在接纳会员时没有歧视具备资格的女性申请者。

D项是题干论证所必需的假设，否则，如果在今年具备加入俱乐部资格的全部申请者中，妇女不只占半数，即有资格的申请者中妇女可能超过一半，而实际上只有半数获准加入的是妇女，这就意味着很可能还是存在歧视妇女的情况，削弱了题干论述。

其余选项均不是题干论述所依赖的假设。其中，A项，题干讨论的是在有资格的申请者范围内的情况，跟有资格的申请者占全部申请者的比例无关。B、C项，题干讨论的是申请者的情况，跟已有的滑旱冰者无关。E为干扰项，其实，审定申请者资格的俱乐部委员会成员的男女比例与题干结论关系不大。

10. 答案：E

根据甲和市长不同岁，市长比乙年龄小，得出，丙是市长。

再由，丙比教授年龄大，市长比乙年龄小，可推出：甲是教授，乙是作家。

乙　＞　丙　＞　（甲）

（作家）　市长　　教授

11. 答案：E

历史学家的评价原则是，对古代英雄人物应该用当时的文化标准进行评价，不能用其他时期的文化标准来评价。

而学生认为，如果不使用其他时期的文化标准进行评价，就不能够判断亚历山大大帝是否提高了他那个时代衡量公正的标准。

可见，学生在回答时用的是归谬法，也即如果承认历史学家的评价原则，那么就不能评价亚历山大大帝的某个标准。E 项正确地描述了这一论证策略。

12. 答案：D

题干论述：大豆油和棕榈油的生产商的广告相互指责对方产品，这一比较广告之战的后果是使很多人不再购买任何的食用油。

可见，比较广告冒着使它们的目标市场收缩的危险。因此，D 项为正确答案。

其余选项均不能被题干信息有力地支持。其中，C 项易误选，"任何"的说法过于绝对化，超出了题干范围。

13. 答案：C

题干断定：第一，牙齿"年轮"在冬天形成半透明的牙骨质沉淀；

第二，猪的牙齿最外面半透明的冬季特征年轮等于其他各层的一半宽度。

从而可以合理地得出结论：该遗址中的猪的最后一个冬季过了一半，因此 C 项正确。

其余选项得不出。比如，A 项，如果猪死在初冬，牙齿反映冬季的年轮应该刚刚出现，不会达到其他各层一半的宽度；B 项，题干并没有提及所有猪的牙齿的年轮层数相等的陈述；D、E 项超出题干范围。

14. 答案：C

超市经理认为促销活动成功地达到了扩大市场份额的目的；理由是，单次进款 500 元以上的单子增加了。

C 项所述，大多数一次购物满 500 元的人是这家超市的长期顾客，他们增加单次购物的额度，却减少了购物的次数。这意味着，这家超市的顾客群和销售量从长期来看很可能没有任何变化。因此，本次促销活动未必成功，这就有力地削弱了经理的断言。

其余选项起不到削弱作用。比如，A 项的顾客群不影响促销活动的成果；D 项表明本次促销活动达到了目的，因为被促销活动吸引到该超市购物的新顾客就是扩大了的市场份额。

15. 答案：C

批评者的论述：因为富人集团能够通过电视广告影响投票者的观点，所以，公众投票的结果会是偏袒的。

C 项说明，被富人集团所反对的政策的拥护者无能力做广告，也即，他们无法通过广告影响投票者的观点，由此强化了"电视广告"和"影响投票者的观点"之间的因果关系，从而有力地支持了批评者的论述，所以为正确答案。

16. 答案：A

题干论述：飞机相撞的数量增加是由于航线上运行飞机的数量显著增加造成的，而飞机相撞的死亡事故是由于飞机上的座位阻碍了人们逃生，所以应当要求航空公司拆除那些阻碍人们进入紧急出口的座位。

A项举出类似的例子，以类推的方式支持了该建议，因此，为正确答案。

其余选项不妥。其中，B项指出这种做法有经济方面的障碍，削弱题干；C、D、E都明显是无关选项。

17. 答案：B

题干断定：飞机相撞的数量增加是由于航线上运行飞机的数量显著增加造成的。

B项所述的方法限制了飞机数量的增加，能够减少飞机相撞事故，当然可以减少死亡的可能性，因此正确。

其余选项不妥。其中，A项谈不上作为辅助手段，因为拆除座椅已经解决了出口阻塞的问题，如果采用该项建议，那么拆除座椅就没有必要了。C、D、E明显为无关选项。

18. 答案：C

题干根据成功的戏剧必定反映其直接观众的关注点和价值观，得出结论：复辟时期成功的戏剧反映了其时代人们的品味与态度。

从局部的样本数据到整体，必须基于一个假设，样本是有代表性的。可见，C项是题干论证的假设，否则，王朝复辟时期的观众不能代表那个时代整个人口，那么题干论证就不成立了。

其余选项均为无关项，比如，A项与"那个时代"无关；B项涉及新比较。

19. 答案：B

根据题干可知：

X国成本＝90％Y国成本；

X国成本＋关税＋运输费＜Y国成本，

代入后得出：关税＋运输费＜10％Y国成本，

由此可知：从X国进口汽车发动机的关税要低于Y国生产成本的10％。

因此，B项为正确答案。

20. 答案：C

题干观点是：有些广告商不仅出于财政上的考虑，而且受道德观念所驱使。

C项表明，那些广告商即使在蒙受经济损失的情况下，依然撤走了他们的广告，这就有力地证明了他们此举不是出于财政上的考虑，而是在道义上不赞成该刊物刊登猥亵的内容，这就有力地加强了题干的论述。

21. 答案：B

题干建议，父母亲们应该参加学费预付计划，把它作为一种减少他们的孩子们将来大学教育费用的手段。

B项表明，将资金放到一个计息账户将比参加这个预付学费计划有更大的成本效益，那么就是一个不参加该计划的理由，因此是正确答案。

其余选项不妥。其中，A和E项与决定是否参加都不是明确相关。C和D项通过指出学费要增加，为参加该计划提供了支持。

22. 答案：C

题干断定：没有那一点雄心的，只能被庸常的生活所淹没。

即没雄心→庸常。

其负命题是，没雄心且不庸常，这正是 C 项所表达的，有力反驳了文中观点，因此为正确答案。

B 项易误选，其意思是，有雄心但庸常，这不是题干断定的负命题，对文中观点的反驳力度不足。

23. 答案：B

注意本题问的是"以下哪项推理中的错误与上述推理中的最相似？"这意味着题干的推理是错误的，同时要找一个同样推理错误的选项。

题干推理从形式上貌似正确，但实际上"官场规则是游戏规则"不是真正意义上的"游戏规则"，犯了三段论的四概念错误。

B 项的"大学生"是两个概念，前一个"大学生"为集合概念，后一个"大学生"为个体概念，因此，也犯了三段论的四概念错误。

24. 答案：A

题干论述：

(1) 公民更好地了解国际事务←一个国家在国际竞争中保持主导地位。

(2) 公民更好地了解国际事务→新教师在准备教授他们的课程时坚持国际取向。

由此可得：一个国家在国际竞争中保持主导地位→新教师在准备教授他们的课程时坚持国际取向。因此，A 项正确。

B 项是 A 项的逆命题，把条件弄反了，未必为真。C 项是（1）式的逆命题，把条件弄反了，未必为真。D 项与题干论述矛盾。E 项明显为无关选项。

25. 答案：D

若 D 项为真，即记者采访时离开出口的乘客中，有 30％乘坐的不是 T1 次特快列车。那么，根据只有 5％的被采访者回答"不满意"，就得不出结论：95％的乘客对他们乘坐的 T1 次特快列车的服务满意。

从样本数据得到一个结论，必须基于一个假设，样本是有代表性的。

26. 答案：A

题干断定：因为"爆炸"引出合意的反应，而"能量分解"是不恰当的，所以应使用"爆炸"这个词。

A 项是题干论证必需的假设，否则，如果对"爆炸"的合意反应优点不会超过缺点或者若有缺点是由于合意的反应，那就表明"爆炸"引出合意的反应这一原因就不成立，题干论证就不成立。

其余选项均不是假设。其中，B、E 为无关项；C 起到了削弱的作用；而 D 中的"唯一"属题干中未出现的绝对化语言，超出题干范围。

27. 答案：E

题干是个省略三段论，补充省略前提后构成有效的三段论推理。

题干前提：某些经济学家是大学数学系的毕业生。

补充 E 项：所有的经济学家都是对企业经营很有研究的人。

得出结论：某些大学数学系的毕业生是对企业经营很有研究的人。

其余各项都不能保证题干论断成立。

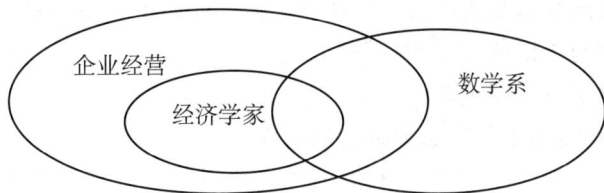

28. 答案：C

题干根据对大学生的一次问卷调查显示超过半数的答卷都把教师作为首选职业，得出结论：大学生毕业后普遍不愿意当教师的现象已经成为历史。

C项指出，被调查者的半数是师范院校的学生。由于一般来说，师范院校的大学生的就业意向当教师的比例要高于一般院校的大学生，这表明题干被调查的大学生没有代表性，因此，有力地削弱了上述结论

其余各项都不能削弱题干的结论。

29. 答案：B

题干断定：

第一，先了解自己，才能了解别人。即"你了解自己"是"你了解别人"的必要条件。

第二，任何人也只信赖充分了解他的人。即"你了解别人"是"别人信赖你"的必要条件。

联立以上两个断定，可得："你了解自己"是"别人信赖你"的必要条件，也即，不了解自己，就不会被任何人信赖。因此，B项正确。

其余选项不妥。比如，A项超出题干范围；C、D项，"了解"应该是"值得信赖"的必要条件而非充分条件。

30. 答案：B

题干推理结构是：如果 p，则 q，因此，如果非 q，则非 p

诸选项中，只有B项推理方法与此相同。

综合训练五

01 地球以外的生命最大可能是存在于太阳系以外的某个行星。银河系本身包括1 000亿个其他的类似太阳的恒星，其中很多都可能有行星相随，这些行星与地球的相似程度足以使其成为生命的所在地。

上面的陈述是以下面哪句为假设的？

A. 另一星球上的生物可能具有和地球上的生物相同的外貌。

B. 在太阳系的其他行星上不可能存在生命。

C. 如果存在适合的物理条件，生命的出现是不可避免的。

D. 银河系中不止一个类似太阳的恒星伴随着类似于地球的行星。

E. 另一行星上的生命很可能需要与地球相类似的生存条件。

02 无论何时，当一部法国小说被译成英文后，在英国出售的版本都应该是英国英语

版。如果在英国出售的版本是美国英语，那么它的习惯用语和拼写对英国读者而言便是明显的美国式的，这会与小说的背景相抵触。

上文中的建议基于以下哪项假设？

A. 法国小说的作者通常是以法语为母语的人。

B. 一部用英国英语写成的小说，它的非英国读者将不可避免地无法理解小说中一些单词和习惯用法的意义。

C. 在英国出售的法国小说的英文译本没有以发生在美国的事情为描写背景的。

D. 英国小说的英国读者将会注意到用在小说中的习惯用语和拼写是英国式的。

E. 大多数法国小说没有被同时翻译为英国英语和美国英语。

03 斯密思市长曾是我们少数几个坦率、有见识且一致反对核电站建设项目的政府官员之一。现在她宣布她将赞成在丽坨镇兴建核电站。如果某人曾经拥有她过去的反对核电站的记录，现在热衷于兴建这个核电站，那么我们就有充分的理由相信这个核电站将是安全的，因此应该兴建这个核电站。

上面的论证最易受到下面哪个理由的批评？

A. 它忽视了这样的可能性，即不是所有的没有直言不讳地谈论核电站问题的人都一定反对它。

B. 它毫无根据地假设能让一个人被选举为公务员的品质赋予了那个人对科学原则有所了解的才能，在这种才能的基础上才能作出技术上的决定。

C. 它没有证明一致的、坦率的反对意见必定是一个有见识的反对意见。

D. 它导致得出进一步的但不可接受的结论，即任何斯密思市长热衷的项目都应被批准，仅仅是因为她曾明确地赞成过这个项目。

E. 它既没有给出斯密思市长先前反对建设核电站的出发点，也没有给出她支持丽坨镇项目的原因。

04 甲、乙、丙三人讨论"不劳动者不得食"这一原则所包含的意义。

甲说："不劳动者不得食，意味着得食者可以不劳动。"

乙说："不劳动者不得食，意味着得食者必须是劳动者。"

丙说："不劳动者不得食，意味着得食者可能是劳动者。"

以下哪项结论是正确的？

A. 甲的意见正确，乙和丙的意见不正确。

B. 乙和丙的意见正确，甲的意见不正确。

C. 甲和丙的意见正确，乙的意见不正确。

D. 乙的意见正确，甲和丙的意见不正确。

E. 丙的意见正确，甲和乙的意见不正确。

05 宋江、林冲和武松各自买了一辆汽车，分别是宝马、奥迪和陆虎。关于他们购买的品牌，吴用有如下猜测："宋江选的是陆虎，林冲不会选奥迪，武松选的肯定不是陆虎。"但是他只猜对了其中一个人的选择。

由此可知：

A. 宋江选的是奥迪，林冲选的是陆虎，武松选的是宝马。

B. 宋江选的是陆虎，林冲选的是奥迪，武松选的是宝马。

C. 宋江选的是奥迪，林冲选的是宝马，武松选的是陆虎。

D. 宋江选的是宝马，林冲选的是奥迪，武松选的是陆虎。

E. 宋江选的是陆虎，林冲选的是宝马，武松选的是奥迪。

06～07 题基于以下题干：

由于雪橇和捆绑技术的提高，在滑雪场坡道土受伤的事故率已明显下降：从 1950 年的 0.9％下降到 1980 年的 0.3％。而其他与滑雪相关的事故率，即发生在滑雪场而不在坡道上的事故率，却从 1950 年的 10％上升到 1980 年的 25％。这些事故，如绊倒等，随着一个滑雪者饮酒量的上升而上升。

06 以下哪项可由上文中适当地被推出？

A. 随着滑雪场坡道上事故的减少，其他与滑雪相关的事故数量有所上升。

B. 从 1950 年到 1980 年，平均每位滑雪者的饮酒量增加了。

C. 雪橇和捆绑技术的提高影响到与滑雪相关的各种事故的发生率。

D. 如果雪橇和捆绑技术继续提高，与滑雪相关的事故将继续减少。

E. 1980 年发生在坡道上的事故占全部与滑雪相关的事故的比例小于 1950 年的比例。

07 下列哪个选项与上文所提供的信息相抵触？

A. 1980 年发生在坡道上的事故总量多于 1950 年的。

B. 1950 年滑雪者在坡道上受伤的可能性小于 1980 年的。

C. 从 1950 年到 1980 年，有关滑雪事故的报告越来越准确。

D. 从 1950 年到 1980 年，滑雪者的总人数在下降。

E. 在 1980 年，某些与滑雪相关的伤害事故发生在没有滑雪的人身上。

08 一群在实验室里研究老鼠体内的钙新陈代谢的科学家发现去除老鼠的甲状旁腺可以导致老鼠血液中的钙的水平比正常水平低得多，这个发现使科学家们假设甲状旁腺的功能是调节血液中的钙的水平。当钙的水平降到正常范围之下，它就升高钙的水平。在进一步的实验中，科学家们不但去除了老鼠的甲状旁腺，而且去除了它们的肾上腺，他们出人意料地发现老鼠血液中钙的水平的下降比单是去除甲状旁腺时慢得多。

下面哪一项如果正确，能与科学家的假设相一致地解释那个出人意料的发现？

A. 肾上腺的作用是降低血液中的钙的水平。

B. 肾上腺与甲状旁腺在调节血液内的钙的水平时的作用是一样的。

C. 甲状旁腺的缺乏能促使肾上腺增加血液中的钙的水平。

D. 如果只是把老鼠的肾上腺去除，而没有把其他的腺去除，这只老鼠的血液中的钙的水平将会维持不变。

E. 甲状旁腺的仅有功能是调节血液中的钙的水平。

09 某血液中心对一批义务献血者进行体检。该批献血者中包括所在区的区长。关于体检的结果，四位体检者有如下猜测。

甲：所有的人都合格了。

乙：区长没合格。

丙：肯定有人没合格。

丁：不会所有的人都不合格。

如果上述猜测中只有一项失实，则以下哪项是真的？

A. 甲猜错了，区长没合格。

B. 乙猜错了，区长合格。

C. 丙猜错了，但区长合格。

D. 丁猜错了，区长不合格。

E. 甲猜错了，但区长合格。

10 有人说，彻底的无私包含两个含义：第一，无条件地为他人服务；第二，拒绝任意他人的服务。

下述哪项是上述观点的逻辑推论？

A. 没有人是彻底无私的。

B. 不可能所有的人都是彻底无私的。

C. 如果有人接受了他人的服务，那么一定存在彻底无私的人。

D. 如果有人拒绝了他人的服务，那么一定存在彻底无私的人。

E. 所有的人都是自私的。

11 迈克公司的最新产品成本是如此之低，以至于公司不大可能在出售产品时不增加公司通常允许赚取的成本加价：潜在的客户可能完全不能相信这么便宜的东西会真好使。但迈克公司的信誉是建立在仅包括合理的边际利润的公平价格基础上的。

以上论述如果正确，最强有力地支持了下面哪个？

A. 迈克公司在试图为其最新产品定价，使价格能在不损害公司信誉的前提下促进销售时会遇到困难。

B. 尽管售出的每件产品利润很低，但通过大规模的销售，迈克公司仍取得了巨大的年利润。

C. 迈克公司在为其最新产品计算生产成本时犯了计算错误。

D. 迈克公司的最新产品将要执行的任务是其他制造成本更低的设备也能胜任的。

E. 迈克公司的生产程序的设计和该公司制造的产品一样具有新颖之处。

12 在一次新闻发布会上，委员会成员约翰指出市长史密斯所任命的咨询委员会是近年来最没有影响力的一个。当被问到支持这一说法的论据时，约翰指出大多数居民叫不出咨询委员会成员的姓名。

委员会成员约翰所给出的合理性论述所基于的假设是下列哪项？

A. 一个不称职的咨询委员会成员就像一个称职的咨询委员会成员一样被公众所熟悉。

B. 公众通常对咨询委员会的活动不感兴趣。

C. 只有委员会成员有资格评价咨询委员会的工作质量。

D. 公众对于咨询委员会构成的熟悉程度是咨询委员会工作有效的一个指标。

E. 咨询委员会成员的当选是因为他们中的每一个已经被公众很好地熟悉。

13 日本的俳句被界定为三行诗，其中，第一行中有五个音，第二行中有七个音，第三行中有五个音。英国诗人有意忽略这一事实，不顾音的多少，他们把所有的英文三行诗都称为"带有俳句风格"的俳句。这表明英国诗人对外国的传统，包括那些他们自己的诗歌从中演化出来的传统没有什么敬意。

以上推理是错误的，因为它：

A. 把客观事实问题和主观情感问题混为一谈。

B. 得出的结论比提供的证据所能保证的结论更宽泛。

C. 只是以陈旧的规则为根据而不是以当前提出的证据为基础。

D. 忽视了一种可能性：即它所引用的例证并不是独一无二的。

E. 没有认识到：忽视某种东西意味着对那一东西的否定。

14 国家的政府官员和公民对于政府在其行动中负有义务遵守规则的理解是相同的。因此，如果一个国家故意无视国际法，该国的政府官员的态度也会变得不支持他们的政府。

上面的论述基于下列哪一个假设？

A. 人民对政府义务的理解经常改变。

B. 一个国家的公民将赞成其政府通过合法的方式发展其国际影响力的努力。

C. 极权主义政府的一些官员对国际法中所体现的规则是不敏感的。

D. 每个国家的公民相信国际法是政府应当遵守的规则之一。

E. 当选的政府官员比任命的政府官员更可能怀疑他们自己政府行动的明智性。

15 结构上的双边对称是一种常见的特性。因此，也就是说它赋予了生物生存的有利条件。毕竟，如果双边对称不能赋予这样的有利条件，那么它就不会成为一种常见的特性。

下面哪一辩论的推理模式与上面的辩论最为相似？

A. 既然是 Sawyer 在与市政府谈判，那么市政府一定会认真考虑那件事情。毕竟，如果 Sawyer 不出现，市政府就会坚持推迟谈判。

B. 很明显，没有人比 Trumbull 更胜任那个工作。实际上，甚至对那些看见过 Trumbull 工作的人建议可能会有一个更合格的候选人会显得非常荒谬。

C. 如果 Powell 缺乏谈判的高级技巧，她就不可能被委任为这个案子的仲裁人。众所周知，她是指派的仲裁人，因此，尽管有些人贬低她，但是她的谈判技巧一定较高。

D. 既然 Varga 在那时外出度假，那么一定是 RⅣers 进行了那个秘密的谈判。任何其他的解释几乎都是毫无意义的，因为 RⅣers 从来不参与谈判，除非 Varga 不在。

E. 如果 Wong 被委任为仲裁人，他就能很快作出判决。既然任命除了 Wong 之外的任何人作仲裁人都是荒谬的，那么期望会有迅速的判决就是合情合理的。

16 长久以来，高水平的睾丸激素荷尔蒙一直被认为是男性心脏病发作的主要原因。然而，这个观点不可能是正确的，因为患心脏病的男性一般比没患心脏病的男性的睾丸激素水平显著地低。

上述论证假设了以下哪一项？

A. 从未患过心脏病的许多男性通常有低水平的睾丸激素。

B. 患心脏病不会显著降低男性患者的睾丸激素水平。

C. 除睾丸激素以外的荷尔蒙水平显著影响一个人患心脏病的可能性。

D. 男性的心脏病和睾丸激素水平的降低是同一个原因所造成的结果。

E. 高水平的睾丸激素不会导致除心脏病以外的其他严重疾病。

17~18 题基于以下题干：

摧毁了市政大楼的那场火灾爆发于今晨黎明前。没有人会在那样一场大火的附近而又没注意到火灾的发生。托马斯一定看到了那场大火，不管他现在怎样否认。他承认，他今天早上像通常一样从他的公寓去了图书馆。若不经过市政大楼，从他的公寓到图书馆之间就无路可走。

17 上述论述的主要结论是什么？

A. 托马斯今天早晨在那场火灾的附近。

B. 托马斯声称没有看到那场火灾。

C. 托马斯今天早晨看到了那场火灾。

D. 托马斯今天早晨从他的公寓直接到了图书馆。

E. 托马斯今天早晨从市政大楼前经过。

18 上述论证使用了以下哪一种推理技巧？

A. 提供了多种不同的证据，每一种证据本身便足以使结论成立。

B. 通过表明第二件事情的发生，并且第二件事情足可以保证第一件事情的发生来使第一件事情成立。

C. 证明某人持有的观点是错误的。方法是解释清楚为什么尽管是错误的，但在当时的情况下，这一观点仍然对持有者具有诱惑力。

D. 以过去常常发生某类事件为依据，得出结论说这类事件在目前情况下也会发生。

E. 在对某种情况的第一手经验的基础上，得出在这种情况下可能发生的一般性结论。

19 除了企业购买外，过去五年中购买一辆新的刚刚出厂的汽车平均开支的金额增长了 30%。在同样的时期中，购买汽车的开支占家庭平均预算的比例并未发生变化。因此在过去的五年中家庭平均预算一定也增加了 30%。

以上论述依据下面哪个假设？

A. 在过去五年中，平均每个家庭购买新的刚出厂的汽车的数量没有变化。

B. 在过去五年中，平均每个家庭购买新的刚出厂的汽车的数量有变化。

C. 在过去五年中，家庭平均花在和汽车有关的方面的费用没有变。

D. 在过去五年中，家庭平均花在食物和住房上的开支没有变。

E. 在过去五年中，全国花费在新的刚出厂的汽车上的费用增长了 30%。

20 在一个减肥计划开始前，病人被测试每天消耗的卡路里的平均数量。该计划中的医生给每个病人安排饮食，限定其每日卡路里的摄入量。医生预测遵从该饮食的每个病人可能减去的重量。然而，病人没有减掉预测中的重量。

下列哪一个假如正确，最能解释为什么病人没有减去医生所预测的体重？

A. 尽管他们遵从在讨论中的饮食，大多数病人没有成功地遵从其他饮食的经历。

B. 当病人限制他们的卡路里摄入，他们每天消耗的卡路里的平均数量下降。

C. 该项目的医生成功预测过其他病人减去的体重

D. 病人的卡路里摄入的迅速下降不会对他们遵从饮食计划产生问题。

E. 当病人在饮食计划即将结束时，他们中的许多人自己减少了更多的卡路里摄入。

21 与政府的研究相反，参议员 S 所公布的完全由他所属的党派得出的报告的结论是：削减资本增值税将会导致联邦赤字的增加。"就常识而言"，他说"每个人都知道减税会减少财政收入"。他得出结论说政府削减资本增值税的计划已经流产，因为他不相信任何参议员会投票赞成增加赤字。

以下哪项准确地描述了参议员 S 在其论证过程中所作的某些断言？

A. 他暗示增加资本增值税会减少联邦赤字。

B. 他假设参议员们会相信他的党派的报告而不是政府的报告。

C. 他指名道姓地指出对方缺乏常识。

D. 他假设参议员不会投票支持不受欢迎的法案。

E. 他暗示增加资本增值税不会减少联邦赤字。

22　中亚地区 V 形墙的结构被史前猎人用于将有蹄动物驱赶进入 V 形顶点的围墙内。建造这些结构的中亚人可能是从西南亚的入侵者那里学来的这种捕猎技术，因为长久使用相似结构的西南亚某地入侵者的入侵时间与中亚地区这种结构最早出现的时间几乎相同。

下列哪一个假如正确，最支持以上论述？

A. 在中亚地区的发掘没有指出来自西南亚的定居者是否永久定居于中亚。

B. 中亚地区的 V 形结构约 70 米长，然而在西南亚相似结构超过 300 米长。

C. 中亚地区的墙形结构用泥土建造的，而西南亚地区的墙形结构则是用岩石建造的。

D. 中亚最早的 V 形墙结构的样本是一种改良设计。

E. 一些西南亚地区用于狩猎的 V 形墙结构正好在中亚最早的这类结构被建造之后建成。

23　某地有这样两个村落，张村所有的人都是白天祭祀祖先，刘庄所有的人都是晚上祭祀祖先，但没有既在白天也在晚上祭祀祖先的人。甲是晚上祭祀祖先的人。

下列哪项是对甲身份的正确判断？

A. 甲是张村的人

B. 甲不是张村的人

C. 甲是刘庄的人

D. 甲不是刘庄的人

E. 甲既不是张村的人，也不是刘庄的人

24　永久型赛马场的休闲用骑乘每年都要拆卸一次，供独立顾问们进行安全检查。流动型赛马场每个月迁移一次，所以可以在长达几年的时间里逃过安全检查网及独立检查。因此，在流动型赛马场骑马比在永久型赛马场骑马更加危险。

下列哪一项如果对于流动型赛马场而言是正确的，最能削弱上面论述？

A. 在每次迁移前，管理员们都拆卸其骑乘，检查并修复潜在的危险源，如磨损的滚珠轴承。

B. 它们的经理们拥有的用于安全方面及维护骑乘的资金要少于永久型赛马场的经理们。

C. 由于它们可用迁徙以寻找新的顾客，建立安全方面的良好信誉对于它们而言不是特别重要。

D. 在它们迁移时，赛马场无法接收到来自它们的骑乘生产商的设备回收通知。

E. 骑乘的管理员们经常忽视骑乘管理的操作指南。

25　当科尔特斯 1519 年到达墨西哥时，他发现当地的土著居民用橡皮球玩一种庆典游戏。前哥伦布时代的墨西哥土著居民在公元 1000 年左右就使用橡皮，所以，我们能够肯定这种游戏起源于公元 1000 年到 1519 年之间的某个时期。

上文中的结论依赖以下哪项假设？

A. 前哥伦布时代的墨西哥土著居民在所有的庆典中都玩游戏。

B. 做成橡皮球是墨西哥土著居民最早使用橡皮的方式之一。

C. 文中提及的庆典游戏在墨西哥各地都十分流行。

D. 自从一开始玩这种游戏时，就一直使用的是橡皮球。

E. 科尔特斯喜欢用橡皮球玩一种庆典游戏。

26 调查显示：一组特定的对孩子的双亲行为总是指示为接受，另一组总是指示为拒绝；心理学家由此认为，母亲的行为可被作为表示双亲的态度。

上面心理学家的结论依赖于哪一个假设？

A. 大多数母亲的行为被理解为或者表示接受或者表示拒绝。

B. 指示接受或拒绝的母亲行为同样被父亲展示。

C. 父亲对孩子的行为与母亲对孩子的行为研究得一样仔细。

D. 接受和拒绝是辨识所有双亲行为的最简单方法。

E. 双亲的态度通过双亲有意识一致的行为能够得到最好的表达。

27 一政府机构给出了航空公司的信用等级，把晚点航班比例最小的航空公司列入最高信誉等级，这家机构的目的是要建立一个客观的方法来衡量不同航空公司在遵守出版的航空时刻表方面的相对有效性。

下面哪一个如果正确，将使得这家机构信用等级的使用无效？

A. 旅行者有时候对某一给定时间的确定旅程的航空公司别无选择。

B. 班机经常由于糟糕的天气条件而晚点，而某些航空公司受坏天气影响要多于其他航空公司。

C. 所有航空公司的班机时刻表允许班机有额外的时间进入或离开繁忙的机场。

D. 航空公司的职员意识到这家政府机构正在监管所有晚点的航空公司班机。

E. 当且仅当班机比预定到达时间晚到 15 分钟以上时，才定义为班机晚点，并且记录它们晚点超过 15 分钟的时间。

28 领导阶层的多次公开报道都着重强调：公民很好地了解国际方面的事务是非常需要的。如果一个国家想在国际竞争中保持领先地位，这种需要就是无可否认的。如果存在这样的需要，那么，我们所有的新教师就必须准备教他们国际方面的内容。

如果上述命题都为真，以下哪个必然为真？

A. 如果一个国家想在国际竞争中保持领先地位，新教师就必须准备教他们国际方面的内容。

B. 如果新教师准备教他们国际方面的内容，这个国家将在国际竞争中保持领先地位。

C. 如果公民对国际事务有较好的了解，这个国家将在国际竞争中保持领先地位。

D. 如果一个国家在国际竞争中保持领先地位，就不需要公民去很好地了解国际事务。

E. 如果不存在公民很好地了解国际方面的事务需要，那么，我们所有的新教师就不必准备教他们国际方面的内容。

29 4 个人玩游戏，在每张纸上写上 1～9 中的一个数字，然后叠起来，每人从中抽取 2 张，然后报出两数的关系，由此猜出剩下没有人拿的那个数字是多少。已知：

Ⅰ. A 说他手里的两数相加为 10。

Ⅱ. B 说他手里的两数相减为 1。

Ⅲ．C 说他手里的两数之积为 24。

Ⅳ．D 说他手里的两数之商为 3。

由此他们 4 人都猜出了剩下没有人拿的那个数字，这个数字是：

A. 5。　　　　　　　　　　　　　　　B. 6。

C. 7。　　　　　　　　　　　　　　　D. 8。

E. 9。

30　通过检查甲虫化石，一研究小组对英国在过去 2.2 万年内的气温提出了到目前为止最为详尽的描述。该研究小组对现存的生物化石进行挑选，并确定了它们的日期。当发现在同一地方发现的几种生物个体属于同一时间段时，现存的甲虫类生物的已知忍受温度就可以被用来决定那个地方在那段时间内的夏季的最高温度。

研究者的论述过程依赖于下面哪一条假设？

A. 甲虫忍耐温暖天气的能力比忍耐寒冷天气的能力强。

B. 在同一地方发现的不同物种的化石属于不同的时期。

C. 确定甲虫日期的方法比确定其他生物日期的方法准确。

D. 一个地方某个时期的实际最高夏季气温与在那个地方那段时间发现的每种甲虫类生物的平均最高可忍受温度相等。

E. 在过去 2.2 万年的时间内，甲虫类生物的可忍受温度没有明显变化。

综合训练五答案与解析

01. 答案：E

题干前提：银河系中有许多恒星的行星具有与地球相似的环境。

补充 E 项：另一行星上的生命很可能需要与地球相类似的生存条件。

得出结论：太阳系以外某个行星上可能存在生命，

其余选项都不是题干论证的假设。选项 A 和 B 与题中内容无关。C 项与题中的假设无关，且"不可避免的"为绝对化语言，与题干陈述不一致。D 项重复题干部分内容，但不是假设。

02. 答案：C

题干论述：如果在英国出售的法国小说版本是美国英语，那么就会与小说的背景相抵触。

C 项为题干论述的假设，否则，在英国出售的法国小说的英文译本是以发生在美国的事情为描写背景的，那么使用美国英语就会符合小说的背景，题干论述就不成立了。

其余选项均为无关项。比如，A 项，没有涉及英语问题；B 项，讨论的是非英国读者的情况；D 项，没有讨论美国英语和小说背景的问题。

03. 答案：E

题干陈述：市长以前一直反对兴建核电站，但现在又突然热衷于兴建丽坨镇核电站，因此，该核电站是安全的。

这一论述犯了诉诸权威的错误，题干既没给出市长先前为什么反对兴建核电站，也没给出现在支持丽坨镇核电站项目的原因，在此情况下得出核电站是安全的结论是不可靠的。因此，E 项是正确答案。

04. 答案：D

题干断定：不劳动者→不得食。

等价于：劳动←得食。

由此可见，得食者一定要劳动，而劳动者未必能得食。

因此，甲的说法不正确，乙的说法正确，丙的说法不正确。

05. 答案：C

用排除法，分别假设各选项为真，由此判断吴用猜测的三句话的真假。

只有 C 项符合"只猜对了其中一个人的选择"这个条件，因此，为正确答案。

其余选项均不符合题目条件，比如，A、B 项有两句话为真，D 项三句话都为假，E 项三句话都为真，排除。

	宋江选的是陆虎	林冲不会选奥迪	武松选的肯定不是陆虎
A	×	√	√
B	√	×	√
C	×	√	×
D	×	×	×
E	√	√	√

06. 答案：E

题干陈述：在滑雪场坡道上受伤的事故率从 1950 年的 0.9％下降到 1980 年的 0.3％，其他与滑雪相关的事故率从 1950 年的 10％上升到 1980 年的 25％。

从中显然可以得出，1980 年发生在坡道上的事故占全部与滑雪相关的事故的比例小于 1950 年的比例，因此，E 项为正确答案。

其余选项均不妥。其中，A 项，题干给出的是比例变化，不能反映绝对数值。B 项，题干描述的情况是单个滑雪者饮酒的数量，不能推出全面性的结论。C 项，雪橇和捆绑技术的提高影响坡道事故的发生率，但是未必影响其他相关事故的发生率。D 项明显与题干论述矛盾。

07. 答案：B

在坡道上的受伤率从 1950 年的 0.9％下降到 1980 年的 0.3％，说明 1950 年在坡道上受伤的可能性高于 1980 年。B 项与题干信息矛盾，因此，为正确答案。

题干提供的是关于比例的信息，不能推出绝对数量，选项 A、D 排除。C、E 明显为无关项。

08. 答案：A

根据题干所陈述的实验情况，可列表如下。

	做法	老鼠血液中的钙的水平
正常情况	保留甲状旁腺，保留肾上腺	正常
实验一	去除甲状旁腺，保留肾上腺	快速降低
实验二	去除甲状旁腺，去除肾上腺	慢速降低

根据正常情况和实验一对比，可以推测，甲状旁腺的功能是能升高血液中的钙，也即科学家们假设甲状旁腺的功能是调节血液中的钙的水平。

根据实验一和实验二对比，可以推测，肾上腺的功能是能降低血液中的钙，选项 A 就表明了这一点，因此为正确答案。

其余选项都不能起到解释作用，比如，E 项的"仅有功能"过于绝对化，超出题干断定范围。

09. 答案：A

甲的话"所有的人都合格了"与丙的话"肯定有人没合格"是一对矛盾关系，这两句话既不可能同真，也不可能同假，即其中必有一真，必有一假。

尽管我们目前尚不清楚何者为真，何者为假，但可以肯定的是，四个人中唯一的一句假话一定在这两句话中；那么剩下的乙和丁的话就都是真话。

乙的话是"区长没合格"，既然此话为真，区长当然就没有合格。

再回过来看甲和丙的话，就知道甲的话是假话，而丙的话是真话。

10. 答案：B

如果所有的人都是彻底无私的，那么，根据彻底无私的第一个含义，每个人都无条件地为他人服务；再根据彻底无私的第二个含义，每一个人都拒绝任意他人的服务。这样，任何人都不可能无条件地为他人服务，所以，就不存在彻底无私的人，这就与"所有的人都是彻底无私的"构成了矛盾，所以这是不可能的。因此，B 项正确。

其余选项均不是题干观点的逻辑推论。其中，A 项，从彻底无私的两个含义推论，完全可能存在彻底无私的人；C 项，向别人提供了服务的人，也有可能由于接受他人提供的服务而不是彻底无私的人；D 项，拒绝了他人服务的人，也有可能由于不向他人提供无条件的服务而不是彻底无私的人。

11. 答案：A

题干意思是：迈克公司的最新产品成本很低，但迈克公司的信誉要想维护，其最新产品的销售价格只能在成本基础上加上合理的边际利润，因此其最新产品的价格依然很低。但同时潜在的顾客可能质疑价格低的新产品的有效性。

从而可推出：要维护公司信誉，就要正常定价，新产品的价格就低，潜在客户会对新产品产生怀疑，可见，迈克公司在维护其信誉的前提下的产品销售会受到质疑。因此，A 项为正确答案。

其余选项均不能被题干信息有力地支持。

12. 答案：D

题干前提：大多数居民叫不出咨询委员会成员的姓名。

省略前提：公众熟悉咨询委员会成员是咨询委员会有影响力的指标。

题干结论：咨询委员会没有影响力。

D 项表达了这一省略前提，因此为题干中约翰所给出的合理性论述基于的假设。

其余选项均不是假设。其中，A 项是无关比较。B 项在某种程度上能够对约翰的推理提出质疑。C 项与推理无关。E 项反对了理由。

13. 答案：B

题干试图用一个个别的不重要的客观事实来推断一个普遍的主观情感方面的结论，犯了"轻率概括"的错误。B 项指出了这一推理错误，因此为正确答案。

14. 答案：D

题干前提：政府官员与公民对政府负有应当遵守规则的义务的理解相同。

省略前提：每个国家的公民相信国际法是政府应当遵守的规则之一。

得出结论：每个国家的政府官员相信国际法是政府应当遵守的规则之一。

进而推出：违反国际法的政府得不到政府官员的支持。

也即如果一个国家故意无视国际法，该国政府官员的态度也会变得不支持他们的政府。

D 项表达了省略前提，因此为正确答案。

A 项与题干论述无关。B 项不是题干论述的必要条件。C 项中的"极权主义"是一个新概念。E 项是无关的新比较。

15. 答案：C

题干论述可整理为：如果双边对称不能赋予生物生存的有利条件，那么它就不会成为一种常见的特性。结构上的双边对称是一种常见的特性。因此，也就是说它赋予了生物生存的有利条件。

其推理形式是：如果 p 那么 q；非 q，所以非 p。

在诸选项中，只有 C 项的推理模式与题干一致。

16. 答案：B

题干论证：因为患心脏病的男性一般比没患心脏病的男性的睾丸激素水平低，所以高水平的睾丸激素不是男性心脏病发作的主要原因。

B 项是题干论证必需的假设，否则如果患心脏病会显著降低男性患者的睾丸激素水平，暗示有可能是高水平的激素导致心脏病，而心脏病又导致激素水平下降，这就严重地削弱了题干论证。

其余选项均不是假设。其中，A 项，讨论没有患病者的激素水平，与题干关系不大。C 项，讨论其他荷尔蒙，与题干无关。D 项，讨论其他原因，也与题干无关。E 明显为无关选项。

场合	先行情况	观察到的现象
1	正常男性	睾丸激素水平正常
2	患心脏病的男性	睾丸激素水平低

所以，患心脏病与睾丸激素水平有因果关系（A 与 a 有因果）。

补充 B 项：患心脏病不会显著降低男性患者的睾丸激素水平（A 不会导致 a）。

推出结论：睾丸激素水平低会导致心脏病（a 会导致 A）。

17. 答案：C

托马斯今天早晨从他的公寓出发去了图书馆，而市政大楼是托马斯从公寓到图书馆的必经之路，因此可以推出，托马斯今天早晨从市政大楼前经过。而题干又断定，没有人会在那样一场大火的附近而又没注意到火灾的发生。因此可推出：托马斯今天早晨看到了那场火灾。所以，C 项为正确答案。

其余选项不妥。其中，选项 A、B 都是不一定正确的结论，因为黎明前是一个很笼统的时间概念，单从此我们很难判定托马斯是在火灾发生前还是在火灾发生后经过市政大楼。D项不能从题干中合理地推出。E只是论述前提的一个推论，不能作为正确选项，因为题干让寻找可以作为论述的主要结论的选项。

18. 答案：B

题干论证使用的推理形式是充分条件假言连锁推理，B项对此作了准确的概括，其中"第二件事情"指"从寓所到图书馆"，"第一件事情"指"托马斯看见了大火"。

其余选项不妥，其中，D与E项的概括都与枚举论证相关。

19. 答案：A

题干可用数学推导，设一个家庭开始时在每辆汽车上的平均花费为 x，平均购买汽车数为 n，家庭预算为 y；在变化后这三项数值分别为 x'、n'、y'。则可列出三个等式：

前提一：$x'=1.3x$

前提二：$y'=1.3y$

结　论：$nx/y=n'x'/y'$

显然，要保证从前提推出结论，必须补充一个前提：$n=n'$

即在过去五年中，平均每个家庭购买新的刚出厂的汽车的数量没有变化。因此，A项为正确答案。

20. 答案：B

题干陈述：病人遵从了限量饮食，但没有减去医生所预测的体重。

B项指出，病人限制卡路里摄入时，身体消耗的卡路里也减少，这就从另一个方面解释了题干现象。

其余选项都不能起到有效的解释作用。比如，A项，病人没有遵从其他饮食成功的经历，并不能说明病人不能成功遵从本次减肥计划中的饮食。

21. 答案：B

题干中的参议员S的论证过程是：

题干前提：他不相信任何参议员会投票赞成增加赤字。

补充B项：参议员们会相信他的党派的报告而不是政府的报告。而他所属的党派得出的报告结论是，削减资本增值税将会导致联邦赤字的增加。

题干结论：政府削减资本增值税的计划已经流产。

22. 答案：D

题干论述：因为入侵时间与V形墙最早出现的时间吻合，所以V形墙是从入侵者那里学来的。

D项说明，中亚地区最早的V形墙结构为改良设计，这意味着这种结构并非中亚地区原创的，这就有力地支持了题干论述。

其余选项均起不到支持作用。其中，A明显为无关项；B、C、E项都有削弱题干论证的意思。

23. 答案：B

由题干，张村所有的人都是白天祭祀祖先，而甲是晚上祭祀，又没有人既在白天祭祀祖先也在晚上祭祀祖先，可知甲不是张村的人。因此，B项必然正确。

其余选项均推不出。甲是晚上祭祀，但不能确定甲是否刘庄的人。

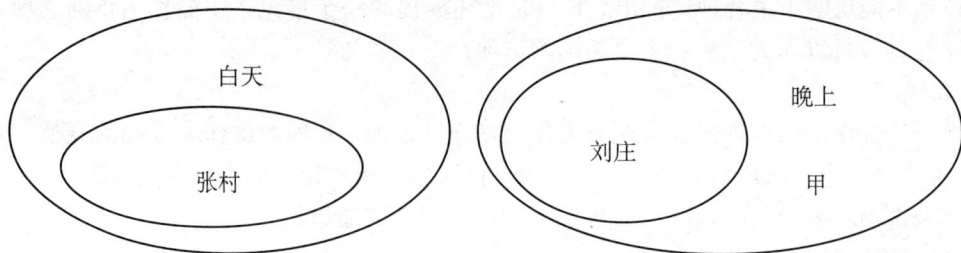

24. 答案：A

题干结论是：在流动型赛马场骑马比在永久型赛马场骑马更加危险。

A 项说明，流动型赛马场在每次迁徙前，管理员都检查潜在危险并加以修复，从而使危险降低，明显削弱了结论。

其余选项均不妥。其中，B 项易误选，犯了递进推理错误，认为资金多危险就小。C、D 项与是否危险无关。E 项并未指出流动型赛马场与永久型赛场的区别，因此也起不到削弱作用。

25. 答案：D

题干论证必须假设 D 项，否则，如果自从一开始玩这种游戏时没有使用橡皮球，那么，该游戏就有可能起源于公元 1000 年之前了。

26. 答案：B

题干根据调查发现，一组双亲行为（即父母共同的行为）总是指示为接受，另一组为拒绝。得出结论，母亲的行为可被作为表示双亲的态度。

B 项是题干论述必需的假设。否则，如果指示接受或拒绝的母亲行为并没有被父亲展示，母亲的行为就不能被作为表示双亲的态度。

27. 答案：B

题干论述：为了客观评价不同航空公司在守时方面的相对有效性，可使用航班晚点的比例来衡量其信用等级。

B 项指出，某些航空公司受天气条件影响要大于其他航空公司，这意味着存在其他原因导致晚点，起到了很好的反对作用。

其余选项均为无关选项。

28. 答案：A

题干断定：第一，如果一个国家想在国际竞争中保持领先地位，公民很好地了解国际方面的事务是非常需要的。

第二，如果存在这样的需要，那么，我们所有的新教师就必须准备教他们国际方面的内容。

联立上述两个充分条件假言推理，可必然得到结论：如果一个国家想在国际竞争中保持领先地位，新教师就必须准备教他们国际方面的内容。

29. 答案：C

根据题目条件可知：C 可能拿 3、8 或 4、6。D 可能拿 2、6 或 3、9 或 1、3。

情况（1）：假设 C 拿 3、8，则 D 只能拿 2、6。

剩下的数字要满足条件 I，A 只能拿 1、9。

要满足条件Ⅱ，B 只能拿 4、5。

因此，7 不可能有人拿。

情况（2）：假设 C 拿 4、6，则 D 只能拿 3、9 或 1、3，再进一步假设：

如果 D 拿 3、9；剩下的数字要满足条件Ⅰ，A 只能拿 2、8。这时剩下的数字不能满足条件Ⅱ。这种可能性不存在。

如果 D 拿 1、3；剩下的数字要满足条件Ⅰ，A 只能拿 2、8。这时剩下的数字同样不能满足条件Ⅱ。这种可能性也不存在。

综上两种情况，只能是情况（1）满足题干条件，7 不可能有人拿。

30. 答案：E

研究小组在实验中很显然是用今天的甲虫类生物的忍受温度来替代 2.2 万年内的甲虫类生物的忍受温度，可见，E 项是题干论证所必需的假设，否则，如果甲虫类生物的可忍受温度有了明显变化，那么，现存的甲虫类生物的已知忍受温度就不可以被用来决定那个地方在那段时间内的夏季的最高温度。

综合训练六

01 馆长：我们的博物馆只展览 20 世纪的作品，这些作品或者是从收藏者那租借的，或者是博物馆长期收藏的。博物馆收藏的每种著作的印刷品都能在博物馆书店买到。书店也销售一些不是博物馆收藏的作品，如《一千零一夜》。

如果馆长的陈述为真，以下哪项陈述一定为真？

A. 博物馆书店的每一种印刷品不是从原收藏人那租借的，就是馆内长期收藏的。

B. 博物馆书店出售的每一种印刷品都是 20 世纪的作品。

C. 博物馆展出的那些不属于从原收藏人那租借的所有作品的印刷品，在博物馆书店都能找到。

D. 《一千零一夜》既是 20 世纪的作品，也是从原收藏人那租借的。

E. 《一千零一夜》以民间文学的朴素身份却能跻身于世界古典名著之列。

02 不足六个月的婴儿能迅速分辨相似的语音（不仅是那些抚养他的人使用的语言的声音），而年轻的成人只能迅速分辨他经常使用的语言的声音。事实上，生理上的听觉能力在婴儿期之后开始退化。所以，在婴儿与年轻的成人之间观察到的辨别听觉上相似语音能力的这种差别是由于听觉的生理退化导致的。

上述论证的推理是有缺陷的，因为：

A. 设立一个荒谬的截止点，即年龄低于六个月的婴儿能分辨听觉上相似的语音。

B. 没有解释用来衡量两个完全不同的人群的能力的程序。

C. 忽视了这样一个事实，即某些类型的语音会在几乎所有的语言中出现。

D. 假定对作为整体的一群人共有的特征是真实的，对这个整体中的任何一个个体来说也是真实的

E. 把可以作为观察到的差别的一种解释当作对这种差别的充足解释。

03 Martha 的一个在可食花方面非常博学的朋友告诉她，所有的雏菊都不能吃，至

少都是不可口的。然而，Martha 这样推理，因为存在一种属于菊花的雏菊，又因为存在味美可食的菊花，所以她的朋友告诉她的话肯定不正确。

下面哪一个推理的模式具有与 Martha 的推理模式最为相似的缺陷？

A. Jeanne 是一个城市合唱队的成员，且那个城市合唱队非常有名，因此，Jeanne 是一个优秀的歌手。

B. Rolfe 是图书馆读书小组的一员，而那个小组的所有成员都是读起书来废寝忘食的人。

C. Noriko 的某些姐姐参加了那个论述小组，且那个论述小组的某些成员是差生。所以 Moriko 至少有一个姐姐一定是差生。

D. Leon 的大多数朋友都是游泳健将，且游泳健将都十分强壮，所以很有可能，至少有一些 Leon 的朋友十分强壮。

E. 许多 Teresa 的同事都出了书，他们的书大多数都写得很好。因此有一些 Teresa 的同事是优秀的作家。

04 为了胎儿的健康，孕妇一定要保持身体健康。为了保持身体健康，她必须摄取足量的钙质，同时，为了摄取到足量的钙质，她必须喝牛奶。

据此可知：

A. 如果孕妇不喝牛奶，胎儿就会发育不好。

B. 摄取了足量的钙质，孕妇就会身体健康。

C. 孕妇喝牛奶，她就会身体健康。

D. 孕妇喝牛奶，胎儿就会发育良好。

E. 孕妇喝牛奶，就一定会摄取到足量的钙质。

05 一著名的前四分卫可能在分析足球队的相对强弱方面非常在行。然而，一电视广告商提出的该四分卫在女连裤袜或爆玉米花方面也很在行的建议就不能不引起观众的怀疑。当一个受欢迎的经常扮演医生的男演员出现在一个支持某一个不含咖啡因的咖啡品牌的广告中时会产生同样的反应。因为他在电视表演方面有相当多的经验，所以他在那方面的观点就值得重视，但是观众有各种权利来怀疑他在咖啡广告中的权威性。

下面哪一项是上面题干的推理必不可少的前提？

A. 权威作为合理证据的力量与权威在那个有争议的领域的专业化程度紧密相联。

B. 在评价权威的能力时，实际经验比学术上接受的训练更重要。

C. 许多商业电视广告中仅有的一种证据就是诉诸权威。

D. 许多观众不能充分评价电视广告中权威性的呼吁。

E. 电视观众会莫名其妙地从心理上把名人在某一专业领域的可信度转移到另一个他们做广告的产品领域。

06～07 题基于以下题干：

挪威的斯塔夫镇，直到 20 世纪 60 年代早期仍旧安静与和平，当斯塔夫成为挪威的近海石油开采中心的时候，从那时到现在，发生在斯塔夫的严重的犯罪和肆意破坏大大增加。很明显，这些社会问题是斯塔夫石油繁荣导致的。

06 以下哪项最准确地描述了上述论证所使用的推理方法？

A. 基于在某种条件不存在的情况下，某种现象有时也会产生，断定这一条件不是导致这一现象产生的一个前提条件。

B. 基于在某种条件不存在的情况下，某种现象没有产生，断定这一条件是导致这一现象产生的原因。

C. 根据在某种现象产生之前，某种特定的条件并未出现，断定这一条件不可能是导致这种现象产生的原因。

D. 试图通过论证与某种论断相矛盾的论断是与事实相矛盾的，来证明这种论断。

E. 试图证明若使某种特定的解释成立就必须发生的事件不可能发生。

07 下面哪一个如果正确，最支持上面的论述？

A. 斯塔夫镇人因为他们的镇被作为挪威近海石油开采中心而感到遗憾。

B. 挪威的社会学家对日益增加的暴力犯罪和肆意破坏表示严重关注。

C. 在没有石油繁荣的挪威小镇里，严重的犯罪和肆意破坏还是维持在低水平。

D. 在斯塔夫镇，非暴力犯罪、吸毒、离婚和暴力犯罪、恶意破坏同等增加。

E. 石油繁荣必然导致斯塔夫镇对宽阔马路的需求，以增加交通能力。

08 赵、钱、孙和李是同班同学。

赵说："我班同学都是南方人"。

钱说："李不是南方人"。

孙说："我班有人不是南方人"。

李说："钱也不是南方人"。

已知只有一人说假话，则可推出以下哪项断定是真的？

A. 说假话的是赵，孙不是南方人。

B. 说假话的是钱，孙不是南方人。

C. 说假话的是孙，李不是南方人。

D. 说假话的是李，钱是南方人。

E. 说假话的是赵，钱不是南方人。

09 加拿大人现在越来越多地加入"境外购物"的行列，即越过国境线到价格较低的地方购物。加拿大境外的商品价格较低，很大一部分原因是在那里支付给加拿大社会服务体系的商品和服务税不再适用。

以下哪项最能被上述信息所支持？

A. 如果从境外购物的上升趋势继续保持在较高的水平，而且政府支付给加拿大社会服务体系的资金不变，预计加拿大的商品和服务税的税率会上升。

B. 如果加拿大对从境外购买的商品征收较多的关税，别的国家也会相应地对从加拿大购买的商品征收关税，因而会损害加拿大的商业利益。

C. 加拿大政府支付给为加拿大人提供社会服务的资金数额一直在增加。

D. 同样品牌的商品，加拿大顾客在境外和国内都能买到。

E. 境外购物者所购买的商品在越过边境进入加拿大时要交纳加拿大规定的税。

10 政府面对公众对必要的社会服务的批评只有一种回答：规范提供这种服务的行为。但是，政府的规范会不可避免地使这种服务更加昂贵，而且在这个财力资源紧缺的时期作出这方面的规范是特别困难的。然而，由于公众对有关儿童服务的批评已经严重到了削弱人们对所有类似服务的信心的程度，而这些类似的服务对社会来说都是必需的，所以，政府肯定会对其作出回应。

以下哪项陈述能从上文中推出？

A. 照顾儿童的服务质量将会得到改善。

B. 照顾儿童的服务费用会增加。

C. 政府会投入资金推进照顾儿童服务的发展。

D. 如果公众对政策批评的呼声更加强烈，政府肯定会作出回应。

E. 如果公众对政策批评的呼声更加强烈，政府也不会作出回应。

11 一项对腐败的检查为可以构造一个严格的社会科学的观念提供了否决依据。就像所有其他蓄意含有秘密的社会现象一样，对腐败进行估量实质上是不可能的，并且这不仅仅是由于社会科学还没有达到它一定可以达到的、开发出足够的定量技术的目标。如果人们乐意回答有关他们贪污受贿的问题，那就意味着这些做法具有合法化的征税活动的特征，他们就会停止贪污。换句话说，如果贪污可被估量的话，那它一定会消失。

下面哪一条最准确地陈述了作者为加强论述而必须作的一个暗含的假设？

A. 有些人认为可以构造一个严格的社会科学的观念。

B. 一门严格的科学首要目的是要对现象进行测量及定量化。

C. 包含有蓄意含有秘密的社会现象的一个本质特征是它们不能被度量。

D. 不能构造一个蓄意含有秘密的严格的社会科学的观念。

E. 只有当一科学研究对象可以被估量时，才有可能构造一个严格的社会科学的观念。

12 据统计，目前全球每年死于饥饿的人数高达千万。而中国人每年在餐桌上浪费的粮食约为 800 万吨，相当于 1 亿人一年的口粮。这意味着，如果我们能有效杜绝餐桌上的食物浪费，就能够救活千百万的饥民。

如果以下陈述为真，哪一项最适合用来质疑上述结论？

A. 恶劣气候导致粮食价格波动，加剧了饥饿问题。

B. 当今农业发展的水平已经能够从总量上保障全世界的人免于饥饿。

C. 消费能拉动经济发展，富人帮助穷人的途径之一是增加消费。

D. 杜绝食物浪费只是解决饥饿问题的有利条件。

E. 频发的自然灾害以及高涨的粮食价格，使一些国家的饥饿问题进一步恶化。

13 商业化的新闻媒体通常强调诸如空难这样罕见的事件，而忽略诸如车祸这样更普遍的、对公众有更大危险性的事件。但是，观众却趋向于认为新闻媒体对所发生事件强调的力度指示着这类事件实际发生的危险程度。

如果以上陈述为真，最强地支持了以下哪项结论？

A. 报纸、杂志等印刷媒体比广播媒体所提供的信息更可靠。

B. 商业化的新闻媒体对重大灾祸的偏好是由公众喜欢猎奇的口味决定的。

C. 人们通常认为他们无法控制的事件比可以防止或避免的事件更危险。

D. 在以商业化的新闻媒体为主要信息来源的地方，公众对危险的意识并未反映实际的危险性。

E. 与一种更罕见而严重的疾病相比，新闻媒体会更多地报道突发的大面积流行的霍乱。

14 假期收入是指一年中第四季度发生的总销售额，决定了许多零售行业经济上的成功或失败。一家仅销售一种款式相机的零售商卡姆克公司就是一个很好的例子。卡姆克公司的假期收入平均占到其每年总收入的 1/3 和其年利润的一半。

如果以上叙述是正确的，依据这些叙述，下面哪种关于卡姆克公司的说法也必定是正确的？

A. 它在第四季度销售每台相机的固定成本高于其他三个季度中的任何一个季度。

B. 它在第一季度和第三季度获得的利润加起来比第四季度获得的利润高。

C. 平均而言，它在第四季度每台相机的零售价格比其他三个季度中任何一个季度都低。

D. 对于一定金额的销售数量而言，它在第四季度平均获得的利润比前三个季度合起来要多。

E. 平均而言，它在第四季度支付给批发商的每台相机价格比其他三个季度中任何一个季度都高。

15 药品制造商：尽管我们公司要求使用我们新药的病人同时购买一次性的用于每周血液测试的工具，那些工具的花费是完全需要的，每周必须做血液测试以监测药潜在的可能非常危险的副作用。

下列哪一个假如正确，最反对制造商的论述？

A. 购买血液测试工具的花费没有阻止任何病人获得药和工具。

B. 医学实验室能够做血液测试，对病人或他们的保险商的要价低于制造商对工具的要价。

C. 一年的药物和每周的血液测试工具使病人或他们的保险商花费超过 1 万美元。

D. 大多数政府和其他健康保险项目不补偿病人为药品和血液测试工具所付的全部费用。

E. 遭受该药一个或一个以上危险的副作用的病人会花费很多钱治疗。

16 现在似乎很清楚的是最初预言的教学用个人电脑的重要作用没有变成现实。只要留心一下在过去的一年中教学用电脑销售量的戏剧性下降，就可以证明时尚已过。

以下哪项中的逻辑错误与上述论证中的最相似？

A. 很清楚，政府关于减少汽车尾气排放的立法已经部分地获得了成功。因为事实表明，20 个大城市中该法提及的空气主要污染物的含量比立法通过前有所减少。

B. 把一种语言翻译成另一种语言的机器翻译，不是在像订机票这样狭窄的范围内而是在广泛的范围内进行翻译。实现这种想法的时机显然已经到来，因为专家们研究了四十多年，积累了专业知识，现在该是取得突破的时候了。

C. 家用电脑的销售永远不会达到制造商乐观计划的水平，原因是把家庭应用想象成是完成的任务，例如计划菜单和核对支票簿，大多数家庭主妇会以比使用计算机所要求的简单得多的方法去做。

D. 很明显，消费者已经厌倦了微波炉，这与他们当初接受这种新发明一样迅速。与微波炉投入市场后几年时间逐渐增长的销售量相比，去年微波炉的销售量下降了。这表明消费者已经认为这些器具不那么有用了。

E. 刺激某一种特殊的投资无疑会引起繁荣—萧条的周期，证据是最近商业房地产价格的降低，它表明：尽管政府鼓励人们建造楼房，但它不能保证那些楼房会全部出租或卖出。

17 在一项颜色对生产率作用的研究中，让 100 位工厂工人中的 50 位从其土褐色的工作间移到一间颜色明亮的工作间。这些工人和剩下的在土褐色工作间的工人都增进了其生产率，可能是因为两个群体的工人都对工作感兴趣。

下面哪个如果正确，会对上面提供的对研究结果的解释提出最多的质疑？

A. 50 位移到颜色明亮的工作间的工人和留在土褐色工作间的工人执行的是完全一样的制造任务。

B. 土褐色的工作间被设计用来最多为 65 名工人提供足够的空间。

C. 50 位移到颜色明亮的工作间的工人与 50 位留在土褐色工作间的工人在年龄和培训水平上相当。

D. 两个群体中几乎所有的工人都志愿移到颜色明亮的工作间。

E. 许多移到颜色明亮的工作间里的工人报告说，他们喜欢颜色明亮的工作间，同样喜欢土褐色的工作间。

18～19 题基于以下共同的题干：

如果中央机场的飞行区域仅限于商务航线和那些配有雷达的私人飞机使用，绝大多数的私人飞机就只能使用周边的机场。这样，通过减少中央机场私人飞机的数量，会减少其周围空域中的撞机事故。

18 由上文第一句得出的结论以下列哪项为假设？

A. 对绝大多数私人飞机的驾驶员来说，周边机场与中央机场一样方便。

B. 绝大多数的周边机场没有处理商务航线的能力。

C. 使用中央机场的绝大多数私人飞机没有装配雷达。

D. 商务飞机比私人飞机具有更大的发生空中撞机的危险性。

E. 空中撞机危险性的降低最终将导致商务航班数量的增加。

19 以下哪一项如果是正确的，将最有力地加强上文第二句话的结论？

A. 法律已经要求商业客机装备非常复杂的雷达系统。

B. 中央机场附近的空域非常拥挤，主要是因为商业客机流量的急剧增加。

C. 许多私人客机的飞行员宁愿购买雷达设备，也不愿被排除在中央机场之外。

D. 在中央机场附近发生的空中撞机的数量最近几年已经下降了。

E. 没有装备雷达系统的私人飞机在中央机场附近造成了异乎寻常的大量空中撞机事件。

20 近年来，专家呼吁禁止在动物饲料中添加作为催长素的联苯化合物，因为这种物质对人体有害。近十多年来，人们发现许多牧民饲养的荷兰奶牛的饲料中有联苯残留物。

如果以下哪项陈述为真，最有力地支持了专家的观点？

A. 近两年来，荷兰奶牛乳制品消费者中膀胱癌的发病率特别高。

B. 在许多荷兰奶牛的血液和尿液中已经发现了联苯化合物。

C. 荷兰奶牛乳制品生产地区的癌症发病率居全国第一。

D. 荷兰奶牛的不孕不育率高于其他奶牛的平均水平。

E. 荷兰奶牛的生长周期明显短于其他奶牛。

21 根据古代的记录，S 政府对日用商品所征收的第一种税是每出售一罐食用油征收两个生丁。税务记录表明：尽管有稳定的人口和严格的税法实施方案，食用油的税收在税法生效后的头两年中却明显下降了。

以下哪项陈述如果为真，对 S 国的食用油税收下降能提供最好的解释？

A. 在税法实施后的 10 年中，S 国的平均家庭收入稳定增加。

B. 在对食用油实行收税两年后，S 国政府开始对许多其他日用商品征税。

C. 在 S 国，有拿食用油罐作结婚礼物的传统，在税法实施后，用于送礼的食用油增加了。

D. 加税后的 S 国商人在销售食用油时用比从前更大的油罐来装食用油。

E. 在加税后的 S 国，有非常少的家庭开始自己生产食用油。

22 如果李生喜欢表演，那么他报考戏剧学院，如果他不喜欢表演，那么他可以成为戏剧理论家。如果他不报考戏剧学院，那么不能成为戏剧理论家。

由此可推出李生：

A. 不喜欢表演。

B. 成为戏剧理论家。

C. 不报考戏剧学院。

D. 报考戏剧学院。

E. 不成为戏剧理论家。

23 有的漫画家是自学成才的。所以，有的作家也是自学成才的。

以下哪项如果为真，最能保证上述论证的成立？

A. 所有的作家都是漫画家。

B. 有的漫画家是作家。

C. 所有的漫画家都是作家。

D. 有的漫画家不是作家。

E. 有的作家不是漫画家。

24 刑事案件中的陪审团不会依据任何证人所做的未经证实的证词而作出决定。这是十分正确的，因为对任何人所做的未经证实的指控保留高度怀疑是比较明智的。因此，陪审团应该结束那种依据未经完全证实的招供而给被告定罪的通行做法。

下面哪项如果正确，最能增强上述论点？

A. 当被告推翻其在审判前的坦白的时候，陪审团通常宣判其无罪。

B. 陪审员的选择过程被设计为选择在审判前那些认定被告有罪的人。

C. 当被告确实做了其被指控的罪行时，他们会全部坦白，并且相信原告掌握了足够的证据。

D. 那些易受暗示影响的人若被控有罪，有时会对其过去的经历不太肯定以至于承认所加之罪名。

E. 许多人认为陪审团在被告完全坦白之前不应对其定罪。

25 我们可以通过研究一种已经消亡的文明的语言来了解当时的生存环境。就如同讲古印欧语的人，即现在所有使用印欧语系的语言的祖先很可能生活在一片与海洋隔绝的寒冷地区，因为古印欧语中没有"海"这个词，但却有"冬天""雪"和"狼"这些词语。

如果以下哪项为真，最严重地削弱了上述论证？

A. 讲古印欧语的人使用一个与"鱼"同义的词。

B. 某些语言中没有能表达其使用者所在环境的明显环境要素的词语。

C. 在今天所使用的语言中，还不知道哪种语言没有"海"这个词。

D. 古印欧语中有"热"这个词。

E. 使用古印欧语的人是游牧民族。

26 参议员要在大会上演讲，那么他或她必定是一个民主党党员。而一个是参议员的民主党党员不能够在大会上演讲。

下面哪一个结论能从上面陈述中正确地得出来？

A. 除参议员们之外没有人在大会上演讲。

B. 没有民主党员在大会上演讲。

C. 只有民主党党员在大会上演讲。

D. 没有参议员在大会上演讲。

E. 一些民主党参议员在大会上演讲。

27 具有高效发动机的天蝎座节油型汽车的价格高于普通的天蝎座汽车。以目前的油价计算，购买这种节油型车的人需要开 6 万公里才能补足买普通型汽车的差价。因此，如果油价下跌，在达到盈亏平衡之前就可以少走一些路。

以下哪一项论证中的推论错误与上文中的最相似？

A. 真实的年储蓄利率是由年储蓄利率减去年通货膨胀率而得出的，所以，如果通货膨胀率下降，在真实储蓄利率不变的情况下，储蓄利率也要降低相同的比例。

B. 对食品零售店来说，与 A 牌冰箱相比，P 牌冰箱能为高价的冰冻食品提供一个恒定温度，尽管 P 牌冰箱的耗电量较大，但出售高价食品却能获得更多的利润。因此，如果电价下降，卖较少量的高价食品就可证明选择 P 牌冰箱是正确的。

C. 用 R 牌沥青比用价钱较低牌号的沥青能使修路工人用更短的时间修完 1 公里损坏的公路。尽管 R 牌的价格较高，但减少施工人员所省下的钱是可以补足沥青价格差异的，所以，在平均工资低的地方，选择 R 牌沥青更有优势。

D. 改良过的北方苹果树结果更早，存活期更长。原来的苹果树虽然结果较大，但需要较大的种植间距，所以，新种植的苹果树应全部是改良种。

E. 股票分红每年根据上市公司的赢利状况而有不同。债券则年年获得相同的利息，因此，由于债券利率在经济危机时并不下降，喜欢稳定收入的投资者应选择债券。

28 四人打桥牌，某人手中有 13 张牌，四种花色样样有；四种花色的张数互不相同。红桃和方块共 5 张；红桃与黑桃共 6 张；有两张主牌（将牌）。

试问这副牌以什么花色的牌为主牌？

A. 红桃。	B. 方块。
C. 黑桃。	D. 草花。

E. 推不出。

29 Chanterelle 是一种野生的蘑菇，生长在能为它提供所需糖分的寄主树木——例如道格拉斯冷杉下面。反过来，Chanterelle 在地下的根茎细丝可以分解这些糖分并为其寄主提供养分和水分。正是因为这种互惠的关系，采割道格拉斯冷杉下面生长的 Chanterelle 会给这种树木造成严重的伤害。

下面哪项如果正确，对上面的结论提出了最强有力的质疑？

A. 近年来，野生蘑菇的采割数量一直在增加。

B. Chanterelle 不仅生长在道格拉斯冷杉树下，也生长在其他寄主树木下面。

C. 许多野生蘑菇只能在森林里找到，它们不能轻易在别处被种植。

D. 对野生蘑菇的采割激发了这些蘑菇将来的生长。

E. 如果离开了根茎细丝所提供的养分和水分，幼小的道格拉斯冷杉就会死掉。

30 在 20 年内，识别针对某个人可能有的对某种疾病的基因敏感性或许是可以做到的。结果是，可以找出有效的措施来抵制每种这样的敏感性。所以，一旦找到了这样的措施，按这些措施做的人就再也不会生病了。

以上论证依据下面哪个假设？

A. 对每种疾病来讲只有一种阻止其发生的措施。

B. 在将来，基因学是唯一的有重要意义的医学专业。

C. 所有的人类疾病部分意义上都是个人基因敏感性的结果。

D. 所有人在基因上对某些疾病是敏感的。

E. 当确信某种医疗建议时，人们会按建议去做。

综合训练六答案与解析

01. 答案：C

题干陈述，博物馆收藏的每种著作的印刷品都能在博物馆书店买到。因此，C 项必然为真。

其余选项都不必然为真。比如 A 项不必然为真，因为从题干只能必然推出：博物馆展览的每一种印刷品不是从原收藏人那租借的，就是馆内长期收藏的。

02. 答案：E

即使"不足六个月的婴儿与年轻的成人在迅速分辨相似语音上的差别"和"生理上的听觉能力在婴儿期之后开始退化"都是事实，但是，题干并没有给出证据证明"听觉的生理退化"是造成"分辨相似语音能力降低"的充分原因。因此，E 项指出了这一论证的推理缺陷。

03. 答案：C

题干陈述：Martha 认为"所有的雏菊都不能吃或至少不可口"这个观点是不对的，即她认为，有的雏菊是可口的。其推理是：某种雏菊属于菊花，有的菊花可口，所以，有的雏菊是可口的。

这是个错误的三段论推理，其模式是：有的 s 属于 m，有的 m 属于 p，所以，有的 s 属于 p。

C 项表明，某些姐姐参加了那个小组，那个小组的某些成员是差生。所以，有的姐姐一定是差生。显然其推理模式缺陷与 Martha 的最为相似，因此为正确答案。

其余选项的推理都是正确的。

04. 答案：A

根据题干陈述，可推出，为了胎儿的健康，孕妇必须喝牛奶。

这意味中，如果孕妇不喝牛奶，胎儿就会不健康，因此，A 为正确答案。

其余选项都不符合题干的陈述。

05. 答案：A

题干列举两个关于足球队员及男演员的例子，从中可以看出，权威人士只有在他们自身的专业领域内发表见解时才能得到观众的认可。

由此可知，A 项是题干的论证所依赖的前提。其余选项都是无关选项。

06. 答案：B

题干论证用的是求异法，B 项准确地描述了题干的推理方法，因此为正确答案。

其余选项不妥，比如 D 概括的是反证法。

07. 答案：C

题干根据斯塔夫镇在石油繁荣后暴力犯罪和肆意破坏大大增加这一现象，得出结论：石油繁荣是这些社会问题产生的原因。

C 项表明，在无石油繁荣的挪威城镇，暴力犯罪和肆意破坏保持在低水平，即没有这个原因就没有这个结果，由此强化了"石油繁荣"与"暴力犯罪和肆意破坏"这一因果关系，从而有力地支持了结论。

08. 答案：E

首先，赵、孙的话互相矛盾，必为一真一假。

由于只有一人说假话，那剩下的钱、李说的话必然为真。

由此推出：李不是南方人，钱也不是南方人。

这样赵说的是假话，因此，E 项为真。

09. 答案：A

题干论述：加拿大人倾向于从境外购物来避开高税率造成的高价格；而这个商品和服务税是支付给加拿大社会服务体系的。

境外购物增加导致境内购物减少，因此境内的税收也减少，如果用税收支付给加拿大社会服务体系的资金不变，那么只能对境内的购物进一步提高税率来增加税收。因此，A 项正确。

其余选项均不能被题干信息有力地支持。B、C 项与题干无关。D 项错误，因为不一定要同样品牌的商品都能买到，只要有一部分在境内外都能买到就足以影响人们的购物行为。E 项超出题干断定范围。

10. 答案：B

题干断定：第一，政府面对公众社会服务的批评只有一种回答：规范提供这种服务的行为。

第二，政府的规范会不可避免地使这种服务更加昂贵。

第三，公众对有关儿童服务的批评非常严重，政府肯定会对其作出回应。

由此推出：政府要规范儿童服务，从而使这种服务更加昂贵。因此，选 B。

11. 答案：E

题干前提：对腐败进行估量是不可能的。

省略前提：只有当一科学研究对象可以被估量时，才有可能构造一个严格的社会科学的观念。

推出结论：对腐败进行估量不能构造一个严格的社会科学的观念。

得出题干结论：一项对腐败的检查为可以构造一个严格的社会科学的观念提供了否决依据。

E 项表达了这一省略前提，因此为题干论述所基于的假设。

其余选项均不是假设。其中，A 是无关项；B、C 和 D 选项均不能从题干中合理地推出。

12. 答案：D

题干结论是，如果我们能有效杜绝餐桌上的食物浪费，就能够救活千百万的饥民。

也就是认为，杜绝餐桌上的食物浪费是解决饥饿问题的充分条件。

最有力的质疑就是其负命题，即杜绝餐桌上的食物浪费，也不一定能救活千百万的饥民。

D 项所述，杜绝食物浪费只是解决饥饿问题的有利条件，也即并不一定能够救活千百万的饥民，显然，这就有效地质疑了题干结论。

其余选项均为无关项。

13. 答案：D

题干论述：电视报道不同种类的事件力度不同，而电视观众根据电视新闻估计事件的危险程度。

由此可知，根据电视新闻估计事件的危险程度会导致公众对事件的实际危险性估计不客观，因此，D 项为正确答案。

其余选项均不能被题干信息所支持。其中，A 项，哪个媒体更可靠与题干论述无关。B 项，媒体报道动机与题干论述无关。C 项明显为无关选项。E 项与题干说法矛盾。

14. 答案：D

题干结论是，假期收入决定零售业成败。理由是以一公司为例，其假期收入占总收入的 1/3 和其年利润的一半。

根据题意可推知，该公司第四季度的平均利润率为：（1/2 年利润）/（1/3 年销售收入）＝（3/2）年利润率，而其他三个季度为：（1/2 年利润）/（2/3 年销售收入）＝（3/4）年利润率，这显然说明，对一定的销售额而言，四季度的平均利润高于其他三个季度的平均利润，所以，D 项正确。

其余选项均推不出。题干没给出成本数据，排除 A 项；第一和第三季度的情况题干没有给出，B 项排除；零售价格的变化趋势由题干信息不能推出，C 项排除。E 项明显不能从题干中推出。

15. 答案：B

制造商论述：由于病人必须做血液测试以监测药的副作用，因此需要购买血液测试的工具。

B 项指出，病人完全可以选择花费较低，可以达到同样效果的其他方法来验血，意味着那些工具未必是必不可缺少的，反对了制造商的结论。

其余选项均不妥。其中，A 项某种程度上支持了上述结论。C、D、E 项都与题干论述无关。

16. 答案：D

题干论证：过去的一年中教学用电脑销售量下降了，因此，最初预言的教学用个人电脑的重要作用没有变成现实。

这一逻辑错误属于"轻率概括"，是由于样本太小或样本不具有代表性而导致的。各选项中只有 D 项的论证犯了同样的错误。

17. 答案：B

题干实验发现，土褐色的工作间与颜色明亮的工作间的两组工人都增进了生产率，对其结果的解释是：两个群体的工人都对工作感兴趣。

B 项指出，土褐色的工作间被设计用来最多为 65 名工人提供足够的空间，所以完全有可能是因为空间大而导致剩下的在土褐色工作间的工人增进了生产率，同时颜色明亮导致颜色明亮的工作间的工人增进了生产率，这就严重质疑了增进生产率的原因是对工作感兴趣。

A 项中的"完全一样"、C 项中的"相当"、E 项中的"同样"都表明背景因素相同，均对题干起到支持作用。D 项只解释了两组中的一组，即自愿移到颜色明亮的工作间的工人的效率提高，至于留下的 50 人的效率为什么提高并未涉及。

场合	先行情况	观察到的现象
1	原工作间、B、C、—、——	—
2.1	土褐色的工作间、B、C、T（空间大）、对工作感兴趣	增进了生产率
2.2	颜色明亮的工作间、B、C、T（空间大）、对工作感兴趣	增进了生产率
结论：不是颜色起了作用，可能是两个群体都对工作感兴趣		

18. 答案：C

题干前提：如果中央机场的飞行区域仅限于商务航线和那些配有雷达的私人飞机使用。

补充 C 项：使用中央机场的绝大多数私人飞机没有装配雷达。

得出结论：绝大多数的私人飞机就只能使用周边的机场。

其余选项均不妥。其中，A、E 项均为无关选项。B 项偏离题干主线，因为题干讨论的是减少私人飞机的问题。D 项质疑题干。

19. 答案：E

为使题干第二句话的断定成立，必须假设 E 项，否则，如果没有装雷达的私人飞机并没有构成空中碰撞的因素，那么，即使减少中央机场私人飞机的数量，也不会减少其周围空域中的撞机事故。

其余选项均不妥。其中，A 项没有提到私人飞机流量的减少是否降低空中撞机的危险的问题。B 和 C 项关心的是这种拟议中的限制是否会减少飞机流量，而不是这种相应的减少是否降低空中撞机的危险的问题。D 项也不合适，最近空中撞机事件数量的下降与拟议中的减少私人飞机数量是否会进一步减少撞机事件无关。

20. 答案：A

专家的观点是：禁止在动物饲料中添加联苯化合物，因为这种物质对人体有害。

题干陈述，许多牧民饲养的荷兰奶牛的饲料中有联苯残留物，这意味着荷兰奶牛乳制品中有联苯残留物。如果 A 项为真，即近两年来，荷兰奶牛乳制品消费者中膀胱癌的发病率特别高，这就有力地支持了专家关于"联苯化合物对人体有害"的观点。

其余选项偏离了题干论证推理的主线，均起不到支持作用。

21. 答案：D

题干陈述：以每一罐为单位来作为征税的标准后，食用油的税收反而下降了。

D 项表明，用比原来大的罐子装油，即使油的销售量保持不变，这就可能导致相应的税收不但不能增加反而会降低，从而起到了有效的解释作用。

22. 答案：D

根据题意，列出以下关系式：

（1）喜欢表演→报考戏剧学院。

（2）不喜欢表演→能成为理论家。

（3）不报考戏剧学院→不能成为理论家。

因此，（3）等价于它的逆否命题：能成为理论家→报考戏剧学院（4）

由（2）和（4）得出，不喜欢表演→报考戏剧学院（5）

所以，由（1）和（5），二难推理推出：不管李生喜不喜欢表演，都将报考戏剧学院。

因此，D 项为正确答案。

23. 答案：C

题干是个省略三段论，补充省略前提后构成有效的三段论推理。

题干前提：有的漫画家是自学成才的。

补充 C 项：所有的漫画家都是作家。

得出结论：有的作家也是自学成才的。

其余各项均不能保证题干论证的成立。

24. 答案：D

题干论述：因为对未经证实的指控持怀疑态度是正确的，所以陪审团不应因罪犯未经证实的招供定罪。

D 项表明，易受暗示影响的人易被误导而承认他们没有做过的事情，这作为一个新的论据，有力地增强了上述论点。

其余选项均起不到支持作用。其中，A 项并没说明陪审团为什么会宣判其无罪，因此不能支持结论。C 项也不能说明题干结论。B 和 E 都是无关选项。

25. 答案：B

题干论证：因为古印欧语中没有"海"这个词，推出使用该语言的祖先生活在与海洋隔绝的地区。

B 项暗示，也许即使古印欧语的使用者靠海，也可能不在语言中表达出来，这显然严重削弱了上述论证。

其余选项均不妥。其中，A 项，鱼还可以生活在河、湖中，未必在海里。C 项，在今天所使用的语言中，还不知道哪种语言没有"海"这个词。意味着其他生活在远离海洋的地方的人使用的语言也有"海"这个词，暗示没有"海"未必能推出远离海洋，有削弱作用。D 项，寒冷地区未必没有热，例如火也能产生热。E 明显是无关选项。

26. 答案：D

根据题干条件，对参议员来说：

（1）演讲→民主党党员。

（2）民主党党员→不演讲。

其中（1）式等价于：（3）不是民主党党员→不演讲

由（2）（3）进行二难推理得：对参议员来说，不管是不是民主党党员，都不演讲。

也就是说，没有参议员在大会上演讲。因此，D 项为正确答案。

27. 答案：C

题干论证属于自相矛盾。油价下跌，节油省下来的钱就少了，要弥补购车的差价，则要多走路而不是少走路。

C 项也犯了同样的错误。R 牌沥青价格高，但修相同的公路所需的工人少。所以，应该是在平均工资高的地方，选择 R 牌沥青更有优势。

其余选项是正确的或者合理的推论。

28. 答案：C

设红桃的张数为 a，则根据题意，方块的张数为 5−a，黑桃的张数为 6−a，由于只有 13 张牌，因此，草花的张数为 2+a。

由于四种花色样样有，红桃和方块共 5 张。因此，红桃的张数只可能是 1、2、3、4 这四种情况，分情况讨论并列表如下。

花色	红桃	方块	黑桃	草花	说明
张数	a	5−a	6−a	2+a	
第一种情况	1	4	5	3	不合题意
第二种情况	2	3	4	4	不合题意
第三种情况	3	2	3	5	不合题意
第四种情况	4	1	2	6	符合题意

① 当红桃 1 张时，方块为 4 张，黑桃为 5 张，草花为 3 张。不符合有两张主牌这个条件。

② 当红桃 2 张时，方块为 3 张，黑桃为 4 张，草花为 4 张。不符合四种花色的张数互不相同这个条件。

③ 当红桃 3 张时，方块为 2 张，黑桃为 3 张，草花为 5 张。不符合四种花色的张数互不相同这个条件。

④ 当红桃 4 张时，方块为 1 张，黑桃为 2 张，草花为 6 张。符合题意。因此，黑桃必为主牌。

另解：

① 假设红桃为主牌。那么红桃有 2 张；方块有 3 张；黑桃有 4 张，因为共 13 张牌，所以草花有 4 张，这样，黑桃与草花张数相同。与已知条件"四种花色的张数互不相同"矛盾，即红桃不是主牌。

② 假设方块为主牌。那么方块有 2 张；红桃有 3 张；则黑桃也有 3 张，亦与已知矛盾。

③ 假设草花为主牌。那么草花有 2 张。并且推得红桃＋方块＋黑桃共有 11 张牌。而

已知"红桃和方块共 5 张，红桃与黑桃共 6 张"，即得红桃＋方块＋红桃＋黑桃共 11 张牌。由此得到红桃的张数应为零。与已知条件"四种花色样样有"相矛盾。说明草花不是主牌。

由以上推理得知，黑桃必为主牌。即黑桃有 2 张；红桃有 4 张；方块有 1 张。那么草花有 6 张。

29. 答案：D

题干根据这种野生蘑菇为道格拉斯冷杉提供养分和水分，得出结论：过量采摘这种野生蘑菇会对这种树木的生长不利。

D 项表明，采割野生蘑菇会激发这些蘑菇将来的生长，这就不会对寄主树木造成严重的伤害。这对题干结论构成了有力的质疑，因此为答案。

30. 答案：C

题干前提：识别针对某个人对某种疾病的基因敏感性是可以做到的。

省略前提：所有的人类疾病部分意义上都是个人基因敏感性的结果。

题干结论：一旦找到抵制每种基因敏感性的措施，人就不会生病了。

C 项表达了这一省略前提，因此为题干论证所依据的假设。

附录二　考试分析

管理类和经济类专业学位联考的综合能力考试大纲规定：逻辑推理部分主要考查考生对各种信息的理解、分析、判断和综合，以及相应的推理、论证、比较、评价等逻辑思维能力，不考查逻辑学的专业知识。试题内容涉及自然、社会和人文等各个领域，但不考查相关领域的专业知识。

第一节　考试定位

逻辑推理考试本质上是一种能力型考试，主要测试考生的三种能力：逻辑学基础知识的灵活运用能力、逻辑演绎与分析推理能力、逻辑论证与批判性思维能力。

一、考试渊源

逻辑思维能力测试是管理类专业学位联考、经济类专业学位联考等硕士专业学位研究生入学考试、国家公务员录用考试行政职业能力测验以及企业新员工招募笔试的一个重要环节。随着我国高等教育逐步跟国际接轨，国内的管理类联考、经济类联考等专业硕士入学考试也在逐步借鉴美国的 GMAT、LSAT、MCAT 的考试模式。

能力型考试的模式来源于西方特别是北美。逻辑思维能力是人最重要的一个核心能力，西方对逻辑理性的重视反映在学历教育与非学历教育各个领域，申请美国大学研究生院所要求的标准化考试——研究生入学资格考试 GRE（Graduate Record Examinations）、进入商学院攻读 MBA 的入学资格考试 GMAT（Graduate Management Admission Test）、进入法学院攻读 JD（Juris Doctor）的入学资格考试 LSAT（Law School Admission Test）和进入医学院攻读研究生的 MCAT（Medical College Admission Test），都是能力型考试。西方尤其是美国的能力型考试作为研究生入学考试发展得已经非常成熟，批判性思维能力是这三类考试主要的测试目标，具体来说，这三类考试主要包含以下几个部分：逻辑推理直接测试考生的逻辑与批判性思维能力；批判性阅读理解和数据充分性分析通过对文字和数学内容的理解测试考生的逻辑和批判性思维能力；批判性写作同时测试考生的批判性思维和文字表达能力。

我国的专业硕士教育起步较晚，在各个方面都在借鉴欧美发达国家成熟的专业硕士教育体制，包括入学考试模式。国内的各类专业硕士入学考试考查逻辑是从 1997 年的 MBA 联考开始的，逐步到 2011 年之后的管理类联考和经济类联考，很大程度上借鉴了 GMAT 考试的模式。

GMAT 是由美国商学院研究所入学考试委员会（Graduate Management Admission

Commission，简称 GMAC）委托新泽西州普林斯顿的教育考试服务中心（ETS）主办的，在我国的主办单位是中国国外考试协调处（CIECB）。美国、英国、澳大利亚等国家的高校都根据 GMAT 考试的成绩来评估申请入学者是否适合在商业、经济和管理等专业的研究生阶段学习，以决定是否录取。

GMAT 中的逻辑推理测验（critical reasoning test），要求 25 分钟内完成 16 道题目，主要考查的是三个方面的推理能力。

（1）确定论点（making arguments）。

（2）评价论点（evaluating arguments）。

（3）规范或者评价一个行动计划（formulating or evaluating a plan of action）。

按照美国 ETS 命题人员的说法，逻辑推理题主要考查考生在以下三个方面进行有效推理的能力。

1. 论点构建（argument construction）

这方面的问题主要要求识别或找到：

（1）论述的基本结构（the basic structure of an argument）。

（2）正确得出结论（properly drawn conclusion）。

（3）所基于的假设（underlying assumption）。

（4）被强有力支持的解释性假说（well-supported explanatory hypotheses）。

（5）结构上相似的论点的平行结构（parallels between structurally similar arguments）。

2. 论点评价（argument evaluation）

这方面的问题主要要求在分析既定论点的基础上识别：

（1）加强或削弱既定论点的因素（factors that would strengthen or weaken the given argument）。

（2）在进行论述时所犯的推理错误（reasoning errors committed in making that argument）。

（3）进行论述时所使用的方法（the method by which the argument proceeds）。

3. 形成并且评价行动方案（formulating and evaluating a plan of action）

这方面的问题主要要求识别：

（1）不同行动方案的相对合适性、有效性或效率（the relative appropriateness, effectiveness, or efficiency of different plans of action）。

（2）加强或削弱拟议行动方案成功可能性的因素（factors that would strengthen, or weaken, the prospects of success for a proposed plan of action）。

（3）拟议行动计划所基于的假设（assumptions underlying a proposed plan of action）。

考试中出现的题型是多种多样的，主要有以下九大类型。

（1）假设：这类考题主要考查考生识别根据什么前提得出论点的能力。

（2）支持：这类考题主要考查考生识别一种附加事实信息支持论点的能力。

（3）削弱：这类考题主要考查考生识别一种附加事实信息反对论点的能力。

（4）评价：这类考题主要考查考生评价论点的能力。

（5）推论：这类考题主要考查考生通过作者明确的表述看出文章含义的能力；考查考

生根据文章中的论据能提出什么合乎逻辑的主张的能力；考查考生理解文章要点的能力。

（6）解释：这类考题主要考查考生解释某个现象、结果或缓解某种矛盾的能力。

（7）比较：这类考题主要考查考生识别类似推理问题的能力。

（8）描述：这类考题主要考查考生识别推理结构、方法、特点和缺陷的能力。

（9）综合：这类考题主要考查考生对论证推理综合运用的能力。

二、考查内容

管理类和经济类专业学位联考的"逻辑推理"考试与一般意义上的"逻辑学"考试只有一字之差，但考试的内容和要求却差别很大。那么，"逻辑推理"考试与"逻辑学"考试有什么差别呢？逻辑推理考试到底考什么呢？为此，我们首先要说明各类考试试题的类型。所有的考试试题不外乎以下三类。

第一类是知识型试题。要答对这类试题，就必须掌握并熟练记忆相关的知识；否则，如果考生记不住相关知识点，就不能正确作答这类试题。比如，以往学校教育各类考试中出现的试题大量都是知识型试题。

第二类是纯粹能力型试题。纯粹能力型试题是对个人思维能力的一种测试，解题过程原则上不涉及对具体知识的运用。比如智力测验、公务员行政职业能力测验等试题。

第三类是知识能力型试题。这种试题是间于上述两类试题之间，其特点是如果掌握相关的知识，有利于迅速准确地解题，但是这个题本身并不直接测试对相关知识的熟练记忆，也就是说，相关的知识哪怕记不住，只要考生的思维能力足够强，这类题也能答对。

下面把"逻辑推理"考试和"逻辑学"考试列表作一个对比。

		"逻辑学"考试	"逻辑推理"考试
考试对象		针对高等学校中逻辑专业学生的考试	管理类和经济类专业学位联考中的逻辑推理考试
试题分布	知识型试题	为主	几乎不涉及
	知识能力型试题	为辅	为辅
	纯粹能力型试题	几乎不涉及	为主
试题定位		侧重知识型的逻辑考试	侧重能力型的逻辑考试

可见，"逻辑推理"考试的定位是一种特殊类型的逻辑考试，是一种侧重能力型的逻辑考试。相关逻辑理论与知识点掌握得多，逻辑思维能力不一定就强，也就是说，专业硕士的逻辑推理考试并不主要测试你对逻辑知识点的死记硬背，而主要测试的是逻辑思维能力，所以，关键是要靠大量做题来训练和提高这一能力。

逻辑试题所涉及的领域很宽，几乎涵盖了思维科学、自然科学、技术科学、社会科学和日常生活的各个领域，但并非考核所有这些领域的专门知识，都仅限于常识范围，因此对每个题目题意的理解并不困难，题目主要测试考生的逻辑思维水平。总体来说，是一种倾向于能力的测试。

逻辑推理考查的内容包括形式推理和非形式推理两大类，大概各占逻辑试题一半的题量，逻辑试题的分类、特点、考查目标等总结列表如下。

	特点	考查目标	试题所涉及的内容	题量比例	试题类型
形式推理	演绎的、必然性推理	演绎逻辑知识	词项逻辑、命题逻辑、模态逻辑	约25%	知识能力型
		演绎推理能力	逻辑运算、推理、数学、比较、分析	约20%	纯粹能力型
非形式推理	归纳的、语言的、或然性推理	归纳逻辑原理	归纳、统计、因果、类比、语言	约55%	
		批判性思维能力	假设、支持、削弱、解释、推论、描述等		

具体而言，逻辑推理试题的分布、特点、解题思路及复习备考策略可归纳如下。

1. 形式推理

形式推理题属于必然性推理，解题往往需要用到形式逻辑的基本规则，大致占逻辑试卷45%的分值。形式推理试题包括两种类型。

（1）演绎逻辑知识相关试题

这属于知识能力试题，其设计的依据是逻辑学的基础知识与推理规则，主要考查对逻辑基础知识的灵活应用能力。内容包括词项逻辑、命题逻辑、模态逻辑。这类试题在国外研究生入学考试中很少涉及，也就是说对国外的逻辑测试来说，很少考查考生对逻辑学知识的掌握程度。而在国内的管理类、经济类专业学位联考的整张逻辑试卷中所占的比例为25%左右。

这类试题的命题依据就是形式逻辑的基础知识，虽然并不专门考核或不直接考查逻辑专业知识，但逻辑知识是隐含在试题之中的。这部分试题虽然凭感觉选择也会有一定的成功概率，但若不按照有关的逻辑理论和方法去做，答题的速度会比较慢而且很有容易答错。当然，天生逻辑能力强的人即使不学逻辑学，选择速度和正确率也会相对较高，但也不是绝对把握。而对多数考生来说，是需要在平时复习中熟练掌握好相关知识点的。考生熟悉逻辑学的基础知识，掌握逻辑学的基本方法，才能迅速准确地解题。重点掌握必需的形式逻辑规则，主要包括概念、直言命题、复合命题、模态命题及其相应的推理规则，其中核心内容为复合命题及其推理。

（2）演绎推理能力相关试题

这是纯粹能力型的逻辑试题。这类考题几乎不涉及具体的逻辑知识，主要考查逻辑运算、推理、数学、分析等演绎推理能力。此类试题大约占逻辑试卷20%的分值。

这类试题要求考生分析一些假想的情况，是为了测试考生理解题设条件和引出结论的能力。这些题设条件（关系）往往被假设成多种情形，且彼此相互联系。考生必须根据给出的条件与暗示的信息回答有关问题。这类试题与数学题相近，仿佛在逻辑规则下进行的"计算"，当"计算"出正确答案后，错误的答案很难成为干扰选项，做对与做错考生自己就知道。

2. 非形式推理

非形式推理试题的特点是归纳的、语言的、或然性推理。这类试题主要测试考生的归纳、论证与批判性思维能力，大部分题目不涉及具体的逻辑知识，少部分题目虽涉及归纳逻辑的基本原理，但与知识的相关性较弱，因此，非形式推理总体上属于纯粹能力型的试题，大约占逻辑试卷55%的分值。

非形式推理试题是国内外研究生入学考试逻辑测试的主要组成部分，是逻辑推理考试的主流题型。这类试题往往有极强的干扰选项，考生不仅要知道为什么选择某一选项，还要知道为什么不选择其他选项。破解非形式推理题不能直接套用逻辑学知识，不能用逻辑规则去"计算"这一类试题，这类试题总体上要结合题目内容来作答，主要是凭思维和经验来解决。非形式化试题对阅读理解的要求比形式推理试题更高，做非形式化试题首先要具有快速阅读、理解和分析能力，找准题干的论证结构，然后将选项中的无关项排除，再将剩余选项进行比较，最后判断出正确答案。

所以其备考需要靠考生大量地做练习，在做练习过程中，找到解题的感觉。实际上解题的过程在很大程度上要把思考和直觉结合起来，感觉的提高是很高级的过程，就是靠大量做题来训练和提高逻辑与批判性思维能力。

第二节　命题分析

我国专业硕士考试是借鉴国外能力型考试的模式而设计的，经过二十余年的经验积累，命题模式已逐渐成熟并相对定型。

一、题库来源

逻辑考题的来源，也就是试题是如何命制的，这是考生普遍关心的问题。具体步骤是，首先，产生逻辑题库，逻辑题库中的试题是由各个命题专家组成员提供的；然后，在此基础上，在命题时间段内，考卷从题库中产生，并要经过专家的检验。

逻辑命题具有很强的承继性，管理类联考和经济类联考的逻辑题库来源主要有以下三个方面。

1. 国外历年真题

来自国外能力型考试的逻辑真题，其中主要是美国能力型考试（GMAT、LSAT、MCAT、GRE 等）的逻辑已考试题，这是我国的能力型考试逻辑命题的重要参考依据。这类试题包括两类。

一是国外真题的直接译制题。在国内最初的逻辑考试中，大量考题都是从 GMAT 等逻辑推理题直接翻译过来的，这已经是一个公开的秘密，比如2002年 MBA 联考逻辑推理50道题中就有31道 GMAT、GRE 和 LAST 原题。

二是参考国外真题的二次或多次制作题。由于不少国外真题从逻辑推理的角度来看显得相对简单，为增加难度，对国外真题经过"汉化"处理后进一步进行设计改造，比如改造成别的题型，单选题变成了复选题，以及把简单的问题改成比较复杂的问题。

2. 国内历年真题

逻辑推理在管理类联考、经济类联考中都是兼容的，历年真题具有重要的相互参考价值，因此，国内历年的管理类联考、经济类联考以及以往的 MBA 联考、GCT 考试、公务员考试中的逻辑真题，都是逻辑题库的一个重要来源。我们发现，同类考试中往年考过的题目再考，不同类考试中逻辑试题借用其他考试已经考过的试题是经常发生的现象。

总之，真题是逻辑复习备考的最好蓝本，具有很高的参考价值，面世的真题已有很多，是重要的参考资料。而越新的试题，所体现出的命题者的意图越新，参考价值越大。

3. 最新命制考题

随着命题专家对逻辑推理测试的把握和理解加深，考题的命题质量整体上在不断提高。目前，直接借用或拷贝以往国内外真题的比例在不断下降，近几年考卷中的原创考题占了绝大多数，目前来看，大致一张卷子90％以上都为原创题目，只有10％左右的考题为国内外考试往年真题。

鉴于以上命题分析，在备考训练中，要注意以下两点。

（1）国内外历年真题，具有重要的参考价值

逻辑绝大多数为最新命制的新题，考生在考场上很难碰到与在平时做题训练时一模一样的题，但考试的题目类型、解题思维方法和技巧均借鉴往年国内外考题，考生绝不能忽视真题的作用。因此，往年的真题，一定要反复做，细细地总结。历年真题不仅使你熟悉真题类型和形式，而且还可以使你在考场上对绝大多数题具有不陌生、不害怕、似曾相识的心理优势。逻辑真题分类精解当作题典来看，历年真题要拿过来做做，同一类考试历年真题虽然再现的可能性不大，但是通过真题你可以揣摩、分析、把握这类考试试题的重点。

（2）主流辅导书上的练习题和模拟试题，是复习训练的重要资料

平时复习的时候，要不要看GRE、GMAT、LSAT等原题呢？如果我们有足够的时间的话，当然可以。但是因为考生时间有限，不可能花大量时间去做那么大量的题库，所以这里有一个捷径，事实上这个工作我们已经做好了。我们已建立了相应的题库，并编入我们出版的书中。利用我们的辅导书来训练，可以起到事半功倍的作用。

见多识广，做多了，就熟练了。从熟能生巧的角度看，有效的复习备考，至少需要训练1 000道逻辑题，理想的状况是要做2 000～3 000道逻辑题。本套丛书其中的4册逻辑用书精选了国内外的真题和习题近3 000道，可以说是真正意义上的逻辑复习备考整体解决方案。

二、命题规律

逻辑考试整体来看变化不大，通过对历年逻辑试题的对比与分析，可以发现其具有以下特点。

第一，逻辑考试的基本题型固定为假设、支持、削弱、评价、推论、解释、比较和描述等八类。

第二，综合题型（包括复选题和论证题组等）是上述基础题型的变形。在逻辑测试中，每年必出复选题和论证题组。其中，复选题就是多选题，这类题给出Ⅰ、Ⅱ、Ⅲ项，要做对就要对每个选项都要有把握，这就加大了难度。论证题组一般每张卷子有2～3个，每个题组一般有2个小题；一般来说，论证题组是同一个论证，需要从不同的角度进行批判性思维，因此解题要求相对较高。

第三，阅读量较大，每一题保持一定的篇幅，不太可能出现只有一行的题干。在考试时间不变的情况下，这就大大加大了考生的压力。随着考生解题水平的提高，为加大逻辑测试的区分度，提高阅读量是提高考试难度的一个重要方法。其目的是进一步拉开考生的

分差，从而更有利于考试的选拔性。具体来说，题目文字叙述显得很长，甚至有一些题搞得非常"绕"，从而增加阅读难度。因此，对考生来说，短时间内面对一堆杂乱无序的信息，确实是对记忆和推理能力的综合考验。

第四，语义分析或言语理解类题目有增加的趋势，有些逻辑题从某种意义上更像语文阅读理解题。

第五，从题目本身来看，绝大部分为原创题目。专家们的命题依据是，从思维上讲，包括批判性思维和逻辑基础知识两个方面；从内容上讲，来源于报纸等传统媒体和网络等新媒体上一些文章，包括社会热点、科技、经济、教育、文化等话题。

第六，当然，由于逻辑命题的特殊性，很难做到每年的逻辑题目都是全新的，以前考过的题或原样照搬或稍作改动后再考的现象并不鲜见，有些考题是考生在平时训练中见过的，当然这一比例不会太高，在 10% 左右。

第七，由于逻辑测试的范围和题型相对固定，每年测试的题型和解题思路都是平时训练时所见到过的。

总之，随着逻辑考试题型与解题套路的基本定型，再加上考生考前加强针对性训练，取得高分对考生来说并非难事。逻辑思维能力是与生俱来的，我们的考生都接受过高等教育，所以一定要坚信：你的逻辑思维能力不比别人差。其实，解题能力的差别，不在你的逻辑思维能力本身，而是在你是否能够激发这种绝大多数人都大同小异的潜能。只要练习一定量的题目，你一定能在逻辑考试中拿高分。

第三节　备考策略

在管理类、经济类联考综合能力考试中，逻辑推理测试是见效最快、复习效率最高的。给逻辑备考充分的时间是一件非常合算的事，边际效益最高，即在同等时间和精力投入的情况下，一般来说，逻辑科目的提分最多，原因是逻辑解题的规律性最强。

一、学习步骤

逻辑备考的学习步骤大致可分为知识学习、解题学习、强化训练、最后冲刺四个阶段。相应地，本套丛书中的逻辑四册是对应这四个阶段的专门备考用书。

1. 知识学习阶段

知识学习阶段的主要任务是：学习逻辑知识。

此阶段推荐用书《MBA MPA MAPcc MEM 管理类联考综合能力逻辑高分指南（考点精讲与分类精练)》，即本书。

这一阶段是初学阶段，绝大多数考生之前没有学过逻辑学，刚开始接触逻辑科目，开始做一些题，但是不知道有些题为什么做对，也不知道一些题为什么做错，做题大多凭直觉。因此，复习备考的第一步就应在较短的时间内掌握与考试直接相关的最基本的逻辑知识，运用形式化符号化的方法，研究逻辑思维形式结构。这个阶段要在熟悉逻辑基本知识的基础上学习并了解这些基本知识点在考试中的运用，这对形式推理类的知识能力型试题的应试是非常有益的。

对逻辑知识在逻辑推理考试中的地位和作用要全面正确地分析，具体包括以下两个方面。

第一，逻辑并不考查逻辑学的专门知识，正如学了语法和修辞能够更好地说话写文章一样，学习逻辑并经过适当的强化训练必然有助于更正确、更快捷地论证和推理。理由是虽然推理的敏捷性和思维能力具有天生的因素，但逻辑学知识却是每个人都可以学习的。虽然思维能力强的人不一定具有逻辑学知识，但是一个人如果具有逻辑学知识，必然有助于其推理。

第二，当然对应试来说，对逻辑知识的掌握必须有个适度的把握，也就是对与考试相关的逻辑知识点的把握问题，如果把握得不好，学习掌握很多与考试不相关的逻辑理论与知识，会浪费许多备考的宝贵时间。其实逻辑推理考试的学习不需要掌握太多逻辑学知识和规则，很多逻辑理论对解题并没有什么太大用处，对很多逻辑知识点只要作一般性的了解就可以了，真正需要熟练掌握的逻辑知识点并不多。与逻辑考试相关的知识点最重要的是这么几个，而且对知识点的考查主要是考基本知识点的灵活应用，而不是死记硬背。对逻辑知识的学习可分为以下三类。

（1）需要熟练掌握的知识点

这类知识点需要熟练掌握，熟记相应的推理规则并能灵活运用。

① 命题逻辑。这是逻辑知识的重点，也是每年必考的知识点，要求考生熟练掌握联言、选言、假言的复合命题推理。条件关系（充分条件、必要条件、充要条件）以及它们的逆否命题是特别重要的，负命题的等值公式也要熟练掌握。

② 词项逻辑、模态逻辑。这只需要掌握最基本的逻辑推理规则，比如，直言命题的对当关系，模态方阵中的矛盾关系。

（2）只需理解或了解的知识点

这类知识点只需要理解基本原理，不需要记忆具体知识和规则。

① 三段论的形式分析（三段论只考形式相似比较的题）。

② 对演绎推理和归纳推理、必然性推理和或然性推理的概念和区别的基本认识。

③ 因果关系及其推理，求同法、求异法、共变法等方法。

（3）不需学习的知识点

其余庞大的逻辑学知识体系，考生可以不用专门去学习，至多作为背景知识浏览一下，只要求有个大致的了解即可。

2. 解题学习阶段

解题学习阶段的主要任务是：学会准确解题。

此阶段推荐用书《MBA MPA MAPcc MEM 管理类联考综合能力逻辑历年真题分类精解》。

在掌握逻辑基本知识的基础上，就可进行解题学习。考生需要明白的是，要学习逻辑知识，又绝不要拘泥于逻辑知识。理由在于，逻辑推理的主流题型考查的并非是逻辑学专门的知识，而主要考查的是考生的逻辑素质。那么，什么是素质？所谓素质，就是你把学过的知识忘了以后，大脑中存在的思维推理能力，这种能力是你在成长过程中逐步形成的。由于每个人在成长过程中对世界的领悟通过内化而形成了各自的潜在逻辑，因此，正如不学语法和修辞也能说话写文章一样，不学逻辑也能大致正确地论证和推理。这是因为，人的逻辑思维素质，更多取决于人的遗传和成长过程中的经验积累。由于逻辑已经渗透到我们的语言、文化、传统以及各门科学知识之中，人们在学习语言、文化和各种专门知识的过程中，已经潜移默化地接受了逻辑训练。因此，建议考生只把 20% 的精力放在掌握必要的逻辑知识上，而把 80% 的精力放在反复做题和总结解题套路上。

逻辑备考总体的目标是做题既快又准。而这需要分两个阶段来解决，首先解决"准"的问题。解题学习阶段要解决的问题就是"准"，也就是说，刚开始学习做题不强调速度，但要强调做对做正确。此阶段的复习备考应把握以下几点。

（1）学习批判性思维的基本理念，了解逻辑推理测试的基本命题原则和解题原则。

（2）对各类题型的规律的总结和把握。要熟悉试题的基本类型，掌握各种题型的某些相关规律，将假设、支持、削弱、解释、推论等各类题型的解题规律认真阅读并细细总结。

（3）刚开始做题不要贪快，关键是要把题做明白。碰到不懂的，要仔细体会。最好找有详细解析的题目去做，每道题都要说出每个选项正确或错误的理由，特别是对做错的题要细致地总结，弄清做错的原因，找出防止再错的措施，在实践中慢慢领悟到正确解题的感觉。

总之，解题学习阶段的关键是熟悉逻辑题型，规范解题思路。要注意的是，做题后要学会总结，举一反三。逻辑光练不总结是考前训练的大忌。做逻辑题绝不能做完一遍就万事大吉了，做题的时候不要只做不反思，做完题后的总结与反思更为重要。一定要用足够的时间把难题和做错的题弄通、弄透彻，个别自己弄不透的题最好要请教老师或和同学一起讨论，直到自己想明白。

3. 强化训练阶段

强化训练阶段的主要任务是：学会快速解题。

此阶段推荐用书《MBA MPA MAPcc MEM 管理类联考综合能力逻辑精选 600 题（20 套全真试卷及详解）》。

当然，这个"快"是在相对"准"基础上的"快"，在学会正确解题的基础上，进入第三阶段，开始大量做题，尽量将每一类题的历年考题全部做完，在此基础上，掌握各类题型的解题规律，从而提高解题速度和命中率。

客观地说，逻辑考题总体上难度不算大，但很多考生并不觉得容易，那么题目难在哪里呢？其实不是题目本身有多难，真实的情况是，一方面，多数考生是在职人员，离校多年，反应速度跟不上；另一方面，考生训练量没达到要求，使得熟练程度不够，没有形成真正的题感，因此，会明显感觉时间紧，来不及阅读或思考，以至于普遍觉得难。

一般来说，经过前两个阶段的复习备考，多数逻辑考题对考生来说已不是绝对做不出来，事实上若有充足的时间阅读和思考，大部分逻辑题都能做对，而且会发现多数逻辑题都比较简单。也就是说，只要时间足够，多数人的答题正确率会很高，但是仅仅答对逻辑题是远远不够的，还要答得快。但问题的关键在于时间紧，很多考生没有时间做题，要阅读那么大的文字量，并且要在短时间内思考确定答案，这就具有相当的难度了。因此在考场中，关键是时间限制，影响了答题正确率。所以，需要大量的强化训练，提高熟练程度，反复做题，形成题感。

如果考生平时训练不够，考试时要在规定时间内做完一套逻辑题是有相当难度的，因此，对复习备考来说，不管考生用什么方法解题，关键一定要快、要准、要实用。如果在规定时间内做一套题并有较高的正确率，那么你的解题思路就是可行的。如果做一套题超时很多，即使正确率较高，也没有实用价值。

"练"字当头，这是强化训练阶段的关键。在复习备考过程中最重要的一点就是多做习题，要在解答大量习题的过程中找到解题的感觉，从而来训练和提高逻辑思维能力。逻辑训练与运动训练相似的地方就是，在正确思想的指导下不断实践，技能才能有真正的提高。考生一定要把自己看成是运动员，感觉要靠自己练出来，经过反复训练来提高自己的实战能力。题做多了，速度和准确性自然就训练出来了。

4. 最后冲刺阶段

最后冲刺阶段的主要任务是：考前冲刺训练。

此阶段推荐用书《MBA MPA MAPcc MEM 管理类联考综合能力逻辑最后冲刺 18 套卷（含快速提分技法）》。

考前最后一个月是最后冲刺阶段！逻辑推理考试要想成功，这个阶段的训练方法得当将起着重要的作用。做练习时一定要集中限时训练，否则成效较小。由于逻辑题并不难，如果没有时间限制一般都能做出来，不这样集中训练就起不到应有的效果。冲刺训练时一定要按照考试规定的时间做一套题，此阶段应反复进行限时模拟练习，提高应试水平。一定要严格遵照考试大纲所提出的时间要求进行模拟训练，练习一定要严格按照考试的时间进行。

逻辑复习备考成功的标志就是解题的快速、准确。当任何一套逻辑题都能在考试规定的时间内完成并有较高的正确率，复习备考就成功了。

总之，本套丛书的编写指导思想是紧扣逻辑应试特点，以提升逻辑思维能力为目标，以大量的例题分类讲解为特色，把知识贯通、思维训练与解题技巧有效地结合起来，帮助考生更好地做好逻辑复习备考，全面掌握逻辑基础知识、思维技法、应试特点和解题技能，在较短时间内有效提高应试能力，以真正实现逻辑应试的高分突破。

二、训练策略

逻辑分为两个层次：隐逻辑和显逻辑。隐逻辑是一般人使用语言时表现出的逻辑，这种逻辑是不自觉的。显逻辑是逻辑学家通过对隐逻辑的概括得出的，是自觉的逻辑。我们通过学习显逻辑使隐逻辑得到强化，自觉地使用逻辑。因此，对逻辑推理考试来说，有效的复习备考就是一个挖掘潜能、规范思路、强化解题训练、逐步形成题感的过程。

1. 强化解题实力

考生逻辑复习备考的最终目标是要提高逻辑解题实力，那么怎么提高呢？逻辑解题实力包含原有能力、实际能力和应试能力三大部分。原有能力主要指的是考生在复习备考前所具有的阅读理解能力和逻辑思维能力；实际能力是指在原有能力的基础上，通过复习备考和强化训练，到考前所具有的实际能力；应试能力主要指的是将实际能力转化为处理具体考题的能力，具体是指应试方法和技巧的运用。

强化实力的方法可以分三方面：一是强化阅读理解能力，真题中的论证材料是提高阅读能力、掌握应试方法的最佳材料，通过反复研习真题来解决"理解速度跟不上阅读速度"的障碍；二是强化逻辑思维能力，掌握必要的逻辑基本知识和论证推理技能；三是强化实际解题能力，强化应试能力的最佳方法是类型化方法，通过对真题的分类精解来提高实际解题能力和应试能力。

2. 逻辑训练方法

建议考生有计划、有针对性地做些训练，将有助于提高自己的实战能力，具体训练方法如下。

（1）"实际解题"训练

逻辑备考是一个挖掘潜能、规范操作的过程，以题论题绝对是短时间内提高逻辑考试成绩的最好办法。只有大量做题，才能形成题感；只有通过平时的强化训练，才能真正迅速、有效地培养考试现场的感觉，从而在正式应试时迅速找到解题方向。

在解题训练时，要平均1.8分钟做一道。做题时心态要平和，不要钻牛角尖。感觉一下1.8分钟的长度，实际还是很长的。个别题稍难，可能用的时间要长些，也不要着急。训练的过程本身就是为了达到熟能生巧，等你认真研读完本书，解题的速度也自然会提上来。记忆力对平时的训练起很大作用，类似的题目做过一遍之后，应当留下思路的痕迹，所谓"做一道是一道"。

（2）"解剖实验"训练

做题要起作用，取决于下列两个条件：一是熟悉推理思路和解题套路；二是善于总结，能在表面上看来无规律的题目中迅速把握试题规律。因此，在题目训练的过程中能否举一反三、触类旁通是提高逻辑复习效果的关键。

平时训练时，对自己做错的题或虽然做对但费时较多的题，在回头重做时，一定要写下这道题的分析过程，进行"解剖"实验，规范自己的思路及操作。

（3）"设身处地"训练

训练到一定程度，可以尝试出一些不同类型的题目给自己做，考什么？怎么问？陷阱在何处？怎样构造迷惑性选项？在平时的训练中，对一些考过的题，考生也可以换种问法来出题，以训练自己的思路。

3. 逻辑精练方法

提高逻辑成绩最有效的办法就是精练。所谓精练，就是要在熟悉逻辑基本知识和推理技巧的基础上，大量做题，反复练习。那么什么样才算有题感了呢？一般来说，衡量的标志是在看完题干文字部分和问题后，不用看选项心里已经有了一个大致方向，也就是说，在读完题目后就能猜到答案可能的长相。

精练时一定要集中训练，即在规定时间内做一套题，做题时要静下心来一口气做完，中间不要停顿，不要被干扰。要学会读题的结构，快速找出题干中的论据和结论，识别论证方式的特点。开始限时间做题时，要发现自己强项类型题和弱项类型题，并找出为什么强、为什么弱的原因。每一类型题训练要至少100道以上，寻找适合自己快速做题的方式。在做逻辑题时，最好的办法是转换思考角度，从命题者的角度来审视你所做过的题目，领会举一反三的实战精髓，通过做题来实现自己从量变到质变的提升。

如果将逻辑推理分成形式推理与论证推理两大类，每类归纳总结出几种解题思路，那么所有逻辑题将迎刃而解！要在解题训练中通过不断总结出规律和套路，这样，进入考场时，逻辑科目自然而然就能得高分。